suhrkamp taschenbuch
wissenschaft 437

Die zentrale These der *Kritik der kollektiven Vernunft* – nämlich: in der Wissenschaft wie in der Philosophie hat die ausschließliche Beschäftigung mit logischer Systematizität verheerende Folgen für historisches Verstehen und rationale Kritik gezeitigt – ist im Kern bereits in Toulmins 1958 erschienenem Buch *The Uses of Argument* enthalten. Toulmins seitherige Studien, vor allem über die Entwicklung des wissenschaftlichen Denkens, lassen die Entfaltung dieser These zu einem neuen epistemischen Selbstporträt werden. Das heißt: so wie Plato, Descartes, Locke oder Kant die Fragen, Konzepte und Gemeinplätze ihrer Zeit in ihre Philosophie integriert haben, so versucht Toulmin auf der Grundlage des heute erreichten Standes der Wissenschaften die Fähigkeiten, Prozesse und Aktivitäten neu zu erklären, kraft derer der Mensch die Natur erkennt und umgekehrt die Natur für den Menschen erkennbar wird.

Stephen Toulmin, geb. 1922 in London, studierte am King's College in Cambridge Physik und lehrte an verschiedenen englischen und amerikanischen Universitäten. Er war der Initiator einer »Unit for the History of Ideas« der Nuffield Foundation. Gegenwärtig ist er Professor der Philosophie an der Michigan State University und Gastprofessor an der Universität von Sussex.

In der Reihe ›suhrkamp taschenbücher wissenschaft‹ liegt bereits vor: *Voraussicht und Verstehen. Ein Versuch über die Ziele der Wissenschaft* (stw 358).

Stephen Toulmin

Kritik der kollektiven Vernunft

Übersetzt von Hermann Vetter

Suhrkamp

Titel der Originalausgabe:
Human Understanding, Volume I, General Introduction and Part I:
The Collective Use and Evolution of Concepts

suhrkamp taschenbuch wissenschaft 437
Erste Auflage 1983

Satz und Druck: Georg Wagner, Nördlingen
Printed in Germany
Umschlag nach Entwürfen von
Willy Fleckhaus und Rolf Staudt

1 2 3 4 5 6 – 88 87 86 85 84 83

Inhalt

Den Kollegen und Freunden
H. D. A. und W. J. C.
Vom Verfasser
S. E. T.

Die Begriffe haben nämlich ebenso wie die Individuen ihre Geschichte und vermögen ebensowenig wie diese der Gewalt der Zeit zu widerstehen.
Kierkegaard, *Über den Begriff der Ironie*, Einleitung, Abs. 2.

Der Mensch zeigt seine Vernunft nicht durch Festhalten an starren Ideen, stereotypen Verfahren oder unwandelbaren Begriffen, sondern dadurch, wie und wann er diese Ideen, Verfahren und Begriffe abändert.

Vorwort

Seit sich die alten Griechen in die Geometrie verliebten, war das philosophische Nachdenken über die Erkenntnis stets von Modellen beherrscht, die sich von der Mathematik und theoretischen Physik herleiteten. Das hatte zwei bedauerliche Folgen. Einmal – um Whiteheads Epigramm auf den Kopf zu stellen – hat es die gesamte weitere Philosophie zu nichts als einer Folge von Anmerkungen zu Platon gemacht. Zum anderen hat es die Philosophen dazu verleitet, sich auf Fragen der logischen Form zu konzentrieren und Fragen der rationalen Funktion und Anpassung zu vernachlässigen. Die vorliegende »Kritik der kollektiven Vernunft« ist das erste Stück einer umfassenden Neubewertung unserer Vorstellungen von der Vernunft, die das Gleichgewicht wieder herstellen soll. (Die beiden folgenden Stücke werden entsprechende Kritiken der individuellen Vernunft und der Urteilskraft sein.) Ich werde zu zeigen versuchen, daß die Idee der Vernunft viel unmittelbarer mit Fragen der Funktion und der Anpassung zu tun hat – mit den inhaltlichen Erfordernissen der Problemsituationen, mit denen die kollektiven Ideen und Denkmethoden der Menschen fertig werden sollen – als mit formalen Fragen; und gerade darauf ziele ich mit meinem Ausdruck »Ökologie des Geistes« ab.
Die Hauptthese des vorliegenden Bandes wurde bereits in meinem Buch *The Uses of Argument* (1958) vorgelegt. Aufgrund meiner Beschäftigung mit der Entwicklung des wissenschaftlichen Denkens und verwandten Fragen im folgenden Jahrzehnt kann ich jetzt die These ausführlicher und in historischer Perspektive abhandeln. Sie läßt sich auf folgende Formulierung bringen, von der ich zutiefst überzeugt bin: In der Wissenschaft wie in der Philosophie war eine ausschließliche Beschäftigung mit der logischen Systematik dem historischen Verständnis wie auch der vernünftigen Kritik äußerst schädlich. Der Mensch zeigt seine Vernunft nicht dadurch, daß er seine Begriffe und Vorstellungen zu sauberen formalen Strukturen ordnet, sondern dadurch, daß er offenen Sinnes auf neue Situationen reagiert – daß er die Schwächen seiner bisherigen Verfahrensweisen er-

kennt und über sie hinauskommt. Auch hier sind die Schlüsselbegriffe »Anpassung« und »Anforderung«, nicht »Form« und »Gültigkeit«. Platons philosophisches Programm ging davon aus, daß die funktionale Richtigkeit der geometrischen Formen selbst eine Garantie sei – so daß es letzten Endes nur eine einzige Idee des Guten geben mußte, und zwar eine mathematische. Das hier vorgelegte philosophische Programm läßt alle derartigen Vorstellungen beiseite und stützt sich auf Analysemethoden, die gleichzeitig stärker historisch, empirisch und pragmatisch sind.

Die Arbeit an diesem Buch ist durch viele Freunde und Kollegen gefördert worden. An erster Stelle bin ich für unzählige Diskussionen mit meiner Frau June Goodfield dankbar. Daß sie keine philosophische Fachausbildung besitzt, machte sie zu einem nützlicheren und unbeschwerteren Kritiker; ihre Unnachgiebigkeit an wesentlichen Punkten hat mich verschiedentlich zur Klärung undeutlicher Argumente gezwungen. Sie hat geduldig immer neue Fassungen der folgenden Kapitel gelesen und mit ihrer freimütigen Kritik viel zu ihrer Verbesserung beigetragen.

Großen Nutzen habe ich auch aus langen und wertvollen Gesprächen mit Henry Aiken gezogen, dessen umfassende Menschlichkeit und Gespür für die Forderungen des wirklichen Lebens ihm bei aller philosophischen Erfahrung und Bildung die geistige Unmittelbarkeit und Aufgeschlossenheit in vollem Maße bewahrt hat. Mit ihm habe ich die meisten der hier analysierten Begriffe wiederholt diskutiert, insbesondere die der »Autorität« und der »Disziplinfähigkeit«.

Seit ich 1965 nach den Vereinigten Staaten ging, hatte ich Gelegenheit, aus Gesprächen mit Catherine Bateson eine Menge über die Methoden der Sprachwissenschaft und der Anthropologie zu lernen; aus den Schriften und aus Gesprächen mit Gerald Holton über die Kompliziertheit und Differenziertheit der theoretischen Entwicklung in der Naturwissenschaft; aus Diskussionen mit Ernst Mayr über Populationstheorie und die Bedingungen der Artenbildung. In den letzten Jahren hatte ich wertvolle Gespräche mit Donald Campbell über die umfassendere Bedeutung geistiger Neuerungs- und Auslesevorgänge sowie mit Dudley Shapere über die sich entwickelnde Problematik wissenschaftlicher »Unternehmungen«. (Wie gut es mir freilich gelungen ist, von dem Wissen und der Weisheit all dieser Freunde zu lernen, das wird sich zeigen.) Zu den vielen anderen, deren Argumente, Bemerkungen, kritische Gesichtspunkte und Ideen für die Entwicklung meiner Gedanken eine Rolle gespielt haben, gehören – von den Kollegen – Mark Adams, Bo Anderson, Robert Cohen, Norman Geschwind, Leonard und Donna Kasdan, Imre Lakatos, Eric Lenneberg, Henryk Skolimowski, Marx Wartofsky und Marty Wishnatsky; von meinen Studenten Nancy Baker, David Brighton, Yehuda Elkana, Allan Janik, Terry Perlin und Robert Rice. Steve St. Clair machte mich auf das Kierkegaard-Zitat aufmerksam, das das Motto des ersten Bandes bildet.

Die Arbeit an diesem Buch wurde zum Teil durch Mittel der National Science Foundation unterstützt. Einige Teilgedanken wurden kürzer bereits in Vorlesungen vorgelegt sowie in Vorträgen vor der American Association for the Advancement of Science (Sektion L), der American Philosophical Association, dem Boston Colloquium for Philosophy of Science, der Philosophy of Science Association, der Society of Sigma Xi und anderen Organisationen; doch in allen wesentlichen Punkten wird der Gedankengang hier zum erstenmal vorgelegt.

Neben diesen geistigen Hilfen habe ich für zwei mehr praktische zu danken. Zunächst meinen Sekretärinnen – vor allem Constance Worthington und Joy Cull –, die meine vielfach veränderten Manuskripte mit vorbildlicher Gelassenheit und Fröhlichkeit entziffert und ins Reine geschrieben haben. Die andere unschätzbare Hilfe kam von Bill Callaghan – einem Fürsten unter den Hochschulabteilungsleitern – und vielen anderen Kollegen an der Michigan State University, deren einfühlsame Großzügigkeit mir in den letzten zwei Jahren die unentbehrliche Möglichkeit gab, mich auf die Fertigstellung des vorliegenden Buches zu konzentrieren.

Im Juli 1971

Stephen Toulmin

Allgemeine Einleitung

1 *Theorie und Praxis der Erkenntnis*

Das Problem der menschlichen Erkenntnis ist ein zweifaches. *Der Mensch erkennt, und er ist sich auch dessen bewußt.* Wir erwerben, besitzen und verwenden unsere Erkenntnisse; doch gleichzeitig sind wir uns unserer Tätigkeit als Erkennende bewußt. Demgemäß hat sich die menschliche Erkenntnis historisch auf zwei komplementäre Arten entwickelt: sie hat sich erweitert, aber gleichzeitig vertieft, sie ist also gleichzeitig extensiver und reflexiver geworden. Dem »Äußeren« zugewandt, haben wir die Probleme bewältigt, die die Welt, in der wir leben, uns stellt, und unsere Erkenntnis erweitert; im Blick auf das »Innere« haben wir überlegt, wie es dazu kommt, daß wir unsere Probleme bewältigen, und die Erkenntnis vertieft. Und in der ganzen Geschichte der Erkenntnis haben diese Zwillingstätigkeiten ständig nebeneinander stattgefunden.

Die Beziehungen zwischen diesen »nach außen gewandten« und »nach innen gewandten« Tätigkeiten haben von einer Epoche der Geistesgeschichte zur anderen gewechselt, und seit es eine rationale Spekulation gibt, hat diese Dualität zu Chancen wie auch zu Wirrnissen Anlaß gegeben. Es gab Epochen – zu ihnen gehören einige der fruchtbarsten des menschlichen Denkens –, in denen die beiden Tätigkeiten als eng aufeinander bezogen gesehen wurden und die Naturphilosophen ihre Aufgabe darin sahen, die Grenzen der Erkenntnis nach außen zu erweitern, aber gleichzeitig versuchten, die geistigen Vorgänge und Vorgehensweisen analytisch klarer zu erfassen, derer sie sich selbst bedienten. Und es gab andere Epochen – unser eigenes Jahrhundert gehört großenteils dazu –, als die beiden Tätigkeiten als völlig verschieden und voneinander unabhängig gesehen wurden und daher auch Aufgabe verschiedener Professionen waren. Zu diesen Zeiten blickten die Naturwissenschaftler entschlossen nach außen, um nicht in philosophische Wortklaubereien verwickelt zu werden, und die Fachphilosophen wandten sich ebenso einseitig ihren eigenen analytischen

Erörterungen als etwas Selbständigem zu und gingen über die neuen Entdeckungen der Wissenschaft als etwas bloß Empirisches hinweg. Eine der Fragen, mit denen wir uns hier auseinanderzusetzen haben, ist die, ob nicht die gegenwärtige Trennung zwischen der Praxis der Erkenntnis und ihrer Theorie – zwischen »Naturwissenschaft« und »Erkenntnistheorie«, zwischen Wissenschaftlern und Philosophen – leicht über das Ziel hinausschießen könnte. Es gibt nämlich gute Gründe – historische wie auch sachliche – dafür, wieder Verbindungen zwischen der Erweiterung unserer Erkenntnis durch die Wissenschaft und ihrer reflektierenden Analyse herzustellen und unser Selbstbild als Erkennende im Licht der neueren Erweiterungen des effektiven Inhalts unserer Erkenntnis neu zu überdenken.

Diese Beziehung zwischen unserer Natur- und unserer Selbsterkenntnis war schon immer sehr schwierig zu beschreiben und zu erörtern. Die räumlichen Bilder bei Ausdrücken wie »Introspektion« und »Außenwelt« sind mit größter Vorsicht zu behandeln; nimmt man sie zu wörtlich, so kann man leicht zu einer falschen Auffassung von der Beziehung zwischen dem Inhalt unserer Erkenntnis und unserem Bewußtsein davon kommen. Daher hat die Selbsterkenntnis des Menschen als eines Erkennenden immer leicht zu einer gewissen hemmenden Befangenheit geführt. Der Preis, den wir für die Artikulation unserer Erfahrung des moralisch Guten und Bösen bezahlen, wurde vor langer Zeit in dem Mythos vom Garten Eden dargestellt; und in der gesamten Philosophie laufen wir ständig Gefahr, uns in einem geistigen Spiegelsaal zu verirren, dessen vielfache Spiegelbilder das Vertrauen in unsere Stellung und unsere Fähigkeiten zerstören.

Im Grunde müßte eine angemessene Erfassung unserer Erkenntnissituation das Vertrauen in unsere bestfundierten Vorstellungen stärken; in der Praxis stürzt sie uns oft in eine entfremdete umfassende Skepsis. Doch diese Fußangel läßt sich umgehen. Während der konstruktiven Phasen des menschlichen Denkens war die realistische Beurteilung der menschlichen Erkenntnis oft ein Werkzeug zu ihrer systematischen Verbesserung. So haben sich in den Grundlagen der Naturwissenschaft – besonders, wo theoretische Physiker die äußersten Grenzen des physikalischen Denkens ausloteten – Erweiterungen des Wissens oft aus dem Neubedenken von Auffassungen und Grundsätzen ergeben, die als »gesichert« gegolten hatten. (Ungeachtet der im 20. Jahrhundert von der philosophischen Erkenntnistheorie beanspruchten Autonomie haben Leute wie Einstein und Heisenberg zwangsläufig das Gebiet der Erkenntnistheorie betreten.) Und ganz allgemein war das Neubedenken unserer gegenwärtigen Denkmuster und ihrer Funktion in einer stillen Stunde oft ein Schritt zur Verbesserung unserer Erkenntnis.

Diese beiden Extreme, die Skepsis und der Pragmatismus, stecken das Gebiet ab, innerhalb dessen sich der philosophisch Gesinnte um eine brauchbare Theorie der menschlichen Erkenntnis bemühen muß. Selbst in der Naturwissenschaft liegen die Grundsätze für die Neubewertung des vorhandenen Gedankengutes nicht auf der Hand; vielmehr zeigen unsere praktischen Entscheidungen für bestimmte Maßstäbe, was für Ergebnisse wir aus theoretischen Gründen bei der wissenschaftlichen Beschäftigung mit der Welt erwarten zu können glauben, und welche Mängel wir an unseren gegenwärtigen Vorstellungen anzuerkennen bereit sind – kurz, mit was für einer Vorstellung von unserer Erkenntnissituation wir faktisch arbeiten. Eine wirklichkeitsgemäße Erfassung dieser Situation ist der beste Schutz gegen moralische oder intellektuelle Orientierungslosigkeit. Sie ist auch die tiefere Grundlage jeder fundierten Kritik.

Wir tun also gut daran, jemandes praktische Ideale der wissenschaftlichen Methode im Lichte seiner theoretischen Vorstellungen über geistige Tätigkeiten und die höheren Bewußtseinsfunktionen zu sehen. Indem man die Argumente herauspräpariert, die seinen theoretischen Ambitionen und Mangelempfindungen zugrunde liegen, bringt man sein *erkenntnistheoretisches Selbstbild* an den Tag: die spezielle Vorstellung vom Menschen als aktiver Intelligenz, die für seine Einstellung gegenüber den Gegenständen der menschlichen Erkenntnis maßgebend ist. Das allgemeine Problem der menschlichen Erkenntnis besteht geradezu darin, ein wohlfundiertes und verläßliches erkenntnistheoretisches Selbstbild zu entwerfen, das funktioniert, weil seine theoretische Grundlage wirklichkeitsgemäß ist, und das wirklichkeitsgemäß ist, weil es praktisch funktioniert. So gesehen, sind unsere praktischen Grundsätze des vernünftigen Urteilens die eine Seite der Medaille, deren andere Seite philosophischer Art ist. Die praktische (»nach außen gewandte«) Aufgabe besteht darin, anhand dieser Urteilsgrundsätze zu entscheiden, welche Ideen, Begriffe oder Gesichtspunkte zur Zeit am ehesten als geistige Maßstäbe für unser Denken und Handeln auftreten können. Die theoretische (»nach innen gewandte«) Aufgabe besteht darin, eine Analyse der Gesichtspunkte zu liefern, unter denen der Autoritätsanspruch gerade dieser Maßstäbe zu beurteilen ist.

Auf den ersten Blick also werden die intellektuellen Verfahren, die der Philosoph als etwas Theoretisches analysiert, in der Wissenschaft und anderswo praktisch angewandt. Gewiß, die Übereinstimmung ist selten vollständig. Die praktische Verfeinerung unserer vernünftigen Verfahren und ihre theoretische Analyse laufen erst langfristig denselben Zielpunkt an. Doch wäre unsere theoretische Erfassung der menschlichen Erkenntnis einmal vollständig, exakt und völlig artikuliert, dann könnte man die kritischen Verfahren der Wissenschaft und anderer rationaler Unternehmungen als praktische Anwendungen genau der Erklärungsgrundsätze ansehen, die diese Theorie ans Licht gebracht hat. Bis dahin sollte uns jede übertriebene Trennung zwischen Erkenntnistheorie und Erkenntnispraxis sofort zu der Frage veranlassen: Werden die Wissenschaftler vordergründig? Oder verlieren die Philosophen den Blick für die Relevanz ihres Tuns?

Das Bemühen um eine brauchbare Erkenntnistheorie ist so alt wie das kritische Denken selber. Physik und Metaphysik sind einmal gemeinsam entstanden. Die rationalistischen Kosmologien im Ionien des 6. Jahrhunderts und ihre Vorläufer unter den Schöpfungsmythen des mittleren Orients hatten zwiefache Bedeutung: sie hatten nicht einfach mit der Natur zu tun, sondern mit der erkennbaren Natur – nicht einfach mit einer Welt, die der Mensch verstehen oder nicht verstehen konnte, sondern mit dieser Welt hier als Gegenstand menschlicher Erkenntnis. Im Athen des 4. Jahrhunderts wurde dieser Zusammenhang zwischen Erkenntnistheorie und Erkenntnispraxis völlig deutlich. Für Platon und Aristoteles hatte jede metaphysische These ihre methodologische Moral, und jede Vorschrift des wissenschaftlichen Vorgehens hatte eine Rechtfertigung in der Philosophie. Platons Argumente für die Existenz selbständiger Formen waren auch Schritte auf dem Wege zu einer physikalischen Theorie, die auf abstrakten mathematischen Grundsätzen beruhte; und die Argumentation gegen die Existenz selbständiger Formen führte Aristoteles zu einer Naturwissenschaft mit empirischen und taxonomischen Erklärungsbegriffen anstelle abstrakter und geometrischer[1]. Bei der Aufstellung seines Begriffes der »wahren Erkenntnis« als Ergebnis der Wissenschaft – d. h. der Festlegung dessen, wie eine vollständige Theorie der Natur auszusehen habe – legte sich jeder der beiden Naturphilosophen gleichzeitig auf eine Vorstellung vom »wahren Erkennen« als der wissenschaftlichen Tätigkeit fest – d. h. auf eine Auffassung von der Gewinnung der Naturerkenntnis. Indem beide ihre wissenschaftlichen Theorien auf verschiedenartige Erklärungsbegriffe oder ideale Formen gründeten, setzten sie entsprechend verschiedene Erkenntnisweisen voraus. Vorgang und Ergebnis hingen miteinander zusammen.

Im Europa des 17. Jahrhunderts herrschte wiederum Einklang zwischen Erkenntnistheorie und Erkenntnispraxis. Die wissenschaftlichen Erwartungen der Menschen paßten wieder genau zu ihren Vorstellungen von ihrer eigenen Erkenntnissituation – die Vorstellungen von der »wahren Erkenntnis« paßten zu denen von ihrer Situation als »Erkennenden«. Als letzte Elemente seiner Physik nahm René Descartes gewisse geometrische Mikroformen an, die keine Dichte, Farbe oder sonstige wesentlich nichtgeometrische

1 Zum Zusammenhang zwischen Platons philosophischen Lehren und seinen Auffassungen von der wissenschaftlichen Methode siehe insbesondere seine Argumente zur Beziehung zwischen mathematischen Theorien und den Erscheinungen, die sie erklären sollen, z. B. *Staat*, Buch 7, 521c-531c, und *Timaios*, 27c-29d. Über Aristoteles siehe J. H. Randall jr., *Aristotle* (New York, 1960), insbes. Kap. 4, 8, 10 und 11, wo vor allem die Bedeutung der biologischen Theorie des Aristoteles für seine philosophische Theorie des »Wesens« behandelt wird.

Eigenschaften hatten; und zwar deshalb, weil sein philosophisches Ideal der wahren Erkenntnis ebenfalls von der Geometrie herkam. Wissenschaftliche Begriffe waren nur dann wirklich verläßlich, wenn sie so klar und gewiß waren wie die mathematischen Begriffe Euklids. Ähnlich erblickten Isaac Newton und John Locke in gewissen Wahrnehmungsimpulsen, die über die Nerven tief ins Gehirn geleitet werden, die letzten Ursprünge unserer Naturerkenntnis; und zwar deshalb, weil für sie auch die physikalische Grundstruktur der materiellen Welt eine »korpuskulare« war[2]. Jede brauchbare Analyse der menschlichen Erkenntnis mußte mit einer korpuskularen Vorstellung von der bekannten Welt vereinbar sein. Im Rationalismus Descartes' wie auch im Empirismus Lockes verbanden sich ausdrückliche Ideale zur Beurteilung der Ergebnisse wissenschaftlichen Forschens mit ausdrücklichen Ideen über die Gewinnung dieser Ergebnisse. Man ging mit wissenschaftlicher wie auch philosophischer Zuversicht zu Werke, eben weil man eine einheitliche Vorstellung von der menschlichen Erkenntnis und dem menschlichen Erkennen hatte.

Die Wissenschaftler-Philosophen des klassischen Griechenlands und des Europas des 17. Jahrhunderts standen also vor den erkenntnistheoretischen Kernfragen ihrer jeweiligen Kultur nicht als bloß philosophischen oder bloß wissenschaftlichen Problemen, sondern in Form von Fragen, Doktrinen und Ideen, die auf allen wichtigen Gebieten des Denkens gleichermaßen wirksam waren. Jede Analyse bezog sich auf das, was der Mensch erkennt, wie auch auf das, was es für ihn zu erkennen gibt. Sie war gleichzeitig eine Analyse der körperlichen Vorgänge und der geistigen Vor-

2 Eine eingehendere Erörterung des Zusammenhangs zwischen dem »mechanistischen« Erklärungsansatz des 17. Jahrhunderts und der Theorie des sensorium in der Erkenntnistheorie findet sich in meinem Aufsatz »Neuroscience and Human Understanding« in dem Sammelband *The Neurosciences,* Hrsg. G. C. Quarton u. a. (New York, 1967), S. 822 ff. John Locke macht den Zusammenhang zwischen seinen erkenntnistheoretischen Argumenten und der »korpuskularen« Auffassung von der Materie an vielen Punkten seines *Essay concerning Human Understanding* deutlich. Newtons Auffassung findet sich im letzten Paragraphen des »General Scholium«, der der 2. Auflage der *Principia* von 1713 als Schluß angefügt wurde.

gehensweisen auf dem Wege zur Erkenntnis; eine Analyse der natürlichen Welt als der Objekte des Verbums »erkennen« wie auch des Menschen als seines grammatischen Subjekts; schließlich der Sprachen, Vorstellungen, Begriffe oder Ideen, in denen sich die menschliche Erkenntnis ausdrückt und kristallisiert.

Wenn dies die erkenntnistheoretischen Probleme der beiden schöpferischsten Perioden der menschlichen Geistesgeschichte waren, so können wir mit ihnen auch heute das »Problem der menschlichen Erkenntnis« definieren. Nach den Maßstäben des 20. Jahrhunderts scheint es vielleicht, daß die erkenntnistheoretischen Argumente von Platon und Descartes, Aristoteles und Locke in ein halbes Dutzend Fachgebiete hineinspielen und sich auf kein einzelnes beschränken. Sie stützten sich auf damalige psychologische Vorstellungen, doch sie waren keine »psychologischen Hypothesen«. Sie berücksichtigten die physikalischen Eigenschaften der materiellen Gegenstände, doch sie waren keine »physikalischen Theorien«. Sie reichten unmittelbar in die Neurologie, die Sprachwissenschaft, die formale Logik ihrer Zeit hinein, ordneten sich diesen aber nie unter. Sie waren auch nicht – in heutiger Ausdrucksweise – eng »erkenntnistheoretisch«. Sie analysierten unsere Erkenntnis der Außenwelt nicht lediglich mittels »logischer Konstruktionsübungen«; vielmehr bauten sie Vorstellungen von der Erkenntnis aus den besten vorhandenen Gedanken auf allen verwandten Wissensgebieten zusammen. Das Ergebnis war vielleicht unvollständig, aber man mußte aus dem Vorhandenen das Beste machen. Denn wie könnte jemand die Gültigkeit seiner eigenen Ideen, Begriffe und Gesichtspunkte angemessen beurteilen, wenn er nicht bereit ist, die aus allen Richtungen kommenden isolierten, bruchstückhaften Hinweise zu berücksichtigen?

In früheren Generationen berührte also die vernünftige Beurteilung der menschlichen Erkenntnis gewöhnlich viele Disziplinen, ohne einer von ihnen völlig zuzugehören. Wenn wir also dieses zentrale philosophische Ziel ernsthaft wieder aufstellen möchten, müssen wir die heutigen Versuche links liegen lassen, die verschiedenen erkenntnistheoretischen Disziplinen durch akademische Fachgrenzen voneinander abzutrennen. Das Problem der menschlichen Erkenntnis – der Erkennung der Grundlage rationaler Autorität – läßt sich seiner Natur nach nicht mit einer einzelnen Methode oder Disziplin einfangen. Denn gerade die Grenzen zwischen den akademischen Fachgebieten sind selbst Folge der heutigen Aufspaltung der rationalen Autorität, und deren Berechtigung ist selbst eine der Hauptfragen, denen wir uns von neuem stellen müssen.

Wie die Kosmogonie und die Theorie der Materie ist die *Erkenntnistheorie* notwendig ein interdisziplinäres Gebiet. Ein halbes Dutzend Disziplinen hat erkenntnistheoretische Aspekte, Teilgebiete oder Konsequenzen – so die Physiologie der Wahrnehmung, die Wissenssoziologie, die Psychologie der Begriffsbildung. Und wie die Kosmogonie und die Theorie der Materie ist die Erkenntnistheorie ein sehr altes Gebiet. Zweieinhalb Jahrtausende lang war das Problem der menschlichen Erkenntnis stets aktuell: ein ständiger Zug des spekulativen Denkens, der sich in viele Richtungen verzweigte, aber eine erkennbare Einheitlichkeit und Stetigkeit bewahrte. Jede neue Generation hat die einzelnen speziellen Fragen der Erkenntnistheorie auf ihre Weise neu formuliert; doch die Haupt- und Leitprobleme sind die gleichen geblieben.

> Was wissen wir? Welcherlei Gewißheit kann unser Wissen haben? Wie erlangen wir es, wie kommen wir zu den Begriffen, in die es gefaßt ist? Und welche Rolle spielt dabei das Zeugnis unserer Sinne?
>
> Wie weit leiten sich unsere Begriffe – auch die grundlegendsten – von der Sinneserfahrung her? Muß sich unser Erkenntnisanspruch in jedem Einzelfall auf Sinnesdaten stützen? Oder bestimmen vielmehr unsere Begriffe und Kategorien im voraus unsere Wahrnehmungs- und Erkennungsfähigkeit? Sehen Menschen mit verschiedenen Begriffen oder Sprachen gar die Welt verschieden?
>
> Sei dem, wie es wolle – wie können wir die Vorzüge konkurrierender Ideen vergleichen? Und wie können unsere Erkenntnisansprüche – moralische oder mathematische, wissenschaftliche oder praktische – ihrerseits gerechtfertigt und beurteilt werden?

Diese Hauptfragen sind in Dutzenden verschiedener For-

mulierungen immer neu gestellt worden, aber stets dieselben geblieben bis auf den heutigen Tag.
Wie weit diese Probleme von einer endgültigen Lösung entfernt sind, das wird deutlich werden, wenn wir uns einen Augenblick dem entscheidenden Ausdruck zuwenden, mittels dessen wir sie naheliegenderweise formulieren. Der Ausdruck »Begriff«[2a] wird von jedermann verwendet und von niemandem erklärt – geschweige denn definiert. Einerseits ist das Wort in der Geschichtswissenschaft und Soziologie, der Psychologie und Philosophie des 20. Jahrhunderts gleichermaßen geläufig. Für viele Philosophen des 20. Jahrhunderts sind Begriffe geradezu Hauptgegenstand, Lebenselement. Sie stellen Fragen über den Begriff des Guten oder der Zahl oder sogar des Roten; sie kommen zu dem Ergebnis, daß dies und jenes aufgrund unserer Begriffe notwendig oder unmöglich sei und zeichnen demgemäß eine besondere Klasse »begriffsbedingter« Wahrheiten aus; sie rechnen zur Struktur der Naturwissenschaft eine Anzahl »theoretischer Systeme«, die sich mehr oder weniger zwanglos in formalen oder axiomatischen Systemen darstellen lassen; und sie spekulieren über die Ursprünge des »Begriffssystems«, das in unserer Alltagserkenntnis vorausgesetzt wird. Viele von ihnen würden geradezu als Hauptaufgabe der Philosophie die Begriffsanalyse nennen. Doch trotz ihrer großen Sorgfalt bei der praktischen Durchführung der Begriffsanalyse wird die genaue Bedeutung des Ausdrucks »Begriff« selten ausdrücklich angegeben und oft völlig im Dunkel gelassen. Es geht ihnen mit den Begriffen so wie Augustinus mit der Zeit: sie wissen ganz genau, was Begriffe sind, solange sie es nur nicht *formulieren* müssen. Ein Begriff? . . . der hat etwas damit zu tun, wie wir die Sprache gebrauchen; oder wie wir unsere Erfahrung strukturieren, oder wie wir die Gegenstände kategorisieren, mit denen wir zu tun haben . . . etwas, aber – und das müssen wir jetzt nachdrücklich fragen – was eigentlich?

2a (Anm. d. Übers.) Im Original »concept«. Dieser Ausdruck, der auch im Titel des Buches vorkommt, konnte nicht überall mit dem gleichen deutschen Ausdruck wiedergegeben werden; in der Mehrzahl der Fälle wurde er mit »Idee« übersetzt. »Conceptual« wurde häufig mit »theoretisch« wiedergegeben und blieb auch öfters unübersetzt.

Stellen wir uns stattdessen vor, daß wir uns wegen einer Analyse der Begriffe an Fachpsychologen wenden. Wir werden feststellen, daß sie uns fast ebenso im Dunkel lassen. Auch die Psychologen untersuchen die Begriffsbildung bei kleinen Kindern oder die Bedeutung der Interpretation durch Begriffe beim Zustandekommen irgendeiner Wahrnehmung; auch sie erkennen, daß Erwerb und Verwendung von Begriffen eng mit dem Erlernen und dem Gebrauch der Sprache zusammenhängt (aber nicht dasselbe ist); und auch sie spekulieren über die Möglichkeit, daß bestimmte Begriffe, oder zumindest entsprechende Fähigkeiten, angeboren sein könnten und vielleicht in Form erblicher Strukturen des Gehirns zum Zuge kommen. Die Neurophysiologen stellen ihrerseits ähnliche Fragen, ob es nicht im Gehirn unterschiedliche »Zentren« gibt, die jeweils als Speicher für die Sprache und als Sitz der begriffsgesteuerten Informationsverarbeitung oder des Denkens dienen. »Im Laufe der Zeit bildet sich im Gehirn *auf der Ebene der Ganglien die Entsprechung eines Wortes und eines Begriffs.*«[3] Doch die Psychologen und Physiologen neigen ebenso wie die Philosophen zu der Auffassung, für die Praxis wisse man schon, was Begriffe seien, und wie sie sich einerseits von Wörtern und andererseits von intelligentem nichtsprachlichem Verhalten unterschieden. Auch sie begnügen sich damit, den Ausdruck einfach hinzunehmen, und machen sich nicht die Mühe einer formalen Definition.

Vielleicht hat ihr Instinkt recht. Für rein wissenschaftliche Zwecke ist vielleicht der umgangssprachliche Gebrauch von Ausdrücken wie »Begriff« so klar, daß man sich damit begnügen kann, so daß nichts gewonnen würde, wenn man unter den gegenwärtigen Verhältnissen auf genaueren Definitionen und Unterscheidungen bestehen würde. Doch für unsere Zwecke genügt das nicht. Der Ausdruck »Begriff« könnte ein hoffnungslos unbestimmtes Mädchen für alles werden, aus den gleichen Gründen wie seine Vorgänger »Eindruck«, »Idee«, »Vorstellung«, »Wesen« und »Substanz«. Auch wenn man sich vorstellt, der übliche Miß-

3 Wilder Penfield und Lamarr Roberts, *Speech and Brain-Mechanisms* (Princeton, 1959), S. 230.

brauch des Ausdrucks werde vermieden – etwa »NN, ein Begriff in der XY-Branche« –, so ist er doch schon genug, wenn nicht übergenug befrachtet. Zwischen Begriffen im Sinne der Entwicklungspsychologie (Piaget, Vygotskij, Bruner) oder in der Kybernetik (Wiener und Rosenblueth); in der Geschichte der Physik (Mach, Koyré, Holton) oder den Grundlagen der Mathematik (Freges »Grundgesetze«); zwischen Begriffen, die dem Denken des einzelnen Form geben sollen, und die als kollektiver Besitz von Gemeinschaften gedacht werden; zwischen Begriffen, die in den theoretischen Systemen der Wiener induktiven Logik zusammengebunden sind, oder die das Alltags-Begriffssystem von Strawsons deskriptiver Metaphysik bilden, oder die zu den theoretischen Fragen von Wittgensteins logischer Grammatik Anlaß geben ... was für systematische Beziehungen zwischen alledem lassen sich erkennen und beschreiben? Diese Frage läßt sich nur im Rahmen einer systematischen Neuanalyse der Probleme der menschlichen Erkenntnis und der Rolle der »Begriffe« beim Fortschritt und der Artikulierung der Erkenntnis beantworten; das heißt, nur dadurch, daß die philosophische Analyse der Begriffe wieder zu historischen und naturwissenschaftlichen Entdeckungen über die Entwicklung der Begriffe des einzelnen und der Menschheit in Beziehung gesetzt wird, so daß unsere Urteile eine wirklichkeitsnahe Grundlage finden.

Vom philosophischen Standpunkt aus ist dieses letztere Problem das entscheidende: *Mit welchen Maßstäben sind unsere Begriffe und Urteile ihrerseits zu messen?* Die Hauptfragen der Erkenntnistheorie – Rechtfertigung und Bewertung, Urteil und Kritik – haben nie ausschließlich mit Tatsachenfragen zu tun gehabt. Fragen über die Vorgänge, Vorgehensweisen und Mechanismen der Entwicklung, Aneignung, Verwendung und/oder Verbesserung unserer Ideen mögen Gegenstände einzelner Wissenschaften oder Disziplinen sein: der Neurophysiologie, Experimentalpsychologie, Logik, Kulturanthropologie oder Wissenschaftssoziologie. Die philosophische Frage der Erkenntnistheorie dagegen ist die Frage, woraus sich letzten Endes die Gültigkeit unserer Ideen ergibt. Das ist, wie die Frage des letzten Ursprungs der moralischen und politischen Autorität, eine Sache des

Urteils und der Bewertung, nicht nur des Tatsachenwissens. Doch wenn auch Wesen und Ursprung der rationalen Gültigkeit selbst vielleicht keine reine Tatsachenfrage ist, so mußte doch jede Generation diese Frage stets im Lichte ihres besten Tatsachenwissens neu betrachten; und in dieser Hinsicht befinden wir uns in der zweiten Hälfte des 20. Jahrhunderts in keiner anderen Lage als unsere Vorgänger. Angenommen, wir wollten unser Verständnis der Welt, mit der wir zu tun haben, wie auch unseres Umgangs mit ihr entwickeln; und das reflektierend, unser selbst bewußt. Dann können wir uns nicht unbedacht auf die vorhandenen Begriffe verlassen – ohne alle oder mit geringen Veränderungen. Außerdem müssen wir mit unseren eigenen geistigen Schöpfungen zurechtkommen; wir müssen sie richtig erkennen und uns, sinnvoll für unsere Zeit und unsere Verhältnisse, erneut den erkenntnistheoretischen Hauptfragen der vernünftigen Beurteilung und Bewertung stellen.

Die Frage, die Warren McCulloch bezüglich der Zahl stellte, müssen wir bezüglich der Welt stellen[4]:

> Was ist der Mensch, daß er die Welt erkennen kann? Und was ist die Welt, daß sie der Mensch erkennen kann?

Insbesondere müssen wir bezüglich des Hauptstücks der menschlichen Erkenntnis fragen:

> Was sind die Fähigkeiten oder Traditionen, die Tätigkeiten, Verfahren oder Werkzeuge des geistigen Lebens und der Phantasie – mit einem Wort, die *Begriffe* –, durch die diese menschliche Erkenntnis zustandekommt und sich artikuliert?

Das philosophische Endziel der folgenden Untersuchungen ist dementsprechend eine brauchbare Analyse der rationalen Gültigkeit unserer Begriffe, die ein Verständnis der Kriterien zu deren Beurteilung ermöglicht. »Brauchbar nach welchen Maßstäben?«, könnte man fragen, und hier sind zwei Überlegungen von Bedeutung. Einmal muß unsere philosophische Analyse für die Praxis der rationalen Kritik *relevant*

4 Vgl. Warren McCulloch, »What is a Number that a Man may know It, and a Man that he may know a Number?«, *General Semantics Bulletin* (1961), S. 7-18, wieder abgedruckt in dem Sammelband desselben Verfassers, *Embodiments of Mind* (Cambridge, Mass., 1965), S. 1-18.

sein. Wir können uns nicht damit begnügen, Grundsätze rationaler Beurteilung im Rahmen einer abstrakten Erkenntnistheorie aufzustellen, ohne zu fragen, welche Bedeutung sie für die praktischen Aufgaben haben, denen sich der kritische Geist faktisch gegenübersieht. Zum anderen muß die Analyse in einer Form erfolgen, die im Lichte unseres gesamten gegenwärtigen Wissens fungiert. Wir dürfen keine Antworten auf empirische Fragen vorwegnehmen wollen, für die es in den erkenntnistheoretischen Zweigen anderer Disziplinen bereits wohlbegründete Antworten gibt – ob sie nun mit der geschichtlichen Entwicklung von Begriffen im Rahmen verschiedener Gemeinschaftstätigkeiten zu tun haben oder mit ihrer Aneignung und Anwendung im Leben und der Erfahrung des einzelnen. So weit wie möglich sollte unsere Analyse im Lichte dieser empirischen Erkenntnisse und Antworten erfolgen und unter Verwendung von Begriffen formuliert werden, die zu denen aller damit zusammenhängenden Gebiete Verbindung haben. Und wenn wir gelegentlich diese betreten, so einfach deshalb, weil unsere eigenen philosophischen Probleme mit der Bedeutung dieser Gegenstände füreinander zu tun haben – und diese Beziehungen fallen nicht ausschließlich in eine einzelne Disziplin.

Das Hauptproblem aller unserer folgenden Überlegungen läßt sich in drei Teilen formulieren, und die drei Abteilungen unserer Gesamtuntersuchung haben jeweils mit einem davon zu tun:

> Angenommen, wir betrachten erstens unsere gegenwärtigen Vorstellungen über die geschichtliche Entwicklung des menschlichen Wissens und der Erkenntnis – d. h., die *Entwicklung* der Ideen –, zweitens die Vorstellungen über die Entwicklung dieser Erkenntnis im Leben des einzelnen – d. h., die *Erfassung* der Ideen –, was können wir dann über den *Wert* der Ideen lernen – d. h., über die Grundlagen ihrer rationalen Geltung und die Maßstäbe für *deren* Beurteilung?

In der vorliegenden ersten Abteilung unserer Überlegungen werden wir die Ideen als Bestandteile von Ideenaggregaten, -systemen oder -populationen betrachten, die kollektiv von Gemeinschaften verwendet werden. Wir können uns mit den

Ablaufmustern beschäftigen, nach denen solche Ideenaggregate entstehen, sich geschichtlich entwickeln und außer Gebrauch geraten; und wir können fragen, in welcher Hinsicht diese Veränderungen – seien es historische, soziologische, anthropologische oder andere – für die rationale Geltung der betreffenden Ideen von Bedeutung sind. In der zweiten Abteilung unserer Überlegungen werden wir die Fähigkeiten betrachten, mittels derer der einzelne seine Beherrschung der Begriffe zeigt. Wir können uns mit den Ablaufmustern beschäftigen, nach denen diese Fähigkeiten erworben, ausgeübt und verloren werden; und wir können fragen, in welcher Hinsicht diese Veränderungen – seien es physiologische, psychologische, sprachliche oder andere – für die Beurteilung der Begriffe selbst von Bedeutung sind. Am Ende dieser beiden ersten Abteilungen werden wir eine skizzenhafte Rekonstruktion der tatsächlichen empirischen Bedingungen gewonnen haben, unter denen die menschliche Erkenntnis stattfindet; und zwar eine, die sich um vollständige Berücksichtigung der letzten Veränderungen unserer Kenntnis dieser Bedingungen bemüht. In der letzten Abteilung unserer Überlegungen werden wir auf die hinter alledem liegenden Probleme des Urteils und der Bewertung zurückkommen und ausdrücklich fragen, welche allgemeine Analyse der rationalen Geltung oder der vernünftigen Kritik mit unserer heutigen Vorstellung von Begriff und Erkenntnis bei Gemeinschaften und beim einzelnen übereinkommt. Erst dann werden wir klar erkennen, mit wie wenig Berechtigung die philosophische Erkenntnistheorie völlige geistige Autonomie beanspruchen kann, und wie sehr sich die Philosophen selbst beraubt haben, wenn sie sich von allen Natur- und Geisteswissenschaften unabhängig erklärten.

Wenn wir aber einmal diesen Punkt erreicht haben, dann haben wir uns von der Versuchung befreit, die Erkenntnistheorie für eine eigentliche, in sich abgeschlossene Disziplin zu halten, die einen wohlbestimmten Gegenstand und wohlabgegrenzte eigene Probleme hat. Im Gegenteil, die stolze Selbstgenügsamkeit der philosophischen Erkenntnistheorie wird sich in Wirklichkeit als Zeichen ihrer völligen Bedeutungslosigkeit erweisen. Wenn die Erkenntnistheoretiker des 20. Jahrhunderts über Fragen diskutiert haben, für die die Naturwissenschaft und die Geschichte des Menschen nichts austragen, so gibt es dafür nur einen einzigen Grund. Die reflektierende philosophische Erkenntnistheorie – so aufgefaßt – hat den Kontakt zu den naturwissenschaftlichen und historischen Verfahren verloren, die unsere praktische Erkenntnis erweitern. Fragen der reinen Erkenntnistheorie spielen außerhalb der eigentlichen Philosophie keine Rolle mehr, weil ihre geistige Verwurzelung im übrigen menschlichen Denken völlig geschwunden ist.

2 *Die drei Axiome der Tradition des 17. Jahrhunderts*

Wenn ein so großer Teil der Erkenntnistheorie des 20. Jahrhunderts keine organische Verbindung mit den Natur- und Geisteswissenschaften hat, so ist das kein Zeichen der Befreiung von empirischen Voraussetzungen. Die Wahrheit ist viel merkwürdiger. Wenn wir uns kurz ins Gedächtnis rufen, wie sich die philosophische Erkenntnistheorie überhaupt erst den Grundsätzen der geistigen Praxis entfremdete, so werden wir die eigentliche Ironie der gegenwärtigen Lage erkennen und freie Hand zur Bearbeitung der daraus erwachsenden Probleme bekommen. Denn die erkenntnistheoretischen Fragen des 20. Jahrhunderts beruhen durchaus noch auf naturwissenschaftlichen und historischen Voraussetzungen. Nur sind diese gut dreihundert Jahre lang veraltet. Die heutigen philosophischen Vorstellungen von der menschlichen Erkenntnis sind faktisch von Axiomen aus den naturwissenschaftlichen und historischen Diskussionen des 17. Jahrhunderts geprägt.
René Descartes und John Locke waren freimütige und kritische Geister, aber sie waren eben Kinder ihrer Zeit und erörterten die Grundfragen der menschlichen Erkenntnis im Lichte der damaligen Vorstellungen über die Ordnung der materiellen Natur (z. B. in der Physik) wie auch die geistigen und körperlichen Fähigkeiten des Menschen (z. B. in der Psychologie und Physiologie). Ihre Theorien der menschlichen Erkenntnis berücksichtigten sorgfältig die besten damaligen wissenschaftlichen Auffassungen; als »Na-

turphilosophen« hätten sie sich auch kaum mit weniger zufrieden gegeben. Insbesondere gingen sie und ihre Nachfolger auf dem Gebiet der Erkenntnistheorie von drei Selbstverständlichkeiten aus, die sich folgendermaßen kurz formulieren lassen:

1. Die Naturordnung liegt fest, und der menschliche Geist lernt sie erkennen nach Grundsätzen der Erkenntnis, die gleichermaßen festliegend und allgemein sind.[5]
2. Die Materie ist wesentlich passiv, und der Ausgangspunkt oder Sitz vernünftiger, aus sich selbst heraus motivierter Tätigkeit ist der davon völlig verschiedene Geist oder das Bewußtsein, der Ort aller höheren geistigen Funktionen.[6]
3. Das geometrische Wissen ist umfassender Maßstab unverrückbarer Gewißheit, an dem alle sonstigen Erkenntnisansprüche zu messen sind.[7]

Für die meisten Denker des 17. Jahrhunderts erschienen diese drei Axiome als etwas ganz Gewöhnliches – ja als »gesunder Menschenverstand« –, und vor allem für die Vertreter der »neuen, mechanischen Philosophie« waren sie über jeden Zweifel erhaben. Die wenigen damaligen Opponenten konnten mit ihren Argumenten keine Zweifel, geschweige denn eine andere Überzeugung wecken. Und ehe noch ihre Zweifel Gestalt und Energie gewannen, hatte sich die Erkenntnistheorie bereits auf ihren »Königsweg« begeben, dem sie bis in unser Jahrhundert hinein völlig treu geblieben ist. Inzwischen dürfte sich das ursprüngliche System ihrer historischen, naturwissenschaftlichen und mathematischen Voraussetzungen längst aufgelöst haben. Doch die Fragen, die noch heute im Mittelpunkt der erkenntnistheoretischen Diskussion stehen, bleiben nur allzu oft unmittelbare Abkömmlinge der Fragen, die Descartes und Locke in einem ganz anderen – und längst vergessenen – geistigen Zusammenhang in Umlauf gebracht hatten.

5 Vgl. Stephen Toulmin und June Goodfield, *The Discovery of Time* (London und New York, 1965), insbes. Kap. 4.

6 Vgl. Stephen Toulmin und June Goodfield, *The Architecture of Matter* (London und New York, 1963), insbes. Kap. 14.

7 Das war eine der wichtigsten Affinitäten zwischen Descartes und Platon, und heute wird die Auffassung noch von Bertrand Russell vertreten.

1. Betrachten wir als erstes den Einfluß der Erkenntnistheorie auf den Glauben an eine feststehende Naturordnung. Fast bis um 1800 waren die meisten Geistes- und Naturwissenschaftler in einer ahistorischen Weltsicht befangen, die ohne Bedenken philosophisches Erbe der Griechen mit einem orthodoxen historischen Zeitmaßstab nach der Heiligen Schrift verband. Mochten die Rationalisten und Empiristen, die Korpuskular- und die Wellentheoretiker noch so vorausschauend sein, es war ihnen so gut wie unmöglich, aus dieser ahistorischen Zwangsjacke auszubrechen. Sie waren in der biblischen Vorstellung einer ein paar tausend Jahre zurückreichenden Tradition befangen und konnten das wirkliche Alter der natürlichen Welt nicht begreifen; das wieder verstellte ihnen die Sicht auf das ganze Ausmaß der Veränderlichkeit aller natürlichen Verhältnisse. Während wir die gesamte Natur in langsamer, aber ständiger Veränderung sehen, hatte sie in ihren Augen eine unveränderliche Ordnung, die vor wenigen tausend Jahren bei der Schöpfung eingesetzt worden war[8]. Über die genaueren Eigenschaften der Schöpfung konnte man verschiedener Auffassung sein; Descartes und Leibniz etwa verwarfen die Korpuskulartheorie, den Glauben an »Atome«. Doch kein führender Denker des 17. Jahrhunderts stellte die Existenz fester Bewegungsgesetze in der Physik oder fester Erkenntnisgrundsätze in der Erkenntnistheorie ernsthaft in Frage. Vor allem für die Protestanten waren beides nur zwei Seiten einer größeren gottgegebenen Ordnung, die auch das Planetensystem, die Physiologie des Menschen und der Tiere und sogar die genaue Anzahl, die Form und die Häufigkeit der einzelnen Arten von »Atomen« oder »Teilchen« einbegriff. Nur die Epikureer zweifelten ernsthaft an der Unveränderlichkeit der Ordnung oder des Aufbaus der Natur; doch da ihre Lehre auch atheistisch war, hatte sie im Europa des 17. Jahrhunderts keine öffentlich ins Gewicht fallende Anhängerschaft.

Ehe man sich an eine Zeitskala von Jahrmillionen gewöhnt hatte, blieben die funktionalen Strukturen des gegenwärtigen Naturzustands ein unwiderleglicher Beweis einer fest-

8 (Vgl. Anm. 5), Kap. 4-6.

liegenden Ordnung. Diese wiederum wurde als sichtbarer Beweis für die Vernunft und Weitsichtigkeit ihres Schöpfers genommen, denn wie hätte man sie anders verstehen sollen denn als Ergebnis eines durchdachten Planes? Die erste Aufgabe des frommen Wissenschaftlers war also die Erkenntnis ihrer festliegenden Gesetze. So wurden vier verschiedene Vorstellungen in einen einzigen wissenschaftlichen Glaubensartikel gefaßt: die moralische Berechtigung der wissenschaftlichen Forschung beruhte auf der Entdeckung vernünftiger Naturgesetze, und die göttliche Erschaffung der Welt war ein Standardargument für ihre historische Stabilität.

Von dieser unveränderlichen Naturordnung – zu der auch der menschliche Körper mit seinem Gehirn und die übrige materielle Welt gehörten – war es nur noch ein kleiner Schritt zu der Vorstellung, auch die menschliche Natur sei derart unveränderlich. Die erkenntnistheoretische Grundfrage war damit recht einfach:

> Nach welchen Grundsätzen oder Verfahren kommt der menschliche Verstand zur geistigen Beherrschung der Naturordnung?

Da beide Relationsglieder – der menschliche Verstand und die verstehbare Natur – anscheinend festen, unveränderlichen Grundsätzen folgten, so war die Beziehung zwischen ihnen wohl ebenfalls fest und unveränderlich. Der Philosoph hatte dann die Aufgabe, die feststehenden und allgemeingültigen Grundsätze der menschlichen Erkenntnis zu analysieren und zu erklären, nach denen sich die Ideen bildeten und das vernünftige Denken voranschritt. Um es nochmals zu sagen, über Einzelheiten konnte man verschiedener Auffassung sein, doch über das Grundlegende waren sich alle Philosophen einig. Ein festliegender Verstand bemächtigt sich einer festliegenden Natur nach festliegenden Grundsätzen. Akut war die Frage, *wie* die festliegenden Grundsätze aussahen.

2. Betrachten wir als nächstes die Vorstellung von der Materie, die den Kern der Physik des 17. Jahrhunderts bildete. Die Materie war wesentlich passiv, und ihre Haupteigenschaften waren – nach der Auffassung der Mehrheit – entweder geometrische oder mechanische oder von beiderlei

Art. Alle materiellen Gegenstände bestanden aus kleinen dreidimensionalen Teilchen mit verschiedenen geometrischen Formen; sie bewegten sich in der Welt herum und teilten einander Bewegungsimpulse nur dann mit, wenn sie aufeinander einen Druck ausübten oder zusammenstießen. Bei der Schöpfung war der materiellen Welt ein gewisser Anfangsbetrag an Bewegung mitgeteilt worden. Davon abgesehen, gab es zwischen materiellen Gegenständen nur drei Arten von Vorgängen: Berührung, Zusammenstoß, Mitteilung von Bewegung – mehr nicht[9]. Es erschien zum Beispiel als durchaus fraglich, ob die Materie aus sich selbst Leben hervorbringen könne. Auf jeden Fall war sie zu bewußter oder vernünftiger Aktivität nicht fähig; diese war mit Entscheidungen oder einer Spontaneität verbunden, wie sie nur aus »Nichtmateriellem« hervorgehen konnten. Jeder Gedanke, daß hinreichend komplexe materielle Systeme echtes Bewußtsein oder echte Vernunft zeigen könnten, galt als lächerlich, ja als Blasphemie. Nachdem die Materie einmal als ausgedehnt und passiv definiert war, konnten die geistigen Tätigkeiten und die Eigenschaften der Vernunft nur noch auf völlig andere Weise erklärt werden.

Doch das war nur der Anfang. Der Glaube an eine wesentlich passive Materie bescherte den Denkern des 17. Jahrhunderts auch ein physiologisches Modell des Zentralnervensystems, das sehr viel exakter und »zentralisierter« war, als den vorliegenden Daten entsprach. Dadurch gingen schwierige, aber durchaus vernünftige Fragen über Erkenntnis und Wahrnehmung in unlösbare Rätsel bezüglich der Interaktion dieser beiden völlig verschiedenen »Substanzen«, des Geistes und der Materie, über. Denn wie konnte ein Nervensystem aus kausal interagierenden materiellen Bestandteilen geistige oder vernünftige Funktionen ausführen, jedenfalls beim Menschen?[10] Um die grundlegende Unterscheidung von geistigen Funktionen und materiellen Strukturen abzusichern, durfte es nur die allernotwendigsten Überschneidungen zwischen Geist und Materie geben. So wurden alle eigentlich vernünftigen Funktionen in ein

9 (Vgl. Anm. 6), Kap. 7, 8, 14.
10 S. Anm. 2

begrenztes Gebiet tief im Inneren des Gehirns hineinverlegt, und das nichtmaterielle Reich des Geistes oder Bewußtseins wurde in ein »inneres« sensorium commune verbannt. (Befand sich dieses, so spekulierte Descartes, vielleicht in der Zirbeldrüse?) Als Folge davon drängte die Physik des 17. Jahrhunderts die Philosophen in Richtung auf ein zentralistisches Modell, bei dem die erkenntnistheoretischen Fragen völlig von den empirischen Tatsachen der Neurophysiologie getrennt waren. Alle Fragen der Wahrnehmung und des Erkennens bezogen sich ja auf Vorgänge im Bewußtsein – also der »inneren, geistigen Welt« des sensorium – und nicht auf Vorgänge in der »äußeren, materiellen Welt« des Nervensystems.

Dieses zentralistische Modell hat seinen philosophischen Einfluß noch keineswegs verloren. Bertrand Russell etwa hat beschrieben, wie er selbst zur Philosophie kam. Es ging auf rein kartesische Weise vor sich. Mit fünfzehn, so berichtet er, kam er »zu der Überzeugung, daß die Bewegungen der Materie ... ausschließlich nach den Gesetzen der Dynamik vor sich gingen«, so daß »der menschliche Körper eine Maschine sei«; andererseits »kam ich zu dem Schluß, daß das Bewußtsein unbestreitbar gegeben und daher der reine Materialismus unmöglich sei«[11]. Doch als Russell in den achtziger Jahren des letzten Jahrhunderts ein Knabe war, da war die maßgebende Auffassung von der Materie noch immer die der Newtonschen Mechanik und der Daltonschen Chemie; wenn also Russell den »Materialismus« ablehnte, ging er immer noch von der wesentlichen Passivität der Materie aus. Und in diesem Punkt änderten sich seine Auffassungen nie grundlegend. So dachte er 1914, als er die erkenntnistheoretischen Hauptfragen für so viele seiner Nachfolger in seinen Vorlesungen *Our Knowledge of the External World* (London, 1914) (»Unser Wissen von der Außenwelt«) stellte. Auch seine späteren Schriften darüber gingen nach wie vor von der zentralistischen Neurophysiologie aus. Ein Zitat aus *The Analysis of Matter* (1927) dürfte das hinreichend belegen:

11 B. Russell, *Autobiography*, Bd. 1 (London, 1967), S. 47; vgl. dt. *Autobiographie I* (Frankfurt/M.: Suhrkamp, [2]1977), S. 49.

Wenn der Physiologe ein Gehirn betrachtet, dann sieht er einen Teil seines eigenen Gehirns und nicht das von ihm untersuchte Gehirn ... Die Wahrnehmung muß ... dem Sinnesorgan näher stehen als dem physikalischen Gegenstand, dem Nerv näher als dem Sinnesorgan, und dessen gehirnseitigem Ende näher als seinem anderen.[12]

Hier ist also Russell immer noch hinter dem »inneren Sitz« des bewußten Wahrnehmens und Erkennens her, er verfolgt ihn über die Kausalkette der sensorischen Nerven bis zu deren angeblichem »nichtmateriellen« Ende.

3. Die dritte Voraussetzung des 17. Jahrhunderts war das Euklidische Modell der Gewißheit. Descartes wollte die Erkenntnisansprüche der Naturwissenschaft gegen die Skeptiker auf die gleiche Weise verteidigen wie Platon zweitausend Jahre früher. Michel de Montaigne hatte bezweifelt, daß Menschen jemals vernünftige Gründe für die Entscheidung zwischen konkurrierenden Systemen der theoretischen Physik haben könnten, und – wie Sokrates – die Erkenntnis als beschränkt auf Dinge der eigentlich menschlichen Erfahrung und Praxis gesehen: Tugend und Freundschaft, Schönheit und Staatskunst[13]. Descartes war weniger bereit, die Niederlage der Wissenschaft hinzunehmen. In seiner Jugend von Galilei inspiriert, trat er Montaigne mit dem gleichen Mittel entgegen wie Platon der kosmoslogischen Skepsis des Sokrates. Die berechtigten Ansprüche der Vernunft an die wissenschaftliche Theorie ließen sich erfüllen – wenn man einen Preis zahlte. Ein richtig formuliertes System wissenschaftlicher Begriffe konnte Geltung beanspruchen, falls es die Maßstäbe der Strenge und Gewißheit erfüllte, die die Geometrie gesetzt hatte.

Es dauerte nicht lange, und die Erkenntnistheoretiker machten sich dieses Ideal als etwas Selbstverständliches zu eigen. Es gab viele Diskussionen über die Frage, in welcher Hinsicht

12 B. Russell, *The Analysis of Matter* (London, 1927), S. 383.

13 Von Montaigne siehe *Apologie de Raimond Sebond, Essais* II, 12; von Descartes siehe *Principia,* Buch 3, 3. Über die Verbindung zwischen Montaigne und Descartes siehe A. O. Lovejoy, *The Great Chain of Being* (Cambridge, Mass., 1936), Kap. 4, sowie die Einleitung von A. Koyré zu Descartes, *Philosophical Writings,* hrsg. v. Geach und Anscombe (Edinburgh, 1964).

die empirische Erkenntnis der Natur geometrische Gewißheit erlangen könne. In diesem Punkt unterschieden sich Descartes' rationalistische Nachfolger scharf von den empiristischen Nachfolgern John Lockes. Doch das Ideal selbst behielt seine Anziehungskraft; und die meisten philosophischen Erkenntnistheoretiker sehen heute noch in der mathematischen Notwendigkeit das Musterbeispiel sicherer Erkenntnis. Der Anspruch auf wahre Erkenntnis muß sich entweder auf unverrückbare, für sich selbst sprechende Daten stützen oder auf so vollständige und strenge Argumente wie in der reinen Mathematik, am besten auf beides. Angesichts dieses Maßstabes führten die scheinbaren Mängel unseres tatsächlichen empirischen Wissens zu Verwirrung, Zögern und Skepsis – die manchmal bis zum Solipsismus ging. So gesehen, war Erkenntnis, die keine mathematische Gewißheit besaß, philosophisch nicht besser als Unkenntnis. Um nun nicht das vollständige Unwissen eingestehen zu müssen, versuchten die Erkenntnistheoretiker, allgemeine Bedingungen aufzufinden, unter denen andere Erkenntnisse eine ähnliche Geltung erlangen könnten wie die »formalen, demonstrierenden Wissenschaften«. Im Laufe der Zeit wurde das für viele geradezu die zentrale Aufgabe der Erkenntnistheorie. Ihre Aufgabe bestand jetzt darin, weitere Grundsätze oder Voraussetzungen zu finden, die die Argumente auf inhaltlichen Forschungsgebieten – Naturwissenschaft, Geschichte, Ethik – auf die Höhe des mathematischen Ideals bringen würden. Die andere Möglichkeit, nämlich das formale Ideal selbst in Frage zu stellen, erschien ihnen als Verrat an der Philosophie, als Aufgabe jedes philosophischen Anspruchs auf »Vernunftgewißheit«, die der Skepsis Tür und Tor öffnete[14].

Verrat, Aufgabe, Tür und Tor öffnen – das ist nicht mehr die Sprache einer chemisch reinen und wertneutralen Wissenschaft. Descartes und Locke hatten die bestehende Wissenschaft als empirischen Hintergrund ihrer Theorien auch nicht aus bloßer Hochachtung vor den »neuesten wissenschaftlichen Tatsachen« herangezogen. Im Gegenteil, jede Grundvoraussetzung diente zur Absicherung eines scheinbar

14 B. Russell, *Human Knowledge: its Scope and Limits* (London, 1948), S. 439.

wesentlichen philosophischen Bedürfnisses. Der Glaube an allgemeingültige Grundsätze der menschlichen Erkenntnis definierte einen Ausgangspunkt für unparteiische Vernunfturteile zwischen Menschen mit verschiedenen Voraussetzungen. In einer Welt, in der die materiellen Vorgänge Kausalgesetzen sklavisch gehorchten, diente die Trennung von Materie und Geist, von Gehirn und Bewußtsein entsprechend zur Absicherung der Vernünftigkeitsansprüche für unsere höheren geistigen Akte. Und unterdessen bildete das geometrische Erkenntnisideal das notwendige allgemeingültige Kriterium zur Stützung des vernünftigen Vertrauens in allen Zweigen der Praxis.

Nachdem diese Voraussetzungen einmal anerkannt waren, weil sie diese philosophischen Bedürfnisse befriedigten, blieben sie aus Mangel an Alternativen einfach weiter bestehen. Ohne diese Garantien wäre die Autorität des vernünftigen Denkens selbst als schwer gefährdet erschienen. Wenn nicht die Grundsätze der menschlichen Erkenntnis auf einer tiefliegenden Ebene allgemeingültig anwendbar waren, wie hätte man da die Vernünftigkeit von Gedanken aus verschiedenen Zeiten oder Verhältnissen jemals vergleichen können? Ohne diese Garantie scheint man ja von einem geistigen Relativismus bedroht, den man, wenn irgend möglich, abwehren sollte. So erschien die historische Unveränderlichkeit der Vernunft – d. h. das Bestehen allgemeingültiger Grundsätze der menschlichen Erkenntnis – stets als eine Voraussetzung für vernünftiges Urteilen, ohne die Vergleiche zwischen verschiedenen Kulturen und historischen Epochen unvorstellbar waren. Und als man einmal den Gedanken der passiven Materie auf den Schild gehoben hatte, erschien es wiederum als so gut wie unmöglich, eine durchgängige materialistische Erklärung vernünftiger Abläufe aufzustellen, geschweige denn zu verteidigen. »Denken« und »Maschinentätigkeit« erschienen einfach als inkommensurabel. Wollaston formulierte es ironisch gegen Priestley: »Wer könnte sich vorstellen, daß sich die Materie von Argumenten beeindrukken ließe, oder wer hätte jemals Schlußfiguren und Beweise auf eine Ebene mit Hebeln und Flaschenzügen gestellt?«[15]

15 Zit. bei Joseph Priestley, *Disquisitions relating to Matter and Spirit* (London, 1777), Abschn. 8, Einwand 3.

Welchen Platz hätte man in der bekannten Welt für theoretisches Denken und vernünftiges Urteilen finden können, wenn nicht ein von der Materie völlig verschiedenes zentrales sensorium? Für die Menschen des 17. Jahrhunderts war das eine rhetorische Frage, für sie gab es einfach keine ernsthafte andere Möglichkeit. Und was das geometrische Erkenntnisideal anbetraf: mit »klaren und deutlichen« Begriffen, die zeitlosen und für sich selbst sprechenden mathematischen Grundsätzen entsprachen, ließ sich die Skepsis abwehren und eine sichere Grundlage für vernünftige Übereinstimmung schaffen. Welcher vernünftig vertretbare Ersatz für diese tröstliche Gewißheit hätte sich finden lassen, wenn man dieses endgültige und unerschütterliche Kriterium nicht gehabt hätte?

Die allgemeineren Voraussetzungen der Philosophie des 17. Jahrhunderts sind mangels etwas Besseren einflußreich geblieben, doch in den Natur- und Geisteswissenschaften haben sich die Verhältnisse grundlegend gewandelt. Hier sind die älteren Axiome längst in Zweifel geraten und ihre Konsequenzen über Bord geworfen worden. (1) Während der vergangenen 250 Jahre hat die Naturwissenschaft ihre früheren Verbindungen zur Theologie gelöst, und der geläufige wissenschaftliche Ausdruck »Naturgesetz« wird nicht mehr so verstanden, daß sich darin der »höchste Wille« eines Schöpfers äußere. Heute ist selbst die langfristige Unveränderlichkeit dieser »Gesetze« nur noch eine Arbeitshypothese. Und die übrigen strukturellen Invarianten des Weltbilds des 17. Jahrhunderts sind unter dem Hauch der Geschichte alle zusammengeschmolzen und haben sich in historische Variablen verwandelt. Von den letzten unveränderlichen Bausteinen der Materie über das Planetensystem und die Tierarten bis zu den zeitlosen Geboten der Moral und des sozialen Lebens wird heute jede Seite der Natur als in historischer Entwicklung, in »Evolution« begriffen gesehen. Wenn eine Theorie der menschlichen Erkenntnis mit der übrigen Natur- und Geschichtswissenschaft des 20. Jahrhunderts Schritt halten soll, darf sie sich nicht auf unveränderliche Grundsätze und Garantien stützen, sondern muß die sich entwickelnden Wechselwirkungen zwischen dem Menschen, seinen theoretischen Vorstellungen und der Welt, in der er lebt, berücksichtigen. Die Veränderlichkeit des Menschen ist nur durch die sich langsam verschiebenden Grenzen seiner genetischen Konstitution und seiner kulturellen Erfahrung beschränkt. Das Problem der menschlichen Erkenntnis im 20. Jahrhundert ist kein aristotelisches mehr, bei dem es die Erkenntnisaufgabe des Menschen ist, das festliegende Wesen der Natur aufzudecken; es ist auch kein Hegelsches mehr, bei dem sich allein der menschliche Geist historisch vor einer statischen Natur entwickelt. Es verlangt vielmehr, sich der in Entwicklung befindlichen Beziehung zwischen den menschlichen Ideen und einer natürlichen Welt zu stellen, die beide nicht unveränderlich sind. Keine festliegende Vernunft bemächtigt sich einer festliegenden Natur nach festliegenden Grundsätzen, sondern man muß mit veränderlichen Erkenntnisbeziehungen zwischen einem veränderlichen Menschen und einer veränderlichen Natur rechnen.

2. Gleichzeitig hat die Physik der Materie gerade jene »wesentlichen« Eigenschaften abgestreift, durch die sich für die ältere Naturwissenschaft die Materie und ihre Kausalvorgänge so scharf vom Geist und seiner vernünftigen Tätigkeit unterschieden. Anstelle klarer geometrischer Grenzen, Undurchdringlichkeit, streng lokalisierten Einflusses und rein mechanischer Kontaktwirkung haben die heutigen Elementarteilchen Eigenschaften, die weniger an Demokrits »Atome« erinnern als an die aktiven »Harmonien« im stoischen Naturbild. Ebenso haben in der Physiologie die zentralistischen Modelle des Nervensystems an neuere systemtheoretische Vorstellungen Boden verloren. Die höheren Bewußtseinstätigkeiten des Menschen sind nicht mehr in einem immateriellen sensorium lokalisiert, sondern bringen komplizierte physiologische Systeme ins Spiel – ja, sie bestehen im Zusammenwirken dieser Systeme mit geeigneten Bestandteilen der »äußeren« Umwelt. Diese Veränderungen haben wiederum die philosophische Beweislast verschoben. Von Anfang an hatten gründliche Kritiker von Descartes und Locke gesehen, daß jede wirksame Opposition gegen diese Theorien die von allen Neuen Mechanischen Philosophen zugrundegelegte Definition der Materie angreifen mußte[16]. Doch heute ist die naturwissenschaftliche Grund-

16 Siehe Priestley, ebenda, Abschnitte 3 u. 4.

lage der Theorie des sensoriums völlig zusammengebrochen, und diese setzt für die erkenntnistheoretische Spekulation keine Einschränkungen mehr. Den heutigen neurologischen Vorstellungen entsprechen völlig andere erkenntnistheoretische Probleme, als sie sich Descartes und Locke stellten. Das soll nicht heißen, die Gedanken Descartes' seien in jeder Hinsicht mit der Wissenschaft des 20. Jahrhunderts unvereinbar; doch wenn man seinen Dualismus von seinen Wurzeln in der Physik des 17. Jahrhunderts losgelöst hat, muß man zum allermindesten seine Hauptthesen weniger dramatisch formulieren. Von dieser Zwangsjacke befreit, wird jede abgeschwächte Form des kartesischen Dualismus notwendigerweise von den dogmatischen dualistischen Systemen aus der Zeit nach Descartes sehr verschieden sein.

3. In der Mathematik selber hatte das Euklidische Ideal vor Ende des 18. Jahrhunderts bereits an Boden verloren. Die Anziehungskraft der Euklidischen Geometrie als *des* Musterbeispiels vernünftiger Erkenntnis beruhte auf dem Glauben, die griechischen Geometer hätten eine höchst bemerkenswerte zwiefache Tatsache geschaffen: sie hätten gleichzeitig ein Netz strenger logischer Ableitungen wie auch eine richtige Beschreibung der wirklichen Natur geliefert. In den letzten beiden Jahrhunderten erlitt jeglicher derartige Glaube den Todesstoß. Auf Saccheris vergeblichen Versuch, die euklidische Geometrie durch eine reductio ad absurdum [anderer Möglichkeiten] als die mathematisch einzig mögliche darzutun, folgte die Aufstellung nichteuklidischer Systeme, zuerst durch Lambert und Gauß[17]. Doch als einmal nichteuklidische Geometrien nach allen formalen Maßstäben ebenso annehmbar geworden waren wie die euklidische, da war ein Keil zwischen die beiden Hälften der griechischen Geometrie getrieben, nämlich zwischen die Fragen der formalen Widerspruchsfreiheit und der empirischen Geltung. Jetzt gab es verschiedene formale Systeme räumlicher oder quasi-räumlicher Beziehungen, und man mußte jetzt über das Maß der tatsächlichen Geltung und Anwendbarkeit jedes der formalen »geometrischen« Systeme in der wirklichen Erfahrung und Praxis entscheiden. Das Problem

17 Siehe Gottfried Martin, *Kant's Metaphysics and Theory of Science* (Manchester, 1955), insbes. Kap. 1, Abschn. 2-5, insbes. S. 18.

der empirischen Geometrie war ein Ausgangspunkt von Kants kritischen Untersuchungen gewesen. Als junger Mann hatte er es für sicher gehalten, daß die empirische Geltung des Euklidischen und des Newtonschen Systems durch Beweis garantiert sei. Nachdem er teils durch seine Freundschaft mit Lambert, teils durch Lektüre von Hume eines besseren belehrt worden war, mußte er eine andere Grundlage zur Rechtfertigung des besonderen Geltungsanspruchs der Euklidischen Geometrie und der Newtonschen Dynamik finden. Wenn man heute die Geometrie als ein formales System ansieht, so beruht ein großer Teil, wenn nicht unser ganzes Vertrauen in sie darauf, daß sie unsere eigene Schöpfung ist. Ihre Strenge ist die innere Artikulation eines vom Menschen geschaffenen Kalküls; ihre praktische Anwendbarkeit dagegen spiegelt keine Verbaldefinitionen wider, sondern unsere praktischen Verfahren zur Identifikation von »Geraden«, »Kreisen« und den übrigen Gegenständen und Figuren der wirklichen Welt.

Giambattista Vicos Motto »certum quod factum« – »Ein Handelnder kann nur das ganz verstehen, was er selbst geschaffen hat« – gilt offensichtlich auch für die reine Geometrie und die formale Logik[18]. Viele der Argumente, mit denen Vico selbst vergeblich versucht hatte, die Flut des Kartesianismus aufzuhalten, sind in das Denken des 20. Jahrhunderts eingegangen. Außerhalb der Kreise der eigentlichen Philosophie würde man heute kartesianische sichere Erkenntnis nur für unsere eigenen geistigen Schöpfungen in Anspruch nehmen, und sobald das vom Menschen geschaffene System der reinen Mathematik verlassen wird, fragt man sich heute, ob die Forderung nach formalen Beweisen nicht von jeher einer fata morgana nachging. Vielleicht war der Gedanke zeitloser, ewiger Maßstäbe für Argumente ganz im allgemeinen, abgesehen von ihrem praktischen Zusammenhang, schon von jeher (wie Vico behauptete) eine kartesische Täuschung. Übermäßiges Vertrauen in das Vorbild der Euklidischen Geometrie hat die Philosophie schon

18 Siehe Isaiah Berlin, »The Philosophical Ideas of Giambattista Vico«, in *Art and Ideas in Eighteenth-Century Italy* (Rom, 1960), sowie *Giambattista Vico: An International Symposium*, hrsg. v. G. Tagliacozzo und H. V. White (Baltimore, 1969), Teil 4.

länger in Sackgassen geführt; nachdem nun die Mathematiker selbst den Status ihrer Erkenntnisse anders sehen, sollten auch die Philosophen ihre eigenen Gewißheitsmaßstäbe überprüfen.

Wir haben gesehen, wie die Vorstellungen des 17. Jahrhunderts der Philosophie ein bestimmtes Bild von der Erkenntnis aufprägten: der vernünftig erkennende Mensch vor einer unveränderlichen Natur als Gegenstand der Erkenntnis – womit die Wahlmöglichkeiten der Erkenntnistheoretiker erheblich eingeschränkt waren. Diese Vorstellungen waren natürlich nur in einem allgemeineren Sinne »Axiome«: so grundlegende Vorstellungen nämlich, daß sie im Augenblick nicht in Frage gestellt wurden. Wenn wir also die Erkenntnistheorie des späten 20. Jahrhunderts zu modernen Ideen aus anderen Gebieten in Beziehung setzen wollen, müssen wir ein neues Selbstbild des erkennenden Menschen an die Stelle des alten setzen und dadurch geistige Möglichkeiten wieder eröffnen, die während der Blütezeit der kartesischen Erkenntnistheorie verschlossen worden waren.

Bis jetzt sehen noch nicht allzu viele Philosophen der Gegenwart ihre erkenntnistheoretische Aufgabe ganz in diesem Sinne. Das ältere Erkenntnisbild ist jedem unbewußt vertraut, der sich unter den Einfluß der sogenannten »modernen Philosophie« der Universitäten begibt, und es hat viele Fachphilosophen noch bis tief ins 20. Jahrhundert hinein geleitet. Gegen Anfang von *The Longest Journey* führt uns E. M. Forster eine Gruppe von Cambridger Studenten der unteren Semester vor, die bis spät in die Nacht diskutieren, und zwar über eine Kuh auf der Weide: »Existiert sie wirklich? Können wir wissen, daß sie existiert? Und wie? Vor allem: wie können wir *beweisen*, daß sie existiert? ...« Hier hat Forster sehr gut die Diskussionen der jüngeren Cambridger Studenten seiner eigenen Generation eingefangen, vor allem die Bertrand Russells und G. E. Moores über Sinnesdaten und materielle Gegenstände, über das innere Bewußtsein und die äußere Welt und ähnliches. Eine konzentrierte Formulierung dieser Fragen könnte lauten:

> Wie kann der Mensch zu einer verläßlichen Erkenntnis der Natur kommen? Nach welchen überdauernden Grund-

sätzen kann der menschliche Beobachter (das Bewußtsein) von seinem Beobachtungspunkt tief im Inneren des Körpers (also der Materie) über jene inneren Sinnesempfindungen hinauskommen, die ihm als einzige Daten vorliegen, und zu einer gültigen Erkenntnis der Außenwelt am anderen Ende seiner Sinnesorgane kommen? Und wie können die empirischen Argumente des Menschen bezüglich der Außenwelt jemals die Strenge und Gewißheit haben, die von der formalen Logik und Mathematik als Maßstäbe aufgerichtet worden sind?

So stellten am Beginn des 20. Jahrhunderts Russell und Moore den englischen Philosophen erkenntnistheoretische Fragen, die unverkennbar auf der herkömmlichen Erkenntnisvorstellung beruhten. Für sie trat der menschliche Geist der Außenwelt in einem historisch unveränderlichen Rahmen entgegen; Medium, oder Barriere, waren die fünf Sinne; und von allen Erkenntnisbehauptungen wurde volle Euklidische Strenge und Gewißheit verlangt. Seit dieser Zeit sind viele Schwächen dieser Analysen erkannt worden, und niemand würde mehr das Problem der Erkenntnistheorie genau wie Russell und Moore formulieren. Doch will man die Philosophie auch von den letzten Konsequenzen der Vorstellungen des 17. Jahrhunderts befreien, so muß man offenbar das Messer sehr tief ansetzen. In dieser Situation haben wir zwei Möglichkeiten. Wir könnten am Nullpunkt anfangen, das Erbe des 17. Jahrhunderts völlig beiseitelassen und versuchen, die Probleme unserer Theorie der menschlichen Erkenntnis im Rahmen der Vorstellungen des späten 20. Jahrhunderts über Mensch und Geschichte, über Ideen und Natur zu formulieren – womit die philosophische Autonomie der Erkenntnistheorie aufgegeben wäre und verschüttete Verbindungen zwischen formaler Philosophie und stärker inhaltlichen Disziplinen wieder eröffnet würden. Oder wir könnten vor dieser ganzen Aufgabe zurückschrekken und uns auf eine philosophische Tradition zurückziehen, die zugegebenermaßen unter ganz anderen geistigen Voraussetzungen entstand als den unseren. Doch in diesem Falle müßten wir uns die Frage gefallen lassen: Was bringt das, außer daß das Licht auf den Studentenbuden bis in die Morgenstunden brennt?

3 *Programm einer neuen Theorie der menschlichen Erkenntnis*

Fassen wir die Aufgaben für unsere bevorstehenden Untersuchungen zusammen. Allgemeines Ziel ist die Gewinnung eines neuen »erkenntnistheoretischen Selbstbildes«: einer neuen Sicht der Fähigkeiten, Vorgänge und Tätigkeiten, durch die der Mensch Naturerkenntnis erlangt und die Natur ihm einsichtig wird. Diese Analyse muß so nahtlos an die Fragen, Vorstellungen und Selbstverständlichkeiten des 20. Jahrhunderts anschließen wie das ältere Erkenntnisbild Descartes' und Lockes an die Ideen des 17. Jahrhunderts. Sie muß also auch außerhalb der formalen Philosophie Überzeugungskraft entfalten, nämlich auf all den Gebieten, die mit Wahrnehmung und Erkennen, mit Ideen und Wissen zu un haben, und zwar aus zwei Gründen. Wir bewegen uns auf einem Gebiet, auf dem empirische Gesichtspunkte bestenfalls Hinweise darauf geben können, in welcher Richtung sich Wissenschaft wie auch Philosophie zu bewegen versuchen könnten; und man kann die wissenschaftlichen Seiten der menschlichen Erkenntnis nie völlig von ihren philosophischen trennen.

Auch heute sind die »wissenschaftlichen Tatsachen« nichts philosophisch Eindeutiges, und so stehen wir vor einer heiklen Rekonstruktionsaufgabe. Während wir die herkömmlichen philosophischen Probleme im Lichte der heutigen wissenschaftlichen Vorstellungen neu betrachten, kann es ebenso dazu kommen, daß diese Ergebnisse in gewisser Weise auf die Wissenschaften zurückschlagen. Daher setzt jede philosophische Analyse des theoretischen Wissens gewisse – wenn auch noch so grobe – Vorstellungen über die Mechanismen voraus, nach denen »Sinneseindrücke« im Nervensystem »verarbeitet« werden; doch umgekehrt muß sich die Neurophysiologie vor Augen halten, daß die Funktionen des Zentralnervensystems ein Mittel zur Verbesserung der Erkenntnis sind[19]. Auch können wir die Tragfähigkeit unserer theoretischen Vorstellungen nur dann klar beurteilen,

19 Siehe z. B. J. Lettvin u. a., »What the Frog's Eye tells the Frog's Brain«, *Proc. Inst. Radio Engineers* 47 (1959), 1940-51.

wenn wir die historisch-gesellschaftlichen Vorgänge im Auge behalten, aufgrund derer sie sich innerhalb der Lebensspanne einer Kultur oder Gesellschaft entwickeln; umgekehrt aber gibt uns eine klarere Analyse dieser Tragfähigkeit die Mittel an die Hand, um genauere Vorstellungen über eben diese Vorgänge zu entwickeln[20].

Mit dieser letzten Bestimmung ist unser Aktionsprogramm vollständig, und wir erkennen, wie seine Bestandteile ineinandergreifen und eine einzige Folge von Fragen und Argumenten bilden. Hauptthema des vorliegenden Teils 1 ist die Entwicklung der menschlichen Erkenntnis, wie sie sich in der historischen Entfaltung der Ideen darstellt. Es geht um die sich wandelnden Systeme von Begriffen und Verfahren, die für die kollektive geistige Tätigkeit kennzeichnend sind: um ihr Fungieren in Benutzergruppen und um die verschiedenen Faktoren des Ideenwandels. Positiv formuliert, geht es also im vorliegenden ersten Untersuchungsabschnitt um die Frage:

> Durch welche historisch-gesellschaftlichen Vorgänge und gedanklichen Verfahren wandeln sich Begriffspopulationen und Theorien – die Methoden und Werkzeuge der kollektiven Erkenntnis – und entwickeln sich bei ihrer Weitergabe von einer Generation zur nächsten?

Wenn wir diese Frage stellen, müssen wir es sorgfältig vermeiden, uns auf den herkömmlichen erkenntnistheoretischen Problembereich zu beschränken. Als erstes müssen wir die Frage des 17. Jahrhunderts beiseiteräumen: »Welche allgemeingültigen Grundsätze der Erkenntnis beherrschen die Tätigkeit des menschlichen Geistes, wenn er sich der feststehenden Naturordnung zu bemächtigen sucht?«, und damit der Philosophie wieder Möglichkeiten eröffnen, die der herkömmliche Ansatz verschüttet hat. Doch dafür müssen wir einen Preis bezahlen. Denn wir stehen jetzt sofort vor der weiteren Frage:

> Wenn es keine unveränderlichen Grundsätze der menschlichen Erkenntnis gibt, wie lassen sich dann Auffassungen oder Argumente aus verschiedenen historischen oder kulturellen Verhältnissen vernünftig vergleichen?

20 Vgl. unten, Kap. 4.

Im vorliegenden ersten Untersuchungsabschnitt versuchen wir zu zeigen, daß sich diese zweite, philosophische Frage nur im Lichte der ersten, empirischen befriedigend beantworten läßt, nämlich indem die Aktionsfelder vernünftigen Urteils und vernünftiger Kritik auf der historisch-gesellschaftlichen Dimension der menschlichen Erkenntnis genau bestimmt werden.

Hauptthema von Band 2 wird dann die Entwicklung der menschlichen Erkenntnis sein, wie sie sich in der psychischen Bemeisterung der Begriffe ausdrückt. Es geht um die sich wandelnden Fähigkeiten, mit denen der einzelne diese Bewältigung leistet: um das Fungieren dieser Fähigkeiten im Leben des einzelnen Begriffsanwenders und die verschiedenen Faktoren ihres Erwerbs und ihrer Anwendung. Positiv formuliert, geht es im zweiten Untersuchungsabschnitt um die Frage:

> Durch welche physiologischen Vorgänge und psychischen Abläufe werden geistige Fähigkeiten – die Methoden und Werkzeuge der Erkenntnis beim einzelnen – innerhalb der Lebensspanne des einzelnen erworben, angewandt und gelegentlich eingebüßt?

Wenn wir diese Frage stellen, müssen wir wiederum die Beschränkungen der herkömmlichen Philosophie hinter uns lassen. Wir räumen zunächst bewußt die alte Frage beiseite: »Wie erlangt der erkennende Geist auf seinem Beobachtungsposten tief im Inneren des Gehirns Kenntnisse von der Außenwelt?«, womit wiederum verschüttete Möglichkeiten eröffnet werden. Doch damit laden wir uns wieder eine zweite Frage auf:

> Wenn wir die Ergebnisse der Neurologie des 20. Jahrhunderts ernst nehmen, wie können wir dann das vernünftige Denken auf eine Weise charakterisieren, die mit unserer kausalen Auffassung von der Gehirnphysiologie und der Psychologie harmoniert?

Im zweiten Band werden wir wiederum zu zeigen versuchen, daß sich die philosophische Frage nur im Lichte der vorangehenden empirischen befriedigend beantworten läßt, nämlich indem die funktionalen Korrelate vernünftigen Denkens und Urteilens auf der psycho-physiologischen Dimension der menschlichen Erkenntnis genau ausgemacht werden.

In Band 3 werden wir uns dann den sich daraus ergebenden philosophischen Fragen unmittelbar zuwenden. Hier sind unsere Hauptthemen die vernünftige Beurteilung der menschlichen Erkenntnis und die Bewertung von Ideen. Jedes erkenntnistheoretische Selbstbild des Menschen, das auch für die heutigen Wissenschaften überzeugend ist, muß uns auch ein brauchbares Verständnis der Erkenntnissituation vermitteln und damit ein Verständnis der richtigen Maßstäbe vernünftiger Kritik. Positiv formuliert, geht es also im letzten Untersuchungsabschnitt um die Frage:

> Ausgehend von den Aktionsfeldern und funktionalen Korrelaten der theoretischen Begriffe auf der kollektiven und der individuellen Dimension der menschlichen Erkenntnis, wie müssen wir – wenigstens für unsere Generation – das kritische Vertrauen in unsere bestbegründeten Begriffe und Vorstellungen sichten, vergleichen und damit rechtfertigen?

Bei der Behandlung dieser letzten, philosophischen Frage werden wir die Euklidischen Ideale der Gewißheit und Vernünftigkeit beiseitesetzen und damit die philosophischen Beschränkungen beseitigen, die sich aus der herkömmlichen Forderung ergeben, wahre Erkenntnis müsse unbezweifelbar und unkorrigierbar sein. Doch damit stehen wir sofort vor der weiteren Frage:

> Wenn es nicht die absolute Gewißheit des Euklidischen Ideals gibt, nach welchen anderen Maßstäben für das theoretische Urteil können wir dann entscheiden, worauf man sich in geistigen Dingen vernünftigerweise verlassen kann?

Unser letzter Untersuchungsabschnitt wird also von zwei gemeinsamen Zielen geleitet sein. Einmal sollen die Vernunft und die mit ihr zusammenhängenden Kategorien zu den wirklichen Standorten in Beziehung gesetzt werden, an denen vernünftige Urteile in der Praxis erfolgen; zum zweiten soll gezeigt werden, wie die Tragkraft unserer theoretischen Vorstellungen ihre letzte Quelle in der empirischen Dimension der Erkenntnis selbst findet.

Eine letzte Bemerkung möge das ganze Unternehmen in die rechte historische Perspektive rücken helfen. Von einem

Standpunkt aus gesehen, scheint unsere Aufgabe darauf hinauszulaufen, daß wir, wie Penelope, das gesamte Gewebe der Erkenntnistheorie – Probleme und Fragen wie auch Methoden – auflösen müßten, das die Philosophen in den letzten 350 Jahren so fleißig gewebt haben. So gesehen, schieben wir in der Tat sämtliche inhaltlichen Lehren beiseite, die sich mit Decartes und der von ihm geschaffenen erkenntnistheoretischen Traditon verbinden. Doch von einem anderen, tieferen Standpunkt aus entsprechen unsere Untersuchungen ganz genau Descartes' eigenen methodologischen Grundsätzen. Wie sich auch die Fragen, Schlußfolgerungen und Argumentationsweisen eines Philosophen verändern mögen, so kann doch die allgemeine Linie seiner Philosophie dieselbe bleiben; und für Descartes bestand diese in seiner Grundmaxime des »methodischen Zweifels«. Wie er immer wieder betont, ist der Philosoph vernünftigerweise verpflichtet, alles zu bezweifeln, was er sinnvoll in Frage stellen kann, und unsere jetzigen Untersuchungen führen dieses Programm lediglich einen Schritt weiter. Wenn wir im späten 20. Jahrhundert unsere systematischen Zweifel weiter treiben können als das Denken des 17. Jahrhunderts – indem wir die drei Grundannahmen aufgeben, die auch Descartes und Locke für selbstverständlich hielten –, dann sollten wir das nach Descartes' eigenen Maßstäben der philosophischen Vernunft auch tun. Und wenn Descartes trotz aller seiner Zweifelsakrobatik doch Annahmen machte, die wir heute »sinnvoll in Frage stellen« können, dann ist es unsere kartesische Pflicht, die Konsequenzen dieser radikaleren Zweifel zu untersuchen.

Unsere Aufgabenstellung könnte uns also zwingen, die Auffassungen Descartes' aufzugeben; doch sie wird uns nicht zur Aufgabe seiner Ideale veranlassen. Im Gegenteil, es wäre ein viel schlimmerer Verrat an Descartes' Programm, wenn wir es unterließen, an allen geeigneten Punkten die erkenntnistheoretische Tradition in Frage zu stellen, die von seinem Werk ausgeht. Nein, wir müssen die Zähne zusammenbeißen und in seinem Namen schwören, im Sinne unseres eigenen Jahrhunderts *kartesischer zu sein que Descartes même.*

Kritik der kollektiven Vernunft

Teil I
Rationalität und Ideenvielfalt

Einleitung

Jeder von uns denkt seine eigenen Gedanken; die Begriffe aber haben wir mit unseren Mitmenschen gemeinsam. Für unsere Auffassungen sind wir als einzelne verantwortlich; doch die Sprache, in der wir sie ausdrücken, ist Gemeineigentum. Um zu erkennen, was Begriffe sind und welche Rolle sie in unserem Leben spielen, müssen wir die zentrale Beziehung begreifen zwischen unseren Gedanken und Auffassungen, die persönlich oder individuell sind, und unserem sprachlichen und begrifflichen Erbe, das etwas Gemeinsames ist.

In dieser Hinsicht weist das Problem der menschlichen Erkenntnis – das Problem der Erklärung der Maßgeblichkeit, die unsere kollektiven Denkmethoden für den einzelnen Denker haben – einige wenig beachtete Parallelen zu dem Hauptproblem der politischen und der Gesellschaftstheorie auf: dem der Erklärung der entsprechenden Maßgeblichkeit unserer moralischen Vorschriften und Sitten, unserer kollektiven Gesetze und Institutionen für das einzelne Mitglied der Gesellschaft. Diese Parallelen sind indirekt in den Gedankengängen der idealistischen Philosophen enthalten. Genau genommen, so meinten sie, setze die Ausübung von Rechten des einzelnen die Existenz der Gesellschaft voraus und sei nur im Rahmen sozialer Institutionen möglich; ähnlich, so könnten wir fortfahren, setzt die Äußerung von Gedanken des einzelnen die Existenz der Sprache voraus und ist nur innerhalb des Systems gemeinschaftlicher Begriffe möglich. So stehen wir auch in der Erkenntnistheorie vor dem von Jean-Jacques Rousseau formulierten Paradoxon der politischen Freiheit: *Der Mensch ist frei geboren, und überall liegt er in Ketten*[21]; doch bei genauerer Betrachtung erweisen sich diese Ketten als die notwendigen Instrumente wirksamer politischer Freiheit. Ebenso ist der Mensch mit der Gabe eigenständigen Denkens geboren, und überall ist diese Eigenständigkeit in den Rahmen eines bestimmten begrifflichen Erbes hineingezwungen; doch bei

21 J. J. Rousseau, *Du contrat social* (1752), Buch 1, Kap. 1, Satz 1.

genauerer Betrachtung erweisen sich diese Begriffe als die notwendigen Instrumente wirksamen Denkens.

Es wäre also ein leichtes, die philosophischen Probleme der Rationalität in quasi-politischen Bildern zu behandeln. Individualisten oder Anarchisten sehen in den gemeinsamen Begriffen, den Werkzeugen unseres Denkens, und der gemeinschaftlichen Sprache, in der wir unsere Gedanken ausdrücken, Fesseln oder Beschränkungen durch ein tyrannisches Kollektiv, die das freie Bewußtsein des aus eigenem Antrieb sich bewegenden, schöpferischen Individuums verkrümmen. Kollektivisten entgegnen, ebenso einleuchtend, die dem einzelnen überlieferten Begriffe seien weder ein Gefängnis noch ein Kapital, sondern ein geistiges Gerüst, das über das rohe, bewußtlose Chaos der unvernünftigen Existenz hinausrage und allein ein wirklich menschliches Leben ermögliche. Dieses Gerüst sei den Bemühungen der Vorfahren zu verdanken, und die eigene wirkliche Kreativität bestehe darin, daß man es verantwortungsvoll und wirksam bearbeitet, um den Nachfahren ein besseres zu hinterlassen. Doch die Bilder von der »Fessel«, dem »Gerüst« und ähnlichem sind letzten Endes nur als Vorspruch zu einer ernsthafteren, sachbezogeneren Analyse zulässig. Ihr einziger Vorzug besteht darin, daß sie das Augenmerk auf die komplizierten Verhältnisse lenken, die jedes überzeugende erkenntnistheoretische Selbstbild aufklären muß. Begriffe spielen ihre Rolle im Leben des einzelnen, und darüber hinaus haben sie nur selten eine Bedeutung. Gleichzeitig lernt der einzelne die Begriffe in einem sozialen Zusammenhang kennen, und die von ihm verwendeten Begriffssysteme spielen auch eine ganz bestimmte Rolle im Leben menschlicher Gemeinschaften – seien es Gesellschaften, Orden oder Professionen. Auf geistigem wie auf politischem Gebiet drücken die Initiativen des einzelnen – seien es soziale oder theoretische – seine persönlichen Gedanken über kollektive Probleme aus. Die neuen Theorien etwa eines einzelnen Physikers werden im Sinne gemeinsamer Ideen beurteilt, die er mit seinen Kollegen teilt; und er denkt schöpferisch, wenn er etwas zur Weiterentwicklung dieser gemeinsamen »Physik« beiträgt.

Im geistigen wie im politischen Leben hat also selbst die

persönliche Originalität eine soziale oder kollektive Dimension. Und außerdem ergänzen sich diese beiden Rollen offensichtlich. Kollektive Erkenntnis kommt durch die geistigen Leistungen einzelner zustande; und der einzelne arbeitet mit Begriffen aus einem Gemeinschaftsreservoir oder verändert sie so, daß dadurch das Reservoir verbessert werden könnte. Das hier zu erarbeitende erkenntnistheoretische Selbstbild muß also zunächst von zwei ganz verschiedenen Gesichtspunkten aus gezeichnet werden, in zwei verschiedenen Dimensionen – einer individuellen und einer kollektiven, und diese beiden Bilder müssen nachher richtig aufeinander abgestimmt werden. An welche der beiden Dimensionen sollen wir zuerst herangehen? Grundsätzlich könnte man die beiden empirischen Seiten der Erkenntnis völlig unabhängig voneinander analysieren, doch hier hat es gewisse Vorteile, wenn wir uns zunächst der kollektiven Seite zuwenden. Zunächst einmal ist das die Umkehrung des üblichen Vorgehens. Von Locke bis Russell, von Descartes bis Chomsky haben die orthodoxen Erkenntnistheoretiker das Erkenntnisproblem so aufgefaßt, daß man zunächst einmal erklären müsse, wie der einzelne Denker oder Beobachter, auf sich selbst gestellt, zu gültigen Vorstellungen, Wahrheiten oder grammatischen Formen kommen könne; und diese Prioritätsfestlegung hat zu großen Schwierigkeiten geführt, indem sie von der Sozialität der Sprache und den gemeinschaftlichen Gültigkeitsmaßstäben ablenkte. Erst in jüngerer Zeit, im Spätwerk Wittgensteins, hat sich die Waage eindeutig auf die andere Seite geneigt und die entscheidenden Zusammenhänge zwischen Begriffslernen und »Enkulturation« aufgezeigt. (Um es vorwegzunehmen: auch viele heutige Entwicklungspsychologen, so Jean Piaget und Jerome Bruner, haben die volle Bedeutung dieses Zusammenhangs verkannt.[22])

Es gibt noch einen weiteren Grund dafür, zuerst die kollektive Seite der Begriffe zu betrachten. Ich sprach hier absichtlich von der »persönlichen« und der »Gemeinschafts«-Seite der Begriffe und nicht von ihrer »privaten« und ihrer

22 Über Piaget siehe unten, 7.2. Von Bruner siehe den Bericht über seine »Erhaltungs«-Experimente in J. S. Bruner u. a., *A Study of Thinking* (New York, 1956).

»öffentlichen«. Herkömmlicherweise verbindet sich mit dem Begriff des Privaten eine Auffassung, der wir mit größter Vorsicht zu begegnen haben: daß Bewußtseinszustände und -vorgänge *wesentlich* »innerlich« und damit »verborgen« seien. Man braucht kaum zu betonen, wie entscheidend die Dichotomie von innerem Bewußtsein und äußerer Welt die Probleme der orthodoxen Erkenntnistheorie geprägt hat. Es lohnt sich hier also, auszuprobieren, wie weit wir unsere Untersuchungen voranbringen können, ohne auf eines der bekannten räumlichen Bilder zurückzugreifen, die das Körperliche mit dem »Äußeren« und das Geistige mit dem »Inneren« gleichsetzen. Indem wir die Gemeinschaftsseite der Begriffe zuerst behandeln, werden wir das ganze verwirrende Problem des »Denkens« als des »inneren Lebens« auf viel später verschieben können.

Zur Erklärung dieser Entscheidung ist lediglich noch eine Qualifikation anzufügen. Unsere Behandlung (in Band 1) der wissenschaftlichen Disziplinen und anderer rationaler Unternehmungen wird sich noch in einem weiteren Punkt von dem Vorgehen eines Ernst Mach oder Bertrand Russell unterscheiden, für die die Rechtfertigung wissenschaftlicher Theorien lediglich ein Spezialfall eines umfassenderen philosophischen Problems war, nämlich der Erklärung »unseres Wissens von der Außenwelt« auf allgemeiner Grundlage[23]. Für Mach und Russell, wie vorher für Locke und Hume, lautete die Hauptfrage: Wie kann man den inneren Schleier der privaten Erfahrung durchstoßen und eine jenseitige Außenwelt öffentlicher Gegenstände beschreiben, erschließen und/oder logisch konstruieren? In der vorliegenden Untersuchung werde ich versuchen, die Verbindung zwischen diesen beiden Problemen aufzubrechen, indem ich die kollektive Verwendung von Begriffen – in wissenschaftlichen Theorien und anderswo – unabhängig von allen Fragen der Zuverlässigkeit der Sinneswahrnehmung betrachte. Ich habe nicht vor, irgendwelche entscheidenden Fragen gegenüber Mach und anderen einfach abzuschneiden; ich werde höch-

23 Von Mach siehe *Beiträge zur Analyse der Empfindungen* (Jena, 1886), im englischen Sprachraum bekannt gemacht durch Karl Pearson, *The Grammar of Science* (London, 1892). Vgl. auch B. Russell, *Our Knowledge of the External World* (London, 1914).

stens zu zeigen versuchen, inwieweit seine Gleichsetzung dieser beiden Probleme voreilig war. Wir wollen also im Rahmen des vorliegenden 1. Bandes Fragen bezüglich der Gemeinschaftsseite der Begriffsverwendung unabhängig von allen Fragen der Rolle der Begriffe bei den Empfindungen und Wahrnehmungen des einzelnen behandeln. Gewiß, in Band 2 werde ich alle Vorstellungen kritisieren, daß die »Sinneserfahrung« irgendwie zwischen Bewußtsein und Außenwelt »zwischengeschaltet« sei. Doch vorerst geht es mir lediglich darum, zu zeigen, wie weit man kommen kann, ohne diese Streitfrage überhaupt ins Blickfeld zu bringen.

Wir kommen also zur Beherrschung der Sprache und des begrifflichen Denkens im Laufe der Erziehung und Entwicklung; und die speziellen Begriffssysteme, die wir uns aneignen, spiegeln Lebens- und Denkformen, Erkenntnis- und Ausdrucksformen wider, wie sie in unserer Gesellschaft gängig sind. In gewissen Beziehungen sind die so entwickelten Strukturen nachweislich Ergebnisse der Kulturgeschichte und -vorgeschichte. Sie sind von Land zu Land verschieden, sie können sich in wenigen Jahren ganz auffällig verändern, und jeder normale Mensch erlernt sie ohne weiteres in ihren kennzeichnenden lokalen Formen, oder lernt sie um. In dieser Hinsicht wird unser Erbe an Begriffen in jeder neuen Generation neu geschaffen durch all die »Enkulturationsvorgänge« der Nachahmung oder Interaktion, der Unterweisung oder institutionellen Ausbildung. In anderer Hinsicht sind gerade diese Lebens- und Denkformen natürlich kultureller Ausdruck von Fähigkeiten und Sensitivitäten, die allen Menschen, ja höheren Säugetieren gemeinsam sind: sie sind in das menschliche Gehirn und den Körper während der Entwicklung unserer Art aus ihren Vorgängern »eingebaut« worden. In diesen anderen Hinsichten müssen unsere begrifflichen Fähigkeiten vielleicht immer noch gelernt werden – genau wie das *Gehen* –, doch die Wirkung dieses Lernens ist einfach die Wachrufung und Entwicklung von Fähigkeiten, deren primäre Grundlage eine physiologische ist. Die sich ergebenden Strukturen unterscheiden sich zwischen den Kulturen oder Gesellschaften nur in kleineren Einzelheiten und sind entsprechend schwer veränderlich.

Es bleibt heute eine offene Frage, welche Seiten unseres Begriffserbes im einzelnen eine vorwiegend physiologische oder erbliche Grundlage haben, und welche vorwiegend anhand der Kultur oder Erziehung zu erklären sind. In gewissem Maße hat zweifellos jede Seite der kollektiven Intelligenz physiologische wie auch kulturelle Seiten, wobei die verschiedenen Kulturen verschiedene Ausdrucksweisen der »angeborenen Fähigkeiten« sind, die großen Teilen oder sogar der gesamten Menschheit zukommen. Die Fähigkeit zur Schaffung von Sprache überhaupt scheint also eine artspezifische menschliche Fähigkeit zu sein, die eine bestimmte Konstellation neuro-anatomischer und physiologischer Korrelate verlangt, während die Entwicklung spezieller Sprachen verschiedene Ausdrucksformen dieser allgemeinmenschlichen Fähigkeit darstellt. In unserer Generation dürfte eine Trennung zwischen den Beiträgen der Erbfaktoren (der Natur, der angeborenen Fähigkeiten) und der Umwelt (der Lebensbedingungen, der Enkulturation) zum intelligenten menschlichen Verhalten ebenso schwierig sein wie die entsprechende Aufgabe für unsere Großväter in der allgemeinen Physiologie und Medizin.
Doch zunächst braucht diese spezielle Schwierigkeit unsere Analyse der Begriffe, der Sprache und der kollektiven Erkenntnis nicht zu behindern. Wir müssen nur festhalten, daß die begrifflichen Fähigkeiten, die wir als Erwachsene ausüben, in erster Linie ererbt sind; und für viele Zwecke ist es – in gewissen Grenzen – gleichgültig, zu welchem genauen Anteil dieses Erbe physiologisch und zu welchem es durch Enkulturation vermittelt wird. Wir können beispielsweise die speziellen Lebens- und Erkenntnisformen kritisieren, in denen wir aufgewachsen sind, wir können versuchen, sie zu verbessern und über sie hinauszukommen; das Nachdenken des einzelnen kann also diese ererbten Ideen abwandeln, Neues bringen und sie letzten Endes ganz ersetzen. In diesem Falle sind die ursprünglichen wie auch die neuen Ideen nicht nur Ergebnisse eines kulturellen Vorgangs, sondern auch Ausdruck unserer angeborenen Fähigkeiten. Doch diese Zweiheit macht hier keinen Unterschied für die eigentliche Frage, nämlich welche Gesichtspunkte bei der Neuerung auf dem Gebiet der Ideen eine Rolle spielen, und wie

Neuentwicklungen auf diesem Gebiet zu beurteilen sind. Für diese Zwecke bleiben die älteren Begriffsformen Ausgangspunkt aller folgenden Neuerungen, und die erneuerten Begriffe sind ebenso wie ihre Vorgänger mögliches Eigentum aller unserer Mitmenschen. Weder die alten noch die neuen Begriffe sind Ausdruck universeller Erbeigenschaften oder privater Erfahrungen allein. So kommen wir auf den ersten, unausweichlichen Gesichtspunkt zurück. Unsere persönlichen Auffassungen lassen sich nur mit Hilfe gemeinschaftlicher Begriffe ausdrücken. Die neuen Formen, in die unsere individuellen Gedanken gegossen werden, gewinnen erst dann bestimmte Gestalt, wenn sie – jedenfalls der Möglichkeit nach – kollektive geistige Werkzeuge einer passenden Gemeinschaft werden.

Die kollektiven Seiten der Erkenntnis sind also allgemeines Thema des vorliegenden 1. Bandes. Die individuellen Seiten der Verwendung von Begriffen werden uns hauptsächlich in Band 2 beschäftigen. Erst in Band 3 wollen wir die sich daraus ergebenden philosophischen Probleme in Angriff nehmen, indem wir die persönliche und die Gemeinschafts-Seite der Begriffsverwendung aufeinander beziehen und die Tragkraft unserer Begriffe und Vorstellungen in einer umfassenden Analyse der menschlichen Erkenntnis neu bewerten.

Kapitel 1
Das Problem des theoretischen Wandels

1.1 *Die Anerkennung der theoretischen Vielfalt*

Manche Daten in der Geschichte der Menschheit erlangen nachträglich eine Bedeutung, die zunächst niemand erkennen konnte. In späteren Zeitaltern erkennt man in ihnen einen Punkt, an dem ein neuer Faktor, eine neue Einflußgröße, eine neue Idee – unmerklich, aber nicht mehr rückgängig zu machen – in die historische Entwicklung hineinkam. Eine Saat fällt ins Bewußtsein oder in die Verhältnisse der Menschen, deren Aufgehen man nun von ihren Anfängen an verfolgen kann, die zunächst nicht erkennbar waren. Ein solches Datum ist der 13. April 1769.

An diesem Tage kam Kapitän Cook auf S. M. S. »Discovery« in Tahiti an, womit er die erste Hälfte seiner Weltumsegelung hinter sich gebracht hatte[24]. Diese war als wissenschaftliche Expedition geplant worden: Cook nahm Joseph Banks und eine von der Royal Society entsandte Gruppe von Wissenschaftlern mit. Tahiti hatte man als günstigen Beobachtungsstandort auf der Greenwich gegenüberliegenden Seite des Erdballs ausgewählt, um den Sonnendurchgang des Planeten Venus am 3. Juni 1769 zu beobachten; daher bemühte sich Cook nach seiner Ankunft auf der Insel als erstes um eine geeignete Landzunge – die zu Ehren des Planeten Point Venus genannt wurde – zum Aufbau der astronomischen Instrumente. Diese Beobachtungen von Durchgängen fehlten noch als letzte entscheidende Einzelheit im orthodoxen Newtonschen Bilde von Gottes astronomischer Schöpfung. Durch Vergleich der Dauern der Venusdurchgänge durch die Sonnenscheibe von verschiedenen Beobachtungspunkten auf der Erdoberfläche aus hofften die Astronomen endlich die absoluten Ausmaße der Plane-

24 J. C. Beaglehole (Hrsg.), *The Journals of Captain James Cook*, Bd. 1: *The Voyage of the »Endeavour«, 1768-1771* (Cambridge, England, 1955), insbes. S. clxxii-cxcii; ferner H. Woolf, *The Transits of Venus: a study of Eighteenth Century Science* (Princeton, 1959).

tenbahnen zu ermitteln – durch eine Triangulation des Himmels, ganz wie sie sonst bei der Navigation oder der Landvermessung angewandt wurde.

Diese vorausgeplante Aufgabe der Expedition erforderte zwar Präzisionsarbeit, war aber verhältnismäßig einfach und wurde im wesentlichen reibungslos erledigt. Doch als die »Discovery« im Juli 1771 heimkehrte, wurde ihre Reise aus ganz anderen und unvorhergesehenen Gründen zum Gesprächsthema Europas. Das Problem der astronomischen Entfernungen mochte die Phantasie der Naturwissenschaftler und Theologen beschäftigen, doch die meisten gebildeten Europäer waren der Ansicht Alexander Popes, daß »der Mensch den Menschen erforschen sollte«. Und so ging der tiefste Eindruck, den die Expeditionsberichte machten, nicht von den angestrebten astronomischen Ergebnissen aus, sondern von einigen merkwürdigen anthropologischen Nebenergebnissen. Die Sitten der Tahitianer erwiesen sich als sehr viel interessanter als die Entfernungen der Planeten. Das Leben auf Tahiti war sehr ruhig und doch überraschend frei und zwanglos: die Menschen lebten glücklich, obwohl sie viele der Tabus und Gebote gar nicht achteten, die in Europa als wesentliche Bestandteile der göttlichen Ordnung galten. Die Europäer des 18. Jahrhunderts lasen die Reiseberichte mit einer Mischung von Erstaunen und Neid. Die Liebenswürdigkeit der tahitianischen Frauen wurde sprichwörtlich, und der Name »Point Venus« erlangte ganz unbeabsichtigte Nebenbedeutungen. Das neue romantische Ideal des edlen Wilden als der von Gesellschaft, Konvention und Vorurteil unverdorbenen Verkörperung der menschlichen Natur schien sich auf den Inseln der Südsee verwirklicht zu haben.

Diese Konfrontation war nur ein Anzeichen eines Konflikts zwischen den herkömmlichen Vorstellungen der Philosophie und Theologie und der tatsächlichen historischen und kulturellen Vielfalt, der sich in den folgenden 200 Jahren nur noch zuspitzte. Cooks Reise sollte die ewige Ordnung von Gottes Schöpfung endgültig erweisen; stattdessen lenkte sie die Aufmerksamkeit auf die Vielfalt und anscheinende Widersprüchlichkeit menschlicher Moralvorstellungen, Kulturen und Ideen. Von da an wurde es immer schwieriger, das Tatsachenwissen der Menschen über die Theorien und Praktiken ihrer Mitmenschen mit den herkömmlichen Auffassungen von dem unparteiischen Standpunkt zu vereinbaren, von dem vernünftige Urteile und Bewertungen auszugehen hätten.

In der Rückschau erkennen wir, daß diese herkömmlichen Auffassungen verschiedene unabhängige Anforderungen in eins gesetzt hatten, und daß die unmittelbare Auswirkung neuer historischer und anthropologischer Entdeckungen die war, einen Keil zwischen diese Anforderungen zu treiben. Als theoretisches Problem war die Suche nach einem »unparteiischen vernünftigen Standpunkt« einer der Ausgangspunkte der gesamten abendländischen philosophischen Tradition. Wenn sich das Zeugnis der Sinne – wie Heraklit betont hatte – nur auf bestimmte Orte und Zeitpunkte bezog, so brauchte man übergreifendere theoretische Grundsätze, um Widersprüche in diesen Zeugnissen zu schlichten. Wenn die gleiche Wandelbarkeit und Zufälligkeit auch die Grundlage der Sprache ins Wanken brachte – wie als nächstes Kratylos behauptete –, so brauchte man außerdem übergreifendere Kriterien, die die anerkannte Bedeutung der Wörter gewährleisteten. Und wenn »Gerechtigkeit« nicht bloß ein Name für »den Willen des politisch Stärkeren« sein sollte – wie es Thrasymachos in Platons *Staat* behauptete –, dann mußten die Philosophen zeigen, wie sich soziale und politische Streitigkeiten anhand allgemeinerer Grundsätze schlichten ließen statt durch Griff zur nackten Gewalt. Eine Konsequenz des Evangeliums des Sokrates war in der Tat gewesen, daß es besonders wichtig sei, »weiter miteinander zu reden«, und zwar auf eine grundsätzlich unparteiische Weise. So bestand das Problem der Rationalität von Anfang an darin, den Menschen »für die Vernunft offen zu halten«. Dazu mußte man sowohl ein unparteiisches Forum oder Schiedsgericht der Vernunft aufrichten, vor dem alle Menschen geistig gleichwertig waren, als auch unparteiische Verfahren, deren Neutralität alle gleichermaßen anerkennen konnten[25].

25 Zum Gedanken des »Schiedsgerichts der Vernunft« habe ich aus Gesprächen mit Peter Herbst in Oxford Anfang der fünfziger Jahre Gewinn gezogen.

Die andere Möglichkeit war das, was Sokrates den Vernunfthaß nannte: die Verachtung der vernünftigen Diskussion. Gab es kein unparteiisches Forum und keine solchen Verfahren, so würde die Vernunft auf die gleiche Art wie die Gerechtigkeit enden. Die Wahrheit würde der Ansicht des Lautstärksten weichen, das Vernünftige den Vorstellungen des Angesehensten, das Richtige den geistigen Methoden des größten Überredungskünstlers. Auf theoretischem wie auf praktischem Gebiet würden Meinungsverschiedenheiten durch ein Gleichgewicht der Kräfte statt der Grundsätze entschieden, und die Verfechtung wohlbegründeter geistiger Positionen würde durch ein sprachliches Freistilringen ersetzt – eine Sache des »Wer wen« (wie es Lenin so beißend formulierte). So gefaßt, war das Problem der Findung und Beschreibung eines unparteiischen Standpunktes für vernünftige Diskussion, Abwägung und Beurteilung das ständige Anliegen der Philosophie. Und die Hindernisse für eine vernünftige Auflösung der Meinungsverschiedenheiten der Menschen – die gleichzeitig Ausflüsse des Vernunfthasses und ein Maß für die praktischen Schwierigkeiten seiner Bekämpfung sind – sind heute die gleichen wie zur Zeit des Sokrates: Nicht-Hören auf den Gegner, Machtbesessenheit statt Grundsatztreue und die Tendenz, Meinungen mit Gewalt oder Drohung durchzupauken, die es an eigener Überzeugungskraft fehlen lassen.

Doch von Anfang an begannen sich alle philosophischen Theorien, die als Lösungen dieses Problems vorgeschlagen wurden, in einer ganz bestimmten Richtung zu entwickeln. Die Notwendigkeit eines unparteiischen Forums und ebensolcher Verfahren wurde so verstanden, daß sie ein einziges unveränderliches und allein maßgebendes System von Ideen und Auffassungen erfordere. Das große Vorbild eines solchen allgemeingültigen und maßgebenden Systems erblickte man in den neuen abstrakten Systemen der Logik und der Geometrie. So wurde »Objektivität« im Sinne von Unparteilichkeit mit »Objektivität« im Sinne überzeitlicher Wahrheit gleichgesetzt; die Vernünftigkeit einer geistigen Position wurde mit ihrer logischen Kohärenz gleichgesetzt; und für die Philosophen bemaß sich die Rationalität eines Menschen danach, ob er ohne weiteres die Gültigkeit der

Axiome, der formalen Konsequenzen und logischen Notwendigkeiten einsah, auf die sich die Ansprüche des maßgeblichen Systems stützten. Doch diese besondere Entwicklungsrichtung – die *Vernunft* mit *Logik* in eins setzte – war nie überzeugend. Im Gegenteil, wir werden alsbald sehen, daß diese Gleichsetzung letzten Endes nur zu einem offenen Konflikt mit Geschichte und Anthropologie führen konnte.

Doch zunächst behauptete diese Gleichsetzung das Feld; und so lange schränkte sie die Möglichkeiten der philosophischen Diskussion ein. Das unparteiische Forum der Vernunft wurde so definiert, daß es ein unveränderliches System von Axiomen oder Grundsätzen erfordere; die einzige offene Frage war, wie man die *Quelle* dieser allgemeingültigen Grundsätze erklären könne. Platon und Thomas, Descartes und Kant suchten ihre letzte Quelle oder ihren letzten Grund je in einer anderen Richtung. Für Platon hatte die Vernunft letzten Endes mit bestimmten »Ideen« zu tun, die außerhalb des menschlichen Bewußtseins existierten und deren Geltung von den Meinungen der einzelnen unabhängig war, die man aber gewissermaßen mit dem »Auge« des Geistes »schauen« lernen konnte. Der Philosoph half den Menschen zu einem solchen Gebrauch ihres Verstandes, daß die »überzeitlichen Wahrheiten« über diese Ideen ihnen unmittelbar einsichtig wurden. Für das Mittelalter lag der objektive Grund der vernünftigen Erkenntnis stattdessen im göttlichen Geiste. Die menschliche Erkenntnis der ewigen Grundsätze der Vernunft beruhte auf Gottes Gnade, nicht auf menschlichem Können. Descartes verband diese beiden Auffassungen: der letzte Grund für den Glauben an die unveränderlichen Grundsätze der Vernunft lag für ihn in der Harmonie oder Entsprechung, die Gott gesetzt hatte zwischen jenen »Ideen«, die dem menschlichen Geist völlig »klar und deutlich« waren (etwa die Grundbegriffe der Euklidischen Geometrie) und jenen Strukturen der Außenwelt, denen sie angeblich entsprachen. Kant war mit diesem Kompromiß nicht zufrieden. Wie konnte man nach Lage der Dinge jemals eine solche Isomorphie zwischen unseren »klaren und deutlichen« Ideen und irgendeiner »äußeren Wirklichkeit« nachweisen? Letzten Endes konnte man wirkliche Gewißheit lediglich für Erkenntnisse bezüglich der

Ideen selber beanspruchen. Unser Vertrauen in ihre Vernünftigkeit mußte ein innerliches sein, in der vernünftigen Organisation des Denkens selbst gelegen, und die Grundsätze der Vernunft mußten diejenigen sein, mit denen wir selbst unserer Erfahrung Gestalt verleihen ... Und so ging die Diskussion weiter.

Doch trotz ihrer Unterschiede im einzelnen arbeiteten alle diese Philosophen innerhalb der gleichen selbstauferlegten Beschränkungen. Was auch die letzte Quelle der Vernunft war, man war sich darin einig, daß ihre Grundsätze historisch unveränderlich waren und sein mußten. Für Kant war das von besonderer Bedeutung. Zu seiner Zeit begannen die Philosophen die wachsende Herausforderung durch historische und anthropologische Entdeckungen zu erkennen, und Kant gab sich große Mühe, sich gegen Fehldeutungen zu schützen. Die Grundsätze der menschlichen Erkenntnis, so behauptete er, konnten keine bloßen empirischen Verallgemeinerungen bezüglich der tatsächlichen Denkgewohnheiten aller heutigen und früheren Menschen sein; sie waren nicht allein Sache der »bloßen Anthropologie«. Faktische Allgemeingeltung konnte den vernünftigen Grundsätzen der menschlichen Erkenntnis keine *Maßgeblichkeit* verleihen, sie nie, wie Kant sagte, »apodiktisch« machen. Eine wirksame Kritik der Vernunft und Urteilskraft mußte vielmehr die Quelle ihrer Grundsätze a priori auffinden, in einer Form, die jedem vernünftig Denkenden unabhängig von allen kulturellen und historischen Unterschieden einleuchten mußte. So landete Kant trotz der kopernikanischen Wende, die er in der Philosophie bringen wollte, bei einer Bekräftigung der historisch-kulturellen Unveränderlichkeit aller gültigen Vernunftverfahren; ja, er ging so weit, für die gesamte Newtonsche Mechanik (einschließlich sogar des Gravitationsgesetzes mit der umgekehrten Proportionalität zum Quadrat der Entfernung) die gleiche ausschließliche vernünftige Geltung zu beanspruchen, wie sie ursprünglich nur der Logik und der Geometrie zugekommen war[26]. Ebenso wie für Platon bemaß sich also für Kant die Vernünftigkeit von Gedanken noch nach allgemeingültigen

26 I. Kant, *Prolegomena zu einer jeden künftigen Metaphysik* (1783), insbes. Abschn. 38.

Grundsätzen a priori, eine bestimmte Naturphilosophie war nach Form und Inhalt die einzig vernünftige, und ihr entscheidender Vorzug lag in ihrem systematischen und kohärenten Charakter. Diese Festlegung auf ein einziges allgemeingültiges System in sich vernünftiger Grundsätze geriet schließlich im 19. Jahrhundert in offenen Konflikt mit den Befunden der Geschichte und Anthropologie.

Doch schon sehr früh war diese vorherrschende Tradition in der Philosophie zu einem Rezept geistigen Autoritarismus statt wirklicher Unparteilichkeit geworden. Hier wie auch anderswo förderte der Glaube an »allgemeingültige« und »unmittelbar einleuchtende« Grundsätze eine gewisse Selbstgerechtigkeit und Beschränktheit. Wenn sich die Hellenen von den Barbaren absetzten oder die Europäer des 18. Jahrhunderts mit ihrer Überlegenheit über die alten Britannier und andere »primitive« Völker brüsteten, so konnten sie kaum umhin, sich vorzustellen, daß die letzten und allein gültigen Wahrheiten *ihre* Grundbegriffe und Denkweisen als richtig auszeichnen würden. So wurde anfänglich die Stoßkraft der historischen und geographischen Entdeckungen etwas gedämpft.

Schließlich war die große Vielfalt der menschlichen Neigungen, Gewohnheiten und Sozialstrukturen den europäischen Denkern in gewissem Maße schon länger vor der Zeit um 1770 bekannt gewesen; doch ihre volle Bedeutung wurde erst mit der Zeit erkannt. In seiner Abhandlung *L'esprit des lois* hatte Montesquieu Völker und Kulturen aus verschiedenen Gegenden der Erde mit unterschiedlichem Klima und Boden, natürlichen Hilfsquellen und Traditionen gegenübergestellt und anhand dieser Umweltunterschiede zu erklären versucht, warum diese Gesellschaften zu entsprechend verschiedenen Gesetzen, Institutionen und Wirtschaftsweisen kamen – wie auch zu verschiedenem Volkscharakter und Kunstgeschmack[27]. Doch für Montesquieu waren diese Un-

27 Von Montesquieu siehe *L'esprit des lois* (Genf, 1748); seine Analyse begründete eine Tradition statischer, struktureller Gedanken, die in Frankreich bis heute besteht, wie sich etwa in Claude Lévi-Strauss' *Anthropologie structurale* (Paris, 1958; dt. *Strukturale Anthropologie*, Suhrkamp, Frankfurt, 1967, 1975) zeigt. Siehe auch Toulmin u. Goodfield (vgl. Anm. 5), Kap. 5.

terschiede noch keine wirklichen Widersprüche, sondern Ausdrucksformen der gleichen festliegenden sozialen Gesetze und Grundsätze, die auf der gleichen fortdauernden »Natur der Dinge« beruhten, oder auch strukturelle Variationen eines gemeinsamen Themas, die verschieden gelagerte Geichgewichte zwischen den Bestimmungsfaktoren des sozialen Lebens widerspiegelten. Und selbst ein so liberaler und unorthodoxer Autor wie Voltaire konnte die Vielfalt der menschlichen Sitten als eine Oberflächenerscheinung behandeln, hinter der die Grundforderungen von Vernunft und Natur so unveränderlich und unentrinnbar blieben wie je: »Es gibt nur eine Moral, wie es nur eine Geometrie gibt.«[28]

Doch Montesquieu und Voltaire wußten wenig über Kulturen und Gesellschaften außerhalb der europäischen und nahöstlichen Traditionen. China und Indien waren kaum erst dem Fabelreich entwachsen; die Stammesgesellschaften Zentralafrikas und Nordamerikas konnten noch als barbarisch und primitiv beiseite gelassen werden; und über die untergegangenen Kulturen der Inkas und Azteken war das Zeugnis der spanischen Eroberer lückenhaft und dubios. Es gab genug Material über die klassischen Römer, Griechen und Perser, über die verschiedenen europäischen Länder und in geringerem Maße über Juden und Mohammedaner; diese Kulturen waren alle verhältnismäßig homogen, sie hatten ihre Wurzeln alle im Mittelmeerraum oder in den kulturellen Traditionen der Bibel. So konnte man fast bis gegen 1800 die Verschiedenheit der Gesetze, Sitten und Praktiken in den bekannten Gesellschaften noch als oberflächlich, als verschiedene Äußerungsformen derselben statischen menschlichen Natur auffassen, die überall nach den gleichen festliegenden, quasi-geometrischen Grundsätzen am Werke war.

Erst die Weltumsegelungen eines Cook oder Bougainville und die Berichte europäischer Reisender aus Süd- und Ostasien eröffneten die letzten und entferntesten Gegenden des Erdballs und ließen das ganze Spektrum der menschlichen Variabilität erkennen. Der Anstoß, der von zoologischen

28 Voltaire, *Dictionnaire philosophique* (1767), »Morale« (hrsg. v. J. Benda, Bd. 2, Paris, 1943, S. 160-2).

und botanischen Entdeckungen auf Spekulationen über die Taxonomie und den Ursprung der Arten ausging, wurde auch von den folgenden anthropologischen Beobachtungen auf Spekulationen über die Moral und die Ursprünge der Gesellschaft ausgeübt. In Darwins entscheidenden Argumenten für die Veränderlichkeit des Organismenreichs mußten Daten über die geographische Verteilung der Arten mit geologischen und paläontologischen Daten über die Vergangenheit ineinandergreifen. Ähnlich waren um 1800 die Entdeckungen der Ethnologie und Anthropologie mit einem tieferen Verständnis der historischen Vergangenheit zu einem starken Argument für die Variabilität zusammengeflossen, und die nachfolgenden Entwicklungen im 19. Jahrhundert verliehen ihm nur weiteren Nachdruck.

Als einmal die ganze Breite und Vielfalt der Sitten und moralischen Vorstellungen in verschiedenen Kulturen und Epochen anerkannt war, konnte man diese nicht mehr gut als bloße verschiedene Auswirkungen derselben ewigen und universalen Ursachen, als verschiedene Ausdrucksformen statischer sozialer Gesetze, als verschiedene mögliche Lösungen überzeitlicher gesellschaftlicher Gleichungen sehen. Stattdessen bestand die Versuchung zum umgekehrten, zum relativistischen Extrem, zu der Auffassung, daß die moralischen Vorstellungen und Verhaltensweisen lokal wählbar seien wie Gesetze und Verwaltungsvorschriften, so daß man auch von den moralischen Grundsätzen sagen müsse: cuius regio, eius lex. Doch zunächst übte der Relativismus nur in praktischen Dingen eine Anziehungskraft aus, etwa in moralischen Fragen. In der Gesellschaft Tahitis schienen freie Liebe und Kindestötung ebenso anerkannt und achtbar wie Monogamie und elterliche Liebe im Europa des 18. Jahrhunderts; und diese unabweislichen Unterschiede weckten Zweifel, ob nicht alle derartigen Regelungen völlig willkürlich seien[29]. Doch während die Sitten und Moralvorstellun-

29 Beaglehole (s. Anm. 24), S. clxxxviii-clxxxix. Wie die Arbeiten von Moerenhout später zeigen sollten, waren die tatsächlichen Verhältnisse in Tahiti komplizierter, als die ersten Berichte erscheinen ließen: das anstößige, aber aufregende Verhalten, das die Phantasie der Europäer des 18. Jahrhunderts erregte, stellte sich als weitgehend beschränkt auf eine ganz bestimmte Gruppe mit priester-ähnlichen Funktionen heraus.

gen der pazifischen Inselbewohner eine Herausforderung für die ethischen Vorstellungen der Europäer sein mochten, schien es zunächst keinen entsprechenden Grund zu geben, etwa das Zahlensystem, die Kosmologie und die animistischen Vorstellungen der australischen Ureinwohner als ernsthafte Alternativen zur europäischen Mathematik, Astronomie und Physik zu betrachten. So unterblieb etwa 100-150 Jahre lang die Anwendung der Argumente für den ethischen Relativismus auf mathematische und naturwissenschaftliche Disziplinen oder Ideen. Die Geltungsansprüche der Euklidischen Geometrie und der Newtonschen Physik – die Kant mit transzendentalen Argumenten a priori hatte untermauern wollen – verliehen ihnen in der Vorstellung der Menschen immer noch eine Sonderstellung gegenüber dem übrigen europäischen Denken und den vorwissenschaftlichen Ideen anderer Kulturen.
Einige idealistische Philosophen nahmen allerdings den historischen Wandel und die Vielfalt so ernst, daß sie behaupteten, alle Grundkategorien des menschlichen Denkens und der wissenschaftlichen Theorien – der mathematischen und physikalischen so gut wie der ethischen und theologischen – seien die Momentanzustände eines geschichtlichen Ablaufs und keine »allgemeingültigen und apodiktischen« Eigenschaften der »reinen Vernunft«. Doch die meisten Menschen des 19. Jahrhunderts fanden das nicht überzeugend. Erst seit 1900 – insbesondere seit 1905 – wurde endgültig klar, daß Verstandesurteile und Begriffe einer historisch-kulturellen Vielfalt oder Relativität unterliegen, die mit der der Rechtspraxis, der moralischen Anschauungen und der sozialen Institutionen vergleichbar ist. Heute erkennen wir, daß die Zahlensysteme, Farbbezeichnungen, Kosmogonien und Technologien verschiedener Gesellschaften auf Grundsätzen beruhen, die so grundlegend verschieden sind wie die der verschiedenen moralischen Einstellungen und sozialen Systeme. Inzwischen kann in der Hochburg der Naturwissenschaft selber das klassische Euklidisch-Newtonsche System nicht mehr die alleinige Geltung beanspruchen, die es noch während des größten Teils des 19. Jahrhunderts besaß. So ist die wichtigste Schranke für die Ausdehnung der relativistischen Argumentation vom praktischen

Verhalten auf wissenschaftliche Theorien gefallen. Heute bläst uns der Wind der historisch-kulturellen Vielfalt auf wissenschaftlichem Gebiet ebenso scharf ins Gesicht wie im praktischen Leben.

Als Folge davon befinden wir uns heute in einer neuen und verwirrenden Situation. Vertraute das achtzehnte Jahrhundert letztlich auf Vernunft und Natur und das neunzehnte auf das gnädige Wirken der Geschichte, so ist das zwanzigste von dem ungelösten Problem der Relativität geplagt. In den letzten siebzig Jahren ist den Menschen endgültig klar geworden, daß die Relativität des menschlichen Urteils nicht nur Moral, Religion und persönliche Beziehungen betrifft, sondern auch sämtliche anderen Arten von Gedanken – die grundlegendsten wissenschaftlichen Ideen nicht ausgenommen. Und diese Relativität gilt nicht nur zwischen räumlich weit auseinanderliegenden Kulturen – zwischen Rom und Florenz, China und Japan, Nordamerika und Südasien –, sondern auch zwischen verschiedenen Gemeinden und zwischen Menschen in derselben Stadt. Sie trennt nicht nur zeitlich weit auseinanderliegende Menschen und Epochen – das 19. vom 18. Jahrhundert, die moderne von der mittelalterlichen Gesellschaft, das 20. Jahrhundert n. Chr. vom 8. Jahrhundert v. Chr. –, sondern auch die Menschen aufeinanderfolgender Jahrzehnte und Generationen. Welche Begriffe jemand verwendet, welche Maßstäbe vernünftigen Urteils er anerkennt, wie er sein Leben ordnet und seine Erfahrungen deutet, das alles hängt anscheinend nicht von den Eigenschaften einer allumfassenden »menschlichen Natur« oder von der unmittelbaren Überzeugungskraft seiner Grundgedanken allein ab, sondern auch davon, wo er zufällig geboren wurde und lebte.

Diese Entdeckung bringt uns in ein Dilemma. Wenn die Begriffe, Deutungen und Vernunftmaßstäbe aller Menschen – in der Moral oder im praktischen Leben, in der Naturwissenschaft oder sogar der Mathematik – historische und kulturelle Veränderliche sind, so daß unsere Denkgewohnheiten ebensosehr von unserer zeitlichen und räumlichen Position abhängen wie unsere sozialen Verhaltensgewohnheiten, dann stellt sich beide Male dasselbe Grundproblem. Welche begründeten Ansprüche auf unsere geistige Gefolgschaft können überhaupt irgendwelche Begriffe und Denkweisen erheben? Wenn jede Kultur ihre eigenen Grundideen hat und alle ihre Urteile im Hinblick auf diese verstanden werden müssen, wäre es dann nicht ebenso anachronistisch oder verständnislos, die theoretischen Auffassungen und Begriffe einer Kultur oder Epoche ausschließlich vom Standpunkt einer anderen aus zu beurteilen, wie es das im Falle der moralischen oder sozialen Einstellungen wäre? Wie kann man in diesem Falle entscheiden, welche Vorstellungen für uns wirklich überzeugend sind oder ernsthafte Beachtung verdienen? Welche Bedeutung kann in dieser neuen Situation die Idee der »vernünftigen Autorität« überhaupt für uns haben, die über die lokalen und vergänglichen Ansprüche einer bestimmten Sozietät und Epoche hinausginge? Es braucht nicht zu verwundern, daß in unserem Jahrhundert eine gesunde politische Skepsis gegenüber absoluten nationalen Souveränitätsansprüchen und Ideologien aufgekommen ist; doch gleichzeitig hat gerade die Schnelligkeit der wissenschaftlichen Entwicklung viele Nichtwissenschaftler dazu verleitet, auch die bedingte geistige Autorität herabzumindern und zu unterschätzen, die *diese* Ideen mit Recht beanspruchen können. (Das ist wohl das, was *wir* eben *heute* über die Welt denken?) So stellt sich heute das alte Sokratische Problem der Findung eines »unparteiischen Standpunkts« für das vernünftige Urteil in neuer und schwierigerer Form.

Wir wachsen mit bestimmten Vorstellungen von der Gesellschaft und der Moral auf, von der Geometrie und der Algebra, von der Materie und dem Weltall; wir lernen bestimmte Untersuchungsmethoden und Argumentationsweisen als vernünftig oder wissenschaftlich ansehen, andere als abergläubisch oder wirrköpfig – doch wir müssen feststellen, daß anderswo und zu anderen Zeiten ganz andere Ideen, Methoden und Argumente gleiche Überzeugungskraft und Autorität besaßen. Was kann man also – abgesehen von der Herkömmlichkeit – für die geometrischen Ideen Euklids oder Riemanns oder Minkowskis im Unterschied zu den Raumvorstellungen der australischen Ureinwohner oder der klassischen Chinesen anführen? Auf welche Vernunftgrundlage kann man eine Bevorzugung der politischen Theorien

Lockes oder Marxens oder Marcuses gegenüber denen der Azteken oder Bismarcks oder de Maistres stellen? Und welche Möglichkeiten bleiben in der Technik, Ästhetik und Gesellschaftstheorie für Vernunfturteile über Geschmack, Entscheidungen und Lebensformen? Auf jedem Gebiet verleiht die Anerkennung der Ideenvielfalt dem Problem der Vernunft und Autorität erschreckende Schärfe.

Doch in einer Hinsicht ist die Situation des 20. Jahrhunderts auch etwas ganz Neues. Die historischen und anthropologischen Tatsachen haben inzwischen endgültig einen Keil zwischen das Sokratische Problem und seine Platonische Lösung getrieben. Das vernünftige Bedürfnis nach einem unparteiischen Standpunkt bleibt dringlich und berechtigt. Die Entscheidung geht immer noch um Machtausübung oder Respekt vor gleichberechtigter Diskussion, um die autoritäre Oktroyierung von Meinungen oder die innere Überzeugungskraft wohlbegründeter Argumente. Doch wir können nicht mehr davon ausgehen, daß unsere vernünftigen Verfahren, wie unparteiisch sie auch seien, einen Garanten in *unveränderlichen Grundsätzen* fänden, denen sich kein vernünftig Denkender verschließen könne – und noch weniger in einem allgemeingültigen System der Natur- oder Moralphilosophie.

Die Vorstellung, die menschliche Erkenntnis solle sich von festliegenden Grundsätzen leiten lassen, könnte als philosophischer Wunschtraum eine gewisse Anziehungskraft behalten; doch wenn es um das Verständnis und die Bewertung der tatsächlichen Grundlage unserer Erkenntnisansprüche geht, dann hilft diese Vorstellung gar nichts mehr. Um mit Kierkegaard zu reden: »Die Begriffe haben nämlich ebenso wie die Individuen ihre Geschichte und vermögen es ebenso wenig wie diese, der Gewalt der Zeit zu widerstehen.«[30] Die Anerkennung der geistigen Vielfalt macht es uns unmöglich, an der heutigen Form des Sokratischen Problems noch vorbeizugehen. In einem Satz formuliert, lautet es:

Wenn es die früheren Garantien durch angenommene fest-

30 S. Kierkegaard, *Über den Begriff der Ironie mit ständiger Rücksicht auf Sokrates*, dt. v. E. Hirsch, Einleitung, Abs. 2. Bei diesem Buch handelt es sich um Kierkegaards Doktorarbeit.

stehende Grundsätze der menschlichen Erkenntnis nicht mehr gibt, wie kann dann das urparteiische Forum der Vernunft – mit seinen neutralen Verfahren zum Vergleich konkurrierender Ideensysteme und Denkmethoden – eine philosophische Begründung finden, die im Lichte der übrigen Ideen des 20. Jahrhunderts haltbar ist?

1.2 *Frege, Collingwood und der Kult der Systematik*

Von der griechischen Klassik bis mitten ins 18. Jahrhundert wurde also jede »Neubegründung« der Philosophie durch ein ähnliches Dilemma veranlaßt, und dieses gab in jedem Falle Anlaß zu einer ähnlichen Kritik. In dieser Hinsicht ist das Problem des 20. Jahrhunderts – das der Vereinbarung der Forderungen vernünftiger Unparteilichkeit mit der Vielfalt der tatsächlichen Denkweisen der Menschen – lediglich eine zugespitzte Fassung eines Dilemmas, das bereits Sokrates und Montaigne bekannt war. Doch jedesmal, wenn die Philosophie eine solche geistige Runde durchlaufen hatte, waren die Fragen ein wenig spezifischer und genauer geworden; und es ist hier von besonderem Interesse, die Reaktionen der Philosophen des 20. Jahrhunderts auf dieses Dilemma zu untersuchen.

Die Anerkennung der Ideenvielfalt hat in der Tat die Positionen im 20. Jahrhundert stark polarisiert. Die meisten Philosophen reagierten so, als gäbe es nur zwei einander geradewegs entgegengesetzte Möglichkeiten; und wenn wir fragen, warum gerade diese Möglichkeiten so oft als die einzigen erscheinen, können wir ebensoviel lernen wie durch eine Untersuchung jeder Möglichkeit für sich. Wie so oft bei entgegengesetzten Extremen, werden wir feststellen, daß die beiden Positionen bei aller oberflächlichen Unverträglichkeit eine Voraussetzung gemeinsam haben: daß nämlich Vernunft mit Logik gleichzusetzen sei, daß verschiedene Begriffe und Auffassungen nur »vernünftig« vergleichbar seien, solange sie auf ein und dasselbe »logische System« bezogen werden können.

Die beiden vorherrschenden Reaktionen sind einmal die Verleugnung der Geschichte, zum anderen die Unterwerfung unter sie. Einmal gibt es die Philosophen, die die Tatsachen der theoretischen und historischen Vielfalt einfach als Tatsachen anerkennen, ihnen aber keine Bedeutung für die Hauptfragen der Philosophie zumessen. Im Gegenteil, so argumentieren sie, je größer die Verschiedenheit der tatsächlichen Begriffe und Auffassungen der Menschen, desto wichtiger ist es, einen »objektiven« Standpunkt anhand »absoluter« Maßstäbe des Vernunfturteils zu definieren; diese sollten nach Möglichkeit abstrakt und allgemein formuliert werden, auch wenn dadurch der Kontakt mit der Kompliziertheit des wirklichen historischen Wandels verloren gehe. Auf der anderen Seite gibt es diejenigen, die von der tatsächlichen Verschiedenheit der menschlichen Ideen so tief beeindruckt sind, daß sie in das entgegengesetzte Extrem verfallen: sie geben jede Forderung nach einem allgemeingültigen, objektiven Standpunkt als unvertretbar auf und ziehen sich auf lokale, vorübergehende oder »relative« Maßstäbe zurück. Die erstgenannte, absolutistische Reaktion wiederholt in den Formen des 20. Jahrhunderts die Hinwendung zu einem abstrakten, an der Mathematik orientierten Formalismus, mit der Platon das Sokratische Problem abschnitt und Descartes die Skepsis Montaignes umging. Für den Absolutisten ist die tatsächliche Vielfalt der menschlichen Begriffe und Vorstellungen etwas Oberflächliches, hinter dem der Philosoph feststehende und dauerhafte Grundsätze der Vernunft auffinden muß, die die reinen, idealisierten Formen der Begriffe widerspiegeln. Der Relativist dagegen nimmt die historisch-kulturelle Verschiedenheit der Ideen allzu ernst. Er schiebt sie nicht beiseite, sondern unterwirft sich ihr völlig, er gibt den Versuch auf, verschiedene Kulturen oder Epochen unparteiisch zu beurteilen, und gesteht dem Begriff der Vernunft lediglich lokale und zeitlich begrenzte Bedeutung zu.

Wir wollen jetzt die Auffassung je eines bedeutenden Vertreters der beiden Orientierungen betrachten und anhand dieser Argumentationen die allgemeinen Eigenschaften – und die gemeinsamen Voraussetzungen – der konkurrierenden Standpunkte aufzeigen. Als Absolutisten wählen wir Gottlob Frege, dessen Schriften sehr viel zum Wiederaufleben der »Mathematisierungstendenzen« der platonistischen

Tradition um 1900 beitrugen, und zwar ganz ausdrücklich als Schutzmittel für die Philosophie gegen die Unterwerfung unter historische und psychologische Tatsachen. Als Relativisten wählen wir R. G. Collingwood, einen fähigen und engagierten Philosophen, der auch hervorragende historische Fachabhandlungen schrieb, aber sich zum Relativismus verführen ließ als dem Preis für die Rettung der Philosophie vor der historischen Bedeutungslosigkeit, zu der gerade Freges Erfolg sie verurteilt hatte.
Weder Frege noch Collingwood hätte den jeweils anderen gern als philosophischen Bundesgenossen angenommen, und oberflächlich widersprachen ihre Hauptthesen einander geradewegs. Doch auch einander widersprechende Aussagen haben etwas gemeinsam: sie erkennen beide die Frage an, auf die sie unvereinbare Antworten geben oder zur Folge haben. Wenn wir also die Argumente von Frege und Collingwood betrachten, müssen wir besonders darauf achten, die gemeinsame Frage festzuhalten, in der sie einander entgegengesetzt sind. Können wir diese Frage – und ihre Voraussetzungen – ans Licht bringen, so könnten wir vielleicht einen Mittelweg finden, der diese Voraussetzungen unterläuft und die unangenehmen Konsequenzen vermeidet, zu denen Absolutismus wie Relativismus uns zwingen.
Beginnen wir mit der absolutistischen Argumentation. Angenommen, Descartes hätte von der Kosmologie der australischen Ureinwohner oder der Geometrie der alten Chinesen gehört. Was hätte das für seine eigene philosophische Position bedeutet? Die Antwort lautet: nichts. Für Descartes hatte die Geschichte nicht mehr Gewicht als eine Auslandsreise; sie erweiterte den Gesichtskreis, aber sie förderte nicht die Vernunft. Die bloße Vielfalt der menschlichen Auffassungen und Fehlauffassungen machte sie philosophisch um nichts interessanter. Für den Irrtum gab es keine Schranken, doch die Wahrheit war eine einzige, und die Aufgabe des Philosophen bestand darin, durch alle diese Verschiedenheiten bis auf den inneren Kern der Vernunft durchzublicken, der alle Menschen verband. »Die Fähigkeit, richtige Urteile zu fällen und das Wahre vom Falschen zu unterscheiden – eigentlich das, was man den gesunden Menschenverstand oder die Vernunft nennt –, [ist] von Na-

tur in allen Menschen die gleiche.«[31] Nur die Ausübung dieser allgemeinen, von Gott geschenkten Fähigkeit verleiht ihren Ergebnissen geistige Autorität, und man kann nur dann mit Recht von Rationalität sprechen, wenn diese universelle Vernunft am Werke ist. Demgemäß sind die Grundsätze des vernünftigen Urteils überzeitlich, ahistorisch zu fassen und gelten gleichermaßen unter allen historischen und kulturellen Verhältnissen.

Der platonistische Zug in der Philosophie Descartes' wurde Ende des 19. Jahrhunderts von Gottlob Frege neu belebt, der das ursprüngliche Programm der »Begriffsanalyse« in *Die Grundlagen der Arithmetik* verkündete. Im 19. Jahrhundert, so Frege, wurde die Diskussion von *Begriffen* heillos verworren, weil die Philosophen im Unklaren ließen, ob sie sich für notwendige logische Beziehungen oder nur für empirische Fragen interessierten. So gebrauchten die Philosophen allmählich das Wort »Begriff« auf mehrere miteinander unverträgliche Weisen: » . . . teils in einem psychologischen, teils in einem logischen Sinne, teils vielleicht in einer unklaren Mischung von beiden.«[32]

Frege selbst wandte sich besonders gegen die Tendenz, formale und präskriptive »Denkgesetze«, die Gegenstand der Logik seien, mit empirischen und deskriptiven »Gesetzen des Denkens« zu vermengen, die Gegenstand der Denkpsychologie seien; er bekämpfte jede Analyse der Logik und Mathematik, die diese höchst rationalen Wissenschaften von empirischen Gesetzen für tatsächliche »Bewußtseinsvorgänge« abhängig machen wollte. Sein Widerstand gegen eine Verfälschung der Philosophie durch die Psychologie erstreckte sich auch auf die Geschichte. Nachdem er die philosophische (oder logische) Analyse der Begriffe von der psychologischen (oder empirischen) Untersuchung der Denkvorgänge abgegrenzt hatte, zog er eine ebenso scharfe Grenze gegenüber der Ideengeschichte.

> Die geschichtliche Betrachtungsweise, die das Werden der Dinge zu belauschen und aus dem Werden ihr Wesen zu

31 René Descartes, *Discours de la méthode*, dt. v. A. Buchenau, I.1, zweiter Satz.

32 G. Frege, »Über Begriff und Gegenstand«, *Viertelj.schr. f. wiss. Philos.* 16 (1892), 192.

erkennen sucht, hat gewiß eine große Berechtigung; aber sie hat auch ihre Grenzen. *Wenn in dem beständigen Flusse der Dinge nichts Festes, Ewiges beharrte, würde die Erkennbarkeit der Welt aufhören und alles in Verwirrung stürzen.*[33]

Frege hätte seinen zentralen Platonismus – seine Überzeugung, alle wahre Erkenntnis müsse auf unveränderlichen, ahistorischen Eigenschaften, Beziehungen oder Grundsätzen beruhen – kaum deutlicher ausprechen können als in dem letzten Satz.

Als Philosoph, so Frege weiter, sollte man alle bloß empirischen Entdeckungen beiseitelassen, ob sie sich nun auf die Entwicklung der Erkenntnis beim Individuum oder auf die historische Entwicklung der kollektiven Erkenntnis beziehen.

Man denkt sich, wie es scheint, daß die Begriffe in der einzelnen Seele so entstehen wie die Blätter an einem Baum, und meint ihr Wesen dadurch erkennen zu können, daß man ihrer Entstehung nachforscht und sie aus der Natur der menschlichen Seele psychologisch zu erklären sucht. Aber diese Auffassung zieht alles ins Subjektive und hebt, bis ans Ende verfolgt, die Wahrheit auf. *Was man Geschichte der Begriffe nennt, ist wohl entweder eine Geschichte unserer Erkenntnis der Begriffe oder der Bedeutungen der Wörter.*[34]

Der Philosoph soll sich mit »Begriffen« nur als überzeitlichen geistigen Idealen beschäftigen, an die sich der Mensch bestenfalls unter Mühen schrittweise herankämpft. »Durch große geistige Arbeit, die Jahrhunderte hindurch andauern kann, gelingt es oft erst, *einen Begriff in seiner Reinheit zu erkennen, ihn aus den fremden Umhüllungen herauszuschälen, die ihn dem geistigen Auge verbergen.*«[35] Wie früher für Descartes, hatten für einen Platonisten wie Frege die tatsächlichen »Vorstellungen« in irgendeiner Gruppe nur als Annäherungen an das ewige System der idealen »Begriffe« philosophische Bedeutung. Philosophische Fragen über

33 G. Frege, *Die Grundlagen der Arithmetik* (Breslau, 1884; Olms, Hildesheim, 1961), S. XIX. (Hervorhebung hinzugefügt.)
34 Ebenda. (Hervorhebung hinzugefügt.)
35 Ebenda. (Hervorhebung hinzugefügt.)

Vernunft, geistige Bindung und Autorität entstehen nur im Zusammenhang mit diesem idealen System der Begriffe; und jedes wirkliche, historische System von Vorstellungen hat nur in dem Maße geistiges Gewicht, wie es diesem Ideal nahekommt.

Angesichts Freges anfänglicher Beschäftigung mit der Philosophie der reinen Mathematik war sein Standpunkt keineswegs abwegig und führte auch bald zu einigen bedeutenden mathematischen Ergebnissen. Er hatte sich die Aufgabe gestellt, den Grundbegriff der Arithmetik, den der Zahl, so zu definieren, daß er »aus den fremden Umhüllungen herausgeschält wurde, die ihn dem geistigen Auge verbargen«, und damit »in seiner Reinheit zu erkennen«. Dazu war es irrelevant, wie sich die menschlichen Zahlvorstellungen historisch entwickelt hatten, oder welche Unterschiede die Anthropologen zwischen den Zähl- und Rechenmethoden in verschiedenen Kulturen gefunden hatten; solche Tatsachenuntersuchungen zeigten lediglich die sich verändernden Bedeutungen der Zahlwörter beim historischen Sich-Herantasten an völlig richtige oder »reine« Zahlvorstellungen auf. Eine reine Vernunftarithmetik dagegen hat sich nur mit dem idealen und endgültigen System der Zahlbegriffe zu beschäftigen, das einen eindeutigen logischen Maßstab zur Beurteilung aller früheren, rohen, vorarithmetischen Gedankengebilde abgibt. Die Analyse der Zahlbegriffe hat also allein mit Hilfe der Logik zu erfolgen. Sie bedarf der Aufstellung und Interpretation eines strengen Systems formaler Definitionen und Beziehungen zur Ergänzung der bereits vorliegenden Axiomatisierung der Arithmetik durch den italienischen Mathematiker Peano.

Freges Werk *Die Grundlagen der Arithmetik* fand in der Philosophie alsbald Nachfolger. Das von ihm in den neunziger Jahren zum erstenmal angekündigte Programm wurde das Vorbild für Bertrand Russells Arbeiten auf dem Gebiet der philosophischen Logik und für die Wissenschaftstheorie eines halben Jahrhunderts, vor allem in Wien und den USA. Wie Freges Nachfolger seine Vorstellung von der Philosophie im einzelnen in die Tat umsetzten, das brauchen wir hier nicht zu untersuchen; es genügt, zu zeigen, daß sie sich weiter seinen absolutistischen Grundsätzen verpflichtet fühlten. Im Falle Russells ist das nicht schwer. Von seiner frühen Arbeit »On Denoting« über die *Principia mathematica* bis zu seinen klassischen Vorlesungen *The Philosophy of Logical Atomism* sah Russell seine philosophische Aufgabe in völligem Einklang mit Freges ursprünglicher Abgrenzung[36], nämlich im Sinne einer grundlegenden Unterscheidung zwischen den »grammatischen Formen« der *Sätze* verschiedener »natürlicher« oder historisch gegebener Sprachen – die die gemeinsame Bedeutung dieser verschiedenen Sätze nur gelegentlich deutlich zeigten – und der »logischen Form« der zugrundeliegenden *Proposition*, der eigentlich diese Bedeutung anhaftete. Die philosophische Aufgabe bestand darin, alles Verworrene abzuschälen, das durch die Besonderheiten der grammatischen Form und des Sprachgebrauchs in das Denken hineinkam, und die zugrundeliegenden Propositionen ans Licht zu bringen, deren logische Formen und Beziehungen allein maßgebend waren.

So erklärte Russell in seinen frühen Schriften Freges »fremde Umhüllungen« als Abwegigkeiten der Umgangssprache. Das fügte der Fregeschen Position eine Nuance hinzu, ohne sie im Wesentlichen zu verändern. Für den frühen Russell blieben, wie für Frege, Begriffe und Propositionen ideale, überzeitliche Gegenstände, die durch die zu irgendeinem Zeitpunkt in der Geschichte gebrauchten Wörter und Sätze der Umgangssprache bestenfalls unvollständig erfaßt wurden. Ihre wahren Eigenschaften konnten nur logisch, als System notwendiger Beziehungen, dargestellt werden; demnach mußten die Philosophen einen Logikkalkül entwikkeln und mit seiner Hilfe Freges und Peanos Behandlung der arithmetischen Begriffe erst auf die ganze Mathematik und sodann auf die übrigen Gedanken der Naturwissenschaft und des praktischen Lebens ausdehnen. So würde man schließlich die philosophische Analyse der eigentlichen Begriffe, die auf ein formales System notwendiger Beziehungen abzielte, sowohl von der historischen Untersuchung von Veränderungen kollektiver Begriffe und Wortbedeutungen als auch von

36 B. Russell, »On Denoting«, *Mind*, 14 (1905), 479-93; »The Philosophy of Logical Atomism«, *Monist*, 28 (1918), 495-527, und 29 (1919), 32-63, 190-222, 345-80; ferner B. Russell und A. N. Whitehead, *Principia mathematica* (Cambridge, England, 1910, 1912, 1913).

der psychologischen Untersuchung der geistigen Entwicklung des Individuums abgrenzen können. Nur so konnte man sicher sein, dem Doppelirrtum des »Psychologismus« und des »Trugschlusses der Genese« zu entgehen.

Die Aufgabe der vollständigen Verwirklichung des Fregeschen Programms stellte sich freilich als viel umfangreicher heraus, als daß Frege und Russell allein sie hätten bewältigen können. Doch ihre Arbeiten lieferten die erste unentbehrliche Grundlegung, und die formalen Kalküle der Fregeschen *Begriffsschrift* und der *Principia mathematica* Russells und Whiteheads erlangten bald die gleiche unumstrittene Autorität für die mathematischen Philosophen des 20. Jahrhunderts wie die Euklidische Geometrie für Descartes. Ihr ehrgeizigstes philosophisches Ziel war die Integration der gesamten positiven Wissenschaft; man sprach in den zwanziger und dreißiger Jahren von der Einheitswissenschaft. Hatte Klein die reine Geometrie auf die Arithmetik abgebildet, hatten Peano und Russell die reine Mathematik auf die reine Logik aufgebaut, hatten Hamilton und Hertz die physikalische Dynamik in eine rationale Mechanik übergeführt, so wollten die Vertreter der Einheitswissenschaft die gesamte Naturwissenschaft in ein einziges logisches System bringen. Durch Erweiterung der Russellschen symbolischen Logik um weitere Grundausdrücke, Postulate und Korrespondenzregeln hofften sie alle ernstzunehmenden Zweige der Wissenschaft in das axiomatische Gebäude einbeziehen zu können; und da dessen wesentliche mathematische Teile am besten durch den vorhandenen logischen Formalismus wiedergegeben wurden – insbesondere durch den sogenannten »niederen Funktionenkalkül« –, war eben diese Schreibweise in passender Erweiterung auf das Ganze anzuwenden. Damit wurde die Symbolik der mathematischen Logik, ganz wie früher die geometrischen Ideen Euklids, zur verbindlichen Sprache einer systematischen und einheitlichen wissenschaftlichen Theorie, eines Weltbilds[37].

Soviel über die Programme und Manifeste; doch als man Freges Plan eines umfassenden quasimathematischen Sy-

37 Siehe meinen Aufsatz »From Logical Systems to Conceptual Populations«, in *Boston Studies in Philosophy of Science*, Bd. 8, hrsg. v. R. S. Cohen und R. Buck (Dordrecht und New York, 1971).

stems »reiner« Begriffe in die Tat umsetzen wollte, tauchten Schwierigkeiten auf. Analysiert man unsere Grundsätze des Vernunfturteils abstrakt, so kommt man gewiß um das unmittelbare Problem des historischen *Relativismus* herum; doch man handelt sich dafür zwangsläufig ein Problem der historischen *Relevanz* ein. Um die Entstehung dieser Schwierigkeiten zu erkennen, müssen wir zunächst eine Unterscheidung einführen, die Freges eigene Nachfolger nicht immer beachtet haben, nämlich zwischen folgenden Fragen:

1. ob sich die Begriffe auf irgendeinem Wissenschaftsgebiet überhaupt für eine Fregesche formale Analyse eignen, und
2. wieviel Licht diese formale Analyse auf die Rationalität geistiger Veränderungen auf dem betreffenden Gebiet wirft.

Als Anhänger der Fregeschen Mathematisierungsidee für die Philosophie übernahmen Russell und der Wiener Kreis naheliegenderweise auch die herkömmliche platonistische Hochschätzung logischer Beziehungen und logischer Systematik. Der Nachweis der *formalen Möglichkeit*, irgendein System von Begriffen mittels des Logikkalküls zu analysieren, erschien ihnen als hinreichend dafür, daß das so entstehende System *praktisch anwendbar* war. Man vernachlässigte die Frage, wie eine Abstraktion sich überhaupt selbst begründen oder ihre eigene Relevanz gewährleisten könne. In der reinen Mathematik, wo man von Fragen der empirischen Relevanz absieht, mag dieser Ansatz wiederum eine gewisse Berechtigung haben. Geht man aber über Freges selbstgewähltes Gebiet der Arithmetik hinaus, so muß man neu fragen, was diese Methode wirklich einbringt. Sehen wir einmal für den Augenblick von der Mathematik ab, kann man dann diesen platonistischen Ansatz wirklich auf die Begriffe auf anderen Gebieten ausdehnen? Überdeckt auch hier die historische und kulturelle Vielfalt der Vorstellungen und Urteile, Maßstäbe und Kriterien allgemeingültige abstrakte Ideen formalisierbarer Art? Kann der Philosoph auch in diesen Fällen hoffen, die »fremden Umhüllungen« von der historisch-anthropologischen Vielfalt lokaler Vorstellungen abzuschälen und so ihre »reine Form«

herauszupräparieren: ideale überzeitliche Begriffe, die für alle Menschen gleichermaßen verbindlich sind, unabhängig von den kulturellen Bedingungen, beruflichen Interessen und Vorlieben? Oder ist der Plan einer Ausdehnung der Fregeschen Methode über die Arithmetik hinaus eine Illusion?

Etwas derartiges kann man vielleicht auf Teilgebieten der formalen Logik versuchen, doch dafür gibt es besondere Gründe. Die verschiedenen Sprachgemeinschaften kleiden zwar ihre logischen Operationen in verschiedenartige sprachliche Formulierungen, doch alle Sprachen besitzen Wendungen, Intonationen oder andere Mittel, deren Funktion die der Negation, der Konjunktion usw. ist. Hier ist es also sinnvoll, hinter den Verschiedenheiten des Sprachgebrauchs nach Standardoperationen zu suchen, die in jedem Falle die gleichen allgemeingültigen »Ableitungsregeln« in sich begreifen. Da auch die einfachsten menschlichen Sprachen einige elementare logische und arithmetische Operationen ermöglichen, kann man erkennen, wie Frege und seine Nachfolger die historischen Begriffe der Negation oder der Zahl als ein Tasten nach der endgültigen Formulierung »reiner Begriffe« sehen und den Eindruck haben konnten, sie könnten in diesen Fällen die komplizierten historischen und anthropologischen Tatsachen ohne weiteres vernachlässigen.

Außerhalb der Logik und reinen Mathematik läßt sich diese distanzierte Sichtweise nicht so leicht aufrechterhalten, man kommt um die Geschichte nicht so leicht herum. Nehmen wir etwa die Physik und die Theorie der Politik. Hier möchte man vielleicht die Dynamik nach den Vorstellungen von Buridan, Aristoteles und Einstein vergleichen, oder die politischen Ideen von Machiavelli, Platon und Marx. Dann aber wird es höchst zweifelhaft, ob Freges Grundannahmen noch irgend einen Sinn haben; denn wie könnte man jetzt die bloßen historischen Tatsachen über die lokale und zeitlich beschränkte »Erkenntnis der Begriffe« durch die Menschen mit der wahren philosophischen Maßgeblichkeit der »Begriffe in ihrer reinen Form« vergleichen? In inhaltlichen und in Entwicklung befindlichen Wissensgebieten wie der Dynamik und der Theorie der Politik besteht die Hauptaufgabe des Philosophen nicht mehr darin, zu erkennen, wie die

Menschen »durch große geistige Arbeit« schließlich »die Begriffe in ihrer Reinheit aus den fremden Umhüllungen herausgeschält« und so die vollkommenen Idealisierungen gewonnen haben, die allein philosophisch interessant oder maßgeblich sind. Vielmehr muß man Schritt für Schritt die Gesichtspunkte ermitteln, die die Ersetzung eines Systems theoretischer Begriffe durch ein anderes im historischen Ablauf rechtfertigen (Gewicht und impetus durch Masse und Impuls, polis durch Nationalstaat, Stand durch Klasse), und unparteiische Verfahren zum Vergleich der Vorzüge der Begriffe finden, die tatsächlich in verschiedenen Zusammenhängen verwendet werden.

Diesem Zweck – dem Vergleich der Vorzüge verschiedener Begriffe in einem historischen Ablauf – ist die Methode der formalen Idealisierung selbst in der Arithmetik wenig dienlich. Man stelle sich vor, man befolgte hier Freges Empfehlungen: man beschäftigte sich nur mit der »reinen Form« des Zahlbegriffs und vernachlässigte alle wirklichen Zählverfahren der Menschen als bloßes historisches Sich-Herantasten, das für die Philosophie ohne Bedeutung sei. Dann wird man nicht einmal nach der Vernünftigkeit (oder Unvernünftigkeit) der einzelnen Schritte dieses »Tastens« fragen können. Doch das ist eine höchst angebrachte Frage. Ob und in welcher Hinsicht die Zählverfahren der alten Griechen eine Verbesserung der ägyptischen bedeuteten, oder die Rechenmethoden der modernen Europäer eine Verbesserung der mittelalterlichen, das ist eine ebenso berechtigte Frage wie die entsprechende bezüglich physikalischer oder politischer Begriffe.

Durch die ausschließliche Konzentration auf die innere Struktur idealisierter logischer Systeme lenkt die Fregesche Methode überdies nicht nur vom Ideenwandel, sondern auch von den Fragen der praktischen Anwendung theoretischer Systeme ab. Selbst wenn man eine elegante und widerspruchsfreie Darstellung etwa der Urteilsgrundsätze in den Naturwissenschaften als eines überzeitlichen, idealen Systems finden könnte – wie es die logischen Empiristen nach Frege mit ihrer »induktiven Logik« zu leisten hofften –, so wäre die formale Konstruktion eines solchen abstrakten Schemas doch nur der erste Schritt zur Lösung einer größeren Aufgabe. Zusätzlich müßte man zeigen, wie sich diese ahistorischen Grundsätze zur wirklichen Praxis der Wissenschaftler auf all den verschiedenen Gebieten und Traditionen verhalten, die diese induktive Logik abzudecken beansprucht. Die Verallgemeinerung von Freges abstraktem, platonistischem Ansatz befreit – um es mit einem Wort zu sagen – nicht von dem Problem der historisch-kulturellen Relevanz; wenn man wirklich wissen will, was diese formalen Analysen mit den Argumentationen des wirklichen Lebens zu tun haben, die sich historisch gegebener Begriffe bedienen, dann stellt sich dieses Problem in aller Schärfe. Haben die physikalisch-dynamischen oder die zoologischen Argumente aller Kulturen und Epochen wirklich eine gemeinsame quasimathematische Grundform trotz aller scheinbaren Vielfalt und Heterogenität? Und wie erhellt dann diese allgemeingültige abstrakte Form etwa den Übergang von Buridan und Oresme zu Galilei und Newton oder die Unterschiede zwischen der Dynamik des europäischen Mittelalters und des klassischen China? Man kann nicht gut verlangen, daß die allgemeine Anwendbarkeit des Fregeschen Ansatzes ohne Prüfung vorausgesetzt wird; sie muß vielmehr auf jeden Fall ausdrücklich anhand umfangreichen historischen Materials gezeigt werden.

Vor diesem Problem haben Freges Nachfolger durchweg die Augen verschlossen. Während Wissenschaftler wie Galilei und Newton, Hertz und Einstein erkannten, daß der empirische Geltungsbereich und die Relevanz ihrer abstrakten theoretischen Systeme aufgezeigt werden müsse, haben die logischen Empiristen die Anwendbarkeit ihrer formalen Kunstprodukte einfach als gegeben betrachtet. Rudolf Carnaps System der induktiven Logik zum Beispiel wurde nicht anhand von Beispielen aus der wirklichen Wissenschaft entwickelt, sondern in einer formalisierten logischen Symbolik, deren Relevanz für die wirklichen Wissenschaftssprachen stets nur vorausgesetzt und nie gezeigt wurde. Wenn wissenschaftlich versierte Leser bemängelten, das formale System sei viel zu allgemein und abstrakt, als daß es irgendeinen erkennbaren Zusammenhang etwa mit den Diskussionen in der heutigen theoretischen Physik aufwiese, so gab Carnap eine unnachgiebige Antwort. Wenn dem so ist, entgegnete er, so liegt es daran, daß die Quantenmechanik nie gemäß den strengen Anforderungen der modernen Logik formuliert worden ist – womit er sich der eigentlichen Beweislast entzog[38]. Auch Carl Hempel hat eine formale Analyse der Bestätigung in der Wissenschaft geliefert und behauptet, sie sei in »der Sprache der Wissenschaft« formuliert. Doch dann erklärt er diese als den »niederen Funktionenkalkül mit Individuenkonstanten, ... Allquantoren für Individuenvariablen und die Verknüpfungszeichen für die Negation, Konjunktion, Alternation und Implikation«[39]. Wieder entpuppt sich die »Wissenschaftssprache« des Philosophen nicht als ein Idiom, das jemals in der Arbeit von Fachwissenschaftlern verwandet worden wäre, sondern als eben die Symbolik der formalen Logik des 20. Jahrhunderts, deren Relevanz zu zeigen wäre.

Wir können jetzt unser Ergebnis formulieren. Allgemeine Maßgeblichkeit kann für ein abstraktes, überzeitliches System von »Vernunftgrundsätzen« erst dann beansprucht werden, wenn gezeigt worden ist, auf welcher Grundlage diese uneingeschränkte Verbindlichkeit ruht; doch kein formales Schema kann aus sich selbst heraus seine eigene Anwendbarkeit beweisen. Wenn man sich nicht dem Relevanzproblem stellt, findet unsere Fähigkeit zur Konstruktion der verschiedensten logischen Systeme nur an unserer formalen Erfindungsgabe ihre Grenze[40]. Wenn aber diese verschiedenen Systeme vorliegen, muß man sich der weiteren Frage stellen, warum man diese und nicht jene formale Analyse zugrundelegen soll – eine Frage, die ganz offensichtlich weniger mit der inneren Widerspruchsfreiheit der konkurrierenden Systeme zu tun hat als mit ihrer Fähigkeit

38 Siehe R. Carnap, *Logical Foundations of Probability* (London, 1950), S. 243: »Die Struktur der neuen physikalischen Theorie ... ist so weitläufig und kompliziert, daß sie noch von keinem Physiker in irgendeinem Entwicklungsstadium vollständig und exakt nach den strengen Maßstäben der modernen Logik formuliert worden ist ...«

39 C. G. Hempel, »Studies in the Logic of Confirmation«, *Mind*, 54 (1945); wieder abgedruckt in *Aspects of Scientific Explanation* (New York, 1965); dort S. 35, Anm. 44.

40 Siehe den Briefwechsel zwischen Ernst Nagel und mir in *Scientific American*, April 1966, der durch meine Besprechung von Hempels Buch (s. oben, Anm. 39) in der Februarnummer 1966 ausgelöst wurde.

zur Erhellung der Schlüssigkeit inhaltlicher Argumentationen. An diesem Punkt tritt die ganze Ironie der Situation des 20. Jahrunderts zutage. Freges philosophische Nachfolger haben wiederholt zwischen konkurrierenden Systemen von Grundsätzen nicht anhand ihrer äußeren Relevanz, sondern anhand von Gesichtspunkten entschieden, die ebenso formal und abstrakt waren wie die Systeme selber: vor allem ihre Übereinstimmung mit der »durchsichtigen Symbolik«, die Frege und Russell für die mathematische Logik entwickelt hatten. Wenn die ganze Analyse der »Rationalität« auf einer formalen oder ästhetischen Bevorzugung etwa der Symbolik des niederen Funktionenkalküls beruht, dann heißt das in der Tat den Aufputz der intellektuellen Autorität mit ihrer Substanz verwechseln!

An diesem Punkt können wir zumindest die entscheidende Schwäche von Freges Reaktion gegen Geschichte und Psychologie erkennen. Von einer abstrakten, überzeitlichen Analyse der Kriterien der Rationalität muß man zeigen, daß sie nicht nur auf Urteile innerhalb eines gegebenen Begriffssystems anwendbar ist, sondern auch auf Vergleiche zwischen verschiedenen Begriffssystemen. Muß man konkurrierende Hypothesen innerhalb einer einzigen wissenschaftlichen Theorie beurteilen, so mögen die formalen Verfahren der Logik und Wahrscheinlichkeitstheorie – Signifikanzprüfungen, Methoden der Kurvenanpassung usw. – gute Dienste leisten; muß man aber Hypothesen aus verschiedenen Theorien vergleichen, so sind diese Verfahren überfordert[41]. Jeder Versuch der Beurteilung von theoretischen Neuerungen in der Wissenschaft oder des Vergleichs konkurrierender verschiedenartiger Theorien sprengt sehr bald den Rahmen einer rein formalen Analyse.

Einige wenige moderne Logiker haben auf diesen entscheidenden Unterschied einzugehen versucht, den zwischen formalen (oder »logischen«) Gesichtspunkten, die innerhalb eines gegebenen theoretischen Systems von Bedeutung sind, und informalen (oder »dialektischen«) Gesichtspunkten, wie sie zwischen aufeinanderfolgenden Theorien von Bedeutung

41 Vgl. Stephen Toulmin, Critical Notice of R. Carnap, »Logical Foundations of Probability«, *Mind*, 62 (1953), 86-99.

sind. Willard Van Orman Quine zum Beispiel nimmt sich dieses Unterschieds auf seine Weise an, indem er unter »Logik« nur die formalen Beziehungen innerhalb gegebener Begriffs- oder Aussagensysteme versteht; sobald er sich etwa fragt, wie die Ersetzung eines Ausdrucks- oder Begriffssystems durch ein anderes gerechtfertigt wird, läßt er die mathematischen Formulierungen der symbolischen Logik zugunsten einer zweckmäßigen pragmatischen Sprache fallen. Welche »Gegenstände« man etwa bei der Analyse der Welt zugrundelegt, das hängt davon ab, welche formale Sprache man zur Beschreibung heranzieht – in diesem Sinne sind wir zur »ontologischen Relativität« verurteilt –, doch die beste Sprache ergibt sich nie ausschließlich auf logischem Wege, als notwendige Folgerung eines formalen Schlusses. Sie läßt sich nur informal rechtfertigen, unter Nutzengesichtspunkten, aufgrund von Sparsamkeit, Einfachheit und Zweckmäßigkeit[42]. Doch wie jeder Geistesgeschichtler weiß, liefert dieses pragmatische Vorgehen bestenfalls eine grobe Vereinfachung komplizierter Gedankengänge. Pragmatisten und Positivisten mögen uns erzählen, die Kopernikanische Theorie der Planetenbewegung habe die Ptolemäische verdrängt, weil sie »einfacher« oder »zweckmäßiger« gewesen sei, doch diese Wörter werden den Problemen, vor denen die Astronomen der Renaissance wirklich standen, kaum gerecht. Wenn Kepler und Galilei das neue heliozentrische System des Kopernikus bevorzugten, so hatten sie dafür viel speziellere, verschiedenartigere und differenziertere Gründe, als solche vagen Ausdrücke wie »Einfachheit« und

42 Siehe W. V. Quine, »On What There Is«, in *From a Logical Point of View* (Cambridge, Mass., 1953), insbes. S. 18-19; ferner *Ontological Relativity* (New York, 1969), insbes. S. 89-90. Eine stereotypere formalistische Reaktion, die sich vor dem drohenden Relativismus in einen quasimathematischen Absolutismus rettet, ist I. Scheffler, *Science and Subjectivity* (New York, 1967), Kap. 1, »Objectivity Under Attack«; ferner Mary B. Hesse, »Positivism and the Logic of Scientific Theories«, in *The Legacy of Logical Positivism*, hrsg. v. P. Achinstein und S. F. Barker (Baltimore, 1969), S. 114, wo nicht der geringste Zweifel gelassen wird, daß die Verfasserin eine »Logik der wissenschaftlichen Theorien« als einzige vorstellbare Alternative zu »einer Art historischen Relativismus« sieht, »für den theoretische Gedankengänge im Grunde irrational sind«.

»Zweckmäßigkeit« ahnen lassen; vor allem anfänglich war die Kopernikanische Theorie nach vielen Kriterien wesentlich weniger einfach oder zweckmäßig als die herkömmliche Ptolemäische Analyse. Betrachtet man also den Wandel etwa zwischen aufeinanderfolgenden physikalischen Theorien, so handelt es sich bei dieser Rationalität weder um etwas rein Formales wie die innere Gliederung eines mathematischen Systems, noch um etwas rein Pragmatisches, um bloßen Nutzen oder Zweckmäßigkeit. Vielmehr kann man ihre Grundlagen nur verstehen, wenn man sich vor Augen hält, wie in der Praxis aufeinanderfolgende Theorien und Begriffssysteme zunächst angewandt, dann abgewandelt werden, und zwar im Rahmen der historischen Entwicklung des betreffenden geistigen Unternehmens.

Die absolutistische Reaktion auf die Ideenvielfalt enthebt sich also der komplizierten Tatsachen der Geschichte und Anthropologie nur um den Preis der Irrelevanz. Auch wenn ein idealisiertes System als Maßstab der Kritik älterer Vorstellungen dient, wie in der Arithmetik, kann eine solche Analyse nur etwas über die formalen Mängel der früheren Ideen unter späteren, perfektionistischen Gesichtspunkten aussagen; sie besagt immer noch nichts über die Richtigkeit der einzelnen Schritte, mit denen sich die Älteren Stück um Stück auf das idealisierte System zubewegten. Der ständige historische Wandel unserer Ideen – etwa die Verdrängung einer Vorstufe der Arithmetik, einer physikalischen Theorie oder einer politischen Doktrin durch eine andere – muß dann noch anders, weniger formal analysiert und beurteilt werden; wie, darüber gibt Freges absolutistische Analyse keinerlei Aufschluß.

Wir wollen uns jetzt den Argumenten R. G. Collingwoods zuwenden, die ein Beispiel für die umgekehrte, relativistische Reaktion auf die Tatsachen der Ideenvielfalt sind. Dieser Ansatz bemüht sich mit Erfolg um die Vermeidung der historischen Irrelevanz, doch dabei – so werden wir sehen – gerät er in keine geringeren Schwierigkeiten, indem er sich eines unparteiischen Standpunkts für das Vernunfturteil begibt.

In unseren Augen hat Collingwoods *Essay on Metaphysics* – Erstveröffentlichung 1940 – einige besondere Vorzüge,

und wir wollen die in diesem Buch vorgelegten Argumente für den Relativismus untersuchen[43]. In den letzten Jahrzehnten war der philosophische Relativismus dieser oder jener Prägung sehr beliebt, doch niemand hat ihn so sorgfältig allgemein begründet wie Collingwood in seinem *Essay*. In diffuserer Form hatte der Relativismus bereits einige Zeit seine Anziehungskraft ausgeübt. In der Ethik führte die Ablehnung des Absolutismus anfänglich zur Anerkennung einer Vielheit moralischer Autoritäten, die je ihre lokale Geltung beanspruchten. Die Begriffe des Rechten und Unrechten wurden kulturabhängig, und es schien keine Berufungsinstanz gegen die kollektiven moralischen Maßstäbe einer bestimmten Zeit und eines bestimmten Ortes mehr zu geben. (Befand man sich im Rom des 7. Jahrhunderts, so konnte man nur so urteilen wie die Römer des 7. Jahrhunderts.) Danach partikularisierten die Argumente der Existentialisten die moralische Entscheidung noch weiter, indem sie dem ethischen Urteil des Indviduums höchste Autorität zuschrieben, womit jeder Gemeinschaftsmaßstab über Bord ging. Nach dieser Auffassung ist die einzige vertretbare Entscheidung die, bei der sich ein einzelner mit einer historischen Situation auseinandersetzt, so gut es sein Charakter und seine Fähigkeiten erlauben, und alle Konsequenzen der »qualvollen« Entscheidung auf seine persönliche Verantwortung nimmt. Jeder muß selbst die Gesetze schaffen, die für sein Handeln bindend sind.
Doch man muß erkennen – und das tat Collingwood –, daß die grundlegenden Argumente für den Relativismus nichts mit der Subjektivität oder Gefühlsmäßigkeit der Ethik und Ästhetik zu tun haben – die man herkömmlicherweise gerade als deren Unterscheidungsmerkmale etwa gegenüber Mathematik und Naturwissenschaft genommen hatte. Diese Argumente ergeben sich vielmehr unmittelbar aus den Tatsachen der Ideenvielfalt und beziehen sich damit gleichermaßen auf

43 Die hier diskutierte Argumentation entspricht der von R. G. Collingwood in *An Essay on Metaphysics* (Oxford, 1940). Siehe auch M. Mandelbaum, *The Problem of Historical Knowledge* (New York, 1938); A. Shalom, *R. G. Collingwood: philosophe et historien* (Paris, 1967); Louis O. Mink, *Mind, History and Dialectic* (Bloomington, Ind., 1969).

alle Gebiete des Denkens und Handelns. Wir sind durch unsere Erziehung »enkulturiert« und denken und handeln im Sinne der für unsere Kultur kennzeichnenden intellektuellen und moralischen Voraussetzungen; diese legen nicht nur fest, welches Verhalten wir für recht oder unrecht halten, sondern auch, was für Erscheinungen wir für merkwürdig oder selbstverständlich halten, welches vernünftige oder wohlbegründete Weltbild wir zur Deutung unserer Erfahrung benutzen, was für wissenschaftliche Argumente und Daten wir für zwingend oder einleuchtend halten, und so weiter; und da die intellektuellen Grundsätze der Menschen zwischen den historischen und kulturellen Milieus ebenso verschieden sind wie die ethischen und ästhetischen Bewertungen, kommt man nicht um die Frage herum, welche geistige Autorität ganz grundsätzlich für ein bestimmtes System von Maßstäben in Anspruch genommen werden kann. Wie kann denn irgendein Vernunftgrundsatz außerhalb seines eigenen Kontexts irgendwelches Gewicht haben? Die einzige vertretbare Auffassung – so der Relativist – ist die, daß man in jedem Milieu den entsprechenden geistigen Maßstäben letzte Autorität zugesteht und ihnen außerhalb jede Relevanz abspricht. So gibt der verallgemeinerte Relativismus die Suche nach einem absoluten Standpunkt auf, nicht nur in den subjektiven Fragen der Ethik und Ästhetik, sondern auch in Verstandesfragen. Wie wir denken oder was wir verstehen können, hängt völlig von allgemeinen Voraussetzungen ab, mit denen wir aufwachsen; die Suche nach einer milieuübergreifenden Rationalität jagt einer fata morgana nach.

In jüngster Zeit sind entsprechende Argumente über die Sprachtheorie mitten ins Herz der Philosophie vorgestoßen. Kants Allgemeingültigkeitsanspruch für die »reine und praktische Vernunft« wurde sehr bald von Herder in Frage gestellt, der darauf verwies, daß unsere Grundkategorien vom jeweiligen historisch-kulturellen Milieu abhingen, und inzwischen ist diese Kritik an Kant bis zum bitteren Ende durchgeführt worden[44]. Denn wenn irgend etwas Richtiges

44 Siehe den Aufsatz über Herder von A. O. Lovejoy in der Sammlung *Essays in the History of Ideas* (Baltimore, 1948), insbes. S. 169-70.

an Wittgensteins Spätphilosophie ist, dann ist gerade die Sprache, mittels derer wir enkulturiert werden, nur denen verständlich, die an unseren Lebensformen ausreichend teilnehmen. Jede »natürliche Sprache« – so Wittgenstein – umfaßt verschiedene »Sprachspiele«, deren Bedeutung sich aus den »Lebensformen« der Gemeinschaften ergibt, in denen die betreffende Sprache gelernt, gesprochen und praktisch gebraucht wird. Ohne gemeinsame »Lebensformen« kann es keine sprachliche Verständigung geben: »Das Hinzunehmende, Gegebene – könnte man sagen – seien *Lebensformen.*«[45] Die Sprachphilosophie wird so zum Bestandteil einer umfassenderen »Naturgeschichte des Menschen«. Universale Begriffe und Kategorien, die in allen Sprachen vorkommen und allen Menschen aus allen Kulturen verständlich sind, finden sich nur in dem Maße, wie ebenso allgemeine Lebens-, Denk- und Verhaltensformen einen gemeinsamen Rahmen für ihren Gebrauch abgeben. Und deren tatsächliches Vorhandensein läßt sich philosophisch nicht gewährleisten.

Soviel über den Hintergrund des Relativismus als einer allgemeinen Position; als nächstes müssen wir uns mit seiner Darstellung durch Collingwood beschäftigen[46]. Um die Stringenz seiner Argumente zu erkennen, müssen wir zunächst seine höchst individuelle Auffassung von den formalen Beziehungen in einem Begriffssystem betrachten – von den logischen Verbindungen zwischen den verschiedenen Begriffen, Fragen und Behauptungen einer wissenschaftlichen Theorie. In jedem solchen System, so Collingwood, stehen die umfassendsten Grundsätze am Gipfel einer logischen Hierarchie oder Struktur, während die von ihnen logisch abhängigen immer spezielleren Aussagen auf immer niedrigeren Ebenen stehen; und bis hierher hat diese Analyse nichts Ungewöhnliches. Doch danach wird sie in einem

45 L. Wittgenstein, *Philosophische Untersuchungen,* Teil 2, Abschn. 11 (Blackwell, Oxford, 1953, [3]1967, S. 226; Suhrkamp, Frankfurt, 1969, Schriften, Bd. 1, S. 539). Vgl. auch ebenda, Teil 1, Nr. 206: »*Die gemeinsame menschliche Handlungsweise* ist das Bezugssystem, mittels welches wir uns eine fremde Sprache deuten« (Hervorhebung hinzugefügt), sowie Nr. 241.

46 Collingwood (vgl. Anm. 43), Kap. 4 u. 5.

wesentlichen Punkt unorthodox. Die meisten neueren Philosophen hatten sich die Ideen als in »axiomatische« Systeme organisiert gedacht, so nämlich, daß die *Wahrheit* der allgemeinen Grundsätze die *Wahrheit* der aus ihnen abgeleiteten speziellen Aussagen zur Folge hat und umgekehrt durch letztere bestärkt wird. (Für die Empiristen floß die Wahrheit vorwiegend »aufwärts« von den speziellen Beobachtungsaussagen zu den allgemeinen theoretischen Aussagen, für die sie stützende Daten waren; für die Rationalisten dagegen floß sie »abwärts«, von allgemeinen Gesetzen und Prinzipien zu den speziellen Aussagen, für die sie eine Deutung abgaben; doch nach beiden Auffassungen lagen Wahrheitsbeziehungen vor.[47]) Collingwood lehnte alle derartigen Auffassungen gleichermaßen ab. Eine formalisierte axiomatische Struktur paßt nach ihm nur in jene Zweige der reinen Mathematik, deren Grundbegriffe endgültig geklärt sind; am eindeutigsten in ein geistig erstarrtes System wie die Euklidische Geometrie. Auf anderen Gebieten ist der Zusammenhang zwischen speziellen Aussagen und Fragen einerseits und allgemeineren andererseits nicht von dieser Art. Unsere Ideen bilden keine axiomatischen Systeme, sondern Systeme von »Annahmen«, und die logischen Beziehungen zwischen den Aussagen auf verschiedenen Ebenen der Allgemeinheit sind keine Wahrheits-, sondern Bedeutungsbeziehungen. So »ergeben sich« bestimmte Fragen oder »ergeben sich nicht«, je nachdem, welche allgemeineren Grundsätze vorausgesetzt werden, und diese stehen zu den spezielleren Aussagen nicht in der Beziehung von Axiomen zu Theoremen, sondern von Voraussetzungen zu sich daraus ergebenden Fragen. Es ist nicht so, daß die Wahrheit allgemeiner Grundsätze die Wahrheit spezieller Aussagen bestimmte oder von ihr bestimmt würde; vielmehr beruht geradezu der *Sinn* der speziellen Aussagen auf der Gültigkeit und Anwendbarkeit allgemeiner Doktrinen. (Collingwood drückt das so aus, daß die »logische Wirksamkeit« engerer, speziellerer Ideen von derjenigen allgemeinerer abhänge. Oder in unserer Sprache: die engeren, spezielleren Begriffe und Fragen kommen nur zum Zuge, wenn die all-

47 I. Lakatos, »Criticism and the Methodology of Research Programmes«, *Proceedings of the Aristotelian Society*, 69 (1968), 149-86.

gemeineren Begriffe und Grundsätze relevant und anwendbar sind.)
Diese logische Struktur kennzeichnet nach Collingwood Begriffssysteme in allen ihren Teilen und auf allen Ebenen; daher kommt irgendein bestimmtes Element eines »Voraussetzungssystems« letzten Endes nur dann zum Zuge, wenn dessen allgemeinste Grundsätze relevant und anwendbar sind. In einer Naturwissenschaft wie der Physik zum Beispiel bestimmen die allgemeinsten Voraussetzungen, welche Denkmuster bei der Erkennung und Deutung physikalischer Erscheinungen eingesetzt werden; und damit bestimmen sie auch, welche Fragen auf dem betreffenden Forschungsgebiet als akut betrachtet werden. So beruhte die klassische Physik des 19. Jahrhunderts auf einer ganzen Kette stillschweigender Annahmen: etwa daß die Bewegungen anorganischer Körper gewöhnlich völlig unabhängig von ihrer Farbe und ihrem Geruch erklärt werden können, oder daß alle Impulsänderungen auf angebbare Kräfte zurückgeführt werden können. Nur wenn diese Voraussetzungen gelten, sind die speziellen Vorstellungen und Fragen der klassischen Physik relevant; in diesem Sinne hängt ihre Sinnhaftigkeit überhaupt von der Geltung dieser Voraussetzungen ab. Und gewiß wirft eine solche Analyse, vom historischen Standpunkt aus gesehen, ein interessantes Licht auf die Newtonsche Mechanik. Welche Wirkung hätte es nämlich, wenn man die allgemeinen Axiome der Newtonschen Dynamik völlig über Bord werfen würde? Damit würden nicht nur zahlreiche Aussagen über »Kräfte« und deren Wirkungen auf die »Impulse« von Körpern falsch, die vorher als wahr galten; vielmehr würden diese Begriffe ihre Bedeutung verlieren, so daß die Aussagen, in denen sie vorkamen, gar nicht mehr akut, ja sogar sinnlos wären.
An diesem zentralen Punkt seiner Argumentation führt Collingwood zwei zweckmäßige und attraktive termini technici ein. Innerhalb eines Voraussetzungssystems sind Begriffe und Fragen mit anderen auf höheren und niedrigeren Ebenen so verbunden, daß die logische Wirksamkeit derer auf einer bestimmten Ebene von der logischen Wirksamkeit derer auf der nächstallgemeineren Ebene abhängt[48].

48 Collingwood (vgl. Anm. 43), S. 27 ff.

So haben physikalische Fragen über die optische Dispersion nur im Rahmen des allgemeineren Begriffs des Brechungsindex einen wohlbestimmten Sinn. Der Gebrauch des Ausdrucks »optische Dispersion« setzt also die Relevanz und Anwendbarkeit der gewöhnlichen Brechungsgesetze voraus. (Deshalb nämlich, weil die Dispersion eines lichtdurchlässigen Körpers als die Abhängigkeit des Brechungsindex von der Wellenlänge des gebrochenen Lichts definiert ist.) Doch diese Voraussetzung bleibt – mit Collingwood zu reden – bloß eine »relative«. Denn die Begriffe der Brechung und des Brechungsindex setzen ihrerseits die Anwendbarkeit anderer, noch allgemeinerer Begriffe wie des Lichtstrahls voraus. Fragen bezüglich der Brechung haben nur dann einen eindeutigen Sinn, wenn sie auf optische Erscheinungen angewandt werden, die eindeutig mit Hilfe des Begriffs des Lichtstrahls beschrieben werden können; die ganze Rede von der Brechung setzt also ihrerseits noch allgemeinere Vorstellungen voraus. Die gleichen Begriffe, die auf einer Ebene vorausgesetzt werden, hängen also auf einer anderen Ebene von noch allgemeineren Voraussetzungen ab. (Insofern sind sie für Collingwood nur relative Voraussetzungen.)
Ist man am Gipfel der Begriffshierarchie angekommen, so hat man eine Familie oder Konstellation allgemeiner Voraussetzungen vor sich, die nicht mehr von noch allgemeineren abhängen. Auf dieser letzten Ebene sind unsere Begriffe und Grundsätze in Collingwoods Ausdrucksweise »absolute« Voraussetzungen, und die Gültigkeit einer ganzen Denkweise kann von der Relevanz und Anwendbarkeit solcher allgemeiner Grundsätze abhängen. Während die relativen Voraussetzungen logische Beziehungen in beiden Richtungen aufweisen, stehen die absoluten auf eigenen Füßen. Hat die Argumentation einmal diese letzte Ebene erreicht, so gibt es keine noch grundlegenderen Annahmen mehr aufzudecken. Die Aufgabe eines Systems absoluter Voraussetzungen bedeutet die völlige Aufgabe der entsprechenden Denkweise. Diese Unterscheidung zwischen absoluten und relativen Voraussetzungen ist nach Collingwood wesentlich für das richtige Verständnis der Rolle von Begriffssystemen in der systematischen Wissenschaft oder Philosophie

wie auch in der Geistesgeschichte. Auf jedem Gebiet liegt der Weisheit Anfang darin, daß man erkennt, wie die Formen des Ideenwandels die Voraussetzungsstrukturen der Begriffssysteme widerspiegeln; und jede geistige Disziplin entwickelt sich in einer Folge wohlabgegrenzter historischer Phasen, die durch verschiedenartige Systeme von Begriffen, Fragen und Behauptungen gekennzeichnet sind und eine in sich abgeschlossene Hierarchie von Voraussetzungen bilden.
Nimmt man Collingwoods Bild der Geistesgeschichte ganz allgemein, so kann man ihm vieles abgewinnen; doch wenn man ihm konsequent weiter folgt, ergeben sich Deutungsschwierigkeiten. Man kann etwa durchaus einsehen, wie ein Begriff wie der des Lichtstrahls als Grundbegriff der gesamten geometrischen Optik dient, so daß seine Aufgabe den Verzicht auf die uns bekannte geometrische Optik bedeuten würde. (Ähnlich könnte man sich kaum eine Dynamik ganz ohne den Begriff der Trägheit vorstellen.) Betrachtet man aber Collingwoods Analyse in ihren Einzelheiten, so ist nicht mehr klar, auf welcher Ebene eigentlich unsere Voraussetzungen in der Praxis nicht mehr »relativ« sind – nicht mehr abhängig von anderen, noch allgemeineren Grundsätzen – und »absolut«, in sich selbst ruhend werden. Was wäre für Collingwood ein konkretes Beispiel einer absoluten Voraussetzung? In dieser Frage helfen seine Beispiele nur wenig. So bildete er sich eine sehr persönliche Auffassung von der Entwicklung der Physik zwischen 1680 und 1930 und teilte sie in drei Phasen ein; diese waren jeweils von einer Annahme beherrscht, die erste von der Newtonschen, daß einige Ereignisse Ursachen haben, die zweite von der Kantischen, daß alle Ereignisse Ursachen haben, die dritte von der Einsteinschen, daß kein Ereignis eine Ursache hat[49]. Nun hat der Begriff der Ursache sicherlich in den letzten drei Jahrhunderten in der Physik zu verschiedenen Zeiten wesentlich verschiedene Rollen gespielt, doch dem wird Collingwoods Dreiphasenformel nur ganz notdürftig gerecht; und ganz allgemein schaden seine eigenen Anwendungen der Theorie der Voraussetzungen auf den Ideenwandel in den Naturwissenschaften seinem Anliegen mehr, als sie ihm förderlich sind.

49 Collingwood (vgl. Anm. 43), S. 51-5; s. auch S. 325, 328, 333.

Wie dem auch sei, schlechte Beispiele sollen uns nicht von dem entscheidenden Zug der Analyse Collingwoods ablenken. Wenn er behauptet, bestimmte Grundbegriffe seien gewissermaßen konstitutiv für die Wissenschaften, in denen sie auftreten, so ist das sehr überzeugend. Ohne die Begriffe des Lichtstrahls und der Trägheit gäbe es keine Optik und keine Dynamik, wie wir sie kennen. Vielleicht könnten Nachbarwissenschaften einspringen und diese Forschungsgebiete übernehmen, als Erben einer Seitenlinie und Nachfolger jener älteren Wissenschaften; doch das ist eine andere Sache. Und auch Collingwoods nächste philosophische Behauptung ist sehr überzeugend: daß die entscheidenden geistigen Wendungen in einer Wissenschaft mit Veränderungen ihrer grundlegendsten Begriffe verbunden sind, derart, daß man sie nur im historischen Zusammenhang richtig verstehen kann. Letzten Endes kann man eine sachgerechte Ideengeschichte einer geistigen Disziplin nur schreiben, wenn man die Vorgänge oder Verfahren untersucht, durch die ganze Begriffssysteme – »absolute Voraussetzungen« und alles übrige – einander im Laufe der historischen Entwicklung der Disziplin ablösen.

So stellte Collingwoods *Essay on Metaphysics* die Philosophen unmittelbar und ganz scharf vor das Problem des Ideenwandels. Es wurde nicht lediglich als lokale Schwierigkeit etwa der Ethik oder Physik allein eingeführt, sondern als eine völlig allgemeine Schwierigkeit, die jedwedes Begriffssystem betraf, das sich durch eine systematische Struktur der Begriffe und Voraussetzungen auszeichnet. Das Verständnis des Ideenwandels erforderte also eine dreistufige Untersuchung wesentlich historischer Art. Um die geistige Entwicklung einer Disziplin nachzuzeichnen, muß man zunächst in ihr »verschiedene Konstellationen von absoluten Voraussetzungen ausmachen«; dann muß man »ihre Ähnlichkeiten und Unterschiede untersuchen«, um zu ermitteln, welche Eigenschaften sich von einer historischen Phase zur nächsten ändern und welche nicht; schließlich muß man »ermitteln, *bei welchen Anlässen und durch welche Vorgänge* eine solche Konstellation in eine andere übergegangen ist«[50].

50 Ebenda, S. 73.

Diese dreifache historische Untersuchung war nach Collingwoods Auffassung die einzige der »Metaphysik« verbliebene sinnvolle Aufgabe – doch das war ein persönlicher Gebrauch des Ausdrucks, dem wir hier nicht nachzugehen brauchen. Im Augenblick müssen wir die Schritte rekonstruieren, mit denen Collingwoods Analyse unwiderruflich im historischen Relativismus endete. Kurz gefaßt, lautet die Argumentation folgendermaßen:

1. Zum geistigen Gehalt einer Disziplin an irgendeinem Punkt ihrer Entwicklung gehört ein System von Begriffen und Grundsätzen auf verschiedenen Ebenen der Allgemeinheit.
2. Die Anerkennung von Begriffen und Behauptungen auf niedrigeren Allgemeinheitsebenen ist »relativ auf« solche höherer Ebenen, erstere werden nur »relativ« zu letzteren vorausgesetzt.
3. Hat man die allgemeinste Ebene erreicht, so lassen sich unsere Gründe für die Anerkennung von Begriffen und Grundsätzen nicht mehr »relativ zu« irgendwelchen noch allgemeineren Gesichtspunkten erklären; mithin werden diese Begriffe und Behauptungen höchster Ebene nicht relativ, sondern »absolut« vorausgesetzt.
4. In jedem Entwicklungsstadium einer Disziplin lassen sich verschiedene Behauptungen und Begriffe vernünftig vergleichen, soweit sie »relativ zu« der gleichen Konstellation absoluter Voraussetzungen in Kraft sind.
5. Es gibt aber keine anerkannten gemeinsamen Grundsätze oder Urteilsverfahren zum Vergleich von Aussagen oder Begriffen, die »relativ auf« verschiedene Konstellationen absoluter Voraussetzungen sind, oder für den Vergleich verschiedener Konstellationen absoluter Voraussetzungen im ganzen.
6. Behauptungen und Begriffe lassen sich also nur »relativ zu« einer bestimmten Konstellation absoluter Voraussetzungen vernünftig vergleichen, derjenigen nämlich, in der sie in Kraft sind; und sobald man aus einem bestimmten System heraustritt, verläßt man auch den Bereich vernünftigen Vergleichs und Urteils.

In dieser Argumentation wird die unbestrittene Tatsache,

daß unsere Vernunftmaßstäbe zum Teil von den historischen Bedingungen des Urteils abhängen – wir nannten sie die »Verschiedenartigkeit« oder »Relativität« der Begriffe und Urteile –, als Grund für die Beschränkung vernünftiger Vergleiche auf einen bestimmten historischen Kontext genommen. Mit einem Wort, aus der historischen Relativität soll der historische Relativismus folgen; daß man an die Unterschiede zwischen geistigen Kontexten denken muß, wenn man sie vergleichen will, wird als Grund für die Beschränkung des vernünftigen Urteils auf Beziehungen genommen, die in ein und demselben Kontext gelten.

Während also Frege die herkömmliche Metaphysik durch eine formale Analyse »reiner Begriffe« ersetzt, ersetzt sie Collingwood durch die historische Analyse »absoluter Voraussetzungen«. Doch wenn man sein neues Programm in die Tat umsetzen möchte, gerät man bald in ebenso große Schwierigkeiten wie bei Freges Programm. Bemerkenswerterweise treten sie an genau demselben Punkt auf wie vorher, nämlich beim Problem des Ideenwandels. Vor allem, wenn man erklären will, welche vernünftigen Erwägungen die tatsächlichen Übergänge von einem System von Grundbegriffen (absoluten Voraussetzungen/Erklärungsmustern/Rechenverfahren) zum historisch nächsten rechtfertigen, bleiben uns beide Philosophen die notwendigen kritischen Werkzeuge schuldig. Frege hatte alle diese historischen Fragen als »bloß empirisch« beiseitegeschoben und sich nur mit den »reinen Begriffen« in ihrer endgültigen, vollkommenen Form beschäftigt. Collingwood erkennt zwar die Wichtigkeit der Frage an, schneidet sich jedoch selbst jeden Weg zu ihrer Beantwortung ab.

Seine diesbezüglichen Schwierigkeiten entstehen auf zwei verschiedenen Ebenen. Oberflächlich spiegeln sie gewisse Unklarheiten seiner persönlichen Ausdrucksweise wider. Gerade die Strenge seiner Trennung zwischen relativen und absoluten Voraussetzungen – seine eigene Absolutheit, könnte man sagen – nimmt ihm die Vernunftmaßstäbe aus der Hand, die er zur Beurteilung von Veränderungen unserer Grundideen brauchte. Doch auf einer tieferen Ebene ergibt sich gerade diese Absolutheit aus seiner Hingabe an das nämliche Ideal der logischen Systematizität, das Freges

Nachfolger daran hinderte, sich mit den Problemen des Ideenwandels zu beschäftigen.
Fangen wir mit den speziellen Schwierigkeiten aufgrund von Collingwoods Ausdrucksweise an. Der Text des *Essay on Metaphysics* formuliert ganz genau das Problem, das uns in späteren Kapiteln beschäftigen wird, nämlich die »Dynamik« des Ideenwandels und der Begriffswahl. Wir würden es so formulieren: Bei welchen Anlässen und durch welche Vorgänge und Verfahren geraten die Grundbegriffe oder Konstellationen von Voraussetzungen, die für die Denkweisen einer Generation kennzeichnend sind, in Mißkredit und werden durch andere ersetzt?[51] Collingwood gelingt es, diese Frage zu stellen, doch er unternimmt merkwürdig wenig zu ihrer Beantwortung. Nachdem er das entscheidende Problem formuliert hat, bleibt er stehen. Der übrige Teil des *Essay* beschreibt eine Anzahl statischer historischer Querschnitte aus der Entwicklung des wissenschaftlichen und philosophischen Denkens, doch das Problem der Ideendynamik bleibt völlig ungelöst. Über die Anlässe, bei denen »Konstellationen von Voraussetzungen« einander ablösen, sagt Collingwood einiges wenige. Über die Vorgänge und Verfahren, durch die eine Konstellation »in eine andere übergeht«, sagt er überhaupt nichts.
Diese Lücke in Collingwoods Argumentation war so auffällig, daß ein Kollege, dem er sein Rohmanuskript zeigte, empfahl, er möge erklären, wie er sich solche Wandlungen vorstelle: »Ich habe darauf hingewiesen ... daß sich absolute Voraussetzungen wandeln. Ein Freund meint, der Leser könnte mir die Auffassung zuschreiben, solche Wandlungen seien reine ›Modewechsel‹, und er fordert mich auf, zu erklären, wofür ich sie sonst halte.«[52] Collingwoods Antwort auf diese Frage – die dem Text in einer größeren Fußnote angefügt wurde – verdient vollständig zitiert zu werden:
»Ein ›Wechsel der Mode‹ ist eine oberflächliche Veränderung, vielleicht Symptom tieferliegender und bedeutsamerer Veränderungen, aber selbst nicht tiefliegend oder bedeutsam. Man schließt sich ihm nur deshalb an, weil es die an-

51 Ebenda, S. 73.
52 Ebenda, S. 48 Anm.

deren tun, oder weil es die Werbung, die Verkäufer o. ä. suggerieren. Die Formulierung meines Freundes: ›Wenn wir einen neuen Dreh starten wollen, können wir es‹, beschreibt sehr gut das etwas zynische Bewußtsein, mit dem man diese oberflächlichen Veränderungen übernimmt oder lanciert. Doch eine absolute Voraussetzung ist kein ›Dreh‹, und Leute, die eine neue ›starten‹, tun das nicht, weil sie es gerade ›wollen‹.

Die Menschen sind sich ihrer absoluten Voraussetzungen gewöhnlich nicht bewußt, somit auch nicht deren Veränderungen; diese können daher nicht Sache bewußter Entscheidung sein. Sie haben auch keineswegs etwas Oberflächliches oder Zynisches an sich. Es ist der radikalste Wandel, den ein Mensch durchmachen kann, er ist mit der Aufgabe aller seiner festesten Gewohnheiten und Maßstäbe des Denkens und Handels verbunden. Warum, so fragt mein Freund, kommt es zu solchen Wandlungen? Kurz gesagt, weil die absoluten Voraussetzungen jeder Gesellschaft in jeder Phase ihrer Geschichte eine Struktur bilden, die stärkeren oder schwächeren ›Spannungen‹ ausgesetzt ist; diese Herausforderungen werden in verschiedener Weise ›angenommen‹, aber nie einfach ausgelöscht. Sind die Spannungen zu stark, so bricht die Struktur zusammen und weicht einer anderen, einer Abwandlung der alten unter Beseitigung der zerstörerischen Spannung; sie wird nicht bewußt geschaffen, sondern entsteht durch unbewußtes Denken.«[53]

Diese Antwort verrät viel über Collingwoods eigene Position; doch sie geht am entscheidenden Problem vorbei und läßt die Grundschwierigkeit ungelöst. Denn sie ist ganz in Bildern formuliert, und wie alle Bilder kann man auch diese verschieden deuten. Man kann natürlich ein System von Voraussetzungen eine »Struktur« nennen, die »Spannungen« ausgesetzt ist; man muß nur erklären können, durch welche Wirkungen sich diese »Spannungen« äußern, und an welchen Kriterien man ablesen kann, wann ihre »zerstörerischen« Wirkungen »beseitigt« sind. Doch wenn man solche Fragen nachdrücklich stellt, weicht Collingwood aus. Er schwankt unsicher zwischen zwei möglichen Antworten hin und her und kann, wenn er ehrlich ist, diese Fragen auf

53 Ebenda, S. 48 Anm.

keine der beiden Weisen folgerichtig behandeln. Geht man von einer Konstellation absoluter Voraussetzungen zu einer anderen aus bestimmten *Gründen* über oder nur wegen bestimmter *Ursachen*? Sind Fragen bezüglich der Wandlungen unserer geistigen »Strukturen« anhand von Gründen, Erwägungen, Argumenten und Rechtfertigungen zu beantworten – also anhand von »Vernunftkategorien«? Oder aber anhand von Kräften, Ursachen, Zwängen und Erklärungen – also von »Kausalkategorien«?

Angesichts Collingwoods eigener vorangegangener Argumentation kann ihn keine der beiden Antworten völlig befriedigen. Er kann sie nicht konsequent mit Vernunftkategorien beantworten, das verbietet ihm seine eigene Analyse. Gibt man »Gründe« zur Rechtfertigung des Übergangs von einer Konstellation absoluter Voraussetzungen zu einer anderen an, so ist die Richtigkeit *dieses* Arguments anhand eines noch allgemeineren Grundsatzes zu beurteilen. Dann aber war keine der Konstellationen vorher völlig »absolut« oder selbständig; man muß also eine »super-absolute« Voraussetzung einführen, um zu entscheiden, wann es »vernünftig« ist, von einem System von Voraussetzungen zu einem anderen überzugehen; und die beiden konkurrierenden Voraussetzungssysteme, die ja zunächst »absolute« sein sollten, sind dann »relativ« auf diese neue, superabsolute Voraussetzung. Auf dieser Ebene wird die Beseitigung von »Spannungen« in einer geistigen »Struktur« wieder zu einem geistigen Normalvorgang innerhalb einer einzigen, im Grunde unveränderten Theorie. Man kann also den Ideenwandel auf dieser grundlegenden Ebene nur dann für Collingwood »vernunftgemäß« erklären, wenn man seine Hauptthese aufgibt, nämlich daß »absolute« Voraussetzungen in sich selbst ruhen und als letzte Instanz der Vernunft dienen. Eine solche Deutung läßt also Collingwoods spezifischen Beitrag zu der philosophischen Argumentation fallen.

Doch welche andere Möglichkeit könnte es geben? Wenn man nicht locker läßt, deutet Collingwood – freilich nur indirekt – an, man müsse alle Versuche aufgeben, die »Beseitigung der Spannungen« mit Vernunftkategorien zu beschreiben. Doch damit ist er offensichtlich gar nicht glücklich. Wenn es keine Möglichkeit gibt, solche Übergänge vernünftig zu rechtfertigen, dann bleibt nur noch ihre kausale Erklärung; und welche Rolle spielt dann noch das »Denken«? Auch in seiner wichtigen Fußnote versucht Collingwood bereits, dieser Folgerung auszuweichen, wenn er sagt, die Menschen seien sich der Wandlungen ihrer absoluten Voraussetzungen »gewöhnlich nicht bewußt«, und daher könnten diese nicht »Sache [vernünftiger] Entscheidung« sein; doch er schreibt solche »Wandlungen« immer noch – in quasi-rationaler Sprache – einem »unbewußten Denkvorgang« zu. An anderer Stelle des *Essay* geht er in kausaler Richtung noch weiter. So setzt er etwa die »Spannungen« in Gedankensystemen mit den »sozialen Kräften« in einer Kultur, Gesellschaft oder Zivilisation gleich; und er meint, geistige »Spannungen« in Ideensystemen seien manchmal mit allgemeineren gesellschaftlich-historischen Krisen verbunden, ja könnten Nebenwirkungen von solchen seien. So nennt er die Geschichte der Dampfmaschine von James Watt bis Daimler und Parsons ein »Gleichnis der Zeit« und erblickt in ihr eine unmittelbare Parallele zu »der Geschichte des englischen parlamentarischen Systems, wie es von John Locke vor Ende des 17. Jahrhunderts entworfen wurde«: »Diese Theorie . . . wurde zur offiziellen Doktrin der europäischen Politik des 19. Jahrhunderts, als parlamentarische Verfassungen nach dem Lockeschen Modell ebenso regelmäßig und selbstzufrieden produziert wurden wie Dampfmaschinen nach dem Entwurf Watts.«[54]

Gewiß, wenn man die Gesamtentwicklung von Collingwoods Position ins Auge faßt, erkennt man, wie eine liberale Form des »historischen Materialismus« ganz natürlich auf seinen früheren philosophischen Idealismus folgte. Doch Collingwood tat nie den letzten Schritt, er ersetzte Gründe nie völlig durch Ursachen. Auf der absoluten Ebene konnte Ideenwandel durch »unbewußtes« Denken zustandekommen; doch es war immer noch »Denken« und keine anonyme »Kraft«, kein »Zwang«. Wie also – so müssen wir noch fragen – ist dieses »unbewußte Denken« genau beschaffen, und wie soll es sich beim Menschen abspielen? (Angesichts Collingwoods offener Verachtung für die Psy-

54 Ebenda, S. 94.

chologie ist es wohl unwahrscheinlich, daß ihm die Freudschen Ideen vorschwebten; doch welche andere Deutung soll man seinem Ausdruck geben?[55]) Wie weit entspricht das »Denken« auf dieser absoluten Ebene der vernünftigen Argumentation auf niedrigeren Ebenen eines Voraussetzungssystems, und wie weit ist es eher eine Art kausales agens? ... Auf diese Fragen bekommen wir keine Antwort.

An diesem Punkt muß es Collingwood besonders schwer gewesen sein, in Schweigen zu verfallen. Doch gerade seine Unschlüssigkeit zwischen einer Vernunft- und einer Kausalanalyse des Ideenwandels ist das Bezeichnendste an seiner ganzen Argumentation. Sie ist der Preis dafür, daß die Voraussetzungssysteme verschiedener historischer Epochen selbständig und isoliert gehalten werden; hat man sich einmal auf die Bewahrung dieser absoluten Selbstgenügsamkeit festgelegt, so führt der Weg unwiderruflich in den Relativismus. Wäre Collingwood ein weniger passionierter Historiker gewesen, so hätte er vielleicht die Absolutheit seiner Auffassungen abgeschwächt und sich so vor diesen unerträglichen Schwierigkeiten bewahrt. Er hätte etwa eine Mittelposition einnehmen können zwischen der ahistorischen Abstraktion Freges und dem reinen Relativismus, in dem er tatsächlich endete; er hätte sagen können, jedes Forschungsgebiet, jede Disziplin setze gewisse Grundbegriffe, Grundsätze oder Annahmen einfach voraus, doch diese seien weniger für eine bestimmte Epoche oder ein bestimmtes Entwicklungsstadium kennzeichnend als vielmehr für die gesamte Disziplin. Auf der inhaltlichen Ebene kann sich dann der Gehalt solcher Disziplinen sprunghaft ändern – eine Begriffsfamilie wird durch eine andere ersetzt, die auf gegensätzlichen, ja inkommensurablen theoretischen Grundsätzen beruht. Doch auf einer tieferliegenden methodologischen Ebene würden alle geistigen Disziplinen eine viel größere Kontinuität aufweisen; wie radikal auch die Veränderungen ihres Inhalts sein mögen, die Argumentation würde, methodologisch gesehen, nach jeder solchen Veränderung ganz so weitergehen wie vorher.

Geht man von dieser abgeschwächten Form der Colling-

55 Ebenda, Kap. 9, insbes. S. 118; siehe auch Collingwoods Buch *The Principles of Art* (Oxford, 1938), S. 62-4 u. 77 Anm.

woodschen Position aus, so kann es immer noch in manchen Fällen unmöglich sein, *theoretische* Grundsätze zur Rechtfertigung des Übergangs von einer ganzen Theorie zu einer anderen zu finden, doch es könnte dann vielleicht allgemeinere *disziplinbezogene* Gründe dazu geben. Denn die Parteien in einer solchen Diskussion – die Anhänger der älteren und die der neueren Theorie – hätten immer noch einen gemeinsamen Boden: vielleicht kein System theoretischer Begriffe, sondern gewisse gemeinsame disziplinbezogene Vorstellungen von den gemeinsamen geistigen Zielen und vernünftigen Methoden, Auswahlverfahren und Gültigkeitsmaßstäben. Die Diskussionspartner wären, mit einem Wort, lauter Physiker, die als »Physiker« arbeiten, lauter Neurophysiologen, die als »Neurophysiologen« arbeiten, oder lauter Juristen, die sich für die allgemeinen Ziele und Verfahren des Rechtswesens interessieren.

Ein großer Teil von Collingwoods formaler Argumentation würde also immer noch gelten, wenn man sie nicht auf die theoretischen Grundsätze anwendet, die in einer Wissenschaft zu einer bestimmten Zeit anerkannt sind, sondern auf die längerfristigen disziplinbezogenen Grundsätze, die für eine solche Wissenschaft konstitutiv sind. Hätte Collingwood diese Deutung offen gelassen – hätte er die absoluten Voraussetzungen als Bestimmungen der Grenzen zwischen Disziplinen genommen statt zwischen historischen Epochen innerhalb derselben Disziplin –, so hätte er eine sehr viel weniger abwegige Position einnehmen können. Unglücklicherweise lassen seine eigenen Beispiele diese Deutung nicht zu. Man erinnere sich etwa an seine Gegenüberstellung der Physik um 1680, 1770 und 1900, Stadien, die von gegenseitig unvereinbaren Voraussetzungen über die Kausalität geleitet sein sollten. Nun haben Newton, Kant und Einstein vielleicht ihre Erklärungen an verschiedenen theoretischen Grundsätzen orientiert, doch die Physik als ganzes entwikkelte sich gewiß von 1680 bis 1910 durchaus stetig. Das heißt, daß die drei Männer an einer einzigen, sich fortentwickelnden theoretischen Diskussion beteiligt waren, und die Unterschiede zwischen ihren Voraussetzungen waren nicht (wie Collingwood wollte) mit Vernunftmitteln unüberbrückbar.

Wir können also Collingwoods eigentliche philosophische Erkenntnisse nur retten, indem wir seinen weitergehenden Anspruch abweisen, nämlich daß jede einzelne Epoche ihr Denken an anderen in sich abgeschlossenen und isolierten »Konstellationen von Voraussetzungen« orientiere. Das heißt, wir können nur dadurch dem völligen historischen Relativismus entgehen, daß wir Collingwoods Unterscheidung zwischen absoluten und relativen Voraussetzungen abschwächen und sie auf kompliziertere Weise auf den historischen Ideenwandel zuschneiden. Eines können wir nicht tun: den vollen Preis bezahlen, den Collingwoods eigentliche Argumentation fordert, nämlich die Aufgabe jeder Hoffnung, vernünftige Methoden für den Vergleich der Begriffe und Auffassungen verschiedener historischer Epochen zu finden, und damit die Beschränkung der Analyse des Ideenwandels auf Ursachen und Wirkungen.

Nachdem wir Frege und Collingwood als Vertreter des Absolutismus und des Relativismus unabhängig voneinander betrachtet haben, wollen wir sie jetzt zueinander in Beziehung setzen und die gemeinsame Frage herausarbeiten, auf die sie entgegengesetzte Antworten geben. Wie wir sahen, geht in beiden Fällen die zentrale Frage um die vernünftige Maßgeblichkeit von Begriffssystemen. Für den mathematisch denkenden Frege liegt die letzte Autorität bei einem einzigen, idealen System, das durch Abstreifung des »Irrelevanten« oder der »Umhüllungen« von den wirklich existierenden Systemen zu gewinnen ist. Die Ideen in irgendeinem historisch-kulturellen Kontext haben nur insoweit wirkliche Autorität, wie sie diesem eindeutigen System »reiner« Begriffe nahekommen. Für den historisch denkenden Collingwood hingegen haben idealisierte formale Systeme keinen grundsätzlichen Vorrang vor den wirklichen Produkten der Ideengeschichte, und jedes existierende System absoluter Voraussetzungen kann unbeschränkte Autorität innerhalb seines historisch-kulturellen Kontexts beanspruchen. Die Geistesgeschichte gliedert sich also in eine Abfolge getrennter Phasen auf, in deren jeder die letzte Vernunftautorität einer anderen Konstellation von Ideen zukommt.

Hinter diesem geraden Gegensatz aber stimmen Frege und

Collingwood in einem grundlegenderen Punkt völlig überein. Der Absolutist wie der Relativist sieht das Problem der Rationalität so, daß die letzte geistige Autorität dem einen oder anderen logischen System zugesprochen werden müsse: entweder einem axiomatischen Aussagensystem oder einem Voraussetzungssystem von Begriffen. Beide gehen also davon aus, daß unsere Begriffe und Aussagen logisch-systematisch miteinander zusammenhängen und zusammenhängen sollten; sie sind nur uneins darüber, welches spezielle System rational maßgebend sei. In Freges Philosophie ist die Bedeutung der Systematik deutlich genug; und wenn man bedenkt, daß sich Frege vor allem für die Arithmetik interessierte, ist sie auch verständlich. Nicht ohne weiteres deutlich, und auch nicht offensichtlich notwendig, ist Collingwoods Übernahme dieser herkömmlichen Auffassung. Doch wie wir sahen, geht seine ganze Argumentation nicht von »Aggregaten« oder »Populationen« von Begriffen und Voraussetzungen aus, sondern von »Systemen«. Diese beschreibt er als Hierarchien, deren innere Beziehungen auf ihre Art so exakt »logisch« sind wie die deduktiven Verknüpfungen in einem axiomatischen System. Statt nun diese anti-historische Vorstellung in Frage zu stellen – nämlich daß Begriffe und Aussagen nur in der Form eines »logischen Systems« vernünftiges Gewicht besitzen –, liefert er nur eine andere Analyse der logischen Beziehungen zwischen den Bestandteilen der Begriffssysteme.

Das hatte für Collingwood zwei verschiedene Konsequenzen. Einerseits bewahrte es ihn vor dem Abgleiten in einen Privatjargon, wie er für die idealistischen Philosophen kennzeichnend ist, die ihn in seinen frühen Jahren so nachhaltig beeinflußten. Angesichts des Übergangs vom Empirismus des 18. zum Historismus des 19. Jahrhunderts scheute Collingwood – wie F. H. Bradley, sein unmittelbarer Vorgänger in Oxford – vor der letzten Hürde. Während die klassischen deutschen Idealisten wie Hegel die Unterschiede zwischen synchronen logischen Beziehungen (zwischen den Begriffssystemen einer bestimmten Epoche) und diachron-dialektischen Beziehungen (zwischen aufeinanderfolgenden Systemen) so weit verwischten, daß sie die Geschichte den Prozeß nannten, in dem die Vernunft ihre eigene Logik immer weiter entfalte, konnte sich Collingwood mit dieser Rhetorik nicht befreunden. Seine alte Bekanntschaft mit Locke, Berkeley und Hume tat ihre Wirkung:

Trotz aller Verlockung auf Erden,
Ein anderer Landsmann zu werden,
Ist Engländer er geblieben.

Was er auch als Historiker empfinden mochte, als Philosoph weigerte er sich, Logik und Geschichte zu einer einheitlichen »historischen Dialektik« zu verschmelzen. Vielmehr stimmte er mit seinen empiristischen Vorgängern darin überein, daß die Logik auf die innere Struktur von theoretischen Systemen beschränkt bleiben müsse. So galten für ihn logische oder rationale Beziehungen nur synchron, innerhalb der Theorien einer bestimmten Epoche, und relativ auf ihre spezifische Konstellation von Voraussetzungen. Das schloß die Behandlung des Ideenwandels in dem quasi-logischen Hegelianischen Jargon von der inneren Vernünftigkeit der Geschichte aus. Leider schloß es gleichzeitig jede diachrone Diskussion von Begriffssystemen auf der Ebene der »absoluten Voraussetzungen« anhand von »Gründen« und »Vernunft« – auch in einem nichtemphatischen Sinne – aus und ließ ihm keine andere Theorie des Ideenwandels offen als einen vagen historischen Materialismus, der ihn mittels quasi-kausaler Bilder erklärte – »unbewußtes Denken«, sozio-kulturelle »Spannungen« u. ä.

Andererseits hatte das Postulat der Systematizität für Collingwood eine zweite Bedeutung. Ohne es konnte er seine Aufgliederung der Geistesgeschichte in eine Folge wohlabgegrenzter »Phasen« nicht rechtfertigen. Wenn aufeinanderfolgende »Konstellationen absoluter Voraussetzungen« nicht deutlich verschieden waren, gab es keine Möglichkeit, eine historische »Periode« von der nächsten abzugrenzen, d. h. anzugeben, wo genau die Grenzen der vernünftigen Erörterung zu ziehen waren. Und wenn es keine klaren Kriterien etwa zur Unterscheidung des Newtonschen, des Kantischen und des Einsteinschen »Systems« in der Physik als jeweils eines absoluten und in sich abgeschlossenen gibt, hat der historische Relativist in der Tat keine klare Grundlage für die Abgrenzung seiner historischen Epochen. Hätte Collingwood das Postulat der logischen Systematizität fallen gelassen, so hätte er sein einziges Kriterium zur Abgrenzung einer Phase der Ideengeschichte – mit ihren kennzeichnenden Begriffen und Doktrinen – von einer späteren mit ihren eigenen wohlbestimmten Ideen und Anschauungen, die aber mit den älteren inkommensurabel sind, zerstört. Dann aber hätte er die relativistische Folgerung, auf die er hinaus wollte, nicht einmal mehr formulieren können. Bei isolierten historischen »Querschnitten« mit je eigenem »Voraussetzungssystem« konnte Collingwood höchste Autorität wenigstens diesen vergänglichen Systemen zugestehen, wenn er auch kein allgemeingültiges oder »absolutes« System gelten lassen wollte. Galten die Abgrenzungen zwischen aufeinanderfolgenden Phasen als willkürlich, so gab es keine deutlich voneinander abgesetzten Epochen, auf die die Maßstäbe und Ideen »relativ« sein konnten. Der historische Relativismus verlor dann einfach seine Bezugspunkte, und die Aufeinanderfolge geistiger Epochen, die jeweils durch ihre spezifische Konstellation definiert waren, verschwamm zu einem historischen Strom, in dem sich die Begriffe und Behauptungen nicht systematisch, sondern kaleidoskopisch veränderten; und das Problem einer Quelle der vernünftigen Autorität war wieder völlig offen.

Zu diesem Schluß müssen wir in der Tat kommen. Das Problem des Ideenwandels ist Frege wie Collingwood unzugänglich, weil beide dem philosophischen Kult der Systematik anhängen, dem Glauben, die Begriffe müßten »logische Systeme« bilden, und der sich daraus ergebenden Gleichsetzung des »Vernünftigen« mit dem »Logischen«. Gleiches gilt für sehr viele andere philosophische Autoren: Wann immer Vernunftfragen zum Ideenwandel auf der Grundebene auftauchen – wer von diesen »systematischen« Voraussetzungen ausgeht, wird mit ihnen nicht fertig. Welche Art der Systematik er auch bevorzugt – ob er die »logisch-vernünftigen« Beziehungen zwischen gleichzeitig auftretenden Begriffen und Aussagen als taxonomisch oder axiomatisch, als hypothetisch-deduktiv oder »voraussetzungsmäßig« auffaßt –, er steht jedesmal vor dem gleichen unlösbaren Problem. Er kann Fragen bezüglich der Rechtfertigung, des geistigen Gewichts und der Vernünftigkeit nur zulassen, solange sie *innerhalb* eines bestimmten »logischen Systems« auftreten, so daß die Angabe eines Grundes für p darauf hinausläuft, daß p zu dem übrigen Teil desselben Systems in Beziehung gesetzt wird. An den Übergangsstellen zwischen in sich abgeschlossenen Systemen muß er alle Rechtfertigungs- und Vernünftigkeitsfragen ausklammern. Die Verstandesschritte bei solchen Übergängen lassen sich nicht mit Gesichtspunkten des einen oder des anderen der beiden Systeme allein vernünftig rechtfertigen; und angesichts der Gleichsetzung von Vernunft und Logik bedeutet das für ihn, daß sie *überhaupt* nicht gerechtfertigt werden können.

Auf einer tieferliegenden Ebene faßt der Fregesche Absolutismus wie auch der Collingwoodsche Relativismus die Forderung nach einem allgemeingültigen unparteiischen Standpunkt für das Vernunfturteil so auf, daß sie ein System objektiver oder absoluter Maßstäbe der rationalen Kritik verlange. Der Absolutist behauptet, auf einer hinreichend abstrakten, quasimathematischen Ebene könnten solche Maßstäbe immer noch als »ewige Grundsätze« formuliert werden; der Relativist dagegen leugnet einfach, daß irgendein solcher Standpunkt allgemeingültig sein könne. Und diese gemeinsame Voraussetzung hindert beide Männer daran, die Vernünftigkeit des Ideenwandels in den Griff zu bekommen.
Wie können wir nun die Schwierigkeiten beider Reaktionen vermeiden? Der erste Schritt ist die Ablehnung der Forderung nach logischer Systematik, die den Absolutismus und den Relativismus als die einzigen Möglichkeiten erscheinen läßt. Diese Entscheidung führt uns an den Kern des Problems heran. Denn es war von jeher ein Fehler, Vernunft und Logik gleichzusetzen – also anzunehmen, die vernunftorientierten Ziele jeder sich historisch entwickelnden geistigen Tätigkeit seien vollständig anhand des Aussagen- oder Begriffssystems verstehbar, in das man ihren Gehalt zu dieser oder jener Zeit fassen mag. »Vernünftigkeitsfragen« haben, genau gesagt, nicht mit den speziellen Doktrinen zu tun, die ein einzelner oder eine Fachgruppe zu irgendeiner Zeit vertreten, sondern mit *den Bedingungen, unter denen, und der Art, wie er diese Doktrinen im Laufe der Zeit zu*

kritisieren und abzuändern bereit ist. Die Rationalität einer Wissenschaft zum Beispiel liegt nicht in ihren jeweiligen theoretischen Systemen, sondern in ihren Verfahren der Entdeckung und des Wandels über die Zeit hinweg. Die formale Logik – darin stimmen Quine und Collingwood überein – befaßt sich lediglich mit der inneren Gliederung geistiger Systeme, deren Grundbegriffe jeweils nicht zur Diskussion stehen; solche logische Beziehungen können für einen bestimmten Zeitpunkt oder zeitunabhängig betrachtet werden. In diesem Sinne gibt es natürlich keine »Logik« bei der Entdeckung neuer Begriffe. Doch das bedeutet keineswegs, daß der Ideenwandel in der Wissenschaft nicht auf »vernünftige Weise« vor sich ginge, d. h. aus guten oder schlechten Gründen. Es bedeutet nur, daß sich die »Vernünftigkeit« wissenschaftlicher Entdeckungen – der Verfahren, mittels derer die Wissenschaftler bezüglich wohlbegründeter Ideenwandlungen zur Übereinstimmung gelangen – einer rein »logischen« Analyse und Beurteilung notwendig entzieht.

Von diesem Punkt an müssen wir also dem herkömmlichen Kult der Systematik absagen und unsere Analyse der Ideen – in der Wissenschaft und anderswo – an ihren richtigen Ausgangspunkt zurückführen. Der Inhalt irgendeiner vernunft-orientierten Tätigkeit bildet weder ein einziges logisches System noch eine zeitliche Folge solcher Systeme. Vielmehr handelt es sich um ein *geistiges Unternehmen,* dessen »Vernünftigkeit« in den für seine historische Entwicklung maßgebenden Verfahren liegt. Für bestimmte begrenzte Zwecke kann es nützlich sein, das vorläufige Ergebnis eines solchen Unternehmens in Form eines »Aussagensystems« darzustellen, doch dieses bleibt eine Abstraktion. Ein solches System ist nicht die unmittelbare Wirklichkeit; wie der Begriff des geometrischen Punktes ist es eine Fiktion, ein Kunstprodukt, das vom Menschen stammt. In allen folgenden Untersuchungen wird also unser Ausgangspunkt das lebendige, in historischer Entwicklung begriffene geistige Unternehmen sein, innerhalb dessen Begriffe kollektiv verwendet werden; und unsere Ergebnisse müssen an unserer Erfahrung mit diesen historischen Unternehmungen geprüft werden.

Dieser Wechsel des Ansatzes zwingt uns zur Aufgabe aller statischen »Schnappschuß«-Analysen, anhand derer die Philosophen schon so lange die Begriffe der Naturwissenschaften und anderer geistiger Unternehmen erörtern. Wir müssen eine stärker historische, »kinematographische« Analyse der geistigen Unternehmungen und Verfahren liefern, die letzten Endes zu einem Verständnis der historischen Dynamik des Ideenwandels zu führen verspricht und damit zur Erkenntnis der Eigenart und der Ursprünge seiner »Vernünftigkeit«[56]. Von diesem neuen Gesichtspunkt aus kann kein System von Begriffen und/oder Aussagen »an sich selbst« vernünftig sein oder eine unbeschränkte und notwendige Autorität beanspruchen. Von jetzt an müssen wir vielmehr versuchen, die historischen Vorgänge zu verstehen, durch die neue Familien von Begriffen und Auffassungen im Laufe der Entwicklung unserer geistigen Unternehmungen erzeugt, angewandt und abgewandelt werden, und zu erkennen versuchen, wie die Grundlagen des Vergleichs der Gültigkeit verschiedener Begriffe oder Auffassungen die Rolle widerspiegeln, die diese in den betreffenden geistigen Unternehmungen spielen.

1.3 *Die Vernunft und ihre Urteile*

Das Problem der menschlichen Erkenntnis und Vernunft läßt sich in zwei verschiedenen Zusammenhängen behandeln: einem theoretischen und einem praktischen. Wenn man sich ausschließlich den theoretischen Schwierigkeiten zuwendet, macht man diese Fragen zu Problemen der »reinen« Philosophie, die Analysen, Definitionen und formale Unterscheidungen verlangen. (Ist der Begriff der Rationalität deskriptiv oder präskriptiv? Wie kann der »gleiche« Begriff, genau genommen, in zwei »verschiedenen« Begriffssystemen fungieren?) Konzentriert man sich dagegen auf die praktischen Konsequenzen, so behandelt man die Probleme als methodologische, die nach Indikatoren, Kriterien und/oder

56 Siehe R. Causey in dem Sammelband *The Structure of Scientific Theories,* hrsg. v. F. Suppe.

pragmatischen Maßen verlangen. (In welcher genauen Entfernung vom statistischen Mittel wird ein experimentelles Ergebnis eine »signifikante« Abweichung von diesem Erwartungswert? Wie könnte ein englisches Gericht zu dem Urteil kommen, daß ein bestimmter juristischer Begriff in der Sowjetunion die gleiche Bedeutung hat wie etwa der Begriff der Fahrlässigkeit im englischen Gewohnheitsrecht?) Wir aber möchten unsere Probleme, soweit möglich, unter beiden Gesichtspunkten gleichzeitig erörtern: unter Beachtung der praktischen Erfahrung aus inhaltlichen Unternehmungen zur möglichen Verbesserung unserer philosophischen Analysen, und unter Verwendung dieser, um wiederum unser praktisches Verständnis der inhaltlichen Fragen zu präzisieren. Wenn wir unsere theoretischen Probleme bezüglich der kollektiven Rolle von Ideen in historisch sich entwickelnden Unternehmungen neu formulieren, können wir also zunächst fragen, was man über sie aus der praktischen Durchführung der vernünftigen Unternehmungen lernen kann, und wie man an die Schwierigkeiten, die wir hier rein theoretisch aufgezeigt haben, in der Praxis herangeht. Aus einer Vielzahl möglicher Gebiete wählen wir Beispiele aus dem Rechtswesen, der Physik und der Anthropologie aus.

1. Zunächst das Rechtswesen. In der Rechtsgeschichte haben sich Anwälte, Richter und Rechtslehrer wiederholt mit Fragen des praktischen Verfahrens befaßt, die erst später einer formalen philosophischen Analyse unterworfen wurden. Solon, der praktische Baumeister des Athenischen Rechtswesens, ging Sokrates, dem abstrakten Philosophen der Gerechtigkeit, voraus. Männer wie Bodin und Selden entwikkelten unter juristischem Vorzeichen diese Methoden der vergleichenden Analyse, auf die sich später die akademischen Juristen bei der Entwicklung der Methoden der modernen Geschichtsschreibung stützten. Auch unser theoretisches Hauptproblem – das des vernünftigen Vergleichs zwischen den Begriffen und Grundsätzen verschiedener historisch-kultureller Milieus – hat eine lange Geschichte auf der praktischen Ebene der Rechtsprechungsverfahren. Jedesmal haben die praktischen Notwendigkeiten das Material für die nachfolgende theoretische Analyse geliefert, nicht umgekehrt.
Betrachten wir also kurz den Begriff des Rechtsprechungs-

bereichs, der in der Rechtspraxis am ehesten unserem problematischen Begriff eines historischen oder kulturellen »Milieus« entspricht. Doch es gibt zwei wichtige Unterschiede. Ein Rechtsprechungsbereich hat wohlbestimmte Grenzen, wie sie einem historisch-kulturellen Milieu fehlen; und es gibt klare Regeln für die Verwendung von Argumenten aus einem Rechtsprechungsbereich in einem anderen. Irgendwie haben es die Anwälte und Richter fertiggebracht, in der Praxis mit Problemen fertigzuwerden, für die die Philosophen noch keine systematische oder sonstwie befriedigende theoretische Lösung angegeben haben. Fragt man etwa nach genauen Kriterien zur Abgrenzung aufeinanderfolgender und angeblich wohlunterschiedener »Perioden« der Geistesgeschichte, so sind die Antworten der Philosophen im allgemeinen entweder willkürlich oder zirkulär oder beides. Ausdrücke wie »die Perikleische Epoche«, »das Hochmittelalter«, »die Aufklärung« sind notorisch vage; doch jeder methodische Versuch zur Präzisierung der Grenzen führt rasch zu einer Allgemeinheit, die keine deutliche Relevanz für die wirklichen Beispiele mehr besitzt. (Wann wird eine »Voraussetzung« wirklich »absolut«?) Nicht anders ergeht es einem, wenn man nach genauen anthropologischen Kriterien zur Unterscheidung einer »Kultur« von einer anderen fragt. Die spanische Kultur ist ohne Zweifel verschieden von der finnischen, aber wie steht es mit Galicien und Kastilien, mit Katalonien und dem Roussillon? Sind das lauter verschiedene Kulturen, oder sind es Varianten einer einzigen Kultur? Offensichtlich lassen sich weder »Kulturen« noch »Perioden« theoretisch völlig genau abgrenzen, und »historisch-kulturelle Milieus« sind demgemäß zwiefach schlecht definiert.

Demgegenüber sind die Grenzen zwischen Rechtsprechungsbereichen gewöhnlich klar, scharf und allgemein anerkannt, und zwar aus dem hinreichenden – wenn auch pragmatischen – Grunde, daß man es sich nicht leisten kann, sie unklar zu lassen. Ob sie nun geographisch oder inhaltlich definiert sind, jede Ungewißheit würde bald dazu führen, daß miteinander konkurrierende Gerichte für dasselbe Gebiet oder denselben Fall die Zuständigkeit beanspruchen würden, wodurch die faktische Autorität beider Gerichte leiden würde. So sehr also die schottischen Nationalisten oder amerikanische Föderalisten eine gesetzliche Neuregelung der Rechtsprechung begrüßen würden, die Frage, ob in den Vereinigten Staaten ein bestimmtes Delikt unter die Strafverfolgung durch den Bund oder die Bundesstaaten fällt, oder ob eine bestimmte Ehesache unter das schottische oder das englische Recht fällt, eine solche Frage muß aus zwingenden praktischen Gründen eindeutig beantwortet werden.

Die Gerichte haben demgemäß praktische Verfahren zur Abgrenzung der Rechtsprechungsbereiche und zum Vergleich der verschiedenen Begriffe, Argumente und Rechtsgrundsätze entwickelt, die nicht unter den Schwierigkeiten der philosophischen Theorie leiden. In der Tradition des Gewohnheitsrechts zum Beispiel können ältere Entscheidungen jederzeit neu überdacht werden, und Präzedenzfälle aus einem Rechtsprechungsbereich können in einem anderen für einen Rechtsfall relevant sein. So haben die höchsten Gerichte des Vereinigten Königreichs das ständige Recht, etwa in den siebziger Jahren Fälle aus früheren Jahrzehnten wiederaufzunehmen; sie können sogar den Richtern eine »Fehlentscheidung« ankreiden, wie gut diese auch nach damaligen Auffassungen begründet gewesen sein mag. Gibt es im Vereinigten Königreich keinen einschlägigen Präzedenzfall, dann haben sie ein weiteres ständiges Recht, nämlich Präzedenzfälle aus anderen Gewohnheitsrechtsgebieten wie Australien oder dem Staat New York heranzuziehen oder beiseite zu setzen. Dabei beachten die Richter natürlich stets die Relativität der Normen und Entscheidungen der Rechtsprechung. Antike und aus abgelegenen Rechtsprechungsgebieten stammende Entscheidungen werden besonders sorgfältig geprüft, ehe sie als relevant für den hier und jetzt zu entscheidenden Fall anerkannt werden. Doch das Bestehen von Grenzen zwischen Rechtsprechungsgebieten schließt nie an und für sich juristische Präzedenzfälle aus älterer Zeit oder anderen Ländern von der Betrachtung aus. Ein angemessener Respekt vor der juristischen Relativität – so könnte man sagen – stürzt die Gerichte nie in reinen juristischen Relativismus. Im Gegenteil, die juristische Erfahrung der ganzen Menschheit steht – bei angemessener Berücksichtigung der historischen und kulturellen Unterschie-

de – den Gerichten zur gerechten Entscheidung laufender Fälle zur Verfügung.
Ähnlich ist die Aufgabe der Findung unparteiischer vernünftiger Verfahren für den Vergleich von Beurteilungen aus verschiedenen Verhältnissen; und diese Parallele mit dem Rechtswesen könnte uns helfen, wenn wir unseren Mittelweg zwischen Absolutismus und Relativismus ausfindig machen wollen, indem sie uns darauf lenkt, wie Begriffe praktisch in geistigen Unternehmungen angewandt werden. Wichtig ist, daß wir ernsthafte Schwierigkeiten nicht mit völliger Unmöglichkeit verwechseln oder echte Probleme mit unauflösbaren Paradoxien. Die Relativität der juristischen Maßstäbe auf bestimmte Rechtsprechungsgebiete kann den Vergleich von Fällen aus verschiedenen Rechtsprechungsgebieten wirklich schwierig machen, und zwar umso mehr, je weiter die Rechtsprechungsgebiete auseinanderliegen; doch völlig unmöglich ist er keineswegs. Mit Sorgfalt, Umsicht und angemessener Beachtung relevanter Unterschiede kann man der Sache durchaus gerecht werden. Bei einem vollständigen juristischen Relativismus dagegen wären solche Vergleiche von vornherein ausgeschlossen. Jedes Rechtsprechungsgebiet wäre dann einziger und unbeschränkter Hüter seiner juristischen Begriffe, Kriterien und Urteilsgrundsätze, und diese hätten für Beobachter aus anderen Rechtsprechungsgebieten lediglich anthropologisches oder historisches Interesse[57]. Auch unsere Aufgabe besteht – allgemeiner – darin, die Relativität der Vernunftmaßstäbe auf verschiedene Milieus angemessen zu berücksichtigen, ohne uns dazu verführen zu lassen, den Vergleich zwischen diesen einfach als unmöglich zu betrachten.
2. Die Physiker pflegen in der Praxis eine ähnliche diffizile, aber grundlegende Unterscheidung zwischen Relativität und Relativismus zu machen. Auch sie müssen die Relativität ihrer Messungen und Urteile zugeben, nicht als bloßes abstraktes Problem, sondern als konkrete Schwierigkeit in ihrer fachlichen Tätigkeit. Und auch sie haben »relativistische« Verfahren entwickelt, die dieser Relativität gerecht

57 Zu dieser ganzen Frage siehe die ausgezeichnete Monographie von E. H. Levi, »An Introduction to Legal Reasoning«, *University of Chicago Law Review*, 15, Nr. 3 (1948), 501-74.

werden, ohne sich dem totalen Relativismus anheimzugeben. Ihre Lösung ist manchmal nicht ganz richtig verstanden worden. Durch einen historischen Zufall gestand die Menschheit die durchgängige Relativität der moralischen und intellektuellen Maßstäbe genau zu der Zeit endgültig ein, als die Physiker ihre sogenannte Relativitätstheorie entwickelten; und einige Jahre lang wurde das geflügelte Wort »Alles ist relativ!« – d. h. »Vergleiche zwischen Kontexten sind unmöglich!« – im Volksmund Albert Einstein zugeschrieben. Der Nichtphysiker hatte das Gefühl, Einstein habe irgendwie bewiesen, daß die menschlichen Relativitäten der Geschichte und Anthropologie auf der Grundstruktur der physikalischen Welt selber beruhten. Man glaubte also, die physikalische Theorie rechtfertige einen allgemeinen Subjektivismus; und der Titel von Edward Westermarcks vielgelesener Verteidigung des kulturellen Relativismus (*Ethical Relativity*) wurde als bewußte Parallele zu Einstein aufgefaßt[58].

Doch diese Berufung auf Einstein war völlig fehlgeleitet. Die geistige Strategie der relativistischen Physik ist dem Relativismus durchaus entgegengesetzt. Ihre Methoden ähneln viel eher denen der Tradition des Gewohnheitsrechts. Einstein ging natürlich von der Erkenntnis aus, daß Messungen räumlicher und zeitlicher Größen (z. B. Ort und Dauer, Geschwindigkeit und Beschleunigung) mit einer bis dahin unbekannten Relativität des »Bezugssystems« oder der »Bezugsgegenstände« behaftet sind. Wie man solche Messungen zu deuten hat, hängt davon ab, ob man sie relativ etwa zur Erdoberfläche oder einer frei fallenden Aufzugskabine, einem auf hohe Energie gebrachten Teilchen oder einem entfernten Milchstraßensystem nimmt. Doch

58 E. Westermarck, *Ethical Relativity* (London, 1932). Wie Gerald Holton kürzlich mir gegenüber äußerte, verwandte Einstein selbst ursprünglich den Ausdruck »Relativität« nicht zur Beschreibung seiner frühen Arbeiten zur Elektrodynamik bewegter Körper. Vielmehr nannte er seinen Ansatz »Invariantentheorie«; und es ist interessant, sich auszudenken, welch andere Wirkung seine Ideen wohl gehabt hätten, wenn er stets bei dieser Bezeichnung geblieben wäre. Denn aus ihr geht hervor, daß es ihm im Grunde um die Auffindung von *Invarianten* zwischen verschiedenen »Bezugssystemen« ging, also um das *Gegenteil* einer Gleichsetzung von Relativität und Relativismus.

was folgte eigentlich aus dieser Entdeckung? Wenn man aus ihr einen völligen Relativismus herausliest, dann müßte man physikalische Vergleiche zwischen verschiedenen Bezugssystemen als sinnlos ansehen. Doch das war nicht Einsteins Folgerung. Im Gegenteil: er wollte allgemeine neutrale Verfahren gerade für diese Vergleiche ausarbeiten[59]. Schließlich war er Physiker. Er wäre nie damit einverstanden gewesen, daß raumzeitliche Messungen nur innerhalb desselben Bezugssystems vergleichbar seien, denn damit hätte er seine Grundpflichten als Naturphilosoph vernachlässigt. Vielmehr stellte er neue Gleichungen zur Umrechnung von Messungen vom ursprünglichen »Bezugssystem« auf ein anderes auf. Damit konnten die raumzeitlichen Urteile aus verschiedenen Bezugssystemen problemlos »transformiert« werden, ohne daß man den theoretischen Schwierigkeiten ausgesetzt war, die den älteren »Galilei-Transformationen« zunehmend anhafteten. Während der effektive Inhalt unserer raumzeitlichen Urteile vom jeweiligen Bezugssystem abhing, gab es nun rationale Verfahren des Vergleichs von Messungen, die in verschiedenen Bezugssystemen gelten.

Unser Problem hat im wesentlichen die gleiche Form. Während alle Begriffe und Urteile als »relativ auf« die Probleme und Traditionen der betreffenden Milieus zu sehen sind, ist dies doch kein Grund, sich dem Relativismus anheimzugeben oder Vergleiche zwischen Kontexten für sinnlos zu halten. Wieder dürfen wir nicht eine wesentliche Schwierigkeit mit einer formalen Unmöglichkeit verwechseln; denn wenn wir unser Problem als grundsätzlich unlösbar beiseitelegten, würden wir unsere Pflichten als Philosophen vernachlässigen. Das praktische Beispiel des Werkes Einsteins wie auch die Alltagsverfahren auf dem Gebiet des Rechts sollte uns vielmehr zur Suche nach rationalen Verfahren veranlassen, die die sehr realen praktischen Schwierigkeiten wegen der Verschiedenheiten des kulturellen oder historischen Milieus überwinden. Natürlich dürfen wir unsere Erwartungen nicht zu hoch stecken. Einige Urteile aus ver-

59 Siehe A. Einstein und L. Infeld, *Die Evolution der Physik*, dt. (Wien/Hamburg, 1950), Teil 3.

schiedenen Milieus werden sich zweifellos als wirklich inkommensurabel erweisen, während in anderen Fällen ein Vergleich als zu weit hergeholt oder fehlgeleitet abgetan werden kann. (»Hatte Brutus einen edleren oder weniger edlen Charakter, als Keplers naturwissenschaftliche Erkenntnisse tiefliegend waren?«) Es dürfte genügen, zu zeigen, daß manchmal und in geeigneten Fällen rationale Quervergleiche sinnvoll sein können. Gewiß gibt es – auf den ersten Blick – »rationale Unternehmungen«, innerhalb derer Ideen aus verschiedenen Epochen und Kulturen durchaus angemessen als »wohlfundiert«, »richtig«, »scharfsichtig«, »wahr« oder »vernünftig begründet« bezeichnet werden können, und zwar ohne daß lediglich eine engstirnige Bevorzugung unserer heutigen Maßstäbe rationalisiert würde. Wenn wir in allgemeiner Form erkennen können, wie solche Vergleiche anzustellen sind, auch im Einzelfall, so dürfte das genügen, um zu zeigen, daß die Relativität unserer Begriffe und Urteile wesentliche, aber lösbare Probleme schafft und keine abstrakten und unbewältigbaren Paradoxien.

3. Die Anziehungskraft des Relativismus ist auch heute noch auf einem inhaltlichen Forschungsgebiet bedeutend: der Anthropologie selber. Dort wurde das Problem des Vergleichs verschiedener Rationalitätsmaßstäbe ein ernsthaftes und akutes methodologisches Problem. Denn der Anthropologe muß bei seiner Arbeit in konkreten Fällen entscheiden, wie weit er sich nach seiner eigenen Rationalitätsvorstellung richten soll und wie weit danach, was in den von ihm untersuchten Stämmen als »rational« gilt, wenn er deren Verhalten und Sitten auf ihre Rationalität beurteilen will. Wenn ein Stamm mit einer langen Tradition der hypnotischen Magie lieber homöopathische Mittel als Antibiotika verwendet, muß das der Anthropologe unbedingt als »rationales« Verhalten gelten lassen? Ohne Zweifel haben die Stammesangehörigen ihre Gründe – die ihnen als gut und ausreichend erscheinen –, doch von welchem Standpunkt aus soll der Anthropologe selbst diese Methoden beurteilen? Dieser Frage wichen die Anthropologen lange Zeit gern aus. Der relativistische Ausweg war einfacher: man fragte nur, was der betreffende Stamm für rational hielt, nicht aber, ob das vernünftig oder unvernünftig, gut

oder schlecht begründet war. Diese Frage galt lange Zeit als abwegig – oder jedenfalls als anthropologisch völlig irrelevant. Erst kürzlich haben die Fachanthropologen begonnen, dieses Problem ausdrücklich und analytisch zu erörtern und die verschiedenen Zusammenhänge und Gesichtspunkte zu unterscheiden, unter denen man die Frage der »Rationalität« stellen kann[60].

Und wieder bietet sich ein elementarer philosophischer Schachzug an, der auf den ersten Blick einen unmittelbaren Ausweg aus unserem Problem verspricht. Gewiß, so könnte man sagen, man muß zwei verschiedene Arten des Herangehens an Fragen der Rationalität unterscheiden und damit zwei Bedeutungen, in denen der Ausdruck »rational« gebraucht werden kann. Man kann sich völlig auf der Tatsachenebene bewegen und den Ausdruck in rein deskriptivem Sinne gebrauchen; man berichtet dann einfach darüber, wie in verschiedenen Gesellschaften oder Stämmen theoretische und praktische Urteile zustandekommen oder zustandegekommen sind – was also der Fall ist. Oder man geht wertend heran und gebraucht den Ausdruck präskriptiv; man legt dann von unserer Warte aus Regeln dafür fest, wie andere Völker urteilen sollten – was also der Fall sein sollte. Beachtet man nur den Unterschied zwischen diesen beiden Betrachtungsweisen, so schließt das Argument, dann braucht keine Schwierigkeit aufzukommen. Als empirischer Anthropologe könne man sich auf die Tatsachen der Rationalität im deskriptiven Sinne beschränken. Wirft man weitere Fragen bezüglich der Rationalität im präskriptiven Sinne auf, so seien das Wertfragen, und man agiere als Moralist oder Logiker und nicht als Anthropologe.

Doch wie weit kann die Anthropologie wirklich rein tatsachenorientiert bleiben und alle Wertungen als irrelevant oder fachfremd ablehnen? Man kann Gründe dafür anführen, daß diese Selbstverleugnung nutzlos und unnötig ist. Zunächst einmal führt sie von einer ganzen Palette völlig berechtigter Fragen weg: z. B. solchen des tatsächlichen the-

60 Siehe *Rationality*, hrsg. v. B. R. Wilson (Oxford, 1970), insbes. Kap. 9, »Some Problems about Rationality« von Stephen Lukes, ursprünglich erschienen in *Archives européennes de sociologie* 8 (1967), 247-64.

rapeutischen Erfolgs hypnotischer Magie oder der homöopathischen Medizin und damit von Fragen über die Motive eines Stammes für die Beibehaltung solcher Methoden trotz ihrer vergleichsweise geringen Wirksamkeit. In der Tat kann der Anthropologe kaum hoffen, die volle Bedeutung dieser Sitten auch nur für den Stamm selbst zu begreifen, wenn er nicht gelegentlich bereit ist, zurückzutreten und die Sitten des Stammes von seinem eigenen Standpunkt aus zu beurteilen. Eine ausschließliche Beschäftigung mit »Tatsachenfragen« ist ferner unnötig. Die Möglichkeit der Unterscheidung zwischen »Tatsachen« und »Werten« zwingt nicht dazu, diese völlig getrennt voneinander zu betrachten. Im Gegenteil, wie das Beispiel des Gewohnheitsrechts zeigt, gibt es ausgezeichnete Möglichkeiten, »im Lichte von« Tatsachenfeststellungen zu wertenden Folgerungen zu kommen.

Die Tradition des Gewohnheitsrechts beruht in der Tat völlig auf der Methode der »Präzedenzfälle«, bei der »Tatsachenaussagen« immer wieder als einzige, aber hinreichende Grundlage für »Werturteile« angeführt werden. Auf einer formalen oder funktionalen Ebene erkennt die gewohnheitsrechtliche Argumentation durchaus die theoretische Unterscheidung zwischen Werten und Tatsachen an. Bei ihrer ersten Verkündung haben Urteile, Feststellungen und Entscheidungen zweifellos präskriptive Funktion: ihr Zweck ist dann kein anderer als die Zuschreibung von Schuld oder Verantwortlichkeit und die Festsetzung von Bußen oder Strafen. Doch anschließend werden diese selben Entscheidungen zu Daten in der juristischen Chronik, die als historische »Tatsachen« zitiert werden. Als solche werden sie berichtet und kritisiert, zitiert und kommentiert, um es deskriptiv auszudrücken. Die Unterscheidung zwischen präskriptivem und deskriptivem Gebrauch läßt sich also leichter in der philosophischen Theorie aufstellen als in der juristischen Praxis anwenden. Denn ob nun juristische Urteile normativ verkündet oder im Rückblick beschrieben werden, ihr Inhalt ist in beiden Fällen derselbe. Wenn also juristische Präzedenzfälle in einem aktuellen Fall angeführt werden, so werden sie gewöhnlich als Tatsachenfeststellung formuliert – »Die Berufungs-Strafkammer hat 1935 entschieden, daß ...« –, obwohl die unmittelbare Funktion dieser »Tatsachenaussage« die »normative« ist, das Gericht in bestimmter Weise zu beeinflussen[61].

Diese Doppelheit ist keineswegs etwas Geheimnisvolles. Was ist denn der Hauptzweck der »Berufung auf Präzedenzfälle«? Es ist die Heranziehung der juristischen Erfahrung der Vergangenheit zur Anleitung der juristischen Praxis der Gegenwart. Innerhalb von gewohnheitsrechtlichen Argumentationen werden selbstverständlich nie Tatsachenaussagen mit normativen Aussagen gleichgesetzt. Es wäre nie ein Widerspruch, wenn man sagte: »In einem Parallelfall wurde so und so entschieden, aber im vorliegenden Fall sollte nicht so entschieden werden.« Die historische Bilanz früherer Entscheidungen schafft vielmehr eine Normalvermutung für die Zukunft. Kritische Vergleiche mit früheren Urteilen schaffen Vermutungsregeln für ähnliche zukünftige Fälle; sie werden nur dann außer Kraft gesetzt, wenn sich besondere Gründe dafür anführen lassen. So gewinnen in der Tat überhaupt erst gewohnheitsrechtliche Argumente vor Gericht ihre Verbindlichkeit, Tatsachenbetrachtungen ihre juristische Relevanz, historische Entscheidungen früherer Gerichte ihre Funktion als juristische Präzedenzfälle.

Ich möchte hier einen Punkt zusammenfassen, auf den wir später zurückzukommen haben. Die Grundlagen des vergleichenden juristischen Denkens wurden besonders tiefschürfend von Oliver Wendell Holmes in seinem Buch *The Common Law* analysiert. Bis zu einer bestimmten Ebene, sagt Holmes, verläuft das juristische Denken ganz mit Recht routinemäßig als erneute Anwendung festliegender Regeln und Präzedenzfälle. Doch auf einer tieferliegenden Ebene ändert sich sein Charakter grundlegend. Stößt es an die Grenzen der gängigen Regeln, so gewinnt das juristische Denken einen neuen und stärker »funktionalen« Charakter. Wenn man einen möglichen Anachronismus nicht scheut, könnte man sogar Holmes' Analyse der tiefsten Grundlagen der juristischen Argumentation als Entfaltung einer Art »juristischer Ökologie« bezeichnen[62]. Geht man über den Rah-

61 Vgl. G. Gottlieb, *The Logic of Choice* (London, 1968); ferner H. L. A. Hart, *The Concept of Law* (Oxford, 1961).

62 Siehe H. S. Commager, *The American Mind* (New Haven, 1950), Kap. 18, insbes. S. 376, 378 und 386-8, wo besonders auf O. W. Holmes,

men der gängigen Grundsätze und Methoden hinaus, was gibt es dann, so fragt er, anderes zu tun als zu bedenken, welche analoge Fortsetzung gängiger Verfahren in einer sich verändernden gesellschaftlichen und historischen Situation den eigentlichen Zwecken des Rechts am besten dienen würde? Und die Eigenart des so sich ergebenden historischen Vorgangs – die Art der Entstehung, Entwicklung und schließlichen Aufgabe juristischer Begriffe vermittels Wiederanwendung und Erweiterung von Präzedenzfällen auf neue, unvorhergesehene Situationen – wird im einzelnen aufgewiesen in Büchern wie Edward H. Levis *Introduction to Legal Reasoning*[63].

Unsere Analyse der Vernunftargumentation wird einen ähnlichen Weg einschlagen. Die Vernunft, so werden wir zu zeigen versuchen, hat ihre eigenen »Gerichtshöfe«, in denen jeder Mensch mit klarem Kopf und angemessener Erfahrung als Richter oder Geschworener tätig werden kann. In verschiedenen Kulturen und Epochen kann das Denken nach verschiedenen Methoden und Grundsätzen vorgehen, so daß verschiedene Milieus gewissermaßen die parallelen »Rechtsprechungsgebiete« der Vernunft darstellen. Doch sie sind es aus einem gemeinsamen Interesse an gemeinsamen »rationalen Unternehmungen« heraus, genau wie die parallelen Rechtsprechungsgebiete aus Interesse an ihren gemeinsamen juristischen Unternehmen. Schauen wir also nach, wie innerhalb der rationalen Unternehmungen, die die Orte

The Common Law eingegangen wird. Man beachte auch Richter Holmes' tiefe Bemerkung: »Die Gegenwart hat das Recht, sich selbst zu bestimmen, soweit sie es kann ... Die historische Kontinuität mit der Vergangenheit ist keine Pflicht, sondern nur eine Notwendigkeit«, in *Collected Papers* (New York, 1920), S. 139, zit. nach *American Constitutional Law: Historical Essays*, hrsg. v. L. W. Levy (New York, 1966), S. 3. Würde man hier das Wort »Notwendigkeit« im herkömmlichen philosophischen Sinne verstehen, so würde der Anschein einer ganz sachfremden Ironie entstehen, wie bei der berühmten Beschreibung der Lage des zerfallenden österreichisch-ungarischen Kaiserreichs als »verzweifelt, aber nicht ernst«. Wir werden auf die Konsequenzen von Holmes' Begriff der Notwendigkeit wesentlich später, in Band 3 unserer Untersuchungen, wieder zurückkommen.

63 Vgl. oben, Anm. 57. Zur Beziehung zwischen Anthropologie und Recht siehe auch das Symposion *Law in Culture and Society*, hrsg. v. Laura Nader (Chicago, 1969).

theoretischer Kritik und theoretischen Wandels sind, neue Ideen eingeführt werden, sich historisch entwickeln und sich bewähren, so können wir hoffen, die tieferliegenden Gesichtspunkte auszumachen, die solche Ideenwandlungen zu »vernünftigen« machen. Wie in Holmes' Jurisprudenz wird sich unsere Analyse der Ideenentwicklung auf die »ökologischen« Beziehungen zwischen den kollektiven Ideen der Menschen und den sich verändernden Situationen konzentrieren, in denen diese Ideen etwas leisten sollen; dazu werden wir den allgemeinen Vorgang kennzeichnen, nach dem sich Ideenpopulationen historisch entwickeln, ganz wie die Historiker des Gewohnheitsrechts die historische Entwicklung der juristischen Begriffe gekennzeichnet haben. Sind diese Vorgänge gründlich genug analysiert, so werden wir zu zeigen versuchen, wie man tatsächlich zu den praktischen Urteilskriterien gelangt, die in den verschiedenen Unternehmungen anerkannt sind, und gleichzeitig, wie diese Kriterien die Verbindlichkeit gewinnen, von der ihre Autorität abhängt.

1.4 *Die Illusion der Revolution*

Mit der Aufgabe der philosophischen Voraussetzung, daß die menschliche Erkenntnis notwendig und unter allen Umständen einem System fester Grundsätze folgen müsse, haben wir jetzt die Beweislast verlagert. Im größten Teil der Geistesgeschichte wurde die Stabilität und Universalität unserer grundlegenden Denkformen als das Angemessene und Natürliche betrachtet; der Ideenwandel war die »Erscheinung«, die erklärt, oder wegerklärt, werden mußte. Jetzt sehen wir die Verhältnisse umgekehrt. Die geistige Veränderung, nicht die geistige Konstanz ist jetzt das zu Erwartende; etwaige Kontinuität, Stabilität oder Universalität in den wirklichen Denkformen der Menschen sind jetzt die erklärungsbedürftigen »Erscheinungen«. Wenn nun die Beweislast so weit verschoben ist, wird zum eigentlich Rätselhaften an der kollektiven menschlichen Erkenntnis die Möglichkeit, daß sich bestimmte Denkformen, -strukturen und -verfahren tatsächlich als universal herausstellen könnten.

Noam Chomsky zum Beispiel hat behauptet, das gesamte menschliche Denken und alle Sprachen wiesen bestimmte universale grammatische Strukturen auf – eine Behauptung, die für uns jetzt nicht mehr natürlich und von selbst einleuchtend sein kann[64]. Im Gegenteil, sie muß stark überraschen. Während die Philosophen früherer Jahrhunderte in allem vernünftigen Denken feste und notwendige »Urteilsformen« erkennen mochten, ist für uns jede solche Konstanz nicht weniger geheimnisvoll als der Wandel. So gut, wie wir nach den Erklärungsfaktoren für die tatsächlichen Wandlungen dieser Ideen und Kategorien fragen, sofern sie historisch-kulturelle Variablen sind, müssen wir also auch fragen, wie es dazu kommt, daß sich andere Ideen und Kategorien als historisch-kulturell universal herausstellen. Was könnte sie von der Variabilität ausnehmen, die jetzt die Regel ist? Von jetzt an erfordert jede Annahme einer universalen und unveränderlichen Struktur des Denkens und der Grammatik eine weitere naturwissenschaftliche oder historische Erklärung; sie kann neuroanatomischer oder evolutionstheoretischer Art sein, sie spiegelt vielleicht die gemeinsamen Bedingungen des gesamten menschlichen Lebens wider – oder sie enthält alle drei Gesichtspunkte.

Diese Forderung, Ideenkonstanz und Ideenvariabilität auf gleichem Fuße zu behandeln, bedeutet einen ebenso krassen Bruch mit der gesamten kantianischen Tradition, wie ihn Kant selbst gegenüber den Gedanken seiner Vorgänger vollzog. Und er wird uns im Laufe der Zeit zur Aufgabe aller Kantischen Annahmen zwingen, die heute noch einflußreich sind, sei es in der Form von Claude Lévi-Strauss' »Strukturalismus«, der »notwendigen Operationen« der Psychologie Piagets oder in allerlei anderen Gewändern. Kants eigene Neuformulierung des Problems der menschlichen Erkenntnis hatte für ihn die gleiche kompromißlose Einfachheit und Eleganz wie der Übergang zur Kopernikanischen Astronomie. Die unlösbaren Rätsel der herkömmlichen Metaphysik waren nichts als Nebenwirkungen eines abwegigen geistigen Standpunkts gewesen: lauter Ptole-

64 N. Chomsky, *Aspekte der Syntax-Theorie*, dt. (Suhrkamp, Frankfurt (M), 1969); siehe auch C. Lévi-Strauss, *Strukturale Anthropologie*, dt. (Suhrkamp, Frankfurt, 1967, 1975).

mäische Epizyklen, mit denen sich die Philosophen herumschlagen mußten, weil sie den wahren »Ort«, das wahre »Zentrum« der Vernunft verkannten, und die man aus der Welt schaffen konnte, wenn man nur die Analyse auf ein neues Zentrum hinordnete. Doch bei aller Originalität und Fruchtbarkeit löste Kants neue »kritische Methode« die Philosophen nicht im geringsten aus ihrer Festlegung auf »konstante und universale« Erkenntnisgrundsätze heraus, Sie suchte lediglich den Ursprung dieser Grundsätze in einer neuen Richtung.

So gesehen, paßt es auch sehr gut, daß sich Kant mit Kopernikus und nicht mit Galilei oder Newton verglich. Denn mit den Augen des 20. Jahrhunderts gesehen, hat seine Position etwas ähnlich Altertümliches an sich wie das System des Kopernikus. Kants Beibehaltung der Auffassung, das Bestehen »unveränderlicher Formen der Vernunft« sei etwas völlig Natürliches und von selbst Einleuchtendes, erinnert etwa an Kopernikus' Beibehaltung der Annahme, die herkömmlichen Kreisbahnen in der Astronomie der Planeten seien vollkommen und bedürften keiner weiteren Erklärung. Heute dagegen sind die unabweislichen Notwendigkeiten der Euklidischen Geometrie und des kategorischen Imperativs ebensowenig *evident* wie die natürliche Vollkommenheit der Ruhe auf der Erde oder der Kreisbewegung im Himmel. Die Parallele zwischen den beiden Männern geht noch weiter. Denn es gibt Gründe für die Annahme, daß Kants Position nicht endgültiger war als die des Kopernikus. Über diese ging Galilei hinaus, indem er zeigte, daß die gleichen allgemeinen kinematischen Regeln für Bewegung und Ruhe gelten, und Newton erklärte sie gleichartig als verschiedene Auswirkungen derselben dynamischen Ursachen; ähnlich muß Kants Position heute ergänzt und vollendet werden durch entsprechende Theorien der Ideenstabilität und des Ideenwandels, durch eine Kinematik und Dynamik der Ideen.

Seit dem 17. Jahrhundert mußte eine brauchbare Theorie der Mechanik Bewegung und Ruhe auf die gleiche Weise erklären; ähnlich muß heute eine brauchbare Theorie der Ideenentwicklung Stabilität und Wandel auf die gleiche Weise erklären. Wir haben keine besseren Gründe, die Unveränderlichkeit in der Philosophie des Geistes (der Erkenntnistheorie) als von selbst einleuchtend anzusehen, als in der Naturphilosophie (der Physik); keine besseren Gründe, die Stabilität als »natürlicher« oder »einsichtiger« anzusehen als den Wandel. Vielmehr müssen wir zu zeigen versuchen, wie ein und dieselbe Menge von Faktoren und Gesichtspunkten, die in verschiedener Weise zueinander in Beziehung treten, sowohl erklären kann, warum sich unsere »Formen des Denkens und der Wahrnehmung« – Begriffe, Maßstäbe des vernünftigen Urteils, Grundsätze a priori und ähnliches – in einigen Fällen, Situationen und Verhältnissen rasch wandeln, und ebenso, wie sie in anderen Fällen, Situationen und Verhältnissen durchaus unverändert bleiben können.

In unserem jetzigen Zusammenhang ist dieses Kriterium entscheidend; doch die beliebteste Analyse der geistesgeschichtlichen Entwicklung erfüllt es nicht. Diese geht von einer Unterscheidung zwischen zweierlei gegensätzlichen historischen Phasen aus, die als »normal« und »revolutionär« bezeichnet werden, und sie wurde sehr beredt in T. S. Kuhns Buch *Die Struktur wissenschaftlicher Revolutionen* von 1962 vorgetragen[65]. Diese Theorie der »geistigen Revolutionen« erklärt die Vorgänge in diesen beiden verschiedenartigen Phasen völlig verschieden, und zwar in solchem Maße, daß der Gegensatz zwischen normalem und revolutionärem Wandel eine ähnliche falsche Absolutheit gewonnen hat wie der mittelalterliche zwischen Ruhe und Bewegung.

Die Kuhnsche Theorie der wissenschaftlichen Revolutionen läßt sich als Antwort auf die Frage verstehen, die R. G. Collingwood mehr als 20 Jahre vorher gestellt und unbeantwortet gelassen hatte: Bei welchen Anlässen und durch welche Vorgänge wird ein System von Grundbegriffen, eine Konstellation absoluter Voraussetzungen durch eine andere ersetzt? In den fünfziger Jahren wurde diese Frage wieder aufgenommen und viel diskutiert, von Historikern und Soziologen wie auch von Philosophen. N. R. Hanson behandelte sie ausgesprochen philosophisch in seinem Buch

65 Thomas S. Kuhn, *Die Struktur wissenschaftlicher Revolutionen*, dt. (Suhrkamp, Frankfurt (M), 1967, 1973, 2. Aufl. 1976).

Patterns of Discovery (1957)[66]; sie war Gegenstand meiner Mahlon-Powell-Vorlesungen von 1960 an der Indiana University, veröffentlicht in *Foresight and Understanding*[67]; und sie liegt einem großen Teil der neueren Wissenschaftssoziologie zugrunde, etwa den Arbeiten von Merton[68], Barber[69] und Ben-David[70]. Doch es empfiehlt sich hier, die Kuhnsche Position zu betrachten, und deren laufende Veränderungen während der sechziger Jahre werden sich als sehr aufschlußreich erweisen, denn sie unterstreichen unser obiges Ergebnis, daß die Alternative des Absolutismus oder Relativismus nur dann als unausweichlich erscheint, wenn man die theoretischen Beziehungen im augenblicklichen Inhalt einer Wissenschaft viel zu systematisch sieht.

Es gibt keine unmittelbaren Anzeichen, daß Kuhn seine Theorie als ausdrückliche Nachfolgerin der Collingwoodschen gedacht hätte; doch in beiden Fällen führen ähnliche Voraussetzungen in sehr einleuchtenden Schritten zu ähnlichen Folgerungen. Ja, in ihrer bekanntesten Form weist die Kuhnsche Position so enge Parallelen zu der Collingwoods auf, daß man ein Lexikon zur Übersetzung der einen in die andere aufstellen kann. Um mit Collingwood anzufangen: er macht einen grundlegenden Unterschied zwischen den synchronen (oder logischen) Beziehungen zwischen den Voraussetzungen einer bestimmten Kultur, Phase oder Epoche und den diachronen (oder historischen) Beziehungen zwischen denen aufeinanderfolgender Kulturen, Phasen oder Epochen. Innerhalb eines bestimmten Milieus haben die Menschen gewöhnlich eine gemeinsame Konstellation von Voraussetzungen und bewegen sich auf der Grundebene in einem gemeinsamen Begriffssystem; daher können sie alle Meinungsverschiedenheiten ohne Umschweife vernünftig erörtern. Ihre gemeinsame Aufgabe ist dann der Ver-

66 N. R. Hanson, *Patterns of Discovery* (Cambridge, England, 1958).

67 Stephen Toulmin, *Foresight and Understanding* (London und Bloomington, Indiana, 1961), dt.: *Voraussicht und Verstehen*, Suhrkamp, Frankfurt (M), 1968.

68 S. z. B. Robert K. Merton, *Social Theory and Social Structure*, verb. Aufl. (New York, 1957), Teil 5.

69 S. z. B. B. Barber, *Science and the Social Order* (New York, 1952).

70 S. z. B. Joseph Ben-David, »The Scientific Role: Conditions of its Establishment«, *Minerva*, 4 (1965), 15-54.

gleich der Nebenvoraussetzungen, auf denen die Meinungsverschiedenheiten beruhen; und weil sie die gleichen Grundvorstellungen haben, stehen ihnen eine gemeinsame Sprache und gemeinsame Verfahren zur Behebung der Meinungsverschiedenheiten zur Verfügung. Demgegenüber werden beim Übergang von einer geistigen Epoche zu einer anderen die Spannungen in einem gegebenen Denksystem unerträglich und drängen auf Beseitigung. Damit werden die absoluten Voraussetzungen der Ära selbst in Frage gestellt, und es ist keine normale vernünftige Diskussion mehr möglich. Es gibt keine anerkannten Verfahren zur Entscheidung von Streitfragen mehr, keine gemeinsame Sprache zu ihrer Diskussion. Bis eine neue Konstellation von Voraussetzungen ihre Autorität erwiesen hat und die grundlegenden Spannungen beseitigt sind, greifen die normalen Verfahren der vernünftigen Diskussion nicht. Auf dieser grundlegenden Ebene lassen sich Ideenwandlungen nur anhand unbewußten Denkens, wirtschaftlich-gesellschaftlicher Einflüsse und anderer Kausalvorgänge behandeln.

Alle diese Auffassungen finden sich – nur anders formuliert – in Kuhns *Struktur wissenschaftlicher Revolutionen.* Kuhn legt ebensoviel Gewicht wie Collingwood auf den Gegensatz zwischen zwei unterschiedlichen Arten des Theorienwandels. In den langen Abschnitten der »Normalwissenschaft« werden die aktuellen Gedanken etwa in der Physik von einer maßgeblichen umfassenden Theorie oder einem »Paradigma« beherrscht und gestaltet. Indem die Wissenschaftler ein solches Paradigma zugrundelegen, entscheiden sie vorläufig über die Schwerpunkte und Maßstäbe ihres Forschungsgebiets: darüber, welche Fragen gestellt werden, was für Erklärungen anerkannt werden, welche Deutungen als zulässig gelten. In diesem Sinne hat ein Paradigma dieselbe logische Funktion wie eine Konstellation absoluter Voraussetzungen. Die unter der Autorität eines Paradigmas arbeitenden Wissenschaftler bilden also eine Schule, ganz ähnlich wie in der Kunst. In einer wissenschaftlichen Schule liefert dieses gemeinsame Gedankensystem eine brauchbare Sprache zur Formulierung theoretischer Meinungsverschiedenheiten sowie anerkannte Verfahren zu ihrer Behebung – und zwar so lange, wie diese Meinungsverschiedenheiten nicht so tief gehen, daß sie die Autorität des Paradigmas selbst in Frage stellen. Demnach vollzieht sich der wissenschaftliche Wandel zumeist in konsolidierter Form, unter der Oberhoheit eines anerkannten Paradigmas. Doch hin und wieder wird diese normale Entwicklung durch eine Krisenperiode unterbrochen. Dann wird das herrschende Paradigma in Frage gestellt und schließlich gestürzt. Die höchste geistige Autorität geht von einer umfassenden Haupttheorie an eine Nachfolgerin über, etwa von der Galilei-Newtonschen an die Einstein-Heisenbergsche Mechanik; das Ergebnis einer solchen Krise ist in Kuhns Ausdrucksweise eine wissenschaftliche »Revolution«.

Nur einige der von Kuhn in seinem Buch von 1962 unter der Bezeichnung »Paradigmawechsel« erörterten Beispiele entsprechen genau diesem Collingwoodschen Muster; andere haben weniger akute Auswirkungen. Doch die ersteren sind in ihrer Wirkung umfassend und sind Rationalitätskatastrophen; und Kuhn widmet ein ganzes Kapitel der Behandlung konkurrierender Paradigmen als »verschiedener Weltbilder«[71]. Auf dieser grundlegenden Ebene ist eine wissenschaftliche Revolution mit einem vollständigen Wechsel der geistigen Garderobe verbunden. Sie hat so tiefgehende Wirkungen, daß ein Wissenschaftler, der unter der Autorität des neuen Paradigmas arbeitet, keinen theoretischen Begriff mehr mit den Wissenschaftlern gemeinsam hat, die noch dem Vorgänger geistig anhängen. Da es keine gemeinsame Sprache gibt, können sie sich weder über ihre Meinungsverschiedenheiten verständigen noch gemeinsame Diskussions- und Forschungsthemen formulieren. Jeder »sieht« eben die Welt im Sinne seines Schemas, seiner »Gestalt«. Denn was er »sieht«, wenn er etwa durch ein Mikroskop blickt, hängt nicht nur von der Struktur seines Auges und des Instruments ab, sondern auch von seinem theoretischen Paradigma; von ihm hängt ab, »als was« irgendetwas »gesehen« wird – etwa als Gewebe oder Kügelchen, als Bläschen oder Zelle mit einem Kern[72]. So veranlaßt die stillschweigende Zugrundelegung einer idealistischen Er-

71 Kuhn (vgl. Anm. 65), Kap. 10.
72 S. Toulmin (vgl. Anm. 6), insbes. S. 342 ff., und den zugehörigen Film *The Perception of Life.*

kenntnistheorie Kuhn auch zur Zugrundelegung einer idealistischen Theorie der Wahrnehmung.

Nach der klassischen Revolutionsauffassung bilden also »normales« wissenschaftliches Wachstum und »revolutionärer« Wandel einen absoluten Gegensatz. In der Normalwissenschaft gibt es keine unvermeidlichen Verständigungsschwierigkeiten zwischen Wissenschaftlern mit verschiedenen Auffassungen; sie führt auch nicht zu radikalen Wandlungen der »Gestalt« unserer Sinneserfahrungen. Sie hat im wesentlichen Konsolidierungsaufgaben; alle Wissenschaftler der betreffenden Schule arbeiten nach einem gemeinsamen System vernünftiger Grundregeln. Bei einer ausgesprochenen wissenschaftlichen Revolution dagegen ist der Übergang von einem grundlegenden Paradigma zu einem anderen ein absoluter und umfassender Wandel. Das neue Denken verdrängt das alte vollständig, und zwar so gründlich, daß nach Lage der Dinge die Gründe für den Übergang vom einen zum anderen in keiner der beiden Sprachen dargelegt werden können. Wie Menschen, die sich an verschiedenen Konstellationen absoluter Voraussetzungen orientieren, haben Vertreter des neuen und des alten Denkens keine gemeinsame Sprache für den Vergleich der Vernunftbehauptungen der beiden theoretischen Positionen. Ein Vertreter der Newtonschen Physik etwa, dessen Ideal die mechanische Erklärung aller physikalischen Erscheinungen ist, ist von einem Physiker des 20. Jahrhunderts durch mehr getrennt als die verflossene Zeit und den normalen Gang neuer empirischer Entdeckungen, nämlich durch eine theoretische Schranke, die – wenn ein »revolutionärer« Wandel im vollen Sinne vorliegt – rational unübersteigbar ist. Die Orientierung an unvereinbaren »Paradigmen« schlägt sich dann in einem unvermeidlichen Fehlen der Verständigungsmöglichkeit nieder.

So wörtlich genommen, hat Kuhns Analyse die gleichen relativistischen Konsequenzen wie Collingwoods Theorie. Was für eine geistige »Revolution« spricht, läßt sich nicht vernünftig erörtern oder rechtfertigen – es gibt ja keine gemeinsam anerkannten, ja auch nur beiden Seiten verständlichen Verfahren dazu. So müssen die bei einem revolutionären Wandel wirksamen Gesichtspunkte anscheinend als

Ursachen oder Motive, nicht als Gründe oder Rechtfertigungen aufgefaßt werden. Erst wenn das siegreiche neue Paradigma fest inthronisiert und allgemein anerkannt ist, kann die Vernunft wieder ihre Herrschaft antreten. Wie vorher für Collingwood, sind die »vernünftigen Verfahren« einer Wissenschaft Autoritäten zweiter Klasse, die nur wegen der Herrschaft der geistigen Hauptmächte Gewicht haben – seien es Paradigmen oder absolute Voraussetzungen. Der Übergang der höchsten Gewalt und Autorität von einem Paradigma auf seinen Nachfolger spielt sich also an der äußersten Grenze des Reiches der Vernunft ab. Er entspricht keinen anerkannten Regeln und Verfahren, sondern schafft einen neuen Kanon der Wissenschaftlichkeit. Neue Systeme der Grundlagentheorie können nicht auf »vernünftige« oder »regelhafte« Weise entstehen. Paradigmen sind souverän; sie schaffen ihre Gesetze selbst.

Das gilt, wie gesagt, für einen »Paradigmawechsel« oder Theorienwandel nur dann, wenn die Definition einer »wissenschaftlichen Revolution« in vollem Umfang erfüllt ist, also ein völlig neues Weltbild zum Zuge kommt. Und als erstes müssen wir fragen, ob jemals ein Theorienwandel in einer Wissenschaft wirklich eine so radikale Diskontinuität gebracht hat, oder ob diese Definition nicht die Tiefe des wirklichen Ideenwandels in den Naturwissenschaften übertreibt. Wenn wir dieser Frage konsequent nachgehen, werden wir alsbald zu den gleichen Vorbehalten gegenüber der Lehre von den geistigen Revolutionen als einer Theorie des Ideenwandels veranlaßt wie oben gegenüber Collingwoods Lehre von den absoluten Voraussetzungen als einer Strukturanalyse der Begriffssysteme.

Welche Beispiele könnte man für solche totale Wandlungen des wissenschaftlichen Weltbilds anführen? Zwei naheliegende Möglichkeiten sind wohl der Übergang von der vorkopernikanischen Astronomie zu der neuen Wissenschaft Galileis und Newtons, mit dem sich Kuhns erstes, historisches Buch beschäftigte[73], und aus neuerer Zeit der Übergang von der klassischen Physik Newtons und Maxwells zur relati-

73 Thomas S. Kuhn, *The Copernican Revolution* (Cambridge, Mass., 1957), insbes. Kap. 5 u. 6.

vistischen und Quantenphysik Einsteins, Heisenbergs und ihrer Nachfolger, den Kuhn ebenfalls eingehend historisch erforscht hat[74]. Doch in keinem der beiden Fälle entspricht das uneingeschränkte revolutionäre Schema den Tatsachen. So ist es einfach eine Karikatur, etwa den Übergang von der Newtonschen zur Einsteinschen Physik als einen vollständigen rationalen Bruch darzustellen. Schon eine oberflächliche Betrachtung von Einsteins Einfluß auf die Physik zeigt, wie wenig seine Leistungen eine Revolution im vollen Sinne bilden. In einer hochorganisierten Wissenschaft wie der Physik wird jeder Änderungsvorschlag – wie grundsätzlich er auch die theoretische Struktur der Wissenschaft zu wandeln beabsichtigt – eingehend diskutiert, bedacht und kritisiert, ehe er anerkannt und in den Korpus der Disziplin aufgenommen wird. Ja, je radikaler und umfassender der vorgeschlagene theoretische Umschwung, desto sorgfältiger und ausgedehnter pflegt diese Diskussion zu sein. Die an den konkurrierenden Paradigmen orientierten Physiker sind weit davon entfernt, sich überhaupt nicht mehr verständigen zu können – wie es für eine ausgewachsene »revolutionäre Krise« in der Wissenschaft kennzeichnend sein soll –, und grundsätzliche Veränderungen wie die Einsteinsche müssen mit besseren Gründen untermauert werden, als wenn es theoretisch um weniger geht.

Das ist der entscheidende Punkt. Erinnern wir uns doch: bei einer wissenschaftlichen Revolution im echten Sinne haben die beiden Seiten (etwa die Newtonianer und Einsteinianer in der Physik) keine gemeinsame Sprache für die theoretische Diskussion und kein anerkanntes Verfahren für den Vergleich der Ergebnisse. Doch wie sieht es in der Wirklichkeit aus? Das fachliche Wirken vieler theoretischer Physiker erstreckte sich über die Zeit von 1890 bis 1930, also über die fragliche Wandlung hinweg. Hätte es wirklich einen Verständigungsbruch gegeben, wie er bei einer echten wissenschaftlichen Revolution vorkommen soll, dann müßte er aus den Zeugnissen dieser Physiker hervorgehen. Doch was findet man? Wenn es eine solche Revolution gab,

74 Siehe die Aufzeichnungen von Kuhns Gesprächen mit einer Anzahl führender Physiker des 20. Jahrhunderts, die im Archiv des American Institute of Physics deponiert sind.

dann waren sich die unmittelbar Beteiligten ihrer merkwürdigerweise gar nicht bewußt[75]. Hinterher legten viele ganz deutlich die Gesichtspunkte dar, die ihren Übergang vom klassischen zum relativistischen Standpunkt veranlaßten, und zwar stellten sie sie als die Gründe dar, die den Übergang rechtfertigten, nicht bloß als die Motive, die ihn verursachten. Sie sahen ihn in der Rückschau nicht einfach als eine geistige Bekehrung, die man achselzuckend so kommentiert: »Ich sehe eben die Natur jetzt anders als vorher ...« Sie sahen in ihm auch kein Ergebnis nichtrationaler oder kausaler Einflüsse: »Einstein besaß eine so große Überredungskunst...«, oder »Ich wandelte mich einfach und wußte nicht, warum...«, oder »Das war mir meine Stellung wert...« Vielmehr führten sie die Argumente an, die für sie den Wechsel des theoretischen Standpunkts begründeten.

Schon bei oberflächlichem Hinsehen war also der Übergang von der Newtonschen zur Einsteinschen Physik mehr als ein unbewußter Denkvorgang und mehr als eine Bekehrung zu einer völlig neuen Weltsicht. Dasjenige Beispiel einer wissenschaftlichen Revolution, auf das Kuhn das größte Gewicht legt, entspricht also gar nicht seiner Definition. Und mit den historischen Daten für den Übergang von der vorkopernikanischen zur Newtonschen Physik steht es nicht besser. Gewiß: ein Gelehrter des 14. Jahrhunderts wie Bradwardine hätte sich zunächst nur sehr schwer mit einem newtonianischen Astronomen des 18. Jahrhunderts wie Laplace verständigen können. Die summierte Wirkung einer 450jährigen theoretischen Entwicklung in der Physik und Astronomie hätte ein gegenseitiges Verstehen der Fragen zunächst sehr erschwert – nicht zu reden von den Antworten. Doch heißt das, daß die Kluft zwischen den theoretischen Auffassungen nicht vernünftig überbrückbar war? Schufen Kopernikus und Galilei, Kepler und Newton ein völlig neues allumfassendes Paradigma, dessen neues Weltbild alle

75 S. z. B. Max Planck, *Wissenschaftliche Selbstbiographie* (Leipzig, 1948); Max Born, *Physik im Wandel meiner Zeit*, dt. (Braunschweig, 1957); ferner Einsteins wissenschaftliche Autobiographie in *Albert Einstein, Philosopher-Scientist*, hrsg. v. Paul A. Schilpp (Evanston, III., 1949).

geistigen Verbindungen zur älteren Physik abbrach? Nein, das ist wiederum eine Karikatur auf die wirklichen Verhältnisse.

In diesem Punkt sind die Schriften des Historikers T. S. Kuhn der beste Kommentar zu den Theorien des philosophischen Soziologen T. S. Kuhn. Wie seine historische Analyse klarstellt, dauerte die sogenannte »Kopernikanische Revolution« anderthalb Jahrhunderte und wurde Schritt um Schritt durchdiskutiert. Das Weltbild, das sich am Ende dieser Diskussion ergab, hatte allerdings wenig mit den älteren, vorkopernikanischen Vorstellungen gemein. Doch wie radikal auch der Wandel der physikalischen und astronomischen *Ideen und Theorien* war, er ergab sich aus einer fortlaufenden vernünftigen Diskussion und war mit keinem vergleichbaren Bruch in den wissenschaftlichen *Methoden* der Physik und Astronomie verbunden. Wenn die Männer des 16. und 17. Jahrhunderts ihre Auffassungen vom Bau des Planetensystems änderten, so nicht, weil sie dazu gezwungen, motiviert oder überredet worden wären; es wurden ihnen Gründe dafür vorgelegt. Mit einem Wort, sie brauchten nicht zur Kopernikanischen Astronomie bekehrt zu werden; es gab Argumente, um sie zu überzeugen.

So, wie sie dasteht, ist also die uneingeschränkte Definition der »geistigen Revolution« in der Wissenschaft den gleichen Paradoxien ausgesetzt wie Collingwoods Theorie der absoluten Voraussetzungen. Wenn also die Theorie der Paradigmen und Revolutionen den tatsächlichen historischen Befunden entsprechen soll, so ist eines unumgänglich: man muß sehen, daß Paradigmawechsel nie so vollständig sind, wie die uneingeschränkte Definition besagt; daß konkurrierende Paradigmen nie wirklich auf ganze miteinander unvereinbare Weltbilder hinauslaufen; und daß die theoretischen Brüche in der Wissenschaft ihnen zugrundeliegende tiefere, methodologische Brüche verdecken. Und dann müssen wir uns fragen, ob die Bezeichnung »Revolution« für solche Ideenwandlungen nicht einfach eine rhetorische Übertreibung ist.

Die zwei Schlüsselbegriffe in Kuhns Analyse – Paradigma und Revolution – haben in Wirklichkeit nichts miteinander zu tun, weder ihrem Sinne noch ihren historischen Ursprüngen nach. Ursprünglich waren die Anhänger der Paradigmalehre keineswegs auf eine Deutung der Paradigmawechsel als Revolutionen festgelegt; und die ganze Theorie der geistigen Revolutionen laden wir uns nur dann auf, wenn wir unter einem Paradigma ein Begriffssystem im »logischen« Sinne der traditionellen Philosophie verstehen.

Der Gedanke, das Netz der Erklärungen in der Physik als um bestimmte Grundmuster der Erklärung oder Paradigmen herum organisiert zu sehen, ist schon alt. Georg Christoph Lichtenberg, Professor der Naturphilosophie in Göttingen Mitte des 18. Jahrhunderts, führte den Ausdruck »paradeigma« genau in diesem Sinne ein. (Damals wurde der Grund zur modernen grammatischen Analyse gelegt, und der Ausdruck ging auch in die Sprachwissenschaft ein, wo er die Standardbeispiele für die Konjugation von Zeitwörtern, die Deklination von Hauptwörtern usw. bezeichnet.) In der Physik, so meinte Lichtenberg, erklärt man seltsame Erscheinungen, indem man sie auf einen Standardvorgang oder ein Paradigma bezieht, das für den Augenblick als von selbst einleuchend akzeptiert wird. Während der Blütezeit der Kantischen und Hegelschen Philosophie trat dieser Gedanke eine Weile in den Hintergrund, wurde aber Ende des 19. Jahrhunderts wieder zum Leben erweckt, als Lichtenbergs Werk ebenso befreiend auf die deutschsprachigen Philosophen wirkte wie David Humes Werk auf die englischsprachigen. Ernst Mach etwa berichtet, seine empiristische Theorie der Wahrnehmung sei am stärksten von Lichtenberg beeinflußt worden[76]; und der Ausdruck »Paradigma« wurde von Ludwig Wittgenstein aufgegriffen, der ihn sowohl in seinem ursprünglichen Sinne in der Wissenschaftstheorie anwandte als auch allgemeiner im Sinne eines Schlüssels zum Verständnis der formenden Wirkung philosophischer Modelle oder Schablonen oder – in der Ingenieursprache – »Schraubzwingen«, wenn sie unser Denken in vorgegebene und manchmal ganz unpassende Bahnen

76 Siehe Machs wissenschaftliche Autobiographie in seinem Aufsatz »Die Leitgedanken meiner naturwissenschaftlichen Erkenntnislehre ...«, *Physikalische Zeitschrift*, 11 (1910), 599-606, engl. in *Physical Reality*, hrsg. v. Stephen Toulmin (New York, 1970), insbes. S. 38, Anm. 6 (Orig. S. 604, Sp. 1, Anm.).

lenken[77]. In dieser Form kam der Ausdruck in die allgemeine philosophische Diskussion hinein, zunächst in England und dann in den Vereinigten Staaten, wo er in den frühen fünfziger Jahren aufzutreten begann.

Von den Wissenschaftstheoretikern widmete sich in den dreißiger Jahren der Wittgensteinschüler W. H. Watson der Theorie der Paradigmen in seinem Buch *On Understanding Physics*[78]; später wurde sie von Hanson und mir untersucht. (Der Ausdruck spielte zum Beispiel in *Foresight and Understanding* [s. o., Anm. 67] eine große Rolle, wo ich ihn zu dem verwandten Begriff des »Ideals der Naturordnung« in Beziehung setzte, auf den ich in späteren Arbeiten zurückkommen werde.) Doch bei keiner dieser Verwendungen war ein Gedanke daran, daß Paradigmawechsel notwendig auf abrupte, diskontinuierliche oder »revolutionäre« Weise stattfänden. Im Gegenteil, alle Philosophen, die den Ausdruck gebrauchten, hätten das zurückgewiesen; ohne Zweifel lassen sich Gründe für solche Wandlungen angeben, und nichts an der Theorie der Paradigmen braucht auf etwas Gegenteiliges hinauszulaufen. Die Theorie der wissenschaftlichen Revolutionen ist also völlig unabhängig von der Theorie der Paradigmen. Dies, und nicht der Ausdruck »Paradigma«, ist das Kennzeichnende an Kuhns Analyse, und wir müssen recht genau verfolgen, auf welche verschiedenen Arten Kuhn den Ausdruck »Revolution« nacheinander in seinen Analysen des wissenschaftlichen Wandels verwendete.

Sein Gebrauch dieses Ausdrucks durchlief fünf wohlunterscheidbare Phasen, nämlich, in zeitlicher Reihenfolge, (1) seine historische Arbeit über die Kopernikanische Revolution[79]; (2) seine erste öffentliche Darstellung der erklärenden Theorie der Revolutionen am Worcester College, Oxford, im Sommer 1964[80]; (3) die erste Auflage von *Die Struktur wissenschaftlicher Revolutionen*, großenteils schon

77 Der Ausdruck kommt wiederholt in seinen Cambridger Vorlesungen zwischen 1938 und 1947 vor; siehe z. B. die Aufzeichnungen von R. Rhees, *Philosophical Review*, 77 (1968), 271-320, insbes. S. 274.

78 W. H. Watson, *On Understanding Physics* (Cambridge, England, 1938).

79 (Vgl. Anm. 73.)

80 »The Function of Dogma in Scientific Research«, in *Scientific Change*, hrsg. v. A. C. Crombie (London, 1963), S. 347 ff.

länger vor der Veröffentlichung 1962 verfaßt[81]; (4) eine Reihe von Übergangsarbeiten, die auf Kritik an seiner Theorie antworteten und zwischen 1965 und 1969 entstanden[82]; schließlich (5) seine neuesten, revidierten und ergänzten Auffassungen, wie sie im Anhang zur 2. Auflage seines Buches[83] und in »Reflections on my Critics«[84] enthalten sind, die beide 1970 erschienen.

1. In seiner ersten, historischen Phase gebrauchte Kuhn das Wort »Revolution« in einem rein deskriptiven, höchstens prophylaktischen Sinne. Wenn er den Übergang von der vorkopernikanischen zur Newtonschen Wissenschaft eine Revolution nannte, so erklärte das nichts an ihrem Verlauf oder den dahinterstehenden geistigen Vorgängen. In diesem Stadium wurde auch für den Begriff keinerlei Erklärungskraft beansprucht. Er bezeichnete lediglich eine gründliche theoretische Umorientierung und rief Zweifel an jeder »uniformistischen« Vorstellung wach, der Fortschritt der Wissenschaft hänge jederzeit – und mit gutem Grund – von der Anwendung einer routinemäßigen »wissenschaftlichen Methode« ab. Wie Herbert Butterfield später darlegte, hätten empirische Beobachtungen allein nie zur Anerkennung der Kopernikanischen Theorie führen können; es war eine neue »Denkbrille« nötig[85]. Diese Auffassung schlug sich in der Formulierung des Titels von Kuhns Arbeit nieder.

Wenn also Kopernikus oder Galilei, Newton oder Lavoisier, Dalton oder Maxwell, Darwin oder Einstein als Urheber einer »Revolution« in ihrer jeweiligen Wissenschaft bezeichnet wurden, so bedeutet das zunächst nur, daß ihre Arbeiten ein älteres, anerkanntes System theoretischer Begriffe ins Wanken brachten und es durch ein anderes ersetzten, das auf neuen Grundsätzen beruhte. Es sollten damit nicht die bei Collingwood offengebliebenen Fragen beant-

81 (Vgl. Anm. 65.)

82 Siehe z. B. »Logik oder Psychologie der Forschung?«, dt., in T. S. Kuhn, *Die Entstehung des Neuen* (Suhrkamp, Frankfurt, 1977), S. 357 ff. Siehe auch »Neue Überlegungen zum Begriff des Paradigma«, dt., ebenda, S. 389 ff.

83 (Vgl. Anm. 65.)

84 In *Criticism and the Growth of Knowledge*, hrsg. v. I. Lakatos und A. Musgrave (Cambridge, England, 1970), S. 231-78.

85 H. Butterfield, *The Origins of Modern Science* (London 1957), S. 35.

wortet werden, wie – bei welchen Anlässen und durch welche Vorgänge – ein solcher Übergang zustandekam.

2. In dem Vortrag im Worcester College und in der ersten Auflage von *Die Struktur wissenschaftlicher Revolutionen* verwendete Kuhn den Ausdruck »Revolution« in wesentlich anderem Sinne. Wenn er in dieser Phase theoretische Wandlungen »revolutionär« nannte, so bedeutete das für ihn, daß die Art ihres Eintretens entsprechend »revolutionär« erklärt werden müsse. Wenn die wissenschaftlichen Ideen von Grund auf umgebaut werden müssen, so sagte er, dann geht der Wandel in ganz anderer Form vor sich als im Rahmen der »Normalwissenschaft«. Diesen Unterschied betonte er bei seiner ersten öffentlichen Darstellung dadurch, daß er die Paradigmen »Dogmen« nannte[86]. Die Rolle eines Paradigmas, nämlich unbezweifelte Grundsätze für die geistige Orientierung einer wissenschaftlichen Schule festzulegen, ließ sich mit der Rolle des Systems der theologischen Dogmen vergleichen, um die sich ein religiöser Orden geistig scharte; und ein Paradigmawechsel war mit einem Wechsel der geistigen Gefolgschaft, einer theoretischen Bekehrung verbunden, die mit der Aufgabe oder Abänderung eines theologischen Dogmas vergleichbar war.

Dieser Vergleich war provozierend und tat auch seine Wirkung. Doch er konnte nur dann einigermaßen überzeugen, wenn manches unklar gelassen wurde, in Kuhns Theorie als ganzer wie auch in seiner Analyse der Paradigmen. War seine Theorie eine philosophische These über die geistige Rolle von Paradigmen bei der Rechtfertigung der vernünftigen Einführung neuer wissenschaftlicher Erkenntnisse, oder war sie eine historisch-soziologische Hypothese über die Suggestivkraft von Paradigmen bei der Durchsetzung solcher Erkenntnisse? Und meinte er mit »Paradigma« die vernünftige Struktur einer Art theoretischer Erklärung, deren wissenschaftliche Autorität aus ihrer erwiesenen Erklärungskraft hergeleitet wurde, oder meinte er eine standardmäßige Darstellung dieser Theorie, ein klassisches Buch, eine Monographie, deren Autorität zweiter Hand sich von der Person des Verfassers herleitete? Die Unklarheit in diesem Punkt machte Kuhns Vortrag im Worcester College

86 (Vgl. Anm. 80.)

unnötig paradox, doch der rhetorische Vergleich der Paradigmen in der Wissenschaft mit Dogmen in der Theologie wirkte nur deshalb einleuchtend, weil diese Unterscheidungen vernachlässigt wurden.

Wenn man aber hinreichend sorgfältig zwischen der sachlichen Autorität einer anerkannten Theorie und der persönlichen Autorität eines bestimmten wissenschaftlichen Meisters unterscheidet, dann freilich verliert der Vergleich zwischen Paradigmen und Dogmen sofort seine Anziehungskraft. Wenn Kuhn etwa den Einfluß von Newtons Gedanken auf die Physiker des 18. Jahrhunderts beschrieb, so unterschied er nicht zwischen dem Einfluß von (1) Newtons *Principia*, dem Gründungsdokument der klassischen Mechanik, und (2) Newtons *Opticks*, eines Werkes, das das physikalische Denken des 18. Jahrhunderts auf allgemeinere Weise entscheidend beeinflußte. An den *Principia* können wir einen interessanten philosophischen Gesichtspunkt aufzeigen, nämlich daß eine Funktion eines anerkannten theoretischen Schemas darin besteht, etwa für den in der Newtonschen Tradition der Mechanik arbeitenden Physiker festzulegen, welche Formen der Theorie möglich sind, welche Fragen sinnvoll sind und welche Deutungen zulässig sind – so daß, solange die Newtonsche Theorie wissenschaftliche Autorität besaß, ihre Grundsätze als höchste Berufungsinstanz in Sachen der Theorie dienen konnten, also »paradigmatischen« Charakter hatten. Doch das (ich wiederhole es) war ein philosophischer Gesichtspunkt, in dem sich der methodische Charakter der wissenschaftlichen Verfahren niederschlug; der Behauptung, daß »Dogmen« in der Wissenschaft irgendeine Rolle spielten, lieferte er nicht die geringste Stütze. Im Gegenteil, zwischen 1700 und 1880 handelten die Physiker völlig vernünftig und undogmatisch, wenn sie die Newtonsche Dynamik als vorläufigen Ausgangspunkt nahmen; und damals so gut wie heute konnten sie jederzeit die wissenschaftliche Autorität der Newtonschen Grundbegriffe in Frage stellen. (Dieses ständige Recht auf Kritik ist nach Karl Popper[87] eines der Kennzeichen wirklich »wissenschaftlichen« Vorgehens.)

87 Siehe z. B. K. R. Popper, *Conjectures and Refutations* (London, 1963), Kap. 3.

An Newtons *Opticks* dagegen kann man einen anderen, soziologischen Gesichtspunkt aufzeigen, nämlich daß in der Geschichte die Wissenschaftler zweiter Garnitur wie etwa die Newtonianer des 18. Jahrhunderts das Ganze weniger im Blick haben als die ursprünglichen schöpferischen Wissenschaftler, die ihre Lehrer und Anreger waren. Die Schüler haben meist einen engeren Horizont, sie erkennen nur das als sinnvolle Fragen, zulässige Deutungen und Denkweisen an, was sie – mit Recht oder Unrecht – durch das Beispiel des Meisters, dessen »Schule« sie angehören, für sanktioniert halten. Historisch gesehen, kann das ein Vorteil sein, weil es einem großen Wissenschaftler wie Newton die Möglichkeit gibt, Autorität auszuüben und Leitlinien zu setzen, an die sich kleinere Geister tunlich halten. Doch das (ich wiederhole es) gehört in die Soziologie und nicht in die Philosophie; und eine sinnvolle Diskussion der Funktion des Dogmas in der wissenschaftlichen Forschung kann sich nur auf dieser soziologischen Ebene abspielen. Während also Newtons Theorien in der Dynamik mindestens bis 1880 eine berechtigte, aus der Sache fließende wissenschaftliche Autorität behielten, war der Einfluß der *Opticks* bereits vor dem Ende des 18. Jahrhunderts ein beengender. Um 1800 war die immer noch bestehende Autorität dieses Werkes kaum mehr als das Übergewicht eines großen Meisters über kleinere Geister, und die Art, wie sich die Newtonianer auf diese Autorität beriefen, näherte sich dem Dogmatismus. (Man braucht sich nur zu erinnern, wie angesehene Newtonianer auf die Youngsche Wellentheorie des Lichts reagierten, die sie aus bloßem Respekt vor der Newton zugeschriebenen Korpuskularauffassung ablehnten, und zwar auch noch dann, als sie experimentell gut gestützt war.[88])

3. Als dann Kuhn seine Theorie 1962 in dem Buch *Die Struktur wissenschaftlicher Revolutionen* ausführte, war von dem Vergleich zwischen Paradigmen und Dogmen bemerkenswerterweise keine Rede mehr. Anscheinend hatte Kuhn diese Parallele nur um des Effektes willen gezogen, als er den Vortrag im Worcester College als »Zugpferd« für die ausführlichere Darstellung seiner Theorie verfaßte. In

88 Vgl. E. Whittaker, *A History of Theories of Aether and Electricity*, verbesserte Aufl., Bd. 1 (Edinburgh, 1951), S. 100 ff.

allen anderen Punkten ging das Buch in die gleiche Richtung wie der Vortrag und wies die gleichen Unklarheiten auf. In diesem Stadium ließ sich Kuhn auf keinerlei Einschränkungen seiner Entgegensetzung von »normalen« und »revolutionären« Wandlungen in der Wissenschaft ein; die Unterschiede waren scharf und klar definiert. In den Perioden des »normalen« Wandels arbeiteten alle Wissenschaftler einer Schule unter der Autorität eines anerkannten Paradigmas und bemühten sich um theoretische Konsolidierung, um die Anwendung ein und desselben allgemeinen Erklärungsschemas auf immer größere Bereiche ihrer Wissenschaft in Übereinstimmung mit den Verfahren und Theorieformen, deren Vernünftigkeit allgemein anerkannt war. Während einer »revolutionären« Periode dagegen war kein bestimmtes Paradigma als maßgebend anerkannt, und die betreffende Wissenschaft befand sich in einer vorübergehenden Krise: man mußte erst wieder umfassende neue Verfahren und Formen als Kristallisationspunkt einer neuen wissenschaftlichen Schule finden.

Der erste, konsolidierende Zustand war der normale, der zweite war revolutionär; und eine hochentwickelte Wissenschaft wie die Physik machte nur in ganz seltenen Fällen eine wirkliche Revolution durch. Der Übergang von der vorkopernikanischen zur Galilei-Newtonschen Wissenschaft – diesen Eindruck gewannen jedenfalls die Leser Kuhns – war eine solche Revolution, ebenso der von der klassischen Physik zur relativistischen Quantenmechanik. Abgesehen von diesen seltenen Veränderungen von revolutionärer Tiefe, die zwei oder drei Jahrhunderte auseinanderlagen, war der wissenschaftliche Wandel in der Physik anscheinend auf »normale« Weise vor sich gegangen, unter der Herrschaft eines einzigen Paradigmas, des Aristotelischen, Newtonschen oder Einsteinschen. Mithin war der in Kuhns Sinne »normale« wissenschaftliche Wandel auch in gewöhnlichem Sinne normal, nämlich das Übliche, Gewöhnliche. Der stetige geistige Fortschritt in der Physik (so stellte es sich dar) war nur an ganz wenigen Punkten durch »Revolutionen« unterbrochen worden.

4. Zwischen 1962 und 1965 wurde ein Haupteinwand gegen Kuhns Theorie vorgebracht, und zwar gegen die An-

wendbarkeit seiner zentralen Unterscheidung. Hatte es denn jemals in der Wirklichkeit einen so revolutionären wissenschaftlichen Wandel gegeben, wie es Kuhn darstellte? Wenn man seine Definitionen streng anwandte, konnte man dann überhaupt richtige Beispiele einer »wissenschaftlichen Revolution« finden? Diese Frage konnte sehr unangenehm werden; wenn kein tatsächlicher Theorienwandel in der Wissenschaft in vollem Umfang der Kuhnschen »wissenschaftlichen Revolution« entsprach, so brachte ihn das in eine schwierige Lage. Gewiß konnte im Laufe der Zeit die Summe schrittweiser Veränderungen der wissenschaftlichen Theorie so tiefe Wirkungen haben, daß man sie nachträglich »revolutionär« nennen konnte – man brauchte sich also nicht auf den Standpunkt zu stellen, wenn es keine ausgeprägten »Revolutionen« gebe, dann müsse aller wissenschaftliche Wandel in Kuhns Sinne »normal« sein. Doch wie konnten solche revolutionären Wirkungen ohne eine »Revolution« zustande kommen? In diesem Falle hätte Kuhn vor einer unangenehmen Entscheidung gestanden. Entweder mußte er seine Analyse der ausgeprägten wissenschaftlichen Revolution völlig fallenlassen, oder er mußte sie an so vielen Punkten abändern, daß die ursprüngliche scharfe Unterscheidung zwischen »normalem« und »revolutionärem« Wandel stark verwischt worden wäre.

Diese Diskussion zog sich über den größten Teil der 60er Jahre hin, und bereits 1965 hatte sich der Schwerpunkt der Kuhnschen Analyse erheblich verschoben. Sie konzentrierte sich nicht mehr auf die seltenen Fälle, in denen die physikalische Theorie von Grund auf neu gestaltet wurde, sondern auf weniger durchgreifende theoretische Veränderungen. Und bei genauerer Betrachtung stellte sich heraus, daß selbst die Kopernikanische und die Einsteinische Revolution nicht gar so »revolutionär« in Kuhns Sinne waren. Seine theoretische Darstellung einer ausgeprägten wissenschaftlichen Revolution ging also an den tatsächlichen Erfahrungen aus den betreffenden Wissenschaften vorbei, selbst für die Phasen des wissenschaftlichen Wandels, deren Wirkungen am ehesten »revolutionär« im gewöhnlichen, beschreibenden Sinne waren.

Angesichts dieser Unstimmigkeit hätte Kuhn seine ursprüng-

liche Erklärung des wissenschaftlichen Wandels zurückziehen und durch eine weniger zugespitzte Theorie ersetzen können, in der die Rolle geistiger Revolutionen weniger betont worden wäre. Doch er schlug die umgekehrte Strategie ein. 1965 gestand er zu, daß seine erste Unterscheidung zwischen »normalem« und »revolutionärem« Wandel in der Wissenschaft vielleicht überspitzt gewesen sei; doch daraus zog er die Konsequenz, daß wissenschaftliche Revolutionen in der Wirklichkeit nicht seltener, sondern häufiger seien, als er zunächst geglaubt habe[89]. Die Einwände seiner Kritiker hätten ihn davon überzeugt, daß grundlegende theoretische Wandlungen in den Wissenschaften nicht bloß alle paar hundert Jahre, sondern ständig erfolgten. Und er stellte jetzt den Theorienwandel in der Wissenschaft als eine nie endende Folge von kleineren Revolutionen dar, sagen wir, von »Mikrorevolutionen«. Jeder bedeutendere theoretische Wandel in der Wissenschaft, auch wenn er kein vollständiger »Paradigmawechsel« ist, war jetzt also ein »revolutionärer« Umschwung.
Diese Berichtigung sah auf den ersten Blick recht harmlos aus, aber sie wirkte sich bis in den Kern der Kuhnschen Theorie aus. Denn sie machte die historische Entwicklung der wissenschaftlichen Theorie zu einer »permanenten Revolution«, auch unter den bisher als »normal« bezeichneten Verhältnissen; und dabei wurde in aller Stille die zentrale Unterscheidung aufgegeben, von der die ganze Theorie ursprünglich ausgegangen war, nämlich die zwischen theoretischen Wandlungen innerhalb der Grenzen eines umfassenden Paradigmas und solchen, die mit der Verdrängung eines ganzen Paradigmas verbunden sind. Jetzt gab es nicht mehr zwei gegensätzliche Arten des theoretischen Wandels in der Wissenschaft, den »normalen« und den »revolutionären«, sondern ein kontinuierliches Spektrum von lauter mehr oder weniger revolutionären Fällen. So wurde die ursprüngliche erklärende Entgegensetzung unterschiedlicher einander abwechselnder Phasen in der historischen Entwicklung der wissenschaftlichen Theorie Schritt für Schritt in eine logische Unterscheidung übergeführt zwischen (1) wissenschaftlichen Argumenten, die nicht mit begrifflichen oder theore-

89 (Vgl. Anm. 82, erste Arbeit.)

tischen Veränderungen verbunden sind und daher mit Hilfe der formalen Logik dargestellt werden können, und (2) solchen, die mit begrifflichen oder theoretischen Neuerungen verbunden sind und sich nicht so darstellen lassen. Und da jede echte theoretische Veränderung in der Wissenschaft mit irgendeiner wenn auch noch so geringfügigen begrifflichen Neuerung verbunden ist, kamen also offensichtlich bei allen echten theoretischen Veränderungen in gewissem Umfang Argumente der zweiten, »revolutionären« Art vor.

5. Daß Kuhns Theorie tatsächlich auf dieses Ziel hinsteuerte, bestätigte sich endgültig 1970 mit der 2. Auflage von *Die Struktur wissenschaftlicher Revolutionen.* Denn im Anhang zu dieser neuen Auflage behielt Kuhn die ursprüngliche Redeweise von den »normalen« und »revolutionären« Veränderungen bei, führte aber Qualifikationen ein, die den Einwänden aus den dazwischenliegenden Jahren gerecht werden sollten; und dabei ließ er den bloß logischen Sinn seiner Bezeichnungsweise deutlich erkennen.

Viele seiner Leser, so klagte jetzt Kuhn, hätten es zu ernst und wörtlich genommen, wenn in der 1. Auflage Paradigmawechsel als »Veränderungen des Weltbilds« mit einem absoluten rationalen Bruch in der wissenschaftlichen Argumentation beschrieben worden seien. Er habe nie behaupten wollen, daß die Verständigungsschwierigkeiten zwischen Wissenschaftlern aufeinanderfolgender Generationen jemals total seien; er habe auch nie bestreiten wollen, daß die Wissenschaftler gute Gründe für den Übergang von einem theoretischen Schema, einem Paradigma zu einem neuen hätten. Wenn er Paradigmawechsel »revolutionär« genannt habe, so habe er lediglich unterstreichen wollen, daß die guten Gründe für den theoretischen Wandel »nicht genau in der Form logischer oder mathematischer Beweise« formuliert werden könnten[90].

Gewiß hat jeder Autor die Freiheit, seine Behauptungen von vor 10 Jahren im Lichte der Mißverständnisse seiner Leser neu zu bestimmen. Doch in diesem Falle war die revolutionäre Theorie des wissenschaaftlichen Wandels, die Kuhn vorher »irrtümlich« zugeschrieben wurde, sehr viel interes-

90 (Vgl. Anm. 65), 2. Aufl., Anhang, Abschn. 5, S. 210.

santer, als es seine neue Fassung haben will; und wenn diese die ganze Wahrheit wäre, dann wäre die ursprüngliche Verwendung des Ausdrucks »Revolution« nicht bloß eine rhetorische Übertreibung gewesen, sondern etwas Schlimmeres. Denn nach dieser letzten Deutung läuft der Unterschied zwischen »normalen« und »revolutionären« Wandlungen hinaus auf den Unterschied zwischen Wandlungen von *Aussagen,* die keine theoretischen Neuerungen bringen und daher deduktiv oder quasi-deduktiv gerechtfertigt werden können, und *theoretischen* Veränderungen, die sich allen rein formalen oder deduktiven Verfahren entziehen. In diesem Sinne hat natürlich jeder wissenschaftliche Wandel gewöhnlich sowohl etwas »Normales« als auch etwas »Revolutionäres« an sich. Und wenn das wirklich alles wäre, was Kuhn die ganze Zeit mit seinem Ausdruck »wissenschaftliche Revolution« meinte, dann war dieser grob irreführend; denn er kleidete einfach eine bekannte (aber zeitlose) logische Unterscheidung in ein völlig unnötiges historisches Gewand. Man hatte dann nicht zwei verschiedene historische Arten des wissenschaftlichen Wandels vor sich, sondern lediglich zwei verschiedene logische Aspekte jedes Theorienwandels in der Wissenschaft.

Im Laufe der Jahre ist also Kuhns Analyse der wissenschaftlichen Revolutionen nicht klarer, sondern undeutlicher geworden. Wie Collingwood ging er von der Erkenntnis der Mängel der herkömmlichen induktiven Logik aus, die auf keinen Fall zur Darstellung tiefgreifender theoretischer Wandlungen wie etwa der Einführung der Kopernikanischen Theorie tauglich ist; und in diesem Stadium war »Revolution« lediglich eine deskriptive historische Bezeichnung. Dann stellte er eine historisch-soziologische Hypothese zur Erklärung wissenschaftlicher Wandlungen auf, die sich auf die grundlegende Gegenüberstellung von akuten (»revolutionären«) und »normalen« (konsolidierenden) Vorgängen stützte; und in diesem Stadium wurde der Begriff der Revolution zu einer erklärenden Kategorie erhoben. Unter dem Druck von Gegenbeispielen wurde diese Analyse Schritt um Schritt in so vielen Punkten qualifiziert, daß schließlich alle echten theoretischen Veränderungen als revolutionär eingestuft wurden, so daß dieser Begriff seinen spezifischen Erklärungswert verlor. Und am Schluß erklärte er den Gegensatz zwischen dem »Normalen« und dem »Revolutionären« nur noch als den logischen Unterschied zwischen Behauptungen, die »deduktiv gerechtfertigt« werden können, und die es nicht können.

Für manche Leser haben diese Unklarheiten Kuhns Argumentation nur attraktiver gemacht, weil sie dazu zwangen, genauer als bisher üblich auf die Beziehungen zwischen den Ideen einer Naturwissenschaft und den Menschen zu achten, die sie erfinden/verteidigen/sich zu eigen machen/verwerfen. Wie Kuhn zeigte, darf eine umfassende Analyse der Ideenentwicklung die Ideen nicht nur in abstracto und losgelöst von ihren Erfindern und Verwendern sehen, sondern sie muß die Ideengeschichte auch zur Geschichte der Menschen in Beziehung setzen und so die Entwicklung unserer theoretischen Traditionen in die Entwicklung der Aktivitäten hineinstellen, von denen diese Traditionen getragen werden. Als Kuhn seine ersten Arbeiten schrieb, waren die meisten Wissenschaftstheoretiker außerordentlich auf die Vermeidung des psychologistischen und des Genese-Trugschlusses bedacht. Als Wissenschaftshistoriker erfüllte er eine sinnvolle Aufgabe, wenn er wieder auf die engen Verbindungen zwischen der gesellschaftlich-historischen Entwicklung wissenschaftlicher Schulen, Professionen und Institutionen einerseits und der geistigen Entwicklung der wissenschaftlichen Theorien selbst hinwies.

Doch die Wiederbetonung der vernachlässigten Verbindungen zwischen Ideenwandlungen und ihren gesellschaftlich-historischen Bedingungen war eine Sache, die völlige Gleichsetzung geistiger und vor allem logischer Fragen mit gesellschaftlich-historischen war eine andere. Ja, je deutlicher man sich der gegenseitigen Abhängigkeit zwischen Ideen und den Verhältnissen, unter denen sie auftreten, bewußt ist, desto unentbehrlicher werden bestimmte Unterscheidungen, zum Beispiel die zwischen der inneren Autorität von Ideen und der Lehrmeister-Autorität von Büchern, Menschen und Institutionen, oder die zwischen der methodischen Anerkennung von Ideen, deren Vorzüge erwiesen sind, und der dogmatischen Anerkennung von Ideen, deren Vorzüge nicht erwiesen sind. Leider hatte Kuhns durchaus berechtigte Betonung der Wissenschaftssoziologie zunächst einmal die Wirkung, daß er von diesen notwendigen Unterscheidungen abgelenkt wurde, und letzten Endes die, daß der ganze Begriff der »geistigen Revolutionen« in sich völlig unstimmig wurde. Formulieren wir einmal die Hauptkonfusion ganz unnachsichtig: Nimmt man Kuhns eigene letzte Äußerungen ernst und versteht man den Unterschied zwischen »normalen« und »revolutionären« wissenschaftlichen Argumenten im logischen Sinne, so hat das eine höchst unangenehme Konsequenz. Nach ihrer letzten Deutung beruht Kuhns Analyse der »wissenschaftlichen Revolutionen« auf einer Tautologie und ist somit *überhaupt keine Theorie des Ideenwandels mehr.*

Diese Schwierigkeiten waren vielleicht vorauszusehen. Denn auf anderen Gebieten hatte der Begriff der Revolution bereits eine unglückliche Vorgeschichte, und ein Blick auf diese älteren Schwierigkeiten beleuchtet die tiefere Bedeutung von Kuhns eigenen Schritten: zuerst von einer revolutionären zu einer mikrorevolutionären und schließlich zu einer logischen Analyse des wissenschaftlichen Wandels. In anderen historischen Wissenschaften – z. B. der politischen Theorie, der Geologie und der Paläontologie – sind die Gesichtspunkte, die Kuhn zur Änderung seiner Position zwangen, seit langem bekannt. Die Politikwissenschaftler etwa lernten schon vor vielen Jahren durch bittere Erfahrungen, daß der Ausdruck »Revolution« mit großer Vorsicht gebraucht werden muß, und heute haben sie erkannt, daß er problemlos nur als klassifikatorischer Begriff ohne Erklärungskraft gebraucht werden kann. Anfänglich waren liberale demokratische Denker versucht, mehr darin zu sehen. In ihren Augen bildeten stetige verfassungsmäßige Veränderungen eine »vernünftig einsehbare« politische Kontinuität; politische Revolutionen dagegen waren Brüche der »Normalität« und führten zu historischen Diskontinuitäten, die mit den gewöhnlichen Vernunftbegriffen nicht zu analysieren waren. Heute dagegen versuchen die Politikwissenschaftler vielmehr eine Übertreibung der Gegensätze zwischen »normalem Wandel« und »Revolution« zu vermeiden. Auch der stärkste Verfassungsbruch ist kein absoluter und umfassender Bruch der politischen Kontinuität. Die dramatischsten

Revolutionen führen nie zu einem absoluten Bruch mit der Vergangenheit. Stets bleiben Kontinuitäten auf dem Gebiet des Rechts, der Sitten und der Verwaltung bestehen und bestimmen die politische Loyalität und Autorität oft stärker als die Revolution. Ob man nun das französische System der öffentlichen Verwaltung, die amerikanische Rechtstradition oder die Überwachung ausländischer Touristen in Rußland nimmt, sie überstanden jeweils eine politische Revolution mit sehr geringen Veränderungen. In jedem dieser Fälle berührte eine Revolution der politischen Grundorientierungen viele andere Institutionen nur am Rande. Demgemäß ähnelte in der jeweiligen Hinsicht der nachrevolutionäre Zustand jedes der Länder dem vorrevolutionären Zustand desselben Landes viel stärker als dem nachrevolutionären Zustand der beiden anderen Länder.

Das Auftreten einer »Revolution« enthebt also den Politikhistoriker keineswegs der Notwendigkeit einer tieferen und gezielteren historischen Analyse. Im Gegenteil, sagt man bloß: »... und dann gab es eine Revolution« – als wäre das eine Art göttlicher Eingriff –, so drückt man sich um die eigentliche Aufgabe des Historikers herum. (Eine solche Einstellung gehört in die Welt von *1066 and All That* und hat wenig mit den komplizierten Verhältnissen des wirklichen historischen Wandels zu tun.) Aussagen über politische Revolutionen sind daher für den heutigen Historiker nur in dem Sinne annehmbar, daß sie tiefere Collingwoodsche Fragen über die »Anlässe« und »Vorgänge« stellen, durch die die höchste Autorität auf revolutionäre Weise in andere Hände übergeht. In der Geschichtsschreibung des späten 20. Jahrhunderts kann der Begriff der Revolution immer noch zur reinen Beschreibung eines überdurchschnittlich tiefgehenden und jähen politischen Machtwechsels von Nutzen sein. Doch zu Erklärungszwecken erweisen sich die Unterschiede zwischen normalem und revolutionärem Wandel als theoretisch recht bedeutungslos.

Gleiches gilt für die Geschichtsschreibung der Wissenschaft. Durchaus irreführend ist jegliche Vorstellung, mit einem vollständigen Paradigmawechsel seien völlig andere theoretische Wandlungen verbunden, als sie im Rahmen ein und desselben umfassenden Paradigmas vor sich gehen – es liege eine Art »Diskontinuität der Vernunft« vor, die die Verständigungsmöglichkeit unausbleiblich beseitige. Die beiden Arten des theoretischen Wandels unterscheiden sich höchstens dem Grade nach, und auf jeden Fall sind sie letzten Endes mittels der gleichen Faktoren und Gesichtspunkte zu erklären. Die Vorstellung, »normale« wissenschaftliche Wandlungen ließen sich mittels historischer Kategorien erklären, die bei den seltenen wissenschaftlichen »Revolutionen« irgendwie außer Kraft gesetzt seien, wäre wiederum ein Rückfall in eine völlig naive Geschichtsschreibung.

Man erkennt die Ursachen von Kuhns Schwierigkeiten noch deutlicher, wenn man sich die Entwicklung der Geologie und Paläontologie zwischen 1820 und 1860 ins Gedächtnis zurückruft[91]. Anfang des 19. Jahrhunderts waren einige bereits der Überzeugung, daß sich in der Erdgeschichte tiefgreifende geologische und zoologische Wandlungen vollzogen hätten. Trotzdem blieben die anerkannten Theorien der geologischen und paläontologischen Entwicklung, die in den älteren Auflagen von Charles Lyells *Principles of Geology* ihren Höhepunkt fanden, »uniformistisch«. Nach diesen Theorien waren die gleichen Naturkräfte – anorganische (Wind, Wasser usw.) wie auch organische (Pflanzen, Tiere usw.) – in jedem Stadium der Erdgeschichte am Werke, genau wie sie heute noch beobachtet werden können. Gegen diese simplizifierenden Vorstellungen führte Georges Cuvier die Theorie der geologischen »Katastrophen« ins Feld. Ausgangspunkt dieser Theorie war eine unbestreitbare Tatsache von wirklicher geologischer Bedeutung: nämlich die heute beobachtbaren Diskontinuitäten zwischen den benachbarten Schichten der Erdkruste, die sich nicht ohne weiteres als Ergebnis gleichmäßiger Ablagerung oder Zusammendrückung erklären lassen. Cuviers Erklärung dieser stratigraphischen Diskontinuitäten war eine naiv »revolutionäre«. Seiner Auffassung nach entzogen sie sich den gewöhnlichen geologischen Erklärungskategorien und mußten auf ebenso diskontinuierliche Ursachen zurückzuführen sein[92].

91 Eine vollständigere Behandlung dieses Themas findet sich bei C. C. Gillispie, *Genesis and Geology* (Cambridge, Mass., 1951), Kap. 4; siehe auch Toulmin (vgl. Anm. 5), Kap. 7, S. 159 ff.

92 Das Beweismaterial, auf das Cuvier seinen Glauben an jähe histo-

Wenn man sie also überhaupt erklären wollte, mußte man sie göttlichen Eingriffen zuschreiben. Die »normalen« Vorgänge der Naturentwicklung waren von seltenen übernatürlichen »Revolutionen« oder »Katastrophen« unterbrochen.

Ab 1820 standen sich ungefähr 30 Jahre lang die »uniformistische« und die »Katastrophentheorie« unvermittelt gegenüber. Die Uniformisten lehnten Cuviers Rückgriffe auf die Theologie als unwissenschaftlich ab und verdoppelten ihre Anstrengungen, alle Eigenschaften der Erdkruste mittels natürlicher, normal wirkender Ursachen zu erklären. Doch beide Seiten standen weiter vor ungeheuren Schwierigkeiten, und das Patt wurde schließlich nur durch allmähliches Abbröckeln der extremen Positionen aufgelöst. Einerseits mußten die Uniformisten natürliche Veränderungen immer größeren Umfangs zugeben. So beobachtete 1835 ein Bewunderer Lyells namens Charles Darwin persönlich ein Erdbeben, das benachbarte Schichten an der chilenischen Küste mit einem Schlag 6 Meter auseinanderriß[93]. Aufgrund solcher Beobachtungen gestanden die Uniformisten immer »katastrophenhaftere« Wirkungen der natürlichen Ursachen zu. Andererseits mußten Katastrophentheoretiker wie Louis Agassiz von der Harvard University zur Erklärung der Erdgeschichte – z. B. der aufeinanderfolgenden Eiszeiten – immer größere Anzahlen von »Katastrophen«, von »jähen und unerklärlichen« Ereignissen einführen, von denen das einzelne immer geringere Ausmaße annahm[94]. Schließlich waren die geologischen Mikrokatastrophen keine »weltgeschichtlichen Ereignisse« mehr, die mit der theologischen Bedeutung der Sintflut vergleichbar gewesen wären. Vielmehr begann man sie als neue Arten von Naturerscheinungen zu betrachten, die eigene erkennbare Regelmäßigkeiten zeigten. Die konkurrierenden geologischen

rische Diskontinuitäten in der Erdgeschichte stützte, wird (zum Beispiel) dargestellt in G. Cuvier, *Discours sur les révolutions de la surface du globe*, 3. Aufl. (Paris, 1825).

93 Siehe Darwin, *The Voyage of the Beagle* (London, 1839), Kap. 14, 20. 2.-4. 3. 1835.

94 Siehe z. B. E. Lurie, *Louis Agassiz, A Life in Science* (Chicago 1960), S. 94-106.

Systeme stellten sich zwar noch als verschiedene Doktrinen dar, wurden aber in der Praxis einander allmählich immer ähnlicher. Als einmal Lyells gleichartige Ursachen hinreichend drastisch geworden waren und Agassiz' Katastrophen hinreichend gleichförmig, war das ursprüngliche Kriterium zur Unterscheidung zwischen normalen (oder »natürlichen«) und katastrophenhaften (oder »übernatürlichen«) Veränderungen weggefallen.

Man beachte, wie bei dieser Entwicklung von Cuvier über Agassiz bis zur schließlichen Versöhnung mit den Uniformisten der Ausdruck »Katastrophe« mehrfach neu gedeutet wurde, ähnlich wie Kuhns Ausdruck »Revolution«. Anfangs wollten die katastrophentheoretischen Geologen lediglich die Aufmerksamkeit auf bestimmte Erscheinungen lenken – nämlich stratigraphische Diskontinuitäten –, die sich nicht ohne weiteres aufgrund »normaler« oder »natürlicher« geologischer Vorgänge erklären ließen; in diesem Stadium hatte der Ausdruck lediglich die Bedeutung, daß diese Diskontinuitäten ihrer Auswirkung nach als »katastrophenhaft« bezeichnet wurden. In der zweiten Phase behauptete Cuvier einen absoluten Unterschied zwischen den historischen Ursachen stratigraphischer Kontinuitäten und Diskontinuitäten; erstere waren Wirkungen von normalen Naturvorgängen, letztere von abnormen und übernatürlichen »Katastrophen«. Unter dem Druck der Kritik gab dann Cuvier diese absolute Entgegensetzung zugunsten einer weniger extremen These auf; jede größere geologische Veränderung hatte jetzt etwas »Katastrophenhaftes« an sich, und die Vorstellung, jedes solche Ereignis sei ein »Akt Gottes«, wurde stillschweigend aufgegeben.

Ebenso ging es mit den verschiedenen Theorien des Ideenwandels seit den 30er Jahren: Collingwoods strenge Einteilung der Geistesgeschichte in Phasen, die im Zeichen miteinander unvereinbarer Konstellationen absoluter Voraussetzungen standen, hatte die gleichen Vorzüge wie Cuviers Theorie in der Geologie. Sie lenkte die Aufmerksamkeit auf die Tiefe der wirklichen Ideenwandlungen und stellte die orthodoxe Auffassung in Frage, der geistige Fortschritt ergebe sich immer und überall aus einer einzigen, allgemeingültigen und gleichartigen »Methode«. War Collingwood der Cuvier der Geistesgeschichte, so ist Kuhn ihr Agassiz. Seine ursprüngliche Position rückt ihn zwar stark in die Nähe von Cuvier und Collingwood, doch die Mikrorevolutionen seiner späteren Analysen sind ebenso klein und zahlreich geworden wie schließlich die Mikrokatastrophen Agassiz'. Jetzt gilt jeglicher Ideenwandel als eine Mikrorevolution; geistige Revolutionen sind nicht mehr die Antithesen zum normalen Ideenwandel, sondern die neuen Mikrorevolutionen sind die Bausteine des normalen wie auch des revolutionären Wandels. Verschwunden sind die vernunftübersteigenden Seiten der Kuhnschen »Revolutionen«, genau wie die übernatürlichen Seiten von Cuviers »Katastrophen«; im Zuge der Entwicklung ist das ursprüngliche Kriterium zur Unterscheidung zwischen normalem und revolutionärem Wandel selbst weggefallen. Es bleibt nichts Drastischeres oder Revolutionäreres als eine Folge von Ideenwandlungen, die sich nach ihrer Schnelligkeit und Tiefe unterscheiden, deren zugrundeliegende Vorgänge, Verfahren und/oder Mechanismen aber nach wie vor unerklärt bleiben.

Nachdem wir also der Idee der Revolution so weit nachgejagt sind, wie es überhaupt geht, stehen wir genau wieder am Ausgangspunkt. Eine brauchbare Theorie des Ideenwandels muß die von Collingwood offengelassene Frage beantworten: Bei welchen Anlässen und durch welche Vorgänge und Verfahren wird ein System kollektiver Ideen – in der Wissenschaft oder auf anderem Gebiet – durch ein anderes ersetzt? Diese Frage ist so zu beantworten, daß auf die gleiche Weise erklärt wird, warum unsere Denkweisen auf einigen Gebieten lange Zeit praktisch unverändert bleiben, und warum sie sich auf anderen Gebieten manchmal rasch und drastisch ändern. Und die Antwort muß letzten Endes die Rolle »vernünftiger Verfahren« einerseits und »kausaler Vorgänge« andererseits in der historischen Entwicklung klären. Wir brauchen also eine Analyse des Ideenwandels, die mit beliebig tiefgreifenden Veränderungen fertig wird, jedoch allmähliche wie auch jähe Wandlungen gleichermaßen als verschiedene Wirkungen derselben Faktoren erklärt. Statt einer *revolutionären* Analyse des geistigen Wandels, die zeigen möchte, wie ganze »Begriffssysteme«

einander verdrängen, brauchen wir also eine *evolutionäre*, die die allmähliche Wandlung von »Ideenpopulationen« erklärt.

Bei diesem weiteren Schritt müssen wir einen Unterschied im Auge behalten, den Kuhn vernachlässigt. Die »Mikrorevolutionen« des vierten Stadiums seines Ansatzes haben eine Unklarheit an sich: es bleibt offen, ob es sich (1) um die Klasse neuer theoretischer Ideen handelt, die in einer Wissenschaft jederzeit vorhanden sind – neue Ideen, die Wochen, Monate oder Jahre im Umlauf sein können, ehe sie endgültig anerkannt oder verworfen werden –, oder (2) um jene Teilklasse dieser neuen Ideen, die tatsächlich in das anerkannte Ideengebäude eingehen und damit die geistige Tradition beeinflussen. Von jetzt an müssen wir also, wie Darwin bei seiner Analyse der Entwicklung der Organismen, sorgfältig unterscheiden zwischen

1. den vorläufigen Ideenvarianten, die jederzeit in einer Disziplin vorhanden sind, und
2. den endgültigen Ideenvarianten, die tatsächlich in die kollektive Tradition einer Disziplin eingehen.

Demgemäß müssen wir die Entwicklung unserer kollektiven Ideen unter zwei verschiedenen Gesichtspunkten untersuchen:

1. dem der Neuerung – wobei wir fragen, welche Faktoren und/oder Gesichtspunkte die Träger einer geistigen Tradition zu Vorschlägen für gewisse Fortschritte über den gegenwärtig anerkannten Stand hinaus veranlassen;
2. dem der Auswahl – wobei wir fragen, welche Faktoren und/oder Gesichtspunkte sie veranlassen, bestimmte solche Neuerungen in Unterschied zu anderen zu akzeptieren und damit die kollektive geistige Tradition zu verändern.

Die Frage, welche Faktoren und/oder Gesichtspunkte die Träger einer geistigen Tradition veranlassen, ... vorzuschlagen (bzw. zu akzeptieren), bedeutet jeweils: Welche Gründe und/oder Ursachen sind für unser Verständnis ihrer Vorschläge und Entscheidungen wesentlich? Wieder ist also unsere Frage ebensowohl eine rationale oder historische wie eine soziologische oder psychologische. Und die Ideenentwicklung ist also nur dann richtig zu verstehen, wenn wir erkennen, wie sowohl gesellschaftlich-historische (d. h. kausale) Vorgänge als auch theoretische oder disziplinbezogene (d. h. vernünftige) Verfahren in den historischen Abläufen eine Rolle spielen, in denen geistige Neuerungen in einer Wissenschaft zunächst vorgeschlagen werden und dann einige von ihnen dauernde Bedeutung gewinnen.

Ehe wir die Erörterung der Theorie der geistigen Revolutionen abschließen, dürften zwei weitere Bemerkungen von Nutzen sein. Die erste hat zu tun mit dem Unterschied zwischen zweierlei Grundsätzen oder Voraussetzungen, zu deren Vermengung die Kuhnsche Theorie der Paradigmen nur allzuleicht verführt. Die zweite verbindet das Ergebnis unserer jetzigen Analyse mit vorher erzielten Ergebnissen und zeigt, daß der Gedanke der Paradigmen nur dann »revolutionäre« Konsequenzen hat, wenn man sich von der Struktur dieser Paradigmen eine viel zu systematische Vorstellung macht.

1. Die Hauptparadoxie der klassischen Theorie der wissenschaftlichen Revolutionen ist die, daß es zwischen den Anhängern verschiedener Paradigmen keine Verständigung geben könne. Diese Konsequenz ist nicht zu vermeiden, solange man die Paradigmen oder die Konstellationen absoluter Voraussetzungen als einheitlich und unteilbar betrachtet. Doch in der Praxis muß man einen weiteren Unterschied machen, auf den weder Collingwood noch Kuhn genügend eingegangen ist. In jeder wirklichen Wissenschaft kann man Begriffe und Grundsätze zweier sehr verschiedener Arten unterscheiden. Einmal gibt es die grundlegenden »theoretischen« Prinzipien der betreffenden Wissenschaft, so das Newtonsche Prinzip der allgemeinen Massenanziehung und die Mendelschen genetischen Prinzipien der Trennung und Neukombination. Andererseits gibt es die »disziplinären« Grundsätze – z. B. daß alle physiologischen Funktionen chemisch erklärt werden sollen –, die die grundlegenden theoretischen Ziele einer Wissenschaft festlegen und ihr eine erkennbare Einheitlichkeit und Stetigkeit verleihen. Und die Hauptparadoxie sieht ganz verschieden aus, je nachdem, ob ein wissenschaftliches »Paradigma« allein anhand der anerkannten theoretischen Prinzipien definiert wird oder in unmittelbarer Verbindung damit auch der disziplinären.

Geht es nur um die theoretischen Prinzipien, so brauchen Paradigmawechsel gewiß nicht die Verständigung unmöglich zu machen, und neue Vorstellungen können mit Leichtigkeit ohne irgendeine radikale Diskontinuität in eine Wissenschaft eingeführt werden. So sind vielleicht die theoretischen Ideen etwa der Einsteinschen relativistischen Physik mit denen der klassischen Newtonschen Theorien im ersten Sinne unvereinbar; doch die Vertreter der beiden Positionen hatten genug disziplinäre Ziele gemeinsam, daß sie in einer beiden Seiten verständlichen Sprache diskutieren konnten, welche der beiden Theorien »die bessere Erklärungsleistung« für die theoretische Physik erbrachte. Das heißt nun nicht, daß es überhaupt nie zu einer völligen Unmöglichkeit der Verständigung käme. Doch ein wirkliches Problem entsteht hier nur, wenn es sich um Meinungsverschiedenheiten über die Grenzen verschiedener wissenschaftlicher Disziplinen hinweg handelt, so daß verschiedene Ziele auf der theoretischen wie auf der disziplinären Ebene ins Spiel kommen. Das bekannteste Beispiel aus der Wirklichkeit ist vielleicht Goethes Farbenlehre, die der optischen Theorie Newtons grobe Fehldeutung eines ganzen Bereichs bekannter Tatsachen vorwirft, die aus der unmittelbaren Farberfahrung eindeutig hervorgingen. Statt sich die hypothetische Beziehung zwischen den wahrnehmbaren Farben der Gegenstände und den Wellenlängen des von ihnen ausgehenden Lichts zu eigen zu machen, verwarf Goethe den gesamten Newtonschen Ansatz in der Optik mit einem Seufzer des Bedauerns, daß eine Leidenschaft für die Mathematik einen so begabten Mann in eine so falsche Richtung geführt habe. Goethe wollte die Farbenlehre auf ganz andere Grundsätze und Begriffe als die Newtonschen aufbauen, die er als einen vorübergehenden Irrweg des menschlichen Geistes betrachtete[95].

Auf den ersten Blick sieht Goethes Argumentation wie der Versuch eines wissenschaftlichen Neuansatzes aus, der sich von dem des Kopernikus oder Einsteins nur dadurch unterscheidet, daß er mißlang. Seine »Farbenlehre«, so könnte man meinen, gab für die Optik ein neues »Paradigma« an,

95 Siehe z. B. C. Sherrington, *Goethe on Nature and on Science* (Cambridge, England, 1949), S. 13 ff.

das der von Newton ein Jahrhundert früher aufgestellten »Spektraltheorie« die letzte geistige Autorität entreißen sollte. Doch bei genauerem Hinsehen erkennt man, daß es sich nicht um wirkliche Parallelfälle handelt. Goethe wollte keine physikalischen Erscheinungen erklären, sondern psychologische: die Theorie, von der er träumte, war keine physikalische Theorie der Lichtstrahlen oder Lichtwellen als der »materiellen Träger« der Farbe, sondern viel eher eine psychologische Theorie des sichtbaren Lichts als des »unmittelbaren Gegenstandes« der Farbwahrnehmung. Das heißt, er verwarf die Newtonsche Theorie nicht deshalb, weil sie falsche Lösungen der Probleme angab, an denen ihm selbst gelegen war, sondern weil für seine Zwecke die Newtonschen Lösungen weitgehend irrelevant waren.

Goethe hatte also mit Newton nicht eine direkte Meinungsverschiedenheit innerhalb einer gemeinsamen Disziplin, sondern die Interessen der beiden Männer überschnitten sich nur ganz am Rande. Ein direkter theoretischer Gegensatz besteht etwa zwischen den elektromagnetischen Theorien von Maxwell und Heisenberg; doch die Farbtheorien Goethes und Newtons hatten weitgehend verschiedene Ziele. Newton interessierte sich in erster Linie für die Physik des Lichts, und seine Ausflüge auf das Gebiet der Wahrnehmung (z. B. die Dreifarbentheorie von Newton und Young) standen demgegenüber nur am Rande; Goethe dagegen ging es um die Psychologie der Wahrnehmung, und er ließ sich nie ernstlich auf die physikalischen Probleme ein, die im Mittelpunkt von Newtons *Opticks* standen. (Die eigentlichen Nachfolger Goethes waren nicht Physiker wie Maxwell und Heisenberg, sondern Sinnesphysiologen und Psychologen wie Helmholtz und Lettvin[96].) Es gab also keine begründete Hoffnung, daß Goethe und Newton eine gemeinsame disziplinäre Auffassung von einer »Theorie der Farbe« haben oder anstreben könnten. Ihre theoretischen Ziele waren so verschieden, daß ihre Farbtheorien notwendigerweise gar keine theoretischen Begriffe gemeinsam hatten. In dieser Beziehung schlug sich in Goethes Angriff auf Newton eine grundlegende Verschiedenheit der Ziele nieder.

96 H. von Helmholtz, *Handbuch der physiologischen Optik*, Band 2 (Leipzig, 1867, 3. Aufl. 1909-1911), insbes. Kap. 1 und 20.

Man erkennt jetzt, wie die Unterscheidung zwischen theoretischen und disziplinären Gesichtspunkten die Vermeidung der Paradoxien der klassischen Revolutionstheorie ermöglicht. Es ist durchaus möglich, daß sich keine Aussage der Einsteinschen theoretischen Physik exakt in eine Newtonsche Sprache übersetzen läßt, oder umgekehrt; doch damit allein ist noch keineswegs eine »Diskontinuität der Vernunft« in dieser Wissenschaft gegeben. Im Gegenteil, wenn zwei wissenschaftliche Positionen ähnliche theoretische Ziele haben und in den Bereich der gleichen Disziplin fallen, dann läßt sich der historische Übergang zwischen ihnen stets »vernünftig« diskutieren, auch wenn die jeweiligen Vertreter über keine gemeinsamen theoretischen Begriffe verfügen. Völlige Verständigungsunfähigkeit ist nur dann unvermeidlich, wenn die Beteiligten nicht einmal auf dem Gebiet ihrer disziplinären Ziele etwas Gemeinsames haben. Doch bei dem Mindestmaß an Kontinuität der disziplinären Ziele haben auch Wissenschaftler mit völlig verschiedenartigen theoretischen Ideen im allgemeinen immer noch eine Grundlage für den Vergleich der Erklärungskraft ihrer Ansätze, und die konkurrierenden Paradigmen oder Voraussetzungen – die zwar auf der »theoretischen« Ebene unvereinbar sind – bleiben kommensurabel als verschiedene Lösungsversuche gemeinsamer »disziplinärer« Aufgaben.

2. Die andere Unterscheidung, über die wir hier etwas sagen müssen, ist die zwischen »Aussagensystemen« und »Ideenpopulationen«. Die Entwicklung des Kuhnschen Ansatzes ist nicht zuletzt deshalb lehrreich, weil sie den Zusammenhang zwischen einer allzu systematischen Sicht der wissenschaftlichen Theorien und einer allzu revolutionären Sicht des Ideenwandels in der Wissenschaft aufzeigt. Als Kuhn über diese Fragen zu schreiben begann, war die amerikanische Wissenschaftstheorie seit mehr als 40 Jahren von einem selbstzufriedenen, antihistorischen logischen Empirismus beherrscht, der aus dem Wiener Kreis stammte; und ein wirkliches Verdienst seiner Arbeit war die Betonung der Notwendigkeit eines stärker historischen und weniger formalistischen Herangehens an die Wissenschaft[97]. Ganz of-

97 Siehe meine Besprechung von C. G. Hempel, *Aspects of Scientific Explanation*, in *Scientific American* (Februar 1966).

fensichtlich konnten die Argumente bei einem Paradigmawechsel nicht in den abgezirkelten Formen der modernen induktiven Logik wiedergegeben werden; eine ständige Tendenz der Kuhnschen Argumentation war daher eine antiformalistische. Ein »revolutionärer« Wandel der wissenschaftlichen Vorstellungen reicht zu tief, als daß er sich völlig im Sinne der formalen Logik darstellen ließe.

Anfänglich aber stellte Kuhn die herkömmliche Auffassung von der wissenschaftlichen Argumentation nur in den Fällen in Frage, in denen es um ganze Paradigmen oder »Theoriensysteme« ging. In der »Normalwissenschaft« dagegen schienen die Wissenschaftler immer noch an die formalen Erfordernisse des jeweiligen »Systems« gebunden; diesen konnte man nur entgehen, wenn man das gesamte »System« umzustürzen bereit war. Innerhalb der »Normalwissenschaft« mochte der Ideenwandel von irgendwelchen formalen Induktionsprinzipien beherrscht sein, aber »revolutionäre« oder nichtlogische Veränderungen waren auf die Fälle beschränkt, in denen ein ganzes Paradigma umgestürzt wurde. So gesehen, hätte schon der Titel seines Buches nicht »Die Struktur wissenschaftlicher Revolutionen«, sondern »Revolutionen der Wissenschaftsstruktur« lauten sollen. Umfassende und durchgängige Revolutionen waren mit der Ersetzung einer ganzen systematischen theoretischen »Struktur« durch eine andere verbunden, doch eine solche Revolution selbst konnte keine Struktur haben.

Kuhns spätere Darstellungen unterschieden sich davon wesentlich, indem sie anerkannten, daß ein ganzes wissenschaftliches Theoriensystem (z. B. die Newtonsche Physik) kein einheitliches und zusammenhängendes logisches System ist, das als ganzes angenommen oder abgelehnt werden muß, sondern daß es grundlegende Veränderungen auch schrittweise durchmachen kann. Solange der Übergang von einem Paradigma zu einem anderen als Übergang zwischen vollständigen »systematischen Strukturen« von Begriffen und Aussagen gesehen wurde, konnte man der klassischen Unterscheidung zwischen revolutionären und normalen Phasen des wissenschaftlichen Wandels mit allen ihren paradoxen Konsequenzen nicht entgehen. Sobald aber diese Vorstellung aufgegeben wird, ist man nicht mehr auf eine streng »systematische« Sicht der theoretischen Struktur der Naturwissenschaften oder auf eine streng »revolutionäre« Sicht der Übergänge von einem Paradigma zu einem anderen festgelegt.

Wieder ist die Moral von der Geschichte die, daß man zwischen der »Logizität« von Aussagensystemen etwa in der reinen Mathematik und der »Rationalität« von theoretischen Wandlungen in den Naturwissenschaften oder anderswo unterscheiden muß. Der Gehalt einer ganzen Wissenschaft hat gewöhnlich keine so einheitliche Struktur wie ein einzelner Kalkül innerhalb dieser Wissenschaft; behandelt man beide auf die gleiche Art, so kann das nur zu philosophischer Verwirrung führen. In gewissen Fällen kann man vielleicht den Gehalt einer bestimmten Theorie oder eines »Begriffssystems« in Form eines »logischen Systems« darstellen, wie z. B. Hertz die klassische Mechanik axiomatisch formulierte. Doch selbst hier wäre es ein Fehler, in der Form des aufgestellten logischen Systems den wissenschaftlichen Gehalt des darin dargestellten theoretischen Systems wiederfinden zu wollen. (Die Systematik eines theoretischen Systems ist keine formale oder syntaktische, sondern die eines gegliederten semantischen Bereichs.) Der Gehalt einer ganzen Wissenschaft läßt sich also nur in ausgesprochenen Ausnahmefällen in streng »logischer« Form darstellen. Viel häufiger besteht eine Wissenschaft gleichzeitig aus zahlreichen logisch unabhängigen Theorien oder Begriffssystemen, und darum ist sie keineswegs weniger »wissenschaftlich«.

Wir betrachten also den Gehalt einer Naturwissenschaft nicht als ein dichtes und zusammenhängendes logisches System, sondern als ein theoretisches Aggregat, eine »Population«, in der es bestenfalls einzelne beschränkte Gebiete mit logischer Systematik gibt. So gesehen, läßt sich das Problem der wissenschaftlichen Vernunft neu formulieren. Gewöhnlich sind in jeder Wissenschaft viele verschiedene Erklärungsverfahren, Begriffe und Darstellungsmethoden zur Erfüllung ihrer eigentlichen disziplinären Ziele in Gebrauch. Zwischen den einen oder anderen von ihnen gibt es formale oder »logische« Verknüpfungen – so etwa zwischen den Newtonschen Begriffen der Kraft, der Masse und des

Impulses. Neben diesen systematisch miteinander zusammenhängenden Begriffen und Verfahren gibt es gewöhnlich andere, die logisch voneinander unabhängig sind, ja in Konflikt stehen. Eine brauchbare Analyse der »Vernünftigkeit« der Wissenschaftler und ihrer Verfahren erfordert also die Betrachtung

1. der verschiedenen nicht-formalen Beziehungen zwischen den gleichzeitig vorhandenen Begriffen, Erklärungsverfahren und Darstellungsmethoden in den verschiedenen Wissenschaften;
2. der Art, wie theoretische Probleme auf einem bestimmten Gebiet der Wissenschaft auftreten und als solche erkannt werden;
3. der Art der vernünftigen Überlegungen, aufgrund derer die Begriffe und Erklärungsmethoden im Laufe der Entwicklung der betreffenden Wissenschaft verändert und/oder ersetzt werden.

Die extrem »revolutionäre« Betrachtungsweise des Ideenwandels behält also nur dann etwas für sich, wenn man den doppelten Fehler begeht, Vernunft und Logik gleichzusetzen und einer ganzen Wissenschaft die gleiche logische Systematik zuzuschreiben wie etwa der Euklidischen Geometrie oder der Newtonschen Mechanik. Die Idee der Systematik und die Idee der geistigen Revolutionen sind also miteinander verwandt und aufeinander bezogen. Wer eine ganze Wissenschaft für ein notwendigerweise einheitliches, zusammenhängendes theoretisches System hält, der wird ganz richtig schließen, daß »radikale« Veränderungen seines Gehalts auch »revolutionäre« sein müssen. In dieser Hinsicht haben die Probleme im Zusammenhang mit Kuhns Analyse des wissenschaftlichen Wandels wesentliche Parallelen in der Soziologie und auf anderen Gebieten. So ist die Auffassung der ganzen Gesellschaft als eines einzigen, zusammenhängenden und funktionalen »sozialen Systems« ein unmittelbares Gegenstück zu der Auffassung, die ganze Physik bilde ein zusammenhängendes »logisches System«. Eine allzu systematische Sicht der Sozialstruktur hat in der Tat einen großen Teil der soziologischen Theorie fast ebensolange beherrscht wie ihr logisches Gegenstück die Wissenschaftstheorie; und in beiden Fällen ist die revolutionäre Auffassung eine verständliche über das Ziel hinausschießende Reaktion auf diese Vorherrschaft.

Doch in beiden Fällen weist diese revolutionäre Reaktion die gleichen Mängel auf. Man kann eine ganze Gesellschaft nur dann als ein einziges funktionales »System« sehen, wenn man nicht zwischen den lockeren sozialen und politischen Beziehungen zwischen den verschiedenen Institutionen einer Gesellschaft einerseits und den engeren und formaleren Beziehungen innerhalb solcher Institutionen andererseits unterscheidet. Es kann durchaus genaue funktionale Beziehungen zwischen den verschiedenen Rollen in einer einzelnen Institution geben; etwa zwischen dem Aufsichtsratsvorsitzenden und dem Generaldirektor, oder zwischen dem Oberbefehlshaber und dem Stabschef. Doch legt man für die Beziehungen etwa zwischen Militär und Indsutrie oder Kirche und Gesetzgebung das gleiche systematische Modell zugrunde, so wäre das ebenso falsch, als wollte man die Beziehungen etwa zwischen Mechanik und Optik als streng logische ansehen, ähnlich wie innerhalb der Mechanik selbst. In jedem Falle legt dieser Fehler die gleiche Reaktion nahe. Wenn die Bestandteile einer ganzen Gesellschaft – oder einer ganzen Wissenschaft – so fest miteinander zusammenhängen, wie diese Auffassung meint, dann gibt es keine Möglichkeit, sie schrittweise oder einzeln zu verändern; die einzige Möglichkeit einer grundlegenden Veränderung ist dann die Verwerfung des gesamten »Systems« und ein völliger Neuanfang.

Umgekehrt besteht die einzige Möglichkeit zur Vermeidung dieser Konsequenz darin, der übertrieben systematischen wie auch der übertrieben revolutionären Auffassung mit einem Schlag den Boden zu entziehen. Im Falle der Wissenschaft bedeutet das die Erkenntnis, daß die verschiedenen Vorstellungen einer wissenschaftlichen Disziplin lockerer miteinander zusammenhängen, als die Philosophen geglaubt haben. Die verschiedenen Begriffe und Theorien werden nicht auf einmal und als ein einziges logisches System mit einem einzigen Zweck in eine Wissenschaft eingeführt, sondern unabhängig voneinander, zu verschiedenen Zeiten und zu verschiedenen Zwecken. Wenn sie heute noch bestehen, so vielleicht deshalb, weil sie immer noch ihre ursprünglichen theoretischen Funktionen erfüllen, oder weil sie inzwischen andere übernommen haben; und man hat die Freiheit, diese Ideen in der Zukunft bei begründetem wissenschaftlichem Anlaß unabhängig voneinander zu ersetzen, abzuändern oder zu ergänzen. Das bedeutet, daß eine ganze Wissenschaft aus einer »historischen Population« logisch voneinander unabhängiger Begriffe und Theorien besteht, die je ihre eigene Geschichte, ihre Struktur und ihre Konsequenzen haben.

Ebenso sind auf dem Gebiet der Soziologie die verschiedenen Institutionen einer Gesellschaft lockerer miteinander verbunden, als man bisher annahm. Sie sind nicht etwa nur dann analysierbar, wenn man sie alle zusammen, als ein einziges integriertes »soziales System« betrachtet, sondern sie müssen stärker historisch gesehen werden, da sie ursprünglich zu verschiedenen Zeiten und zu verschiedenen Zwecken eingeführt wurden. Wenn sie heute noch bestehen, so kann dies wiederum daran liegen, daß sie immer noch die Funktionen erfüllen, für die sie eingeführt wurden, oder weil sie inzwischen andere Funktionen übernommen haben; und man hat wiederum die Freiheit, die Institutionen in der Zukunft bei begründetem sozialem Anlaß unabhängig von einander zu ersetzen, abzuändern oder zu ergänzen. Auch dies bedeutet, daß man die systematische Sicht der Sozialstruktur und ihre Antithese, die revolutionäre Theorie des sozialen Wandels, hinter sich läßt und ganze Gesellschaften als »historische Populationen« von Institutionen gelten läßt, die je ihre eigene Geschichte und innere Struktur haben. An späterer Stelle unserer Untersuchungen werden wir darauf zurückkommen und sehen, welche Fragen sich aus einer solchen »Populationstheorie« des sozialen Wandels ergeben würden. Im Augenblick besteht unsere Aufgabe darin, die entsprechende »Populationsanalyse« des Ideenwandels in den geistigen Disziplinen zu entwickeln, und ihr wollen wir uns jetzt zuwenden.

Teil II
Rationale Unternehmungen und ihre Entwicklung

Einleitung

Wir können uns jetzt dem konstruktiven Teil unserer Untersuchungen zuwenden. Fassen wir zunächst die bisherigen Argumentationsschritte zusammen:

1. Die historische und kulturelle Verschiedenheit der menschlichen Ideen unterstreicht die Notwendigkeit eines unparteiischen Standpunktes für das vernünftige Urteil; und dieser scheint zunächst nur in abstrakter logischer Form angebbar zu sein, mit dem Anspruch auf absolute und umfassende vernünftige Maßgeblichkeit für die Begriffe und Urteile unter allen Verhältnissen.
2. Sobald man aber über die reine Mathematik und formale Logik hinausgeht, stößt der Versuch der Festlegung eines solchen absoluten Standpunkts auf Probleme der historischen Relevanz; es scheint keine andere Möglichkeit zu geben, als die Suche aufzugeben und in den historischen oder kulturellen Relativismus zu verfallen.
3. Die absolutistische wie auch die relativistische Position beruht, wie sich zeigt, auf der gemeinsamen falschen Voraussetzung, die »Vernünftigkeit« müsse eine Eigenschaft eines bestimmten logischen oder theoretischen »Systems« sein; die beiden Positionen unterscheiden sich nur darin, wohin sie den vernünftigen Standpunkt verlegen: das einemal in ein idealisiertes, abstraktes System, das anderemal in ein wirkliches, aber willkürlich gewähltes System.
4. Wir müssen daher von der Erkenntnis ausgehen, daß die Vernünftigkeit nicht eine Eigenschaft eines logischen oder theoretischen Systems als solchen ist, sondern eine Eigenschaft der menschlichen Tätigkeiten oder Unternehmungen, von denen die einzelnen Begriffssysteme zeitliche Querschnitte sind; insbesondere eine Eigenschaft der Verfahren, mit denen die in diesen Unternehmungen jeweils akzeptierten Begriffe, Urteile und formalen Systeme kritisiert und verändert werden.
5. Wenn wir uns aber dem Ideenwandel zuwenden, stellt sich ein ähnliches Dilemma auf der historischen Ebene ein; jetzt muß man anscheinend wählen zwischen einer uniformistischen Analyse, die von der Allgemeingültigkeit eines

einzigen Systems vernünftiger Methoden ausgeht, und einer revolutionären Analyse, die den Ideenwandel als eine Folge radikaler Umschwünge zwischen inkommensurablen Positionen ansieht.

6. Doch auch dieses zweite Dilemma läßt sich vermeiden, wenn man zwei weitere Unterscheidungen beachtet: (1) zwischen den theoretischen Begriffen und Grundsätzen einer Disziplin – die sich sprunghaft verändern können – und den disziplinären Begriffen und Grundsätzen, die vorerst für die Disziplin konstitutiv sind und sich allmählicher verändern; (2) zwischen den speziellen Theorien einer Disziplin – deren jede ihre eigene spezielle Familie und/oder ihr System von Begriffen besitzt – und dem theoretischen Inhalt des gesamten Wissensgebiets, das aus einer veränderlichen »Population« von Begriffen und Begriffsfamilien besteht, die im allgemeinen voneinander logisch unabhängig sind.

Unsere Analyse der Gemeinschaftsseiten des Gebrauchs von Ideen wird sich also auf »rationale Unternehmungen« und ihre historische Entwicklung konzentrieren. Sie muß gleichzeitig und auf die gleiche Art sowohl die Kontinuitäten als auch die Veränderungen in solchen Unternehmungen erklären, indem sie ihren Gehalt so auffaßt, daß er »Ideenpopulationen« bildet. Die Entwicklung dieser Populationen wird – hier wie auch anderswo – dadurch gekennzeichnet, daß sie ein Gleichgewicht zwischen zweierlei Faktoren widerspiegelt: Faktoren der Neuerung, die für das Auftauchen von Varianten in der betreffenden Population verantwortlich sind, und Faktoren der Auswahl, die diese durch die Auswahl bestimmter Varianten zum Fortbestand verändern. Und die »Vernünftigkeit« dieser Unternehmungen wird wiederum dadurch begründet, daß in ihnen die Orte aufgewiesen werden, an denen Ideenvarianten einer kritischen Auswahl unterworfen werden und die Berufung auf »Vernunftgesichtspunkte« eine wesentliche Rolle in ihrer Entwicklung spielt.

Zwei wesentliche Begriffe lassen hier ganz deutlich die Form unseres Problems erkennen. Wenn wir von »Ideenpopulationen« und einer »Auswahl von Varianten zum Fortbestand« sprechen, so bedeutet das, daß unsere Analyse eine »evolutionäre« sein soll, nicht nur in dem allgemeinen Sinne des

Nicht-Revolutionären, sondern in einem ganz genauen und strengen Sinne. Denn der Populationswandel als ein allgemeiner historischer Vorgang ist in einem Spezialfall schon recht gut analysiert, nämlich im Falle der Arten der Organismen. Und wir können unsere Argumentation hier sehr vereinfachen, wenn wir von der Populationsanalyse der Entwicklung der Organismen als Muster oder Vergleichsmaßstab ausgehen, mit dem wir die Fragen ausmachen, die in unserer Analyse der Ideenentwicklung zu behandeln sind.

Dazu braucht man nicht – wie leider Ernst Mach – anzunehmen, die geistige Entwicklung habe etwas »Biologisches« an sich, oder auch nur, der theoretische Wandel in den Wissenschaften ähnele in irgendeinem wesentlichen Sinne dem Wandel der Organismen. Für uns genügt eine bescheidenere Hypothese, nämlich daß die Darwinsche Populationstheorie der »Variation und natürlichen Auslese« ein Beispiel einer allgemeineren Form der historischen Erklärung sei[98], und daß der gleiche Erklärungsgrundsatz unter geeigneten Bedingungen auch auf andersartige historische Gegenstände und Populationen anwendbar sei. Am Ende dieses Abschnitts werden wir auf diese Hypothese zurückkommen und genauer die Bedingungen aufzeigen, die eingehalten werden müssen, wenn die populative Erklärung ohne Schaden auf andere historische Gegenstände als die Arten der Organismen angewandt werden soll.

Die allgemeine Struktur der historischen Erklärung, die der zoologischen Evolutionstheorie zugrundeliegt, läßt sich in vier Grundthesen oder Gemeinplätzen zusammenfassen, deren jede ein Gegenstück auf dem Gebiet der Ideenentwicklung besitzt[99].

1. Zunächst einmal ist die Frage, warum es überhaupt abgrenzbare Organismenarten gibt, für die Zoologie in glei-

98 Vgl. M. T. Ghiselin, *The Triumph of the Darwinian Method* (Berkeley, 1969). Über diesen Gegenstand hatte ich fruchtbare Gespräche mit Mark Adams, der unabhängig von mir einen ähnlichen Ansatz verfolgte.

99 Siehe z. B. E. Mayr, *Population, Species and Evolution* (Cambridge, Mass., 1970); T. H. Hamilton, *Process and Pattern in Evolution* (New York, 1967); G. L. Stebbins, *Processes of Organic Evolution* (Englewood Cliffs, 1968); J. Maynard Smith, *The Theory of Evolution* (London, 1958).

chem Maße ein Problem wie die Erklärung der beobachteten Veränderungen dieser Arten. Darwins Theorie war (wie er es formulierte) ebenso eine Analyse der Entstehung der Arten wie ihrer Entwicklung. Bis ins 19. Jahrhundert hinein hatte es zwei Vorstellungen von den Arten der Organismen gegeben, die beide unhistorisch waren. Die meisten Naturkundler waren zoologische »Realisten« und glaubten, die Gesamtpopulation der lebenden Organismen auf unserer Erde – oder wohl auch überall sonst – teile sich in wohlunterschiedene Arten auf, deren jede durch Erzeugung gleichartiger Nachkommen unverändert bleibe. Andere, radikalere Zoologen tendierten demgegenüber zum »Nominalismus« und meinten, die lebenden Organismen würden nur durch menschliche Willkür in Arten eingeteilt. (So Buffon in einer frühen Arbeit: »In Wirklichkeit gibt es nur Individuen.«[100]) In beiden Fällen war kein Gedanke an eine historische Veränderlichkeit der Organismenarten; wenn die Taxonomie selber ein menschliches Kunstprodukt war, so konnte man nach der Geschichte des »Artbegriffs« fragen, aber kaum nach der Geschichte der Arten selbst[101].

Die heutige Auffassung liegt in der Mitte. Die Biologen sind heutzutage weder konsequente Realisten noch ausgesprochene Nominalisten. Vielmehr glauben sie, daß sich die Formen des Lebens zwar wiederholt verändert haben und sich weiter verändern, daß aber die tatsächliche Formenbreite an irgendeinem bestimmten Zeitpunkt oder Ort weder lauter stetige Übergänge aufweist noch unbegrenzt ist. Unter bestimmten lokalen Bedingungen leben gewöhnlich wohlbestimmte und wohlabgegrenzte Populationen. Von dem gesamten denkbaren Spektrum von Tieren und Pflanzen sind nur einige wirklich entstanden, und diese bilden gewöhnlich wohlabgegrenzte »Arten«. Daher muß man sowohl erklären, warum es innerhalb der sich ständig verändernden Populationen lebender Organismen überhaupt derartige wohlbestimmte und wohlabgegrenzte Arten gibt, als auch, warum die zu einer Zeit bestehenden Arten nicht ihre Abgegrenzt-

100 Buffon, *Histoire naturelle*, Bd. 1 (Paris, 1749), S. 38.

101 Vgl. Lovejoy (s. o., Anm. 13), Kap. 8; ferner »Buffon and the Problem of Species«, *Forerunners of Darwin, 1745-1859*, hrsg. v. B. Glass u. a. (Baltimore, 1959), S. 84 ff.

heit verlieren, sondern in andere, ebenso wohlabgegrenzte Formen übergehen oder sich in Nachfolgerpopulationen aufspalten können, die ebenso wohlabgegrenzt sind wie verschiedene Arten.

2. Die Haupteinsicht des Darwinismus war die, daß diese beiden Tatsachen – die Kontinuität der Arten der Organismen wie auch die Art ihres Wandels – anhand eines einzigen Doppelvorgangs der Variation und der Auswahl zum Fortbestand erklärt werden können. Jede Generation lebender Organismen besteht zunächst aus mehr Individuen, als sich nachher fortpflanzen können; und die Individuen jeder Generation weisen Variationen der Form oder sonstigen Eigenschaften auf, und nur einige von diesen werden auf die nächste Generation übertragen. Darwins Ausdruck »natürliche Auswahl« faßte lediglich jene Vorgänge zusammen, die die meisten neuen Varianten bei der Konkurrenz um Fortpflanzung benachteiligen und so den im allgemeinen stabilen Charakter der Art bewahren, die aber gelegentlich auch günstigen Varianten zur Etablierung in der Population verhelfen, so daß sich deren Gesamtcharakter langsam verändert.

3. Das Zusammenwirken von Variation und natürlicher Auslese führt nur dann zu wirklichen neuen Arten, wenn mehrere weitere Bedingungen erfüllt sind. Darwin selbst nahm einfach an, daß erbliche Variationen ständig auftreten; heute gibt es gute genetische Gründe für diese Annahme, die Darwin noch unbekannt waren. Die heutigen Probleme haben damit zu tun, unter welchen Umständen die »vorteilhaften« Varianten durch die Auslese zur Dauerexistenz kommen und damit in einer Population die Oberhand gewinnen können. Zum Beispiel kann eine neue Variation ihre »Vorteile« nur in einer Situation zeigen, in der es genügend »Selektionsdruck« gibt. Ohne starke Konkurrenz haben die abweichenden Individuen keine Gelegenheit, die anderen in der Fortpflanzung zu überflügeln, und die Art verliert allmählich ihre Ausgeprägtheit. Die natürliche Auslese wiederum kann nur wirken, wenn der »Schauplatz der Konkurrenz« nicht zu ausgedehnt ist. Würden sich die Tiere über weite Gebiete hinweg ungehindert miteinander fortpflanzen, so würden Varianten, die in einem bestimmten Gebiet »vorteilhaft« sind, über das größere Gebiet verbreitet und dadurch

auch in dem günstigen Gebiet nicht Fuß fassen. Darwin und Wallace stießen ja dadurch unabhängig voneinander auf den Gedanken der natürlichen Auslese, daß sie fix und fertige »Laboratorien der Evolution« vor sich hatten: Darwin die Galapagos-Inseln, Wallace das malaiische Archipel. In beiden Fällen waren sich die verschiedenen Inseln so nahe, daß gelegentlich Lebewesen von der einen zur anderen kommen konnten und die mannigfachen Populationen von Finken, Schildkröten oder Orchideen vermutlich gemeinsame Vorfahren hatten. Doch sie waren auch wieder so stark voneinander isoliert, daß sie verschiedene »Schauplätze der Konkurrenz« bildeten, auf denen die Bilanz der Vorteile verschiedene Varianten begünstigt hatte – hier einen körnerfressenden Finken, dort einen insektenfressenden. Bei entsprechenden Umweltbedingungen konnte man also mittels »Variation und natürlicher Auslese« sowohl erklären, wie die Mitglieder einer Population auf einer bestimmten Insel zu einer eigenen Art geworden waren, als auch, wie verwandte Populationen auf benachbarten Inseln sich zu besonderen Arten auseinanderentwickelt hatten[102].

4. Schließlich sind Ausdrücke wie »Auswahl« und »Vorteil« in der Zoologie indirekt ein Bild. Ein Schlüssel zu der gesamten Darwinschen Theorie der Artenbildung ist die Erkennung der Konsequenzen dieses Bildes. Varianten kommen durch die Auswahl dann und nur dann zu einer dauernden Existenz, wenn sie gut genug »angepaßt« sind. Hier bedeutet das Wort »Anpassung« einfach, wie gut die verschiedenen Varianten mit den »ökologischen Anforderungen« der betreffenden Umwelt fertig werden, und der Ausdruck »Anforderungen« selbst bezieht sich sowohl auf die physikalischen Lebensbedingungen – z. B. Klima, Boden und Gelände – als auch auf andere Populationen lebender Organismen – Raubtiere oder Beutetiere, Schattenpflanzen oder getarnte Lebewesen, Parasiten oder Darmflora. Die ganze Theorie baut auf einem System ineinandergreifender Begriffe auf. Konkurrenzkampf und ökologische Anforderungen sind aufeinander bezogene Begriffe; überall, wo Individuen »konkurrieren«, ist ein vergleichendes Maß des »Erfolges« zugrunde-

102 Siehe z. B. D. Lack, *Darwin's Finches* (Cambridge, England, 1947).

gelegt, dem gemäß der »Gewinner« größeren Erfolg hat als der »Verlierer«. Beim Darwinschen Konkurrenzkampf ist dieses Maß die Fortpflanzung; die »erfolgreichen« Formen haben in den nächsten Generationen die meisten Vertreter. Demgemäß machen die ökologischen Anforderungen einer Umwelt die lokalen Bedingungen des »Erfolgs« in der Evolution aus; der Ausdruck »Anforderungen« bezieht sich auf diejenigen Faktoren, die in der betreffenden »Nische« die Fortpflanzungsbedingungen für jede neue Variante beeinflussen. Eine solche kann ihre Träger für die Raubtiere besser oder schlechter sichtbar machen, mehr oder weniger anfällig gegen Krankheiten, mehr oder weniger abhängig von regelmäßiger Tränke, mehr oder weniger geneigt zur Paarung, ... ; und jeder dieser Faktoren kann die Ausbreitung der Variante in der betreffenden Population beschleunigen oder hemmen. Alle diese Faktoren laufen also auf »Anforderungen« hinaus, die am besten von den »erfolgreichen« Formen »erfüllt« werden, die in der Fortpflanzung ihre Konkurrenten überrunden.
Als Beitrag zur Naturgeschichte hatte die Darwinsche Erklärungsweise einige bemerkenswerte Eigenschaften. Sie erklärte sowohl die Kontinuitäten als auch die Wandlungen in der Entwicklung der Arten mit Hilfe der gleichen wohlbekannten »Zwänge« oder »Anforderungen« der natürlichen Lebensbedingungen der Populationen. Sie zeigte, wie in manchen Situationen diese »Anforderungen« zur Erhaltung der bestehenden Arten führen, in anderen zur Bildung neuer. Sie gab die Bedingungen dafür an, daß die herrschenden ökologischen Anforderungen und Zwänge zu dauernden Veränderungen führen. Damit lieferte sie ein theoretisches System, das drei bisher isolierte Gruppen von Faktoren einheitlich erklärte: (1) die langfristigen historischen Formen der Veränderung der Organismen, (2) die kurzfristigen Zwänge aus der unmittelbaren Umwelt auf eine Population, (3) die mittelfristigen Bedingungen, die die unmittelbaren Zwänge überhaupt erst langfristig zur Wirkung bringen. Und in unserem jetzigen Zusammenhang sind diese historiographischen Seiten der Darwinschen Methode wichtiger als alle rein biologischen Einzelheiten etwa der Mutation oder der natürlichen Auslese. Bei der Frage, wie sich Populationsbegriffe auf an-

dere historische Vorgänge ausdehnen lassen, etwa auf solche des Ideenwandels, dürfen wir uns nicht auf Erörterungen über die Genetik oder über Raubtiere oder über die Wasserversorgung einlassen. Uns geht es vielmehr um die allgemeinen Beziehungen in diesen historischen Vorgängen, z. B. zwischen (1) den langfristigen Formen des Ideenwandels, (2) den täglichen Aktivitäten der Verwender von Ideen, und (3) den dauerhafteren Bedingungen, von denen die längerfristigen Auswirkungen der unmitttlbaren Entscheidungen der Ideenverwender abhängen.

Wir wollen jetzt die vier grundlegenden Gemeinplätze so umformulieren, daß sie auf die Ideenentwicklung anwendbar sind.

1. In keiner Kultur oder Epoche bilden die geistigen Unternehmungen der Menschen ein unstrukturiertes Kontinuum. Vielmehr zerfallen sie in mehr oder weniger getrennte und wohlbestimmte »Disziplinen«, jede mit ihrem eigenen System von Begriffen, Methoden und Grundzielen. Längerfristig kann sich der Inhalt einer solchen Disziplin ganz grundlegend verändern; ebenso, wenn auch langsamer, ihre Methoden und Ziele. Doch jede Disziplin zeigt bei aller Wandelbarkeit gewöhnlich doch eine erkennbare Kontinuität, besonders bezüglich der Auswahlfaktoren für Veränderungen ihres Inhalts. Eine evolutionäre Analyse der Ideenentwicklung muß also zwei verschiedene Eigenschaften erklären: einmal den Zusammenhang und die Kontinuität, die die Abgrenzung bestimmter Disziplinen ermöglichen, zum anderen die tiefgreifenden langfristigen Wandlungen, die zu deren Veränderung oder Untergang führen.

2. Diese Kontinuitäten und Wandlungen beruhen auf dem gleichen Doppelvorgang. In jeder lebendigen Disziplin treten ständig neue Ideen und Methoden in die Diskussion, doch nur wenige von ihnen fassen in der Disziplin Fuß und werden an die nächste Generation ihrer Vertreter weitergegeben. Dem ständigen Auftreten neuer Ideen steht also eine ständige kritische Auslese gegenüber. Einige Ideenvarianten werden zur Einverleibung in die Disziplin ausgewählt, andere ausgemerzt oder unbeachtet gelassen; doch unter entsprechenden Bedingungen kann dieser eine Vorgang entweder die fortgesetzte Stabilität einer wohlbestimmten Disziplin oder

aber ihre rasche Umwandlung in etwas Neues und anderes erklären.

3. Dieser Doppelvorgang führt nur dann zu einem ausgeprägten Ideenwandel, wenn bestimmte weitere Bedingungen erfüllt sind. Man muß voraussetzen, daß es jederzeit genug Menschen mit natürlicher Erfindungsgabe und Neugierde gibt, um den Zufluß geistiger Neuerungen oder »Varianten« in Gang zu halten. Problem sind also die Bedingungen, unter denen sich solche Neuerungen als »vorteilhaft« erweisen und einen Platz in dem betreffenden Ideenkorpus erlangen können. Wiederum muß es geeignete »Schauplätze der Konkurrenz« geben, auf denen sich geistige Neuerungen lang genug halten können, um ihre Vorzüge oder Nachteile erkennen zu lassen, auf denen sie aber auch so nachdrücklich kritisiert und ausgemerzt werden, daß die Disziplin ihren Zusammenhang bewahrt. So läßt sich Karl Poppers Formel von der wissenschaftlichen Methode als einer dialektischen Abfolge von »Vermutungen« und »Widerlegungen« ohne weiteres evolutionstheoretisch deuten: sie beschreibt die notwendigen ökologischen Bedingungen dafür, daß Variation und Auswahl zu einem wirksamen wissenschaftlichen Wandel führen.

4. Schließlich stützt sich eine evolutionstheoretische Analyse der geistigen Entwicklung wiederum auf ein System miteinander zusammenhängender Begriffe, die gemeinsam die »geistige Ökologie« einer bestimmten historischen und kulturellen Situation definieren. In jeder Problemsituation werden in der Disziplin diejenigen der »konkurrierenden« Neuerungen zur »Anerkennung« ausgewählt, die die speziellen »Anforderungen« der lokalen »geistigen Umwelt« am besten erfüllen. Zu diesen »Anforderungen« gehören sowohl die unmittelbaren Probleme, auf die eine Ideenvariante gemünzt ist, als auch andere eingeführte Vorstellungen, mit denen sie zurechtkommen muß. Und wiederum bezeichnen Ausdrücke wie »Konkurrenz« und »Vorteil«, »Anforderung« und »Erfolg« aufeinander bezogene Begriffe, die man nur dann richtig versteht, wenn man sie als lauter Seiten des gesamten historischen Vorgangs der Ideenvariation und der disziplinären Auslese sieht. In der Zoologie wie in der Geistesgeschichte kann man also die historische Kontinuität wie auch den Wandel als verschiedene Auswirkungen der Variation und der

Auswahl zum Fortbestand sehen, in denen sich der relative Erfolg der verschiedenen Varianten bei der Erfüllung der augenblicklichen Anforderungen niederschlägt. Die historische Entwicklung geistiger Disziplinen ähnelt also anderen Populationsvorgängen nicht in einem spezifisch biologischen Sinne, sondern einfach wegen der allgemeinen Form der Entwicklung durch Neuerung und Auslese.

Wenn geistige Disziplinen aus historisch sich entwickelnden Ideenpopulationen bestehen, wie Organismenarten aus Organismenpopulationen, so können wir jetzt fragen, wie das Zusammenwirken von Neuerungs- und Auslesekräften ihre charakteristische Einheitlichkeit und Kontinuität bewahrt. Genau wie die Populationen von Organismen bestimmte Arten und keine strukturlosen Aggregate bilden, weil die vorhandenen »ökologischen Nischen« der Population trotz der ständigen Neubildungen bei den Einzelorganismen genügend Einheitlichkeit und Kontinuität verleihen, so teilt hier das Gleichgewicht zwischen geistiger Neuerung und kritischer Auslese die Gesamtmenge der Ideen in erkennbare »Gruppen« auf, die bestimmten Disziplinen entsprechen, trotz des ständigen Auftretens neuer Ideen in jeder der Gruppen. Doch der Populationsansatz läßt keine Dauerdefinitionen dieser Disziplinen zu, die zwischen verschiedenen Forschungsgebieten unverrückbare Grenzen aufgrund angeblich unveränderlicher »Wesenseigenschaften« ziehen würden – seien es Methoden oder Probleme, Theorien oder Begriffe, Verfahren oder Gegenstände. Für die »Physik« oder »Biochemie« sind nicht in jedem Entwicklungsstadium die gleichen Eigenschaften absolut und ewig bestimmend; wissenschaftliche Disziplinen sind, wie Organismenarten, sich entwickelnde »historische« Gegenstände, keine »ewigen«. In der Geistesgeschichte wie in der Naturgeschichte läßt sich das alte philosophische Ideal der »ewigen Wesenheiten«, die ihre Wesensidentität durch alle »zufälligen« historischen Wandlungen hindurch bewahren, jetzt durch einen lebensnäheren und weniger geheimnisvollen Begriff ersetzen, den des »historischen Gebildes«, das zwar keine absolut unveränderlichen Eigenschaften besitzt, aber doch so viel Einheitlichkeit und Kontinuität, daß es von einer Epoche zur anderen wohlabgegrenzt und erkennbar bleibt. Die Arbeiten von Buridan und Galilei,

Maxwell und Feynman zum Beispiel sind nicht deshalb lauter aufeinanderfolgende Beiträge zu der gleichen Disziplin, weil sie sich alle ein und derselben ewigen und unveränderlichen oder wesenhaften »Physik« verpflichtet fühlten, sondern einfach deshalb, weil sich ihr gemeinsames geistiges Unternehmen trotz aller Wandlungen in den letzten 600 Jahren seine charakteristische Einheitlichkeit und Kontinuität bewahrt hat.

Wir wollen unsere Analyse der Ideenentwicklung in zwei Abschnitten durchführen. Als historisch sich entwickelnde menschliche Tätigkeit hat jedes wohlbestimmte Vernunftunternehmen zwei Seiten. Man kann es als Disziplin mit einer gemeinsamen Tradition von Methoden und Verfahren zur Behandlung ihrer theoretischen oder praktischen Probleme auffassen, oder aber als Profession mit einem System von Institutionen, Rollen und Menschen, deren Aufgabe die Anwendung oder Verbesserung dieser Methoden und Verfahren ist. Diese beiden Seiten sind verschiedene Betrachtungsweisen der gleichen historischen Veränderungen. Nimmt man ein rationales Unternehmen als Disziplin, so ist seine Entwicklung in der Zeit ein Gegenstand der Ideengeschichte. Der Historiker muß dann fragen, wie z. B. die Begriffe der Naturwissenschaft zu ihrer jeweiligen Lebensgeschichte gekommen sind; wie sie anfänglich mangels Naturerfahrung rein spekulativ sind, wie sie später eine Grundlage in der Erfahrung finden und am Ende jede theoretische Maßgeblichkeit verlieren und zu bloßen Näherungen oder gar bloßem Aberglauben herabsinken. Betrachtet man dasselbe Unternehmen als Profession, so ist seine Entwicklung in der Zeit ein Gegenstand der Geschichte der wissenschaftlichen Organisationen, Institutionen und Verfahren. Dann muß der Historiker zeigen, wie sich die Tätigkeiten der einzelnen Wissenschaftler und Wissenschaftlergruppen verändert haben; wie bestimmte Gruppen oder technische Verfahren zunächst keinerlei Autorität besaßen, später in der Profession anerkannt wurden und noch später an den Rand gedrängt oder völlig fallengelassen wurden.

Solange der Inhalt etwa einer Wissenschaft als »logisches System« aufgefaßt wurde, ließ sich die Geschichte der wissenschaftlichen Ideen noch von der der wissenschaftlichen Institutionen und Tätigkeiten trennen und je für sich schreiben. Denn es schien ja kein Bindeglied zwischen der Abfolge der Begriffs- oder Aussagen-»Systeme« zu geben, der »inneren« Substanz einer wissenschaftlichen Disziplin, und den sozialen, wirtschaftlichen und politischen Strukturen, ihrem »äußeren« berufsbezogenen Rahmen. Der Erfolg neuer Ideen konnte höchstens Anlaß zur Schaffung neuer Institutionen geben, während die Organisationen der Wissenschaft der menschliche Ausdruck ihrer Ideen waren. Die Entwicklung wissenschaftlicher Ideen erschien also als ein völlig selbständiger, nach eigenen Gesetzen ablaufender Vorgang, der von institutionellen oder gesellschaftlich-politischen Faktoren höchstens erleichtert oder erschwert werden konnte. Wenn man aber einmal damit ernst macht, die disziplinbezogene und die professionsbezogene Entwicklung als verschiedene Seiten desselben Populationsvorgangs zu sehen, dann muß man diese Selbständigkeit in Frage stellen, und die Geschichte der einen Seite der Unternehmung kann von der der anderen nicht mehr völlig unabhängig sein. Um etwa zu zeigen, daß irgendeine neue Idee in einer wissenschaftlichen Disziplin Fuß gefaßt hat, muß man jetzt auf die Auswahlverfahren achten, die tatsächlich zur Beurteilung neuer Ideen benützt werden, und diese Verfahren wiederum müssen auf die Tätigkeit der Menschen bezogen werden, die im Augenblick die maßgebende »Bezugsgruppe« der betreffenden Profession bilden. Insoweit wird sich zeigen, daß die disziplinbezogene oder geistige Geschichte der Unternehmung mit ihrer professionsbezogenen oder soziologischen Geschichte in Wechselwirkung steht; wollte man die »innere« Lebensgeschichte der Ideen von den »äußeren« Lebensgängen der Menschen trennen, die diese Ideen haben, so wäre das eine Übervereinfachung.

Gehen wir an unser jetziges Problem von diesem Populationsgesichtspunkt aus heran, so können wir sechs Hauptgruppen von Fragen unterscheiden:

1. Was bestimmt die Grenzen einer geistigen Disziplin, und warum gibt es überhaupt abgegrenzte Disziplinen?
2. Welcher Art ist die Ideenvariation, und wie liefert der jeweilige Vorrat an Ideenvarianten das Material für den Wandel der Disziplin?

3. Welche Vorgänge und Verfahren der geistigen Auslese wirken auf einen solchen Variantenvorrat?
4. Über welche Übertragungs- und Fixierungskanäle gehen die ausgewählten Varianten in eine Disziplin ein und verändern deren anerkannten Inhalt?
5. Wie wirken Unterschiede des Grades der Isolation und der Konkurrenz auf die geistige Auslese und damit auf die Einheitlichkeit, Eigenart und Entwicklung der geistigen Disziplinen selbst?
6. In was für Umwelten werden geistige Disziplinen betrieben, und wie wirken die ständigen Anforderungen dieser Umwelten auf die Vorgänge und Verfahren, mit denen Ideenvarianten beurteilt werden?

In den Kapiteln 2 und 3 werden wir rationale Unternehmungen als Disziplinen betrachten und dabei auf ihre kennzeichnenden Ziele und historischen Entwicklungsmuster achten. In Kapitel 4 betrachten wir sie dann von der Professionsseite her und achten auf ihre soziologische Organisation, ihre Autoritätsverhältnisse und sich verändernden Bezugsgruppen. In beiden Fällen möchten wir klären, wie die für eine rationale Unternehmung kennzeichnenden menschlichen Tätigkeiten »geistige Nischen« bestimmen, in denen sowohl disziplinbezogene als auch professionsbezogene Fragen entstehen, und wir möchten zeigen, wie beide Arten von Fragen mit den »ökologischen Anforderungen« der jeweiligen »Nischen« zusammenhängen.

Kapitel 2
Intellektuelle Disziplinen: ihre Ziele und Probleme

2.1 *Wissenschaftliche Disziplinen und ihre Erklärungsideale*

Die Aufteilung des geistigen Lebens und der geistigen Tätigkeit der Menschen in abgegrenzte Disziplinen ist als Tatsache leicht zu erkennen. Doch weniger leicht ist sie zu erklären, und als erstes wollen wir uns fragen, wie sich diese Aufteilung verstehen läßt. Wie sind z. B. solche Disziplinen zu klassifizieren und zu definieren? Verbaldefinitionen helfen hier kaum weiter. Voreilige Versuche, die Bedeutung unserer Grundbegriffe zu erfassen, bringen im allgemeinen gar nichts ein – genau wie Euklids wenig glückliche Definition: »Ein Punkt ist das, was keine Teile hat.« So wissen wir hier vielleicht, daß die Atomphysik, die Molekularbiologie und die Rechtswissenschaft erkennbar unterschiedliche Disziplinen bilden, aber wir sind vielleicht immer noch unsicher, wie der Begriff der Disziplin selbst definiert werden sollte. Offenbar haben die Naturwissenschaftler und die Juristen praktisch funktionierende Kriterien dafür, was zu ihrer jeweiligen Disziplin gehört, und wie diese über die Zeit hinweg fortbesteht. Diese Kriterien können sogar sehr streng sein; Gelehrte und Wissenschaftler haben einen scharfen Blick für Scharlatane, und sie sind rasch bei der Hand, die Argumente des einen als »gar keine richtige Physik« zurückzuweisen, die eines anderen als »romantische Naturpoesie, die als Zoologie auftritt«, die eines dritten als »linke Politik, die sich als Juristerei ausgibt«. Der erste Schritt bei der Analyse der Eigenart geistiger Disziplinen ist die Klärung der Eigenart und des Ursprungs dieser Kriterien. Was also ist das entscheidende Kennzeichen dafür, daß ein geistiges Unternehmen eine Disziplin ist? Wovon soll es abhängen, was unter diesen Begriff fällt und was nicht?

An diese Frage kann man sehr verschieden herangehen. Man könnte die Kriterien zunächst im speziellen Inhalt der betreffenden Disziplinen suchen: etwa in den Theorien, Begriffen oder Begriffssystemen der verschiedenen Naturwissenschaften. Doch damit würde man wieder fälschlich den Teil für das Ganze nehmen. Spezielle Theorien, Begriffe und Begriffssysteme sind vorübergehende Erzeugnisse oder Querschnitte ganzer Wissenschaften, die sich historisch entwickeln; die Einheitlichkeit und Kontinuität dieser Wissenschaften hat nicht nur mit den formalen Beziehungen innerhalb eines solchen Querschnitts zu tun, sondern auch mit den inhaltlichen Beziehungen innerhalb der gesamten Ideenentwicklung. Die entscheidende Frage lautet also: was macht die späteren Phasen einer Wissenschaft zu »legitimen Erben« der früheren? Die verschiedenen Phasen hängen weder durch Identitäten noch durch logische Folgebeziehungen miteinander zusammen, sondern durch legitime Verwandtschaft; und unser Problem besteht darin, wie sich diese Legitimität erklären läßt[103].

Gewiß tun sich die Kontinuitätsbindungen der Wissenschaften auf verschiedene Weise kund. Die Gruppen, die als Atomphysiker oder Zellbiologen oder Neuroanatomen arbeiten, sind in sich durch Meister-Schüler-Beziehungen, durch Genealogien der Lehre verknüpft; die gelehrten Gesellschaften und Forschungseinrichtungen jeder Wissenschaft sind entsprechend durch institutionelle Genealogien miteinander verknüpft; weitere Genealogien verknüpfen innerhalb einer Wissenschaft die Experimentiergeräte, die Erklärungsmodelle, die Fachausdrücke, die mathematischen Methoden und die Gegenstände älterer Phasen mit denen späterer. In dem einen oder anderen Zusammenhang kann es lehrreich sein, die historische Entwicklung einer Wissenschaft anhand der einen oder anderen solchen Abfolge zu beschreiben: man geht der Aufeinanderfolge bedeutender Lehrer nach oder der Verfeinerung der Apparaturen oder der Verbesserung der Rechenmethoden oder der Erweiterung des empirischen Anwendungsbereichs. Es läßt sich schwer sagen, welche dieser Entwicklungslinien die tiefste Bedeutung hat; oder ob sie vielleicht erst zusammen, wie die Fasern eines Seiles, die Wissen-

103 Man denke an Ludwig Wittgensteins Antwort auf die Kritik, er treibe überhaupt keine Philosophie: »Vielleicht nicht, aber was ich treibe, ist der legitime Erbe dessen, was früher Philosophie hieß.«

schaft definieren, wobei keine einzelne von ihnen unentbehrlich ist.

Nehmen wir als Beispiel die Atomphysik, wie sie sich von ihren Anfängen um 1890 über ihre Blütezeit in den 20er Jahren bis zur Aufspaltung in mehrere Nachfolgerwissenschaften in den 50er Jahren entwickelte. Stellen wir uns vor, wir hätten im Jahre 1930 die Atomphysik eine intellektuelle Disziplin genannt; was hätte das bedeutet? Was verlieh der Atomphysik von 1930 die Einheitlichkeit eines in sich abgeschlossenen Gegenstandsgebiets? Angesichts dieser Frage wäre man vielleicht versucht gewesen, auf ein Standardlehrbuch zu verweisen und einfach zu antworten: »Unter Atomphysik verstehe ich das Gebiet, das in diesem Buch dargestellt wird.« Doch eine solche Antwort hätte uns auf einen ganz unbeabsichtigten historischen Relativismus festgelegt. Der Inhalt der Atomphysik im Jahre 1910 unterschied sich sehr von dem 20 Jahre später, doch man wäre gewiß nicht bereit, allein aus diesem Grunde J. J. Thomson und Rutherford die Bezeichnung »Atomphysiker« zu verweigern. Ein Lehrbuch aus dem Jahre 1930 liefert uns ja nur einen Zeitquerschnitt des gesamten Gebietes der Atomphysik, nämlich die um diese Zeit in dieser Wissenschaft maßgebenden Ideen und Argumente; und diese verdienen nur deshalb den Namen »Atomphysik«, weil sie die legitimen Nachfolger der älteren Ideen und Argumente Thomsons und Rutherfords waren. Um diese Wissenschaft angemessen zu kennzeichnen, muß man also eine Definition aufstellen (d. h. Kriterien der Einheitlichkeit, des Zusammenhangs und der Kontinuität), die die Ideen der Atomphysiker von 1910, 1930 und 1950 gleichermaßen erfaßt, und die auch erkennen läßt, wie das Gebiet mit seinen Vorläufern in der allgemeineren Physik der 90er Jahre zusammenhängt, ebenso mit den spezialisierteren Teildisziplinen, durch die es in den 60er und 70er Jahren abgelöst wurde.

Betrachten wir kurz eine Reihe möglicher Indikatoren. Eine Möglichkeit ihrer Gewinnung könnte in der persönlichen Kontinuität liegen, die die Atomphysiker selbst aufweisen. Für den Anfang könnten wir also sagen: die Atomphysik ist die Wissenschaft, die von J. J. Tomson, Ernest Rutherford und Niels Bohr erfunden und von ihren Schülern und Nachfolgern weiterentwickelt wurde. Das könnte nun zwar ein praktisch brauchbarer Indikator sein, aber es ist keine Grundlage für eine angemessene Definition. Wir rechnen ja Thomson und Rutherford, Bohr und Schrödinger, Fermi und Lawrence nicht bloß deshalb derselben Profession zu, weil sie voneinander gelernt haben, sondern auch wegen der Inhalte, die sie voneinander gelernt haben. Ihre gemeinsame Zugehörigkeit zu einer Profession trug zur Erhaltung der Einheit der Atomphysik bei, aber sie verlieh nicht der Atomphysik ihre Einheit und Kontinuität als Disziplin. Was diese Männer in ihrer gemeinsamen Profession verband, das war ihr gemeinsames Interesse an den rechten Belangen der Atomphysik – wie sie durch ein anderes Kriterium definiert sind.

Wie sind nun diese »rechten Belange« zu bestimmen? Diese Frage ist schon wesentlich umfangreicher als die, von der wir ausgegangen sind. Denn man könnte zwar die für eine bestimmte Wissenschaft kennzeichnenden Begriffe und Theorien unabhängig von den Personen definieren, doch »Belange« sind stets Belange von Menschen. Wenn wir diesen Gedanken weiterführen, so können wir jetzt fragen: Welche Kontinuitäten wiesen die wissenschaftlichen Interessen der Atomphysiker in dem gesamten Zeitraum von 1900 bis 1950 auf? Man beachte, daß wir hier nach Kontinuitäten fragen, nicht nach Invarianten. Die Fachausdrücke, die theoretischen Modelle und die grundlegenden Gleichungen der Atomphysik machten während dieser Zeit mehrere sehr nachhaltige Wandlungen durch, so daß um 1930 Rutherford selbst sich die Atome nicht mehr so vorstellen konnte, wie es für die Schüler seiner Schüler selbstverständlich war. Und es blieben zwar einige theoretische Ausdrücke während der ganzen 50 Jahre in Gebrauch, doch das allein war kaum dafür entscheidend, daß die Atomphysik fortbestand. Außerdem blieben wirklich fast nur die Wörter bestehen; die Begriffe des Elektrons und des Kerns, wie sie von Heisenberg und Dirac in den 30er Jahren diskutiert wurden, hatten nicht mehr viel mit den entsprechenden Begriffen in den 30 Jahre älteren Theorien von Thomson und Rutherford zu tun. Wir tun also besser daran, die Kontinuität der Atomphysik in den *Problemen* zu suchen, mit denen sich die aufeinanderfolgenden Generationen von Atomphysikern auseinandersetzten; und die-

se sind weniger als eine einzige unveränderliche Frage oder Fragengruppe zu formulieren als vielmehr in Form einer kontinuierlichen *Genealogie* von Problemen.
Bohrs Ideen zu seinen Problemen des Atombaus setzt man also am besten zu den von seinem Lehrer Rutherford unbeantwortet gelassenen Fragen in Beziehung; und die von ihm selbst nicht gelösten Schwierigkeiten bildeten wiederum die Probleme, die seine Schüler bearbeiten mußten ... So bilden die Probleme, an denen die aufeinanderfolgenden Generationen von Wissenschaftlern ihre Arbeit orientieren, eine Art dialektische Abfolge; trotz aller Veränderungen der jeweiligen Begriffe und Methoden hängen ihre Probleme wie in einem gemeinsamen Stammbaum zusammen. So gesehen, beruht die Kontinuität einer wissenschaftlichen Disziplin ebenso auf den Gesichtspunkten, die für die Veränderungen zwischen aufeinanderfolgenden »Generationen« verwandter Probleme – mit allen damit zusammenhängenden Theorien und Ideen – maßgebend sind, wie auf etwaigen Gesichtspunkten, die zum Fortbestand unveränderter Probleme oder anerkannter Theorien und Begriffe führen. Und nichts anderes ist ja wohl zu erwarten, wenn die Wissenschaften die wirklich »vernünftigen« und sich historisch entwickelnden Unternehmungen sein sollen, als die wir sie ansehen.
Diese »Genealogie der Probleme« liegt also den anderen Genealogien zugrunde, durch die sich die Entwicklung einer Wissenschaft kennzeichnen läßt. In der Abfolge der Theorien beruht die Legitimität späterer Modelle und Begriffe darauf, daß sie Probleme lösen, vor denen die älteren Modelle und Begriffe versagten. In der Abfolge der Versuchsausrüstungen ermöglichten die späteren Konstruktionen Messungen, mit denen man Fragen beleuchten konnte, auf die die älteren Ausrüstungen keine Antwort lieferten. Selbst der sich entwickelnde Gegenstand oder empirische Anwendungsbereich einer wissenschaftlichen Disziplin wird von dieser zugrundeliegenden Genealogie der Probleme beherrscht. Wenn man die Wissenschaften mit Hilfe des (von Shapere stammenden) Begriffs ihrer »Zuständigkeitsbereiche« voneinander abgrenzt, dann müssen auch diese nicht anhand der Gegenstandsarten bestimmt werden, mit denen sie zu tun haben, sondern anhand der Fragen, die im Zusammenhang mit ihnen entste-

hen[104]. Eine Gegenstandsart fällt nur dann z. B. in den Bereich der »Biochemie«, wenn sie Gegenstand entsprechend »biochemischer« Fragen ist; und gleichartige Gegenstände fallen unter verschiedene Wissenschaften, je nachdem, was für Fragen in bezug auf sie gestellt werden. Das Verhalten einer Muskelfaser zum Beispiel kann in den Zuständigkeitsbereich der Biochemie, der Elektrophysiologie, der Pathologie und der Thermodynamik fallen, da unter allen vier Gesichtspunkten Fragen in bezug auf sie gestellt werden können; und grundsätzlich könnte die nämliche Faser Gegenstand noch anderer Wissenschaften werden, etwa indem man in bezug auf sie quantenmechanische oder psychologische Fragen stellt.

Eine Genealogie der wissenschaftlichen Probleme ist natürlich etwas wesentlich Persönlicheres als eine Abfolge theoretischer Begriffe, mathematischer Gleichungen oder axiomatischer Systeme. Um das zu zeigen, müssen wir unsere Fragen eine Stufe weiter führen; wir müssen überlegen, was ein Problem aus der Sicht einer bestimmten wissenschaftlichen Disziplin zu einem Problem macht. Nur wenn wir auf diese tiefere Ebene vordringen, können wir klarmachen, warum eine brauchbare Definition der Disziplin nicht nur deren Gegenstände heranziehen darf, sondern auch die professionellen Einstellungen berücksichtigen muß, die für diese Arbeit maßgebend sind.
Allgemein gesprochen, waren die Probleme der Wissenschaft nie allein durch die Eigenschaften der Welt bestimmt, sondern stets auch dadurch, daß auf dem betreffenden Gebiet unsere Vorstellungen von der Welt entweder mit dieser oder untereinander in Konflikt standen. Galilei und Descartes sagten gern, die Aufgabe des Wissenschaftlers bestehe darin, ein für allemal die Geheimschrift zu entziffern, in der das Buch der Natur geschrieben sei, und damit die »eine wahre Struktur« der natürlichen Welt aufzudecken. Doch das war stets nur ein platonistisches Ideal oder Ziel und keine realistische Beschreibung der Aufgabe, vor die sich die wissenschaftliche Forschung in der Wirklichkeit gestellt sieht. Etwas nüchterner

104 Dazu siehe die Beiträge von Dudley Shapere in den Sammelbänden von Achinstein (siehe oben, Anm. 42) und Suppe (s. Anm. 56).

könnte man sagen, die Aufgabe der Wissenschaft sei die schrittweise Verbesserung unserer Vorstellungen von der natürlichen Welt durch Abstecken von Problemgebieten, auf denen hier und jetzt etwas zur Verringerung der Kluft zwischen den Leistungen unserer jetzigen Vorstellungen und unseren vertretbaren wissenschaftlichen Idealen geschehen kann. Langfristige und großräumige Veränderungen in der Wissenschaft und auf anderen Gebieten ergeben sich nicht aus plötzlichen »Sprüngen«, sondern als Summe kleinerer Veränderungen, deren jede in einer lokalen und unmittelbaren Problemsituation zur Fortexistenz ausgewählt worden ist. Wenn wir also den Ideenwandel in der Wissenschaft verstehen wollen, müssen wir uns nach den lokalen und unmittelbaren Anforderungen jeder geistigen Situation umsehen sowie nach den Vorzügen der verschiedenen neuen Ideen. Diese Anforderungen sind nur selten einfach und immer sehr situationsspezifisch. Die konkrete Abfolge der Probleme in einer Wissenschaft spiegelt also nicht die äußeren, überzeitlichen Gesichtspunkte der Logik wider, sondern die vergänglichen historischen Verhältnisse jeder einzelnen Problemsituation. Eine »Vernunftmethode« in der Wissenschaft muß also auf jeden Fall auf das Besondere jeder einzelnen wissenschaftlichen Situation eingehen; und die Urteilsfähigkeit eines Wissenschaftlers zeigt sich weniger darin, daß er sich an eine allgemeine »Methode« hält, als in seinem Spürsinn für die besonderen Erfordernisse seines jeweiligen Problems. Der Ursprung der wissenschaftlichen Probleme liegt also in einer subtilen historischen Beziehung zwischen den Einstellungen der Fachwissenschaftler und der von ihnen untersuchten natürlichen Welt. Probleme entstehen, so behaupte ich, wenn unsere Vorstellungen über die Welt entweder mit dieser oder untereinander in Konflikt stehen, das heißt, wenn sie auf eine Art hinter unseren wissenschaftlichen Idealen zurückbleiben, die Verbesserungen zuläßt. Diese Formulierung der Aufgabe der Wissenschaft bringt eine Seite der Forschung wieder an den Tag, die in formalen Abhandlungen über die induktive Logik häufig unterdrückt wird. Theoretische Probleme in der Wissenschaft entstehen nicht aus dem Vergleich von »Aussagen« mit »Beobachtungen«, sondern von »Ideen« mit »Erfahrungen«. Unsere augenblicklichen Erklärungsmöglichkeiten müssen im Lichte der einschlägigen Erkenntnisziele und -ideale beurteilt werden. Und wissenschaftliche »Probleme« lassen sich nicht angemessen definieren, wenn man nicht auch diese Ideale in Betracht zieht.

Was bedeutet es also, wenn man von den »Erkenntnisidealen« oder »Erklärungszielen« einer Wissenschaft spricht? Und welche Rolle spielen solche Ideale in der Entwicklung des wissenschaftlichen Denkens? Kommen wir auf unser Beispiel zurück: In der ersten Hälfte des 20. Jahrhunderts hatten die »Atomphysiker« eine gewisse sehr allgemeine gemeinsame Vorstellung von der allgemeinen Form, die eine vollständige Analyse des Aufbaus der Materie haben müsse, wenn sie das Verhalten der Körper atomarer Dimensionen vollkommen erklären wollte; diese Vorstellung beruhte auf dem Begriff der »subatomaren Strukturen«, der von J. J. Thomson in den 90er Jahren des letzten Jahrhunderts aufgestellt worden war. Sie hatten auch alle ein bestimmtes kollektives Ideal oder Gemeinschaftsziel: Man wollte die einschlägigen Eigenschaften der wirklichen Gegenstände und Substanzen in allen Einzelheiten erklären und so das geistige Gerüst mit Inhalt füllen. Dieses kollektive Ziel mochte in Teilstücken gewisse Unterschiede zwischen einzelnen Leuten oder Teilgruppen der Atomphysikerzunft aufweisen; und im Laufe der Zeit, vor allem nach 1925, veränderte es sich in einigen recht wesentlichen Punkten[105]. Dieses Ziel der Disziplin war zwar nicht allgemeingültig oder unveränderlich, doch es entwikkelte sich *stetig*; und seine Kontinuität von Thomson und Rutherford bis zu Feynman und Bohm ist der rote Faden in der grundlegenden Genealogie der »Atomphysik«.

105 Vgl. J. B. Conant, *Scientific Principles and Moral Conduct* (Cambridge, England, 1967), S. 8: »Um mich der Frage der Beziehung zwischen diesen beiden Arten der Wahrheitssuche zu stellen, muß ich anstelle der Worte ›wissenschaftliche Methoden‹ einen Ausdruck wie ›die Art, wie die Wissenschaft fortgeschritten ist‹ verwenden. Eine solche Veränderung ist notwendig, weil der Erfolg der Naturwissenschaften, von dem wir ja ausgehen, nicht in erster Linie ihren Methoden zu verdanken ist, sondern ihren Zielen. Und seltsamerweise wird das Ziel alle paar Jahre durch die Ergebnisse der Experimente und Beobachtungen der vorangegangenen Jahre neu bestimmt. Zur Rechtfertigung dieser Behauptung brauche ich nur auf die Geschichte der Experimentalwissenschaft zu verweisen.«

Gewiß, in jedem Stadium ging der wissenschaftliche Horizont der Atomphysiker in wesentlichen Punkten über ihre augenblicklichen Möglichkeiten hinaus. Doch das gilt für jede Wissenschaft. Wörtlich genommen, lassen sich die Ideale der »Vollständigkeit« oder »Vollkommenheit« in der Wissenschaft ebensowenig verwirklichen wie sonst irgendwo. Doch das schmälert ihre Bedeutung nicht; es verweist einfach auf den Zweck, dem sie dienen sollen. Während dieser ganzen Zeit verlieh der allgemeine Begriff einer »vollständigen Erklärung« der physikalischen Eigenschaften der Materie anhand des »Atombaus« den Fragen der Atomphysik eine theoretische Einheit und lieferte der Profession der Atomphysiker ihr Gemeinschaftsziel; und die damit verbundenen Verstehensmodelle – die ich in *Foresight and Understanding* »Ideale der Naturordnung« genannt habe – ermöglichten die Lokalisierung der ungelösten Probleme und unbeantworteten Fragen der Atomphysik[106]. Allgemeiner gesprochen: die Wissenschaftler machen die theoretischen Schwächen ihrer gegenwärtigen Vorstellungen dadurch aus, daß sie die Differenz feststellen zwischen ihren gegenwärtigen Möglichkeiten der »Erklärung« der interessierenden Eigenschaften der natürlichen Welt und den Erklärungszielen, die durch ihre gegenwärtigen Ideale der Naturordnung oder Modelle vollständigen Verstehens definiert werden. Kurz:

Wissenschaftliche Probleme = Erklärungsideale minus gegenwärtige Möglichkeiten.

Als Thomson und Rutherford die »Atomphysik« erfanden, bestand also ihre erste Leistung nicht in empirischen Beobachtungen oder mathematischen Berechnungen, sondern in einer Idee. Ihre Vorgänger hatten in Ermangelung eindeutiger Daten dabei Halt gemacht, daß sie sich theoretisch die Materie aus unveränderlichen, unteilbaren »Atomen« bestehend dachten, die sich zu »Molekülen« verbanden. Thomson und Rutherford erkannten, wie neue Vorstellungen vom »Atombau« der physikalischen Erklärung auch auf makroskopischem Gebiet neue Möglichkeiten eröffnen würden; und damit erweiterten sie sowohl die begründeten Erwartungen der Physiker als auch die Vernunftforderungen, von denen

106 (Vgl. Anm. 67), Kap. 3 und 4.

sich ihre Erklärungsziele leiten ließen. Dabei muß man natürlich beachten, daß dieses Programm völlig auf das praktische Ziel der Erklärung einiger wohlbestimmter Erscheinungen ausgerichtet war. Es war keine rein »theoretische« Möglichkeit in einem geistigen Vakuum wie die etwa 80 Jahre ältere Hypothese von Prout; noch weniger war es eine bloß »formale« Möglichkeit im Sinne Humes. Doch wie speziell auch die Interessen Thomsons und Rutherfords waren, ihr Programm beruhte auf einem neuen wissenschaftlichen Ideal, und andere Physiker konnten ihm nur mit einer entsprechenden Anstrengung der Vorstellungskraft beitreten. In der Tat wurde J. J. Thomsons Gedanke des Elektrons als eines materiellen Gegenstands »subatomarer« Dimension von seinen konservativeren Kollegen mit weniger beweglicher Einbildungskraft zunächst als Scherz aufgefaßt[107].

Von da an war es also für jeden angehenden Atomphysiker unerläßlich, in der Phantasie auf Thomsons und Rutherfords wissenschaftliche Ideale einzugehen. (»In der Phantasie« heißt hier natürlich nicht »bloß in Form von Phantasievorstellungen« oder gar »mit dem Gedanken des Phantastischen oder Fiktiven«.) Nur durch Vergleich der Naturerscheinungen mit der geistigen Musterschablone dieser Ideale konnte man überhaupt die kennzeichnenden Probleme der »Atomphysik« ausmachen. Insoweit war die Geschichte dieser Wissenschaft von 1900 bis 1950 die Geschichte eines dreifachen Ineinandergreifens (1) der grundlegenden »Ideale der Naturordnung«, die die Erklärungsziele bestimmten, (2) der speziellen Begriffe und Theorien, die mit der Absicht der Verwirklichung dieser Ideale aufgestellt wurden, und (3) der praktischen Erfahrung, die die Physiker über diejenigen Erscheinungen gesammelt haben, die die »Atomphysik« zu erklären ermöglicht.

Gewisse Seiten jeder Wissenschaft lassen sich also unabhängig von Personen beschreiben; ihre historische Entwicklung läßt sich als ein Abschnitt der Ideengeschichte behandeln. Andere Seiten lassen sich nur im Zusammenhang mit den Menschen

107 Siehe I. B. Cohen, »Conservation and the Concept of Electric Charge«, in *Critical Problems in the History of Science,* hrsg. v. M. Clagett (Madison, 1959), insbes. S. 358; siehe auch J. J. Thomson, *Recollections and Reflections* (London, 1936), S. 341.

diskutieren; ihre historische Entwicklung ist ein Abschnitt der Geschichte der menschlichen Aktivitäten. Auf einer tieferliegenden Ebene jedoch spiegeln die Tätigkeiten einer wissenschaftlichen Profession sowohl die Haltung wider, mit der diese Menschen an ihre Naturerfahrung herangehen, als auch die Begriffe, mit denen sie diese deuten. Auf dieser Ebene kann man also nicht mehr scharf zwischen der Tätigkeit der Wissenschaftler und den daraus entspringenden Begriffen und Theorien unterscheiden. In diesem Sinne sind die Hauptprobleme einer geistigen Disziplin gleichzeitig die Hauptgegenstände der Beschäftigung ihrer Vertreter. Will man die historische Entwicklung der »Atomphysik« rekonstruieren, so muß man also den Beziehungen zwischen den sich verändernden Problemen aufeinanderfolgender Jahrzehnte nachspüren und zeigen, wie die Vernunftkontinuität dieser Wissenschaft bei allen diesen Wandlungen erhalten blieb.

Fassen wir zusammen. Die historischen Wandlungen des Inhalts einer Wissenschaft sind nur verständlich anhand der jeweiligen Erklärungsziele der betreffenden Profession. Und diese wiederum lassen sich nur anhand von Fachbegriffen aus der betreffenden Wissenschaft erklären. Die Gegenstände einer Wissenschaft enthalten überhaupt nur dann »Probleme«, wenn sie im Lichte dieser theoretischen Ziele der Vertreter der betreffenden Wissenschaft gesehen werden; doch gerade sie lassen sich nur im Lichte der Erfahrung mit den betreffenden Gegenständen wirklichkeitsnahe beschreiben ... In diesem dialektischen Sinne ist also indirekt die ganze historische Erfahrung einer Wissenschaft angesprochen, wenn man ihre augenblicklichen Ideale mit der ganzen nötigen Genauigkeit definieren will.

Letzten Endes gehören also zu einer »intellektuellen Disziplin« stets ihre Ideen wie auch die Menschen, die mit ihnen umgehen, der Gegenstandsbereich wie auch die übergreifenden geistigen Ziele, die die an ihm arbeitenden Menschen einen. Die Begriffe der »wissenschaftlichen Disziplin« und der »gelehrten Profession« sind aufeinander bezogen, und ebenso sind es die Faktoren, die für den geistigen Zusammenhang der Disziplin und für die Identität der Profession sorgen. In beiden Fällen werden Menschen durch die Erfahrung, die sie auf einem bestimmten Gebiet gesammelt haben, zur

Anerkennung bestimmter Erklärungsideale geführt. Diese bestimmen die kollektiven Ziele, denen sich jemand verschreibt, wenn er Mitglied der betreffenden Profession wird und als Biochemiker oder als Atomphysiker arbeitet; und eben diese Ideale bewahren den Zusammenhang der Disziplin selber, indem sie für Hypothesen und Spekulationen Grenzen abstecken und die Auswahlkriterien für neue Ideen verbessern.

Eine Analyse der wissenschaftlichen Disziplinen mit Hilfe dieser Populationsbegriffe läßt die Vernunftkontinuität erkennen, die hinter dem oberflächlichen Schein eines »revolutionären« Wandels liegt. Denn die kontinuierlichen wissenschaftlichen Ziele einer Disziplin sind zwar nicht unveränderlich, aber sie wandeln sich allmählicher und stetiger als die Begriffe und Theorien, die ihre vorübergehenden Endergebnisse sind. Kurz, die Existenz und Einheitlichkeit einer geistigen Disziplin als eines bestimmten »historischen Gebildes« spiegelt die Kontinuität ihrer Probleme wider, die durch die Entwicklung ihrer theoretischen Ideale und Ziele bedingt ist.

2.2 *Wissenschaftliche Begriffe und Erklärungsverfahren*

Im verbleibenden Teil dieses Kapitels möchte ich zu zeigen versuchen, wie die für eine wissenschaftliche Disziplin kennzeichnenden theoretischen Ideale das Bindeglied zwischen ihren Erklärungsverfahren, Begriffen, theoretischen Problemen und empirischen Anwendungen bilden. Dazu sind zwei Vorbemerkungen nötig. Erstens: Eine Wissenschaft ist in ihren Anfangsstadien nicht durch reine Unwissenheit über die einschlägigen Erscheinungen gekennzeichnet, sondern durch Ungewißheit bezüglich ihrer angemessenen wissenschaftlichen Ziele oder Erklärungsaufgaben. Oft stehen Informationen im Überfluß zur Verfügung – über das menschliche Verhalten, über das Wetter, über die Bewegungen der Planeten –, aber man weiß noch nicht, »was man daraus machen soll«. (Man beachte den konstruktiven Nebensinn dieser Redensart.) Dementsprechend ist die schließliche Bildung einer neuen wissenschaftlichen Disziplin mit der Ein-

führung eines ebenso spezifischen Forschungsprogramms verbunden. In einem eingeführten wissenschaftlichen Forschungsgebiet findet man daher gewöhnlich eine anerkannte Arbeitsteilung zwischen gleichzeitig bestehenden Teildisziplinen mit verschiedenen Erklärungszielen, zwischen denen es schlimmstenfalls unbedeutende Territoriumsstreitigkeiten gibt (wie etwa die zwischen der Molekularbiologie (Biochemie) und der Zellbiologie).
Zweitens: Unser Ansatz legt eine neuartige Geschichte der »Naturphilosophie« nahe. Die hauptsächlichen Erklärungsmuster, Theorieformen oder »Themata« der Wissenschaft wurden sämtlich vor jeder klaren Erkenntnis ihres empirischen Anwendungsbereichs aufgestellt[108]. So hatte etwa John Daltons »Entdeckung« der chemischen Atome eine komplizierte Vorgeschichte. Genau genommen, entdeckte Dalton eine neue Art der Entsprechung zwischen Ideen und Tatsachen, nämlich wie das atomistische Bild der Materie, das von Demokrit und Epikur stammte und später von Newton und seinen Nachfolgern weiterentwickelt wurde, zur detaillierten Erklärung der chemischen Gesetze der konstanten und multiplen Proportionen herangezogen werden konnte. Die Naturphilosophie kommt also an dem Punkt in die wissenschaftliche Theorie hinein, da eine Erklärungsweise, deren Konsequenzen bisher nur »in abstracto« untersucht worden waren, konkret eingesetzt wird und ihr genauer empirischer Anwendungsbereich sich abzuzeichnen beginnt. In diesem Sinne gehören zur historischen Entwicklung wissenschaftlicher Ideen zwei einander ergänzende Unternehmen: (1) die analytische Verfeinerung der theoretischen Strukturen und (2) die wachsende Erkenntnis ihres empirischen Anwendungsbereichs. Die vorsokratischen Philosophen beschäftigten sich fast ausschließlich mit dem ersten Punkt und hinterließen ein reiches Erbe möglicher Erklärungsformen oder -muster, deren empirische Geltung noch unklar war. Platon und Aristoteles stellten sich schließlich der Aufgabe, für diese Erklärungsmuster empirische Anwendungen in sehr allgemeiner Form in der Astronomie der Planeten oder der Mee-

108 Den Ausdruck »Themata« gebraucht G. Holton in »The Sources of Scientific Hypotheses«, *Eranos-Jahrbuch* 31 (1962), 351-5.

resbiologie zu finden. Und statt die sich entwickelnde Beziehung zwischen Philosophie und Wissenschaft seit der klassischen Zeit als eine Abfolge scharf ausgeprägter Veränderungen darzustellen – bei denen nüchterne, empirisch eingestellte Wissenschaftler auf einem Gebiet nach dem anderen von den aprioristischen Spekulationen abrückten und ihren empirischen Gegenständen ohne philosophische Voreingenommenheiten gegenübertraten –, könnte man sie als einen allmählicheren Vorgang sehen, bei dem die Menschen immer besser lernten, ihre bereits vorhandenen theoretischen Erklärungsweisen in ganz bestimmten empirischen Situationen anzuwenden.

Diese Symbiose zwischen Naturphilosophie und empirischer Wissenschaft – zwischen der abstrakten Analyse möglicher Erklärungsformen und ihrer Anwendung auf wirkliche Klassen von Naturerscheinungen – hängt eng mit unserem jetzigen Hauptthema zusammen, der Schlüsselbeziehung zwischen den Erkenntnisidealen einer wissenschaftlichen Disziplin und ihren Erklärungsverfahren, Begriffen und theoretischen Problemen. Der Kernpunkt der neueren Argumente bezüglich des Ideenwandels in der Wissenschaft ist die Erkenntnis, daß es nicht ein einziges Ideal der »Erklärung« oder vernünftigen Rechtfertigung gibt – wie es Platon und Descartes in der formalen Geometrie fanden –, das in allen Wissenschaften zu allen Zeiten anwendbar wäre. Jede produktive Disziplin hat ihre eigenen Ziele und Ideale gehabt, die ihre besonderen Methoden und Strukturen bestimmten, und eine der wichtigsten Linien ihrer historischen Entwicklung war stets die fortschreitende Verfeinerung und Klärung dieser Ziele und Ideale. Sie ist die Haupttätigkeit, die die Anlässe zur Erfindung, Prüfung und Übernahme neuer wissenschaftlicher Methoden, Verfahren und Strukturen schafft; und wir müssen die »vernunftgemäße« Verwendung von Ideen in kollektiven geistigen Disziplinen mit Blick auf diese Tätigkeit analysieren.

Diese Erkenntnis hat eine unmittelbare Konsequenz. Bisher war es für die Philosophen selbstverständlich, daß der Ausdruck »Erklärung« in erster Linie ein *Argument* bezeichne – am liebsten ein streng formales oder beweisendes Argument. Die wirkliche *Tätigkeit* des »Erklärens« war für sie etwas

Nachgeordnetes: sie bestand lediglich in der Darlegung der Argumente, die zur Zeit die anerkannten »Erklärungen« der interessierenden Erscheinungen sind. Dementsprechend bestanden in ihren Augen theoretische Entdeckungen in der Entfaltung der deduktiven Beziehungsmuster, die in »erklärenden Argumenten« enthalten sind. Diese philosophische Beziehung zwischen erklärenden Argumenten und der Tätigkeit des Erklärens müssen wir jetzt umkehren. Wir verstehen hier unter »Erklären« und »Erklärung« in erster Linie einen Bereich menschlicher Tätigkeiten, wozu die Darlegung formaler, beweisender Argumente gehören kann, aber nicht muß; erst in zweiter Linie verstehen wir darunter die Argumente, die in diese Erklärungstätigkeit eingehen. Im ersten Sinne werden physikalische Erscheinungen von den Physikern »erklärt« und nicht von der Physik. Von einem physikalischen Gesetz oder einer Theorie kann man nur in einem abgeleiteten Sinne sagen, es »erkläre« Erscheinungen; damit ist gemeint, das Gesetz oder die Theorie werde von den Physikern mit Erfolg herangezogen, wenn sie die Erscheinungen im eigentlichen Sinne »erklären«. In diesem Sinne ist das Argument selbst nicht mehr die »Erklärung« einer Erscheinung; bestenfalls kann es »als Erklärung dienen«, wenn es im richtigen Zusammenhang vorgebracht und richtig angewandt wird.

Diese sprachliche Korrektur hat wichtige Konsequenzen. Denn sie veranlaßt – in höherem Maße, als bei den Philosophen bisher üblich – zu einer ernsthaften Beachtung solcher Erklärungstätigkeiten und -verfahren (»Erklärungen« in unserem Hauptsinne), die keine formalen, beweisenden Argumente verwenden. Schließlich stützen sich die Wissenschaftler bei ihrer praktischen Erklärungstätigkeit oft genug nicht auf ausdrückliche deduktive Argumente, sondern etwa auf graphische Darstellungen oder Strahlenverlaufsbilder, auf theoretische Modelle oder auf Datenverarbeitungsprogramme. Die Logiker möchten es wohl so haben, daß sich diese anderen Erklärungstätigkeiten in Wirklichkeit auf unausgesprochene formale Argumente stützen, die man hätte ausführen können, doch diese philosophische Auffassung findet in der wissenschaftlichen Praxis keine Stütze. Im Gegenteil, die tatsächlich verwendeten wissenschaftlichen Erklärungsverfahren arbeiten in der Praxis alle auf gleichem Fuße. Wenn nachträglich behauptet wird, auch jene anderen Verfahren enthielten »unausgesprochen« streng formale und sprachliche Argumente, dann ist das eine logische Abstraktion oder Idealisierung der betreffenden wissenschaftlichen Erklärungen und nicht ihr hauptsächlicher und wesentlicher Inhalt.

Geeigneter Ausgangspunkt für uns ist also die allgemeine Kategorie der »Erklärungsverfahren«; der jeweilige Vorgang der Darlegung eines beweisenden Arguments, das entweder auf ein Naturgesetz oder auf ein axiomatisches System Bezug nimmt, ist dann nur ein Spezialfall dieser allgemeineren Kategorie. Dieser Ausgangspunkt hat einen besonderen Vorteil: eine Analyse der »Erklärung« als eines *Verfahrens* macht ohne weiteres den historischen Vorgang verständlich, durch den wissenschaftliche Ideen von einer Wissenschaftlergeneration auf die nächste übertragen werden. Nach dieser Analyse dienen z. B. die Ideen, an denen die Wissenschaftler ihre Theorien orientieren, offenbar den kollektiven Zielen der betreffenden Disziplin. Historisch sich entwickelnde Naturwissenschaften sind im wesentlichen Gemeinschaftsangelegenheiten, die über eine einzelne Menschengeneration hinausreichen und sich nicht allein anhand der Gedanken und Vorgehensweisen der einzelnen Menschen darstellen lassen. Im Gegenteil, die wissenschaftlichen Ideen sind ihrer Natur nach zur Übertragung, Weitergabe und zum Gelerntwerden im Rahmen des Vorgangs geeignet, durch den die Disziplin ihre Existenz über die Lebensspanne ihrer ursprünglichen Gründer hinaus fortsetzt. Die Menge der Ideen, in denen sich eine in historischer Entwicklung befindliche Disziplin darstellt, wollen wir einen *Weitergabegehalt* nennen. Welche persönlichen Vorstellungen auch diese Ideen bei den einzelnen Wissenschaftlern hervorrufen mögen, nicht sie dienen den Zielen der Disziplin selber und verbinden die Ideen der aufeinanderfolgenden Generationen zu einer einzigen Ideengenealogie; der kennzeichnende Weitergabegehalt einer Wissenschaft besteht – *notwendigerweise* – in der »öffentlichen« oder Gemeinschaftsseite ihrer Ideen. Die Vorstellungsbilder und neurophysiologischen Vorgänge bei den einzelnen Wissenschaftlern können in Einzelfällen theoretische Bedeutung gewinnen, aber dadurch werden sie noch nicht zu

»theoretischen Begriffen«. Die Tatsache, daß solche Vorstellungsbilder oder Vorgänge diese Rolle spielen können, trägt auch in keiner Weise zur Klärung der Frage bei, was eine »theoretische« Rolle eigentlich ist; mit diesem Ausdruck unterscheidet man lediglich die speziellen Vorstellungsbilder oder Nervenvorgänge, die diese Rolle übernehmen, von anderen, die sie nicht übernehmen.

Gehen wir nun geradewegs auf die Hauptfrage los: Wenn die Gemeinschaftsideen einer geistigen Disziplin einen Weitergabegehalt bilden, was wird dann eigentlich von einer Generation ihrer Vertreter an die nächste weitergegeben, was kann es also – in diesem Sinne – heißen, »eine Vorstellung zu haben«? Wie zeigt der angehende Fachwissenschaftler, der sich etwa in die Thermodynamik oder Optik oder systematische Klassifikation einarbeitet, daß er die einschlägigen Begriffe »erfaßt hat«? Oder genauer: wie zeigt er, daß er in die gemeinschaftlichen Verfahren der betreffenden Fachwissenschaft »enkulturiert« worden ist – daß er sich ihre intellektuellen Werte zu eigen gemacht hat, daß er jetzt ihre Ideen kritisch anwenden und nötigenfalls auch erforderliche Änderungen vorschlagen kann? Sieht man die Erklärungstätigkeit einer Wissenschaft als die gemeinschaftlichen oder »öffentlichen« Verfahren einer ganzen Profession, so lassen sich alle derartigen Fragen ohne weiteres unter »Gemeinschaftsgesichtspunkten« beantworten.

Der Inhalt einer Wissenschaft wird also von einer Wissenschaftlergeneration an die nächste durch eine *Enkulturation* weitergegeben. Dazu gehört ein Lernverhältnis, in welchem gewisse Erklärungsfähigkeiten verändert oder unverändert von der älteren auf die jüngere Generation übertragen werden. In diesem Lernverhältnis besteht der Kern des Weitergabegehalts – die Hauptsache, die gelernt, geprüft, angewandt, kritisiert und verändert werden soll – in der Palette der wissenschaftlichen Techniken, Verfahren, Fähigkeiten und Darstellungsmethoden, die man anwendet, wenn für Ereignisse und Erscheinungen aus dem Bereich der betreffenden Wissenschaft »Erklärungen geliefert« werden. Um seine Beherrschung der Erklärungsmittel seiner Wissenschaft öffentlich zu zeigen – und zu beweisen –, muß der Neuling vor allem lernen, wie und wann er diese Methoden und Verfahren so anwenden kann, daß Erscheinungen aus dem gegenwärtigen Anwendungsbereich der Wissenschaft erklärt werden. Wenn sich zum Beispiel ein angehender Wissenschaftler den Begriff der Energie aneignet, lernt er dreierlei: (1) die Berechnungen zur Energieerhaltung, (2) die Erkennung der speziellen Probleme und Situationen, in denen solche Berechnungen von Bedeutung sind, und (3) die Erkennung der empirischen Größen, die sinnvoll in solche Erhaltungsberechnungen eingehen.

So gesehen, ist der Beweis, daß ein angehender Wissenschaftler einen bestimmten Begriff seiner Wissenschaft erfaßt hat, offenbar etwas Greifbares und »Öffentliches«. Denn er zeigt seine Fähigkeit, den Begriff sinnvoll anzuwenden, dadurch, daß er mit Verfahren, deren »Gültigkeit« eine Gemeinschaftsangelegenheit ist, Probleme löst oder Erscheinungen erklärt. Diese Demonstration liefert nicht so sehr indirektes Beweismaterial, aus dem wir auf das »private« geistige Erfassen seitens des Neulings schließen, indem wir über ein hypothetisches »Innenleben« schlußfolgernd spekulieren, auf dem seine öffentlich demonstrierten Fähigkeiten beruhen. Viel entscheidender ist: seine Erklärungsleistungen liefern die unmittelbarste und direkteste Bestätigung, die überhaupt möglich ist, daß er die Bedeutung des Begriffes erfaßt hat, d. h. seine gegenwärtige Rolle in der betreffenden Disziplin. Der geistige Weitergabegehalt einer wissenschaftlichen Disziplin – das gemeinsame Erbe, das alle Vertreter dieser Wissenschaft gemeinsam lernen, besitzen, anwenden und kritisieren – enthält also eine ganz bestimmte *Konstellation von Erklärungsverfahren*; und indem jemand zeigt, daß er erkannt hat, wie und wann diese Verfahren anzuwenden sind, liefert er im Rahmen der Profession den völlig hinreichenden Beweis dafür, daß ihm die »theoretische Erfassung« der Disziplin gelungen ist.

In einem kartesischen Sinne könnten wir durchaus versucht sein, zu sagen, indem der Lernende sich den wesentlich geistigen Begriff der Energie zu eigen mache, lerne er auch ganz nebenbei, diese seine Beherrschung des Begriffs auszudrükken, indem er die entsprechenden öffentlichen Berechnungen und Beobachtungen durchführe. Doch das ginge an der Sache vorbei. Im Falle von Gemeinschaftsideen sind alle »inneren«

oder »Bewußtseins«-Tätigkeiten zweitrangig und abgeleitet; unabdingbar ist, daß man die entsprechenden kollektiven Tätigkeiten ausführen lernt. Wie reich auch das Innenleben des Lernenden sein mag, wenn er nicht imstande ist, irgendeinen greifbaren Beweis der theoretischen Bemeisterung zu liefern, so kann es mit seinem Verständnis des Energiebegriffs nicht weit her sein, es ist bestenfalls skizzenhaft und undeutlich. Ebenso in anderen Fällen: optische Begriffe (z. B. der des Lichtstrahls) und taxonomische Begriffe (z. B. der der Organismenart) sind mit ihren eigenen entsprechenden Konstellationen von Erklärungs- und Klassifikationsverfahren verbunden. Hinter dem Begriff des Lichtstrahls liegen die experimentellen und graphischen Verfahren der geometrischen Optik; hinter dem Begriff der Art liegen die Klassifikationsgrundsätze der Taxonomie und der Systematik und die Verfahren zur Identifikation von Tieren und Pflanzen. Wiederum besteht das endgültige Kriterium dafür, ob ein junger Mensch die betreffnden Begriffe bereits »erfaßt« hat, in öffentlichen Demonstrationen der betreffenden Verfahren oder Fähigkeiten. Einem jungen Menschen, der optische Strahlenverlaufsbilder weder zeichnen noch deuten kann, wird man kaum bescheinigen können, er habe den Begriff des Lichtstrahls erfaßt. Und wer bereits von den elementarsten Aufgaben der botanischen oder zoologischen Klassifikation überfordert wird, der kann, ganz entsprechend, kaum von sich behaupten, er habe den Artbegriff erfaßt.

Es sind also die Verfahren und Methoden einer wissenschaftlichen Disziplin, die ihre gemeinschaftlichen – und erlernbaren – Seiten bilden und so die repräsentative Ideenmenge definieren, die den kollektiven »Weitergabegehalt« der Wissenschaft ausmachen. Lernt man nur die Worte und Gleichungen einer Wissenschaft, so bleibt man in ihrem sprachlichen Überbau befangen; die wissenschaftliche Bedeutung dieser Worte und Gleichungen versteht man erst, wenn man ihre Anwendung lernt. Und dazu muß man nicht bloß lernen, auf welche Gegenstände und Sachverhalte sie sich beziehen; man muß darüber hinaus lernen, welche Arten zugeordneter praktischer Verfahren – das Zeichnen von Schaubildern, das Aufstellen von Apparaten, das Einsortieren von

Probestücken – mit der empirischen Anwendung dieser Worte oder Gleichungen verbunden sind.

Wir können jetzt unsere Analyse einen Schritt weiterführen. Um der *Komplexität* der wissenschaftlichen Ideen angemessene Gerechtigkeit widerfahren zu lassen, müssen wir drei Seiten oder Elemente bei der Verwendung dieser Ideen berücksichtigen, nämlich (1) die Sprache, (2) die Darstellungsmethoden und (3) die Anwendungsverfahren der betreffenden Wissenschaft. Die ersten beiden Seiten oder Elemente sind die »symbolischen« Seiten der wissenschaftlichen Erklärung – d. h. der wissenschaftlichen Tätigkeit, die wir das »Erklären« nennen –, die dritte betrifft die Erkennung von Situationen, auf die diese symbolischen Tätigkeiten passen. Das »Sprachliche« umfaßt sowohl Substantive – Fachausdrücke oder Namen von Begriffen – als auch Sätze, seien es nun Naturgesetze oder mehr vordergründige Verallgemeinerungen. Zu den »Darstellungsmethoden« gehören all die verschiedenen Verfahren, mit denen die Wissenschaftler die allgemeinen Beziehungen, die man zwischen Naturgegenständen, -ereignissen und -erscheinungen auffinden kann, demonstrieren, d. h. vorführen und nicht deduktiv beweisen; dazu gehört also nicht nur die Verwendung mathematischer Formalismen, sondern auch das Zeichnen von Kurven und Schaubildern, die Aufstellung taxonomischer »Bäume« und Klassifikationen, die Herstellung von Datenverarbeitungsprogrammen usw.

Solche »symbolische« Elemente haben in der Wissenschaft aber nur dann eine echte Erklärungsfunktion, wenn brauchbare Anwendungsverfahren zur Verfügung stehen, um die empirischen Situationen und die Art ihrer Anwendung zu bestimmen. Man braucht z. B. Erkennungsverfahren zur Identifikation der speziellen Gegenstände, Systeme oder meßbaren Größen, auf die ein bestimmter Fachausdruck oder Begriffsname anzuwenden ist. Ähnlich braucht man entsprechende Verfahren zur Unterscheidung der Situationen, auf die ein bestimmtes Gesetz oder eine Verallgemeinerung ohne weiteres anwendbar ist, von den irrelevanten, anomalen oder Ausnahmefällen, auf die es nicht anwendbar ist. Des weiteren braucht man Kriterien zur Unterscheidung der Situationen, in denen eine bestimmte Darstellungsmethode

– sei es eine mathematische, eine graphische oder eine klassifikatorische – wirklichen wissenschaftlichen Wert hat, von denen, auf die sie nicht paßt. In allen diesen Fällen gehört zu der Fähigkeit, »die Begriffe einer Wissenschaft in die Praxis umzusetzen«, nicht allein sprachliche Fähigkeit, auch nicht allein die Beherrschung der einschlägigen Darstellungsmethoden, sondern auch die Fähigkeit, die Grenzen des »Anwendungsbereichs« aufzuspüren und darzustellen, innerhalb dessen diese Symbole und Darstellungsmethoden empirisch wirklich sinnvoll sind[109].

Im Rahmen von Diskussionen, die sich unproblematisch im Rahmen einer gegebenen Wissenschaft halten, bleiben Überlegungen zum »Anwendungsbereich« der Erklärungsmethoden oft im Hintergrund, und die Erklärungen werden völlig im Rahmen der symbolischen Seiten der Wissenschaft geliefert. Und falls die Anwendbarkeit dieser Methoden nicht akuten Zweifeln ausgesetzt ist, ist diese Praxis eine große Vereinfachung. Doch für philosophische Zwecke muß man alle drei Gruppen von Elementen im Auge behalten und die wissenschaftlichen »Begriffe« nicht nur auf abstrakter sprachlicher Ebene, sondern auch in einem konkreteren, verfahrensbezogenen Zusammenhang erörtern. Das erscheint vielleicht manchmal als mühsam; so muß etwa die knappe Aussage »Huygens entdeckte, daß der Islandspat doppelbrechend ist« jetzt folgendermaßen umformuliert werden:

> Huygens entdeckte, daß die optischen Eigenschaften von Kristallen des Islandspats – die für die üblichen Methoden der geometrischen Optik unerklärlich waren – erfolgreich erklärt werden können, wenn man einen Lichtstrahl, der in einen solchen Kristall eintritt, so darstellt, daß er innerhalb des Kristalls nicht nur einen gebrochenen Strahl erzeugt, wie bei der normalen Brechung, sondern zwei Strahlen ... (usw.)

Doch die längere Formulierung hat wesentliche philosophische Vorteile. Sie läßt die ganzen Konsequenzen der verwendeten optischen Begriffe erkennen, indem sie sprachliche Ver-

109 Diese Frage habe ich einigermaßen ausführlich zum erstenmal in meinem Buch *The Philosophy of Science* (London, 1953; dt.: *Einführung in die Philosophie der Wissenschaft*, Göttingen 1969), insbes. Kap. 2, behandelt.

änderungen in der Wissenschaft – z. B. die Einführung des neuen Fachausdrucks »Doppelbrechung« – mit den Veränderungen der entsprechenden Erklärungstätigkeiten der betreffenden Begriffsverwender in Beziehung setzt. Und sie trägt zur Klärung des nächsten wichtigen Gesichtspunkts bei, nämlich daß die Funktion von »neuen Ideen« anhand des »Vorrats ungelöster Probleme« in der betreffenden Wissenschaft zu verstehen ist. (Auf diesen Punkt kommen wir in Kürze zurück.)

Eine Analyse der »Erklärung« und der »wissenschaftlichen Ideen« von diesem Verfahrensstandpunkt aus ist aber der Gefahr von Mißverständnissen ausgesetzt. Zunächst einmal könnte die Betonung öffentlicher Verfahren und Tätigkeiten den ganzen Ansatz als übermäßig »behavioristisch« erscheinen lassen. Diesem ersten Einwand können wir zweierlei entgegenhalten. Zugegeben, unsere Analyse der Beziehung zwischen wissenschaftlichen Begriffen und Erklärungsverfahren wurde mit voller Absicht in einer Verhaltens-Sprache formuliert. Doch das geschah nicht aus irgendeinem »behavioristischen« Bedürfnis heraus, die Tätigkeiten der einzelnen Wissenschaftler auf äußeres, öffentliches Sprechen und Schreiben zu beschränken, sondern nur deshalb, weil es uns hier speziell um die kollektiven Seiten der Verwendung von Ideen in professionalisierten Disziplinen geht. Nach einiger Zeit beginnt jeder erfahrene Wissenschaftler ohne Zweifel einen großen Teil seines Denkens »im Kopf« abzuwickeln, genau wie wir alle lernen, einfache Rechnungen »im Kopf« auszuführen. Doch die Kollektivbezogenheit des Gebrauchs von Begriffen – sei es im Rechnen oder in der Naturwissenschaft – ist von solcher Art, daß unser »inneres Denken« den gleichen arithmetischen, zoologischen oder physikalischen Verfahren und »Richtigkeitskriterien« genügt wie das sichtbare oder hörbare Denken. Wenn unsere stummen Gedanken irgendwelche »Gültigkeit« beanspruchen können, so deshalb, weil sie den gleichen kollektiven Maßstäben genügen wie eine öffentliche »Erklärung«. Wie »privat« oder »im Bewußtsein sich abspielend« unser inneres wissenschaftliches Denken auch sein mag, sein Inhalt muß sich in einem Verhalten niederschlagen, das die geistigen Verfahren äußerlich darlegt, die in unserem Kopfe unausdrücklich und unerkennbar befolgt wurden[110]. Noch weniger legt uns unsere Analyse auf irgendeine »behavioristische« Auffassung fest, die wissenschaftlichen Ideen seien das im Verhalten des einzelnen auftretende Ergebnis von »Assoziationen« in den Tätigkeiten der angehenden Wissenschaftler, die durch einfaches »Konditionieren« geschaffen wurden. Jeder Versuch, die Erklärungsverfahren einer intellektuellen Disziplin in eine »Assoziationstheorie« des Lernens einzubauen, stößt auf die gleichen Schwierigkeiten wie die Analyse anderer »regelgeleiteter« Verhaltensweisen. Denn hier geht es nicht einfach um empirische Korrelationen zwischen zunächst unabhängigen Verhaltenseinheiten, sondern um die Erkennung allgemeiner regelhafter Strukturen, die im Großen erfaßt und im Ganzen befolgt werden müssen. Und man folgt den gleichen regelhaften Strukturen, ob nun das naturwissenschaftliche und mathematische Denken »innerlich« vor sich geht oder sich Schritt um Schritt öffentlich darstellt[111].

Zum zweiten könnte eine Verfahrensanalyse der wissenschaftlichen Erklärung auf den ersten Blick als statisch und unhistorisch auf ihre Art erscheinen, so wie die logischen oder »systematischen« Analysen, die wir bereits kritisiert haben. Dieser Einwand läßt sich mit zwei weiteren Qualifikationen aus der Welt schaffen. Wenn wir das Lernen von Begriffen eine Spielart der »Enkulturation« nennen, so braucht das nicht zu bedeuten, die Erklärungsverfahren einer Wissenschaft seien lauter unveränderliche Rituale, die mit liturgischer Genauigkeit abgespult werden müßten. Der Schulunterricht in wissenschaftlichen Fächern erweckt manchmal diesen Eindruck, indem er die speziellen Formen der gerade verwendeten Verfahren überbetont und damit sowohl ihre Gründe als auch die bei ihrer empirischen Anwendung nötige Beweglichkeit des Urteils in den Hintergrund treten läßt. Doch die in einer Wissenschaft gerade anerkannten Ideen legen mit Genauigkeit nur gewisse Grenzen fest, innerhalb derer sich die

110 Siehe W. S. Vygotskij, *Denken und Sprechen* (Leningrad, 1934; dt. Teilausgabe Akademie-Verlag, Berlin, 1964), Kap. 4; ferner Wittgenstein (vgl. Anm. 45), insbes. Nr. 240 ff.

111 Zu den theoretischen Schwierigkeiten in Zusammenhang mit dem Begriff der Regel siehe T. Mischel in dem von ihm herausgegebenen Buch *Human Action* (New York, 1969), Einleitung, S. 20.

Problembehandlung eines Fachwissenschaftlers halten muß. Diese Grenzen können aber selbst umstritten sein. Theoretische Neuerungen schieben sie oft ein Stück weiter hinaus; und man kann vielleicht vorher gar nicht sagen, ob dabei eine bestimmte Neuerung höchst originell oder einfach unverantwortlich ist. (Man nehme die Arbeiten von Francis Crick im Jahre 1950: Hätte man damals seine Spekulationen als glänzend und vielversprechend oder einfach als abwegig betrachten sollen? Oder gab es damals keine Möglichkeit, das mit Sicherheit zu entscheiden?)
Wieder gilt: wenn man die Verfahren zusammenstellt, die sich ein Lernender aneignen muß, ehe er völlig in einer wissenschaftlichen Disziplin »drin ist«, so darf man die entscheidenden Verfahren nicht vergessen, die diese Wissenschaft wirklich »vernünftig« machen und damit vor scholastischer Erstarrung bewahren, nämlich diejenigen, die mit ihrer eigenen Wandlung zu tun haben. In seiner wissenschaftlichen Enkulturation lernt der angehende Physiker oder Biologe nicht nur Erscheinungen innerhalb des Bereichs seiner Wissenschaft durch Anwendung der bestehenden Vorstellungen erklären; er lernt auch, wie man diese Vorstellungen kritisiert und so den Inhalt der Wissenschaft ein Stück verbessert. Ja, wer nur das eine ohne das andere lernen würde – nur die Anwendung eines bestehenden Begriffsapparats ohne Gesichtspunkte für dessen Qualifikation oder Veränderung –, aus dem würde überhaupt kein »Wissenschaftler« werden. Ein Maschinenbauer zum Beispiel wird in der Anwendung von Darstellungsmethoden ausgebildet, die die Physiker früherer Generationen ausgearbeitet haben. (Daher heißen einige Zweige der Ingenieurwissenschaft »angewandte Physik«.) Der Physiker unterscheidet sich von dem Ingenieur genau darin, daß er seine Erklärungsmethoden kritisch verwenden muß: er muß die Grenzen ihrer Anwendbarkeit erforschen und darf sie nicht auf Treu und Glauben hinnehmen, er muß sie verbessern und nicht praktisch anwenden. (Jemand, der unerschütterlich an den wissenschaftlichen Vorstellungen des 20. Jahrhunderts festhält, kann ebenso »irrational« sein wie jemand, der sich die Erde als Scheibe vorstellt; er bringt seine Rigidität nur auf einem anderen Gebiet zum Tragen.) Sieht man die wissenschaftlichen Disziplinen als historisch sich ent-

wickelnde »Vernunftunternehmen«, die sich der Verbesserung unserer Erklärungsverfahren widmen, und nicht als Abfolgen logisch strukturierter Aussagensysteme, die durch Klüfte voneinander getrennt sind, so sind sie auf ihre eigene Veränderung gerichtet. Ein Aussagensystem ist wesentlich in sich abgeschlossen und statisch; demgegenüber ist ein Vernunftunternehmen ebenso wesentlich zur Entwicklung gemäß seinen eigenen eingebauten Verfahren der Selbstkritik befähigt.

Alle Fragen der logischen Systematik beiseite, tun wir also gut daran, die Verfahren für den Ideenwandel in den Naturwissenschaften und anderen Vernunftunternehmen in Form der mit ihnen verbundenen Verhaltensweisen zu betrachten. Wie bei irrationalen Ängsten oder anderen irrationalen Verhaltensweisen wird die Beibehaltung eines wissenschaftlichen Begriffs »irrational«, wenn der Begriff seine Fruchtbarkeit bei Erklärungen verloren hat. Ein Wissenschaftler, der seine Begriffe *nicht* kritisiert und abändert, wenn die kollektiven Ziele seiner Disziplin es verlangen, verstößt also gegen seine wissenschaftlichen »Standespflichten«, ebenso wie ein schläfriger Nachtwächter oder ein ungehorsamer Soldat. Die Verfahren für den Ideenwandel in einer Wissenschaft sind also ebenso wie die Erklärungsverfahren der Wissenschaft »institutionalisiert«. Wir übertreiben nur ganz geringfügig, wenn wir unsere gesamte Analyse der kollektiven Verwendung von Ideen in der Wissenschaft in dem Epigramm zusammenfassen: *Jede Idee ist eine geistige Mikro-Institution.*

Mit diesem Epigramm kann man zweierlei aufzeigen. Zunächst unterstreicht es nochmals die Tatsache, daß sich eine wissenschaftliche Disziplin nie in einer einzigen Idee oder einem System von Ideen erschöpft; diese sind bestenfalls ein historischer Querschnitt eines sich langfristig entwickelnden Unternehmens. Einzelne Ideen oder Ideenfamilien stehen in der gleichen Beziehung zu ganzen Disziplinen wie einzelne Rollen oder Institutionen zu ganzen Gesellschaften. Um ein ganzes »historisches Gebilde« zu verstehen – sei es eine Disziplin oder eine Gesellschaft –, muß man nicht nur die augenblickliche Struktur der Beziehungen zwischen seinen Theorien, Institutionen oder sonstigen Bestandteilen betrachten, sondern auch die in ihm anerkannten Verfahren zur Veränderung dieser Bestandteile. Und der kollektive Weitergabegehalt, in dem sich ein System wissenschaftlicher Ideen auf der Ebene der Professionen ausdrückt – das System regelgeleiteter Arten des Erklärungsverhaltens in diesem Wissenschaftszweig –, ist selbst auf solche Art »institutionalisiert«, daß das Lernen von Ideen in einer Wissenschaft mit der Initiation in eine soziale Institution vergleichbar ist.

Wenn es den Wissenschaftstheoretikern bisher gelungen ist, das wirkliche Verhalten der Wissenschaftler außer acht zu lassen und sich stattdessen mit logischen Fragen im Zusammenhang mit ihren Argumenten zu beschäftigen, so deshalb, weil sich die Wissenschaften durch ihre geistige Strukturiertheit und ihre systematische Anwendung so nachdrücklich von den willkürlicheren und viel unmethodischeren Tätigkeiten in großen Teilen des sozialen Lebens unterscheiden. Doch man kann gute Gründe dafür anführen, daß man den inneren Aufbau und die empirische Relevanz wissenschaftlicher Ideen auch als Elemente von stetig sich entwickelnden menschlichen Unternehmungen untersuchen sollte, und daß man ihre weitere Bedeutung darin erkennen sollte, wie die speziellen Verfahren, die die »Mikroinstitutionen« des wissenschaftlichen Lebens sind, mit den breiten Professionszielen zusammenhängen, die das Wissenschaftsunternehmen zur Zeit vorantreiben. Diese institutionelle Betrachtungsweise der wissenschaftlichen Ideen könnte auf den ersten Blick als paradox erscheinen, doch sie führt einfach das gleiche Programm weiter, dem wir uns verschrieben haben, als wir eine Analyse anhand statischer »logischer Systeme« ablehnten, um uns stattdessen an den Begriff des »Vernunftunternehmens« zu halten. Wenn wir ein Bild von der historischen Entwicklung gewinnen wollen, müssen wir uns darauf konzentrieren, auf welche veränderlichen Weisen wissenschaftliche Ideen in das breitere Spektrum der menschlichen Erklärungs*tätigkeiten* eingehen.

Auf anderen Gebieten des Denkens, auf denen der Inhalt unserer geistigen Tätigkeiten nicht so hochstrukturiert und sogar weniger formalisierbar ist, erscheint diese Analogie zwischen Ideen und Institutionen als sehr viel weniger gewagt. Verfolgt man etwa die Geschichte eines juristischen

Begriffs, so würde man natürlich nicht nur auf die formalen Definitionen und logischen Konsequenzen achten, die in den aufeinanderfolgenden Gesetzen und Entscheidungen enthalten sind, sondern auch auf die Abfolge neuer Situationen, in denen dieser Begriff angewandt wurde, und die Art, wie diese gewandelte Anwendung auf seine ursprüngliche Bedeutung zurückwirkte. Niemand würde sich einbilden, ein juristischer Fachausdruck könne allein mit Hilfe einfacher verbaler Definitionen vollständig erklärt werden; seine juristische Bedeutung entwickelt sich vielmehr allmählich, die sich ansammelnden neuen Fälle verleihen ihm mit der Zeit eine Bedeutung. Daher müssen juristische Begriffe nicht nur verbal definiert werden, sondern anhand ihrer institutionellen Konsequenzen. Ähnlich bei sozialen und politischen Begriffen: wollte man eine Geschichte des politischen oder sozialen Denkens ausschließlich anhand von Verbaldefinitionen und Folgerungsbeziehungen schreiben, so wäre das ein Unding. Losgelöst von ihrem institutionellen Ausdruck im Leben und Handeln der Menschen bezeichnen Ausdrücke wie »Demokratie«, »Versammlungsfreiheit« oder »Gleichheit vor dem Gesetz« nichts als abstrakte Tugenden und Ziele. Das wirkliche Kriterium für das soziale und politische Denken der Menschen liegt nicht in den formalen Definitionen der politischen Begriffe, sondern in der Bedeutung, die sie als institutionalisierte Elemente in der sozialen oder politischen Praxis entwickeln. Ja, das einzige, was eine Soziallehre oder politische Idee mehr sein läßt als bloße Schlagworte oder tote Buchstaben, ist das Bestehen regelhafter Verfahren, durch die sie gewissen Eingang in die soziale und politische Praxis findet. Solche Verfahren schaffen die Institutionen, für die die Ideen selbst als Symbole dienen und in denen sie sich wesentlich ausdrücken.

Der Vergleich zwischen sozialen und wissenschaftlichen Ideen läßt sich noch einen Schritt weiter führen. Das Bestehen regelhafter Verfahren zur Kritik der Konsequenzen sozialer oder politischer Institutionen und zur Befürwortung von Veränderungen der sozialen oder politischen Praxis macht das politische Leben zu etwas »Vernünftigem« statt einer bloßen Ausübung willkürlicher Macht oder eines Machtkampfs. In der Politik wie in der Wissenschaft erfordert die

»Vernünftigkeit« der jeweiligen Institutionen das Bestehen anerkannter Verfahren zur Veränderung sozialer und politischer Institutionen aus sich selbst heraus. Schreibt man einer ganzen Gesellschaft (oder Wissenschaft) die gleiche funktionale Einheitlichkeit zu wie einer einzelnen Institution (oder Theorie), so setzt man also ganz unnötig voraus, es könne keine funktionierenden Verfahren für die fortschreitende Selbstverwandlung der vorhandenen Institutionen und Tätigkeitsformen geben.

Die sozialen und politischen Ideen sind also keineswegs von denen der Naturwissenschaften völlig verschieden – wie man zunächst annehmen könnte –, vielmehr sind die Beziehungen zwischen Denken und Praxis in der Wissenschaft und der Politik ganz ähnlich. In beiden Fällen geht dem Auftauchen einer wesentlichen neuen Idee die Erkennung neuer Probleme voraus, und es ist mit der Einführung neuer Verfahren zur Behandlung dieser Probleme verbunden. Auf beiden Gebieten erlangen die Begriffe eine Bedeutung, indem sie dem betreffenden menschlichen Zweck in tatsächlichen praktischen Fällen dienen. Auf beiden Gebieten sind die einzelnen Wandlungen in der Anwendung dieser Begriffe mit der fortschreitenden Verfeinerung oder Komplizierung ihrer Bedeutung verbunden. Und auf beiden Gebieten hängt die Gesamt-»Vernünftigkeit« der vorhandenen Verfahren oder Institutionen von dem Spielraum ab, den aus dem Unternehmen selbst herauswachsende Kritik und Änderungstendenzen haben.

Nehmen wir also an, wir lieferten eine Verfahrensanalyse der wissenschaftlichen Erklärung, der Begriffe und der Darstellungsmethoden. Dann können wir sofort zwei weitere philosophische Feststellungen treffen. Erstens besagen die in wissenschaftlichen Theorien vorkommenden Aussagen nie – außer auf ganz mittelbare Weise – etwas »Wahres« oder »Falsches« über die Eigenschaften der empirischen Welt, auf die sie sich beziehen. Zweitens lassen sich diese Aussagen nicht – jedenfalls nicht auf einigermaßen naheliegende Art – in der üblichen logischen Weise in »universelle« und »partikuläre« Aussagen einteilen.

Diese Feststellungen müssen näher ausgeführt werden. Zunächst also: Die Philosophen haben herkömmlicherweise angenommen, die theoretischen Begriffe der Wissenschaft bezögen sich unmittelbar auf Klassen von Naturgegenständen, und ihre allgemeinen Aussagen seien entweder selbst »universelle empirische Verallgemeinerungen« über diese Naturgegenstände oder hätten solche unmittelbar zur Folge. In den letzten 50 Jahren hat das gesamte Programm der Wissenschaftstheorie – ob es sich nun konkret mit Verifikation oder Falsifikation, mit Bestätigung, Bewährung oder Widerlegung beschäftigte – dies einfach vorausgesetzt. Alle diese verschiedenen Arten, die philosophischen Probleme der Wissenschaft zu formulieren, drehen sich um die empirische Wahrheit, Falschheit oder Wahrscheinlichkeit theoretischer Aussagen. Nach unserem Ansatz dagegen ist diese Grundannahme durchweg falsch; es gibt keine Frage der empirischen »Wahrheit« oder »Falschheit« der theoretischen Aussagen in der Wissenschaft als solcher. Vielmehr gewinnen die theoretischen Begriffe und Aussagen nur dann einen *indirekten* empirischen Gehalt oder Sinn, wenn ihr Anwendungsbereich mit Hilfe weiterer Identifikationsaussagen angegeben worden ist; und das führt dazu, daß die theoretischen Begriffe und Aussagen in unmittelbar empirische »Metaaussagen« eingebaut werden[112].

Verdeutlichen wir diesen Punkt an einigen Beispielen. Erstens, was die Substantive in der Wissenschaft betrifft: je eindeutiger »theoretisch« ein Begriff ist, desto bedingter, hypothetischer und indirekter ist seine Anwendung auf die Einzelgegenstände hier und jetzt. Gewöhnlich erkennt man einen Baum, wenn man ihn sieht, aber man kann vielleicht nicht sofort angeben, ob er in die taxonomische Kategorie der Kryptogamen oder der Phanerogamen gehört, weil die Anwendungskriterien für diese Kategorien viel strenger und komplizierter sind. Das gilt noch mehr, wenn es sich um die Erkennung eines »Lichtstrahls« handelt: in diesem Falle ist die eigentliche empirische Frage die, ob ein bestimmter sichtbarer Lichtstrahl im Rahmen der geometrischen Optik als

112 Nach der orthodoxen empiristischen Analyse dagegen sind »Naturgesetze« und andere »theoretische Aussagen« der Wissenschaft äquivalent mit »universellen empirischen Verallgemeinerungen« wie etwa: »Alle Rotkehlcheneier sind grünblau.« Vgl. C. G. Hempel, *Aspects of Scientific Explanation* (New York, 1965), S. 266.

Lichtstrahl »zählt« – das heißt, ob die Methoden der geometrischen Optik zur Darstellung von Lichtstrahlen hinreichend genau auf die vorliegenden optischen Erscheinungen anwendbar sind. Die Frage »Ist das ein Lichtstrahl?« sieht wie eine rein empirische aus, doch sie ist eine Abkürzung für die Meta-Frage: Ist dieser Strahl etwas, worauf man – bei Erfüllung aller einschlägigen Bedingungen – sinnvoll sowohl den Ausdruck ›Lichtstrahl‹ als auch die entsprechenden Darstellungsmethoden der geometrischen Optik anwenden kann?
Entsprechend gilt für die theoretischen Aussagen der Wissenschaft: je eindeutiger »theoretisch« eine Aussage ist, umso mehr ist ihre empirische Relevanz eine Frage der Anwendbarkeit und nicht der Wahrheit. Die unmittelbar empirische Frage lautet in diesen Fällen nicht »Ist diese Aussage wahr?«, sondern: Wie allgemein ist dieser Grundsatz anwendbar, und unter welchen Bedingungen gilt er? Bei rein theoretischen Erörterungen verwenden die Wissenschaftler in der Tat kaum einmal die Wörter »wahr« und »falsch«; die eigentliche Frage ist, in was für empirischen Verhältnissen und unter welchen Bedingungen eine bestimmte Theorie – mit allen damit zusammenhängenden Begriffen und Darstellungsmethoden – den Erklärungszielen dient, um deretwillen sie eingeführt wurde. (Die eigentliche Frage bezüglich der geometrischen Optik zum Beispiel lautet: Unter welchen Bedingungen und mit welcher Genauigkeit ist der Grundsatz der geradlinigen Fortpflanzung auf die wirklichen optischen Erscheinungen *anwendbar*? Die einfache Frage »Ist es *wahr*, daß sich Lichtstrahlen geradlinig fortpflanzen?« entsteht gar nicht.[113])
Zum zweiten Punkt: In praktischen Diskussionen über wissenschaftliche Theorien hat auch die logische Unterscheidung zwischen »partikulären« und »universellen« Aussagen wenig Sinn. Die praktisch sinnvolle Frage, die dieser Unterscheidung noch am nächsten kommt, ist die, ob eine bestimmte Theorie »universell« – d. h. ohne Einschränkungen – oder nur »in einer beschränkten Klasse von Situationen« – d. h. bedingt – anwendbar ist. Wiederum erfordert die Beantwortung dieser Frage nicht die Bejahung oder Verneinung der betreffenden theoretischen Aussagen, sondern empirische Meta-

113 Siehe (Anm. 109), Kap. 2; siehe auch H. P. Robertson, »Geometry as a Branch of Physics«, in Schilpp (vgl. Anm. 75), S. 315 ff.

aussagen über sie, die nämlich erklären, unter welchen Bedingungen sie »gelten«. Das übliche Programm der Wissenschaftstheorie enthält also eine Verwechslung »universeller« und »partikulärer« empirischer Wahrheiten mit »universell« und »bedingt« anwendbaren Theorien.
Die Substantive (Begriffe) und die Sätze (Aussagen) der wissenschaftlichen Theorien beziehen sich also auf empirisch identifizierbare Gegenstände und Ereignisse nur mittelbar. Zur Auffindung der Bedingungen, unter denen sich irgendeine Erklärungsmethode mit Erfolg anwenden läßt, bestimmt der Wissenschaftler (1) in welchen empirischen Verhältnissen die Aussagen der entsprechenden Theorie gelten – nicht, »ob sie wahr sind« – und (2) welche empirischen Gegenstände oder Systeme als Beispiele für die entsprechenden theoretischen Gegenstände zählen – und nicht welche »sind«[114]. Dementsprechend liegt der Gehalt einer Naturwissenschaft weder in ihrer eigenen unmittelbaren »empirischen Wahrheit« noch in der ihrer logischen Folgerungen. Vielmehr liegt sie in ihrer Erklärungskraft; und diese bemißt sich nach dem Anwendungsbereich und der Genauigkeit ihrer Darstellungsmethoden. Diese können in geeigneten Fällen formale, axiomatische Theorien verwenden, die sich auf allgemeine, abstrakte Begriffe beziehen – z. B. »Masse«, »Impuls« und »Kraft« –, doch das ist nicht allgemein der Fall. In geeigneten Fällen können sie auch mit der Klassifikation eines Gegenstandsbereichs verbunden sein, die ein systematisches Netz von Kategorien oder »taxa« verwendet; doch auch das ist nicht allgemein der Fall. Jene Verfahren können theoretische Analogien oder »Modelle« verwenden, welche Ereignisse einer Art (z. B. elektrische Erscheinungen) mit Ereignissen einer anderen Art (z. B. hydraulischen Vorgängen) vergleichen; sie können – wie die Strahlenverlaufsbilder der geometrischen Optik – Formeln oder Verfahren zur erklärenden »Darstellung« der betrachteten experimentellen Situationen liefern; sie können die Herstellung und Analyse von Schaubildern erfordern; sie können die Anwendung statistischer Größen und Prüfverfahren erfordern ... Unter geeigneten

114 Siehe Platon, *Timaios*, 48 D – 50 A, wo es heißt, empirisch erkennbare physikalische Gegenstände könnten nicht als ein »dieses« oder »jenes« beschrieben werden, sondern nur als ein »Derartiges«.

Verhältnissen kann jedes dieser verschiedenen Erklärungsverfahren wissenschaftlich brauchbar sein. Und in jedem Fall »gelten« diese Methoden genau in dem Maße, wie sie als Mittel zur Erfüllung des wissenschaftlichen Auftrags der betreffenden Disziplin dienlich sind.

Fassen wir dieses Stück unserer Erörterung zusammen. Der Erwerb wissenschaftlichen Verständnisses hat zwei Seiten. Einmal lernt der angehende Wissenschaftler, die allgemeinen Verfahren seiner Wissenschaft anzuwenden. Zum anderen lernt er, die speziellen Situationen zu erkennen, auf die die einzelnen Verfahren passen. Und wenn er ein wirkliches Ereignis oder eine Erscheinung vollständig wissenschaftlich erklärt, muß er beide Arten von Kenntnissen anwenden. Er kann seinem Problem nur dann gerecht werden, wenn er sowohl das »richtige« (d. h. passende) Erklärungsverfahren anwendet als auch es »richtig« (d. h. fehlerlos) anwendet.

Diese beiden Seiten des wissenschaftlichen Verständnisses sind bei einer Person nicht immer gleich gut ausgebildet. Ein theoretischer Geist kann vielleicht mit höchster Genauigkeit schwierige Berechnungen durchführen oder ins einzelne gehende Folgerungen aus seinen Modellen ziehen; aber vielleicht fehlt ihm der Blick dafür, welche dieser Berechnungen oder Deutungen in bestimmten empirischen Situationen relevant sind. Andererseits kann ein Empiriker feine Unterschiede zwischen einzelnen empirischen Situationen erkennen und deren allgemeine Bedeutung für die Theorie seines Gegenstandsgebiets überschauen; doch gleichzeitig kann ihm das theoretische Verständnis fehlen, um im einzelnen die Folgerungen aus den entsprechenden Berechnungen oder Modellen zu ziehen. Viele Fachphysiker z. B. können elektrische Schaltbilder auf eine theoretische Art lesen, doch es fehlt ihnen der Sinn des Radioamateurs für die wirklichen Systeme von Drähten, Transistoren und Spulen; umgekehrt können viele Radioamateure besser mit dem Lötkolben umgehen als mit Papier und Bleistift und haben eher eine Art Gefühl für ihre Apparaturen, als daß sie sie schaltungstheoretisch klar darlegen könnten[115]. Zur vollständigen wissenschaftlichen Beschlagenheit gehört wiederum die Kenntnis sowohl

115 Ein bekanntes historisches Beispiel für diesen Unterschied ist der Gegensatz zwischen Michael Faraday und James Clerk Maxwell.

der Erklärungsverfahren einer Wissenschaft als auch ihrer Anwendung auf die Natur. Für sich genommen, kann auch das ausgefeilteste Axiomensystem niemals eine »Wissenschaft« bilden, denn kein formales System kann uns sagen, geschweige denn garantieren, welchen empirischen Anwendungsbereich es besitzt. Ebensowenig kann irgendeine abstrakte allgemeine Theorie, für sich genommen, Naturerscheinungen »erklären« oder »darstellen«; vielmehr sind es die Wissenschaftler, die diese Theorie anwenden – auf ganz bestimmte Weise, in ganz bestimmten Fällen, und mit einem ganz bestimmten Maß an Erfolg –, um die Eigenschaften des Verhaltens unabhängig identifizierter Klassen von Systemen oder Gegenständen darzustellen und damit zu erklären.

Die kollektiven Ideen irgendeiner Naturwissenschaft gewinnen also ihre Bedeutung aus dem Gebrauch, den die Wissenschaftler von ihnen bei ihrer Erklärungstätigkeit machen. Das war indirekt bereits in der logischen Feststellung Kants enthalten, daß alle unsere Erkenntnis die von Vorstellungen sei. Das empirische Wissen, das uns eine wissenschaftliche Theorie vermittelt, bezieht sich stets darauf, daß ein allgemeines Erklärungs-, Beschreibungs- oder Darstellungsverfahren (das abstrakt und theoretisch formuliert ist) auf eine bestimmte Klasse von Fällen (die konkret, empirisch angegeben ist) mit Erfolg anwendbar ist (und zwar auf eine bestimmte Weise, mit einem bestimmten Grad der Genauigkeit, des Auflösungsvermögens oder der Exaktheit). Auch Wittgenstein – ein Philosoph, der ebenso wie Kant zunächst eine Ausbildung in der Physik genoß – scheint mir diesen Gesichtspunkt im Auge gehabt zu haben, wenn er in seinem *Tractatus logico-philosophicus* sagt: »Die Newtonsche Mechanik zum Beispiel bringt die Weltbeschreibung auf eine einheitliche Form«, aber »sie sagt nichts über die Welt aus«[116]. Mit dem »ganzen logischen Apparat« und so angewandt, wie es tatsächlich geschieht – das fügt Wittgenstein ausdrücklich hinzu –, »sprechen die physikalischen Gesetze doch [wenn auch noch so mittelbar] von den Gegenständen der Welt«. Doch »die Weltbeschreibung durch die Mechanik ist immer die ganz allgemeine. Es ist in ihr z. B. nie von *bestimmten*

116 L. Wittgenstein, *Tractatus logico-philosophicus*, 6.34 bis 6.36 (z. B. Schriften, Band 1, Suhrkamp, Frankfurt, 1969).

materiellen Punkten die Rede, sondern immer nur von *irgend welchen«*. Daher, so sagt er weiter, »sagt es nichts über die Welt aus, daß sie sich durch die Newtonsche Mechanik beschreiben läßt; wohl aber, daß sie sich *so* durch jene beschreiben läßt, wie dies eben der Fall ist«. Das könnte man in einem Satz auch so formulieren: Bedeutung zeigt sich in der Wissenschaft in der Art eines Erklärungsverfahrens, Wahrheit darin, daß es den Menschen gelingt, Anwendungen für es zu finden.

2.3 *Theoretische Probleme in der Wissenschaft*

Die Erklärungsideale einer Wissenschaft, so sagten wir, sind nicht einfach die logisch widerspruchsfreien Hoffnungen der betreffenden Wissenschaftler, sondern ihre begründeten Erwartungen auf ihrem Gebiet. Der Anwendungsbereich ihrer augenblicklichen Erklärungsverfahren gibt dementspechend an, wie weit man zur Zeit mit der Verwirklichung dieser begründeten Erwartungen gekommen ist. Die Kluft zwischen den Erklärungsidealen und dem wirklichen Stand ist also ein Maß für die Erklärungsdistanz, die diese Wissenschaft noch zurücklegen muß. Genauer gesagt, sie ist ein Maß für die Entfernung, die diese Wissenschaft noch zurücklegen muß, um ihre gegenwärtigen intellektuellen Ziele zu erreichen. Inzwischen würde jeder Beteiligte vielleicht zugeben, daß neue Horizonte – neue Erklärungshoffnung und -möglichkeiten – in absehbarer Zeit über die augenblicklichen Zielsetzungen hinaus erkennbar werden können, und daß die zukünftigen theoretischen Hoffnungen der Wissenschaft sowohl höher gesteckt als auch spezifischer sein werden als die zur Zeit für ihre Entwicklung maßgebenden. Doch im Augenblick definieren die gegenwärtigen Ideale und Strebungen die jetzigen Ziele und Mängel auf diesem Gebiet.
Der augenblickliche Gegenstandsbereich irgendeiner Wissenschaft – die Gegenstände, Eigenschaften oder Ereignisse, auf die sich die Probleme der Wissenschaft beziehen, die also ihre »Erscheinungen« ausmachen – hängt aber nicht bloß von der Natur ab, sondern auch von den wissenschaftlichen Einstellungen, mit denen die Menschen zur Zeit an die Natur her-

angehen; also nicht, wie Kant sagen würde, von der Natur als »Ding an sich«, sondern von der Art der gegenwärtigen »Vorstellung« von der Natur. Daher können Eigenschaften der Welt, die die Wissenschaftler einer Generation gar nicht geheimnisvoll fanden, für die nächste Generation verwirrend und »problematisch« werden, nur weil sich die wissenschaftlichen Ziele weiter vorgeschoben haben. Nehmen wir ein bezeichnendes Beispiel: Für die klassische Materietheorie des 19. Jahrhunderts endete die Analyse bei den etwas über 90 chemischen Elementen, jedes mit Eigenschaften, die ihm gewissermaßen bei der Schöpfung verliehen worden waren, und jedes vermutlich aus Atomen mit ewig gleichbleibender Größe und Gestalt bestehend. Innerhalb dieser Grenzen konnte man sich dafür interessieren, welche genaue Farbe oder elektrische Leitfähigkeit irgendeinem bestimmten Element als Beobachtungstatsache einfach zukam; aber es gab keine wissenschaftliche Möglichkeit, zu erforschen, warum, theoretisch betrachtet, z. B. Natriumdampf im gelben Bereich des Spektrums strahlt und nicht in einem anderen. Die einzige Antwort auf diese Frage hieß – ganz wörtlich –: das weiß Gott allein. Diese Beschränkung wurde von Thomson, Rutherford und Bohr beseitigt. Ihre neuen Erklärungsziele schoben die Grenzen der Analyse über die Atome hinaus. Sie dachten sich alle chemischen Atome aus gemeinsamen Elementarteilchen zusammengesetzt und machten es damit *theoretisch möglich,* Eigenschaften der Materie als »Erscheinungen« – d. h. als problematisch – zu behandeln, die bisher als willkürliche Eigenschaften der Natur hingenommen worden waren. Von nun an waren Tatsachen wie die Existenz gelber Linienpaare im Spektrum des Natriumdampfes keine willkürlichen (oder theologischen) Tatsachen mehr, sondern wurden zu aktuellen theoretischen Problemen, die aufgrund der Konfigurationen der subatomaren Bestandteile des Natriumatoms zu lösen waren.

Natürlich sind nicht alle gegenwärtigen Probleme einer Wissenschaft gleich aktuell. Zu jeder Zeit gehören zum anerkannten Gegenstandsgebiet einer Wissenschaft viele Erscheinungen, die man noch nicht in Angriff nehmen kann, obwohl sie wirkliche und sehr komplizierte Probleme aufwerfen. Die aktuellen Probleme sind die, für die sich ein aussichtsreicher

Lösungsweg abzeichnet, z. B. solche Erscheinungen, die wohl durch eine naheliegende Abänderung der anerkannten Erklärungsverfahren der Theorie zugänglich gemacht werden könnten. Doch auf jeden Fall bleibt eine Erklärungslücke bestehen. Läßt man jene früher einmal empirischen Wissenschaften beiseite, deren Theorien in einer endgültigen mathematischen Form erstarrt sind (z. B. die Euklidische Geometrie und die rationale Mechanik), so möchte jede Wissenschaft mehr Erscheinungen erklären, als sie zur Zeit bewältigen kann, und sie möchte ihre bestehenden Erklärungen besser organisieren. Deshalb gibt es in jeder empirischen Wissenschaft immer noch ungelöste theoretische Probleme. Und als nächstes müssen wir zeigen, welche Form diese »theoretischen Probleme« annehmen: wie sie sich sowohl von unmittelbar empirischen oder Tatsachenfragen als auch von formalen, mathematischen und semantischen Fragen unterscheiden.

Wir haben den Gehalt einer wissenschaftlichen Disziplin anhand dreier miteinander zusammenhängender Mengen von Elementen bestimmt: (1) die gegenwärtigen Erklärungsziele der Wissenschaft, (2) ihr gegenwärtiger Vorrat an Begriffen und Erklärungsverfahren, (3) die summierte Erfahrung der Wissenschaftler, die in dieser Disziplin arbeiten – d. h. das Ergebnis ihrer Bemühungen, ihre gegenwärtigen Erklärungsziele zu erfüllen, indem sie den verfügbaren Vorrat an Begriffen und Erklärungsmethoden anwenden. In diesem Sinne ist natürlich die »Erfahrung« der Wissenschaftler etwas völlig anderes als für sensualistische Philosophen wie Mach, der »Sinneseindrücke« für das Letztgegebene der Wissenschaft hielt, wie auch für physikalistische Philosophen wie die logischen Empiristen, für die die »wissenschaftliche Erfahrung« aus nichts anderem bestand als geradlinigen Verallgemeinerungen von Tatsachen[117]. Die Erfahrung der Wissenschaftler ähnelt vielmehr der in anderen qualifizierten Berufen, z. B. der von Rechtsanwälten, Ingenieuren oder Piloten. Alle diese Leute sammeln »Erfahrung«, indem sie herausfinden, was sich erreichen läßt und was nicht, wenn sie die verschiedenen Mittel anwenden, die im Rahmen ihres

117 Siehe z. B. meinen Aufsatz »From Logical Analysis to Conceptual History«, in Achinstein (s. Anm. 42), insbes. S. 34 f.

Fachberufs zur Verfügung stehen. So auch hier: ein normaler Bestandteil der Erfahrung eines Physikers ist weder ein »Sinnesdatum« noch eine »empirische Beziehung«, sondern eine Neuentdeckung bezüglich des Anwendungsbereichs oder der Relevanz einer »Darstellungsmethode« – etwa daß sich die klipp und klaren Methoden der geometrischen Darstellung des Strahlenverlaufs unter den und den Bedingungen so über den normalen Fall der Brechung, für den sie entwickelt worden waren, hinaus erweitern (oder nicht erweitern) lassen, daß sie auch eine Möglichkeit zur Behandlung der »Doppelbrechung« eröffnen.

Erinnern wir uns an unsere obige Definition des »Vorrats aktueller Probleme« in einer Wissenschaft in der Formel

Probleme = Erklärungsideale minus gegenwärtige Möglichkeiten,

so können wir jetzt eine erste Einteilung der verschiedenen Arten von theoretischen Problemen angeben, die gewöhnlich in der Wissenschaft auftreten. Solche Probleme entstehen auf mehrere verschiedene Arten, und der Vorrat ungelöster Probleme in einer sich entwickelnden Wissenschaft enthält Probleme auf entsprechend vielen Ebenen, die verschiedenen Klassen von Problemsituationen entsprechen. Dazu gehören Probleme (a) der Erweiterung unserer gegenwärtigen Verfahren auf neue Erscheinungen, (b) der Verbesserung unserer Methoden zur Behandlung bekannter Erscheinungen, (c) der intradisziplinären Integration von Methoden innerhalb ein und derselben Wissenschaft, (d) der interdisziplinären Integration von Methoden aus Nachbarwissenschaften, oder (e) der Lösung von Konflikten zwischen wissenschaftlichen und außerwissenschaftlichen Ideen. Gewöhnlich ermöglichen die verschiedenen Erklärungsverfahren einer Wissenschaft nur die Beherrschung gewisser Teile ihres gegenwärtigen Gegenstandsbereichs, keines ermöglicht eine einheitliche Behandlung des Gesamtgebiets. Ja, in manchen Fällen können die mit verschiedenen gleichzeitig bestehenden Theorien verbundenen Erklärungsverfahren sogar logisch unverträglich sein; das gilt z. B. für die verschiedenen Annahmen über den Radius des Elektrons, die heute auf verschiedenen Gebieten der Quantenelektrodynamik gemacht werden müssen. Häufiger gibt es einen unmittelbaren Wettbewerb zwischen gleichzeitig bestehenden Begriffen und Verfahren. Das gibt Anlaß zu Grenzreibereien zwischen den Anwendungsbereichen verschiedener Begriffe, deren jeder Erscheinungen vereinnahmen möchte, die vorher mit einem anderen Verfahren behandelt wurden. Wie die Mitglieder jeder »Population« können sich also Begriffe in einer Wissenschaft nur halten, wenn sie ihren Wert ständig neu beweisen; und die Abgrenzung zwischen benachbarten Begriffen befindet sich in einem dynamischen Gleichgewicht, das durch jede Veränderung des Verhältnisses ihrer Erklärungskraft zerstört werden kann.

Betrachten wir der Reihe nach unsere fünf typischen Klassen von Erscheinungen, zuerst also (a). Es gibt stets bestimmte Erscheinungen, deren Erklärung man einer Naturwissenschaft sinnvoll zumuten kann, zu deren Behandlung es aber noch keine brauchbare Methode gibt. So gab es während der Periode zwischen Snell und Huygens keine Schwierigkeit bei der Beschreibung der Doppelbrechung mit Hilfe von »Lichtstrahlen«; doch das Problem war ihre Erklärung. Während andere Erscheinungen der geometrischen Optik als Wirkungen bloßer Veränderungen des Verlaufs einzelner Lichstrahlen (an Spiegeln, Prismen usw.) erklärt werden konnten, erforderte die Entdeckung eines Beispiels, in dem sich ein einfallender Lichtstrahl anscheinend in zwei verschiedene Strahlen aufspaltete, Veränderungen sowohl der physikalischen Vorstellungen darüber, was Lichtstrahlen waren und wie sie sich verhielten, als auch der Methoden zur Verfolgung ihres Weges durch verschiedene durchsichtige Materialien hindurch. Oder nehmen wir ein anderes Beispiel aus der Genetik: bestimmte bekannte Vererbungsmuster lassen sich ohne weiteres nach Mendel als Auswirkungen unabhängig voneinander wirkender Gene erklären. Andere Vererbungsmuster dagegen verlangen kompliziertere Erklärungen mit verschiedenen Wechselwirkungen zwischen benachbarten Genen, und diese Erklärungsmuster wurden durch Erweiterung und Verfeinerung der ursprünglichen Mendelschen Verfahren entwickelt.

Nun zur Klasse (b). Es gibt immer einige Erscheinungen, die bis zu einem gewissen Punkt mit den gegenwärtigen Verfahren erklärbar sind, für die sich aber die Wissenschaftler vollständigere oder genauere Erklärungen wünschen würden.

Wir wollen ein etwas vereinfachtes Beispiel dafür aus der kinetischen Theorie der Materie anführen. Die deutlichsten Regelmäßigkeiten des physikalischen Verhaltens von Gasen werden mittels recht einfacher Argumente erklärt, nach denen die Atome von Substanzen im Gaszustand eine vernachlässigbare Größe haben, sich in ständiger rascher Bewegung befinden und bei jedem Zusammenstoß elastisch voneinander abprallen, ohne daß eine nennenswerte Zerstreuung von Energie stattfände. In erster Näherung entsprechen die daraus folgenden Erklärungen dem Verhalten aller bekannten Gase recht gut. Doch bei genaueren Messungen zeigen sich Abweichungen, die bei verschiedenen Substanzen verschieden groß sind und nur dann in die kinetische Theorie eingebaut werden können, wenn man neue Begriffe und Berechnungen einführt. (So enthält die sogenannte van der Waalssche Gasgleichung Größen, die die verschiedene Ausdehnung der Moleküle jeder Substanz wiedergeben.) In einem solchen Fall führt eine einfache Erweiterung der vorhandenen Vorstellungen und Verfahren zu der notwendigen größeren Genauigkeit; doch in anderen Fällen kann dies die Entwicklung völlig neuer Begriffe und Theorien nötig machen. Ein elementares Beispiel dafür ist der Übergang von der geometrischen zur physikalischen Optik; ein anderes, komplizierteres ist der von der klassischen zur relativistischen Theorie der Planeten.

Diese ersten beiden Arten von theoretischen Problemen ergeben sich unmittelbar aus der Betrachtung unerklärter »Erscheinungen«. Doch es können auch Probleme an den Grenzen entstehen, an denen die gegenwärtigen Begriffe und Verfahren einander nahekommen, sich überschneiden oder in Konflikt geraten. In diesen Fällen müssen sich nach Mach unsere Ideen untereinander statt unmittelbar an die Tatsachen anpassen[118]. Es bedarf dann weniger einer unmittelbaren Erweiterung bestimmter Theorien als einer theoretischen Neuordnung. Diese führt oft genug zu einer Vergrößerung der Erklärungskraft und des Anwendungsbereichs der betreffenden Wissenschaften, wenn auch nur als Nebenergebnis. So kann ein theoretischer Wandel, der in erster Linie durch die

118 Vgl. die in Anm. 76 genannte Arbeit.

inneren theoretischen Probleme einer Wissenschaft veranlaßt ist, gleichzeitig zur Lösung äußerer theoretischer Probleme unserer ersten beiden Arten beitragen. Doch wir wollen hier diese beiden Seiten des Wandels unterscheiden und getrennt betrachten.

Eingedenk dieser Qualifikationen können wir jetzt über die drei anderen Arten von Problemen sprechen. Zur Klasse (c) gehören die Probleme, die bei der Betrachtung der gegenseitigen Relevanz verschiedener gleichzeitig vorhandener Vorstellungen in ein und demselben Wissenschaftszweig entstehen; zur Klasse (d) gehören diejenigen, die mit der gegenseitigen Relevanz von Vorstellungen aus verschiedenen Wissenschaftszweigen zu tun haben. Diese beiden Arten betrachtet man mit Vorteil zusammen, weil sie ineinander übergehen und ihre Unterschiede in Grenzfällen manchmal nur noch terminologischer Art sind. Denn unsere Kriterien zur Abgrenzung zwischen »Wissenschaften« oder »Wissenschaftszweigen« sind weder so scharf noch so dauerhaft, daß man in allen Fällen endgültig sagen könnte, ob zwei Theorien oder Begriffe aus der »gleichen« oder aus »verschiedenen« Wissenschaften stammen. Die angemessene Ziehung der Grenzen zwischen benachbarten Wissenschaften kann durchaus eines der anstehenden theoretischen Probleme sein, denn unser Erfolg bei der Integration der Begriffe und Erklärungsverfahren benachbarter Gebiete ermöglicht oft das Niederreißen der Grenzen zwischen Wissenschaftszweigen – oder sogar ganzen Wissenschaften –, die vorher getrennt und unabhängig betrieben wurden.

In eindeutigen Fällen der Art (c) geht es um innere Fragen einer bestimmten Wissenschaft (z. B. der Optik), und hier sind zwei Lösungen möglich. Ein Erklärungsverfahren kann den gesamten Bereich eines anderen »übernehmen«, etwa wenn gezeigt wird, daß alle Ergebnisse der geometrischen Optik genauer, wenn auch komplizierter, mittels der Begriffe und Methoden der physikalischen Optik erklärbar sind. Oder es kann sich eine Möglichkeit ergeben, die Grenzen zwischen den Begriffen und Erklärungsverfahren neu abzustekken, etwa wenn die Quantenmechanik erklärt, warum manche optischen Erscheinungen anhand der »Welleneigenschaften« des Lichts, andere anhand seiner »Teilcheneigenschaften«

erklärbar sind. In wieder anderen Fällen ist beides bis zu einem gewissen Grade der Fall; so steckte die Maxwellsche elektromagnetische Theorie einmal die Grenzen zwischen der Lehre vom Magnetismus und von der Elektrizität ab, die vorher unabhängige Zweige der physikalischen Forschung waren, und zum anderen führte sie zu einer unerwarteten »Eroberung« der Optik durch die neue, integrierte Theorie des Elektromagnetismus.

In eindeutigen Fällen der Art (b) entstehen die Probleme an den Grenzen zwischen verschiedenen Wissenschaften, und wieder können sie auf zwei Arten gelöst werden. In gewissen Fällen kann es sich herausstellen, daß der Erklärungserfolg der Begriffe einer Wissenschaft auf einer tieferliegenden Ebene mittels der Begriffe aus einer anderen erklärbar ist. Man nehme die Beziehungen zwischen Chemie und Physik. Solange man nämlich die kennzeichnenden Eigenschaften der verschiedenen chemischen Elemente auf sich beruhen ließ, waren es zwei unabhängige Wissenschaften, doch im 20. Jahrhundert haben sich ihre gegenseitigen Beziehungen verändert. Das hat inzwischen dazu geführt, daß jeder Begriff der anorganischen Chemie, angefangen mit dem der Valenz, auf einer tieferliegenden Ebene so aufgefaßt werden kann, daß er physikalische Fragen aufwirft. An anderen Stellen besteht die theoretische Aufgabe eher darin, genauer zu erklären, warum die Grenze zwischen zwei Wissenschaften so verläuft, wie es der Fall ist. So wies etwa J. B. S. Haldane darauf hin, daß zum Gebiet der Biologie Vorgänge gehören, die in vielen verschiedenen Zeitmaßstäben ablaufen, von Nanosekunden bis hin zu Jahrtausenden; und diese Verschiedenheit der Zeitmaßstäbe ist von grundlegender Bedeutung, wenn man etwa die Beziehungen zwischen der Genetik, einer Experimentalwissenschaft, und der Evolutionstheorie, einer historischen Wissenschaft, verstehen will[119], oder wenn man die Bereiche der Biochemie und der Entwicklungsbiologie auseinanderdividieren möchte.

Eine letzte Klasse theoretischer Probleme entsteht an den Grenzen der Wissenschaft überhaupt, hat aber trotzdem eine wichtige Rolle in der historischen Entwicklung der Wissen-

119 Vgl. J. B. S. Haldane, »Time in Biology«, *Science Progress*, Bd. 44 (1956), S. 385-402.

schaften gespielt. Diese Probleme der Art (e) entstehen aus Konflikten zwischen Begriffen und Verfahren, die in bestimmten Wissenschaften verwendet werden, und Ideen und Haltungen der allgemeinen Bevölkerung. Diese Probleme wurden gelegentlich falsch aufgefaßt, vor allem, wenn man die betreffenden Alltagsideen und -haltungen ungefähr wie das Wort »Malaria« behandelte – nämlich so, als gäben sie unbegründete Antworten auf wissenschaftliche Fragen –, statt zu sehen, daß sich ihre Bedeutung aus ganz anderen menschlichen Tätigkeiten herleitet. In vielen Fällen nun sind diese außerwissenschaftlichen Ideen völlig berechtigt, und die im Zusammenhang mit ihnen entstehenden Konflikte müssen durch eine Verfeinerung der betreffenden wissenschaftlichen Begriffe gelöst werden; und es bedarf eines besseren analytischen Verständnisses der Beziehung zwischen den betreffenden innerwissenschaftlichen und außerwissenschaftlichen Vorstellungen, um deutlich zu machen, warum sie ihre jeweiligen Anwendungsbereiche und Bedeutungen besitzen. Solche analytische Probleme der Schlichtung zwischen wissenschaftlichen und nichtwissenschaftlichen Vorstellungen lassen sich vielleicht auf die Dauer völlig vermeiden; so wiesen die jüngsten Diskussionen über die Grenze zwischen »Leben« und »Tod«, die durch die chirurgischen Methoden der Organverpflanzung ausgelöst wurden, erstaunlich wenig metaphysische Konfusion auf und drehten sich um wohlbestimmte Fragen der Physiologie und des Rechts. Andere solche Diskussionen machen immer noch Schwierigkeiten, z. B. die über die Konsequenzen wissenschaftlicher Begriffe und Theorien aus den Neurowissenschaften für außerwissenschaftliche Ideen wie »Verantwortlichkeit« und »freier Wille«.

Bei der Klassifikation der verschiedenen Arten theoretischer Probleme haben wir hier absichtlich die gleiche »Verfahrenssprache« angewandt wie früher; wir sprachen über den Anwendungsbereich, über die Ausdehnung und/oder die Abwandlung der entsprechenden Darstellungsmethoden. In dieser Sprache können wir auch angeben, wie es möglich ist, theoretische Probleme in der Wissenschaft mittels passender theoretischer Veränderungen zu lösen. Denn theoretische Wandlungen können ebenso wie theoretische Probleme am natürlichsten und unmittelbarsten anhand des »Problemlösens« gekennzeichnet werden. Zum Beispiel würden einige typische Probleme in der Physik folgendermaßen lauten:

1. Geht man davon aus, daß man bereits Methoden zur Darstellung des Strahlenverlaufs beim Übergang vom Licht aus einem homogenen Medium (z. B. Luft) in ein anderes (z. B. Wasser) besitzt, lassen sich diese Methoden auch auf den Durchgang des Lichts durch nichthomogene Medien erweitern?
2. Geht man davon aus, daß die gewöhnlichen Methoden der geometrischen Optik versagen, wenn die Schlitze und Hindernisse auf dem Wege des Lichts von der Größenordnung von dessen Wellenlänge sind, lassen sich dann allgemeinere Methoden der Darstellung und Berechnung entwickeln, die das Verhalten des Lichts auch in diesen Fällen erfassen?
3. Geht man davon aus, daß man die Grundgleichungen der Mechanik in einer Form darstellen kann, die alle Bewegungen erfaßt, bei denen die Gesamtenergie nicht abnimmt, kann man diese Gleichungen so erweitern oder abwandeln, daß sie auch für Bewegungen mit Energieverlust gelten?
4. Geht man davon aus, daß beim Übergang von einem raumzeitlichen Bezugssystem auf ein anderes die Newtonsche Mechanik und die Maxwellsche Theorie des Elektromagnetismus verschiedene Transformationsgleichungen erfordern, läßt sich dann die eine oder die andere dieser Theorien so abändern, daß die mechanischen und die elektromagnetischen Gesetze denselben Transformationsgleichungen genügen?

In jedem dieser vier Fälle gab ein bestimmtes theoretisches Problem, in Verfahrenssprache formuliert, Anlaß zu einem theoretischen Wandel; und in jedem Falle war die dadurch gelieferte Lösung nach ähnlichen Kriterien zu beurteilen. Da außerdem jeder wissenschaftliche Begriff seine drei unterscheidbaren Seiten hat (Sprache, Darstellung und Anwendung), können die zur Lösung solcher Probleme vorgeschlagenen Neuerungen mit Veränderungen beliebiger dieser Aspekte verbunden sein. Einerseits können sie die bestehenden Symbole einer Theorie – ihre Terminologie, ihre Grundgleichungen, ihre graphischen Darstellungsmethoden usw. – unverändert lassen und lediglich neue Verfeinerungen einführen, die notwendig sind, um widerspenstige Erscheinungen mit der bestehenden Symbolik in den Griff zu bekommen. Andererseits können sie in einer – manchmal radikalen – Veränderung der bisher verwendeten Sprache und sonstigen symbolischen Mittel bestehen, selbst wenn es nur um einfache und leicht erklärbare Erscheinungen geht. Was die Geschichte betrifft, so gehörten die tatsächlichen Lösungen der Probleme (1) und (3) zur ersten Art. Problem (1) erforderte einen Fortschritt in der geometrischen Optik, Problem (3) in der Newtonschen Mechanik. Demgegenüber waren die Lösungen der Probleme (2) und (4) von der zweiten Art. Problem (2) wurde erst durch einen völlig neuen Ansatz, die »physikalische Optik« gelöst, und die entsprechende Entdeckung wurde mit der Kurzformel umschrieben: »Das Licht besteht aus Wellen.« Und Problem (4) wurde durch den Übergang zur Einsteinschen speziellen Relativitätstheorie gelöst, die quantitativ geringfügige, aber grundlegende Veränderungen in den Gleichungen brachte, die ungefähr 200 Jahre lang die Axiome der Mechanik gewesen waren.

Die verschiedenen Seiten eines wissenschaftlichen Begriffs hängen zwar häufig miteinander zusammen, aber sie können sich unabhängig voneinander und bei verschiedenen Anlässen verändern; und die Lösungen theoretischer Probleme in einer Wissenschaft können dementsprechend verschiedene Formen annehmen. In einem Extremfall können sich die Anwendungsverfahren wandeln, ohne daß sich an den symbolischen Seiten eines Begriffs irgendetwas ändert. Es können Möglichkeiten gefunden werden, entweder den Anwendungsbereich eines Begriffs oder einer Darstellungsmethode zu erweitern oder (umgekehrt) eine neue Klasse von Anomalien oder Ausnahmen aus seinem Anwendungsbereich auszuschließen. Oder man führt neue Darstellungsmethoden ein, die die Sprache und die Anwendungsverfahren der Wissenschaft weitgehend unberührt lassen. Und im anderen Extremfall schließlich kann sich die Sprache einer Wissenschaft gelegentlich ganz grundlegend verändern, ohne daß damit irgendwelche Wandlungen ihrer Darstellungsmethoden oder Anwendungsverfahren verbunden wären.

In der Praxis sind Ideenwandlungen natürlich selten nur mit einem dieser drei Vorgänge verbunden; daher wird jedes Beispiel, das man für eine dieser Wandlungsformen angeben könnte, den »reinen« Typ nur annähernd wiedergeben. Doch angenähert lassen sich alle drei Wandlungsformen anhand der Entwicklung des Energiebegriffs im 19. Jahrhundert veranschaulichen, bei der sein Anwendungsbereich wiederholte Wandlungen erfuhr. Er war zunächst ein Begriff in der verallgemeinerten Mechanik von Laplace und Hamilton, wurde dann aber nacheinander auch in der Theorie der Wärme, der Elektrizität, des Magnetismus, der Gravitation und der Chemie angewandt. Dabei wurden jedesmal neue Kriterien, Maße und Äquivalenzen (für die Umwandlung einer Energieform in eine andere) aufgestellt, wodurch neue Systeme oder Erscheinungen in den Anwendungsbereich des Begriffs einbezogen wurden. Der Vorgang schritt übrigens nicht in einem Zuge unbehindert voran; so mußte Liebigs Versuch, biochemischen Erscheinungen eine besondere Form der Energie, die »Lebensenergie«, zuzuordnen, wieder aufgegeben werden[120]. Und alle diese Veränderungen in der Anwendung des »Energiebegriffs« waren meistensteils unabhängig von Veränderungen der formalen Gleichungen zur Darstellung und Berechnung von Energieumsätzen wie auch von Veränderungen der Terminologie der Theorie.

Inzwischen formulierte und begründete auf der theoretischen Ebene Helmholtz den Energieerhaltungssatz als allgemeines Prinzip; damit gab er dem Begriff eine mathematische Darstellung, die nicht nur für die Anwendung auf bekannte Fälle des Energieaustauschs geeignet war, sondern immer auch dann, wenn sich neue Formen der »Energie« ausmachen und messen ließen. Zu diesem allgemeinen Ansatz kam er aufgrund umfassender theoretischer Gesichtspunkte und unabhängig von allen Fragen der empirischen Anwendung des Begriffs. Außerdem veränderte er die bestehende Sprache der Physik nur unwesentlich. In seiner ersten Darstellung der allgemeinen Theorie der Energieerhaltung war in der Tat von der Erhaltung der »Kraft« die Rede, und erst einige Jahre später begann er den Ausdruck »Energie« zu gebrauchen, wie sein Zeitgenosse Clausius und 50 Jahre früher Thomas Young. Und als er schließlich diese andere Bezeichnungs-

120 Siehe z. B. G. J. Goodfield, *The Growth of Scientific Physiology* (London, 1960), Kap. 6 u. 7.

weise übernahm, änderte er dabei nichts an seinem Erhaltungsgrundsatz. Seine Theorie enthielt die gleichen Rechenverfahren und hatte den gleichen Anwendungsbereich wie vorher, doch jetzt begann er einen ausdrücklichen verbalen Unterschied zwischen den Ausdrücken »Kraft« und »Energie« zu machen[121].

Welche dieser drei Veränderungen – der Bezeichnungsweise, der Gleichung oder der Anwendung – soll nun die eigentliche Erfindung des »Energiebegriffs« oder die eigentliche Entdekkung der »Energieerhaltung« darstellen? Diese Frage ist seit langem Gegenstand eines sehr unbefriedigenden Streites unter den Wissenschaftshistorikern. Im Laufe der Zeit wurde »die« Entdeckung annähernd einem Dutzend verschiedenen Wissenschaftlern zugeschrieben; noch andere Autoren führten die Episode als ein besonders gutes Beispiel gleichzeitiger Entdeckung an – als ob es eine ganz bestimmte Sache zu »entdecken« gegeben hätte und dieses Dutzend Wissenschaftler genau dies getan hätte. Doch als erstes muß man sich gewiß die Breite und Komplexität der Fragen vor Augen halten, die mit jedem solchen Wandel verbunden sind. Gerade weil die Entstehung theoretischer Probleme und die theoretischen Wandlungen notwendig auf mehreren miteinander zusammenhängenden Ebenen stattfinden, kann man sie nicht angemessen beschreiben, wenn man nur eine Ebene betrachtet. Statt einfach von »der« Entdeckung des Energiebegriffs oder des Energieerhaltungssatzes zu reden, sollte man besser anerkennen, daß – der Natur der Sache nach – jede solche Entdeckung erst dann abgeschlossen ist, wenn die ganzen verschiedenartigen Probleme der Bezeichnung, der Berechnungsmethoden und der Anwendungsverfahren erfolgreich gelöst sind.

Bis jetzt haben wir uns gefragt, wie Begriffe in die Erklärungsverfahren, Argumentationen und anderen wissenschaftlichen Tätigkeiten hineinkommen, und wie die Differenzen zwischen den disziplinären Zielen einer Wissenschaft und ihren tatsächlichen Leistungen in der Praxis zu theoretischen Problemen Anlaß geben. Jetzt müssen wir fragen, wie sich diese theoretischen Probleme zu den in den wissenschafts-

121 Siehe das Buch von Y. Elkana über die Entwicklung des verallgemeinerten Energiebegriffs durch Helmholtz.

theoretischen Standardwerken üblichen Unterscheidungen verhalten. Wie weit spiegeln also die zentralen Unterscheidungen, von denen die Darstellungen der »Wissenschaftslogik« gewöhnlich ausgehen, wirklich die wissenschaftlichen Funktionen theoretischer Ideen und Probleme wider, wie wir sie hier analysiert haben?

Eine entscheidende Differenz ist sofort erkennbar. In einem statischen, unveränderlichen Aussagensystem kann man gewöhnlich fragen, welche Aussagen »empirisch« und welche »formal« oder »logisch« sind. In einem historisch sich entwickelnden wissenschaftlichen Unternehmen dagegen läßt sich die Bedeutung der Begriffe weder allein anhand der empirischen Gegenstände noch der formalen Struktur der Wissenschaft angemessen aufzeigen. Man muß dazu alle Elemente der Wissenschaft – Gegenstände, formale Folgerungsbeziehungen, Erklärungsverfahren usw. – in einem größeren Zusammenhang sehen und zeigen, wie – unter welchen Bedingungen, in welchen Fällen und mit welcher Genauigkeit – die Erklärungsverfahren und/oder Argumente, in deren Rahmen der Begriff eine Bedeutung erhält, mit Erfolg zur Erhellung der betreffenden Gegenstände verwendet werden können. Möchte man also den Tatsachengehalt eines wissenschaftlichen Begriffes festlegen, so kann das nicht in unmittelbar empirischen Aussagen geschehen, die den betreffenden Begriff oder die Theorie einfach *verwenden,* sondern vielmehr in »meta-empirischen« Aussagen über die Erklärungskraft des Begriffs oder der Theorie, insbesondere in Aussagen über (1) ihren Zuständigkeitsbereich, (2) ihre Anwendungsbedingungen und (3) die Genauigkeit ihrer Anwendung.

Gleiches gilt für die theoretischen Probleme, die durch unsere gegenwärtigen Theorien und Verfahren nicht gelöst werden, wie auch für die theoretischen Wandlungen, die zwischen einem Zeitquerschnitt in der Entwicklung einer Wissenschaft und dem nächsten stattfinden. Die Eigenart der aktuellen theoretischen Probleme in einer Wissenschaft, die verschiedenen Möglichkeiten der Abänderung von Ideen und Erklärungsverfahren zur Behandlung dieser Probleme, schließlich das Muster historischer Veränderungen, das für die daraus sich ergebende Entwicklung kennzeichnend ist: das alles muß in der gleichen nur mittelbar empirischen Sprache betrachtet und beschrieben werden. Und die wirkliche Eigenart dieser Probleme und Veränderungen wird nur verdeckt, wenn man darauf besteht, auf solche wissenschaftlichen Begriffe und Theorien irgendeine fix und fertige logische Zweiteilung anzuwenden zwischen empirischen (kontingenten, synthetischen, Tatsachen-) Aussagen über die Welt einerseits und formalen (logischen, mathematischen, semantischen) Aussagen über unsere Symbolik andererseits. So, wie die Funktionen wissenschaftlicher Begriffe nun einmal beschaffen sind, gehen in alle ernstzunehmenden Aussagen über theoretische Probleme und Wandlungen unvermeidlich sowohl empirische als auch formale Gesichtspunkte ein.

In einigen ganz grundlegenden Beziehungen entziehen sich also theoretische Probleme – wie sie hier definiert wurden – den zentralen Unterscheidungen der herkömmlichen Philosophie und überrollen Abgrenzungen, auf die die meisten Philosophen Wert gelegt haben. Wenn man darauf besteht, die Gesichtspunkte bei theoretischen Problemen eindeutig entweder als »empirisch« oder »formal« einzuteilen, so ergeben sich in beiden Fällen unüberwindliche Schwierigkeiten. Wenn man sich mit theoretischen Problemen beschäftigt, muß man dann einfach herausfinden, was in der Welt *in Wirklichkeit der Fall ist*? Oder geht es vielmehr einfach um eine Neuordnung und Verbesserung der mathematisch-sprachlichen Formalismen, die zum *Sprechen über* die betreffenden empirischen Erscheinungen verwendet werden? Jede dieser Beschreibungen theoretischer Probleme wäre, für sich genommen, gleich irreführend. Kennzeichnend für diese Probleme ist gerade, daß sie Eigenschaften von beiderlei Art vereinigen. Die theoretische Neuorganisation unserer wissenschaftlichen Erkenntnis erfordert gewiß die Beachtung der empirischen Tatsachen; doch nicht nur mit der Absicht, sie mitzuteilen oder auch auf ihrer Grundlage Verallgemeinerungen zu treffen. Ziel ist vielmehr die Gewinnung einer besseren Darstellung, einer besseren Bezeichnungsweise und besserer Erklärungsverfahren für die betreffenden Seiten der Natur und die genauere Erkennung der Bedingungen für die Anwendung der entsprechenden »Darstellung« und ihres Genauigkeitsgrades bei der Erklärung der Beschaffenheit der Welt, wie wir sie vorfinden.

In dieser Hinsicht unterscheiden sich theoretische Probleme eindeutig sowohl von rein empirischen als auch von bloß formalen Fragen. Bei einem eindeutigen empirischen Problem werfen die verwendeten Begriffe keine Fragen auf. Stellen wir uns einmal vor, man habe einen wohlfundierten Begriff (wie den der spezifischen Wärme) zusammen mit Standardverfahren zur Messung einzelner Werte der betreffenden Variablen; nachdem man diese soeben z. B. auf das Element Rhenium angewandt hat, könnte man fragen: »... und was ist die spezifische Wärme des Rutheniums?«, und das wäre eine unmittelbar empirische Frage, die die Wiederholung der vorher am Rhenium durchgeführten Meß- und Berechnungsverfahren für das Ruthenium erfordert. In einem solchen unmittelbar empirischen Fall bezweifelt niemand, daß etwa der Begriff der spezifischen Wärme auf das Ruthenium ebenso und in der gleichen Bedeutung anwendbar ist wie auf das Rhenium. Das ganze Problem besteht in der Ermittlung der empirischen Werte der anerkannten Variablen in einem weiteren Fall. Man fragt: Wenn man davon ausgeht, daß man weiß, wie ein wohleingeführter Begriff C auf den Fall x angewandt wird, was gilt dann für x im Hinblick auf C?

Im anderen Extremfall, bei rein formalen Problemen, geht es um nichts weiter als die innere Artikulation der mathematischen oder sprachlichen Symbole, mit denen die verwendeten Begriffe formuliert sind. Solche Probleme können eine Verbesserung der mathematischen Seiten unserer wissenschaftlichen Verfahren verlangen, derart, daß sie kompakter oder eleganter werden, oder daß man strengere Signifikanztests entwickelt. Oder man muß analytisch die genauen logischen Konsequenzen der verwendeten Begriffe untersuchen, ohne Rücksicht auf ihre Anwendung auf wirkliche empirische Situationen. (Das tat etwa Isaac Newton im größten Teil der ersten beiden Abteilungen seiner *Principia.*) Doch auch in diesen Fällen wird das Erklärungsvermögen der betreffenden Begriffe und Verfahren als solches nicht in Frage gestellt. Man fragt jetzt: Geht man davon aus, daß man allgemein mit einem wohleingeführten Begriff C umgehen kann, wie kann man am besten die Konsequenzen der Anwendung C auf etwas Beliebiges darstellen? In solchen Fällen findet die mathematische Durcharbeitung nur auf einer ganz formalen

Ebene statt, ganz anders als die mehr inhaltlichen Schritte z. B. in der heutigen Quantenelektrodynamik, wo es theoretische Unstimmigkeiten gibt, die nur durch effektive Veränderungen der einschlägigen Begriffe behoben werden konnten. Weder bei rein emiprischen noch bei rein formalen Problemen steht also die Erklärungskraft der verwendeten Begriffe wesentlich zur Diskussion. Bei empirischen Problemen geht es lediglich um die Ausdehnung der Anwendung dieser Begriffe auf neue Fälle; bei formalen Problemen geht es lediglich um die innere Neuordnung unserer Symbolik; in beiden Fällen bleiben die gegenwärtigen Erklärungsverfahren im wesentlichen unverändert. Theoretische Probleme unterscheiden sich also in einer sehr wichtigen Beziehung von den beiden anderen Arten von Problemen. Die Bedeutung dieses Unterschieds hängt offensichtlich mit der historischen Entwicklung des wissenschaftlichen Unternehmens zusammen. Denn *innerhalb* irgendeiner »repräsentativen Menge« von Begriffen aus einer Wissenschaft zeichnet sich nie ein theoretischer Wandel ab; das ist dann und nur dann der Fall, wenn das bestehende Begriffsarsenal abgeändert oder ergänzt wird, um bessere Erklärungen zu liefern, und dabei eine neue »repräsentative Menge« von Begriffen entsteht. In solchen Fällen lautet also die akute Frage nicht mehr: Geht man davon aus, daß ein wohleingeführter Begriff C vorliege . . ., sondern: Geht man davon aus, daß man *nicht* in allen Fällen weiß, wie der Begriff C in seiner gegenwärtigen Form anzuwenden ist . . . (z. B.: Angenommen, man könne den Begriff der Brechung nicht ohne weiteres auf den Islandspat anwenden . . .), und die allgemeine Form von theoretischen Fragen lautet also weiter: . . . lassen sich *andere* Verfahren entwickeln, um diese Begriffe – mit entsprechenden Abwandlungen – auch auf schwierige Fälle anzuwenden? In diesem Sinne lassen sich theoretische Probleme nur lösen, wenn man gleichzeitig auf der empirischen und der formalen Ebene arbeitet. Von einem gewissen Standpunkt aus gesehen, könnten diese theoretischen Wandlungen als etwas bloß Semantisches erscheinen, doch diese semantischen oder formalen Veränderungen erfolgen stets im Lichte neuer empirischer Entdeckungen. Und die betreffenden empirischen Entdeckungen haben mit Tatsachen bezüglich der *Anwendbarkeit* der betreffenden Erklärungsverfahren zu tun, nicht mit Tatsachen, *über* die *mit Hilfe* der betreffenden wissenschaftlichen Begriffe gesprochen wird; demgemäß werden sie nicht unmittelbar in Aussagen der betreffenden Theorie formuliert, sondern in »Metaaussagen« über die Brauchbarkeit dieser Theorie.

Wenn wir unsere Kenntnisse der historischen Tatsachen verfeinern, arbeiten wir nicht mehr mit Begriffen, deren Bedeutung historisch unveränderlich ist. (Diese besondere Eigenschaft theoretischer Fragen kommt den Problemen aller unserer fünf Arten zu.) Die merkwürdigen optischen Eigenschaften des Islandspats zum Beispiel stellten Huygens weder nur von rein tatsächliche noch rein semantische Probleme: der damalige Gebrauch der Ausdrücke »Brechung« und »Strahl« lieferte keine brauchbare Erklärung dieser Eigenschaften, so daß Huygens entscheiden mußte, welche weitere Bedeutung man diesen Ausdrücken beilegen könne – wie man also ihren Gebrauch abändern und ausdehnen könne –, derart, daß sie auch auf die anomalen Fälle anwendbar würden. Ähnlich im anderen Extremfall: die theoretischen Probleme der Organverpflanzung traten in der uns bekannten Form deshalb auf, weil beim gegenwärtigen physiologischen Wissen die vorhandenen Kriterien zur Unterscheidung von Leben und Tod auf die neuen Fälle nicht passen. Wieder steht man vor einer Frage, die weder rein tatsächlicher noch rein semantischer Art ist. Es geht weder um die empirische Frage: Sind die Organspender immer wirklich tot?, noch um die semantische Frage: Was meint man mit dem Wort »tot«? (Diese beiden Fragen setzen voraus, daß der Ausdruck »tot« eine eindeutige, klare und deutliche, feststehende Bedeutung hat.) Die Fragen lauten vielmehr: Geht man von unserem physiologischen Wissen über die körperlichen Vorgänge in einem Sterbenden aus, welche Bedeutung könnte man dem Ausdruck »tot« geben?, und: Welche genauen Kriterien sollte man verwenden, wenn man den Ausdruck »tot« auf mögliche Organspender anwendet?

Derselbe Gesichtspunkt läßt sich nochmals anders formulieren. In der wissenschaftlichen Theorie und auf anderen Gebieten muß man bei theoretischen Fragen weder allein auf die Tatsachen noch allein auf die Definitionen von Ausdrükken achten. Man muß vielmehr die Ausdrücke *im Lichte* einschlägiger Tatsachen neu definieren. Ohne empirische Entdeckungen gäbe es nie eine Grundlage für solche theoretischen Neudefinitionen; doch ohne diese könnten wir nie unsere Erklärungsmöglichkeiten verbessern. Der wissenschaftliche Theoretiker kann sich also damit begnügen, reine Tatsachenfragen dem Empiriker zu überlassen, rein formale Fragen dem Mathematiker und rein semantische Fragen dem Philosophen und Sprachwissenschaftler. Ihn selbst interessiert an den Tatsachen, was man im Lichte der gegenwärtigen Ideen »aus ihnen machen kann«; an mathematischen Formalismen und Wortbedeutungen interessiert ihn, wie sie verbessert und neu angewendet werden können, um verwirrende Tatsachen zu »beleuchten«. Welche besseren Erklärungen lassen sich im Lichte unserer verfeinerten empirischen Kenntnisse geben? Und inwiefern muß man dazu die Bedeutung unserer Ausdrücke verändern? Bei der Lösung theoretischer Probleme sind semantische und empirische Gesichtspunkte nicht wild durcheinandergeworfen, sondern vielmehr untrennbar miteinander verzahnt.

Zum Schluß wollen wir die theoretischen Probleme einer lebendigen Wissenschaft den formalen Problemen einer Wissenschaft gegenüberstellen, die kein empirisches Leben mehr hat. Von dem Augenblick an, da ein System von Begriffen eine nicht mehr kritisierbare Autorität auf irgendeinem Forschungsgebiet erhält, gibt es in dieser Disziplin keine eigentlichen »wissenschaftlichen« Probleme mehr, sie ist kein »wissenschaftliches« Forschungsgebiet mehr. Für Theaitetos und Euklid war die Geometrie noch ebensosehr die Wissenschaft von den räumlichen Beziehungen, wie für Galilei und Newton die Kinematik und Dynamik Wissenschaften von der Bewegung waren. Doch heute lernen die Studenten die mathematischen Methoden der Euklidischen Geometrie und der formalen Mechanik nicht als eigenständige empirische Wissenschaften, sondern unter der Überschrift »mathematische Methoden für Naturwissenschaftler« – das heißt, nicht als Theorien, sondern als Theoreme. Und das ist genau die richtige Überschrift, denn vom wissenschaftlichen Standpunkt aus sind die Ideen und Berechnungen bei der Anwendung dieser Methoden nicht mehr problematisch. Sie haben eine endgültige Form erlangt und stehen damit jenseits jeder rationalen Kritik oder Veränderung.

Im 17. und 18. Jahrhundert mag die Newtonsche Mechanik das Herz der Physik gewesen sein, doch in neuerer Zeit ist sie ein Zweig der reinen Mathematik geworden, vergleichbar mit der Euklidischen Geometrie. Mit der Zeit waren ihre Begriffe und Aussagen keiner Kritik im Lichte empirischer Entdeckungen mehr zugänglich, und die wissenschaftlichen Aufgaben auf dem Gebiet wurden zu typisch mathematischen; es geht darum, die Sätze in eine möglichst kompakte, elegante und starke Form zu bringen. Angesichts dessen liegt eine gewisse Ironie in der Bezeichnung, die häufig für die formale Newtonsche Mechanik gebraucht wird – nämlich »rationale Mechanik« –, denn sie läuft allen Eigenschaften zuwider, die nach unserer Analyse wissenschaftliche Disziplinen wirklich »rational« machen. Wie kam es überhaupt zu einer so unpassenden Bezeichnung? Angesichts der historischen Wechselwirkungen zwischen Wissenschaft und Philosophie liegt die Antwort auf der Hand. Diese Namengebung ist ein weiteres Ergebnis des Kults der Systematik – der Gleichsetzung von Vernunft und Logik –, worin sich die Philosophen von Platon bis Kant einig waren. Ungeachtet seiner sonstigen Differenzen gegenüber Platon glaubte Kant immer noch, die Geometrie und die Mechanik seien die eine und einzig rationale und systematische Form einer brauchbaren Naturbeschreibung; und der Name »rationale Mechanik« trägt einfach die herkömmlichen philosophischen Auffassungen von der Stellung der Geometrie und anderen exakten Wissenschaften in unsere Zeit hinüber.

Doch die Folgen dieses Wandels zeigen wiederum, wie der Preis einer ausschließlich formalen Betrachtungsweise nicht bloß die Freiheit von historischem Wandel ist, sondern die Irrelevanz ihm gegenüber. Nachdem sich die reinen Geometer unwiderruflich auf ein bestimmtes System von Begriffen festgelegt hatten, überließen sie einfach die Naturwissenschaft vom Raum den Kosmologen und sonstigen Physikern, die sich nicht auf solche Weise festlegen wollten. Ähnlich haben diejenigen Mathematiker, die sich mit der »rationalen Mechanik« beschäftigten, die Naturwissenschaft von Kraft und Bewegung einfach den Relativitäts- und Quantenphysikern überlassen, die sich nicht völlig auf den klassischen Formalismus festlegen. Beruht nun das Betreiben der »rationalen« Mechanik auf »rationalen« Entscheidungen? Die Antwort auf diese Frage hängt ohne Zweifel vom disziplinären Standpunkt ab. Das Streben nach einer besseren Systematik ist das angemessene disziplinäre Ziel des reinen Mathematikers; für den Naturwissenschaftler dagegen ist die unwiderrufliche Festlegung auf ein bestimmtes System von Begriffen und Theoremen das genaue Gegenteil eines »rationalen« Vorgehens und die Vernachlässigung seiner angemessenen wissenschaftlichen Ziele.

Für Kant drehte sich das Problem einer wirklich »rationalen« Physik noch um die Hauptfrage: kann man in der Theorie der Bewegung und der der Gravitation – so wie in der Geometrie – die Argumente in die Form logischer Systeme bringen, die sowohl etwas über die wirkliche Beschaffenheit der natürlichen Welt aussagen als auch gegen Kritik im Lichte der Erfahrung immun sind? Nur ein theoretisches System mit diesen beiden Eigenschaften hatte in seinen Augen zwingende Autorität über alle vernünftigen Denker in allen Epochen und Kulturen; sein Ziel war, die »transzendentale« Grundlage dieser Autorität aufzuzeigen. Doch heute hat seine Argumentation die umgekehrte Wirkung wie die beabsichtigte. Man betrachtet heute Geometrie und Dynamik als Naturwissenschaften und glaubt nicht mehr, sie ruhten auf ewigen »metaphysischen Grundlagen« – auch nicht den »transzendentalen«, die Kant in seiner späteren kritischen Philosophie vertrat. Man ist vielmehr der Auffassung, daß der Naturwissenschaftler seine Rationalität durch die Bereitschaft zeigt, den Traum von einem einzigen, umfassenden, allein maßgebenden Denksystem *aufzugeben* und mit der Erweiterung und Vertiefung der Erfahrung von der Welt alle Begriffe und Theorien zu revidieren.

2.4 *Exkurs über Vorstellung und Darstellung*

Jeder Versuch, die philosophischen Probleme der menschlichen Erkenntnis neu zu formulieren, führt seinerseits zu neuen Auffassungen darüber, was Ideen sind und wie sie entstehen. Wir verwarfen hier die Auffassung der wissenschaftlichen Ideen als formaler Kalküle oder als Namen für empirische Klassen von Gegenständen und sprachen uns für den Verfahrensansatz aus, der sie zu den verschiedenen »Darstellungsmethoden« in der Erklärungspraxis in Beziehung setzt. Doch an dieser Stelle müssen wir etwas Genaueres darüber sagen, in welchem Sinne wir diesen Ausdruck »Darstellung«[121a] verwenden.

Zunächst einmal ist festzustellen, daß wir den Ausdruck nicht in irgendeinem inneren, bewußtseinsmäßigen oder privaten Sinne verwenden. Von John Locke bis Norbert Wiener, über Hume und Wundt, Mach und Meynert tendierten die erkenntnistheoretischen Empiristen dazu, alle Erkenntnisfragen vom Standpunkt des einzelnen »Erkennenden« aus zu betrachten und sich für die Vorgänge zu interessieren, die sich vermutlich in seinem Kopf abspielten – seien es Nervenvorgänge, die sich buchstäblich im »Inneren« seines Kopfes abspielen, oder psychische Vorgänge, die sich in einem unklareren Sinne »in seinem Bewußtsein« abspielen. Jeder Vertreter dieses Ansatzes ist naheliegenderweise zu einer ganz bestimmten Sicht der Ideen gedrängt worden, er sieht sie entweder als »private Ideen« oder »abgeblaßte Bilder« (Nachwirkungen der »Sinneseindrücke«) oder aber als »Engramme«, als elektrische Potentiale an »Synapsen« oder als »Spuren« im Nervensystem (Nachwirkungen der Sinnesreize). Des weiteren gebrauchen wir den Ausdruck in keinerlei formalem oder quasi-geometrischem Sinne. Von Descartes bis Hempel tendierten die formalistischen Philosophen dazu, an das Erkenntnisproblem von der Logik oder Mathematik aus heranzugehen – wobei sie auf den inneren Aufbau der Beweisargumente und der dazu verwendeten Ausdrücke achteten. Jeder Vertreter dieses Ansatzes tendierte naheliegenderweise dazu, die Begriffe mit den Ausdrücken oder Variablen gleichzusetzen, durch die sie in einem »deduktiven System« ausgedrückt werden, oder jedenfalls mit der formalen Rolle dieses Ausdrucks oder dieser Variablen in dem betreffenden deduktiven System.

Unsere eigene Analyse schließt sich keiner dieser Positionen

121a Engl. »representation«; dieses Wort steht auch für »Vorstellung« (d. Übers.)

an. Zunächst einmal haben wir uns bewußt entschlossen, Fragen bezüglich des Lernens von Ideen durch den einzelnen zurückzustellen, bis wir ihren kollektiven Gebrauch behandelt haben; zweitens haben wir die Vorstellung angegriffen, formale Aussagensysteme seien die einzige zulässige Form der wissenschaftlichen Erklärung. In dieser Hinsicht folgen wir dem Beispiel Kants, der dem unschlichtbaren Gegensatz zwischen dem Rationalismus und dem Empirismus des 18. Jahrhunderts dadurch zu entgehen suchte, daß er die Probleme der Erkenntnistheorie mittels des Begriffs der »Vorstellung« neu formulierte: man dürfe nicht vergessen, daß unsere gesamt Erfahrung mit »Vorstellungen« zu tun habe und nicht mit dem »Ding an sich«. Dann erkenne man, daß die herkömmlichen erkenntnistheoretischen Argumente im Grunde nichtssagend seien; und dann könne man sich fruchtbareren, »transzendentalen« Fragen bezüglich der Bedingungen zuwenden, unter denen »Vorstellungen« Gegenstände sinnvoller »Urteile« sein können – das heißt, unter denen unsere grundlegenden Erkenntniskategorien, -begriffe und -formen überhaupt auf die Erfahrung anwendbar sind, wie sie in jenen »Vorstellungen« vorliegt.

Leider läßt sich Kants eigene Darstellung seiner Position auf zwei ganz verschiedene Arten verstehen. Sein Ausdruck »Vorstellung« verstärkt nur diese Unklarheit. Einerseits kam es ihm sicher zum Teil darauf an, die formale oder grammatische Struktur aller »Urteile« zu betonen, ebenso die Abhängigkeit aller »Erkenntnis« von den speziellen Begriffen und Erkenntnisformen, mittels derer die entsprechenden »Urteile« ausgedrückt werden. Für Kant mußten alle Urteile über die Beschaffenheit äußerer Gegenstände und alle Erkenntnisse ihres Verhaltens in Form von Aussagen formuliert werden; man »weiß« oder »urteilt« stets, »daß das und das der Fall ist«. Versucht man, irgendetwas über ein »Ding an sich« unabhängig von unserer Sprache und unseren Urteilsformen zu sagen (oder auch nur zu denken), so verstrickt man sich in selbstgeschaffene Schwierigkeiten. Jedes Urteil, jeder Gedanke, jede Aussage hat notwendigerweise eine begriffliche oder grammatische Struktur; dagegen kann das »Ding an sich«, wie Kant es definiert, nichts Begriffliches oder Aussagenhaftes an sich haben. Das »Ding an sich« ist

eine bloße Abstraktion, auf die man unartikuliert hinweisen kann, über die man aber nichts sagen oder wissen kann.
Das hat natürlich nichts mit der Sinneswahrnehmung oder ihrer Rolle bei der Erkenntnisgewinnung zu tun, sondern nur mit der Form und Stellung der fertigen »Erkenntnis«. Um sich die Konsequenzen klarzumachen, braucht man sich also nur damit zu beschäftigen, wie z. B. die Erkenntnisformen die Struktur der Sprache widerspiegeln. Es gibt keinerlei Grund, die »Vorstellung« als einen inneren Bewußtseinsgegenstand zu betrachten, oder das »Ding an sich« als einen Gegenstand, der nicht unmittelbar wahrgenommen werden könne und über die Sinnes-»Vorstellungen« in unserem Gehirn hinausginge. Doch so wurde Kant weithin verstanden, sowohl von Physiologen und Psychologen wie Müller, Helmholtz und Fechner als auch von Philosophen wie Schopenhauer[122]. Kants Nachfolger verwendeten also den Ausdruck »Vorstellung« nicht bloß in der Analyse der fertigen Erkenntnis, sondern auch im Zusammenhang mit den Wahrnehmungsmechanismen. So wurde Kants Versuch, dem subjektiven Idealismus zu entgehen, vereitelt. Der Ausdruck »Vorstellung« bezeichnete nur noch die »Ideen«, die aufgrund wiederholter »Sinnesempfindungen« entstehen; die kritische Philosophie verlor ihren transzendentalen Charakter, auf den Kant so großen Wert gelegt hatte; und Mach konnte wieder die Theorien der Kantischen »Kritiken« mit denen von Berkeley und Hume verwechseln, über die Kant hinauszukommen versucht hatte[123].
Kant selbst kann man nur teilweise dafür verantwortlich machen. Offenbar erkannte er zwar die Notwendigkeit, die kartesischen Dilemmen im Zusammenhang mit der Sinneswahrnehmung zu beseitigen, aber in seinen eigenen Arbeiten gelang ihm das nie völlig. Seine eigene Darstellung seiner Position trägt noch starke kartesische Züge, doch man kann heute einen großen Teil seiner Auffassungen vom »Verfahrensstandpunkt« aus umformulieren – als einen Versuch, zu zeigen, wie die Eigenart unserer geistigen Tätigkeiten unse-

122 Siehe A. Schopenhauer, *Die Welt als Wille und Vorstellung* (Leipzig, 1819); über Müller, Helmholtz und Fechner siehe z. B. W. N. Dember, *Visual Perception: The Nineteenth Century* (New York, 1964).
123 Mach (vgl. Anm. 23).

ren Urteilen und damit unserer »Erkenntnis« apriorische Formen auferlegt. Seine Analyse der »Anschauungsformen« zum Beispiel versuchte, Raum- und Zeitbegriffe einmal mit geometrischen und arithmetischen Beziehungen, zum anderen mit unseren Seh- und Hörwahrnehmungen zu verknüpfen; und diese Argumentation verlieh der Deutung der Vorstellungen als »Sinneseindrücke« im 19. Jahrhundert großen Auftrieb, wodurch Kants Nachfolger unvermeidlich auf den Idealismus und Sensualismus zurückgeworfen wurden.

Doch lassen wir für den Augenblick alle Fragen der Sinnesphysiologie und Psychologie beiseite, so können wir den erkenntnistheoretischen Standpunkt Kants auch ganz anders formulieren, mit einem anderen Wort, das ganz andere Vorstellungen weckt. Sprechen wir also nicht, wie Schopenhauer, Helmholtz, Boltzmann und Kant selbst von der Vorstellung, sondern wie Hertz, Bühler und Wittgenstein von der Darstellung; dann können wir Kants entscheidenden Gesichtspunkt bezüglich der Rolle der Begriffe bei der Formulierung kollektiver Urteile und gemeinschaftlicher Erkenntnisse völlig klar ausdrücken, ohne mit den anderen, völlig selbständigen Problemen der Sinneswahrnehmung, der »inneren Erfahrungen« und »Bewußtseinsgegenstände« zu tun zu bekommen. Eine Darstellung entspricht etwa einer Theateraufführung, einer Ausstellung oder einer Konzertaufführung als öffentlicher Darbietung oder Darstellung von Kunstwerken oder Musikstücken. Eine Erscheinung darstellen heißt also sie »demonstrieren« oder »entfalten«, im Sinne des Vorführens oder Herausstellens, derart, daß völlig öffentlich gezeigt wird, woraus sie besteht oder wie sie funktioniert; so etwa, wie wenn ein hydraulisches System von Rohren und Pumpen als vereinfachte Darstellung einer komplizierten elektrischen Schaltung verwendet wird. (Demgegenüber ist eine Vorstellung etwas ebenso Privates oder Persönliches, wie eine Darstellung etwas Öffentliches ist. Eine Vorstellung »steht für« etwas oder symbolisiert etwas »im Bewußtsein« eines Menschen. Der Ausdruck ist ebenso belastet wie etwa das Wort »Idee«; er ist überhaupt die gewöhnliche deutsche Übersetzung für den Lockeschen Ausdruck »idea« und bringt genau dieselben Schwierigkeiten mit sich.)

Die Beziehung zwischen einer Darstellung und der Wirklichkeit, die sie »zeigt« oder »wiedergibt«, ist demnach eine Beziehung zwischen zwei öffentlichen Gegenständen. Wenn Hertz davon spricht, eine dynamische Theorie liefere eine Darstellung der von ihr erklärten Bewegungen, und wenn Wittgenstein allgemeiner sagt, die Aussagen einer Sprache stellten die Tatsachen der Welt dar, dann war damit nichts spezifisch »Bewußtseinsmäßiges« oder »Inneres« gemeint[124]. Beiden Autoren ging es unmittelbar nur darum, wie und unter welchen Bedingungen die Berechnungen eines Wissenschaftlers oder die Äußerungen eines Sprechers die Formen der Erscheinungen oder Tatsachen »darstellen« oder »demonstrieren«. Und man kann einen großen Teil von Kants Hauptthese, die »Erkenntnis« könne das »Ding an sich« nicht erfassen, in genau diesem Sinne auffassen, nämlich daß sich der Inhalt der Erkenntnis nur in Form von Urteilen oder in grammatischen Formen aussprechen lasse, daß das, wovon man weiß, daß es der Fall sei, kein vom menschlichen Denken unabhängiger Gegenstand sei, sondern eine sprachlich strukturierte Tatsache oder Behauptung.

Zu Kants Zeit war das ein vernichtendes Argument gegen beide Seiten in dem erkenntnistheoretischen Streit, denn darin hatte man wiederholt Wahrnehmungen mit Begriffen und Behauptungen mit Vorstellungsbildern und Gegenständen verwechselt. Und wenn wir hier die »Darstellungsmethoden« als entscheidend für die Bedeutung (oder den kollektiven Gebrauch) wissenschaftlicher Begriffe nehmen, so sei betont, daß der Ausdruck »Darstellung« nur den soeben dargelegten Sinn haben soll. Damit verallgemeinern wir übrigens lediglich die Hertzsche Analyse der Erklärungsfunktion der klassischen Mechanik. Genau wie das Axiomensystem der Dynamik für Hertz die allgemeinen Beziehungen bei der Bewegung von Körpern »darstellen« sollte, so soll die taxonomische Klassifikation die allgemeinen Beziehungen zwischen den verschiedenen Arten lebender Organismen »darstellen«,

124 Siehe Wittgenstein (vgl. Anm. 116), 4.1, wo die Wörter »darstellen« und »Abbildung« so verwendet werden, daß der Gebrauch des Ausdrucks »Bild« als eines »künstlichen« erkennbar wird; siehe auch H. Hertz, *Die Prinzipien der Mechanik* (Leipzig, 1894, Darmstadt, 1963), Einleitung, wo eine ganze physikalische Theorie ein Bild genannt wird, das eine Darstellung der entsprechenden physikalischen Erscheinungen liefern soll.

die Strahlenverlaufsbilder sollen die Verhältnisse bei der optischen Spiegelung und Brechung »darstellen«, usw.
Damit ist nicht das geringste darüber gesagt, was im Bewußtsein des einzelnen Wissenschaftlers vorgeht, wenn er die einschlägigen Begriffe verwendet, um die betreffenden Erscheinungen zu »verstehen«. Man könnte immer noch die Auffassung vertreten, das Verstehen beim einzelnen beruhe auf einem »geistigen Programm« oder einer Vorstellung, die durch Internalisierung der entsprechenden Darstellung zustandekomme, doch darum geht es uns hier nicht. In der vorliegenden ersten Abteilung unserer Untersuchungen beschränken wir uns bewußt auf die kollektiven Funktionen der Begriffe und Darstellungsmethoden bei der wissenschaftlichen Erklärungstätigkeit, und eine Analyse dieser kollektiven Funktionen anhand des Begriffs der Darstellung kann zunächst einmal alle Kartesischen und Humeschen Rätsel hinsichtlich der Beziehung zwischen den »inneren« Ideen und den »äußeren« Erscheinungen umgehen. Gleichzeitig macht sie an Frege alle Zugeständnisse, die dessen Antipsychologismus mit Recht fordern kann, nämlich daß es zur »Erklärung« einer Erscheinung nicht genügt, sich innerlich vorzustellen, wie es wohl zu dieser Erscheinung kommt, sondern daß die Eigenart der Beziehung, für die sie ein Beispiel ist, öffentlich dargelegt werden muß. Versteht man das in einem genügend weiten Sinne, so bedeutet es natürlich nicht mehr, daß ein quasi-Euklidischer Beweis aufgestellt werden müßte, der als einziges für Descartes und Hume überzeugend gewesen wäre. Doch das ist nur gut, denn es zeigt, daß die Konsequenzen des Fregeschen Antipsychologismus in einer wichtigen Hinsicht weiter gegangen sein könnten, als er selbst erkannte. Eine »objektive« Analyse der Begriffe muß zwar anhand ihres öffentlichen oder kollektiven Gebrauchs geliefert werden, der ihren »Sinn« bestimmt, doch das braucht nicht bei allen Begriffen in genau der Form zu geschehen, in der Frege, Peano und Russell untereinander den arithmetischen Begriff der Zahl analysierten. Im Gegenteil, andersartige Begriffe werden auch kollektiv anders verwendet, und ihr »objektiver Sinn« muß entsprechend anders analysiert werden.
Seit der Zeit Kants, um es kurz zu sagen, war der Ausdruck »representation« in eine bekannte philosophische Dialektik

verwickelt. Im einen Extremfall wurde er im Sinne von »Vorstellungsbild« oder »Wahrnehmungsinhalt« verstanden und entsprach damit dem Lockeschen Begriff der Idee. Im anderen Extremfall wurde darunter ein formales deduktives System verstanden, das dem kartesischen Netz »evidenter« Voraussetzungen und Beweise entsprach. Der sich daran anschließende Streit war nichts als eine in nach-Kantischer Sprache formulierte Wiederholung der erkenntnistheoretischen Diskussion, über die Kant selbst hinauszukommen gehofft hatte. So wurde eine wichtige und völlig berechtigte Frage – nämlich wie die persönlichen Gedanken und Vorstellungen des einzelnen mit dem gemeinschaftlichen oder kollektiven Gebrauch der Ideen zusammenhängen – verwechselt mit unauflöslichen Rätseln bezüglich der »inneren« und »äußeren« oder privaten und öffentlichen Seiten des geistigen Lebens. Als Folge davon erschienen alle praktischen Verfahren, mit denen Gruppen von Menschen kollektiv ihre geistigen Fähigkeiten dartun, als bloße »Begleiterscheinungen im Verhalten« der »inneren Gedanken«, denen allein ein vernünftiges Gewicht zukam. So wurden die »Ideen« oder »Vorstellungen« als etwas Inneres logisch abgetrennt von ihrem »Ausdruck« oder ihrer »Anwendung« in Klassifikationen und Berechnungen, Schaubildern, Modellen und Kurven – also von ihren äußeren Darstellungen.
Viele der aus dieser Trennung erwachsenden Schwierigkeiten werden ausführlicher im zweiten Band unserer Untersuchungen behandelt werden. Insbesondere können wir alle Fragen auf später verschieben, die mit den Beziehungen beim einzelnen zwischen Ideen und ihrer Anwendung zu tun haben, zwischen dem geistigen Leben und dem intelligenten Verhalten, zwischen Gedanken und Urteilen, zwischen privaten Vorstellungen und öffentlichen Darstellungen. Später können wir dann fragen, wie weit solche Unterscheidungen wirklich berechtigt sind, angewandt auch auf die Gedanken des einzelnen; jetzt beschäftigen wir uns mit Ideen und Begriffen nur als möglichen Weitergabegehalten in kollektiven Disziplinen, und nur die »öffentlichen« Seiten des Gebrauchs von Ideen sind unmittelbar von Bedeutung.
Indem wir die kollektiven Seiten des Gebrauchs von Ideen anhand der Erklärungsverfahren einer Wissenschaft analy-

sieren, können wir tatsächlich über die beiden älteren Arten der Analyse der Vorstellungen – als »Ideen im Bewußtsein« bzw. als »Grundbegriffe« – hinausgehen, ohne den Kontakt mit ihnen völlig zu verlieren. Jetzt kann man die theoretischen Ausdrücke in axiomatischen Kalkülen und anderen logischen Systemen – statt als die wissenschaftlichen Begriffe *selbst* – als sprachliche oder mathematische *Symbole für* solche Begriffe auffassen. Ein formal definierter Ausdruck gewinnt seine wissenschaftliche Bedeutung – d. h. wird zu Erklärungen eingesetzt – erst im Zusammenhang mit der Konstellation von Erklärungsverfahren, die er bezeichnet. Ähnliches gilt für die privaten, persönlichen Vorstellungen oder Modelle, anhand derer ein einzelner Wissenschaftler vielleicht über seine Probleme nachdenkt. Auch diesen läßt sich ein wissenschaftlicher Sinn geben als einem weiteren Ausdruck oder Symbol der entsprechenden wissenschaftlichen Ideen. Für uns landen in der Tat Vorstellungen und mathematische Variablen auf derselben Ebene. Die Ausdrücke eines formalen Kalküls mögen zwar genauer mit den Begriffen zusammenhängen, die sie bezeichnen, als die Vorstellungsbilder oder Modelle, die wir uns von ihnen machen, doch ihre Beziehung zu diesen Begriffen ist auch nicht unmittelbarer; und es ist keineswegs richtiger, »Begriffe« mit diesen »Grundausdrücken« gleichzusetzen als mit physikalischen Modellen oder Vorstellungsbildern[125]. Im Gegenteil, alle derartigen Ausdrücke, Vorstellungen und/oder Modelle sind verschiedene und mehr oder weniger brauchbare Mittel, um die kollektiven Ideen auszudrücken oder zu symbolisieren, die den »Weitergabegehalt« einer wissenschaftlichen Disziplin bilden. Und es besteht zwar kein Zweifel, daß Vorstellungsbilder, Spuren im Nervensystem und mathematische Variablen alle durchaus ihre Rolle im Denken und Handeln der Wissenschaftler spielen, doch wir brauchen hier nach wie vor nicht speziell auf sie zurückzugreifen, wenn wir den Inhalt und die Geltung der in kollektiven rationalen Unternehmen verwendeten Ideen analysieren.

125 Nach Hertz (ebenda) gibt es im Prinzip keinen Grund, warum »innere Scheinbilder« nicht zur »Darstellung« von Erscheinungen verwendet werden sollten; doch als solche sind sie lediglich eines von mehreren möglichen Mitteln des Verstehens.

Kapitel 3
Intellektuelle Disziplinen: ihre historische Entwicklung

Betrachtet man den historischen Vorgang des Ideenwandels in intellektuellen Disziplinen anhand eines Populationsmodells, so kann man ihn auf drei verschiedene Arten darstellen. Man kann aufeinanderfolgende Zeitquerschnitte des Inhalts der Disziplin nehmen und damit den Vorgang als (A) eine Folge »repräsentativer Mengen« analysieren, die die Gesamtheit der Ideen enthalten, die in der betreffenden Disziplin zu aufeinanderfolgenden Zeitpunkten im Umlauf waren.

Oder man kann Auftreten, Entwicklung und das schließliche Schicksal einzelner Ideen während ihrer ganzen Lebensgeschichte betrachten und damit den Vorgang analysieren in (B) ein Bündel von Genalogien einzelner Ideen.

Schließlich kann man diese beiden Arten der Analyse kombinieren und die genealogische Entwicklung aller wichtigen Ideen durch eine Folge repräsentativer Mengen hindurch verfolgen; damit analysiert man den Ideenwandel als (C) das Ergebnis eines Doppelvorgangs der Ideenvariation und der intellektuellen Auslese.

Jede dieser Arten der Analyse hat ihre Vorzüge und Nachteile. Die Methode der aufeinanderfolgenden Querschnitte (A) lenkt auf Fragen der Rationalität hin, die von orthodoxeren, mehr systemorientierten Wissenschaftstheoretikern übersehen werden. Denn die Fragen, die einer systematischen Analyse am ehesten zugänglich sind, haben mit den Beziehungen zwischen gleichzeitig vorhanden Ideen zu tun; die Beziehungen zwischen Ideen aus aufeinanderfolgenden repräsentativen Mengen dagegen entziehen sich notwendigerweise der formalen Logik. Und wenn es um Ideenwandlungen geht, so erhebt sich die entscheidende Frage der »Vernünftigkeit« gerade bei den »nichtlogischen« Übergängen zwischen aufeinanderfolgenden repräsentativen Mengen von Ideen, d. h. bezüglich der Bedingungen, unter denen man davon sprechen kann, es sei *mit guten Gründen* eine

Ideenpopulation einer sich historisch entwickelnden Disziplin, in drei Darstellungen

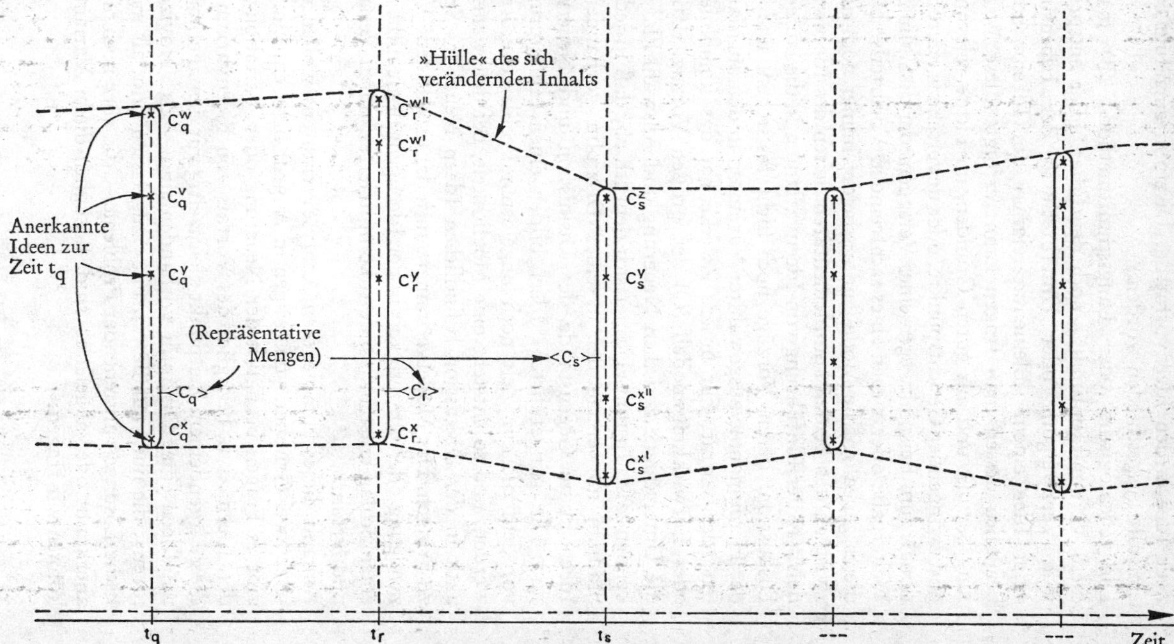

(A) Zeitquerschnittsdarstellung

neue Idee in den Ideenvorrat der Disziplin eingefügt oder eine alte ausgeschieden worden.

Die genealogische oder Längsschnittmethode (B) macht diese Vernunftkontinuität noch deutlicher. Hier entspricht jede Verzweigung oder Unterbrechung der Lebenslinie einer Idee einem »Elementarereignis« des Ideenwandels, bezüglich dessen man fragen kann: erfolgte diese Wandlung bewußt und aus guten Gründen, im Lichte relevanter und zwingender Gesichtspunkte, oder unversehens oder irrational, zum Beispiel wegen eines Versagens der disziplinären Weitergabe oder wegen eines sachfremden Vorurteils? Doch dieses genealogische Modell unterscheidet immer noch nicht zwischen den beiden komplementären Seiten des Ideenwandels: (1) der Einführung von Ideenvarianten in die laufende Diskussion, deren Vorzüge noch nicht feststehen, und (2) der Hereinnahme ausgewählter Varianten in den anerkannten Ideenvorrat. Für unsere Zwecke hat das kombinierte oder Entwicklungsmodell (C) den großen Vorzug, daß es die Unterschiede zwischen Neuerung und Auswahl klar erkennen läßt. In ihm zeichnet sich deutlich ab, daß in jedem Stadium nur einige der in einer Disziplin vorhandenen Ideen akute Gegenstände der Diskussion und Neuerung sind. Die »eingeführten« Ideen bilden einen Hintergrund, vor dem die zur Zeit noch ungelösten Probleme erörtert werden, und so entsteht eine Möglichkeit, bei den wenigen akut in der Diskussion befindlichen Ideen Neues ins Spiel zu bringen. Das Modell erinnnert auch daran, daß jede Verzweigung oder Unstetigkeit in der Ideengenealogie nicht auf einen Schlag entsteht, sondern komplizierter, durch Versuch und Irrtum.

Anhand dieses komplexeren Analyseverfahrens wollen wir jetzt zwei Gruppen von Fragen in Angriff nehmen. Einmal gibt es Fragen bezüglich der Neuerung oder Variation bei den Ideen, d. h. bezüglich des Vorrats von Ideenvarianten, die zu irgendeinem Zeitpunkt gleichzeitig mit den anerkannten Ideen einer Disziplin vorhanden sind – als »Novizenideen«, die nur »auf Bewährung« zugelassen sind, als mögliche Lösungen anstehender Probleme –, die aber noch nicht anerkannt oder abgelehnt sind. Bezüglich dieser Varianten können wir fragen:

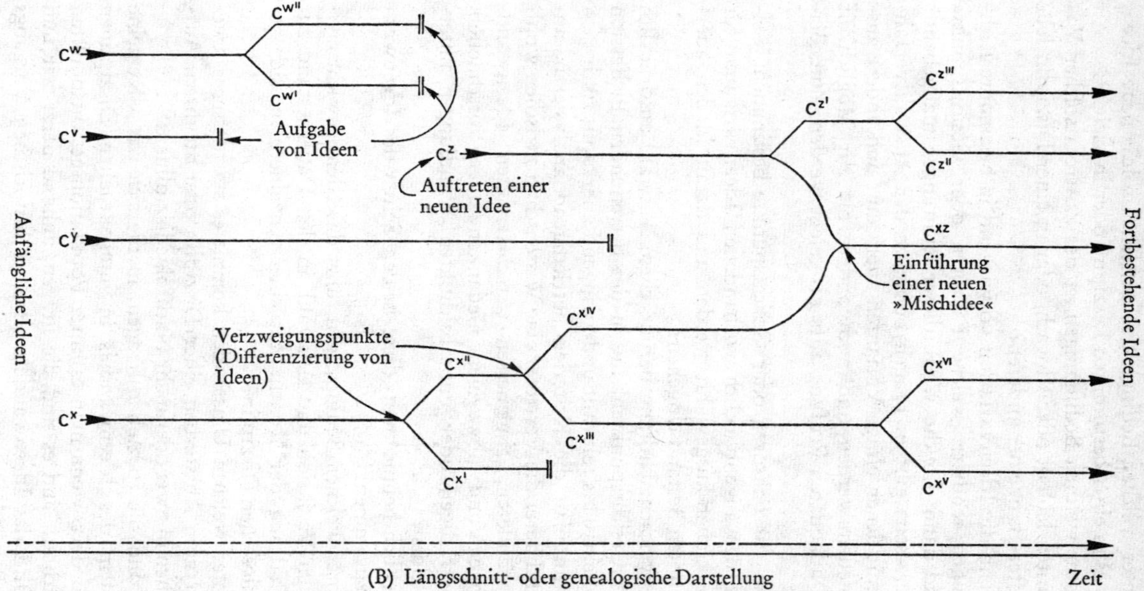

(B) Längsschnitt- oder genealogische Darstellung

1. Unter welchen Bedingungen entstehen solche neue Ideen, sei es in einer bestimmten Disziplin oder in vielen?
2. Unter welchen Bedingungen ist der Zustrom solcher Varianten lebhaft oder schwach, oder in einer Disziplin lebhafter als in einer anderen?
3. Wenn die Ideenvariation vorwiegend in bestimmte Richtungen tendiert, welche Faktoren oder Gesichtspunkte sind dann für die Wahl dieser Richtungen maßgebend?

Andererseits gibt es Fragen bezüglich der Auswahlverfahren, mit denen einige Varianten anerkannt und andere ausgeschieden werden und noch andere bis zur Möglichkeit einer ädaquaten Prüfung aufs Eis gelegt werden. Zum Beispiel:

1. Was für Faktoren oder Gesichtspunkte bestimmen, welche der augenblicklich vorhandenen Ideenvarianten für die Dauer ausgewählt werden und damit in den anerkannten Bestand eingehen?
2. In welchem Umfang beruht diese Auswahl ausdrücklich auf Gesichtspunkten, die in der betreffenden Profession kollektiv als relevant und zwingend anerkannt sind?
3. Kann man die Kriterien befriedigend analysieren, anhand derer die Vertreter eine Wissenschaft zwischen wohlbegründeten, angemessen gerechtfertigten Ideenwandlungen und abwegigen Gedanken oder vorschnellen, überfälligen oder unbeabsichtigten Wandlungen unterscheiden?

Schließlich nehme man diese beiden Seiten des Ideenwandels zusammen:

1. Unter welchen Bedingungen führt das Gleichgewicht zwischen Variation und Auswahl in den Dauerbestand zur Erhaltung der Kontinuität einer einzelnen, in sich geschlossenen Disziplin?
2. Unter welchen Umständen kommt es stattdessen entweder zum Aussterben einer Disziplin oder zu ihrem Aufgehen in zwei oder mehr Nachfolgedisziplinen?

Das sind die speziellen Fragen, in die sich das allgemeine Problem des Ideenwandels in intellektuellen Disziplinen aufgliedert, wenn man es unter Populationsgesichtspunkten betrachtet. Und es sind die Fragen, anhand derer wir nun ein Bild des Ideenwandels als eines historischen Vorgangs

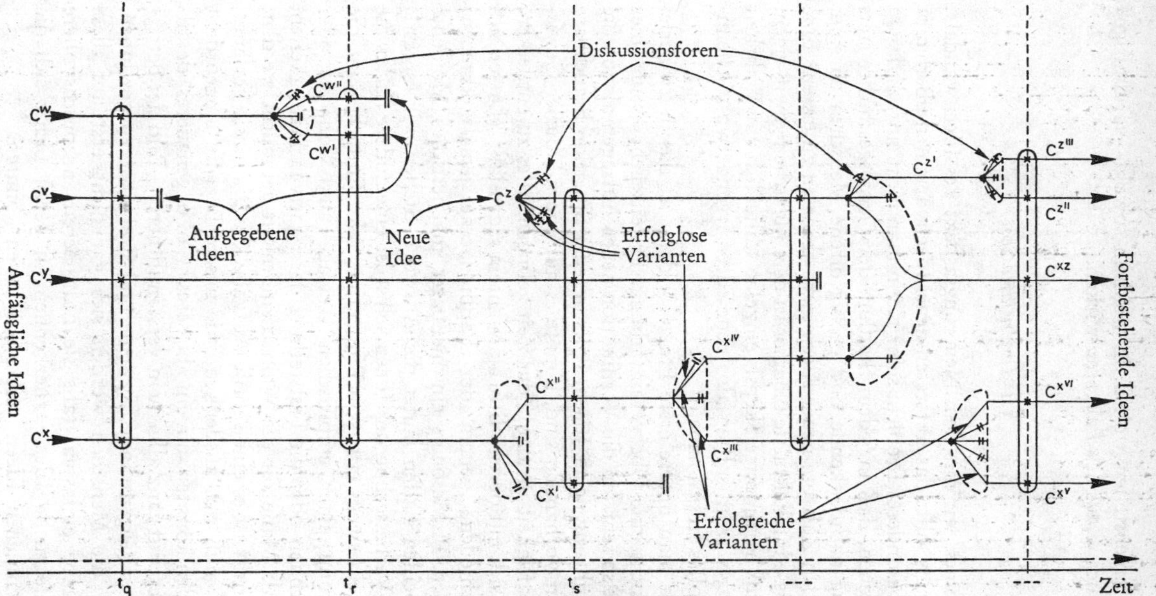

(C) Evolutionäre Darstellung

zusammenstellen wollen, in welchem sowohl »vernünftige« als auch »kausale« Faktoren wirken.

3.1 *Ideenvariation*

Beginnen wir mit dem Neuerungsaspekt des Ideenwandels: Warum sollte das Auftreten neuer Ideenvarianten überhaupt ein besonderes Problem sein? Kann man nicht einfach davon ausgehen, daß in jedem Stadium der Geistesgeschichte stets genug nachdenkende und geistig offene Menschen da sind, um den Zustrom neuer Ideen nicht abreißen zu lassen? Eine gewisse intellektuelle Neugier ist dem Menschen gewiß eigen, so daß hartnäckige Skepsis einzelne schließlich zur Wahrheit führt; warum sollten also neue Ideen irgendetwas Geheimnisvolles an sich haben?
Stellt man unsere erste Frage so, dann ist das in zweierlei Hinsicht eine Übervereinfachung. Erstens geht es uns hier nicht so sehr um die Verifikation neuer Aussagen als um die Einführung neuer Ideen. Falls in jeder Situation brauchbare Ideen vorhanden sind, könnte es mit unermüdlicher Gewissenhaftigkeit im Laufe der Zeit gelingen, alles zu entdecken, was sich mit deren Hilfe an Wahrem sagen läßt. (Lassen sich verschiedene genera der Papilionaceae jemals kreuzen? Haben Pi-Mesonen ein meßbares magnetisches Moment? In beiden Fällen lautet die Antwort: Stellen wir es fest!) Die Verbesserung der Ideen selbst ist eine andere Sache. Sie ist keineswegs etwas so Eindeutiges oder Einfaches wie die Prüfung einer empirischen Aussage auf Wahrheit oder Falschheit oder die Feststellung der relativen Häufigkeiten, die als Maße für die Wahrscheinlichkeit gebraucht werden; vielmehr ist es eine subtile Aufgabe, die Phantasie verlangt, man muß sich ausdenken, wie unsere Begriffe umgeordnet werden könnten, um ein »besseres« – d. h. genaueres, detailliertes und ganz allgemein verständlicheres – Bild der betreffenden Gegenstände, Systeme und Ereignisse zu gewinnen. Und die Menschen werden sich gar nicht erst auf diese Aufgabe einlassen, falls sie nicht bereits anspruchsvollere intellektuelle Ideale anerkennen, in deren Lichte sich die vorhandenen Ideen verbessern lassen könnten.

Zum zweiten: die Initiative des einzelnen kann zur Entdeckung neuer Wahrheiten führen, doch die Entwicklung neuer Ideen ist eine Gemeinschaftssache. Wenn wir von einer wirklichen »Ideenvariante« sprechen wollen, genügt es nicht, einen ganz besonders gewissenhaften Menschen zu finden, der eine neue Idee hat; um einen wirksamen Vorrat von Ideenvarianten in einer Wissenschaft zu schaffen, ist mehr nötig als die persönlichen Gedanken aufgeschlossener Menschen. Ehe ein neuer Gedanke eine reale »Möglichkeit« wird, muß er kollektiv als bedenkenswert akzeptiert werden, d. h. als wert, mit ihm zu experimentieren und ihn auf Herz und Nieren zu prüfen. Die Schaffung einer neuen theoretischen Möglichkeit setzt also nicht nur eine kollektive Unzufriedenheit mit dem vorhandenen Begriffsapparat voraus, auch nicht nur den Vorschlag eines anderen Erklärungsverfahrens durch einen einzelnen, sondern das Zueinanderpassen von beidem. Das heißt, die Neuerung des einzelnen muß als eine Möglichkeit erscheinen, mit den Problemen fertig zu werden, die Ursache der kollektiven Unzufriedenheit sind.
Im Lichte dieser Vorbetrachtungen wollen wir jetzt nach den Bedingungen für das wirksame Auftreten neuer Ideen fragen. Zunächst einmal: Welche *intellektuellen* Bedingungen müssen erfüllt sein, damit eine neue Idee überhaupt eine ernsthafte »Möglichkeit« wird? Wenn Fachwissenschaftler einen theoretischen Vorschlag als eine Möglichkeit behandeln, dann stellen sie sich diese Veränderung nicht – wie David Hume in seiner Untersuchung – isoliert oder abstrakt vor, als »möglich« schlechthin. Sie können einen theoretischen Vorschlag nicht schon deshalb ernst nehmen, weil der den gesicherten Ergebnissen der bisherigen Erfahrung nicht widerspricht und daher aus rein logischen Gründen »möglich« ist. Vielmehr sehen sie jeden neuen Vorschlag im Zusammenhang mit einem Problem oder einer Gruppe von Problemen und beurteilen seine »Möglichkeit« danach, wie er zu einer »möglichen Lösung« dieser Probleme beitragen könnte. Die Klasse der »wissenschaftlichen« Möglichkeiten ist also viel enger als die Klasse der »logischen« Möglichkeiten des Philosophen. Wissenschaftliche Möglichkeiten sind stets »mögliche Weisen, Probleme von der und der Art anzufassen«; und der Diskussionszusammenhang

zeigt indirekt, auf welche Probleme sich die Vorschläge im einzelnen richten und wie die vorgeschlagenen Neuerungen ihre Behandlung erleichtern könnten. Ist diese Minimalbedingung nicht erfüllt, so werden diese Neuerungen – wie formal widerspruchsfrei sie auch seien – nicht einmal zu vorläufigen »Möglichkeiten«[126].

In der Praxis läßt sich diese Minimalbedingung auf viele verschiedene Arten erfüllen, je nachdem, um was für Probleme es sich handelt. Ja, wir könnten grundsätzlich mindestens 15 grundlegende Arten neuer Ideen aufzählen, die alle die Form echter wissenschaftlicher »Möglichkeiten« haben. Theoretisch jedenfalls kann man an Probleme jedes der 5 Haupttypen aus dem letzten Kapitel jeweils auf drei Arten herangehen: durch Verfeinerung des Bezeichnungsapparats, durch Einführung neuer Darstellungsmethoden oder durch Veränderung der Kriterien für die Fälle, auf die die vorhandenen Methoden anwendbar sind. Und in der Wissenschaftsgeschichte finden sich Beispiele für die meisten, wenn nicht alle 15 Grundarten theoretischer Neuerungen. Doch diese 15 Grundformen sind in jedem Fall nur ein Anfang. In der Praxis entstehen theoretische Probleme selten allein auf einer Ebene, und theoretische Wandlungen betreffen gewöhnlich mehr als eine Seite der bestehenden Ideen. Einigermaßen typische Beispiele aus dem wirklichen Leben – wie die theoretischen Neuerungen, die zur Entstehung der Molekularbiologie führten – sind im allgemeinen sehr kompliziert. Oft werden alte Erscheinungen genauer erklärt und neue zum erstenmal; theoretische Grenzen werden neu gezogen, sowohl innerhalb einer Disziplin als auch zwischen benachbarten Disziplinen; schließlich sind oft Veränderungen aller drei Aspekte der betreffenden Ideen notwendig – des Bezeichnungsapparats, der Darstellungsmethoden wie auch der empirischen Kriterien für die Anwendung.

Für unsere Zwecke genügt es, daß eine ernsthafte theoretische »Möglichkeit« Aussicht auf ein wohlbestimmtes Verfahren zur Bearbeitung eines anstehenden theoretischen

126 Siehe D. Shapere, »Plausibility and Justification in the Development of Science«, Vortrag vor der American Philosophical Association (Eastern Division), Dezember 1965, abgedruckt in *Journal of Philosophy*, 63, Nr. 20 (1966), 611-20.

Problems bieten muß. Und damit können wir uns nach den intellektuellen jetzt den professionsbezogenen Bedingungen für die Einführung echter »Varianten« zuwenden. Erinnern wir uns des Problems, vor dem Charles Darwin am entsprechenden Punkt seiner Argumentation bezüglich der Entwicklung der Organismen stand. Es hatte mit der Erblichkeit der Variationen zu tun: würde jede neue Tier- und Pflanzengeneration aus völlig neuen Individuen mit völlig neuen Eigenschaften bestehen, so könnte die natürliche Auslese nirgends ansetzen. Der Darwinsche Mechanismus der Bildung abgegrenzter Arten durch Auslese kann nur wirken, wenn die Variationen in hinreichend vielen aufeinanderfolgenden Generationen und auf geeigneten Schauplätzen der Konkurrenz »verfügbar« bleiben, damit die natürliche Auslese wirken kann. Kurz, eine zufällige Variation allein führt nie zur biologischen Evolution; es muß für einen Vorrat erblicher Variationen gesorgt sein.

Da es damals keine fundierte Genetik gab, führte Darwin die Existenz eines solchen Vorrats als eine einleuchtende Hypothese ein, die durch den Gesamterfolg seiner Theorie indirekt an Glaubwürdigkeit gewinnen würde; und er gab die Notwendigkeit dieser Voraussetzung gleich gegen Anfang seiner Argumentation offen zu: »*Wenn* Variationen, die irgendeinem Organismus nützlich sind, *überhaupt* vorkommen, so hat sicher das von ihnen betroffene Individuum die beste Aussicht, im Lebenskampf zu bestehen; und *nach dem starken Erblichkeitsprinzip* wird es im allgemeinen auch ähnliche Nachkommen hervorbringen.«[127] Wenn diese Voraussetzung einmal vorläufig eingeführt war, konnte die Argumentation für seine Theorie voranschreiten; und deren Gesamt-Überzeugungskraft würde dann nachträglich zur Bestätigung der Annahme beitragen. Ein ähnliches Problem entsteht im Zusammenhang mit der Entwicklung der Ideen. In einer Wissenschaft kann es nur dann wirksamen theoretischen Wandel geben, wenn die vergänglichen Neuerungen nicht automatisch mit ihren Schöpfern sterben. Gewiß müssen einzelne dazu gebracht werden, über das betreffende Gebiet nachzudenken; doch ihre privaten Gedanken

127 Siehe Darwin, *The Origin of Species,* (London, 1859), Kap. 4, »Natural Selection«, Zusammenfassung.

haben, für sich genommen, ebensowenig langfristige Wirkung wie vergängliche organische Variationen, wenn sie nicht von anderen aufgegriffen werden und damit zum Rohstoff einer kollektiven Entwicklung werden. Erst dann sind sie in dem einschlägigen Vorrat neuer Ideen »vorhanden«. Die letzte, unverzichtbare Quelle neuer Ideen liegt zwar in der Neugierde und Nachdenklichkeit einzelner, doch sie kommen nur zum Tragen, wenn weitere günstige Umstände hinzutreten. Die »Genetik« neuer Ideen auf der Ebene der Individuen ist also vielleicht kein großes Geheimnis, doch umfassende Ideenwandlungen in kollektiven Disziplinen hängen auch von den Gemeinschaftsbedingungen ab, ohne die die ursprünglichen Ideen der einzelnen vielleicht nie in der Profession zur Geltung kämen.

Eine Bedingung für die Verfügbarkeit echter Ideenvarianten ist also das Vorhandensein zweckentsprechender Diskussionsforen in der Profession. Eine ernsthafte und methodische Fortentwicklung der Ideen einer Disziplin erfordert entsprechend gut organisierte Einrichtungen für die kritische Diskussion und Verbesserung dieser Ideen. Untersucht man die Entstehung der »neuen chemischen Philosophie« zwischen 1760 und 1810 allein unter Disziplingesichtspunkten, so kann man sich auf die Entwicklung quantitativer Analysemethoden oder die Wandlung des Gedankens der »Affinitäten« von Joseph Black bis John Dalton konzentrieren. Doch unter einem umfassenderen Gesichtspunkt ist das nur ein kleiner Ausschnitt aus viel weiterreichenden Verhältnissen, denn es wird die Existenz gerade der Zirkel von Naturphilosophen in England und Schweden, Frankreich und Schottland vorausgesetzt, deren Diskussionen das kollektive Forum für diesen Ideenwettstreit waren. Wenn die disziplinären Neuerungen ihren Wert beweisen konnten, so deshalb, weil die nötigen fachlichen Foren zur Verfügung standen; und die gemeinsamen wissenschaftlichen Ziele der maßgebenden Gruppen bestimmten die Gesichtspunkte, unter denen diese Neuerungen beurteilt wurden[128]. Umgekehrt kann das Fehlen eines brauchbaren Forums allein

128 Einen Ausschnitt aus der Frühgeschichte dieser fachorientierten Gruppen liefert Robert E. Schofield, *The Lunar Society of Birmingham* (Oxford, 1963).

schon ein unüberwindliches Hindernis für die angemessene Berücksichtigung einer Ideenvariante sein. Da z. B. Mendel von seinen Fachkollegen isoliert war, konnten diese nur schwer die Bedeutung seiner Probleme und die umfassenderen theoretischen Konsequenzen seiner Gedanken erkennen[129]. Ein Wettbewerbsforum, auf dem es zu wirksamen Neuerungen kommen kann, setzt also voraus, daß die Disziplin als Profession so organisiert ist, daß neue Ideen einzelner anhand einer kollektiven Menge von Erklärungsidealen beurteilt werden können; und diese Ideen können zu der kollektiven Diskussion nur dann beitragen, wenn ihre Urheber – anders als Gregor Mendel in den 60er Jahren des vorigen Jahrhunderts – in funktionierendem Kontakt mit den betreffenden Gruppen der Profession stehen.

Entsprechende Kombinationen von Faktoren und Gesichtspunkten – einige davon disziplinbezogene oder wissenschaftliche, andere professionsbezogene oder soziale – sind für unsere zweite Frage bezüglich neuer Ideen von Bedeutung, nämlich der des verschieden starken Zustroms von Ideenvarianten in verschiedenen Wissenschaften zu verschiedenen Zeiten. Die Wissenschaften machen nicht alle gleichzeitig lebhafte Wandlungen oder Zeiten des Stillstands durch; vielmehr verschiebt sich der Brennpunkt von einer historischen Epoche zur anderen. In einem Jahrzehnt befinden sich vielleicht die Ideen auf dem Gebiet der Dynamik in rascher Entwicklung und die in der Geologie in verhältnismäßigem Stillstand, während es 50 Jahre später vielleicht umgekehrt ist; die Astrophysik verliert vielleicht an Rasanz, während gerade die Chemie in Fahrt zu kommen beginnt; die Physiologie ist vielleicht aktiver als die Anatomie, oder umgekehrt. Ja, gelegentlich mögen sogar bestimmte wissenschaftlich fruchtbare Methoden unter Verhältnissen eine Blütezeit erlebt haben, die der wissenschaftlichen Spekulation im allgemeinen ungünstig waren. Wie lassen sich nun diese ganzen unterschiedlichen Intensitäten des Zustroms neuer Ideen erklären? Diese Frage können wir zunächst einmal systematisch oder »von innen her« angehen –

129 Über Mendels Isoliertheit siehe z. B. H. Iltis, *Gregor Johann Mendel: Leben, Werk und Wirkung* (Berlin, 1924), und die Kommentare dazu von Elizabeth Gasking, R. A. Fisher und anderen.

indem wir fragen, wie es dazu kommt, daß sich die Aufmerksamkeit auf bestimmte Wissenschaftsgebiete aufgrund der Art ihrer aktuellen Probleme konzentriert –, und dann können wir die soziologischen oder »äußeren« Faktoren betrachten – d. h. die wirtschaftlichen, politischen oder institutionellen Seiten einer Problemsituation, die die Möglichkeiten für die Forschung auf verschiedenen Wissenschaftsgebieten entweder verbessern oder verschlechtern. Beginnen wir mit den »inneren« Gesichtspunkten. Die Intensität, mit der ein bestimmtes Forschungsgebiet jeweils bearbeitet wird, und damit auch die Intensität des Zustroms neuer Ideen auf diesem Gebiet, hängt offensichtlich von einer inneren Eigenschaft des Gebiets ab, die die Wissenschaftler selbst mit den bildlichen Ausdrücken »Reife« und »Unreife« beschreiben. Ein Problem, das die Wissenschaftler als »lösungsreif« beurteilen, wird oft allein aus diesem Grunde bearbeitet; entsprechend wenig beschäftigt man sich mit »unreifen« Problemen, es sei denn, daß sie von ganz besonderem Interesse sind. Als erstes müssen wir dieses Bild in konkretere Aussagen umsetzen.

Es gibt Abschnitte in der Geschichte jeder Wissenschaft, in denen man ihre Probleme nicht so richtig in den Griff bekommt. Dafür kann es mehrere Gründe geben. Das Gebiet kann so vielfältig und kompliziert sein, daß es sich der Analyse entzieht; das gilt bis in die jüngste Zeit für die Meteorologie. Oder es fehlen noch die allgemeineren Begriffe, um in das Gebiet eine geistige Ordnung hineinzubringen; so wurden die Hauptprobleme der Physiologie erst »reif«, als ein allgemeines System der Chemie entwickelt war. In anderen Fällen wiederum kann die Lösung der aktuellen Probleme mathematische Methoden, Instrumente oder experimentelle Verfahren erfordern, die es noch gar nicht gibt ... usw. Aus solchen Gründen können sich die theoretischen Probleme einer Wissenschaft den verfügbaren Forschungsmethoden entziehen und damit »unreif« sein. Umgekehrt kann der Augenblick kommen – manchmal ganz plötzlich –, da alle diese Hindernisse überwunden werden können. Maßgebend kann die Entwicklung eines neuen Instruments sein (z. B. des Elektronenmikroskops) oder einer neuen mathematischen Methode (z. B. der Differentialrechnung), oder die Übernahme allgemeiner Gedanken aus einer anderen, grundlegenderen Wissenschaft (etwa der Biochemie), die Auffindung neuer Klassifikationsgrundsätze (etwa für Wetterlagen oder Pflanzenkrankheiten), oder auch eine Kombination solcher Faktoren. Vorher bringen die Anstrengungen in einer solchen Wissenschaft unverhältnismäßig wenig Erfolg; doch wenn sich einmal die günstigen Bedingungen eingestellt haben, können die Folgen umwälzend sein. Ein neues Zusammenwirken von Röntgenkristallographie, Bakteriengenetik und Chemie der Nukleinsäuren zum Beispiel ermöglichte die Entstehung der Molekularbiologie[130]; in wenigen Jahren, ja Monaten, entstand plötzlich eine neue und dynamische wissenschaftliche Disziplin mit der Aufgabe, die neuen theoretischen Möglichkeiten zu »pflegen« und die wissenschaftliche »Ernte«, die nun möglich geworden war, »einzubringen«. Jetzt standen die Wissenschaftler nicht mehr vor Problemen, die sie nicht in den Griff bekommen konnten, sondern sie konnten genaue und explizite Fragen stellen und bearbeiten. Eine neue und klare Frage nach der anderen bot sich zur Untersuchung an, und bald kamen systematische Erklärungsgrundsätze in dem ganzen Gebiet zum Zuge.

Man beachte, wie sich bei der Beschreibung des Aufblühens einer Wissenschaft ganz von selbst Ausdrücke aus dem Landbau anbieten wie »Frucht« und »Ernte«, »pflegen« und »einbringen«. Die Wissenschaftler sind so bemüht wie Bauern, ihre Kräfte nicht nutzlos zu verschwenden, und sie sind so sorgfältig darauf bedacht wie Bauern, ihre Tätigkeit ganz auf die unmittelbaren Erfordernisse der jeweiligen Aufgaben zu richten. Daher wenden sie sich eher solchen Problemen zu, die eine glatte Lösung erhoffen lassen, als solchen, bei denen keine Hoffnung auf Lösung besteht. Peter Medawar hat diesen Gesichtspunkt schlagend formuliert. So, wie die Politik »die Kunst des Möglichen« ist, sagt er, so ist die Wissenschaft »die Kunst des Lösbaren«[131]. Eine gewisse geistige Disziplinlosigkeit bringt manchen hochintelligenten Wissenschaftler in Versuchung, zuviel Zeit mit fruchtlosen

130 Siehe z. B. *Phage and the Origins of Molecular Biology*, hrsg. v. J. Cairns u. a. (Cold Spring Harbor, N. Y., 1956).
131 P. B. Medawar, *The Art of the Soluble* (London, 1967).

Spekulationen über Probleme hinzubringen, die für die sofortige Untersuchung einen Grad zu kompliziert sind. (Medawar selbst führt die theoretische Embryologie an, die sich von 1920 bis mitten hinein in die 50er Jahre in diesem unbefriedigenden Zustand befunden habe.[132]) Ein sicheres Kriterium für die Urteilsfähigkeit eines Wissenschaftlers ist umgekehrt seine Fähigkeit, genau die Probleme aufzuspüren, bei denen die Arbeit alsbald Früchte zeitigt, und die Untersuchungsmethoden zu entwickeln, die die herangereifte wissenschaftliche »Ernte« elegant und rasch »einbringen« werden.

Das soll nicht heißen, die einfachsten wissenschaftlichen Aufgaben stünden am stärksten im Mittelpunkt des Interesses. Über einen bestimmten Punkt hinaus kann die Forschung uninteressant werden, zu sehr Routinesache, denn es kann genau so gut ein Zuviel an Beobachtungen oder Berechnungen geben wie an Streitigkeiten! Abgesehen von den völlig unlösbaren Problemen interessieren sich die Wissenschaftler am wenigsten für Probleme, die so einfach sind, daß ihre Lösung wenig neue theoretische Erkenntnisse bringt. Gewöhnlich wird es wenig theoretische Gründe geben, etwa die spezifische Wärme einer weiteren Seltenen Erde zu messen, oder die Glykogenabscheidung einer weiteren Nagetierart. So zeigt sich die wissenschaftliche Urteilskraft in der Praxis oft darin, daß erkannt wird, wie eine ganz präzise und spezielle – oder »harte« – Forschung zu neuen *theoretischen* Erkenntnisse führen kann.

Wären alle anderen Verhältnisse gleich, so würden die Wissenschaftler ihre Kraft zwischen den verschiedenen Forschungsgebieten in dem Verhältnis aufteilen, wie sie die jeweiligen wissenschaftlichen Ertragsmöglichkeiten einschätzen. Doch hier, wie auch sonst überall, sind die übrigen Bedingungen nie völlig gleich; und an diesem Punkt müssen die »äußeren« oder soziologischen Faktoren in unsere Analyse einbezogen werden. In jedem Stadium der Geschichte wirken kulturelle Praktiken und soziale Institutionen auf die Entwicklung der Ideen in zweierlei entgegengesetzem Sinne: sie schaffen Anreize und Möglichkeiten für neue

132 Ebenda, S. 106 ff.

Ideen, und sie schaffen Hindernisse und Abschreckung für intellektuelle Ketzereien. Betrachten wir zuerst die positiven Faktoren. Gibt man seiner Neugierde bezüglich der natürlichen Welt nach, so ist das eine »reine« oder sich selbst rechtfertigende Tätigkeit, die sich unmittelbar fast nur in Form der intellektuellen Befriedigung über das bessere Verstehen auszahlt; für sich genommen, hat sie daher noch selten jemanden ernährt. Wirtschaftlich gesehen, war also die Naturwissenschaft gewöhnlich ein »Rentner«, sie war finanziell von der Verbindung mit anderen Tätigkeiten und Institutionen abhängig. Aus der Sicht des 20. Jahrhunderts könnte es so scheinen, als sei die Entwicklung der Naturwissenschaft eine der Haupterrungenschaften der Zivilisation gewesen, doch das ist erst in allerjüngster Zeit der Fall. Soziologisch gesehen, war die naturwissenschaftliche Tätigkeit bis in unser Jahrhundert hinein kaum mehr als eine Randerscheinung und wirkte sich nur ganz geringfügig auf die eingefahrenen Geleise der sonstigen sozialen Verhaltensweisen und Institutionen der Menschen aus. Fragt man, warum in einer bestimmten Kultur, Nation oder Epoche verschiedene Naturwissenschaften sich verschieden schnell entwickeln, so sollte man also tunlich fragen, von welchen anderen Aktivitäten die Naturwissenschaft unter diesen Verhältnissen eigentlich getragen wurde. Welche anderen Institutionen boten unabsichtlich oder absichtlich intellektuell interessierten Menschen die Möglichkeit, sich der naturwissenschaftlichen Forschung zu widmen?

In anderen Epochen und Kulturen durften die Menschen anerkannte Ideen nur kritisieren und sich von der Natur ein neues Bild machen, wenn es sich nebenbei aus einer anderen Berufstätigkeit ergab, die einen unmittelbareren gesellschaftlichen, politischen und wirtschaftlichen Nutzen erbrachte. So hat die Strukturveränderung der gesellschaftlichen Institutionen unmittelbar zu einer Strukturveränderung der Möglichkeiten für die wissenschaftliche Spekulation im allgemeinen und mittelbar zu unterschiedlichen Entwicklungsgeschwindigkeiten der einzelnen Wissenschaften selbst geführt. Einige wenige Grundprobleme erschienen freilich in den letzten 2000 Jahren stets als so unabweislich, daß die Wissenschaftler keine äußeren Anlässe brauchten, um über sie zu spekulieren; doch sonst konzentrierten sie sich am stärksten auf Gegenstände, die aus äußeren Gründen aktuell waren. In dieser Hinsicht spiegeln daher die Intensitäten der Neuerung in den verschiedenen Wissenschaften ungefähr nicht nur deren »Reifegrade« wider, sondern auch die Möglichkeiten und den gesellschaftlichen Bedarf. Im einen Extremfall hat George Gaylord Simpson die »Exobiologie« – die Wissenschaft vom möglichen Leben außerhalb der Erde – als ein Forschungsgebiet ohne jeden bekannten Gegenstand bezeichnet, das nur bestehe, weil es Mäzene gebe[133]. Man kann zwar eine ständige spekulative Diskussion über außerirdisches Leben über Kant und Buffon, Fontenelle und Kepler mindestens bis zu Nikolaus Cusanus zurückverfolgen, doch die Sache ist bis heute ihrer Natur nach für die wissenschaftliche Untersuchung »unreif«, und noch keine außerhalb liegende Institution hat in ihrer Unterstützung irgendeinen äußeren Vorteil erblickt[134]. Doch in den letzten 10 Jahren hat die Raumfahrtbehörde der US-Regierung die Exobiologie aufgegriffen, weil sie für die Probleme der Raumfahrt von Bedeutung sein könne; so entstanden Institute und Forschungsprogramme auf dem Gebiet der Exobiologie mit finanzieller Förderung durch die NASA. Ehe wirklich einmal unbezweifelbare außerirdische Lebewesen gefunden werden, kann sich die neue Disziplin natürlich keine großen Fortschritte erhoffen, denn vorher gibt es keine Möglichkeit der Entscheidung, welche ihrer neuen Theorien gut begründet sind. Doch an neuen Ideen hat es bisher keineswegs gefehlt. Die großzügige Förderung hat jedenfalls die wissenschaftliche Phantasie beflügelt, und die angehende Wissenschaft der Exobiologie hat eine so ausgeprägte Flut neuer Ideen hervorgebracht, wie es bei der profunden Unkenntnis nur möglich war[135].

133 G. G. Simpson, »The Non-Prevalence of Humanoids«, in *This View of Life* (New York, 1964), S. 253 ff.

134 Siehe z. B. Buffon, *Les époques de la nature* (1778); Kant, *Allgemeine Naturgeschichte* (1755); Fontenelle, *Entretiens sur la pluralité des mondes* (1686); und so weiter bis zurück zu Nikolaus Cusanus, *De docta ignorantia*, II, Kap. 12, aus der Mitte des 15. Jahrhunderts.

135 Das soll natürlich nicht heißen, die Existenz organischer Substanz außerhalb der Erdatmosphäre sei keiner wissenschaftlichen Untersuchung wert; es gab z. B. einige interessante Berichte auf der letzten Versamm-

Im anderen Extremfall sind grundlegende Neuerungen manchmal auf völlig überraschende Weise entstanden. Trotz ihres institutionellen Konservativismus bildete die theokratische Gesellschaft des alten Babylon eine Nische für wesentliche astronomische Leistungen, und zwar in solchem Maße, daß die gesamte spätere Physik und Astronomie teilweise auf den astronomischen Berechnungen der Babylonier aufbaute. In Babylonien wie in seinen islamischen Tochtergesellschaften wurde der offizielle Kalender von Staats- oder Kirchenastronomen geführt und überwacht, die im Laufe mehrerer Jahrhunderte immer genauere Berechnungsmethoden für die Voraussage der wichtigsten Bewegungen am Himmel entwickelten. Da die Planeten als göttlich galten, wirkten Lebensklugheit und Frömmigkeit gleichermaßen dahin, daß die Verfolgung der Plantenbewegungen und die Entwicklung astronomischer Voraussagemethoden ein nationales Anliegen wurde. Bei ihrer täglichen Arbeit kümmerten sich die babylonischen Astronomen wie etwa Kidinnu wahrscheinlich wenig um die angebliche Göttlichkeit der Himmelskörper, sondern gingen an ihre Aufgabe als geistige Handwerker heran, sie war ihnen – wie Robert Oppenheimer sagt – »ein wunderschönes technisches Problem«. Doch solche Berufseinstellungen waren nur eine der notwenigen Bedingungen für die Weiterführung ihrer Arbeit. Daß Kidinnu und seine Kollegen überhaupt die Möglichkeit hatten, zielstrebig an ihre Fachprobleme heranzugehen, das war ein mittelbares Ergebnis der öffentlichen Politik des babylonischen Staates, die ein gesellschaftliches Bedürfnis nach Kalendermachern oder »monatlichen Voraussagern« anerkannte. Andere Kulturen dieser Zeit besaßen keine vergleichbaren Institutionen, und so standen die Rechenleistungen der babylonischen Astronomen unerreicht da[136].

Wenden wir uns näherliegenden Phasen der wissenschaftlichen Entwicklung zu, so ist es wiederum nicht falsch, sich die gesellschaftlichen Bedingungen der wissenschaftlichen

lung der International Astronomical Union (1970) über spektroskopische Beobachtungen, die auf unerwartet komplizierte Moleküle in interstellaren Wolken hinweisen.

136 O. Neugebauer, *The Exact Sciences in Antiquity* (Princeton, 1959), Kap. 2, 4 und 5.

Forschung vor Augen zu halten. Im Islam des Mittelalters etwa blieben die Naturwissenschaften der griechischen Antike lebendig und wurden weiterentwickelt; doch die Leute, die sich ihnen widmeten, erwarben ihren Lebensunterhalt auf andere Weise, zumeist als Hofärzte. Im London des 17. Jahrhunderts waren einige der Gelehrten, die die Royal Society gründeten, wirtschaftlich unabhängig, doch andere lebten von der Ausübung qualifizierter Berufe. Die Geldmittel für die Society selbst wurden aus dem Haushalt König Karls II. durch den Sekretär der Admiralität, Samuel Pepys, beschafft, der ein Tagebuch führte und auch der erste Sekretär der Royal Society war. (So fand die wissenschaftliche Neugierde einen Zahlmeister in der Marine durch eine ganz ähnliche Verkettung von Umständen, wie sie das US-Marineforschungsamt in den 50er Jahren zur Hauptstütze der Hochschulwissenschaft in Amerika werden ließ.) Im England des 18. Jahrhunderts hatten gebildete Kirchenmänner – seien es Anglikaner wie Stephen Hales oder Nonkonformisten wie Joseph Priestley – genügend Zeit und Mittel, um nebenbei wissenschaftlich zu arbeiten. Im Frankreich des 19. Jahrunderts war die wissenschaftliche Physiologie ein Nebenprodukt der Krankenhäuser, in Deutschland wurde sie durch die Hochschulen unterstützt[137], ... usw. In dieser Hinsicht ist die NASA nur die letzte in einer langen Reihe von Institutionen, die wissenschaftlich interessierten Leuten die äußere Möglichkeit boten, ihrer intellektuellen Neugierde nachzugehen.

Doch man darf die Wirkung dieser gesellschaftlichen Faktoren auch nicht übertreiben. Die Palette der neuen Ideen spiegelt gewöhnlich die gesellschaftlichen Verhältnisse nur annähernd wider. Während Avicenna seinen Lebensunterhalt durch die Ausübung der Medizin erwarb und medizinische Schriften verfaßte, reichten seine wissenschaftlichen Interessen sehr viel weiter, und Stephen Hales' Beschäftigung mit der pneumatischen Chemie der Ausdünstung (er nannte sie »Vegetable Staticks«) ergab sich nur ganz am Rande aus seinen Pflichten als anglikanischer Geistlicher.

137 Joseph Ben-David, »Scientific Productivity and Academic Organization in Nineteenth-Century Medicine«, *American Sociological Review*, 25 (1960), 828-43.

Natürlich trug das Mäzenatentum fast immer auch einige beiläufige Früchte. Die Royal Society zahlte ihre Schuld an die Königliche Marine auf sehr passende Weise zurück, indem sie die Entwicklung von Schiffschronometern und die Verbesserung der Hochseenavigation förderte, und die wissenschaftlich arbeitenden Geistlichen im England des 18. Jahrhunderts glaubten – ob nun zu Recht oder zu Unrecht –, ihre wissenschaftliche Tätigkeit trage auch zur religiösen Erleuchtung bei.

An diesem Punkt wollen wir unsere Fragen auf die absolute Intensität der Neuerungen in der Wissenschaft als ganzer erweitern. Wie die Eigenart der vorhandenen gesellschaftlichen Institutionen Möglichkeiten für die Forschung in den einzelnen Wissenschaften fördert oder blockiert, so kann sie auch dazu beitragen, ob es überhaupt Möglichkeiten für wissenschaftliche Neuerungen gibt. Eine wohlbestimmte wissenschaftliche Disziplin braucht einen gemeinsamen Standpunkt zusammen mit gemeinsamen Erklärungszielen und -idealen; doch die Menschen werden einen solchen gemeinsamen Standpunkt meist gar nicht erst einnehmen, wenn sie nicht bereits zu dem Eingeständnis bereit sind, daß ihre gegenwärtigen Ideen in der Tat einiges zu wünschen übrig ließen. Eine solche Haltung der »kollektiven Bescheidenheit« gab es nur in sehr wenigen Kulturen und in einem sehr kleinen Teil der menschlichen Geschichte. Die Frage ist also, welche Bedingungen eine solche Haltung möglich machen[138].

Beginnen wir wieder mit einem Extremfall: Joseph Needhams systematisches Werk *Science and Civilization in China* beschäftigt sich ganz mit Recht eingehend mit der Frage, warum die chinesische Kultur verhältnismäßig wenig eigenständige Leistungen auf dem Gebiet der reinen Wissenschaft aufzuweisen hat, obwohl sie so lange auf dem Gebiet der gesellschaftlichen Organisation, der Technik und des Handwerks führend war[139]. In der praktischen Beherrschung na-

138 Vgl. Toulmin, »Intellectual Values and the Future«, in: *Knowledge among Men*, hrsg. v. P. H. Oeser (New York, 1966).

139 Vgl. Joseph Needham, *Science and Civilization in China*, insbes. Band 3 (Cambridge, England, 1959), Abschn. 20, und Band 4 (1965), Abschn. 27.a.3.

türlicher Vorgänge und Materialien – sei es Porzellan, Glasur oder Seide, Instumente oder Maschinen – waren die alten Chinesen den europäischen Handwerkern und Technikern überlegen und wurden ihre Lehrmeister. Selbst in der praktischen Astronomie hatten ihre komplizierten Wasseruhren zur Kontrolle der Beobachtung von Himmelserscheinungen im Abendland kein Gegenstück; und rein empirisch besaßen sie umfassende Kenntnisse der Fixsterne und Planeten, so auch der Supernova im Sternbild des Krebses aus dem Jahre 1154 n. Chr.[140]. Doch nach westlichen Maßstäben blieben die astronomischen Vorstellungen der Chinesen merkwürdig unberührt von ihren eigenen Beobachtungen. Wie Needham es ausdrückt, gab es in der chinesischen Wissenschaft nie einen Galilei; die Astronomen des klassischen Chinas kamen nie darauf, wie sie ihre Vorstellungen von den Himmelskörpern im Lichte ihrer empirischen Kenntnisse wirksam kritisieren könnten. Sie verkannten nicht einfach aus Wirrköpfigkeit oder Mangel an Logik, aus Ungeduld oder übertrieben praktischer Orientierung die unleugbare theoretische Relevanz ihrer Beobachtungen. Vielmehr stellten sie überhaupt nie ein ausdrückliches Programm der astrophysikalischen Theorie auf. Das heißt also, wenn die Chinesen nie bis zu den Lehren Galileis vordrangen, so deshalb, weil sie schon gar nicht seine Probleme erkannten, weil das klassische China keine selbständige Tradition der Planetentheorie entwickelte, die mit derjenigen vergleichbar gewesen wäre, die Kopernikus und Galilei von Eudoxos, Ptolemäus und Buridan übernahmen.

Die nächste Frage lautet also, warum in China nie eine solche selbständige Disziplin der Astrophysik entstand. Wieder versucht Needham eine Antwort auf zwei verschiedenen Ebenen, teils auf wissenschaftlicher, teils auf gesellschaftlicher. Auf der wissenschaftlichen Ebene erinnert er daran, daß die abendländische Astronomie auf der rationalen, abstrakten Auffassung der Geometrie beruhte, die im klassischen Griechenland entstand. Von Platon und Heraklides bis Kepler war das beherrschende theoretische Problem der

140 Vgl. J. Needham u. a., *Heavenly Clockwork* (Cambridge, England, 1960), Kap. 9, über die astronomische Anwendung von Wasseruhren im klasssischen China.

Astronomie die Aufstellung eines formalen, geometrischen Modells zur Darstellung der bekannten Planetenbewegungen. In China dagegen erlangte selbst die Geometrie nie die unabhängige theoretische Stellung wie im klassischen Griechenland; sie blieb eine pragmatische Wissenschaft der Faustregeln – eine Sammlung von Formeln, die bei der Landvermessung nützlich waren, und kein logisches Netz abstrakter Sätze. Die innerwissenschaftliche Antwort auf die Frage, warum China nie seinen Galilei hatte, lautet also: weil es nie seinen Euklid hatte.

Doch dabei kann man es nicht gut belassen. Wenn man sich wundert, daß die Chinesen nie einen Galilei hervorbrachten, muß man sich dann nicht noch mehr wundern, daß sie keinen Euklid hervorbrachten? An diesem Punkt muß man also einige umfassendere gesellschaftliche Gesichtspunkte ins Spiel bringen. Denn die Ideengenealogie einer intellektuellen Disziplin muß in die menschliche Genealogie einer gelehrten oder wissenschaftlichen Profession eingebettet werden, und die Frage Needhams läßt sich folgendermaßen verallgemeinern: Warum entwickelten die Chinesen weder eine selbständige Disziplin der abstrakten Naturphilosophie noch eine unabhängige Profession der reinen Naturphilosophen? In dieser Neufassung treten die soziologischen Gesichtspunkte seiner Argumentation in den Vordergrund. Die technische Überlegenheit der Chinesen war keine Errungenschaft der Herrschaftselite, deren geistiger Einfluß den Ton angab, sondern der Handwerker und Techniker, die zu einer nachgeordneten, ausführenden Gesellschaftsschicht gehörten und oft ungebildet waren. Wenn sich die Kaiser als Philosophenkönige sahen, so hatten sie konfuzianische Ziele und keine platonischen. Sie sahen sich nicht als geistige Neuerer, noch weniger als Kosmologen, sondern als Hüter der moralischen Ordnung auf Erden; dabei waren ihnen heterodoxe Spekulationen über die mathematische Astronomie nicht von Nutzen. Statt also neue Vorstellungen als Zeichen geistiger Lebendigkeit zu begrüßen, begegneten sie ihnen mit Mißtrauen. Der gesellschaftliche Konservativismus führte zum ideologischen Konservativismus, und jedes Auftauchen unkonventioneller Ideen über die Natur gab hervorragenden und einflußreichen Leuten Anlaß, die Verderbnis des öffentlichen Bewußtseins zu beklagen. Angesichts dieser Einstellungen der Meinungsbildner im klassischen China konnte man kaum erwarten, daß die Institutionen blühen würden, die für die wirksame Entwicklung der Wissenschaft nötig sind.

In völligem Gegensatz dazu schufen die alten Griechen nicht nur die theoretischen Traditionen der Logik und der Philosophie, der Mathematik und der Naturwissenschaft, sondern auch – was noch wichtiger war – die institutionellen Traditionen, ohne die sich diese Disziplinen niemals so hätten entwickeln können, wie es der Fall war. Es bedurfte eines großen geistigen Selbstvertrauens, um zum erstenmal so unabhängige Denker wie die Milesier und die Mitglieder der Platonischen Akademie zu tolerieren; und es bedurfte noch größeren Mutes, um zuzusehen, wie diese Schulen junge Menschen aus der meinungsbildenden Elite beeinflußten, und der Versuchung zu widerstehen, das zu unterbinden. Dieser Mut und dieses Selbstvertrauen waren natürlich im Athen des 4. Jahrhunderts nicht allgemein verbreitet, ebensowenig wie im Rom des 7. Jahrhunderts oder in den Supermächten des 20. Jahrhunderts. Das Schicksal eines Anaxagoras und eines Sokrates erinnert daran, daß selbst im klassischen Griechenland die Heterodoxie leicht mit der Häresie verwechselt wurde, die freie Spekulation mit subversivem Denken. Doch die Akademie bestand lange genug, um die Vorzüge der »akademischen Freiheit« zu erweisen und zu zeigen, daß die geistige Neuerung unterstützt – sogar institutionalisiert – werden konnte, ohne zu einer ständigen Gefahr für Kirche oder Staat zu werden[141]. Ohne dieses Athenische Beispiel hätte sich die abendländische Kultur höchstwahrscheinlich so wie die islamische oder chinesische entwickelt. Sich selbst überlassen, hätte das christliche Europa kaum den gesellschaftlichen und institutionellen Rahmen geschaffen, der nötig ist, wenn wissenschaftliche Kreativität und geistige Neuerung dauerhaft in

141 Die athenische Akademie bestand bis zum Jahre 529 n. Chr., als sie von Kaiser Justinian unter dem typischen Politikervorwand geschlossen wurde, sie sei »die letzte Trutzburg des niedergegangenen Heidentums«; siehe A. A. Vasiliev, *History of the Byzantine Empire* (Madison, 1952), S. 150.

das geistige und gesellschaftliche Leben eingebracht werden sollen. Stattdessen wäre Europa der gleichen konservativen Reaktion ausgesetzt gewesen, die in der islamischen Welt seit al-Ghazali die Wissenschaft der Theologie unterordnete.

Fassen wir zusammen. Die allgemeineren Bedingungen, unter denen die intellektuelle Neugierde des Menschen echte Wissenschaft hervorbringt – d. h. eine stetige disziplin- und professionsbezogene Tradition kritisch kontrollierter Spekulation über die Natur –, haben nur selten bestanden. Nimmt man die menschliche Geschichte im ganzen, so waren Ketzerjagd oder geistiger Konformismus die Regel, Toleranz gegenüber freier geistiger Neuerung die Ausnahme. Die politischen und kirchlichen Mächte sahen es nie gern, wenn Menschen die Grundlagen ihres geistigen Erbes in völliger kritischer Freiheit untersuchten, weil sie – ideologisch – befürchteten, die Stabilität dieses Erbes könne in Gefahr geraten. Echte wissenschaftliche Traditionen und Institutionen können nur dort Fuß fassen, wo gelegentlich einmal dieses zerbrechliche Selbstvertrauen gewonnen wird. Nur dort tauchen die gemeinsamen Ideale und Institutionen einer kollektiven wissenschaftlichen Profession auf oder wieder auf; und nur unter solchen Bedingungen kommt es zur Bildung oder Neubildung der entscheidend wichtigen öffentlichen Haltung der geistigen Bescheidenheit und der Toleranz gegenüber neuen Ideen.

An welchem Punkt wir also auch den Vorgang der Ideenvariation untersuchen, wir finden ihn stets gleichzeitig von inneren (oder geistigen) und äußeren (oder gesellschaftlichen) Faktoren beeinflußt, die wie zwei unabhängige Filter wirken. Die gesellschaftlichen Faktoren beschränken die Möglichkeiten und Anreize für neue Ideen; das Urteil des Wissenschaftlers selbst über die Erfordernisse der bestehenden theoretischen Situation unterscheidet zwischen reifen und unreifen Arbeitsgebieten. Manchmal fallen äußere Bedürfnisse und innere Möglichkeiten zusammen, so heute bei vielen medizinischen Forschungsarbeiten. Dann begünstigen beide Siebe ähnliche Forschungsansätze. Zu anderen Zeiten wirken die beiden Faktorengruppen wohl auch gegeneinander. Wenn aller Nachdruck auf der praktischen »projektbezogenen« Forschung liegt, können auch die theoretisch aussichtsreichsten abstrakten Forschungsansätze hintangestellt werden. In anderen Fällen können die Anforderungen etwa des Raumfahrtprogramms geistige und finanzielle Investitionen auf durchaus unreife Gebiete wie die Exobiologie lenken. Wie dem auch sei, die Qualität und Quantität der geistigen Neuerungen in irgendeiner Kultur oder Epoche spiegelt die gemeinsame Wirkung dieser beiden getrennten Filter wider; und die Schnelligkeit des geistigen Fortschritts auf irgendeinem Gebiet oder in irgendeinem Milieu läßt sich weder allein anhand gesellschaftlicher noch allein anhand intellektueller Gesichtspunkte vollständig erklären.

Läßt sich irgendetwas über die relative Bedeutung der beiden Filter sagen? Vielleicht kann man ihr Verhältnis ganz grob so verallgemeinern: die gesellschaftlichen Faktoren sind *notwendig*, doch die intellektuellen sind *entscheidend*. Wann immer Menschen die Möglichkeit haben, frei und kritisch auf organisierte Art zu spekulieren, werden sie in ihrer Erfahrung manches finden, das für eine denkerische Bearbeitung reif ist. Intellektuelle Gesichtspunkte geben also dem theoretischen Denken, das durch gesellschaftliche Anreize möglich wird, ein Ziel. Andererseits gilt: sind die institutionellen, gesellschaftlichen oder ideologischen Bedingungen ungünstig, so können selbst die allerdringlichsten Probleme lange Zeit ungelöst bleiben; es gab z. B. keinen sachlichen Grund, warum der Übergang vom »Almagest« des Ptolemäus zu »De revolutionibus« des Kopernikus mehr als tausend Jahre brauchte. Die bloße Intensität des geistigen Fortschritts in irgendeiner Situation spiegelt also zuallererst deren gesellschaftlichen und institutionellen Gesamtcharakter wider und erst in zweiter Linie die speziellen disziplingebundenen Gesichtspunkte dieser Zeit. Für die Verteilung der Neuerungen auf die verschiedenen Forschungsgebiete dagegen spielen die beiden Faktoren viel eher eine gleichwichtige Rolle. Wenn hundert lösbare Probleme vorliegen, werden sich die Wissenschaftler naheliegenderweise denen zuwenden, die auf ein breiteres Interesse stoßen. Doch jenseits eines bestimmten Punktes werden sie fruchtloser Forschungen müde, wie nützlich, interessant oder gut finanziert sie auch seien[142]. Wenden wir uns aber den Ausleseverfah-

142 Eine ausführlichere Behandlung dieses Punktes findet sich in mei-

ren in einer wissenschaftlichen Disziplin zu – untersuchen wir, wie und nach welchen Kriterien die vorhandenen Varianten ausgelesen und beurteilt werden –, so finden wir den anderen Extremfall vor: die wissenschaftsinternen Gesichtspunkte überwiegen eindeutig. Hier stehen fachliche Faktoren im Vordergrund, ja sind so gut wie allein ausschlaggebend, während »äußere« gesellschaftliche und institutionelle Faktoren so gut wie keine oder jedenfalls nur eine zweitrangige Rolle spielen.

3.2 *Ideenauslese*

Unsere Betrachtung von Collingwoods *Essay on Metaphysics* erinnerte uns daran, daß die entscheidende philosophische Schwierigkeit beim Ideenwandel darin besteht, das Verhältnis zwischen »Gründen« und »Ursachen« bei der Ideenauslese zu erklären. Wenn man fragt, *warum* eine bestimmte neue Idee in der Wissenschaft Fuß fassen konnte, so läßt sich dieses »Warum« von vornherein auf zweierlei Art auffassen. Man kann fragen, welche »Gesichtspunkte« – mathematische, empirische, heuristische oder sonstige – von den betreffenden Wissenschaftlern vorgebracht wurden oder vorgebracht worden wären, um die Anerkennung der betreffenden theoretischen Wandlung zu rechtfertigen. In diesem Sinne fragt das »Warum« nach Gründen, und die Antwort muß auf theoretische, disziplingebundene, wissenschaftsinterne Gesichtspunkte zurückgreifen. (In diesem Fall erklärt man, warum sich ein bestimmtes System von Ideen so und so verändert hat, indem man zeigt, wie als Folge davon die betreffende Disziplin »bessere allgemeine Erklärungsleistung zustandebringen« kann.) Doch diese Deutung setzt voraus, daß die Veränderung *überhaupt* »aus bestimmten Gründen« geschah; nicht selten aber verschwindet eine Idee aus einer Wissenschaft oder bleibt nur in veränderter Form bestehen, ohne daß sich die betreffenden Wissenschaftler dazu bewußt entscheiden oder gar sich Gedanken über eine ausdrückliche Rechtfertigung machen.

ner Sigma-Xi-Vorlesung »The Evolutionary Development of Natural Science«, abgedruckt in *American Scientist* 57 (1967), 456-71.

Wenn wir in diesen anderen Fällen auf unserer Frage bezüglich der »Gesichtspunkte« oder »Gründe« bestehen, aus denen heraus der Wandel stattfand, so bekommen wir eine verschwommene Antwort. »Gesichtspunkte? Diese Frage entsteht hier nicht. Diese spezielle Wandlung war das Nebenergebnis anderer Faktoren innerhalb der Wissenschaft oder anderswo.« Wenn wir jetzt weiter fragen, »warum« dieser Ideenwandel gerade in dieser Form stattfand, so müssen wir die Frage allmählich anders auffassen. Sie bezieht sich jetzt nicht mehr auf die Rechtfertigungsgründe, die den betreffenden Wissenschaftlern zur Verfügung stehen, sondern auf die Wissenschaftler selbst. Wie kam es dazu, daß sie die und die Idee ohne spezielle Rechtfertigung einfach fallen ließen? Welche Ursachen brachten sie dazu? Haben sie die Sache einfach vergessen, wie z. B. Newtons Spekulationen über den Wellenaspekt des Lichts? Wurden alle Hinweise auf sie aus den gängigen Lehrbüchern ferngehalten, wie beim Begriff der Quaternionen? Fand man ihre weiteren Konsequenzen in außerwissenschaftlicher Hinsicht schädlich oder anstößig, wie bei dem Newtonschen Begriff der Anziehung im Frankreich des 18. Jahrhunderts? Solche Fragen lenken unsere Aufmerksamkeit auf die Ursachen, die auf die eine oder andere Weise den »gewöhnlichen« Verlauf eines wissenschaftlichen Unternehmens verändern oder hemmen können.

Betrachtet man theoretische Wandlungen in hochentwickelten Naturwissenschaften unparteiisch – als historische Erscheinungen –, so findet man also, daß sie auf zweierlei gegensätzliche Weise zustande kommen. Manchmal geschehen sie bewußt, als überlegte Schritte eines gemeinschaftlichen Problemlösens; in anderen Fällen erfolgen sie unabhängig davon, als Auswirkungen von Mode, Vorurteil oder aus Versehen. Fragt man nun nach den Beziehungen zwischen diesen beiden Arten der Erklärung und den entsprechenden Bedeutungen der Frage nach dem »Warum«, so zeigt sich, daß allein das Vorhandensein eines organisierten Vernunftunternehmens mit seinem »normalen Funktionieren« schon eine gewisse Beweislast schafft. Demgemäß können wir gewöhnlich die erste oder »vernunftorientierte« Deutung als die wichtigere ansehen; das zeigt, daß beim Fehlen andersartiger Information davon ausgegangen wird, theoretische Wandlungen in wissenschaftlichen Disziplinen seien »im Lichte von« maßgebenden theoretischen Gesichtspunkten erfolgt. Auf Erklärungen der anderen Art dagegen greift man erst in zweiter Linie zurück; Wissenschaftler als Wissenschaftler haben nicht einfach die Wahl, ob sie disziplingebundene Gesichtspunkte beachten wollen oder nicht. (Man würde also nicht sagen: Da die Chemiker um 1850 keine Vorurteile zugunsten der Atomtheorie hatten, muß es wissenschaftliche Gesichtspunkte gegeben haben, die sie ihr geneigt machten.) Aus dem Begriff des »Vernunftunternehmens« ergibt sich immer zunächst die Vermutung, daß theoretische Wandlungen »aus Gründen« erfolgt sind, d. h. im Lichte stichhaltiger Gesichtspunkte; die andere, »kausale« Möglichkeit – daß die Wandlungen etwa aus Vorurteilen oder Unachtsamkeit hervorgegangen sein könnten – zieht man nur als Notbehelf heran.

Doch die bloße Erwähnung dieses Unterschieds bedeutet keineswegs, daß die Trennungslinie stets klar wäre. Gewiß, es gibt viele Beispiele dafür, daß Ideen im gewöhnlichen Verlauf des wissenschaftlichen Wandels aus Gründen anerkannt, verändert oder fallengelassen worden sind, die jeweils ausdrücklich dargelegt wurden und unmittelbar mit den Erklärungszielen der betreffenden Disziplin zu tun hatten. In einigen anderen Fällen besteht wiederum wenig Zweifel, daß gewisse Ideenwandlungen ohne irgendeine spezielle sachbezogene Rechtfertigung erfolgten. Doch es gibt auch dazwischenliegende oder Grenzfälle, in denen man zunächst nicht weiß, ob man den Ideenwandel unter vernunftorientierten oder kausalen Gesichtspunkten sehen soll. Indem wir die Wissenschaft umfassend genug betrachten – nicht bloß als Vernunftunternehmen, sondern als Vernunftunternehmen in *historischer Entwicklung* –, werden wir in der Tat zu dem Ergebnis kommen, daß solche unklaren Grenzfälle nicht nur entstehen, sondern der Natur der Sache nach entstehen müssen. Denn in der Praxis stellt uns die bloße Tatsache des Fortschritts der Wissenschaft ständig vor die Frage: Was soll in dieser Situation in unserer Disziplin im einzelnen als »vernünftig« – oder als »Grund« – *gelten*? Und wenn die Antwort auf diese Frage ernstlich zweifelhaft ist, so wird man im Augenblick schwer sagen können, ob eine bestimmte theoretische Wandlung eine ausreichende vernünftige Begründung hatte, oder ob sie lediglich etwa aus modischer Begeisterung oder anderen wissenschaftlich unmaßgeblichen Faktoren entsprang.

Bei der Betrachtung der verschiedenen Arten der Ideenauslese in der Wissenschaft wollen wir zunächst einige einfache und eindeutige Fälle genauer untersuchen. Viele theoretische Wandlungen in wissenschaftlichen Disziplinen nehmen einfach deshalb den beobachteten Verlauf, weil die anerkannten Probleme der betreffenden Disziplin ganz bestimmte sachgebundene Anforderungen stellen. Genauer: bestimmte Varianten aus dem augenblicklichen Vorrat neuer Ideen werden der Disziplin aufgrund von Entscheidungen einverleibt, die vorwiegend oder ausschließlich im Hinblick auf diese aktuellen Probleme erfolgten. In solchen Fällen wird die Auswahl einer bestimmten neuen Idee durch den Nachweis gerechtfertigt, daß sie den besten Erfolg bei der Lösung der anstehenden theoretischen Probleme dieser Wissenschaft und damit bei der Erhöhung ihrer Erklärungskraft hatte; und damit ist die theoretische Veränderung ausreichend »erklärt«.

Wenn das aber eine brauchbare Erklärung sein soll, muß in der Disziplin allgemeine Übereinstimmung über die Art der anstehenden Probleme herrschen, also auch darüber, was als »Erhöhung der Erklärungskraft« dieser Wissenschaft *gilt*. Die Auswahlkriterien für die Beurteilung theoretischer Neuerungen sind also ein untrennbarer Bestandteil der »Problematik« der betreffenden Wissenschaft und sind als solcher in Beziehung auf deren spezifische Erklärungsziele und -ideale zu verstehen. Von diesem Standpunkt aus werden die Vorzüge oder Nachteile einer Ideenvariante unmittelbar auf die allgemeinen Strukturen theoretischer Probleme und Wandlungen bezogen, die wir im vorigen Kapitel behandelt haben, und dadurch mittelbar auf die augenblicklichen theoretischen Ideale und Ziele der betreffenden Disziplin. Es spricht z. B. für eine Ideenvariante, wenn sie den Anwendungsbereich eines anerkannten Erklärungsverfahrens auf bisher anomale Erscheinungen erweitert, wenn sie die Zusammenfassung von Erklärungsmethoden aus bisher getrennten Wissenschaften ermöglicht, oder wenn sie Unstimmigkeiten zwischen den Vorstellungen einer bestimmten Wissenschaft und entsprechenden außerwissenschaftlichen Vorstellungen beseitigt. Und es spricht gegen eine vorgeschlagene Variante, wenn diese Vorzüge bei ihr entweder kaum ins Gewicht fallen oder durch andere Nachteile aufgewogen werden, von denen die gegenwärtigen Vorstellungen frei sind; ferner, wenn eine andere Neuerung sehr viel größere sachliche Vorzüge hat; oder schließlich, wenn ihre außerwissenschaftlichen Konsequenzen uns neue und unerträgliche Paradoxien eintragen würden.

Auf jeden Fall ist zur Bewertung theoretischer Varianten in einer wohlstrukturierten wissenschaftlichen Disziplin dreierlei festzustellen. (1) Solche Bewertungen finden immer als Vergleiche statt. Die wirklichen Fragen haben nie die Form: Ist diese Vorstellung eindeutig »gültig« oder »ungültig«?, oder: Ist diese Vorstellung »wahr« oder »falsch«?, sondern: Geht man vom gegenwärtigen Bestand an Vorstellungen und verfügbaren Varianten aus, würde dann diese spezielle theoretische Variante unsere Erklärungsmöglichkeiten *stärker verbessern* als ihre Konkurrenten? Und da theoretische Vorstellungen nicht wahr oder falsch, sondern relevant und anwendbar sein sollen, soll dementsprechend die theoretische Neuerung genauer, schärfer oder mehr im einzelnen »relevant« und allgemeiner, weiter oder unter schwächeren Bedingungen »anwendbar« sein. Diese ganzen allgemeinen Vergleichsbegriffe müssen natürlich im Einzelfall durch Beziehung auf die speziellen Erklärungsziele der jeweiligen Disziplin konkretisiert werden. Auf einem Gebiet kann »bessere Erklärungsleistung« eine Taxonomie bedeuten, die gleichzeitig umfassender, eleganter und historisch relevanter ist; auf einem anderen kann sie in der Ausarbeitung graphischer oder mathematischer Methoden bestehen, mit denen man quantifizierbare Größen genauer und in einer größeren Klasse von Fällen zueinander in Beziehung setzen kann; auf wieder einem anderen Gebiet kann sie in der Neuordnung der allgemeinen Beziehungen zwischen empirischen Variablen zu einem universalen, abstrakten mathematischen System bestehen, oder auch in der Erkenntnis, wie durch Kombination von (z. B.) biochemisch sinnvollen Mechanismen oder Vorgängen Ergebnisse entstehen können, die dieselbe Form haben wie die Erscheinungen etwa der Genetik.

2. Bei der Entscheidung, ob eine theoretische Variante eine »bessere Erklärungsleistung« ermöglicht, sind unsere Maßstäbe in allen diesen Fällen informeller Art, sie drücken die augenblicklichen Fachideale z. B. der Biochemie als Biochemie oder der Atomphysik als Atomphysik aus. Solange man innerhalb einer eingeführten Familie von Begriffen bleibt, können die Vorzüge (oder die »Stützung durch Daten«) verschiedener Hypothesen oder Aussagen mittels formaler »Signifikanztests« und »Wahrscheinlichkeitsberechnungen« beurteilt werden; doch die Vorzüge theoretischer Neuerungen werfen völlig andere Probleme auf. Diese beruhen nicht auf den Beziehungen zwischen Aussagen, die *innerhalb* oder mittels der Begriffe einer einzigen wissenschaftlichen Theorie formuliert sind, sondern sie schlagen sich in Aussagen *über* konkurrierende Theorien nieder – genauer gesagt, in Aussagen darüber, wie die verschiedenen möglichen theoretischen Wandlungen zur Erfüllung der angemessenen Ziele der betreffenden Wissenschaft beitragen können.

3. Die Vorzüge einer Ideenvariante lassen sich nur selten auf einfache Weise darstellen oder beurteilen. Die theoretischen Probleme und die theoretischen Varianten passen nur selten genau aufeinander. Auch wenn eine theoretische Veränderung im Hinblick auf einen besonderen Mangel der augenblicklichen Erklärungsmöglichkeiten vorgeschlagen wird, reichen ihre Konsequenzen im allgemeinen über den ursprünglichen Zweck hinaus. Bei der Lösung des speziellen Problems, für das sie gedacht war, entfaltet sie theoretische Nebenwirkungen, und diese sind oft stärkere Gesichtspunkte für oder gegen die Neuerung als ihre angestrebten Konsequenzen. Bei der Bereinigung der theoretischen Beziehungen zwischen Elektrizitäts- und Magnetismuslehre schuf Maxwell – fast unabsichtlich – eine Theorie der Strahlung und der elektromagnetischen Wellen, die auch die gesamte bestehende physikalische Optik umfaßte; und dieses unvorhergesehene Nebenergebnis seiner Arbeit sprach überzeugender für diese als der formale Zusammenschluß von Elektrizitäts- und Magnetismuslehre.

Gewöhnlich muß man also bei der Bewertung theoretischer

Wandlungen in der Wissenschaft ein halbes Dutzend verschiedener Konsequenzen beachten; und das erfordert Urteilsfähigkeit in zweierlei Hinsicht. Die einschlägigen Gesichtspunkte sind nicht nur häufig inkommensurabel – es fehlt nicht nur oft jede einfache Vergleichsmöglichkeit dafür, wieviel »Wert« z. B. durch Genauigkeit, Anwendungsbreite und Einheitlichkeit entsteht –, sondern oft erfordern die Entscheidungen auch die Abwägung eines Gewinns auf einem Gebiet gegen einen Verlust auf einem anderen. Die anerkannten Entscheidungskriterien der Disziplin sind stets vielfältig und weisen manchmal in entgegengesetzte Richtungen; eine vorgeschlagene theoretische Veränderung kann in einer Hinsicht sehr vorteilhaft, in einer anderen ein Rückschritt sein. (Wieviel Einheitlichkeit oder Eleganz soll man für eine geringe Verbesserung der Voraussagekraft opfern? Wie ist ein Gewinn an Einfachheit einer bestimmten Art gegen einen Verlust an Einfachheit einer anderen Art abzuwägen?) Unter formalen Gesichtspunkten wäre es natürlich sehr hübsch, wenn die Naturwissenschaften nicht nur in wohlausgebildeten »Aussagensystemen« dargestellt werden könnten, sondern in formalen Systemen, die gleichzeitig noch sämtliche möglichen Erklärungsleistungen erbringen, die ferner sowohl allgemein anwendbar als auch völlig einheitlich wären, genaue Voraussagen lieferten und umfassend wären, einfach formuliert und ohne weiteres einleuchtend, mathematisch elegant und leicht durchzurechnen ... In der Praxis steht der Wissenschaftler gewöhnlich vor Situationen, in denen er zwischen diesen Vorzügen wählen muß. Er muß sich entweder mit einer unveränderten Disziplin begnügen, deren augenblickliche Verfahren etwa leicht einleuchten und leidlich gute Voraussagen liefern, aber nicht völlig einheitlich oder frei von Unstimmigkeiten sind, oder andererseits mit einer veränderten Disziplin, deren Verfahren vielleicht einheitlicher und systematischer sind, aber gar nicht einleuchtend, und die nur auf beschränkten Gebieten genaue Voraussagen liefern.
So verwendete z. B. die Kopernikanische Beschreibung der Planetenbahnen anfänglich Kombinationen von Kreisen, die um eine ruhende Sonne angeordnet waren, um zu einem physikalisch einheitlicheren und stimmigeren Schema zu kommen, als es nach den Ptolemäischen geozentrischen Grundsät-

zen möglich war. Doch für diese Verbesserung mußte ein erheblicher Preis gezahlt werden. Ganz abgesehen davon, daß die Vorstellung einer sich bewegenden Erde keineswegs plausibel war, wiesen die ersten Kopernikanischen Konstruktionen auch technische Mängel auf; sie waren wesentlich weniger einfach als die besten damaligen ptolemäischen Konstruktionen und stellenweise auch etwas weniger genau. Die ganzen rechnerischen Vorzüge des Kopernikanischen Ansatzes ließen sich erst ausnützen, als Kepler die Planetenbahnen nicht mehr mit Hilfe von Kreisen darstellte, sondern als Ellipsen[143]. Mindestens 75 Jahre lang hielten sich die Argumente für die zwei konkurrierenden Systeme der Astronomie so knapp die Waage, daß das Zögern von Leuten wie Tycho Brahe und Bacon keineswegs unvernünftig war. Ähnliches gilt für die Wellentheorie des Lichts, wie sie von Young und Fresnel kurz nach 1800 aufgestellt wurde: die Korpuskulartheorie der orthodoxen Newtonianer hatte einige wirkliche Vorzüge, die man opfern mußte, wenn man sich der neuen Wellentheorie anschließen wollte. (Ströme rasch bewegter, gewichtsloser Lichtteilchen mußten ganz naheliegenderweise scharf begrenzte Schatten erzeugen; und viele der elementarsten Tatsachen über Licht und Schatten ließen sich mit der Wellentheorie nur durch recht komplizierte Argumente vereinbaren.) Die offensichtlichen Vorteile der Wellentheorie mußten also gegen ernsthafte Nachteile abgewogen werden; und es dauerte etliche Jahre, bis das überzeugend möglich war.

Auch in einfachen Situationen verlangt also die Entscheidung zwischen Theorienvarianten von den Wissenschaftlern komplizierte Abwägungen. Eine einzelne theoretische Neuerung verbessert gewöhnlich die Erkenntnis in gewissen Beziehungen und verschlechtert sie in anderen; die betroffenen Wissenschaftler müssen entscheiden, ob sich die Verbesserung im Sinne eines umfassenderen Systems wissenschaftlicher Werte lohnt. Theoretische Probleme entstehen in einer Disziplin in keiner festen, allgemeingültigen Form, und ihre Lösungen

143 Eine nützliche Einführung in die umfangreiche Literatur über Kopernikus und Kepler ist Kuhn (s. o., Anm. 79); oder für den weniger fachlich orientierten Leser die Behandlung durch Arthur Koestler in *The Watershed* (Garden City, 1960).

haben viele Dimensionen, die der Philosoph nicht vernachlässigen darf. Daher hätte es für uns keinen Sinn, nach irgendeinem einzigen Index oder Maß zu suchen, das *in allen Fällen* angibt, ob eine theoretische Veränderung als »Verbesserung« zu gelten hat oder nicht. Als Philosophen können wir unser Verständnis der verschiedenen Arten von Vorzügen schärfen, die in der Praxis für die Bewertung konkurrierender Varianten von Bedeutung sind – d. h. Voraussagekraft, Einheitlichkeit, Anwendungsbreite, Genauigkeit, Einsichtigkeit usw. –, und es lassen sich immer Beispiele dafür finden, daß bestimmte Kriterien für bestimmte theoretische Veränderungen sprechen. Doch welches Kriterium man auch wählt, es gibt stets andere Fälle, auf die es nicht anwendbar ist; und im allgemeinen sind für jede einzelne Entscheidung mehrere inkommensurable Gesichtspunkte von Bedeutung.

Analysiert man also die Auswahlkriterien in der Wissenschaft historisch – im Hinblick auf die inhaltlichen Ziele der betreffenden Disziplinen –, so kommt man zu ganz anderen Ergebnissen, als wenn man versucht, neue wissenschaftliche Ideen an überzeitlichen logischen Idealen zu messen. Für den Vertreter der induktiven Logik bildet eine wohlstrukturierte Wissenschaft ein einziges System logisch miteinander zusammenhängender Aussagen, und daher erscheint ihm die Frage als natürlich, welche formalen Eigenschaften ein »gültiges« System haben müsse. Unsere mehr historische Analyse sieht in den wissenschaftlichen Disziplinen informale Populationen logisch unabhängiger Ideen und fragt, wie sich eine »fruchtbare« Disziplin entwickeln muß. Von seinem olympischen Standpunkt aus beurteilt der formale Logiker die Wissenschaften jeder Epoche nach dem gleichen ahistorischen Maßstab; unsere »erdgebundenere« Analyse dagegen verlangt nur, daß die zu irgendeiner Zeit in einer Disziplin stattfindende Ideenauslese den jeweils aktuellen Problemen gerecht werden müsse.

Natürlich kann man für die formallogische Analyse anführen, sie stelle nur ein abstraktes Ideal oder Ziel vor – die utopische Vision eines Endziels –, ohne praktische Indikatoren für die Beurteilung wirklicher wissenschaftlicher Ideen anzugeben. *Wenn* sich der gesamte Gehalt einer Naturwissenschaft in einem einzigen Axiomensystem darstellen ließe, das von größtmöglicher Einfachheit und Einheitlichkeit wäre und gleichzeitig in seinem gesamten denkbaren Anwendungsbereich so gute Voraussagen lieferte, daß sie in aller Zukunft nicht übertroffen würden, dann freilich wäre man der »wissenschaftlichen Vollkommenheit« so nahe gekommen, wie man nur verlangen oder sich überhaupt vorstellen könnte! Doch wenn eine solche Analyse auch nur als utopische Vision überzeugen soll, muß dieses Bild einer »vollkommenen Theorie« – wie das einer »vollkommenen Gesellschaft« – eine gewisse Anleitung zur Herstellung besserer wirklicher Theorien und Gesellschaften geben. Zum allermindesten muß es auf einer wirklichkeitsnahen Sicht der tatsächlichen Ziele und Methoden unserer Ideen und Institutionen und der menschlichen Strebungen beruhen, denen diese dienen sollen. Das heißt, es muß zu einem besseren Verständnis der Ziele führen, die sich die Menschen tatsächlich beim Aufbau ihrer verschiedenen Lebens- und Denkformen setzen, und der Probleme, die dabei auftreten. Anderenfalls richtet sich die utopische Vision selbst – in der Wissenschaftstheorie ebenso wie in der Theorie der Politik oder Gesellschaft – durch ihre eigene Irrelevanz.

Praktisch tätige Wissenschaftler reagieren auf philosophische Erörterungen des wissenschaftlichen Denkens oft mit Ungeduld und Unverständnis: Was hat das alles, so fragen sie, mit der Naturwissenschaft zu tun, wie ich sie aus dem wirklichen Leben kenne? Die gleiche Reaktion riefen die Auslassungen der Kunstkritiker bei dem französischen Maler Gustave Courbet hervor. Er soll gesagt haben: »Schließlich ist es schon schwer genug, überhaupt ein Bild zu malen, geschweige denn ein gutes Bild!« Courbet war weniger darüber erbost, daß die Kritiker seine Bilder ablehnten, als über ihre lächerlichen und hohlen Begründungen dafür; diese verrieten in seinen Augen völlige Unkenntnis der wirklichen Aufgabe des Malers. Der gewissenhafte Künstler steht vor so vielen Hindernissen und muß so vielen gegensätzlichen Anforderungen gerecht werden, daß er mit seinen eigenen Leistungen fast nur unzufrieden sein kann; und wer von der Malerei wirklich etwas verstand, konnte darauf unter keinen Umständen die übertriebenen Anforderungen der Kritiker anwenden. Auch bei der Behandlung offener wissenschaftlicher Probleme ist es schon schwer genug, sich überhaupt mögliche Theorienvarianten auszudenken, geschweige denn annehmbare; und der Philosoph ist zum Teil den gleichen Gefahren ausgesetzt wie der Kunstkritiker. Nur wenn man sich bemüht, die wirkliche Aufgabe des Wissenschaftlers, der besseren Ideen und Erklärungsverfahren erfinden soll, in vollem Umfang zu verstehen, nur dann kann man seine Leistungen verständig kritisieren. Anderenfalls sinkt die sinnvolle Utopie zur bloßen Phantasie herab.

Soviel über die einfachen Fälle, in denen sich theoretische Veränderungen unmittelbar aus dem gemeinschaftlichen Problemlösen in einer Wissenschaft ergeben, über deren fachliche Ziele ausreichende Einigkeit besteht. In diesen Fällen läßt sich die Auswahl bestimmter Ideenvarianten in den Dauerbestand als »vernünftiger« Vorgang erklären, weil nämlich die erfolgreiche Neuerung den Wissenschaftlern half, ihre kollektiven Ziele zu erreichen. Doch in diesen klaren Fällen müssen die Wissenschaftler dieser Disziplin – jedenfalls in ausreichendem Maße – gemeinsame anerkannte Vorstellungen von der »Erklärung« haben. (Genauer: ihre Meinungsverschiedenheiten darüber, was eine »vollständige« Lösung ihrer Fachprobleme wäre, dürfen im Augenblick nur eine untergeordnete Rolle spielen.) Wenn das der Fall ist, können alle Beteiligten ihre disziplinbezogenen Untersuchungen nach einer gemeinsamen Strategie führen. Damit gibt es wohlbestimmte Auswahlkriterien für die Entscheidung zwischen Theorienvarianten, und die Wissenschaftler stimmen in ihren Urteilen über neue Ideen überein, einfach deswegen, weil diese Einmütigkeit für sie entscheidet, was für Veränderungen zur Zeit die anerkannten theoretischen Ziele der Wissenschaft erfüllen.
Doch nicht alle Ideenwandlungen sind so beschaffen, und wir müssen jetzt die Ausnahmen betrachten. Sie sind von zwei sehr verschiedenen Arten. Einmal gibt es Fälle des *Versagens* der Vernunft, zum anderen Veränderungen der *Kriterien* der »Vernünftigkeit«. In der ersten Klasse von Fällen können die normalen Verfahren der Ideenauslese gestört werden durch Vorurteil, mangelnden Zusammenhalt der Profession oder Unterbrechung der Kommunikation, politischen Druck

oder einfache Unaufmerksamkeit. Als Ergebnis werden die fachlichen Vorzüge einer neuen Bezeichnungsweise, Darstellungsweise oder Erklärungsmethode vorläufig unbeachtet gelassen, obwohl sie – bei »Tageslicht und fair play«[144] – auch im Lichte der gegenwärtig anerkannten Kriterien und Maßstäbe zur Geltung kommen könnten. In diesen Fällen werden die wissenschaftlichen Gesichtspunkte von anderen überdeckt, die nach den gegenwärtigen Maßstäben der Disziplin für das Problem völlig irrelevant sind.

In der anderen Klasse von Fällen dagegen sind die Probleme – um einen bequemen juristischen Begriff anzuwenden – der Natur der Sache nach »nebelhaft«, und indem wir allmählich erkennen, wie die historische Entwicklung intellektueller Disziplinen unvermeidlich zu dieser in der Sache liegenden »Nebelhaftigkeit« führt, werden wir zum Kernpunkt unserer gesamten jetzigen Analyse kommen. Denn diese Nebelhaftigkeit entspringt unmittelbar aus strategischen Meinungsverschiedenheiten zwischen den beteiligten Wissenschaftlern und ist – wie wir sehen werden – eine unmittelbare Folge der Tatsache, daß sich unsere Disziplinen in historischem Wandel befinden, *auch bezüglich ihrer tiefliegendsten Vernunftstrategien.* Die Einheitlichkeit einer wissenschaftlichen Disziplin fordert nicht, daß ihre Ziele ewig und unveränderlich seien, sondern nur, daß sie eine hinreichende Kontinuität aufweisen. (Schon die 50jährige Geschichte der Atomphysik brachte wesentliche Veränderungen der kollektiven Ziele, die die Probleme auf diesem Gebiet definierten, und in dem Maße veränderten sich auch fortschreitend die theoretischen Urteile in der Atomphysik.) Wenn aber die augenblicklichen Strategien einer Wissenschaft selbst neu zu bewerten sind, dann nehmen die gesamten theoretischen Urteile naheliegenderweise eine neue Form an. Wenn strategische Meinungsverschiedenheiten vorliegen, gibt es keine wohlbestimmten Auswahlkriterien mehr, über die alle Fachvertreter im Augenblick hinreichend übereinstimmen, denn jetzt stehen ja gerade diese Auswahlkriterien zur Diskussion.

An drei historischen Beispielen wollen wir die wesentlichen Unterschiede zwischen »klaren« Fällen wissenschaftlicher

144 W. Lawrence, *Lectures on Physiology, Zoology and the Natural History of Man*, Kaygill edition (London, 1822), S. 95.

Urteile und wesentlich »nebelhaften« aufzeigen. (1) Gegen Ende des 19. Jahrhunderts war das physikalische Programm, das Newton am Ende seiner *Opticks* aufgestellt hatte, weitgehend abgeschlossen, und zwischen 1900 und 1914 herrschte Ungewißheit. Die neuen Vorstellungen der Relativitäts- und Quantentheorie faßten erst nach 1919 richtig Fuß; vorher tasteten die Physiker noch nach einem Weg und wußten nicht, welche neuen wissenschaftlichen Ziele sie sich setzen sollten. Vor diesem Hintergrund ist der Aufsatzdialog zwischen Max Planck und Ernst Mach in der *Physikalischen Zeitschrift* von 1909 und 1910 interessant[145]. In einem langen Aufsatz mit dem Titel »Die Einheit des physikalischen Weltbildes«[145a] gab Planck einen Überblick über die gesamte historische Entwicklung des physikalischen Denkens; er fand darin eine gleichbleibende Richtung, zu der die fortschreitende Ausscheidung subjektiver Wahrnehmungen und anderer »anthropozentrischer« Bestandteile und ihre Ersetzung durch quantitative, intersubjektive Größen und theoretische Invarianten gehörte. Anschließend kritisierte er Machs Wissenschaftstheorie, weil sie mit ihrem Sensualismus absichtlich gerade diese subjektiven Elemente wieder in das Herz der physikalischen Theorie einführe, auf deren Beseitigung die Hauptlinie des physikalischen Denkens beständig abgezielt habe. Bald antwortete Mach mit einer ebenso ausführlichen Arbeit, die zum Teil eine geistige Autobiographie und zum Teil eine Neuformulierung seines methodologischen Programms war. Darin forderte er, die Physik solle jegliche Metaphysik zu vermeiden trachten und sich allein auf »Beobachtbares« oder – wie er dieses ansah – »Sinneswahrnehmungen« stützen.

Nun geht es hier nicht darum, ob Plancks oder Machs Auffassungen letzten Endes richtiger waren. (In bestimmter Hinsicht haben die Quantenphysiker der Kopenhagener Schule, sei es nun zum Vorteil oder Nachteil, die Machsche Strategie bevorzugt. Einstein dagegen erwärmte sich zunächst für das Machsche Programm, nahm aber später eine ähnliche Haltung wie Planck ein.[146]) Für uns ist im Augenblick lediglich

145 Vollständig englisch wiedergegeben bei Toulmin (vgl. Anm. 76), S. 1-52.

145a *Physikalische Zeitschrift* 10 (1909), 62-75.

146 Einsteins Beziehungen zu Mach und Planck werden aufschlußreich

der strategische Charakter der Meinungsverschiedenheiten zwischen den beiden Männern interessant. Vor allem Planck analysierte sehr klarsichtig die veränderlichen Erklärungsanforderungen, die im Laufe der Geschichte die Entwicklung der physikalischen Theorie leiteten. Nach seiner Auffassung mußten die neuen Strategien, die zur Lösung der gegenwärtigen Probleme der theoretischen Physik geeignet waren, diese zum »legitimen Erben« der gesamten älteren Physik machen; sie waren daher nicht formal oder abstrakt zu formulieren und zu beurteilen, sondern im Blick auf die gesamte historische Entwicklung der Physik und der Ideale der »physikalischen Erklärung«.

2. Unser zweites Beispiel stammt aus jüngerer Zeit, aus den Jahren kurz vor 1950, und betrifft die Entstehung der »phage«-Gruppe und die Übernahme der theoretischen Biologie durch Leute, die ursprünglich als Physiker ausgebildet waren. (Dies schuf die wesentlichen Voraussetzungen für die Entwicklung der Molekularbiologie.[147]) 1944 hatten Avery und seine Mitarbeiter ihren klassischen Nachweis veröffentlicht, daß die Desoxyribonukleinsäure (DNA) Träger einer bestimmten Erbeigenschaft in einem einzelnen Bakterium war; doch von zu weitgehenden Behauptungen wurden sie durch ihre Orientierung an den damals gültigen Anschauungen der klassischen Genetik abgehalten. Für diese – die einer der großen Erfolgsschlager der Biologie des frühen 20. Jahrhunderts war – waren biochemische Fragen über die materielle Beschaffenheit der Gene unwichtig oder völlig bedeutungslos. Als Folge davon gab sich die Arbeit von 1944, wie Donald Fleming sagte, »gedämpft und vorsichtig«: die Verfasser zeigten eine »fast neurotische Scheu«, die Gene mit der DNA zu identifizieren[148]. Acht Jahre später waren Watson und Crick keinen solchen Beschränkungen mehr unterworfen. Doch dieser

behandelt in einem Aufsatz von Gerald Holon, der zusammen mit anderen Aufsätzen über Einstein in einem Ergänzungsband zu *The Graduate Journal* (Austin, Texas, 1973), erschienen ist.

147 Zu dieser Episode siehe die interessante Arbeit von Donald Fleming, »Emigré Physicists and the Biological Revolution«, in *Perspectives in American History*, 2 (1968), 152-89. Siehe auch die Aufsätze von G. S. Stent, R. Olby und L. Pauling in *Daedalus* (Herbst 1970), S. 882-1014.

148 Fleming, ebenda.

Erfolg sollte uns nicht den Kampf um die Strategie verdecken, der sich inzwischen in der Biochemie abgespielt hatte. Denn die neuen Molekularbiologen waren die selbstbewußten Erben eines neuen Ansatzes, der zwischen 1944 und 1953 von Leuten wie Astbury und Delbrück geschaffen worden war. Avery und seine Mitarbeiter hatten noch eine Einstellung, die die neuen Physiker-Biologen rundweg ablehnten. Delbrück sagte, die Biologie, wie er sie vorgefunden habe, sei eine »deprimierende« Wissenschaft gewesen: die anerkannten Weisen, Biochemie zu treiben, »traten auf halb diskriptive Art auf der Stelle, ohne erkennbare Fortschritte in Richtung auf eine grundlegende physikalische Erklärung zu machen«[149]. Auch hier sind wieder die Gesichtspunkte interessant, von denen der neue Ansatz ausging. Fleming erwähnt die Äußerung Szilards, die neuen, physikalisch orientierten Biologen hätten in die Biologie »keinerlei physikalisches Fachwissen« eingebracht, »sondern eine Einstellung: die unter den Biologen damals seltene Überzeugung, daß sich Rätsel lösen ließen«[150]. Diese Haltung, die für Delbrück und die gesamte phage-Gruppe kennzeichnend war, ermöglichte die Schaffung einer grundlegend neuen Strategie gegenüber den Problemen der Virologie und der Genetik, deren eindruckvollstes Ergebnis die Molekularbiologie Cricks und Watsons war.
3. Das dritte Beispiel stammt aus der heutigen Physik. Auch hier gibt es theoretische Schwierigkeiten, die nicht lediglich eine elegantere Mathematik oder ausgeklügeltere Experimente verlangen, sondern eine strategische Neubewertung der grundlegenden Ziele und Erklärungsideale. Einige Physiker – z. B. Geoffrey Chew – meinen heute, »die Entwicklungen der letzten drei Jahrzehnte deuten darauf hin, daß die Möglichkeiten des Elementarteilchenbegriffs vielleicht endgültig ausgeschöpft sind, ohne daß eine endgültige Menge von Elementarteilchen gefunden worden wäre«; z. B. werde weithin anerkannt, daß keines der bekannten Hadronen ein Elementarteilchen sein könne. Daher, so Chew, könnte es sein, daß »der Elementarteilchenweg tatsächlich zu Ende ist«, und daß in diesem Fall die Physik »einen anderen Weg finden muß«[151].

149 Ebenda.
150 Ebenda.
151 G. Chew, »Crisis in the Elementary-Particle Concept«, *Publica-*

In dieser Situation könne man in zwei Richtungen vorgehen. Einmal könne man bestreiten, daß »das Ende des Weges« erreicht sei, und weiter »eifrig nach neuen Teilchen suchen, die sich vielleicht als Grundbausteine der Materie herausstellen könnten«[152]. Der erste Schritt in diese Richtung wäre, wie Julian Schwinger kürzlich meinte, eine phänomenologische Analyse der bestehenden Teilchentheorie, ähnlich dem periodischen System der chemischen Elemente von Mendelejew[153]. Doch leider, so Chew, »kommt der Elementarteilchengedanke nie an ein Ende ... Wenn es Elementarteilchen gibt, warum gerade diese? ... Es bleibt immer das Problem des Verständnisses des letzten Teilchens, das man gefunden hat.«
Chew dagegen schlägt vor, sich um einen völlig anderen Ansatz zu bemühen: Teilchen sollen nicht durch Rückgriff auf andere, kleinere Teilchen erklärt werden, sondern indem man zeigt, daß »die Teilchen so sind, wie sie sind, weil sie gar nicht anders sein könnten«. Leider hat diese Idee, sich an den eigenen Haaren aus dem Sumpf zu ziehen, auch wieder ihre Schwierigkeiten. Chew gesteht zu: »Ihrer Natur nach läßt sie sich nicht in Bewegungsgleichungen nach der altehrwürdigen Tradition der gesamten bisherigen Physik formulieren, weil es grundsätzlich gar keine Gegenstände gibt, die überhaupt in den Bewegungsgleichungen auftreten könnten.« Verschreibt man sich dieser anderen Strategie, so muß man also seine Vorstellungen von der Grundform jeder befriedigenden »physikalischen Erklärung« abändern. Ob ein solcher Ansatz besser ist als die Fortsetzung der herkömmlichen Suche nach immer kleineren Teilchen, das wird die Zukunft zeigen. Wenn er es ist, so schließt Chew, dann wird »das Dilemma mit den Hadronen« »der Vorläufer einer völlig neuen Art von Wissenschaft« gewesen sein[154].
Man beachte, daß sich diese drei Beispiele in mehreren Beziehungen wesentlich unterscheiden. Zum Beispiel kann man nur in einem dieser Fälle sagen, es habe eine »Krise« in der Entwicklung der Wissenschaft vorgelegen. Wenn zum Beispiel

tions of the University of California Radiation Laboratory, Nr. 17137 (Berkeley, Calif., 1967).
152 Ebenda.
153 Siehe z. B. den Brief von J. Schwinger in *Science,* 166 (1969), 690.
154 Chew (vgl. oben, Anm. 151).

Leute wie Delbrück und Luria kurz vor 1950 für eine neue Strategie in der theoretischen Biologie eintraten, so taten sie es nicht, um unerträgliche »Spannungen« zu beseitigen oder eine »revolutionäre Situation« auszunützen, sondern aus dem Wunsch heraus, die physikalische und die biologische Erkenntnis in engere Beziehung zueinander zu bringen. Doch die Beispiele haben auch eines gemeinsam. In allen Fällen gab es keine kollektiv anerkannte Auffassung von der »Erklärung« in der betreffenden Wissenschaft mehr, und die gewöhnlichen eindeutigen Kriterien für die Entscheidung zwischen neuen Ideen waren nicht mehr in Kraft. Daher lautete jeweils die theoretische Grundfrage nicht mehr: Welche theoretischen Neuerungen werden unsere anstehenden Probleme tatsächlich am besten lösen und uns damit unseren anerkannten wissenschaftlichen Zielen näher bringen?, sondern: Welche allgemeinen Ziele sollten wir hier anstreben? Welche neuen Arten von Erklärungsaufgaben müssen auf diesem Gebiet angefaßt werden?

In einem Streit über wissenschaftliche Strategien gibt es also kein anerkanntes Entscheidungsverfahren. In den »klaren« Fällen bestimmen die anerkannten Ziele einer Wissenschaft auch anerkannte Beurteilungsverfahren; doch in den der Sache nach »nebelhaften« Fällen müssen die Wissenschaftler die Ziele des ganzen theoretischen Spiels neu überdenken und damit auch ihre Urteilsmaßstäbe. Die klaren Fälle sind also auch »Routinefälle«, in denen man nach einem alten, vertrauten System von Regeln spielen kann; die nebelhaften Fälle dagegen sind auch strittige Fälle, in denen die Wissenschaftler mit Fragen konfrontiert werden, die sie gewöhnlich auf sich beruhen lassen können.

Welche Verfahren können die Parteien bei solchen nebelhaften Problemen heranziehen, um vielleicht zu einer Einigung zu kommen? Man nehme wieder die lange Diskussion in der modernen Physik über den Status quantenmechanischer Erklärungen. Hier kamen wiederholt unterschiedliche strategische Positionen an die Oberfläche, über die man vorher stillschweigend hinweggegangen war, und der Verlauf der dadurch veranlaßten Diskussionen ist bezeichnend. Die Grundfrage lautete: Kann man weiterhin die bestehende Struktur der Quantenmechanik, wie sie von Heisenberg und Bohr geschaffen wurde, als letzte Instanz in der physikalischen Theorie ansehen? Das heißt, kann man ihr weiterhin die letzte wissenschaftliche Autorität bei der physikalischen Erklärung einräumen? Oder umgekehrt: Ist die Zeit gekommen, das eingeführte System der Quantenmechanik zu hinterfragen und eine differenziertere Form der Theorie aufzubauen, die schärfere Analysen liefert und sich von der Bohrschen Theorie so stark unterscheidet wie die Quantenmechanik selbst von der Physik des 19. Jahrhunderts? Offenbar liegt dieses Problem auf einer ganz anderen Ebene als die gewöhnlichen Fragen der theoretischen Physik. Physiker, die über die eine oder andere Erscheinung verschiedener Auffassung sind, sind sich gewöhnlich zumindest stillschweigend darüber einig, was für Daten, Argumente oder Entdeckungen ihre Meinungsverschiedenheiten beheben würden. Sie sind sich z. B. einig, daß ihre Streifragen entschieden wären, wenn man zeigen könnte, daß nur eine ihrer Auffassungen mit den anerkannten Grundsätzen der Quantenmechanik übereinstimmt; diese Auffassung hätte dann gewonnen. Doch in der hier betrachteten Diskussion gibt es kein so eindeutiges Entscheidungsverfahren. Politisch gesprochen, handelt es sich jetzt um eine Frage der »höchsten Autorität«. Kein formaler Beweis gemäß den bisher als letztlich maßgebend anerkannten Argumentationsformen kann zu einer allgemein akzeptierten Lösung führen, weil ja gerade die Maßgeblichkeit dieser Argumentationsformen in Frage steht.

Doch es wäre übertrieben, wenn man daraus schließen wollte, es gebe überhaupt keine vernünftigen Verfahren zur Auflösung solcher Meinungsverschiedenheiten. Man muß sich eben nicht auf die festliegenden Kategorien einer eingeführten Theorie berufen, sondern auf umfassendere Gesichtspunkte, auf den Vergleich verschiedener wissenschaftlicher Strategien im Lichte historischer Erfahrungen und Präzedenzfälle. Diesen Verlauf hat die wirkliche Diskussion in der Tat genommen. In den 50er Jahren kam es zu einer Reihe unmittelbarer Konfrontationen zwischen Kritikern und Verteidigern der Oberhoheit der Quantenmechanik, die oft in Polemik und Wortklauberei ausarteten. Die Kritiker brachten ihre Einwände vor; die Verteidiger der rechten Lehre bewiesen daraufhin, daß diese Einwände der orthodoxen Deutung der quantenmechanischen Grundsätze ins Gesicht schlugen; die Kritiker antworteten: »Natürlich, denn wir lehnen ja gerade die Stellung ab, die ihr diesen Grundsätzen einräumt«; die Orthodoxen erwiderten: »In diesem Fall seid ihr Ketzer einfach auf dem Holzweg« . . ., und so ging der Streit mit wachsender Erbitterung weiter. Doch nach einiger Zeit erkannten beide Seiten die ganze Tiefe der Probleme, und der Stil der Argumentation änderte sich. Von da an versuchten beide Seiten, weniger doktrinär zu erklären, welche allgemeinen Arten von Fehlern die Gegner machten, und damit kam eine neue Betrachtungsweise in die Diskussion hinein. Man war an kein festgelegtes Verfahren mehr gebunden und befand sich gewissermaßen in einer Welt des »Gewohnheitsrechts«, in der man seine Meinungsverschiedenheiten anhand von »Präzedenzfällen«, »Folgen« und »rechtspolitischen Gesichtspunkten« erörtern mußte. Die orthodoxen Quantentheoretiker – so argumentierten jetzt die Kritiker – machten einen ähnlichen Fehler wie Pierre Duhem kurz vor 1900, als er die Hypothesen J. J. Thomsons über »subatomare« Elektronen als unvereinbar mit einer vernünftigen (d. h. klassischen) Physik zurückwies. Mitnichten – antworteten die Verteidiger –, vielmehr machten die Ketzer einen ähnlichen Fehler wie William Prout, der Daltons gerade herausgekommene Atomtheorie bereits 1815 mit seinen vorschnellen Spekulationen über den Wasserstoff als die allgegenwärtige Substanz angriff, aus der die anderen chemischen Elemente zusammengesetzt seien . . .[155]. Und so ging die Suche nach den passendsten und aufschlußreichsten historischen Präzedenzfällen weiter.

Unsere Aufgabe besteht hier darin, die Folgen dieses Übergangs von der »gesetzbezogenen« zur »gewohnheitsrechtlichen« Argumentation ganz deutlich herauszuarbeiten. Vorher hatte der Streit über die Quantenmechanik zu unfruchtbaren Wortklaubereien geführt, weil eben beide Seiten noch davon ausgingen, es könne eine formale Methode oder Argumentationsweise gefunden werden, auf deren

155 Siehe die Diskussionen zwischen Rosenfeld, Bohm, Vigier u. a. auf dem Symposion *Observation and Interpretation*, hrsg. v. S. Körner (New York, 1957).

Autorität sie sich einigen könnten. (Dann hätten sie einfach beschließen können, zu »rechnen« und das Ergebnis anzuerkennen.) Nachher berief man sich nicht mehr auf formale Argumente, denn man erkannte, daß es gar keine mehr gab, die beide Seiten überzeugt hätten. Jetzt waren alle harten Argumente informaler Art und verwiesen auf Folgen; sie beriefen sich nicht auf bestimmte Rechenverfahren oder -ergebnisse, sondern bemühten sich, deren Stärken und Schwächen, Anwendungsmöglichkeiten und Grenzen zu durchleuchten. Dazu mußte man sich auf wesentlich historische Gesichtspunkte berufen: man mußte die theoretische Erfahrung früherer Physiker als Präzedenzfall heranziehen, wenn man die aussichtsreichsten Richtungen für die zukünftige theoretische Entwicklung abschätzen wollte. Durch diesen Übergang von der formalen (oder gesetzbezogenen) zur historischen (oder gewohnheitsrechtlichen) Argumentation stieß man zu den eigentlichen Problemen vor. Jetzt hieß die Frage, an welchem Punkt man berechtigt war, wissenschaftliche Autoritätsansprüche im Namen bestehender wissenschaftlicher Urteilsgrundsätze in Frage zu stellen und sich nach einem Kronprätendenten umzusehen. Eine solche Frage mußte gewiß auf vernünftige Weise gelöst werden; doch das war nur möglich, wenn man die formalen Anforderungen aller theoretischen Grundsätze beiseite räumte und umfassendere, disziplinbezogene Erwägungen anstellte.
Man könnte sagen, an solchen Punkten ist eine theoretische Diskussion in der Wissenschaft keine Sache der Routineurteile mehr, sondern ähnelt eher einem Fall vor dem höchsten Gericht oder dem Oberhaus. Das heißt, es geht nicht mehr darum, eingeführte Verfahren richtig anzuwenden, sondern es entsteht eine Art »Verfassungsproblem«. Es lohnt sich, die juristische Parallele weiterzuverfolgen. Es ist kein Zufall, daß wir schon wiederholt unversehens juristische Ausdrücke gebraucht haben. Die besonderen Probleme und Entscheidungen bei Zweifeln bezüglich wissenschaftlicher Strategien zeigen ausgeprägte Parallelen zu juristischen Problemen und Entscheidungen etwa im Verfassungsrecht, wenn eine »höchste Instanz« wie das »Höchste Gericht« der Vereinigten Staaten die Vorschriften einer letztmaßgeblichen Verfassung neu deutet und dabei gezwungen ist, die gesellschaftlichen Funk-

tionen des Rechts bei seiner Anwendung auf eine neue historische Situation neu zu überdenken.

In einem früheren Kapitel erwähnten wir die Analyse dieser Frage durch Oliver Wendell Holmes. Ein höchstinstanzliches Gericht, so sagte er, hat manchmal mit Fällen zu tun, für die es kein eindeutiges Entscheidungsverfahren gibt, oder bei denen die anerkannten Grundsätze – wie sie bisher aufgefaßt wurden – zu offensichtlichen Anomalien und Ungerechtigkeiten führen[156]. Dann besteht die Aufgabe des Richters nicht mehr darin, bereits bestehende Verfahren auf neue Fälle anzuwenden. Er muß einen Schritt zurückgehen und die Gesamt-Gerechtigkeit der anerkannten juristischen Grundsätze und Verfassungsvorschriften vor einem größeren gesellschaftlich-historischen Hintergrund neu erwägen. Auf der letzten Ebene der Rechtsprechung wird also die Logik zum Diener jener menschlichen Grundziele, die die Grundlage des Rechts selbst sind. So gründen die theoretische Rechtswissenschaft und die Praxis der Rechtsprechung beide auf unserem fortschreitenden Verständnis der historischen Soziologie des Rechts.

Die soziologische Jurisprudenz von Leuten wie Richter Holmes und Professor Roscoe Pound ist einfach deshalb für unsere jetzigen Fragen von Bedeutung, weil Pound und Holmes den Finger sehr genau auf den Punkt legen, an dem das juristische Denken keine formale oder taktische Sache mehr ist – keine Anwendung festliegender Regeln und Grundsätze auf neue Situationen –, sondern mit strategischen Fragen zu tun bekommt; es ist der Punkt, an dem sich der »gerechte« Weg nur finden läßt, wenn man die Grundzwecke des Rechts in einem neuen historischen Zusammenhang neu bedenkt. Bei solchen strategischen Fragen, so argumentierten die beiden Autoren, kann man juristische Entscheidungen nicht mehr als eindeutig und endgültig »richtig« oder »korrekt« ansehen; doch trotzdem sind solche Entscheidungen auf ihre Art durchaus vernünftig. An solchen Punkten kann das höchste Gericht nicht mehr das bestehende Gesetz auslegen; es muß im Lichte einer weitergespannten Konzeption sowohl urteilen, was das Recht war und ist, als auch, was es werden soll. In-

156 Über Holmes und Pound s. Commager (vgl. Anm. 62), Kap. 18.

soweit ist das Urteil unvermeidlich weniger das »Urteil im Namen des Gesetzes« als etwa Richter Holmes' oder Richter Frankfurters bestes individuelles Urteil darüber, wie sich das Recht an diesem Punkt der Geschichte weiterentwickeln sollte, um möglichst vollständig seine allgemeinen Ideale der Gerechtigkeit, der Menschlichkeit und der Rechtssicherheit zu erfüllen. Solche Fälle führen an die »Frontlinie der Vernunft«, an der fehlbare Menschen im Namen des von ihnen vertretenen menschlichen Unternehmens mit neuen und unvorhergesehenen Problemen fertig werden müssen, indem sie neue Möglichkeiten eröffnen; und an dieser Frontlinie kann man nicht mehr die vernünftigen juristischen Verfahren von den rechtlichen Zielen der Menschen trennen, die jene neu gestalten, oder von den historischen Situationen, in denen sie sich dabei befinden.

Ähnliche Probleme entstehen auch in der Wissenschaft an Punkten strategischer Ungewißheit. Wenn die Grundziele einer Wissenschaft neu überdacht werden müssen, sind ihre vernünftigen Verfahren und Entscheidungskriterien nicht mehr eindeutig bestimmbar. So lassen sich die wissenschaftlichen Entscheidungen eines Mach, Delbrück oder Chew nicht mehr klar und endgültig als »richtig« oder »korrekt« im Sinne irgendwelcher zu dieser Zeit verfügbarer Maßstäbe beurteilen; doch auch solche Entscheidungen sind wieder auf ihre Art durchaus vernünftig. An solchen Punkten kann etwa ein Delbrück nicht mehr für die Biologie sprechen, wie sie besteht; vielmehr muß er versuchen, im Lichte einer weitergespannten Konzeption zu einem Urteil darüber zu kommen, was die Biologie war und ist und was sie werden soll. Insoweit ist die Entscheidung unvermeidlich weniger »der Standpunkt der Biologie« als Max Delbrücks bestes individuelles Urteil darüber, wie sich die Biologie an diesem Punkt der Geschichte weiterentwickeln sollte, um möglichst vollständig ihre allgemeinen Ideale der wissenschaftlichen Erkenntnis zu erfüllen. Auch hier wieder führen strategische Ungewißheiten an die »Frontlinie der Vernunft«, an der sich die Menschen mit neuartigen Problemen mittels neu zu entwickelnder Denkmethoden auseinandersetzen müssen; und an dieser Frontlinie kann man nicht mehr völlig zwischen den vernünftigen Verfahren einer Wissenschaft und den wissenschaftlichen

Zielen der Menschen trennen, die jene neu gestalten, oder der historischen Situation, in der sie sich dabei befinden.
Die Probleme an solchen »Frontlinien der Vernunft« sind daher ganz unvermeidlicherweise nebelhaft. Allgemeine Übereinstimmung über Auswahlkriterien kann es nur so lange geben, wie die augenblicklichen Ziele und Strategien einer Disziplin hinreichend unstrittig sind; und in einer Disziplin, die sich auch historisch entwickelt, kann dieser Zustand nicht dauernd bestehen. Jede grundlegende strategische Neuorientierung einer Disziplin muß also durch Berufung nicht auf bereits eingeführte Argumentationsformen gerechtfertigt werden, sondern auf die gesamte Erfahrung der Menschen in der gesamten Geschichte des betreffenden Vernunftunternehmens. Solange diese Umorientierung andauert, gibt es entsprechende Zweifel bezüglich der Gültigkeit von Gesichtspunkten, die bisher als maßgebend und unstrittig galten; und diese Zweifel rufen oft eine erbitterte Polemik hervor, die Ungewißheit bezüglich der richtigen Grenzen der Disziplin erkennen läßt. (»Das ist doch gar keine Physik!«) Doch über solche strategischen Umorientierungen lassen sich trotzdem vernünftige Überlegungen anstellen, sofern man sich völlig darüber im klaren ist, was für Überlegungen notwendig sind. Wie der späte Wittgenstein zu sagen pflegte: »Meine Argumente sind vielleicht keine ›philosophischen‹ in irgendeinem bisherigen Sinne des Wortes, aber sie sind die ›legitimen Erben‹ dessen, was bisher Philosophie war.« Im gleichen Sinne lautet die Grundfrage an Punkten der strategischen Neuorientierung in anderen Disziplinen und Unternehmungen nicht mehr: »Ist das Jurisprudenz/Physik/Musik . . .?«, sondern: »Ist das der legitime Erbe dessen, was bisher ›Jurisprudenz‹/›Physik‹/›Musik‹ . . . war?«, und die entscheidende Methodenfrage ist dann die, wie die Gesamterfahrung der menschlichen Geschichte bei der Entscheidung zum Tragen gebracht werden kann, was als »legitime Neuorientierung« einer Disziplin oder Unternehmung gelten könne.

3.3 *Die objektiven Bedingungen des wissenschaftlichen Wandels*

Der Fortgang jedes wissenschaftlichen Unternehmens liefert also eine Reihe verschiedener Anlässe für vernünftige Entscheidungen und Urteile. Im einen Extremfall errichtet die gegenwärtige Strategie einer Disziplin klare Kriterien und eindeutige Verfahren für die Entscheidung zwischen neuen Ideen; und in diesen Fällen ist das herkömmliche empiristische Bild von der Wissenschaft als einer Suche nach »objektiv wahren« Aussagen einigermaßen einleuchtend. Im anderen Extremfall muß man über alle feststehenden Regeln und Verfahren hinausgehen und strategische Entscheidungen fällen, die der ganzen Disziplin eine neue Richtung geben können. In solchen Situationen gibt es, wie wir sahen, bei der Beurteilung verschiedener möglicher zukünftiger Strategien im Lichte der bisherigen Erfahrung der Disziplin erheblichen Spielraum für die individuelle Urteilsbildung; und dieses Ergebnis könnte leicht mißverstanden werden. Denn man könnte es so auffassen, daß auf dieser tiefliegendsten Ebene unsere Kriterien für theoretische Entscheidungen »subjektiv« würden. Doch genau umgekehrt würden natürlich die meisten Wissenschaftler wie auch Philosophen behaupten, die Entwicklung der Naturwissenschaften werde im Unterschied zu der des Rechts oder der Politik oder der Künste von *objektiven äußeren Bedingungen* bestimmt; und welche objektiven Bedingungen, so könnten sie fragen, kann es in einer Disziplin geben, über deren grundlegende Strategien die »individuellen Entscheidungen und Urteile« einzelner Wissenschaftler bestimmen? Wenn das die Folge davon ist, daß wir uns in der Analyse der Wissenschaft von den Fragen der Wahrheit theoretischer Aussagen den Fragen der Adäquatheit theoretischer Ideen zugewandt haben, so könnte es scheinen, daß wir eine Büchse der Pandora geöffnet haben.

Doch dieser Alarmruf wäre verfrüht. Wenn wir behaupten, an Punkten der strategischen Neubesinnung sei die Entscheidung zwischen Zielen oder Strategien für die Disziplin eine Sache des Urteils maßgebender und erfahrener einzelner, dann heißt das nicht, diese Entscheidungen seien eine Sache des persönlichen Geschmacks; es heißt auch nicht, die sich ergebenden wissenschaftlichen Entwicklungen seien willkürliche Ergebnisse menschlicher Subjektivitäten, die nicht von äußeren Anforderungen oder Bedingungen beeinflußt seien. Im Gegenteil, auf die eine oder andere Art fließen alle Urteile, von denen die historische Entwicklung einer intellektuellen Disziplin abhängt, aus dem Erfahrungsschatz des Umgangs mit Problemen, die mit der entsprechenden Seite der »Außenwelt« zusammenhängen. Die Formulierung wahrer Aussagen ist *eine* »objektive« Aufgabe; doch die Aufstellung wohlbegründeter Ideen, anhand derer sich weitere solche Aussagen formulieren lassen, ist auch eine »objektive« Aufgabe; und die Findung fruchtbarer neuer Strategien, die weitere Systeme wohlbegründeter Ideen (und damit auch wahrer Aussagen) liefern, ist in einem dritten – aber nicht weniger dringlichen – Sinne eine »objektive« Aufgabe, die den »äußeren« Bedingungen der wissenschaftlichen Erfahrung unterliegt. Der Fehler des Empirismus ist die Vorstellung, es gebe nur eine einzige Art, unsere angesammelte Erfahrung mit objektiven Problemen als Einschränkung für die Entwicklung einer empirisch fundierten Wissenschaft zum Tragen zu bringen, nämlich die Herstellung einer Übereinstimmung zwischen »partikulären Aussagen« und »Einzeltatsachen«. Doch Aussagen über die Adäquatheit unserer Ideen sind vielmehr »metaempirisch«, so daß sie nicht unmittelbar mit »Einzeltatsachen« in Übereinstimmung gebracht werden können; und wissenschaftliche Strategien als allgemeine Leitlinien für die Beurteilung theoretischer Veränderungen sind noch weiter von einer solchen elementaren Übereinstimmung mit Tatsachen entfernt. Doch das bedeutet keineswegs, daß die theoretischen und strategischen Probleme auch nur im geringsten weniger objektiv wären. Es bedeutet lediglich, daß unsere theoretischen und strategischen Urteile auf wesentlich andere Art der Kritik im Lichte der Erfahrung unterliegen als Urteile über einzelne empirische Aussagen.

In gewissem, aber sehr beschränktem Maße lassen sich wissenschaftliche Aussagen einzeln verifizieren. In gewissem, aber sehr beschränktem Maße läßt sich die menschliche Erfahrung in wohlbestimmte Regeln und Verfahren fassen, so daß man Darstellungsmethoden für bestimmte Erscheinungen und Systeme entwickeln kann, deren Anwendungsbereich und Zuverlässigkeit gründlich geprüft sind. In gewissem, aber sehr beschränktem Maße gruppieren sich die entsprechenden Regeln, Verfahren und Darstellungsmethoden zu in sich geschlossenen Disziplinen, deren theoretische Entwicklung selbst durch hinreichend unstreitige Strategien bestimmt wird. Doch auch wenn keine dieser Bedingungen erfüllt ist, so daß die beste Art des Fortschritts der wissenschaftlichen Erkenntnis im Augenblick unklar ist, sind die Probleme der Wissenschaftler um nichts weniger »objektiv«. So schlagen vielleicht zwei maßgebliche Wissenschaftler verschiedene strategische Richtungen für die zukünftige Entwicklung ihrer Wissenschaft vor, wobei sie von ihrem individuellen Verständnis der historischen Erfahrung und der gegenwärtigen Problemsituation ausgehen. Aus diesen Vorschlägen, so wie sie dastehen, folgen vielleicht keinerlei wahre empirische Aussagen, und sie führen keine wohlfundierten Begriffe ein. Doch diese wissenschaftlichen Leitlinien können sich trotzdem als objektiv richtig oder unrichtig, fruchtbar oder unfruchtbar erweisen, indem sie im Laufe der Zeit die Erkennung und Einführung neuer und leistungsfähigerer Systeme von Begriffen und Erklärungsverfahren ermöglichen. Zunächst sind die beiden Vorschläge vielleicht Ergebnisse individuellen Urteils; doch die Entscheidung, welcher von ihnen »besser« war, fällt später nicht anhand persönlicher Gesichtspunkte, sondern im Lichte ihrer tatsächlichen praktischen Konsequenzen. Denn keiner der Vorschläge kann zwar der Natur der Sache nach auf einer formalen, regelgeleiteten Argumentation beruht haben, doch keiner zielt auch lediglich auf die Befriedigung der Präferenzen oder Vorurteile des betreffenden Wissenschaftlers ab. Jeder hat vielmehr die gleiche allgemeine und objektive Aufgabe im Auge, nämlich Anregungen zu geben, wie sich unser wissenschaftliches Verständnis der Natur am besten weiterbringen läßt.

In dieser Hinsicht haben die alten juristischen Streitfragen über die Rechtsschöpfung durch den Richter Parallelen in der Wissenschaftstheorie und Wissenschaftssoziologie. In der Rechtswissenschaft greifen die strengen Konstruktivisten diejenigen an, die zu leicht über den unmittelbaren Gehalt der bestehenden Vorschriften und Präzedenzfälle hinausgehen, denn damit maße man sich die eigentliche Funktion des Gesetzgebers an; die Liberalen entgegnen, beim Fehlen ausdrücklicher Vorschriften oder Präzedenzfälle müsse man die Verfassungsgrundsätze im Hinblick auf ihre tiefere gesellschaftliche Funktion neu deuten, um neuen Situationen gerecht zu werden. So kann das Höchste Gericht der Vereinigten Staaten als maßgeblicher Ausleger der Verfassung gar nicht anders, als umfassendere Gesichtspunkte der Politik und der gesellschaftlichen Ideale neben bindenden Regelungen und formalen Präzedenzfällen in Betracht zu ziehen. Die entsprechenden Argumente sehen vielleicht ebensosehr nach »Rechtsschöpfung« wie nach »Rechtsfindung« aus, doch die entsprechenden Probleme sind im Grunde immer noch Tatsachenfragen. Angenommen, ein Verfassungsgrundsatz wie der der Rede- und Meinungsfreiheit werde herangezogen, um der Regierung ein Vorgehen zu verbieten, bei dem eine Erfindung des 20. Jahrhunderts wie das Telefonabhören verwendet wird; fördert nun diese Erweiterung in der heutigen Situation jene allgemeine gesellschaftlichen Ziele, für die die Väter der Verfassung im 18. Jahrhundert diese Vorschrift schufen? Diese Frage kann äußerst schwierig zu beantworten sein, da die tatsächlichen Folgen der einen oder der anderen Entscheidung vielleicht sehr schwer abzuschätzen sind; daher kann es hier durchaus Unterschiede zwischen einzelnen Richtern geben. Doch es ist keineswegs eine »persönliche« oder »subjektive« Frage – und noch viel weniger eine, die die einzelnen Richter nach ihrem Belieben, ohne Rücksicht auf die Tatsachen, entscheiden könnten.

In den Naturwissenschaften besteht die Gefahr ähnlicher Mißverständnisse; so hören wir die Kritik, auf der strategischen Ebene räumten wir den Wissenschaftlern die Freiheit ein, ihre Wissenschaften ganz nach Belieben zu gestalten. (In dieser Sicht wird die »von Wissenschaftlern geschaffene Wahrheit« zu einem ähnlichen Schreckgespenst wie das »von Richtern geschaffene Recht«.) Auch dieser Vorwurf beruht auf einer Fehldeutung. Die strategischen Grundentscheidungen der Wissenschaft, die die theoretische Entwicklung wissenschaftlicher Disziplinen wie auch die institutionelle Entwicklung wissenschaftlicher Professionen in neue Bahnen lenken, beruhen vielleicht darauf, daß ein Delbrück oder ein

Heisenberg seine Kollegen dazu bringt, ihre kollektive Aufmerksamkeit in eine neue Richtung zu lenken. Doch obwohl Temperament und Persönlichkeit der betreffenden Wissenschaftler eine berechtigte Rolle beim Zustandekommen dieser Entscheidungen spielen mögen, ist das endgültige Urteil darüber etwas Objektives, ja eine Tatsachenfrage. Denn die tatsächliche Antwort der Natur auf unsere Versuche, sie zu erkennen, geht über alle menschliche Subjektivität und Einflußmöglichkeit hinaus.

Mangels eines formalen Entscheidungsverfahrens mögen also die letzten strategischen Entscheidungen eine Sache des persönlichen Urteils maßgeblicher wissenschaftlicher »Richter« sein; doch diese Urteile beziehen sich nichtsdestoweniger auf durchaus »äußere und objektive« Sachverhalte. Man gelangt zu ihnen nicht durch Anhäufung reiner »Naturtatsachen« – seien es Sinneseindrücke oder materiell-gegenständliche Sachverhalte –, sondern im Lichte unserer gesamten Erfahrung bei der Erklärung solcher Tatsachen. Die »objektiven« Bedingungen, die für die fruchtbare Entwicklung wissenschaftlicher Begriffe und Theorien maßgebend sind, haben also nichts mit logisch primitiven Fragen zu tun (ob der nächste Rabe auch schwarz ist, oder ob das nächste Rotkehlchenei auch grünblau ist), sondern mit sehr viel komplizierteren Fragen, die aber trotzdem Tatsachenfragen sind; etwa, welche neue Strategie des Theorienwandels tatsächlich die Entwicklung leistungsfähigerer neuer Erklärungsmethoden ermöglichen und damit die wissenschaftliche Erkenntnis auf dem betreffenden Gebiet vertiefen könnte.

Derartige Urteile erfordern Vorausschätzungen der Konsequenzen, die von den verschiedenen wissenschaftlichen Leitlinien zu erwarten sind; sie entsprechen also »vernünftigen Wetten«. Als solche haben sie natürlich weniger mit der ungedeuteten Natur zu tun – der Natur als Welt neutraler Gegenstände, die neben dem Menschen existieren – als mit der Möglichkeit, die natürliche Welt selbst der menschlichen Erkenntnis zugänglicher zu machen. So haben diese strategischen Fragen, der Natur der Sache nach, eine erkenntnistheoretische Seite; und es überrascht ebensowenig, daß Autoren aus dem 20. Jahrhundert wie Planck und Mach, Einstein und Heisenberg einen engen Zusammenhang zwischen den

Grundfragen der physikalischen Theorie und denen der Erkenntnistheorie erblickten, wie daß ihre Vorgänger im 17. Jahrhundert eine untrennbare Verbindung zwischen »Naturphilosophie« und »Metaphysik« sahen. Schließlich war die Grundfrage der Wissenschaft immer, wie man die natürliche Welt möglichst vollständig der Erkenntnis zugänglich machen könne. Bei allem Respekt vor Galilei und Descartes – die Natur hat keine Sprache, in der sie uns über sich berichten könnte, und es ist unsere Aufgabe als Wissenschaftler, Vorstellungen zu entwickeln, mit deren Hilfe wir aus unserer Naturerfahrung »etwas machen« können. Ob das überhaupt möglich ist, und welche wissenschaftliche Konstruktion sich etwa in der Zoologie oder in der Lehre vom Elektromagnetismus als die leistungsfähigste erweisen wird, das läßt sich vielleicht nicht ohne weiteres voraussagen und feststellen. Doch das sind in keinerlei Sinne »subjektive« Fragen, sondern auf ihre Weise echte Tatsachenfragen über unsere objektive Erfahrung mit der natürlichen Welt.

Trotzdem haben die Zweifel bezüglich der »Objektivität« der Wissenschaft, die eine solche Analyse weckt, eine durchaus ernsthafte und verständliche Grundlage. Unsere Analyse macht zwar den Inhalt wissenschaftlicher Urteile um nichts »subjektiver« oder »persönlicher«; doch sie erkennt auch die ganze »Relativität« der Ideen und Maßstäbe an, die im Augenblick in verschiedenen Milieus als maßgebend gelten. Wie sehr auch die wirklichen wissenschaftlichen Fragen jeder Ebene echte Tatsachenfragen sein mögen, die Wissenschaftler aus verschiedenen Perioden und mit verschiedener Ausbildung können sie am Ende durchaus verschieden anfassen. Schließlich gibt es ebensowenig Grund für die Annahme, die für die theoretische Entwicklung einer Wissenschaft maßgebenden geistigen Anforderungen seien *tatsächlich* überall genau dieselben, wie für die Annahme, die für die Entwicklung einer Organismenart maßgebenden Umweltbedingungen seien in deren Lebensraum überall genau die gleichen. Wichtig ist nur, (1) daß Verschiedenheiten der intellektuellen Anforderungen nicht dazu führen, daß verschiedene Gruppen von Wissenschaftlern Ideenvarianten völlig entgegengesetzt beurteilen, und (2) daß die Wissenschaftler verschiedener Länder oder Forschungsstätten bei allen Unterschieden ihrer längerfristigen Erwartungen die theoretischen Argumente der anderen immer noch einsichtig finden.

In der Praxis kann es durchaus wesentliche Unterschiede zwischen den Erklärungszielen verschiedener Leute in der gleichen Disziplin geben, dies auch zur gleichen Zeit. Pierre Duhem z. B. schrieb eine aufsehenerregende Arbeit über nationale Stile der wissenschaftlichen Theorien[157]. So stellte er die Stile in der Elektrizitätslehre bei den theoretischen Physikern des 19. Jahrhunderts in Frankreich und Großbritannien gegenüber und zeigte, daß es an bestimmten entscheidenden Punkten systematische Unterschiede der maßgebenden Strategien der Physiker in den beiden Ländern gab. In Frankreich war das anerkannte Ideal, alle physikalischen Theorien mathematisch-axiomatisch zu formulieren. In Großbritannien war man ebensosehr bestrebt, Modelle zu entwickeln – sogar konkrete materielle Modelle –, die die physikalischen Erscheinungen sichtbar oder tastbar veranschaulichten, statt sie zu mathematisieren. Diese Unterschiede hatten nach Duhem Parallelen auf anderen Gebieten des Denkens und des praktischen Lebens. Der gleiche Gegensatz – zwischen dem französischen esprit géometrique und dem englischen esprit d'ampleur – zeigt sich auch in der Literatur, so in der individuellen Charakterisierung der Shakespeareschen Helden und Heldinnen im Unterschied zu den personifizierten Tugenden bei Racine; im Rechtswesen in der Konkretheit und Individualität der Präzedenzfälle des Gewohnheitsrechts gegenüber der abstrakten Allgemeinheit des Code Napoléon; in der Wissenschaftstheorie als der Gegensatz zwischen Francis Bacons Methode der empirischen Verallgemeinerung und Descartes' mathematischem Rationalismus; man könnte noch hinzufügen: in dem Unterschied zwischen der scheinbaren Natürlichkeit des herkömmlichen englischen Gartens und der geometrischen Präzision eines französischen parterre. Der Gegensatz zwischen den zwei Nationalstilen der Elektrizitätstheorie im 19. Jahrhundert war also ein weiterer Ausdruck umfassenderer Unterschiede zwischen seit langem bestehenden Nationalcharakteren, an-

157 P. Duhem, *Ziel und Struktur der physikalischen Theorien*, dt. (Leipzig, 1908), Kap. 4, »Die abstrakten Theorien und die mechanischen Modelle«.

gewandt auf die Probleme einer gemeinsamen wissenschaftlichen Disziplin.

Welche Haltung sollten wir selbst gegenüber solchen nationalen Unterschieden einnehmen? Duhem selbst hatte keine Zweifel: er schrieb ohne Entschuldigung oder Vorbehalt als französischer Physiker. Angesichts des Unterschieds tat er sein Bestes, um die Vorgehensweise seiner britischen Kollegen zu verstehen, aber er konnte sie nicht billigen. Das ständige Streben von Leuten wie Kelvin nach mechanischen Deutungen erschien ihm als eine Art Sucht oder Schwäche, die mit der »eigentlichen Aufgabe« der theoretischen Physik überhaupt nichts zu tun habe. Der extremste Fall veranlaßte ihn zu beißender Ironie:

> Vor uns liegt ein Buch[157a], das die modernen Theorien der Elektrizität darlegen will. Es ist darin nur die Rede von Seilen, die sich auf Rollen bewegen, sich um Walzen winden, durch kleine Ringe hindurchgehen und Gewichte tragen, von Röhren, deren manche Wasser aufsaugen, andere anschwellen und sich wieder zusammenziehen, von Zahnrädern, die ineinander eingreifen oder an Zahnstangen geführt werden; wir glaubten in die friedliche und sorgfältig geordnete Behausung der deduktiven Vernunft einzutreten und befinden uns in einer Fabrik.[158]

Die bloßen Beschränkungen des menschlichen Geistes, verstärkt durch die englische Vorliebe für das Greifbare und Individuelle, mochte diese Zuflucht zu lauter Veranschaulichungen entschuldigen, vorausgesetzt, man betrachtete sie lediglich als »Hilfsmittel« oder »Brücke« für diejenigen, die den wesentlichen Inhalt einer physikalischen Theorie nicht in reiner Form verdauen konnten. Und für sich selbst wußte Duhem ganz genau, wie diese »reine Form« aussah. Es war die axiomatische, mathematische, kartesische Form, in die seine französischen Vorgänger im 19. Jahrhundert ihre Elektrizitätslehre gekleidet hatten. Hätte man dem entgegengehalten, auch physikalische Modelle könnten eine Darstellungsmethode mit eigenen Vorzügen sein, die die überzeit-

157a Das populärwissenschaftliche Buch von Oliver Lodge, *Modern Views of Electricity* (1889); dt. Ausg. v. R. Wachsmut, *Neueste Anschauungen über Elektrizität* (Leipzig, 1896).

158 Duhem (vgl. Anm. 157), S. 88 (in Kap. 4, § 5).

liche Systematik eines quasi-Euklidischen Axiomensystems aufwiegen könnten, so wäre das Duhem als glatter Verrat an der »Vernunft« selbst erschienen: »Wir glaubten in die friedliche ... Behausung der deduktiven Vernunft einzutreten und befinden uns in einer Fabrik.« Selbst in der Physik konnte ein französischer Akademiker des 19. Jahrhunderts unter »Rationalität« offensichtlich nichts anderes verstehen als den kartesischen »Rationalismus«.

Doch auch hier gibt es gewiß wesentlich verschiedene Möglichkeiten. Angenommen, Duhem habe einen echten Gegensatz zwischen den theoretischen Strategien und Auswahlkriterien der Physiker in verschiedenen Ländern ans Licht gebracht – wie kann er aber hoffen, endgültige Argumente dafür zu finden, daß die eine Strategie eindeutig die richtige sei und die andere unausweichlich auf dem Holzweg? Ohne jede Polemik muß man doch bezweifeln, daß irgendwelche derartigen Argumente durchschlagend sein könnten. Denn sie müßten sich auf eine von zwei Begründungen stützen, die beide nicht zur Verfügung stehen: Entweder müßten sie sich auf allgemeingültige Erkenntnisgrundsätze berufen, wie wir sie hier abgelehnt haben, oder sie müßten die Konsequenzen gegeneinander abschätzen, d. h. die von den beiden Strategien zu erwartenden wissenschaftlichen Erträge vergleichen. Und hier gibt es keine Garantie a priori, daß die kartesische Strategie fruchtbarer sein würde. In allen inhaltlichen Fragen der Elektrizitätstheorie gab es zwischen Duhem und Lodge wenig reale Meinungsverschiedenheiten. Alle elektrischen Erscheinungen, die ein Kelvin mit mechanischen Modellen und Analogien erklärte, konnte sein französischer Kollege ebensogut mittels mathematischer Sätze erklären, und umgekehrt; alle theoretischen Verbindungen zwischen Elektrizität, Magnetismus und Optik in der französischen Physik hatten genaue Gegenstücke in der englischen Physik; so waren die mechanischen Modelle Maxwells, Kelvins und Lodges zur Erklärung elektrischer Erscheinungen einfach andere Darstellungen oder Projektionen derselben theoretischen Beziehungen, die in den französischen Abhandlungen über mathematische Physik als formale Folgebeziehungen auftraten. Das heißt, die Meinungsverschiedenheit zwischen Duhem und Lodge entstand erst, nachdem die gesamte Erklärungsernte bereits eingebracht war, an einem Punkt, an dem über das zukünftige theoretische Vorgehen auf einer tieferen, strategischen Ebene entschieden werden mußte[159].

Bezüglich solcher tieferer strategischer Urteile können Leute, die im Rahmen verschiedener kultureller und philosophischer Traditionen arbeiten, ganz mit Recht gegensätzliche wissenschaftliche Prioritäten setzen und die »wesentliche« Vernünftigkeit der Wissenschaft in ganz verschiedenen Programmen erblicken. Gewiß konzentrierte sich die französische und die englische Strategie in der Elektrizitätstheorie auf verschiedenartige Probleme und lenkte die gesamte nachfolgende Forschung in verschiedene Bahnen. Heute können wir aus dem Abstand fast eines Jahrhunderts erkennen, daß beide Strategien ganz bestimmte Vorzüge, aber auch Schwächen hatten. Duhems Orientierung am kartesischen Modell der physikalischen Theorie zum Beispiel erfüllte ihn mit übermäßiger Skepsis gegenüber J. J. Thomsons Vorstellungen von Elektronen und subatomaren Strukturen, weil sie sich zu sehr an mechanische Analogien und zu wenig an sorgfältige mathematische Analysen hielten[160]. Ernest Rutherford dagegen war in einer gröberen, mehr mechanischen Gedankenwelt aufgewachsen und war deshalb besser in der Lage, die von Thomsons Ideen geschaffenen neuen Möglichkeiten auszunutzen; freilich sollte er noch erleben, wie seine eigene Strategie 25 Jahre später selbst am Ende war, als die Quantenmechanik wieder eine kartesische Ordnung in die neue Physik hineinbrachte, die er und Thomson zunächst auf einer mehr mechanischen Grundlage aufgebaut hatten.

Die historische Einheit und Kontinuität einer Disziplin ist also mit einer erheblichen Breite der Methoden und Strategien vereinbar. Diese besteht auch nicht etwa nur zwischen historischen Epochen oder Nationalstilen; man findet ähn-

159 Über die Auffassung konkurrierender physikalischer Theorien als verschiedener Darstellungen siehe Hertz (vgl. oben, Anm. 124), Einleitung, insbes. die Bemerkungen über »logische Zulässigkeit«, »Richtigkeit« und »Zweckmäßigkeit«, S. 2 ff. (Die engl. Übersetzung von 1900 wurde wieder herausgegeben und mit einem neuen Vorwort und Schrifttumsverzeichnis versehen von R. S. Cohen [New York, 1956].)

160 (Vgl. Anm. 157), S. 89 ff. in Kap. 4, § 5.

liche Schwerpunktunterschiede zwischen den kennzeichnenden Urteilen verschiedener Forschungsstätten oder Schulen selbst im gleichen Lande und zur gleichen Zeit. Da gibt es die Genetiker von Cambridge und von Edingburgh, die Lernpsychologen von Columbia und von Harvard; man kann sich der einen oder der anderen Schule anschließen, doch es wäre parteiisch, wollte man für sie ein Erkenntnismonopol beanspruchen. Damit zu irgendeiner Zeit eine zusammenhängende Disziplin besteht, genügt ein »ausreichender« Grad kollektiver Übereinstimmung über die wissenschaftlichen Ziele der Disziplin. Und unter »ausreichend« ist hier zu verstehen »ausreichend für die tatsächlichen Anforderungen der gegenwärtigen Situation«; das verträgt sich mit wesentlichen Meinungsverschiedenheiten in Dingen, die über die augenblicklich akuten Probleme hinausgehen. Zwischen 1870 und 1890 z. B. waren alle theoretischen Chemiker bereit, die Ausdrücke »Atom« und »Molekül« zur Beschreibung chemischer Reaktionen und Umwandlungen zu gebrauchen. Damit war die Einheit der chemischen Theorie im 19. Jahrhundert bewahrt. Doch über den Status, der diesen Atomen und Molekülen auf längere Sicht zuzuschreiben war, darüber hatten die einzelnen Chemiker völlig entgegengesetzte Auffassungen. Waren es theoretische Fiktionen, waren es die letzten Bausteine der Materie, oder waren es Teilchen, die sich selbst noch als zusammengesetzt erweisen würden? Bezüglich dieser weitergehenden Fragen hatten Ostwald, Maxwell und Kékulé völlig verschiedene Auffassungen[161]. Doch für den Augenblick hatten diese keine akute Bedeutung; die augenblicklichen Taktiken und theoretischen Probleme der Chemie waren gegenüber diesen längerfristigen strategischen Gesichtspunkten indifferent, es machte für die chemischen Analysen keinen Unterschied, wie man sie betrachtete.

Betrachtet man verschiedene historische Perioden statt verschiedener Länder oder Forschungsstätten, so findet man wiederum ähnliche Verschiedenheiten der Maßstäbe des wissenschaftlichen Urteils. Historisch gesehen, machen die Auswahlkriterien, die in wissenschaftlichen Disziplinen zu ver-

161 Siehe z. B. Cohen (vgl. oben, Anm. 107).

schiedenen Zeiten angewandt werden, eine ebenso starke historische Entwicklung durch wie die speziellen Theorien, Begriffe und Varianten, auf die sie angewandt werden. Dieses Ergebnis könnte als der endgültige Todesstoß für jede kartesische Absicht erscheinen, die Argumente in der Naturwissenschaft auf dieselbe theoretische Grundlage zu stellen wie die in der Mathematik; doch paradoxerweise zeigt eine genauere Untersuchung, daß dem nicht so ist. Natürlich zerstört es jede Hoffnung, die Naturwissenschaft so aufzuziehen wie Descartes' Euklidisches Ideal der Mathematik. Doch es folgt daraus kein wesentlicher Unterschied des theoretischen Status der Naturwissenschaft und der tatsächlichen Mathematik; im Gegenteil, die Mathematik muß sich inzwischen darauf einrichten, den gleichen historischen Weg zu gehen. Descartes' Hochschätzung der Euklidischen Geometrie war mit einem unerschütterlichen Glauben nicht nur an die unübertroffene Gewißheit der mathematischen Methoden im allgemeinen verbunden, sondern auch an die Endgültigkeit der speziellen Begriffe und Axiome Euklids. Doch wie Imre Lakatos gezeigt hat, brachte die Entwicklung der mathematischen Disziplinen in ihrer Art ebenso tiefgreifende Wandlungen der Begriffe und Methoden wie in irgendeiner Naturwissenschaft. Grundlegende mathematische Begriffe wie »gültig« und »streng«, »elegant«, »Beweis« und »mathematische Notwendigkeit« machen die gleichen Wandlungen durch wie ihre naturwissenschaftlichen Gegenstücke »vernünftig«, »zwingend«, »einfach«, »relevant« und »physikalisch notwendig«. Selbst die Grundanforderungen an einen mathematischen »Beweis« haben sich seit den Zeiten Euklids mehr als einmal verändert. Daher sind die Begriffe, Methoden und wissenschaftlichen Ideale der Mathematik den »Stürmen der Geschichte« nicht etwa weniger ausgesetzt – wie Descartes und Frege hofften und glaubten – als die irgendeiner anderen wissenschaftlichen Disziplin[162].
Die Strategien der Wissenschaftler auf irgendeinem Gebiet, zu irgendeiner Zeit oder in irgendeiner Forschungsstätte bilden also, sich überschneidend, eine Population mit inneren

162 Imre Lakatos, »Proofs and Refutations«, *British Journal for the Philosophy of Science*, 14 (1963/64), 1-25, 120-39, 221-43, 296-342.

Unterschieden. Das Ausmaß der aktuellen Übereinstimmung ist ein Maß für die strategische Einmütigkeit nur hinsichtlich der unmittelbaren Probleme der gemeinsamen Disziplin. Über diesen Punkt hinaus ist die Vielfalt der längerfristigen Auffassungen keinen akuten ökologischen Anforderungen oder Auslesevorgängen unterworfen. In dem historischen Übergang von einer Epoche zur anderen schafft also die Entwicklung unserer intellektuellen Disziplinen eine Vielfalt von Ansätzen, die nur durch die Ausleseeinflüsse der aktuellen theoretischen Probleme begrenzt wird. Innerhalb der so entstehenden historischen Genealogien hinterlassen große wissenschaftliche Neuerer im allgemeinen ihre Spuren ebenso in Form ihrer persönlichen Auffassungen über die allgemeinen Anforderungen, die an jede befriedigende Theorie zu stellen seien, wie durch ihre speziellen Beiträge zu bestimmten Theorien. Wenn man keine Heiligenverehrung treiben will, läßt sich Galileis Beitrag zur Physik viel besser verstehen, seit man ihn über Benedetti und die Paduaner Mathematiker auf die ungelösten Probleme Buridans, Bradwardines und Oresmes rückbeziehen kann. Galileis Beispiel und seine Plädoyers überzeugten die Physiker des 17. Jahrhunderts davon, eine wie reiche theoretische Ernte sich einbringen ließ, wenn man nur geometrische Analyse mit korpuskularen Vorstellungen verband. Ein großer Teil von Galileis Originalität bestand also weniger in seinen einzelnen Entdeckungen als in seiner Gesamtschau des wissenschaftlichen Gewinns, den die Physik aus einer zielbewußten Anwendung der neuen »geometrisch-korpuskularen« Strategie ziehen könne.

Auf dieser strategischen Ebene könnte man geradezu die Geschichte ganzer Wissenschaften anhand der sich verändernden Auffassungen der Wissenschaftler davon schreiben, was etwa »Physik« war, ist und werden könne. Auf den ersten Blick scheint vielleicht die Physik von Buridan und Oresme nichts mit der Physik Einsteins und Heisenbergs zu tun zu haben; doch in Wirklichkeit sind sie durch eine ganz unmittelbare disziplinäre Genealogie verbunden. Die »physikalischen« Probleme um 1330 – die scholastische Analyse der Begriffe zur Kennzeichnung verschiedener Arten der »Veränderung« oder »Bewegung« – gingen in 600 Jahren Wissenschaftsgeschichte Schritt um Schritt in die heutigen Probleme der Relativitätstheorie und Quantenmechanik über. Und an keiner Stelle weist dieser Vorgang einen Bruch der Rationalität auf. Die »Physik« des 20. Jahrhunderts erscheint nur deshalb als so verschieden von ihrem Vorfahr im 14. Jahrhundert, weil die Auslesegrundsätze für die jeweils vorhandenen Theorienvarianten selbst »Kinder ihrer Zeit« sind. Sie selbst haben sich zusammen mit der übrigen Physik völlig berechtigtermaßen im Laufe der historischen Entwicklung fortgebildet und verändert. Und im Mittelpunkt jeder historischen Rekonstruktion dessen, wie Ideenvariation und Auswahl zusammen unsere wissenschaftlichen Disziplinen gestaltet haben, muß eine Analyse der Veränderungen der herrschenden disziplinären und intellektuellen Strategien selbst stehen.

Einer letzten Frage zur Objektivität der Wissenschaft müssen wir uns hier noch stellen. Wenn der Ideenwandel in wissenschaftlichen Disziplinen so tief reicht, wie wir es dargestellt haben, dann ist nicht klar, wie man noch eine brauchbare Unterscheidung treffen soll zwischen den »inneren« Gesichtspunkten, die für die augenblicklichen Probleme einer Wissenschaft sachlich von Bedeutung sind, und den »äußeren« Gesichtspunkten wie politischen Vorurteilen oder Ideologien, die die normalen Verfahren der Urteilsbildung in der Disziplin verfälschen oder hemmen können. Auf jeden Fall ist nicht klar, wie sich eine solche Unterscheidung so treffen lassen soll, daß sie auch nur einigermaßen langfristige Geltung beanspruchen kann. Irgendeine solche Unterscheidung ist sicherlich notwendig und berechtigt; doch es entstehen schwierige Probleme, wenn man die beiden Arten von Gesichtspunkten auch nur einigermaßen scharf und dauerhaft voneinander zu trennen versucht. Wie kann man dann objektive und zeitüberdauernde Kriterien dafür angeben, welche Gesichtspunkte »sachgebunden« oder »relevant« für die theoretischen Urteile in einer wissenschaftlichen Disziplin sind? Und ist es in der Praxis immer klar, wie man diese Unterscheidung anwenden soll? Es wäre bequem für die Philosophie, wenn man die verschiedenen bei der theoretischen Spekulation wirksamen Faktoren scharf abgrenzen könnte und die strengen Anforderungen der Entwicklung der Disziplin klar von wissenschaftsfremden Gesichtspunkten wie Mode und Nationalstil, metaphysischem Geschmack und politischer Ideologie trennen könnte. Unsere Analyse läßt offen, wie weit das wirklich möglich ist; und auch darin könnte man einen Abstrich an der Objektivität der Wissenschaft erblicken.

In den letzten 30 oder 40 Jahren hat man diese Frage häufig so verstanden, daß sie ein »Abgrenzungskriterium« erfordere, das die Wissenschaft endgültig von Metaphysik, Theologie und Ideologie unterscheide. Man hoffte, ein Kriterium zur Unterscheidung wirklich »wissenschaftlicher« Aussagen von anderen finden zu können, sei es aufgrund ihres Inhalts oder der Methoden ihrer Prüfung. Dann hätte man Aussagen, die ernsthaften Anspruch auf »Wissenschaftlichkeit« erheben können, von anderen trennen können, die nicht ausreichend empirisch gestützt waren, die bloßer Ausdruck einer religiösen oder ideologischen Haltung oder gar im buchstäblichen Sinne leer waren. Doch so verstanden, ist die Suche nach einem Abgrenzungskriterium der gleichen Kritik ausgesetzt wie die Suche nach formalen Signifikanztests und Verifikationsverfahren. Beschränkt man sich auf Aussagen im Rahmen bereits anerkannter Theorien und Begriffe, so kann man vielleicht ein Kriterium zur Unterscheidung wirklich »wissenschaftlicher« Aussagen von anderen finden. (Dann wäre die Aussage »Dieses Elektron hat eine Energie von $3 \cdot 10^6$ Elektronenvolt« eine nachweislich wissenschaftliche, und die Aussagen »Dieses Elektron ist ein materieller Gegenstand« und »Dieses Elektron ist traurig« wären es nicht.) Doch ein Kriterium, das nur anwendbar ist, wenn man bereits vorhandene Begriffe und Theorien heranzieht, braucht nicht mehr relevant zu sein, wenn es um grundlegende Ideenwandlungen geht. Die für uns entscheidende Frage betrifft also Ideen und nicht Aussagen. Wenn die Wissenschaftler ihr Arsenal an Erklärungsideen verändern und neue Theorienvarianten zur Aufnahme in den Korpus ihrer Disziplin auswählen, gibt es da irgendwelche dauerhafte oder fix und fertige Kriterien dafür, ob ihre Gründe für diese Auswahl wirklich »wissenschaftlich« waren?

Fragen wir etwa, welche Erwägungen die Physiker einmal »korpuskulare« Theorien der Wärme, des Magnetismus und des Lichts bevorzugen ließen, zu anderen Zeiten Theorien der »feinen Flüssigkeiten«, und zu wieder anderen »Feldtheorien«; es wäre bestimmt schwierig, zwingende mathematische oder experimentelle Gründe dafür zu finden. Blickt man auf diese Auffassungsänderungen zurück, so möchte man in der Tat meinen, die Entscheidung zwischen diesen verschiedenen Theorien habe letzten Endes von lokalen und zeitlich beschränkten Vorlieben für bestimmte Moden oder Stile des wissenschaftlichen Denkens abgehangen. Doch derartige Moden waren selten »bloße« Moden. Die Entscheidung, magnetische Erscheinungen als Auswirkung von Feldern, von Flüssigkeiten, von Teilchen oder von Ausstrahlungen zu behandeln, ist der Wissenschaft vielleicht weder durch experimentelle Prüfungen noch durch mathematische Notwendigkeit aufgezwungen worden; insoweit beruhte sie auf dem willkürlichen theoretischen Urteil der einzelnen beteiligten Physiker. Doch diese Entscheidung war nicht lediglich Ausfluß einer vorübergehenden Laune. Vielmehr zeigte sie wiederum, wie gemeinsame Vorstellungen von »Mechanismus«, »Erklärung« und »Einsichtigkeit« den augenblicklichen Erklärungsidealen einer Wissenschaft zugrunde liegen. Statt sich bequem auf die gesicherten Zeugnisse der Vergangenheit zurückzuziehen, wetteten diese neuen Entscheidungen wieder einmal auf die Zukunft – sie setzten sich für zukünftige Theorieformen ein, in deren Einsichtigkeit und Fruchtbarkeit ihre Befürworter ein vernünftiges Vertrauen haben konnten.

Derartige Voraussagen können sehr verschiedene Ursprünge und Gründe haben. Sie können in Analogien zu den Ergebnissen anderer Wissenschaften bestehen, in längerfristigen Erwägungen zur Strategie der Disziplin, die noch gar nicht richtig ausformuliert sind, oder sie können sogar von außerhalb des gesamten Gebietes kommen, das wir heute »Wissenschaft« nennen. In jedem Fall haben die wissenschaftlichen Moden und theoretischen Stile einer Generation oft für spätere Generationen viel nachhaltigere Bedeutung gewonnen, wenn sich die disziplinären Ziele der Wissenschaft so fortentwickelt hatten, daß sie sich auf einen neuen Erfahrungsbereich einließen. Kurz, auf der Ebene der Theorien ist die Suche nach einem auf die Dauer gültigen Abgrenzungskriterium unvereinbar mit der Tatsache, daß die Ziele unserer Disziplinen zusammen mit allen speziellen Theorien und Begriffen eine historische Entwicklung durchmachen.

Hat man einmal erkannt, daß die Wissenschaftler aus anderen Zeiten und anderen Kulturen die Aufgaben ihrer Disziplinen nicht nur völlig anders sahen, sondern dazu auch durchaus berechtigt waren, so muß man seine Anforderungen ändern. Von nun an ist vielleicht nicht immer klar, ob theoretische Entscheidungen aus anderen Milieus das Ergebnis »äußerer« – und damit irrelevanter – Faktoren und Gesichtspunkte waren, oder ob sie verschiedene Vorstellungen von den jeweiligen Erklärungsaufgaben der Wissenschaften widerspiegelten. Die Beweggründe, aus denen heraus Naturforscher wie John Ray die ersten befriedigenden Klassifikationen der Organismenarten entwickelten, waren ebensosehr theologische wie wissenschaftliche; man sah in diesen Taxonomien einen Ausdruck der »vernünftigen Ordnung«, die der Natur bei der Schöpfung der Welt durch die göttliche Weisheit verliehen worden war. Oder: in Deutschland entwickelten im 19. Jahrhundert die ersten Zellbiologen ihre Theorien der Gärung und des Gewebewachstums in Anlehnung an die damaligen Vorstellungen von der anorganischen Katalyse und der Kristallbildung. Soll man solche Argumente alle als völlig irrelevant betrachten, oder vielleicht als Anzeichen wissenschaftlicher Strategien, die sich zwar von den unsrigen unterscheiden, aber damals durchaus vernünftig waren? Wenn wir diese Fragen stellen, dürfen wir uns weder dadurch, daß wir inzwischen aus der Erfahrung gelernt haben, zum Anachronismus verführen lassen, noch davon ausgehen, daß solche Spekulationen notwendigerweise von Anfang an unvernünftig gewesen seien, weil sie durch »unwissenschaftliche« Vorurteile oder »metaphysische« Vorstellungen beeinflußt gewesen seien. Wenn wir uns nicht die Mühe machen, die tatsächlichen wissenschaftlichen Entscheidungen zu rekonstruieren, vor denen die Menschen in anderen Zeiten standen, können wir nicht ausmachen, welche Gesichtspunkte sie mit Recht als für ihre Entscheidungen »relevant« ansehen konnten.

Damit soll unter gar keinen Umständen gesagt sein, daß alles und jedes für eine wissenschaftliche Entscheidung relevant sein könne, wenn man es nur als relevant betrachten wolle. Es bedeutet nur, daß Fragen der Disziplinrelevanz – wie Fragen der »Anpassung« ganz allgemein – im Zeichen einer bestimmten Problemsituation und zu einer bestimmten Zeit entschieden werden müssen. Angesichts der Vielfalt und Veränderlichkeit unserer theoretischen Probleme kann man kaum hieb- und stichfeste allgemeine Aussagen darüber machen, was für Gesichtspunkte notwendigerweise für unsere theoretischen Entscheidungen »relevant« oder »irrelevant« sind. Man kann sogar so weit gehen, zu behaupten, daß überhaupt kein Gesichtspunkt, auch mit rein wissenschaftlichen Maßstäben gemessen, für alle denkbaren wissenschaftlichen Urteile absolut irrelevant ist.

Als Vorurteil oder Aberglaube qualifizieren sich nun Auffassungen nicht durch ihren Inhalt, sondern durch die Art, wie sie aufrechterhalten werden. In dieser Hinsicht sind Vorurteil und Aberglaube das Gegenteil der »Vernünftigkeit«; beide haben weniger mit dem Inhalt von Anschauung zu tun als damit, wie man sie durchzusetzen versucht. Und in fast allen berühmten Fällen aus der Wissenschaftsgeschichte, in denen man versucht ist, die Beeinträchtigung der wissenschaftlichen Diskussion durch sachfremde »äußere« theologische und ideologische Gesichtspunkte zu tadeln, sollte man sich lieber gegen die Tyrannei und den Dogmatismus wenden, womit unkonventionelle Ideen unterdrückt und konservative Auffassungen durchgesetzt wurden. Ob nun bei der Affäre Galilei oder der von La Mettrie und Priestley ausgelösten Feindseligkeit, in der theologischen Kritik an James Hutton, der Opposition gegen Lawrence und Darwin oder in der Affäre Lyssenko: jedesmal ging es um ernsthafte theoretische Fragen, und die »Konservativen« vertraten eine keineswegs von vornherein abwegige Position[163]. Der Ge-

163 Über Galilei siehe G. de Santillana, *The Crime of Galileo* (Chicago, 1955); über Joseph Priestley siehe J. T. Rutt, *Life and Correspondence of Joseph Priestley*, Bd. 2 (London, 1832), S. 116 ff.; über Lawrence siehe June Goodfield-Toulmin, »Some Aspects of English Physiology: 1780-1840«, Teil 2, *Journal of the History of Biology* 2 (1969), 307-20; eine unbeschwerte Behandlung von Darwin, Huxley und Wilberforce findet sich bei W. Irvine, *Apes, Angels and Victorians* (London, 1955); ein ernsthafterer Bericht aus erster Hand über die Affäre Lysenko ist Z. Medvedev, *The Rise and Fall of T. D. Lyssenko* (New York, 1969).

gensatz zwischen der Geologie Huttons und den anerkannten Vorstellungen über den Zeitmaßstab der Geschichte des Weltalls etwa warf für einen Wissenschaftler wie Lyell durchaus ernsthafte theoretische Probleme auf; es war auch keineswegs unbedingt »antiwissenschaftlich«, daß gebildete Leute zu Anfang des 19. Jahrhunderts der Vorstellung, das Weltall bestehe schon seit unvorstellbar langer Zeit, mit Skepsis begegneten.

Von »Vorurteil« oder »Dogmatismus« kann man nur sprechen, wenn sich diese Skepsis in zügellosen Verunglimpfungen und Appellen an Angst und Argwohn äußert, nicht aber, wenn ernsthafte Einwände vorgebracht werden, denen man sich auf sachlicher Ebene stellen muß; und man kann es besonders dann, wenn neuen wissenschaftlichen Spekulationen nicht mit Argumenten, sondern mit politischen, religiösen oder juristischen Sanktionen entgegengetreten wird. Wäre Galilei nicht vor Gericht gestellt worden; hätten böswillige Politiker nicht den Pöbel von Birmingham dazu aufgehetzt, Priestleys Haus niederzubrennen; hätte man nicht Lawrence das Urheberrecht an seinen Vorlesungen verweigert, weil sie Blasphemie seien; wäre Wilberforces Angriff auf Darwin nicht auf eine völlig abwegige persönliche Ebene hinabgestiegen; hätte Lysenko seine Theorien gegen andere genetische Auffassungen antreten lassen, ohne politische Instanzen einzuschalten ... wenn in jedem dieser Fälle die disziplinorientierte Diskussion ohne Einschaltung von Rhetorik, Vorurteil oder Zwangsmaßnahmen abgelaufen wäre, dann wäre die Frage der »Irrelevanz« niemals in der Form entstanden. Irgendwie mußten ja die neue Astronomie des Kopernikus und die religiöse Kosmologie der mittelalterlichen Kirche miteinander zurechtkommen. Irgendwie mußte ja die neue Naturgeschichte der Geologen und Paläontologen des 19. Jahrhunderts gegen die biblische Tradition abgewogen werden. Doch in jedem Falle hätte man zu einer Verständigung kommen können, ohne die Justiz oder die Straße zu mobilisieren. In jedem Falle bestand also die »wissenschaftsfremde« Seite des Vorgangs nicht in einem Mangel an Logik, sondern an »ordnungsgemäßem Verfahren«.

Umgekehrt gilt: wenn also Vorurteil, Konservativismus und andere Formen der Vernunftwidrigkeit mit der Art der Führung einer theoretischen Diskussion und nicht mit ihrem Inhalt zu tun haben, dann besteht kein Hindernis, daß die sich *im* Verhalten der Fachvertreter ebenso zeigen wie an den geistigen Grenzen der Disziplin. Wer immer wissenschaftliche Institutionen unvoreingenommen untersucht hat, der weiß sehr gut, daß die »normalen Verfahren« der Entwicklung einer Disziplin häufiger gestört sind, als öffentlich zugegeben wird, und zwar nicht nur durch äußere Eingriffe in die betreffende Wissenschaft, sondern auch durch Vorurteil und Dogmatismus in ihrem Inneren. Der Zusammenstoß zwischen neuen wissenschaftlichen Ideen und einer hergebrachten religiösen Orthodoxie löst jenen Haß aus, der als odium theologicum bekannt ist; doch theoretische Neuerer, deren Ideen mit einer festgefügten wissenschaftlichen Orthodoxie zusammenstoßen, gehen ebenso häufig im odium professionale unter. Seit langem etablierte Begriffe und Methoden – etabliert in dem disziplinären Sinne, daß sie sich vor langer Zeit ihren berechtigten Platz in der Wissenschaft erobert haben – werden oft auch zu soziologisch »etablierten«, d. h. in den Institutionen der Wissenschaft fest verwurzelten. Dann brauchen die Widerstände gegen Veränderungen keine »unwissenschaftlichen« oder »irrelevanten«, der Wissenschaft äußerlichen Gesichtspunkte ins Spiel zu bringen und können doch vollständig an den eigentlichen wissenschaftlichen Erfordernissen der Sache vorbeigehen.

Alles in allem dürfte also die Suche nach einem dauernd und allgemein gültigen Abgrenzungskriterium zwischen »wissenschaftlichen« und »nichtwissenschaftlichen« Gesichtspunkten vergeblich sein. Wenig Nützliches läßt sich auf völlig allgemeiner Ebene über die Richtungen des Ideenwandels sagen, die in einem wissenschaftsinternen Sinne »zulässig« sind; es sind fast nur quasi-politische Parolen möglich. Man kann radikalliberale Parolen aufstellen wie Paul Feyerabends »ersten Grundsatz der intellektuellen Moral« (nämlich den wissenschaftstheoretischen Anarchismus), wonach alle neuen Auffassungen gleiches Recht auf eine faire Chance haben, ihre Vorzüge in der Praxis zu beweisen[164]. Oder man kann

164 Siehe insbes. P. K. Feyerabend, »Against Method«, *Minnesota Studies for the Philosophy of Science*, 4 (Minneapolis, 1970). [Jetzt

autoritäre Parolen aufstellen wie diejenigen, die in Kuhns Behauptung enthalten sind, der »normale« oder kumulative Fortschritt der Wissenschaft hänge davon ab, daß Neuerungen im Rahmen einer maßgebenden Obertheorie gehalten werden. Und solche Parolen tragen wenig zum allgemeinen Verständnis der wissenschaftlichen Entwicklung bei, weil in jedem Fall ihr effektiver Gehalt durch einen Gummibegriff ausgehöhlt wird. Wie fair muß eigentlich eine »faire« Chance sein? Wie normal ist der »normale« Fortschritt einer Wissenschaft? Es ist offensichtlich nicht »fair«, daß die Fachastronomen einen Velikovsky nicht zu Wort kommen lassen; doch es ist weder Tyrannei noch ein Verstoß gegen die intellektuelle Moral, wenn sie ihm nicht »gleiche Redezeit« wie einem Fred Hoyle einräumen[165]. Ohne Zweifel gibt es Situationen, in denen bestehende Theorien neu überdacht werden müssen, und in denen es abwegig wäre, die theoretische Einbildungskraft der Wissenschaftler im Namen eines herrschenden »Paradigmas« zu beschränken; aber man braucht auch irgendwelche Prioritäten und kann nicht sämtliche Theorienvarianten in völlig beliebiger Reihenfolge betrachten. Der Versuch, ein völlig allgemeines Abgrenzungskriterium zu gewinnen, endet also mit einer Leerformel.

Der Ursprung der Schwierigkeit ist folgender. »Vernünftig« in der Wissenschaft ist das, was sich als vernünftig erwiesen hat, »rechtfertigbar« ist das, was sich als rechtfertigbar herausstellt, »wissenschaftsintern relevant« ist das, was sich als wissenschaftsintern relevant entpuppt. Da jede strategische Neuorientierung einer Wissenschaft zu einer neuen Ziehung ihrer Grenzen führen kann, kann keine dieser Entdeckungen jemals absolut oder endgültig sein. Die tatsächliche Anwendung solcher Unterscheidungen und die entsprechenden Entscheidungen darüber, was man in irgendeiner Situation als »relevant« akzeptieren kann, sind Sache des wissenschaftlichen Urteils und müssen nach den Besonderheiten jedes Einzelfalls neu festgelegt werden. Wie alle

auch *Wider den Methodenzwang*, dt. (Suhrkamp, Frankfurt/M., 1976, Reihe Theorie).]

165 Zur Affäre Velikovsky siehe vor allem den Artikel von Alfred de Grazia, »The Scientific Reception-System and Dr. Velikovsky«, in *American Behavioral Scientist* (Sept. 1963), S. 45-68.

Urteile beruhen diese Entscheidungen auf der erfahrungsgeleiteten Deutung historischer Präzedenzfälle, die sich trotzdem im Laufe der Zeit als in gewisser Hinsicht abwegig oder irreführend herausstellen kann. Doch hier wie auch sonst muß die Kunst der wissenschaftlichen Forschung und Theoriebildung aus ihrer eigenen Geschichte lernen, soviel sie nur kann; die Gewinnung einer unfehlbaren »Methode« durch philosophische Taschenspielertricks kommt nicht in Frage. Kann man nicht zum allermindesten – so möchte man zum Schluß vielleicht fragen – die objektiven Belange der Naturwissenschaft von den willkürlichen sozialen Interessen etwa der Rechtswissenschaft unterscheiden? Doch selbst hier muß man sich davor hüten, den Unterschied zwischen diesen verschiedenartigen Vernunftunternehmen zu übertreiben. Gewiß – so können wir zugeben –, die Grundideale der Rechtswissenschaft sind »regulative«, die der Naturwissenschaft »darstellende«; und die Frage, was als »gerechte Regelung« gelten soll, läßt vielleicht mehr Raum für Meinungsverschiedenheiten als die Frage, was als »getreue Darstellung« gelten soll. Doch das ist nur ein Unterschied des Grades, kein absoluter Gegensatz. Vor 1600 waren die Ideen über Gerechtigkeit und Billigkeit sehr viel einheitlicher und allgemeiner anerkannt als die Ideen über Physik und Biologie; und auch heute ist die Frage, wie sich eine Änderung der Rechtsstrategie in der Praxis auswirken würde, ebensosehr eine Tatsachenfrage – die eine Vorausschätzung der wirklichen Folgen erfordert – wie die entsprechende Frage bezüglich einer neuen naturwissenschaftlichen Strategie. In jedem Falle muß diese Vorausschätzung die bisherige Geschichte und die fortbestehenden Ziele der betreffenden Unternehmungen berücksichtigen; und in jedem Falle dient diese Schätzung als Grundlage einer Entscheidung, in welcher strategischen Richtung die weitere Entwicklung unserer naturwissenschaftlichen oder juristischen Ideen vorangetrieben werden soll.

Kapitel 4
Intellektuelle Professionen: ihre Organisation und Entwicklung

Die Historiker stellen manchmal die Entwicklung der wissenschaftlichen Ideen als völlig autonom dar und bekommen es fertig, vollständig zu ignorieren, daß es die Ideen von Menschen mit einem Namen, einer Identität und einem Charakter sind, die sie kollektiv geschaffen und kritisiert haben. Gewiß kann man in manchen Fällen die historische Entwicklung wissenschaftlicher Ideen jedenfalls bis zu einem bestimmten Punkt als eine fortgesetzte vernünftige Argumentation darstellen, ohne sich darum zu kümmern, wer sie wirklich führte; man überdeckt dann die Subjektivität des Wissenschaftlers mit unpersönlichen Wendungen wie »Man wußte ...« oder »Es wurde gezeigt ...«. Daß dieser Ansatz ein Stück weit möglich ist, ist eben ein weiteres Anzeichen der »Disziplinhaftigkeit« des wissenschaftlichen Denkens. Doch letzten Endes muß man zugeben, daß diese unpersönlichen Wendungen nur eine Verschleierung sind. Jenseits dieses Punktes muß man diese ganzen unverbindlichen Wendungen wie »wurde in den Dauerbestand ausgewählt« wegschieben und geradeheraus fragen: Wer wählt in der Wissenschaft aus? Wie kommt er zu seinen Auswahlkriterien? Wie bringen es diese Leute dahin, daß ihre Entscheidungen von ihren einflußreichsten Fachkollegen anerkannt werden?

Wenn die Entwicklung der Naturwissenschaften eben eine Anwendung festliegender und allgemeingültiger Grundsätze der menschlichen Erkenntnis gewesen wäre, dann hätten wir diese weitergehenden, die Menschen betreffenden Fragen beliebig lange aufschieben können. Denn dann hätte man auf die Dauer gültige und eindeutige Kriterien der wissenschaftlichen Entscheidungen angeben können, die in allen historischen und kulturellen Situationen die gleichen gewesen wären; und alle Fragen des »wer«, »wo« und »wann« wären – im Prinzip – unnötig gewesen. Die einzigen auf Menschen bezogenen Fragen hätten dann mit menschlichen Schwächen zu tun gehabt: ob eine bestimmte Gruppe von Wissenschaftlern diese allgemeingültigen Kriterien tatsächlich richtig angewandt hat, und wenn nicht, warum. Doch da es keine allgemeine Grundlage für den Glauben an solche allgemeingültigen Kriterien mehr gibt, sondern vielmehr reichlich Anzeichen, daß unsere Kriterien für theoretische Entscheidungen eine erhebliche Variationsbreite aufweisen, besteht diese Möglichkeit hier für uns nicht. Wir müssen bereit sein, über alle abstrakten Darstellungen des wissenschaftlichen Wandels hinaus auf eine andere Ebene zu kommen, wo nach den Menschen gefragt wird, deren Begriffe, Theorien und Erklärungsideale zur Debatte stehen, von deren Standpunkt aus die betreffenden Fragen »problematisch« sind, und vor deren Augen neue Ideen bestehen müssen, ehe sie als »anerkannt« gelten können. Im vorliegenden Kapitel werden wir also das Vernunftunternehmen einer Naturwissenschaft nicht als eine veränderliche Population von *Ideen* darstellen, die in mehr oder weniger formal strukturierten Theorien miteinander zusammenhängen, sondern als eine veränderliche Population von *Wissenschaftlern,* die in mehr oder weniger formal organisierten Institutionen miteinander verbunden sind. Denn das Leben der Wissenschaft liegt im Leben dieser Menschen beschlossen, die Informationen austauschen, argumentieren, ihre Ergebnisse in verschiedenartigen Veröffentlichungen und Konferenzen darlegen, um Lehrstühle und Präsidentschaften von Akademien konkurrieren, die sich hervortun möchten und immer noch nach der Anerkennung der anderen trachten. Und die Struktur dieser Tätigkeiten gibt Anlaß zu den erkennbaren und wohlabgegrenzten wissenschaftlichen Professionen und Teilgruppen von solchen, den institutionellen Trägern der wissenschaftlichen Disziplinen und Teildisziplinen.

4.1 *Die Organisation der Wissenschaft in Professionen*

Die wissenschaftlichen Professionen weisen wie die wissenschaftlichen Disziplinen trotz historischer Wandlungen eine erkennbare Einheitlichkeit und Kontinuität auf, die aber keine unveränderliche zeitliche Identität ist. Eine wissenschaftliche Profession muß also als ein »historisches Gebilde«

oder eine »Population« betrachtet werden, deren institutionelle Entwicklung der theoretischen Entwicklung der von ihr getragenen Disziplin parallel läuft. Darüber hinaus sind es dieselben kollektiven Interessen und Ziele, die diesen beiden Seiten eines Vernunftunternehmens Einheitlichkeit und Kontinuität verleihen – sowohl der Disziplin, die das geistig organisierte Ergebnis dieses Unternehmens ist, als auch der Profession, der sozial strukturierten menschlichen Einrichtung, durch deren Tätigkeit es vorangetragen wird. Hauptfrage unserer Analyse ist, wie die kennzeichnenden Institutionen und Rollen, Publikationsorgane und Anreizsysteme einer organisierten wissenschaftlichen Profession in ihrer Struktur und historischen Entwicklung die kollektiven intellektuellen Interessen und Ziele der in der betreffenden Disziplin arbeitenden Menschen widerspiegeln.

Gerade die Enge der Beziehungen zwischen den professionsbezogenen und den disziplinbezogenen Seiten einer Wissenschaft schafft für uns gewisse Anfangsschwierigkeiten. Denn viele Ausdrücke, die wir zur Behandlung des Inhalts und der historischen Entwicklung einer Naturwissenschaft verwenden, sind systematisch mehrdeutig: sie werden in zweierlei verschiedenem Sinne gebraucht, einmal disziplinbezogen, das anderemal professionsbezogen. Wir sprechen etwa von der geistigen »Autorität« (oder Gültigkeit) von Ideen wie auch von der professionsbezogenen »Autorität« (oder Macht) von Institutionen und der Lehrmeister-»Autorität« (oder Dominanz) von Menschen. Ähnlich gewinnen neue Ideen einen »etablierten« (oder wissenschaftlich geprüften) Platz in wissenschaftlichen Disziplinen, und Institutionen und Veröffentlichungen gewinnen einen »etablierten« (oder einflußreichen) Platz in den entsprechenden Professionen; und sowohl die Ideen als auch die Institutionen erlangen diesen Platz durch die Gunst jener einflußreichen Menschen, die die »autoritative« fachliche Bezugsgruppe oder das »Establishment« bilden. Wie kommt es dann zu der uns bekannten Verteilung der institutionellen Autorität oder Macht zwischen den einzelnen Mitgliedern einer wissenschaftlichen Profession? Und wie berücksichtigt, schützt und erhält diese Machtverteilung die öffentlichen Ideale einer Disziplin – ihre kollektiven Ziele, Verfahren und Kriterien?

An diesem Punkt führt das Verhältnis zwischen den disziplinbezogenen und den professionsbezogenen Seiten der Wissenschaft indirekt wieder auf eines der Hauptprobleme der Politikwissenschaft, nämlich wie bestimmte Menschen zu »maßgeblichen Sprechern« ganzer Berufsgruppen, sonstigen sozialen Gruppen oder sogar Nationen werden können. Angenommen, man mache sich Gedanken über einige Erscheinungen etwa in der Genetik und frage: Was sagt die Biochemie darüber? Dann ist zweierlei klar. Erstens kann uns die Biochemie oder irgendeine andere Disziplin nichts sagen, es sei denn durch den Mund menschlicher Sprecher; und zweitens spricht nicht jeder Biochemiker als Biochemiker mit gleicher Autorität. In einem solchen Zusammenhang wird der Ausdruck »Biochemie« faktisch zu einer großartigen politischen Abstraktion – wie »Frankreich«, »das amerikanische Volk« oder »die internationale Arbeiterklasse«. Die Frage, was die Biochemie sagt, ist also nicht wörtlich zu verstehen, ebensowenig wie die Frage, wo Frankreich stehe, oder was die Haltung der Gewerkschaften sei.
In wissenschaftlichen wie in politischen Dingen ist es am einfachsten, dieses Problem zu übergehen und vorauszusetzen, alle »autoritativen« oder »etablierten« Urteile drückten eine informierte einheitliche Meinung der gesamten Profession aus; ob nun zur Vereinfachung oder aus tendenziöseren Gründen, man ist versucht, so zu tun, als bedeute die Wendung »*Es* ist bekannt, daß ...« einfach: »*Jeder* in der Profession weiß, daß ...«. Doch in der Wissenschaft wie in der Politik ist das eine bequeme Fiktion. Reiner Anarcho-Syndikalismus und radikale Demokratie sind im wirklichen Leben einer wissenschaftlichen Profession ebensowenig vorhanden wie sonst irgendwo. In dieser Hinsicht unterscheiden sich die wissenschaftlichen Professionen in der Praxis nicht von anderen in der Theorie demokratischen Institutionen. Alle anerkannten Mitglieder eines wissenschaftlichen Berufs sind in der Theorie vielleicht gleich; doch es zeigt sich, daß einige »gleicher« sind als andere. Da gibt es auf der einen Seite diejenigen, deren Wort in der Profession Gewicht hat – die Leute, deren Urteile von den anderen in diesem Fach Tätigen als maßgeblich anerkannt werden und die allmählich »im Namen« der betreffenden Wissenschaft sprechen. Auf der anderen Seite

gibt es diejenigen, die keinen solchen Einfluß besitzen, sei es, weil ihre Meinungen und Haltungen als unerheblich gelten, oder weil sie als ketzerisch verworfen werden – und diese Leute können nicht als Sprecher ihrer Wissenschaft auftreten.

Wenn man sagt »Es ist bekannt, daß ...« oder »Die Biochemie sagt uns, daß ...«, so meint man also nicht, jedermann wisse das und das, oder jeder Biochemiker würde uns das und das sagen. Gewöhnlich meint man damit, es sei die »maßgebliche« Meinung, sowohl im disziplinbezogenen Sinne (also die Auffassung, die durch die unstreitigsten Erfahrungen gestützt werde), als auch im professionsbezogenen Sinne (also die Auffassung, die von den einflußreichen Autoritäten auf dem Gebiet vertreten werde). Und das Hauptproblem des Verhältnisses zwischen diesen beiden Seiten einer Wissenschaft läßt sich anhand dieser Mehrdeutigkeit folgendermaßen neu formulieren:

> Wie kommt es dazu, daß in einem wohlorganisierten intellektuellen Unternehmen diejenigen Ideen, denen die kollektive Erfahrung wissenschaftliches Gewicht verleiht, auch institutionelles Gewicht erlangen? Und wodurch ist gewährleistet, daß die institutionelle Autorität im wesentlichen zugunsten von Auffassungen ausgeübt wird, die auch disziplinbezogene Autorität verdienen?

Offenbar haben die einflußreichen Wissenschaftler die Aufgabe, ihr Gewicht in der Profession nur zugunsten von Ideen und Doktrinen einzusetzen, die unter disziplinbezogenen Gesichtspunkten hinreichend gestützt sind. Das Problem besteht darin, zu erklären, wie dafür gesorgt ist, daß (1) die intellektuelle Autorität wissenschaftlicher Ideen, (2) die Lehrmeister-Autorität einzelner Wissenschaftler und (3) die Professions-Autorität wissenschaftlicher Organisationen so eng aufeinander bezogen bleiben, wie es für die Wissenschaft nötig ist. Dazu müssen wir die institutionalisierten Tätigkeiten der Naturwissenschaftler theoretisch so analysieren, wie es Max Weber in der allgemeinen Soziologie eingeführt hat; es handelt sich faktisch um eine weitere Anwendung der allgemeinen Theorie der Herrschaft in menschlichen Institutionen.

Angenommen also, wir erkennen die Paralellelen zwischen

der disziplinbezogenen und der professionsbezogenen Entwicklung in der Wissenschaft an. Wenn die wissenschaftliche Autorität von Ideen und Theorien nicht auf allgemeingültigen, sondern veränderlichen Kriterien und Urteilsmaßstäben beruht, so gilt dasselbe vermutlich auch für die Lehrmeister-Autorität einzelner Wissenschaftler und die institutionelle Autorität wissenschaftlicher Organisationen. Neue Theorien und Begriffe gewinnen ihren Platz in einer Disziplin dadurch, daß sie zur Lösung von deren aktuellen Problemen beitragen, und man kann die genauen Erfordernisse dieser Probleme nur anhand der augenblicklichen wissenschaftlichen Ziele und Erklärungsmöglichkeiten dieser Disziplin angeben. Ähnlich gewinnen einzelne Wissenschaftler das Recht, im Namen ihres Faches zu sprechen, nur aufgrund der Urteilsfähigkeit, die sie vorher bei der Behandlung der aktuellen theoretischen Probleme ihrer Profession bewiesen haben – und auch diese Urteilsfähigkeit muß im Lichte der augenblicklichen Erklärungsmöglichkeiten und Ideale festgestellt werden. Kurz, die wissenschaftlichen Professionen sind so beschaffen wie alle anderen sozialen Organisationen. Sie haben ihre »Bezugsgruppen«, die aus denjenigen Menschen bestehen, deren individuelle Entscheidungen faktisch zu denjenigen der ganzen Profession werden. Und jede ernsthafte Wissenschaftssoziologie muß irgendwann einmal erklären, auf welche Weise die Bezugsgruppen aus einflußreichen Schiedspersonen, die in einem wissenschaftlichen Beruf Autorität ausüben, sich bilden, maßgeblichen Einfluß gewinnen, ihre Autorität ausüben und schließlich entthront werden.
Ein neuer Begriff, eine neue Theorie oder Strategie zum Beispiel wird in einer wissenschaftlichen Disziplin erst dann eine tatsächliche »Möglichkeit«, wenn sie von den einflußreichen Mitgliedern des betreffenden Berufsstandes ernst genommen wird, und sie ist erst völlig »anerkannt«, wenn sie deren Unterstützung gewonnen hat. Umgekehrt ist eine Neuerung, die die jeweilige Bezugsgruppe für »völlig abwegig« erklärt, vorläufig so gut wie tot. Natürlich gibt es zwei Möglichkeiten, dem zu entgehen: entweder die neue Idee fallenzulassen, oder sich eine neue Bezugsgruppe zuzulegen. So könnte die betreffende Idee mit Erfolg in einer späteren Wissenschaftlergeneration wiedererweckt werden, zu deren anderen Theo-

rien sie besser paßt. Doch bis dahin kann eine »maßgebliche« Ablehnung das Todesurteil für eine neue Hypothese, eine geplante wissenschaftliche Institution und sogar die wissenschaftliche Laufbahn eines Menschen sein.

Über welche Stufenleiter von Stipendien und Veröffentlichungen, Herausgeberposten, Lehrstühlen und Ausschußmitgliedschaften erlangt also ein einzelner Wissenschaftler eine einflußreiche Position und verbessert er seine Möglichkeiten, als maßgeblich gehört zu werden? Durch welche Fehlurteile, Versager oder Niederlagen kann seine Stellung als Sprecher seiner Disziplin in Gefahr geraten? Und welche gelehrten Gesellschaften und »unsichtbaren Colleges«, Zeitschriften und Kongresse bestimmen den Schauplatz, auf dem der maßgebende disziplinbezogene Wettbewerb zwischen neuen Ideen stattfindet? Wären alle diese Fragen eingehend genug beantwortet, so wüßten wir ganz genau, wie weit bekannte politische Mechanismen auch in den erhabensten geistigen Berufen Anwendungsmöglichkeiten finden; wie sich also die Institutionen einer Wissenschaft, genau wie die jeder anderen kollektiven menschlichen Tätigkeit, durch das Wirken von Parteien und Einflußgruppen entwickeln, durch Staatsstreiche und einseitige Unabhängigkeitserklärungen, wie sie Schauplatz ständigen Gerangels zwischen alter Garde und Jungtürken sind, zwischen Autokraten und Demokraten, Oligarchien und Gerontokratien – wie sie also die für das politische Leben und Handeln ganz allgemein kennzeichnenden Formen, Spielarten und Instrumente aufweisen.

Das Problem so stellen heißt nicht respektlos oder zynisch von den gelehrten Berufen sprechen. Es heißt nur anerkennen, daß Macht eben Macht und Institution eben Institution bleibt, ob sie nun wirtschaftlichen, politischen oder wissenschaftlichen Zwecken dient. Bis vor kurzem freilich pflegten die Wissenschaftler in der Öffentlichkeit ein Image der Objektivität; damit war der Anspruch verbunden, die institutionelle Tätigkeit von Wissenschaftlern – die ja einem »Vernunftunternehmen« seine professionelle Gestalt gibt – sei irgendwie von den allgemeinen Grundsätzen des politischen und gesellschaftlichen Handelns ausgenommen. Heutzutage braucht man glücklicherweise nicht mehr so zu tun, als wäre das Verhalten von Wissenschaftlern in Organen ihrer Profession von den allgemeinen Gesetzen ausgenommen, die die kollektiven Handlungen anderer Institutionen beherrschen. In Wirklichkeit üben Einzelmenschen und Organisationen ebenso reale Macht und Einfluß auf die Entwicklung der Wissenschaft aus wie auf jedem anderen Lebensgebiet. Daher sind die einflußreichen Rollen, Ämter und Positionen in einer wissenschaftlichen Profession ebenso des Kampfes wert wie auf jedem anderen Gebiet, und sie werden auch in der Praxis genau so entschlossen, methodisch und auch regelwidrig umkämpft.

Wie fleckenlos und einmütig also das Gesicht auch sei, das eine wissenschaftliche Profession der Außenwelt zukehrt, ihre innere Organisation ist ebensosehr ein politisches Aktionsfeld wie in jeder anderen Institution. Hier wie anderswo ist der ruhige, geordnete Verlauf von Abstimmungen und Wahlen nur der Höhepunkt komplizierterer und labilerer Vorgänge der Beeinflussung und der Klüngelwirtschaft, der taktischen Manöver in Verfahrensfragen und gelegentlich auch unlauterer Machenschaften, und da in der akademischen Politik Macht und Einfluß die einzige frei konvertierbare Währung bilden, dürfte der Wettkampf um sie – das kann man begründen – sogar noch schärfer sein als draußen[166].

Unser Hauptproblem in der politischen Theorie der wissenschaftlichen Professionen ähnelt also dem des herkömmlichen Wirtschaftsliberalismus. Die Entwicklung eines Vernunftunternehmens läßt sich wie die eines Wirtschaftssystems auf drei verschiedenen Ebenen analysieren. Da ist das »Gemeinwohl« – es stellt sich in der historischen Entwicklung der kollektiven Disziplin mit ihren ganzen anerkannten Ideen, Erklärungsverfahren und Strategien dar. Da sind die professionsbezogenen Institutionen des Unternehmens – die gewöhnlich den einzigen Zweck haben, der Disziplin zu dienen, die aber bald auch unabhängige Interessen entwickeln, von denen einige mit der Wissenschaft nichts zu tun haben.

166 I. A. Richards meint, Animosität und Intrige seien von jeher in der gelehrten Welt zu finden gewesen; man denke an Robert Brownings *Soliloquy in a Spanish Cloister*. Auch soll Harold Wilson bemerkt haben, nach dem »Freistilringen« in einem Oxforder Dozentenzimmer sei es eine Erholung, in die vornehme Atmosphäre des Unterhauses zurückzukehren!

Und da sind schließlich die einzelnen Wissenschaftler – die ihr Leben leben und Karriere machen wollen, so gut sie können, und sich dabei an den idealen Anforderungen ihrer erwählten Disziplin wie auch an den praktischen Gegebenheiten ihrer Berufssituation orientieren. Das Problem besteht also darin, eine historisch überzeugende Analyse der Wissenschaft zu liefern, die sowohl von berufsständischen als auch von persönlichen Gesichtspunkten ausgeht und deutlich macht, wie intellektuelle, institutionelle und individuelle Faktoren zusammenwirken; und wie die einzelnen Wissenschaftler und wissenschaftlichen Institutionen bei der Verfolgung ihrer berechtigten Interessen gleichzeitig das »Gemeinwohl« ihrer kollektiven Disziplinen fördern können.

Indem wir die wissenschaftlichen Professionen als »Populationen« analysieren, können wir einen ähnlichen soziologischen Fehler vermeiden, wie er der Wissenschaftstheorie in Form des Kults der Systematik droht. So, wie es falsch ist, den Gehalt einer ganzen Wissenschaft als einziges, zusammenhängendes formales System zu behandeln, dessen Vernünftigkeit auf seiner inneren Artikulation beruht – womit man die vernünftigen Seiten ihrer historischen Entwicklung übersieht –, so ist es auch falsch, die soziale Organisation einer ganzen Profession als ein einziges, festgefügtes »soziales System« zu behandeln, dessen Funktionalität in den statischen Gleichgewichten zwischen seinen Rollen und Institutionen besteht. Diesen Fehler haben manche Wissenschaftssoziologen in der Tat begangen. Aus der theoretischen Gewohnheit heraus, in der »Gesellschaft als ganzer« ein integriertes Netz von Rollen und Ämtern, Institutionen und Belohnungssystemen zu sehen, nahmen sie naheliegenderweise an, die verschiedenen kollektiven Tätigkeiten der Menschen in kleinerem Maßstab verliefen allesamt in kleineren »sozialen Systemen«, die durch ähnliche Gleichgewichte gekennzeichnet seien. In dieser Sicht ist das »soziale System der Wissenschaft« nur eines von mehreren gleichzeitig bestehenden »Systemen«, die zusammen die integrierte Totalität ausmachen, die wir die »Gesellschaft als ganze« nennen[167]. Um das Funktionieren einer bestimmten Fachorganisation,

167 M. W. Storer, *The Social System of Science* (New York, 1966), insbes. S. 29-30.

den Einfluß einer bestimmten Zeitschrift oder die Bedeutung einer bestimmten Auszeichnung (etwa des Nobelpreises) zu erklären, genügt dann der Nachweis, erstens, wie dieser Gegenstand in das »soziale Gleichgewicht« der Wissenschaft selbst eingeht, und zweitens, wie er eine indirekte Rolle in dem Gesamtgleichgewicht der ganzen Gesellschaft spielt[168].

In unseren Augen hat diese Analyse zwei schwere Mängel. Ein Gleichgewichtsmodell der Gesellschaft verwechselt wiederum die historisch veränderlichen Beziehungen zwischen verschiedenen Institutionen mit den systematischen Beziehungen zwischen verschiedenen Rollen innerhalb einer Institution; und nachdem diese historisch veränderlichen Beziehungen »eingefroren« worden sind, verhindert diese Verwechslung des weiteren, daß man die möglichen Veränderungen der Beziehungen zwischen Institutionen richtig sieht. Die Positionen im Organisationsplan einer Institution mögen feste Statusbeziehungen aufweisen, so daß die Bedeutung irgendeiner Position (etwa die eines Vizepräsidenten oder eines Honorarprofessors) nur anhand ihrer Beziehungen zur Struktur der gesamten Institution verständlich ist. Doch das gilt nicht für nebeneinander bestehende Institutionen, die zusammen erst eine ganze funktionierende Profession ausmachen. Solche nebeneinander bestehenden Institutionen entstehen getrennt voneinander, entwickeln sich nebeneinander und sind nicht durch systematische Statusbeziehungen miteinander verbunden. Und das befähigt überhaupt die innere Organisation einer wissenschaftlichen Profession, sich an historisch veränderliche Situationen anzupassen.

In der Soziologie wie in der Philosophie sind die systematischen oder strukturellen Beziehungen innerhalb einer Theorie oder Institution eine Sache, die historisch veränderlichen und funktionalen Beziehungen zwischen verschiedenen Institutionen und Theorien eine ganz andere. Die formalen Institutionen einer Profession sind bestenfalls lokale Gebiete mit »Organisationssystematik« innerhalb der größeren institutionellen Populationen der Gesamtprofession. Und eine historisch überzeugende Analyse der professionsbezogenen

168 Zur Rolle der Nobelpreise siehe den Artikel von H. Zuckerman in *Scientific American*, 217, Nr. 5 (November 1967), 25-33.

Entwicklung der Wissenschaften ist nur möglich, wenn man diese grundlegende Unterscheidung zwischen Organisationsstruktur und funktionalen Beziehungen berücksichtigt. Dann werden wir erklären können, warum der Begriff der »Autorität« für unsere Analyse so entscheidend wichtig und gleichzeitig so vieldeutig ist. Denn wir gehen dann nicht von der Vorstellung aus, eine wissenschaftliche Profession habe einen statischen »Organisationsplan« mit einem festen Netz institutioneller Statusbeziehungen, sondern wir müssen erkennen, daß die nebeneinander bestehenden Institutionen jeder Profession in ständigem Wettbewerb um »Etabliertheit« und »Autorität« stehen. Sie arbeiten nicht die ganze Zeit harmonisch innerhalb eines einzigen »Systems« zusammen, sondern behindern sich oft gegenseitig. Und die daraus entstehenden Konflikte oder Rivalitäten liefern einen großen Teil der Antriebe für historische Veränderungen in der Sphäre der Professionen, so wie theoretische Unstimmigkeiten in der Sphäre der Disziplinen.

Eine solche Populationsanalyse erklärt gleichzeitig mehrere Arten soziologischer Erscheinungen, mit denen eine systemorientierte Analyse nicht so leicht fertig wird. Die einzelnen Wissenschaftler können z. B. nicht nur um einflußreiche Positionen innerhalb der etablierten Institutionen konkurrieren, sondern ihren Einfluß – und den ihrer neuen Ideen – auf ihre Kollegen durch Schaffung von konkurrierenden Machtzentren oder Splittergruppen in der Profession erhöhen, die unabhängig von den älteren Institutionen arbeiten. Oder statt um Einfluß auf die angesehensten vorhandenen Zeitschriften zu kämpfen, kann es günstiger sein, eine neue Zeitschrift zu gründen und darauf zu bauen, daß sie kraft der Vorzüge des neuen Ansatzes einen ähnlichen Einfluß gewinnt wie die älteren Zeitschriften. Die Funktionen der Zeitschriftenliteratur sind ja in nuce die Funktionen der wissenschaftlichen Institutionen überhaupt. In einer so stark vom Austausch zwischen den verschiedenen Wissenschaftlern abhängigen Unternehmung haben »maßgebende« Zeitschriften eine besonders wichtige Funktion. So besteht der Zweck vieler wissenschaftlicher Gesellschaften in erster Linie in der Herausgabe ihrer Zeitschriften, erst in zweiter Linie in ihren formellen Kongressen. In der Praxis wirkt ja der Herausgeber einer einflußreichen Zeitschrift persönlich als ein »Filter« in der Disziplin, der diejenigen Arbeiten auswählt, die die Veröffentlichung in seiner Zeitschrift verdienen, und damit die Auswahl anerkannter »Möglichkeiten« in der Disziplin verkörpert. Und angesichts der Rolle dieses »Filters« bei der Auswahl neuer Ideen in den Dauerbestand kann man also die wissenschaftlichen Zeitschriften zu den mächtigsten »Institutionen« einer Wissenschaft rechnen.

Zur jeweiligen Institutionenpopulation einer Wissenschaft gehören Gegenstände verschiedener Art: gelehrte Gesellschaften, Karrierepositionen, Zeitschriften, Belohnungssysteme, Konferenzen u. a. Innerhalb jeder Art gibt es gewöhnlich nebeneinander »schon länger Etablierte« und »Neulinge«; und die neueren, weniger maßgebenden Mitglieder arbeiten gewöhnlich stärker informal als ihre etablierteren Gegenstücke. Doch die Geschichte verändert diese Verhältnisse. Das »unsichtbare College« oder die vervielfältigte Mitteilung von heute enthält den Keim einer Gesellschaft oder Zeitschrift, die in der nächsten Generation maßgebend ist – und ein Jahrhundert später eine veraltete Institution. Ob man gelehrte Gesellschaften, Bücher oder Zeitschriften, Jahreskonferenzen, Lehrstühle oder Direktorenstellen an Forschungsinstituten betrachtet, in jedem Fall muß nicht nur gezeigt werden, wie bestimmte Organisationen gegenwärtig in der Profession fungieren, sondern auch, wie konkurrierende Organisationen entstehen und einander in der historischen Entwicklung überrunden.

Kurz, die entscheidende Frage ist wiederum eine des historischen Wandels: nicht, wie die institutionelle Autorität zur Zeit in einer wissenschaftlichen Profession, so wie sie ist, ausgeübt wird, sondern wie sich diese Autorität in den aufeinanderfolgenden Stadien in der Entwicklung der Profession umverteilt. Parallel zu der disziplinbezogenen Frage, wie Ideenvarianten zur Einverleibung in den anerkannten Bestand einer Wissenschaft ausgewählt werden, können wir also ihr professionsbezogenes Gegenstück formulieren: Wie verdrängen Individuen, Gesellschaften, Zeitschriften und/oder Forschungsstätten einander im Wettbewerb um die Autorität in einer wissenschaftlichen Profession? Und genau, wie die Population der Disziplin zu jeder Zeit nicht nur aus gesicherten Ideen besteht, sondern auch aus anderen Ideenvarianten, die bisher noch eine geringere theoretische Autorität besitzen, so besteht auch die Population der Institutionen der Profession zu jeder Zeit sowohl aus den jeweiligen Trägern von Ansehen und Einfluß als auch aus jenen neueren Organisationen, die bisher noch eine geringere institutionelle Autorität besitzen. Die Wissenschaften der Zukunft werden ohne Zweifel neue Sprecher, neue Zeitschriften, neue Fachgesellschaften haben; und diese folgen auf ihre Vorgänger nur selten durch einen plötzlichen coup oder eine Revolution. Unser Problem besteht also darin, zu erkennen, (1) wie es dazu kommt, daß die Autorität in der Profession von einem Jahrzehnt zum anderen allmählich auf andere Institutionen der Profession übergeht, und (2) welche Garantien es dafür gibt, daß die Umverteilung der institutionellen Autorität von den etablierten Institutionen auf die neuen den berechtigten theoretischen Ansprüchen der disziplinbezogenen Autorität dient.

Jetzt können wir etwas mit jenen unpersönlichen Wendungen anfangen, von denen wir ausgingen: »Es war bekannt ...«, »Es wurde gezeigt ...«, usw. Formuliert man solche disziplinbezogenen Aussagen professionsbezogen um, so betreffen sie eine große Vielzahl von Menschen und Institutionen. Angenommen, man sagt etwa: »Um 1860 *war bekannt*, daß die Wärme eine Form der Bewegung ist«; das bedeutet in disziplinbezogener Sprache: »Um 1860 *war nachgewiesen*, daß die Temperatur eines materiellen Körpers ein unmittelbares Maß für die mittlere Bewegungsenergie seiner Moleküle ist, so daß der alte Grundsatz bestätigt wurde, daß die Wärme eine Form der Bewegung ist.« In professionsbezogener Sprache kann man jetzt den ersten Teil dieser Aussage vervollständigen und angeben, wer eigentlich den notwendigen »Nachweis« geführt hat, und wer davon überzeugt war: »Um 1860 hatten Clausius und Maxwell nachgewiesen und damit Tyndall, Helmholtz und Thomson überzeugt, daß die Temperatur eines materiellen Körpers ...« Doch auch diese Neufassung läßt noch einiges Wesentliche an der Situation offen. Um zu erklären, warum – nach so vieljähriger Diskussion – die kinetische Theorie kurz vor 1860 einen endgültigen Platz in der Physik errang, muß man auch zeigen, (1) wie

Clausius und Maxwell für ihre Ideen so rasch Gehör fanden, (2) warum Wissenschaftler wie Helmholtz, Tyndall und Thomson sich so leicht überzeugen ließen, und (3) inwiefern der Segen dieser Leute die Anerkennung der neuen Theorie beschleunigte.

Es ist gewiß kein Zufall, daß dieser Gedanke von zwei Männern vertreten wurde, die ihren Kollegen bereits als maßgebende Physiker galten. Wäre die gleiche Auffassung von Geringeren vertreten oder einem weniger einflußreichen Forum vorgelegt worden, so hätte sie nicht so rasch und leicht Aufmerksamkeit und Anerkennung gewonnen[169]. Als theoretische Argumentation mochten die Arbeiten von Clausius nach den damaligen Maßstäben ihrer Disziplin alle notwendige Strenge und Überzeugungskraft besessen haben, doch das beste Argument der Welt kann nur dann rasch »Gewicht in der Profession gewinnen«, wenn es von den richtigen Leuten im richtigen Augenblick und in der richtigen Weise der einflußreichen »Bezugsgruppe« vorgelegt wird. Oder genauer: Auch das beste Argument der Welt kann die institutionelle Autorität, die es wegen seiner sachgebundenen theoretischen Autorität verdient, nur dann erlangen, wenn die professionsbezogenen Verhältnisse in anderer Hinsicht günstig sind. Wollen wir also unsere disziplinbezogene Aussage ausführlicher professionsbezogen umformulieren, so muß sie jetzt lauten:

> Um 1860 hatte das Arsenal der Begriffe und Erklärungsverfahren in der europäischen theoretischen Physik ein Entwicklungsstadium erreicht, in welchem Clausius und Maxwell (als einflußreiche Physiker) eine umfassende Neubetrachtung der thermischen Eigenschaften von Gasen anstellen konnten, nach der die Temperatur eines materiellen Körpers . . .; und in diesem Stadium konnte diese Neubetrachtung rasch die Unterstützung der maßgebenden theoretischen Physiker (z. B. Helmholtz und Tyndall)

169 Die kinetische Theorie der Wärme war bereits unabhängig von Waterston im Jahre 1845 eingehend dargelegt worden, ohne daß sie auch nur annähernd die gleiche Aufmerksamkeit fand – geschweige denn allgemeine Anerkennung. Auch damals hing das tatsächliche »Gewicht« eines Arguments davon ab, ob es von einem »Insider« oder »Outsider« vorgebracht wurde.

gewinnen, in die Standardliteratur (z. B. das einflußreiche Lehrbuch von Thomson und Tait) eingehen, usw. . . . Schält man die Unklarheiten der unpersönlichen Aussage »Um 1860 war nachgewiesen, daß . . .« heraus, so kann man an ihre Stelle die triviale, aber ausführlichere Aussage setzen: »Um 1860 hatten sich anerkannte Wissenschaftler (in Ausübung ihrer institutionellen Autorität) davon überzeugt, daß es wohlfundierte Argumente (die theoretische Sachautorität beanspruchen konnten) für die Auffassung gab, daß die Temperatur eines materiellen Körpers . . .« Und die Frage ist jetzt, wie der institutionelle Apparat der wissenschaftlichen Profession die tatsächliche Verteilung der institutionellen Autorität ausreichend mit den sachlichen Ansprüchen auf theoretische Autorität in Übereinstimmung hält.

Ich möchte kurz skizzieren, wie sich die Populationsanalyse auf wissenschaftliche Institutionen verschiedener Art anwenden läßt. Zu jeder Zeit gehören zu einer wissenschaftlichen Profession eine Anzahl schon länger bestehender gelehrter Gesellschaften mit verhältnismäßig etablierten Strukturen und Traditionen. Sie tendieren zu konservativeren Auffassungen in der betreffenden Disziplin, umso mehr wegen ihrer hochentwickelten inneren Organisation, in der junge Wissenschaftler mit unkonventionellen Ideen entsprechend länger brauchen, um einflußreiche Positionen in den Hierarchien zu gewinnen. Doch neben diesen etablierten und konservativen Institutionen gibt es flexiblere informelle Gruppierungen, die sozial nicht so gewichtig und nicht so etabliert sind, aber bessere Möglichkeiten der Zusammenarbeit zwischen den Leuten an der vordersten Front der Forschung ermöglichen. (Solche informellen Gruppierungen von Korrespondenzpartnern und Zusammenarbeitenden nennt man heute »unsichtbare Colleges«, wie ursprünglich im 17. Jahrhundert den informellen Vorläufer der Royal Society von London.[170]) Mit der Zeit führen die gemeinsamen Probleme und Ansätze, die zunächst den Anlaß zur Herausbildung eines »unsichtbaren Colleges« gaben, gewöhnlich zur Entwicklung einer stärker formalen Organisation, die Zeitschriften herausgibt, Kongresse veranstaltet und sich die sonstigen Insignien einer

170 Siehe z. B. D. J. de S. Price, *Science since Babylon* (New Haven, 1961), sowie J. Ziman, *Public Knowledge* (Cambridge, England, 1968).

gelehrten Profession zulegt. Und mit der Zeit wird diese neue gelehrte Gesellschaft selbst zu einer »etablierten« wissenschaftlichen Institution mit ihren konservativen Interessen ...

In jeder wissenschaftlichen Profession gibt es eine entsprechende Population von Karrierepositionen. Angefangen mit den Stipendien für fortgeschrittene Studenten, über Lehraufträge für Assistenten oder Assistenzprofessuren bis hin zu den Lehrstühlen und Direktorenposten an Forschungsinstituten geht der Berufswissenschaftler seinen Weg ebenso in Form der Stellungen, die er besetzt, und der Institutionen, in denen er sie besetzt, wie in Form der Arbeiten, die er schreibt, und der Zeitschriften, in denen sie erscheinen. Doch auch hier, wie auf jedem Gebiet der Wissenschaft, unterscheiden sich gleichzeitig bestehende Institutionen und Fakultäten in ihrem fachlichen Ansehen erheblich, und dieses »Ansehen« ist im wesentlichen eine historische Variable. Das relative Ansehen verschiedener Forschungsgruppen oder Laboratorien in einer bestimmten Wissenschaft ist gleichzeitig eine der wichtigeren Variablen, die die Umverteilung der Autorität in der Profession beeinflussen, und auch eine der subtileren und vertraulicheren Variablen, über die jeder praktisch tätige Wissenschaftler wesentlich mehr weiß, als er jemals schriftlich äußert. In diesem Sinne tut das fachliche Ansehen seine Wirkung, ohne sich in formellen Titeln niederzuschlagen. Wie eine »Hackordnung« äußert es sich in den praktischen Beziehungen zwischen den betreffenden Menschen und Institutionen; und wenn sich jemand bemüßigt fühlt, sein fachliches Ansehen ausdrücklich zu verteidigen, so ist das meist eine Reaktion auf eine Gefährdung desselben. Bei jeder gründlichen Untersuchung des Wechsels der Professionsautorität zwischen wissenschaftlichen Institutionen ist also die Frage des »Ranges« besonders untersuchenswert.

Ähnliche historische Veränderungen betreffen die Beziehungen zwischen den verschiedenen Kommunikationskanälen jeder Wissenschaft, zwischen den verschiedenen Arten von Zusammenkünften, auf denen die Profession ihre Verhandlungen abwickelt, und die Beziehungen innerhalb des Belohnungssystems der Profession. Verschiedene Publikationsmittel – Lehrbücher, Monographien, Zeitschriften, Referat-

organe und Rezensionsorgane – wurden nacheinander eingeführt, um die Bedürfnisse der Profession zu befriedigen; und die historisch veränderliche Tätigkeit einer wissenschaftlichen Profession schlägt sich auch in dem wechselnden Einfluß der verschiedenen Organe nieder. Die »unsichtbaren Colleges« im Europa des 17. Jahrhunderts wurden ursprünglich durch Zirkulation der Korrespondenz von Leuten wie Henry Oldenburg zusammengehalten. Mit der Gründung nationaler Akademien verlagerte sich das Interesse auf deren Publikationsorgane und auf Werke wie Newtons *Principia*, die von ihnen herausgegeben wurden. In den folgenden Jahrhunderten verlagerte sich der Schwerpunkt wiederum mehrere Male: auf Vierteljahresschriften, Halbmonatsschriften, auf wöchentlich und sogar noch häufiger erscheinende Organe. Die Vermehrung der Zeitschriften und die Beschleunigung ihres Erscheinens rühren einmal von der Bildung von Teildisziplinen her, zum anderen von dem verschärften Wettbewerb; sie sind aber auch mit einer starken Dezentralisierung der wissenschaftlichen Autorität verbunden. Wenn niemand hoffen kann, alle vorliegenden Vorstellungen und Theorien zu beherrschen, dann müssen sich die wissenschaftlichen Professionen einer pluralistischen Autoritätsstruktur annähern. An der vordersten Front der Forschung stehen wir heute nicht nur wieder bei »unsichtbaren Colleges«, sondern bei vielen Oldenburgs, die vervielfältigte Entwürfe zu Veröffentlichungen auf hochspezialisierten Gebieten an einen internationalen Zirkel ebenso spezialisierter Jünger dieses Faches verschicken. Man hat sogar schon gesagt, auf den Wissenschaftsgebieten, auf denen man es mit der Originalität genauer nimmt, würden überhaupt nur noch veraltete Ideen gedruckt!
Auch wissenschaftliche Zusammenkünfte haben zu verschiedenen Zeiten verschiedene Formen gehabt und entsprechend verschiedene Möglichkeiten zur Vorlage von Primärmaterial geboten. So kann man eine ähnliche Schwerpunktverlagerung feststellen etwa zwischen internationalen Kongressen und jährlichen Fachkonferenzen, zwischen öffentlichen Sitzungen von Gesellschaften zur Förderung der Wissenschaft und Seminaren nur für geladene Teilnehmer; und auch diese historischen Veränderungen spiegeln Veränderungen des

Spezialisierungsgrades wider. In den allerletzten Jahren hat sich der Schwerpunkt der wissenschaftlichen Zusammenkünfte von immer spezialisierteren Teil-Teildisziplinen wieder mehr auf interdisziplinäre Fragen verlagert, z. B. auf Umweltforschung und Neurowissenschaften.

Und zu den Belohnungssystemen der Wissenschaft: Im einen Extremfall stellen sich die Zeichen des fachlichen Erfolges und der »Autorität« eindeutig dar, etwa in den Nobelpreisen, in fellowships, Präsidentschaften nationaler Akademien und ähnlichem. In den richtigen Phasen der Karriere gibt die Aussicht auf solche Auszeichnungen den aktiven Wissenschaftlern einen echten – manchmal äußerst wirksamen – Anreiz. Es kann sogar, wie anscheinend durch die Nobelpreise, zu einer Störung des Gleichgewichts in der wissenschaftlichen Arbeit kommen: sie wurde von »nicht preiswürdigen« Gebieten abgelenkt (z. B. Ökologie und Systematik), oder es wurden beschränkte Seiten der wissenschaftlichen Arbeit (z. B. hochentwickelte experimentelle Methoden) auf Kosten anderer (z. B. tiefschürfender theoretischer Neubesinnungen) gefördert. Auf bescheidenerer Ebene ist das Belohnungssystem der Wissenchaft weniger sinnfällig, aber ebenso nachhaltig. Lange, ehe er nach einem Platz in seiner nationalen Akademie strebt, muß ein junger Mann bei seinen Kollegen einen fachlichen Ruf als »ordentlicher« Wissenschaftler aufbauen. Dazu muß er öffentlich zeigen, daß er nicht nur die kritischen Maßstäbe der von ihm gewählten Disziplin beherrscht, sondern auch, daß er sich ihr mit ganzer Seele verschrieben hat, wie es zu anderen Zeiten nur Mönchsorden forderten. Jeder Verstoß gegen diese Bindung – etwa häufige Auftritte im Fernsehen, einträgliche Beraterverträge mit der Regierung, unvorsichtige Ausflüge in die Populärwissenschaft – gefährden seinen fachlichen Ruf. Bis er also in der Profession einen sicheren Stand gewonnen hat, wird der angehende Wissenschaftler solche Außentätigkeiten als Karrieregift oder geradezu als Sünde betrachten. Hat er einmal sichere Autorität gewonnen, so wird er sich vielleicht ein paar solche Seitensprünge erlauben; doch bis dahin verlangt von ihm seine »Lebensregel« die ausschließliche Hingabe an die Ziele seiner Disziplin. (Es geht das Gerücht, J. D. Bernal habe einmal seinen Sohn aufgefordert, mit ihm eine Arbeit über einige etwas unorthodoxe Ideen zu schreiben, aber zur Antwort erhalten: »Das kannst du ja sehr gut machen, Vati, aber ich muß an meine Karriere denken.«) Die Parallelen zwischen den wissenschaftlichen Professionen und den Mönchsorden, auf die John Ziman hingewiesen hat, sind in der Tat sehr treffend[171]. Vor allem ist das Wertesystem beider Lebensformen sehr »unweltlich« und von einem einzigen Wert beherrscht.

Indessen gibt es neben den unverkennbaren öffentlichen Auszeichnungen in der Wissenschaft viel einflußreichere informelle Belohnungen in Form der Einschätzung der Arbeit durch die Fachkollegen. Wie die »Hackordnung« rivalisierender wissenschaftlicher Institutionen wird auch diese persönliche Rangordnung der einzelnen Wissenschaftler selten zu Papier gebracht; doch darum ist sie nicht weniger wirksam. Es ist etwas Großes, Präsident der Royal Society zu sein, so wie es etwas Großes ist, Erzbischof zu sein; aber welcher Novize hätte es nicht gern, bei seinesgleichen als brillanter Kopf (oder als wahrer Nachfolger Christi) zu gelten, auch wenn letzteres ihn für ein weltliches Amt geradezu ungeeignet macht? Und welcher Wissenschaftler mittleren Alters ist völlig frei von der Furcht, wenn er eine institutionelle Beförderung annehme, so gestehe er damit vor seinen jüngeren Kollegen ein, daß er wissenschaftlich seine besten Jahre hinter sich habe? Der Rang in dieser unausgesprochenen Hierarchie zeigt sich nicht in formellen Titeln oder Ämtern, aber alle unmittelbar Beteiligten wissen über ihn sehr gut Bescheid. In dem Orden der Molekular-Biochemiker (oder der neodarwinistischen Systematiker oder der Teilchenphysiker) entwikkelt schon jeder Neuling sehr bald ein genaues – wenn auch nie schriftlich niedergelegtes – Gespür dafür, mit wem er es zu tun hat. Und jeder ernsthafte Versuch einer Darstellung der historisch veränderlichen Autoritätsstrukturen in einer wissenschaftlichen Profession steht vor dem schwierigen Problem, nicht nur die äußeren Zeichen des fachlichen Ansehens und die sichtbaren öffentlichen Ämter und Positionen zu berücksichtigen, sondern auch die noch wichtigeren inneren Einschätzungen, von denen weitgehend abhängt, welche neuen Ideen von den Fachkollegen ernst genommen werden.

171 Ebenda, S. 138 ff.

Ein endgültiger Ort der Autorität in einer Wissenschaft sind ihre »Standardlehrbücher«; betrachtet man diese, so erkennt man deutlicher, wie der theoretische Weitergabegehalt einer Disziplin zum kollektiven Eigentum einer Profession wird. Als die kinetische Theorie der Materie einmal von Helmholtz und Tyndall anerkannt war, hatte sie vielleicht einen festen Platz an der vordersten Front der Physik errungen; doch die Krönung ihrer neuen Autorität war die Aufnahme in eine neue Generation von Standardlehrbüchern der Physik – elementare wie *Matter and Motion* von Maxwell selbst und fortgeschrittenere wie *Treatise on Natural Philosophy* von Thomson und Tait. Während sich die »Mikro-Evolution« wissenschaftlicher Ideen in den neusten Forschungsdiskussionen darstellt (etwa den Briefen von Darwin und Wallace oder den *Physical Review Letters*), ist ihre »Makro-Evolution« in den Standardlehrbüchern enthalten, die jeweils in einer Generation als maßgeblich anerkannt sind. Von Rohaults Darstellung der kartesischen Physik und Isaac Newtons *Opticks* bis hin zu Ernst Mayrs *Animal Species and Evolution* und Feynmans *Lectures on Physics* bestimmen diese Standardwerke die aufeinanderfolgenden Lehrgebäude, die die anerkannten Ausgangspunkte für die nächste Generation bilden. Durch ihre Verarbeitung der Spezialliteratur der vorhergehenden Generation schaffen diese zusammenfassenden Darstellungen eine »theoretische Plattform«, auf der die nächste Generation angehender Wissenschaftler einen festen Stand hat, wenn sie ihre eigenen disziplinären Probleme bestimmt und in Angriff nimmt.

Kurz, die Karrierestruktur und Verwaltungsorganisation einer wissenschaftlichen Profession, ihre Publikationskanäle, Zusammenkünfte und Belohnungssysteme zeigen alle den gleichen Pluralismus und die gleiche Tendenz, Autorität von einer Gruppe oder einem einzelnen – Herausgeber oder Präsident, Professor oder Bilderstürmer – auf andere übergehen zu lassen. Dieser Pluralismus macht historische Veränderungen in einer wissenschaftlichen Profession möglich; und gleichzeitig setzt er die augenblicklichen Autoritäten der Profession der Kritik aus. Und wenn wir die Argumente zur Rechtfertigung solcher Autoritätsverschiebungen betrachten, werden wir allmählich in Umrissen erkennen, wie unsere eigene Hauptfrage zu beantworten ist, die Frage, wie es dazu kommt, daß die Organisation einer wissenschaftlichen Profession den wahren Interessen der von ihr getragenen Disziplin dient.

Die Tätigkeit wissenschaftlicher Institutionen zeigt nicht nur dieselben Mechanismen und Vorgänge, wie sie die politischen Beziehungen in allen menschlichen Institutionen beherrschen; sie weist auch auf die tieferen Grundsätze und Ideale hin, auf denen alle politische Macht beruht, von denen her sie gerechtfertigt wird und legitimer Kritik ausgesetzt ist. Der letzte Ursprung der von den Amtsträgern in einer wissenschaftlichen Profession ausgeübten Macht ist die vorausgesetzte Zustimmung der Fachkollegen in der Disziplin. Sie ist auch die letzte Sanktion, die die Macht der Amtsträger kontrolliert und ihre Tätigkeit in vernünftigen Bahnen hält. Denn der Anspruch der Autoritäten in einer wissenschaftlichen Profession, als Sprecher ihrer Disziplin aufzutreten, wird auch ständig in Frage gestellt. Wie gründlich sich auch die sozio-politische Situation einer Profession verändern mag, wie vollständig auch ein einzelner großer Lehrmeister (ein Newton, ein Cuvier oder ein Helmholtz) die Wissenschaft seiner Zeit beherrschen mag, es bleibt eine entscheidende Tatsache bestehen. Solche Machtpositionen werden »im Namen« bestimmter gemeinschaftlich betriebener Disziplinen besetzt und sind daher auf öffentliche Zustimmung angewiesen. In dieser Hinsicht ist die Pluralität der nebeneinander bestehenden Gesellschaften, Veröffentlichungen und Zusammenkünfte nur eines der vielen institutionellen Mittel, um die Ausübung von Macht, Protektion und Autorität hinreichend mit den kollektiven Zielen der betreffenden Disziplin in Einklang zu bringen.

»Im Namen« einer Disziplin handeln heißt als jeweiliger Hüter ihrer kollektiven wissenschaftlichen Ideale handeln; und der Ausübung professioneller Macht sind durch die kollektive Verpflichtung auf diese Ideale Grenzen gesetzt. Wer professionelle Macht von Amts wegen ausübt – sei es als Herausgeber oder Gutachter, Präsident oder Professor –, muß bereit sein, sich der Kritik im Namen der gegenwärtigen Grundsätze, Verfahren und Ziele seiner Disziplin zu stellen. Sollen die Institutionen einer Profession der Disziplin, in deren Namen sie handeln, dauerhaft und wirksam dienen, so muß ihre Struktur die Möglichkeit bieten, das Gebaren der Amtsinhaber in diesem Sinne kritisch zu durchleuchten. Solche institutionellen Möglichkeiten sind natürlich nie vollkommen. Wie in jeder anderen Organisation werden die Jungtürken oft der alten Garde vorwerfen, sie beanspruche mehr Macht als billig, oder sie klammere sich an ihre Ämter, nachdem ihre legitime Autorität schon geschwunden sei. Doch jede Professionsinstitution muß auf irgendeine Weise für die Wahrnehmung aller sozialen Funktionen sorgen, die sich aus ihren kollektiven Zielen ergeben; sie muß also in ihrer Struktur die ganze Vielfalt der Tätigkeiten widerspiegeln, die für die Entwicklung der zugehörigen Disziplin nötig sind.

Die kollektiven Ziele, die die augenblicklichen theoretischen Interessen einer wissenschaftlichen Disziplin bestimmen, haben also auch eine entscheidende – nämlich eine kritische – institutionelle Aufgabe bei der Tätigkeit der entsprechenden Profession zu erfüllen. Wir gebrauchen hier das Wort »kritisch« in voller Absicht; diese kollektiven Ziele bestimmen gleichzeitig die gegenwärtigen wissenschaftlichen Auswahlkriterien der Disziplin und die Grundlage zur Beurteilung der augenblicklichen Leistungen der Amtsträger und der Institutionen der Profession. Wenn die Forschungsberichte einer Generation zu den Archiven der nächsten werden, dann läßt sich dieser Wandel durch die jeweiligen disziplinbezogenen Ziele der betreffenden Wissenschaft rechtfertigen. Wenn die augenblicklichen Schwerpunkte bei den Nobelpreis-Ausschüssen als Störungen des Gleichgewichts der laufenden Forschung kritisiert werden, dann stützt sich diese Kritik ebenso auf disziplinbezogene Urteile über die Dringlichkeit und »Reife« verschiedener Forschungsrichtungen. Wenn die gegenwärtige Organisation nationaler Akademien als »Greisenherrschaft« kritisiert wird, so soll damit wiederum gesagt sein, daß eine von alten Herren beherrschte Profession unvermeidlich hinter den wahren Bedürfnissen einer Disziplin herhinkt. (Hätte die Royal Society nicht schon vor 1961 erkennen können, daß die Molekularbiologie »förderungsreif« sei?[172]) Und wenn die Historiker im Rückblick die ungeheure

172 Siehe z. B. Stephen Toulmin, »The Complexity of Scientific Choice:

Macht negativ beurteilen, die z. B. Georges Cuvier im französischen wissenschaftlichen Establishment der nachnapoleonischen Zeit besaß, so wollen sie damit ebenfalls sagen, Cuvier habe einen hemmenden Einfluß auf die Entwicklung der französischen Biologie gehabt, indem er seine Autorität zur Fortführung seiner alten Rivalität mit Lamarck verwendete und damit der französischen Biologie bis weit über seinen Tod im Jahre 1832 hinaus eine Feindseligkeit gegenüber dem Entwicklungsgedanken aufprägte[173].

Natürlich war kein Jahrhundert in der Entwicklung der Wissenschaft frei von tyrannischem Mißbrauch von Professionsmacht, auch in den höchsten Rängen. So etablierte die düstere, lastende Autokratie keines anderen als Isaac Newtons selbst während seiner Präsidentschaft auf Lebenszeit der Royal Society das »Newtonsche« Weltbild, nicht nur als einen schöpferischen Rahmen für die physikalische Spekulation, sondern auch als Dogma, das später unterdrückend wirkte, als Leute wie Thomas Young auf unbeliebte Seiten von Newtons eigenen Gedanken zurückgriffen. Und in kleinerem Maßstab wird ständig eine Unzahl ähnlicher Tyranneien »im Namen« der Wissenschaft ausgeübt. Arbeiten werden nicht veröffentlicht, Stellen an bestimmte Leute nicht vergeben, fachliche Ehrungen verweigert – selbst einem Ohm, Mayer oder Helmholtz –, nicht weil die Leute keine guten Fachargumente hätten, sondern weil sie auf Professionsebene nicht mit dem Herausgeber, dem Forschungsleiter oder dem einflußreichen Professor übereinstimmen[174]. Die einzige – aber die wesentliche – Tatsache, die die wissenschaftliche Profession rettet, ist die, daß alle Ansprüche, »im Namen« einer Disziplin zu sprechen, angefochten werden können, wenn nicht innerhalb irgendeiner bestimmten Institution, so doch vor der Profession als ganzer, und wenn nicht vor dem

a Stocktaking«, wieder abgedruckt in *Criteria for Scientific Development*, hrsg. v. E. Shils (Cambridge, Mass., 1968), S. 71.

173 Über Cuviers politisches Übergewicht, sowohl als Zoologe wie auch als Staatsmann, siehe W. Coleman, *Georges Cuvier: Zoologist* (Cambridge, Mass., 1964), S. 126-39, sowie F. D. Adams, *The Birth and Development of the Geological Sciences* (New York, 1938), S. 263-7.

174 Selbst Helmholtz widerfuhr es, daß seine ursprüngliche Arbeit über die Erhaltung der Energie von Poggendorfs *Annalen* zurückgewiesen wurde; über diese Episode siehe Y. Elkana (im Erscheinen).

Tribunal der augenblicklichen alten Garde, dann in den Augen der auf dem Marsch befindlichen Jungtürken.
In allen diesen Fällen lautet also die entscheidende Frage: Wie weit führt die Struktur, Ausübung und Verteilung der Macht in den Professionsinstitutionen dazu, daß den echten Bedürfnissen der betreffenden Disziplin gedient wird? Diese Frage läßt sich noch einmal erweitern, nämlich auf die richtige Abgrenzung der Disziplinen selbst. Denn die wissenschaftlichen Professionen »tragen« ihre Disziplin nicht nur dadurch, daß sie ihnen alle nötigen Institutionen und Kommunikationskanäle zur Verfügung stellen; auf einer tieferliegenden Ebene zeigt ihre Organisation auch, wie zur Zeit die Grenzen zwischen den verschiedenen Disziplinen gesehen werden. Wenn etwa zwei kommende Teildisziplinen noch keine eigenen Kanäle für professionelle Betätigungen entwickelt haben – seien es eigene Zeitschriften, eigene Fachvertreter an den Hochschulen oder eigene Forschungslaboratorien –, dann steht ihr Selbständigkeitsanspruch noch nicht ganz auf festen Füßen, nicht einmal auf der Ebene der Disziplin. Die theoretische Frage, ob die Erfordernisse der biologischen Erkenntnis die Anerkennung etwa der »Molekularbiologie« als selbständiger Disziplin neben der allgemeinen Biochemie und der Zellbiologie verlangen, ist auch mit institutionellen Fragen verknüpft, ob die Molekularbiologie ein Recht auf eigene Gesellschaften, Zeitschriften und Fachvertreter an den Hochschulen hat; und auch diese institutionellen Fragen lassen sich nur im Lichte theoretischer Urteile über die Bedürfnisse der betreffenden Disziplin befriedigend beantworten.

4.2 *Die Generationen der Beurteiler*

Betrachtet man eine wissenschaftliche Profession als ein historisch sich entwickelndes Gebilde, so kann man sowohl fragen, wie neue Mitglieder in die betreffende Population hineinkommen, als auch, wie einige von ihnen anschließend eine etablierte Position in ihr gewinnen. Diese Fragen lassen sich bezüglich der wissenschaftlichen Gesellschaften, der Zeitschriften oder der Zusammenkünfte stellen; doch am fruchtbarsten sind sie bezüglich der Wissenschaftler selbst. Die Aufeinanderfolge der menschlichen Generationen bringt stets Nachwuchs in die wissenschaffliche Profession hinein und läßt die Älteren von der Bildfläche verschwinden. So übernehmen in jeder Generation wieder Menschen mit neuen und andersartigen Einstellungen die institutionellen und individuellen Machtpositionen in ihrer Profession. So liegt die Veränderlichkeit einer Wissenschaft in erster Linie in den sich wandelnden Haltungen ihrer Vertreter beschlossen.

Zunächst muß man entscheiden, was man in diesem Zusammenhang genau unter einer Generation verstehen will. Wenn wir die Entwicklung wissenschaftlicher Disziplinen oder Professionen auch nur einigermaßen fruchtbringend untersuchen wollen, wie weit sollten dann unsere aufeinanderfolgenden Zeitquerschnitte voneinander entfernt sein? Wie feinmaschig muß unsere Analyse sein, wenn sie die wesentlichen Seiten des historischen Wandels in einer Wissenschaft aufzeigen soll? Für die meisten Zwecke dürfte ein Abstand etwa zwischen 6 Monaten und 10 Jahren die angestrebten Einsichten vermitteln, doch man sollte mit dem genauen Wert sicher keinerlei Zahlenmystik verbinden. Und als erstes muß man klären, warum dieser Zeitabstand von der richtigen Größenordnung ist, warum bei einer Wissenschaft eine mittlere Periode von etwa 5 Jahren zur Messung wesentlicher historischer Wandlungen geeignet ist, seien es professionsbezogene oder disziplinbezogene.

Den Inhalt einer Wissenschaft nannten wir einen »Weitergabegehalt«. Dazu gehört das Arsenal der zur Zeit anerkannten Erklärungsverfahren, zusammen mit einem Vorrat noch nicht so ausgereifter theoretischer Varianten; und seine Entwicklung wird geleitet von einer allgemeinen Übereinstimmung über die Auswahlkriterien zur Beurteilung der Varianten aus diesem Vorrat, und über die Erklärungsideale, in deren Licht dies geschieht. Vom Standpunkt der Disziplin aus ist allein wichtig, daß der Weitergabegehalt tatsächlich weitergegeben wird. Vom Standpunkt der Profession dagegen muß man auch die Menschen betrachten, die diese Weitergabe ausführen sollen. Wie ist also die historische Aufeinanderfolge repräsentativer Wissenschaftler Träger der historischen Aufeinanderfolge ihrer Erklärungsverfahren? Und

welche Veränderungen in der Sphäre der Profession sind die gewöhnlichen menschlichen Gegenstücke der theoretischen und strategischen Veränderungen in einer sich entwickelnden wissenschaftlichen Disziplin?
Bezüglich dieser Fragen gibt es einige althergebrachte Märchen. Zum Beispiel glaubt man oft, alle wirklich großen Wissenschaftler hätten eine besondere Fähigkeit und Bereitschaft, ihre Auffassungen zu ändern; und der Fortschritt der Wissenschaft sei in hohem Maße diesem geistigen Mut zu verdanken gewesen. Doch diese Auffassung – so werden wir sehen – betont zu sehr das Individuum und zu wenig seine Fachkollegen. Man darf nämlich nicht vergessen, daß die alle 10 bis 20 Jahre neue »theoretische Physik« nicht nur aus neuen disziplinbezogenen Theorien und Verfahren besteht, sondern auch aus einer Wissenschaftlergruppe, in der sich die Fachautorität verschoben hat. Nach 20 Jahren ist die Bezugsgruppe der maßgeblichen Sprecher und Beurteiler für die theoretische Physik eine andere geworden; fragt man also nach 20 Jahren wieder, was die theoretische Physik zu diesem oder jenem zu sagen habe, so muß man dann andere Physiker fragen als heute.
Betrachtet man den wissenschaftlichen Wandel also vom Professionsstandpunkt aus, so ergibt sich ein unmittelbarer Hinweis auf die natürliche »Zeiteinheit« für den Wandel. Denn ein Hauptaspekt dieser Professionsentwicklung ist der Wechsel der herrschenden Bezugsgruppen in den verschiedenen Wissenschaften. In dem Maße, wie man eine Gruppe von Menschen ausmachen kann, deren Urteil bei ihren Fachkollegen in der betreffenden Wissenschaft besonderes Gewicht hat, ist die Zustimmung dieser Leute der wichtigste Faktor für Erfolg oder Mißerfolg nicht nur neuer Gesellschaften, Zeitschriften und Tagungen, sondern auch neuer Ideen. In der professionsbezogenen Entwicklung einer Wissenschaft ist also das maßgebliche Zeitintervall oder die »Generation« die Zeit des Bestehens einer Bezugsgruppe bis zu ihrer Ablösung durch eine andere.
Wie wird dieses Intervall praktisch bestimmt? Diese Frage müssen wir erst etwas präzisieren. Wie wir im einzelnen bei der Messung unserer Zeiteinheit vorgehen, hängt zum Teil von den Zielen unserer Analyse ab und damit von dem Zu-

sammenhang, in dem sie definiert ist. Denn die verschiedenen wissenschaftlichen Tätigkeiten spielen sich in verschiedenem Zeitmaßstab ab: solche, die mit inneren, theoretischen Entwicklungen verbunden sind, unterscheiden sich in wichtigen Beziehungen von denen, die auch mit der gesamten Kultur oder Gesellschaft zu tun haben. Wenn man sich also auf die formalen, öffentlichen Institutionen der Wissenschaft konzentriert, muß man vielleicht die eine natürliche Einheit wählen, aber eine ganz andere, wenn man die sich entwickelnde innere Beschaffenheit der Wissenschaft selbst betrachtet. Die Reihe der Präsidenten der nationalen Akademie der Wissenschaften der USA z. B. kann ebensoviel – oder ebensowenig – über Veränderungen der theoretischen Haltungen und Schwerpunkte in der Naturwissenschaft aussagen wie die Folge der Erzbischöfe von Canterbury über die religiösen Einstellungen in England. Die Präsidenten nationaler Akademien sind ebenso wie die Kirchenführer notwendigerweise Leute, die im Namen der ganzen Unternehmung mit den Führern anderer großer sozialer Institutionen in der Gesellschaft zu tun haben; und diese Rolle ist keine nur disziplinbezogene. Als Folge davon ist die dynastische Reihe der Präsidenten nur ein ganz grober Anhaltspunkt für die Veränderung der fachlichen Bezugsgruppen innerhalb der Wissenschaft selbst[175].

Treten wir nun der inneren Dynamik einer Wissenschaft etwas näher. Jede wissenschaftliche Profession hat, wie wir schon bemerkten, neben den formalen Karrierestrukturen der Professionspositionen eine informelle, ungeschriebene »Qualitätsrangfolge«. Diese ist selbst eine wesentliche historische Variable. Denn während in einer Profession gewöhnlich allgemeine Übereinstimmung bezüglich einiger besonders maßgebender Namen besteht, pflegt es auch gewisse systematische Meinungsverschiedenheiten zu geben, die oft »Generations-

175 Man hat nicht ganz zu Unrecht bemerkt, daß die politischen Parolen der aus England zurückgekehrten Leute, die die Macht in den englischsprechenden Ländern Afrikas und Asiens in den fünfziger und sechziger Jahren übernahmen, mit ihrer wirklichen Politik – die ganz überwiegend von pragmatischen Gesichtspunkten ausging – weniger zu tun hatten als mit den Auffassungen, die unter Harold Laskis Doktoranden zirkulierten, als die Betreffenden selbst an der London School of Economics studierten.

unterschieden« entsprechen. Ein Rutherford oder ein Bohr zum Beispiel kann die Achtung seiner Kollegen während seiner ganzen Laufbahn behalten; doch öfter verliert ein älterer Wissenschaftler an Autorität bei seinen jüngeren Kollegen und wird nur noch in seiner eigenen Generation »ernst genommen«. Wer als »im Namen« irgendeiner Wissenschaft sprechend anerkannt wird, das hängt also teilweise vom Alter der Wissenschaftler ab, die man darüber befragt.

Betrachten wir also nochmals die Übertragung der Verantwortlichkeit für den theoretischen Inhalt und die Entwicklung einer Wissenschaft von einer Generation ihrer Vertreter auf die nächste. Während ihrer wissenschaftlichen Ausbildung erlangen die Jüngeren ein Verständnis der Erklärungsverfahren, disziplinären Ziele und des Weltbildes ihrer unmittelbaren Vorgänger, die sie als Materialquelle bei der Entwicklung ihrer eigenen Ideen in dem Fach benutzen. Doch dabei bleiben die Ideen nie absolut unverändert. In einer wissenschaftlichen Disziplin, wie in jedem anderen echten »Vernunftunternehmen«, ist die Lehre notwendigerweise unvollkommen. Oder vielmehr wird die Qualität der Lehre in solchen Fällen nicht daran gemessen, wie genau bestimmte Ideen weitergegeben werden, sondern an den kritischen Einstellungen, die die Studenten auch den Ideen ihrer eigenen Lehrer entgegenzubringen lernen. Vom Standpunkt der Lernenden aus gesehen, scheint der theoretische Gehalt und das Programm ihrer Wissenschaft in jeder Generation neu geschaffen werden zu müssen. Natürlich haben die Auffassungen der älteren Professoren, denen sie zu Füßen sitzen oder an deren Labortischen sie arbeiten, erhebliches Gewicht für sie; doch ihr Respekt, selbst für die hervorragendsten ihrer Lehrer, ist doch sehr selektiv. Im Laufe der Zeit bilden sie sich über alle problematischen Punkte ihr eigenes Urteil, kritisieren die Auffassungen ihrer Lehrer im Lichte ihrer übrigen Lektüre, der Aussagen ihrer Studienkollegen von anderswo und des allgemeinen geistigen Klimas ihrer Zeit ... So stellt jede Generation von Lernenden die anerkannten – und die abweichenden – Ideen und Verfahren ihrer Disziplin auf ihre Weise zu einem Gebäude zusammen.

Jetzt können wir konkreter auf die Gründe zurückkommen, warum das »natürliche Zeitintervall« des wissenschaftlichen

Wandels die erwähnte Größe hat. In den Lehranstalten für fortgeschrittene Studenten und den Forschungslaboratorien, in denen der theoretische Gehalt der Naturwissenschaften weitergegeben wird, lernt man bald jene Veränderungen des Ansatzes, ja der Strategie erkennen, die jede neue Generation gescheiter jüngerer Forscher kennzeichnen. Eine bestimmte Forschungsmethode oder ein bestimmter theoretischer Deutungsstil kann sich in seltenen Fällen bei den besten jungen Leuten bis zu 7 Jahre halten; sonst wieder gibt es durchgreifende Veränderungen des Ansatzes oder der Deutung schon nach 2 Jahren. Auf jeden Fall werden die meisten wichtigen Veränderungen erfaßt, wenn man aufeinanderfolgende »Generationen« von Forschern im Abstand von 3-5 Jahren betrachtet. Dementsprechend werden wir wesentliche Veränderungen der von den Wissenschaftlern eines Faches als maßgebend anerkannten Bezugsgruppen finden, wenn wir Leute aus Altersgruppen befragen, die gut 5 Jahre auseinanderliegen. Ist die Molekularbiologie eine abwegige und übertriebene Modesache, ist sie eine fruchtbare Erweiterung der klassischen Biochemie, ist sie Anfang und Ende aller biologischen Erkenntnis, ist sie ein erster Schritt in Richtung auf eine umfassendere Theorie der Zellfunktionen und der Morphogenese, oder ist sie schon ein alter Hut? Welche dieser Antworten man bekommt, hängt in hohem Maße davon ab, ob man 70, 60, 50, 40 oder 30 Jahre alte Wissenschaftler fragt.
Von außen erscheint es manchmal so, als ob der Übergang wissenschaftlicher Autorität von einer älteren auf eine jüngere Gruppe allein durch den Zuwachs des reinen Tatsachenwissens in einer Wissenschaft erzwungen worden wäre. Doch unsere Analyse führt zu einem anderen Ergebnis. Wenn es den auf ihrem Gebiet tätigen Wissenschaftlern nach einiger Zeit oft schwer fällt, mit den Entwicklungen auf dem Laufenden zu bleiben, so deshalb, weil neue Generationen die Probleme von ganz neuen Gesichtspunkten aus angehen, den alten theoretischen Bestand völlig neu strukturieren und im Lichte neuer Erklärungsideale die Schwerpunkte anders setzen; als Folge davon können ihre Auffassungen den Wissenschaftlern einer älteren Generation als fremd, ja abstoßend erscheinen. Im günstigsten Fall rufen solche Veränderungen

keinen Groll hervor. Ernest Rutherford zum Beispiel hatte die Atomphysik in so hohem Grade allein geschaffen, daß seine Nachfolger (etwa Bohr und Heisenberg) seine Auffassungen stets achteten, obwohl er selbst zugab, die mathematischen Methoden der Quantenmechanik seien ihm unzugänglich. Er selbst gab seine autoritative Position bereitwillig auf – er gab offen zu, daß ihn seine Ausbildung nicht befähigt hatte, die neuen Abstraktionen zu verstehen, und daß er hoffnungslos einseitig ein materielles Modell der Atome und Elementarteilchen bevorzugte: »kleine harte Billardkugeln, am liebsten rote oder schwarze«[176]. Im anderen Extremfall gehen diese wissenschaftlichen Machtwechsel bei Siegern und Besiegten mit einer Feindseligkeit und einem Groll einher, die auf den Beobachter nur abstoßend wirken können. In der Wissenschaft wie in der Politik können sich die Urheber eines erfolgreichen Staatsstreichs Großmut leisten, doch nur allzu oft werden sie von der Macht korrumpiert: sie erliegen der Versuchung, ihre Vorgänger, auch die hervorragendsten, als blöde und unbelehrbare alte Spießer abzutun.

Zum Beispiel ist James D. Watsons nonchalante Darstellung der Entzifferung des DNA-Moleküls in *The Double Helix* oft nahe daran, sich über ältere Biologen und Kristallographen zu erheben, die zunächst seinen und Cricks Ansatz verkannt hatten[177]. Doch nachdem Watson sicher wußte, was aus der Molekularbiologie geworden war, konnte er leicht diesen triumphalen Ton anschlagen, und es ist heilsam, ihn mit dem vorsichtigen Ton eines am Ende seines Buches wiedergegebenen Briefes an Max Delbrück zu vergleichen, der aus einer Zeit stammt, als das Schicksal seiner Ideen noch vom positiven Urteil seiner älteren Kollegen abhing. Doch die Geschichte rächt sich auf ihre Art. Wer in den heiligen Gefilden der Wissenschaft zum Wettstreit antritt, der sollte wissen, daß er den goldenen Zweig nur eine begrenzte Zeit in der Hand halten wird. Hier wie anderswo trägt jeder Autoritäts-

176 Siehe A. S. Eve, *Rutherford* (Cambridge, England, 1939), S. 384, wo über eine Tischrede Ernest Rutherfords aus dem Jahre 1934 berichtet wird.

177 Vgl. die Randbemerkungen von J. D. Watson über Lawrence Bragg und andere ältere Wissenschaftler in *The Double Helix* (New York, 1967; London, 1968).

wechsel schon zur Vorbereitung des nächsten bei. Wenn die Radikalen einer Generation die Schlüsselpositionen in der Profession erobert haben, werden sie bald von der Fronde noch Jüngerer überrundet, für die jene radikalen Neuerungen schon schal zu werden beginnen. In den quasi-politischen Machtspielen, die die Berufswissenschaftler ganz mit Recht »im Namen« ihrer jeweiligen Disziplinen veranstalten, können institutionelle Siege immer nur Siege auf Zeit sein. Jede neue Generation von Lernenden, die ihre eigene theoretische Sichtweise entwickelt, schärft damit auch die Waffen für eine schließliche Machtübernahme in der Profession. 5, 10 oder 20 Jahre später werden sie in der Profession den Ton angeben, ihre Autorität wird die Disziplin leiten und neugestalten; und inzwischen sind ihnen schon noch Jüngere auf den Fersen, von denen sie zu gegebener Zeit abgelöst werden . . ..

Was besagt dieses Hineinwachsen in die Profession und dieser Generationenkampf für die institutionellen Bedingungen, die für die wirksame theoretische Entwicklung einer Wissenschaft nötig sind? Wir wollen zwei Aspekte dieser allgemeinen Frage aufgreifen: (a) die Rolle des einzelnen Wissenschaftlers – besonders das Verhältnis zwischen den persönlichen Ideen und Tätigkeiten der einzelnen Wissenschaftler und denjenigen, die einen festen Platz im kollektiven Weitergabegehalt der Wissenschaft erlangt haben – und (b) den größeren soziokulturellen Zusammenhang, in dem sich eine Wissenschaft am schnellsten und wirksamsten entwickeln kann.

Bezüglich (a) sind zwei verschiedene Fragen zu betrachten: erstens, unter welchen Bedingungen sich der kollektive Inhalt einer Wissenschaft wandelt, und zweitens, wie weit dieser Wandel mit Veränderungen der Ideen der einzelnen Wissenschaftler verbunden ist. Wenn wir diese beiden Fragen sorgfältig auseinanderhalten, so wird die bekannte Vorstellung von den großen Männern in der Wissenschaft sehr fragwürdig. Denn es ist *eine* Frage, ob große Wissenschaftler wirklich jemals ihre Meinung ändern, und eine ganz andere, ob das für die Wissenschaft wesentlich wäre. In der Geistesgeschichte wie in der politischen Geschichte hat die Auffassung, alle großen menschlichen Leistungen seien dem überlegenen Genie einiger weniger großer Männer zu verdanken, eine gewisse romantische Anziehungskraft. Für Historiker dieses Schlages ist das Heil der Nationen vor allem dem Ehrgeiz eines Napoleon, der Glut eines Garibaldi, der Unerschütterlichkeit eines Churchill zu verdanken, und der theoretische Fortschritt in der Wissenschaft beruht gleichermaßen auf der hartnäckigen selbstkritischen Ehrlichkeit eines einzelnen wissenschaftlichen Genies – sei es Galilei oder Lavoisier oder Darwin. Solche Leute waren bereit, so heißt es, der Natur ohne überkommene Vorurteile entgegenzutreten, sie waren so integer, daß sie ihre anerkannten Auffassungen im Lichte damit unverträglicher Beobachtungen erster Hand aufgaben, und sie sagten die Wahrheit, wie sie sie sahen, mit der ungetrübten Offenheit eines jungen George Washington. Und diese großen Wissenschaftler konnten die kollektiven Ideen der Menschen nur deshalb eine unverlierbare Stufe weiterbringen, weil sie den Mut hatten, unvorbelastet zu denken, genau auf die Natur hinzusehen und offen zu sprechen, während andere immer noch mit alten Ideen herumbastelten.

Dieses romantische Märchen übergeht leider einige entscheidende Seiten der Sache. Denn nach ihm gibt es in der Wissenschaft den gleichen scharfen Gegensatz wie nach der Theorie von den großen Männern in der politischen Geschichte: den zwischen dem aktiven, beherrschenden Großen und seiner passiven, nachahmenden Gefolgschaft. So, wie Napoleon die französische Nation »neugestaltete« und ihr »einen neuen Stolz gab«, so »beherrschte« Newton die Physik des 18. Jahrhunderts, und Lavoisier »schuf« die moderne Chemie. Unerklärt bleibt, warum andere Wissenschaftler, die jeweils in der gleichen Tradition arbeiteten, sich einfach von ihnen führen ließen und das von ihnen präsentierte Programm unterschrieben. Und eine solche Darstellung vereinfacht offenbar bis zur Unkenntlichkeit die wirklichen Beziehungen zwischen der Arbeit irgendeines einzelnen Wissenschaftlers – sei er auch noch so »groß« – und der seiner Kollegen und Nachfolger. Die umgekehrte Übertreibung käme sogar der Wahrheit wesentlich näher, nämlich daß große Wissenschaftler fast nie ihre Meinung ändern und es ganz gewiß nie zu tun brauchen. Denn es ist für das kollektive menschliche Unternehmen einer Wissenschaft von geringer Bedeutung, ob irgendein einzelner in ihm – sei er auch noch so bedeutend – seine persönlichen Auffassungen im Lichte der Erfahrung ändert oder nicht. Solche Sinnesänderungen tragen vielleicht gelegentlich zur Veränderung der kollektiven Tradition bei, besonders dann, wenn die Zweifel eines einflußreichen Wissenschaftlers andere davon abgehalten haben, radikale Neuerungen genügend ernst zu nehmen. So wurde die verspätete Anerkennung des Entwicklungsgedankens bezüglich der Organismen durch Charles Lyell von den Darwinisten mit unverhohlener Erleichterung aufgenommen, da sein fortgesetzter Widerstand den Entwicklungsgedanken in England behindert hatte, genau wie der Schatten Cuviers in Frankreich[178]. Doch Lyells Sinnesänderung hat die theoretischen Ansprüche der Darwinschen Theorie weder geschaffen noch untermauert. Die wesentlichen Orte des Ideenwandels waren – und sind – nicht die Meinungen von einzelnen, sondern die kollektiv bestätigten Ideenarsenale, die den theoretischen Weitergabegehalt der Disziplinen bilden. Die rein persönliche und individuelle Frage, wer im einzelnen welche Idee wann und aus welchen Gründen anerkannte, ist für kollektive Fragen bezüglich des gesicherten Bestandes der betreffenden Wissenschaft nur am Rande von Bedeutung.

Es ist heute ein historischer Gemeinplatz, daß Isaac Newton schon kurz nach seinem 20. Lebensjahr die Umrisse möglicher Lösungen der anstehenden Probleme der Dynamik und Planetentheorie gefunden hatte, worüber er aber erst nach seinem 40. Lebensjahr eine umfassende und eingehende Abhandlung schrieb, die *Principia* (1687)[179]. Darüber freilich läßt sich im Lichte unserer jetzigen Analyse etwas sagen. Vergleicht man Newtons allgemeine Ideen über die physikalische Welt aus seinen frühen Jahren mit der voll entwickelten korpuskularen »Philosophie der Materie«, die er schließlich nach dem Tode seines großen Gegners Leibniz als Anhang zu späteren Auflagen seiner *Opticks* (ab 1717) druk-

178 Die schließliche Anerkennung des Entwicklungsgedankens durch Lyell erfolgte – etwas widerwillig – 1864 in *The Antiquity of Man*, wobei er die Darwinisten dadurch vor den Kopf stieß, daß er das Hauptverdienst an der Schaffung der Entwicklungstheorie Lamarck zuschrieb.
179 Über die Motive für Newtons Zögern bei der Veröffentlichung seiner Theorie der Bewegung und der Schwerkraft siehe z. B. F. E. Manuel, *A Portrait of Isaac Newton* (Cambridge, Mass., 1968), Kap. 7.

ken ließ, so wird deutlich, daß auch seine reifsten Theorien nur Ausgestaltungen und mit neuen Details versehene Wiederanwendungen der nämlichen Hauptideen waren, die er schon gute 50 Jahre früher im Stillen gefaßt hatte[180]. Gewiß, in der Mitte seiner Laufbahn machte er von seiner atomistischen Überzeugung wenig Aufhebens und konzentrierte sich in der Öffentlichkeit auf rein mathematische Verfahren; doch es gibt auch Gründe für die Annahme, daß er das aus diplomatischen Gründen tat und nicht deshalb, weil sich an seiner Grundüberzeugung irgendetwas geändert hätte. (Der Atomismus hatte wegen seiner Verbindung mit dem Epikureismus einen schlechten Ruf, und Newton stürzte sich nicht freiwillig in heftige öffentliche Kontroversen, die sich auch vermeiden ließen.[181]) Vorläufig wartete er ab und veröffentlichte sein umfassendes Weltsystem nicht, bis sein gefährlichster Gegner endgültig von der Bildfläche verschwunden war. Wenn es also Newton gelang, die wissenschaftlichen Ideen der Menschheit zu verändern, so nicht deshalb, weil sich in seinem Werdegang seine persönlichen Ideen in irgendeiner grundlegenden Hinsicht geändert hätten; das war nicht der Fall. Vielmehr bildeten die Veränderungen, die sein Werk im kollektiven Bewußtsein seiner Zeitgenossen hervorgebracht hatte, einen neuen Ausgangspunkt für alle spätere Theoriekonstruktion.

Max Planck ist ein noch schlagenderes Beispiel[182]. Skizzieren wir, was sich abspielte. Als junger Mann wurde Planck in der Theorie des Elektromagnetismus ausgebildet, und er geriet in eine Diskussion über das Strahlungsspektrum hei-

180 Newtons berühmte Frage 31, in der er schließlich die Grundthesen seiner »Naturphilosophie« ans Licht kommen ließ, wurde erst der Neuauflage seiner *Opticks* von 1717 angefügt; siehe die letzte Ausgabe dieses Werkes, hrsg. v. I. B. Cohen und D. H. D. Roller (New York, 1952), S. 375-406.

181 Die Beweise dafür, daß Newton fürchtete, der Unterstützung des Epikureismus beschuldigt zu werden, der im späten 17. Jahrhundert in schlechtem Rufe stand, wurden von Henry Guerlac analysiert. Siehe z. B. seine Vorlesung »Newton et Epicure«, *Editions du Palais de la découverte*, D-91 (Paris, 1963).

182 Gewisse Aspekte dieser Episode werden behandelt bei Gerald Holton in seinen im Erscheinen begriffenen Aufsätzen über Einstein; siehe auch die Korrespondenz in *American Scientist*, 56 (1968), 123 A ff.

ßer Körper. Im Dezember 1899 führte er in dieser Diskussion seinen neuen Gedanken eines »Wirkungsquantums« ein, nach dem ein materieller Körper Strahlungsenergie nur in Stößen abgibt, deren Betrag proportional zur Strahlungsfrequenz ist; dieser Gedanke löste mit einem Schlag alle bedeutenderen Schwierigkeiten der bestehenden Theorie. Fünf Jahre später fügte Albert Einstein der Planckschen Theorie einen Stützpfeiler hinzu, der auf seiner Neudeutung des sogenannten »photoelektrischen Effekts« beruhte, bei dem Licht von genügend hoher Frequenz in einem von ihm bestrahlten Metalldraht einen elektrischen Strom auslöst. Diese Erscheinung sollte sich nach Einstein als Einwirkung teilchenähnlicher Licht-»Photonen« auf das Metall erklären lassen, deren jedes eine dem Planckschen Quantum entsprechende Energie mit sich führte. Die jüngeren Physiker hatten keine Zweifel, daß diese Konvergenz zwischen den Ergebnissen der Arbeiten dieser beiden Männer kein bloßer Zufall sei. Die gleichen »Photonen«, die elektrische Ströme in Metalldrähten auslösten, waren wohl auch die Träger der »Energiequanten«, die von Körpern ausgestrahlt wurden; kurz, bei der Übertragung von Strahlung durch den Raum zwischen materiellen Körpern existierte wohl die elektromagnetische Energie stets in Form teilchenähnlicher Photonen. Diese Auffassung trat in den Mittelpunkt des neuen physikalischen Weltbildes der Quantentheorie, das in den zwanziger und dreißiger Jahren seine endgültige Gestalt annahm.
Überraschend aber ist die nachträgliche Entdeckung, daß Max Planck Einsteins Gedanken der »Photonen« zunächst völlig ablehnte. Dafür hatte er seine Gründe. Er war als glühender Anhänger der elektromagnetischen Theorie Maxwells aufgewachsen und hatte die »Quanten« eingeführt, um die Maxwellsche Analyse zu retten, die die bekannten Spektren heißer Körper nicht erklären konnte; und ein untrennbarer Bestandteil dieser Theorie war die Vorstellung, daß sich die Strahlung in Form kontinuierlicher Wellenfronten ausbreitet. Einsteins radikale neue Photonenhypothese dagegen entfernte sich von den soliden Ideen Maxwells und lief gerade den Zwecken zuwider, um deretwillen Planck seine Quantenvorstellungen überhaupt erst eingeführt hatte. Jahrelang bekämpfte er die Einsteinsche Deutung und hoffte eine Mög-

lichkeit zu finden, das Maxwellsche Bild kontinuierlicher Wellenfronten wieder herzustellen; erst wesentlich später gestand er bedauernd ein, daß die Entwicklung zu weit in der Einsteinschen Richtung verlaufen sei, als daß man noch ernsthaft an eine solche Rettungsmöglichkeit denken könnte. In diesem Sinne hat Planck schließlich bezüglich der Photonen »seine Meinung geändert«. Doch damit trug er überhaupt nichts zum Fortschritt der Physik bei; und als er an diesem Punkt angekommen war, war es zu spät, als daß er in dieser Richtung noch Wesentliches hätte leisten können. Diese »Meinungsänderung« war etwas rein Persönliches ohne kollektive Folgen. In dieser Hinsicht war er kein Führer, sondern ein Nachfolger; und am Schluß hatte er lediglich seine eigenen Auffassungen mit der kollektiven Auffassung der nächsten Generation in Einklang gebracht.

Bei der ständigen Erneuerung und Selbstwandlung des Inhalts einer Wissenschaft ist also nicht die Bereitschaft irgendeines einzelnen von Bedeutung, seine Meinung zu ändern. Wichtig ist vielmehr seine Fähigkeit, sich einen offenen Sinn in Fragen zu bewahren, die noch nicht befriedigend beantwortet sind, und das allgemeine Ideengebäude neuen Ergebnissen und Entdeckungen anzupassen. Ein wirklichkeitsnahes Bild der Beziehungen zwischen dem einzelnen Wissenschaftler und seiner Profession steht also völlig im Gegensatz zu dem romantischen Bild des großen Mannes. Sehr oft besteht die gesamte Lebensarbeit eines Wissenschaftlers darin, Grundideen auszuarbeiten, die er in seiner Jugend gefaßt hat; ist er durch irgendeinen Zufall gezwungen, einen wesentlichen Teil dieser Grundlagen niederzureißen und neu aufzubauen, so fehlt dann diesem Gebäude im allgemeinen die Einheitlichkeit und Festigkeit, die es sonst besessen hätte. Und das gilt für Galilei so gut wie für jeden anderen. Vielleicht hat Galilei bezüglich der genauen Analyse der »Beschleunigung« wirklich »seine Meinung geändert«. Doch richtiger sollte man sagen, im Jahre 1605 sei er sich noch völlig im Unklaren gewesen über den Unterschied zwischen der Definition dieser Größe anhand von Zeitdifferenzen und anhand von Streckendifferenzen[183]; um 1630 hatte er diesen Unterschied klar

183 Es gibt z. B. einen Brief von Galilei an Sarpi aus dem Jahre 1604,

erkannt, als er schließlich zu seiner klassischen Formulierung der kinematischen Theorie gekommen war.

Ob nun im 17. oder im 20. Jahrhundert, die Physik hat sich als Ergebnis einer *kollektiven* Diskussion entwickelt. In deren Verlauf mögen die Beiträge der einzelnen ungewöhnlich und originell gewesen sein, doch der einzelne kann in der Entwicklung einer Disziplin nur dadurch eine wirksame Rolle spielen, daß er seine Ideen dem kollektiven Urteil der jeweiligen Bezugsgruppe vorlegt. Wenn überhaupt etwas die Interessen der einzelnen Wissenschaftler stärker beeinflußt, als es von ihnen beeinflußt wird, dann sind es die kollektiven Professionsbelange. Die theoretischen Ziele und Schwierigkeiten einer Disziplin stehen im Mittelpunkt der gemeinsamen wissenschaftlichen Anstrengungen der Fachvertreter; und diese Ziele filtern dann aus deren persönlichen Ideen und Interessen diejenigen theoretischen Probleme heraus, die für die kollektive Entwicklung der Wissenschaft von Bedeutung sind. Wie notwendig diese Filterung ist, werden wir erkennen, wenn wir die ganzen persönlichen Gründe untersuchen, die einen Wissenschaftler zur Wahl eines bestimmten Spezialgebiets veranlassen. Diese persönlichen Interessenrichtungen hängen oft nur sehr schwach mit den jeweiligen disziplinbezogenen Aufgaben der Wissenschaft zusammen, und sie erzielen eine sonst nicht mögliche Wirkung, wenn sie zu einem kollektiven Unternehmen zusammengefaßt werden.

Um das zu zeigen, können wir Randfiguren wie Teilhard de Chardin beiseite lassen, dessen Arbeiten über die menschliche Paläontologie so deutlich ein Nebenprodukt eines zentraleren Interesses an der theologischen Natur und Bestimmung des Menschen waren[184]. Interessanter ist ein Blick etwa auf Jacques Loeb, der eine wichtige Rolle in der Entwicklung der Physiologie im frühen 20. Jahrhundert spielte. Loeb erklärte ganz offen, sein persönliches Motiv, sich der Physiologie zuzuwenden, sei ein ganz allgemeines Interesse an dem herkömmlichen Gedanken des »freien Willens« gewesen. Er hatte zunächst Philosophie studiert und sich dann der Phy-

in dem er immer noch davon ausgeht, »gleichförmige Beschleunigung« bedeute gleiche Geschwindigkeitszunahme pro zurückgelegte *Strecke*.

184 Siehe z. B. Stephen Toulmin, »On Teilhard de Chardin«, *Commentary*, 39 (März 1965), 50-55.

siologie zugewandt, weil er zu der Auffassung kam, das Problem könne besser gelöst werden, wenn man prüfe, ob die Gesetze der Physik und Chemie in den Organismen ebenso durchgehend gelten wie außerhalb[185]. Und Loeb war nur insofern eine Ausnahme, als er seine außerwissenschaftlichen Interessen so deutlich erkennen ließ. Wahrscheinlich werden überhaupt die meisten hervorragenden Wissenschaftler durch ähnliche Hoffnungen und Erwartungen bei der zielstrebigen Arbeit ihrer ganzen fachlichen Laufbahn gehalten.
Diese persönlichen Interessen werden aber gewöhnlich nicht bekannt, bis sich die Betreffenden von der aktiven Forschung zurückziehen und anstelle von Forschungsberichten jetzt Arbeiten über die umfassendere »Bedeutung« der Wissenschaft schreiben. Erst dann setzen sie sich öffentlich mit Theologie oder Ethik, Politik oder Metaphysik auseinander und berufen sich auf die Spezialergebnisse ihrer jeweiligen Wissenschaften als Schlüssel zu umfassenderen theoretischen oder praktischen Problemen[186]. Und wenn man das liest, erkennt man plötzlich, daß ihr Fachinteresse etwa an der Biochemie die ganze Zeit von einer stillen Überzeugung genährt wurde, die Wissenschaft werde schließlich den Beweis ermöglichen, daß Gott existiert (oder nicht existiert), und daß wir einen freien Willen haben (oder nicht haben); oder von der Hoffnung, eine letzte Begründung der Ethik in der natürlichen Welt selbst zu finden; oder sogar von einer privaten Fixiertheit auf Probleme der Sexualität ... Bis dahin muß sich ihre fachliche Tätigkeit von den kollektiven Anforderungen der Disziplin und den literarischen Konventionen für wissenschaftliche Veröffentlichungen leiten lassen – unpersönliche Wendungen und all das. Denn diese ermöglichen es – das erkennen wir jetzt – Theisten und Atheisten, Verfechtern und Gegnern der Idee des freien Willens, Puritanern und Frei-

185 Der unmittelbare philosophische Einfluß auf Loeb ging von Schopenhauer aus; siehe die Einleitung von Donald Fleming zur letzten Auflage von Loebs Buch *The Mechanistic Conception of Life* von 1912 (Cambridge, Mass., 1964), S. XII-XV.

186 Diese Querverbindungen reichen von G. H. Hardys platonistischer Philosophie der Mathematik über die »evolutionäre Ethik« C. H. Waddingtons und Julian Huxleys bis hin zu dem fast mystischen Buch von E. Schrödinger, *My View of the World* (Cambridge, England, 1964).

sinnigen gleichermaßen, wissenschaftlich an einer wohlbestimmten Gruppe gemeinsamer Probleme zu arbeiten.
(Diese Verschiedenheit der individuellen und der kollektiven Interessen trägt übrigens zur Erklärung der Verachtung bei, die viele Wissenschaftler gegenüber »bloßer Philosophie« zeigen[187]. Solche Wissenschaftler sehen in der Philosophie nicht ein legitimes Gebiet geistiger Betätigung neben anderen, mit seinen eigenen Maßstäben der Strenge und der Selbstkritik, sondern ein Gebiet der geistigen Disziplinlosigkeit, das von vornherein nichts mit der kritischen Sauberkeit und den Maßstäben der Naturwissenschaft zu tun habe. Die Sache ist nur die, daß im wirklichen Werdegang der meisten praktisch tätigen Wissenschaftler – im Gegensatz zu dem der Fachphilosophen – die Beschäftigung mit »Philosophie« sich darin erschöpft!)
Zu (b). Die wirksame Entwicklung einer Wissenschaft als Profession wie als Disziplin hängt auch von gewissen anderen umfassenderen soziokulturellen Gesichtspunkten ab.
1. Zum Beispiel kann die geistige Anpassung, ebenso wie die Anpassung bei Entwicklungen anderer Art, nur unter einigermaßen speziellen Verhältnissen mit Erfolg stattfinden. Es bedarf eines abgeschirmten »Wettbewerbsforums«, wenn »besser angepaßte« Varianten ihre Vorzüge zeigen können sollen, ohne in der größeren Population unterzugehen, aus der sie stammen. Die »ökologischen Schranken«, die dieses Forum abgrenzen sollen, müssen gleichzeitig so niedrig sein, daß die spezialisierte »Nische« überhaupt einmal besiedelt werden kann, aber auch so hoch, daß die sich ergebenden Varianten nicht wieder in der alten Population untergehen. In den erfolgreichsten Kulturen ging daher die wirksame Entwicklung brauchbarer wissenschaftlicher Ideen Hand in Hand sowohl mit der Schaffung weitgehend selbständiger Disziplinen als auch der Entstehung institutionell getrennter Professionen. Das ist kein Zufall. Nur wenn die

187 So schloß Max Borns Lehrbuch *Moderne Physik* (1933; engl. *Atomic Physics*, London, 1935, 7. verb. Aufl. 1962) mit einer globalen Ablehnung der »lächerlichen Phantasiegebilde« der Metaphysik; Born erblickte offenbar in ihnen einen untauglichen Versuch, Wahrheiten zu erraten, die die Wissenschaft mit ihren solideren experimentellen Methoden noch nicht aufdecken kann.

spezialisierten »theoretischen Anforderungen« einer Wissenschaft klar erkannt und allgemein anerkannt werden, besteht auch nur die geringste Hoffnung, daß die Brauchbarkeit neuer Ideen einmütig beurteilt wird. Die professionellen »Foren« der Wissenschaft spielen also eine wichtige Rolle bei der Schaffung der lokalen, von institutionellen Schranken umgebenen »Nischen«, in denen Ideenvarianten öffentlich und kritisch im Lichte der theoretischen Erfordernisse der betreffenden Disziplin geprüft werden können.

Ohne diese Isolation der Profession und die kritische Aufsicht ihrer Bezugsgruppen wäre es für neue Ideen viel schwieriger, wohlbestimmte Ansprüche aufzustellen und ihren Platz in einem wohlbegründeten Erkenntnissystem zu finden. Stattdessen würden sie sich in einem Wust spekulativer Diskussionen und polemischer Einwände verlieren, in dem sich ihre besonderen Vorzüge und weiteren Konsequenzen nicht mehr ausmachen und untersuchen ließen. Und wenn einmal das entscheidende Gleichgewicht gestört ist, auf dem die Ideenentwicklung beruht, dann gibt es keinen stabilen Zustand mehr außer dem geistigen Konformismus und der geistigen Anarchie. Entweder kommt es – wie zu manchen Zeiten im kaiserlichen China – dazu, daß eine nicht spezialisierte Gruppe von Meinungsbildnern eine geistige Zensur über das allgemeine Denken ausübt und neue Ideen blockiert, nur weil sie neu sind[188]. Oder es gibt überhaupt keine wirksame Kontrolle neuer Ideen, und die spekulative Diskussion ufert so aus, daß keine kritische Beurteilung mehr möglich ist. Im ersten Falle bleiben neue Gedanken gar nicht lange genug am Leben, um ihre wirklichen Möglichkeiten zu zeigen; im zweiten verfällt das geistige Leben in eine diffuse Toleranz gegenüber allen Ideen, ohne daß irgendwelche maßgebliche Beurteiler manche Ideen für besser erklären würden als andere. (Ich erinnere mich, wie ein gebildeter Marokkaner irgendeine ganz phantastische Spekulation mit dem Grundsatz rechtfertigte: »Wo nichts bewiesen werden kann, hat jeder das Recht auf seine eigene Auffassung.«) Spezialisierte wissenschaftliche Professionen sind also der institutionelle Preis dafür, daß Spekulation und Kritik – die

188 Vgl. Needham (vgl. Anm. 139), Bd. 3, insbes. S. 192-4, über die Geheimhaltung der Astronomie in der chinesischen Gesellschaft.

menschlichen Formen der Ideenvariation und -auslese – harmonisch zusammenwirken. Gerade weil die Aufstellung von Grenzen zwischen Disziplinen und die Übertragung von Autorität an bestimmte Bezugsgruppen zur Isolation spezialisierter professioneller Nischen führt, können neue Vermutungen vorgebracht, geprüft und kritisch auswählend beurteilt werden im Hinblick auf die wohlbestimmten Anforderungen einer entsprechend spezialisierten Problemsituation.

2. Umgekehrt setzt der ökologische Erfolg neuer Formen voraus, daß das »Wettbewerbsforum« nicht zu stark isoliert ist. Eine vollständige professionsmäßige Isolation der Wissenschaft würde die geistige Entwicklung in zwei Beziehungen behindern. Zunächst einmal entsprangen die spezialisierten Probleme und Ideen der Wissenschaften ursprünglich aus den breiteren geistigen Bedürfnissen der Menschen überhaupt, und sie können ständig auf diese zurückwirken. Die Aufhellung etwa der biophysikalischen Vorgänge z. B. beim Durchgang von Norepinephrin durch Nervenmembranen spaltete sich ursprünglich von dem allgemeineren Problem ab – auf das sie auch ständig zurückwirken kann –, wie das Zentralnervensystem als das Organ des Denkens und Erlebens fungieren kann[189]. So entstehen auf der Grenze zwischen wissenschaftlichen Disziplinen und außerwissenschaftlichen Interessen immer wieder Fragen bezüglich der breiteren Bedeutung spezialisierter Neuheiten in Disziplinen; und die ganzen Möglichkeiten neuer Ideen lassen sich nur dann deutlich erkennen, wenn man dieser Wechselwirkung zwischen spezialisierten und außerwissenschaftlichen Ideen ihren Lauf läßt.

Sind aber die Schranken um die wissenschaftlichen Professionen herum zu hoch, so können neue Ideen, die ihre spezialisierten wissenschaftlichen Vorzüge erwiesen haben, nicht in die allgemeine Kultur hinausgelangen und Anerkennung im »öffentlichen Bewußtsein« finden; und umgekehrt würden die spezialisierten Disziplinen der Wissenschaft nicht genug guten Nachwuchs aus jeder neuen Generation anziehen, um als Profession lebendig zu bleiben. Eine Wissenschaft, die

189 Dazu siehe Toulmin (vgl. oben, Anm. 2).

sich völlig aus der allgemeineren geistigen Diskussion fernhält, wird also nur noch eine lokale Bedeutung haben; ihre Fachfragen werden keinen Einfluß auf das »allgemeine Bewußtsein« oder das »allgemeine Wissen« haben, und die betreffende Wissenschaft selbst gerät in Gefahr, entweder auszusterben oder zweitrangigen Leuten in die Hände zu fallen, weil sich ihr kein guter Nachwuchs mehr zuwendet. So schufen zwischen 1290 und 1340 Gelehrte in Paris und Oxford mit ihrer scholastischen Analyse der Bewegung ein wichtiges Bindeglied in der Ideengenealogie zwischen den Gedanken des Aristoteles und Archimedes und den späteren Gedanken Galileis[190]. An bestimmten Punkten kamen die Mathematiker des 14. Jahrhunderts geradezu aufregend nahe an Galileis Ausgangspunkt heran, so nahe, daß man sich fragen kann, warum – auch wenn man die Auswirkungen der Pestepidemie berücksichtigt – die theoretische Mechanik in den folgenden 250 Jahren keine raschere Entwicklung nahm. Es könnte durchaus daran gelegen haben, daß die notwendigen analytischen Methoden nur einer eng umgrenzten Gruppe von Fachgelehrten zur Verfügung standen, so daß niemand sonst ihre mögliche umfassendere Bedeutung erkennen konnte. Jedenfalls wurden die wissenschaftlichen Konsequenzen der Impetustheorie des 14. Jahrhunderts mit ihrer graphischen Analyse quantitativer Veränderungen erst von der Mitte des 16. Jahrhunderts an voll entwickelt, als die Renaissance zu einer allgemeinen Säkularisierung des geistigen Lebens geführt hatte. Bis dahin waren die Leistungen dieser Gelehrten des 14. Jahrhunderts weitgehend vergessen, und sie blieben es, bis die Wissenschaftshistoriker im 20. Jahrhundert auf ihre Bedeutung hinwiesen.

Die Geschichte der babylonischen Astronomie ist noch extremer. Seit 750 v. Chr. bildeten die »Vorhersager« in Babylon eine völlig isolierte und spezialisierte wissenschaftliche Zunft; ihre fachlichen Methoden und Ideen waren sogar Amtsgeheimnisse, die sie keinem Außenstehenden mitteilen durften. Einige ihrer Ergebnisse gelangten zwar schließlich nach der Eroberung Babylons durch Alexander den Großen nach

190 Diese Entwicklungsphase der Vorstellungen von der Bewegung wurde vollständig dokumentiert von M. Clagett in seinem Buch *The Science of Mechanics in the Middle Ages* (Madison, 1961).

Griechenland, doch von ihrem wirklichen Entwicklungsstand hatte man keine Ahnung, bis moderne Archäologen ihre Aufzeichnungen entdeckten und Gelehrte des 20. Jahrhunderts sie in Detektivarbeit entzifferten[191]. Ohne diese Wiederentdeckung wäre die babylonische Astronomie so vollständig und endgültig vernichtet gewesen wie die Institutionen des babylonischen Staates. Hier erlitt eine lokal erfolgreiche Disziplin dasselbe Schicksal wie sonst nur isolierte, aber überspezialisierte »Populationen«, deren ursprüngliche Nische nicht mehr vorhanden ist. Und nach allem, was wir wissen, wiesen die untergegangenen Kulturen Mexikos oder Kambodschas vielleicht ähnliche geistige Leistungen auf, die ebenso das Eigentum isolierter wissenschaftlicher Zünfte waren, aber später so vollständig in Vergessenheit gerieten wie die Herstellungsmethoden für die bunten Fenstergläser in der Kathedrale von Chartres.

In allen solchen Fällen ist die »Resonanz« zwischen der spezialisierten Disziplin und der größeren Öffentlichkeit so schwach, daß Neuerungen in der wissenschaftlichen Zunft – wie nachhaltig auch ihre lokale Wirkung sei – kein Echo in den allgemeineren Ideen der Kultur finden. Demgegenüber ist die so nachhaltige und fruchtbare Entwicklung der Wissenschaft in Westeuropa seit 1600 nicht zuletzt Folge einer aktiven Resonanz zwischen den wissenschaftlichen Spezialisten und der allgemeinen Öffentlichkeit sowie der Wechselwirkung zwischen den Ideen der neu aufkommenden Spezialwissenschaften und der Gesamtkultur. Einmal verhalf diese Resonanz den neuen wissenschaftlichen Denkweisen mit zum Durchbruch, indem sie deren Umrisse in das allgemeine Weltbild des »Alltagsverstands« einbrachte; auf der anderen Seite trug sie zur Entwicklung der Wissenschaften selbst bei, indem sie die Aufmerksamkeit auf theoretische Probleme von umfassenderer Bedeutung lenkte und damit einen Zufluß neuer Ideen wie auch fähigen Nachwuchses in die betreffenden Wissenschaften schuf.

3. Schließlich sind die allgemeineren gesellschaftlichen Bedin-

191 Das einschlägige Material wird eingehend behandelt in den klassischen Bänden von O. Neugebauer, *Babylonian Mathematical Ephemerides;* eine bequeme Zusammenfassung findet sich in seiner populäreren Darstellung (vgl. oben, Anm. 136).

gungen für die Bewahrung der Einheit und Kontinuität einer wissenschaftlichen Disziplin auch für die sie tragende Profession von Bedeutung. Ein Ausdruck wie »scholastisch« läßt sich nicht nur auf ein System von Ideen und Doktrinen anwenden, das unkritisch aufgrund bloßer Autorität weitergegeben wird, sondern auch – in einem wörtlicheren Sinne – auf die traditionsgebundenen Institutionen der »Schulen«, in denen diese autoritäre Lehre stattfindet. Und der Ausdruck »anarchisch« gilt entsprechend sowohl für die Ideenvariation, wenn sie durch kein wirksames Auswahlverfahren kontrolliert wird, wie auch für institutionelle Verhältnisse, die ein derartiges Ausufern unkritisierter Ideen erlauben. In beiden Fällen sind die Konsequenzen für die Disziplin und die Profession dieselben: Stillstand im ersten, Gestaltlosigkeit im zweiten.

Entsprechende Parallelen finden sich etwa, wenn aus einer älteren Wissenschaft durch Aufspaltung und Spezialisierung zwei oder mehr Nachfolgerwissenschaften entstehen, oder andererseits bei Verschmelzung mit einer anderen Wissenschaft. Auch hier wieder sind disziplinbezogene Veränderungen in der Struktur der Probleme und Methoden mit professionsbezogenen Veränderungen etwa der Institutionen und Zeitschriften verbunden. Doch ökologisch gesehen, besteht kein Zweifel, daß dieses Verhältnis zwischen disziplinbezogenen und professionsbezogenen Veränderungen zwar völlig normal und sogar wünschenswert, aber keineswegs notwendig ist. So schafft das tatsächliche Verhalten wissenschaftlicher Profesionen weitere Anlässe zur Selbstkritik. Bald kann man die vorhandenen Publikationsmedien kritisieren, weil sie nicht den augenblicklichen disziplinbezogenen Bedürfnissen einer Wissenschaft genügten, bald kann man nun die institutionelle Frage aufwerfen, wie weit die augenblickliche Einteilung der Wissenschaften in Professionen die wirklichen theoretischen Probleme zu der betreffenden Zeit widerspiegelt.

So könnte es ausgezeichnete theoretische Gründe dafür geben, eine bestimmte Gruppe interdisziplinärer Probleme zum Gegenstand einer unabhängigen neuen Teildisziplin zu machen; doch einflußreiche Mitglieder der bestehenden Professisonen sehen darin vielleicht Ansätze zu einer Gefährdung ihrer

eigenen Interessen und verhindern daher die Errichtung der Professionsorganisationen, die die neue Teildisziplin institutionell zum Tragen bringen würden. In diesem Falle kann man sagen, die institutionellen Verhältnisse der bestehenden Professionen »entsprächen nicht« den Bedürfnissen der neuen Teildisziplin, so daß jeder, der den neuen Professionsorganisationen die institutionelle Selbständigkeit verweigert, auch die theoretische Entwicklung dieser Wissenschaft behindere. Umgekehrt gab es auch Zeiten, da die Zahl der wissenschaftlichen Zeitschriften aus kommerziellen Gründen bewußt vermehrt wurde, die in keiner echten Beziehung zu den theoretischen Bedürfnissen der betreffenden Disziplinen standen, sondern lediglich künstlichen Unterteilungen größerer, aber völlig einheitlicher Disziplinen die Symbole der Unabhängigkeit verliehen. Auch hier wieder besteht die Grundlage für die Bewertung und Selbstkritik in nichts anderem als den Bedürfnissen der betreffenden Wissenschaft selbst. Die Frage »Ist Ihre Zeitschrift wirklich notwendig?« bedeutet dann: »Erfüllt Ihre Zeitschrift ein echtes disziplinbezogenes Bedürfnis?«; und diese Frage ist zu beantworten im Lichte der strategischen und theoretischen Probleme, die für die augenblickliche wissenschaftliche Situation kennzeichnend sind.
In diesem Sinne kann die Vermehrung der Zeitschriften den wirklichen disziplinbezogenen Bedürfnissen vorauseilen, wie umgekehrt der Konservativismus von Professionsorganisationen die angemessene disziplinbezogene Entwicklung aufhalten kann. In beiden Fällen sind die Parallelen zwischen theoretischen und institutionellen Veränderungen zwar eng, aber nicht unausweichlich. Und in beiden Fällen ergibt sich die Konvergenz von disziplinbezogenen und professionsbezogenen Gesichtspunkten – von Ideen und Institutionen – letzten Endes nicht aus logischer Notwendigkeit, sondern aus ökologischen Notwendigkeiten.

4.3 *Ökologie des Geistes und historisches Verstehen*

Der Ausdruck »historisches Verstehen« bedarf sorgfältiger Klärung. Wir stehen jetzt vor einem der Hauptprobleme unserer ganzen gegenwärtigen Analyse: dem der allgemeinen

Züge des Verhältnisses zwischen der disziplinbezogenen (oder theoretischen) und der professionsbezogenen (oder menschlichen) Seite eines wissenschaftlichen Unternehmens. Diese Frage läßt sich am besten in drei Schritten klären; wir lösen sie in eine Reihe speziellerer Fragen auf und behandeln diese der Reihe nach. Wenden wir uns zuerst zwei ungelösten methodologischen Problemen zu, die unser historisches Verstehen des wissenschaftlichen Wandels immer noch beeinträchtigen. Das eine ist der alte Gegensatz zwischen zwei Arten, Wissenschaftsgeschichte zu treiben – der »wissenschaftsinternen«, die sich auf den sich wandelnden Inhalt einer wissenschaftlichen Disziplin konzentriert, und der »wissenschaftsexternen«, die sich mehr auf die Beziehungen einer Wissenschaft zu den allgemeineren gesellschaftlichen Verhältnissen konzentriert. Das andere ist ein im engeren Sinne philosophisches Problem – das der Trennung von »Gründen« und »Ursachen« in der historischen Entwicklung einer Wissenschaft. Wir werden diese beiden Probleme im Lichte des bisherigen Gedankenganges neu betrachten und dann den entscheidenden Begriff der »Ökologie des Geistes« erklären können: durch Vergleich (1) der theoretischen Anforderungen der Problemsituationen, die die Anlässe für den Ideenwandel bilden, und (2) der ökologischen Anforderungen der Nischen, die die Schauplätze der Anpassung in der Welt der Organismen sind, werden wir auch die gesamte Ideenentwicklung in einem kollektiven Vernunftunternehmen beleuchten können.

Beginnen wir mit dem Geschichtsschreibungsproblem. Im letzten halben Jahrhundert haben die Historiker die Entwicklung der Naturwissenschaften mit mehreren unabhängigen Ansätzen untersucht – statistisch, biographisch, vom Inhalt der jeweiligen Wissenschaft ausgehend, soziologisch. Doch bis heute konnte man sich nicht einigen, auf welchen Punkt die Ergebnisse dieser verschiedenen Analysen konvergieren, oder wie sie sich zusammenfügen lassen, so daß ein einziges zusammenhängendes Bild des wissenchaftlichen Wandels entstünde[192]. Auf der einen Seite untersuchen die

192 Siehe z. B. J. Agassi, »Towards a Historiography of Science«, *History and Theory*, Beiheft 2 (1963). Eine nützliche Sammlung historischer Texte, die diesen Unterschied veranschaulichen, findet sich in

wissenschaftsintern vorgehenden Historiker die theoretischen Veränderungen, die Aufeinanderfolge wissenschaftlicher Ideen, von einem streng genetischen oder »genealogischen« Gesichtspunkt aus. Für sie bildet die wissenschaftliche Entwicklung eine dialektische Abfolge: Probleme führen zu Lösungen, diese wieder zu neuen Problemen, deren Lösungen abermals zu neuen Problemen ... In einer solchen »problembezogenen« Analyse der Entwicklung der Wissenschaft lassen sich zwei weitere Gesichtspunkte unterscheiden, ein gesellschaftlich-historischer und ein logisch-philosophischer. Einige Wissenschaftler untersuchen die problembezogenen Veränderungen in der Wisenschaft unmittelbar und möchten zeigen, in welchen Schritten sie tatsächlich stattgefunden haben[193]. Andere zielen auf eine logische Analyse (oder »rationale Rekonstruktion«) der Argumente ab, die angemessenerweise zu wissenschaftlichem Fortschritt geführt und zu seiner Rechtfertigung gedient haben[194]. In beiden Fällen hat diese genetische Betrachtung der Wissenschaft gewisse selbstgezogene Grenzen. Wissenschaftsinterne Darstellungen der wissenschaftlichen Entwicklung beschäftigen sich mit Faktoren außerhalb der unmittelbaren Fragen der betreffenden Disziplin höchstens am Rande. Demgemäß legen sie gewissermaßen die Untersuchung der Morphogenese einer Wissenschaft unabhängig von ihrer ökologischen Umwelt nahe.
Währenddessen haben andere Historiker den wissenschaftlichen Wandel als eine soziale Erscheinung betrachtet und sich auf die Wechselwirkungen zwischen der Naturwissenschaft und den umfassenderen Verhältnissen konzentriert, in denen sie auftritt – ihren Institutionen, Sozialstrukturen, ihrer Politik und Ökonomie. Diese Untersuchungen führten zu interessanten und in mancher Hinsicht unerwarteten

dem Buch *The Rise of Modern Science*, hrsg. v. G. Basalla (Lexington, Mass., 1968).

193 Dieser Ansatz findet sich in mehr oder weniger extremer Form in den Werken von M. Clagett, A. R. Hall, H. Butterfield und anderen.

194 Eine Diskussion dieses Ansatzes findet sich in der nützlichen Arbeit von I. Lakatos, »History and its Rational Reconstructions«, erscheint in *Boston Studies in Philosophy of Science*, hrsg. v. R. S. Cohen und R. Buck, Bd. 8 (New York u. Dordrecht, 1971), dt.: Die Geschichte der Wissenschaft und ihre rationale Rekonstruktion, in: W. Diederich (Hrsg.), *Theorien der Wissenschaftsgeschichte*, Suhrkamp, Frankfurt (M.), 1974, S. 55 ff.

Ergebnissen. Man hat jetzt ein genaueres Bild davon, wie die wissenschaftlichen Professionen in institutionelle »Zünfte« organisiert sind und wie die Richtung der wissenschaftlichen Arbeit in den letzten hundert Jahren von neuen wirtschaftlichen, politischen und gesellschaftlichen Faktoren beeinflußt wurde[195]. Doch die Forschungsmethoden, die zur Untersuchung der Soziologie und der gesellschaftlichen Handhabung der Wissenschaft nötig sind, haben wieder einmal den Bereich der beantwortbaren Fragen eingeschränkt. Genauer: sie haben nicht geklärt, ob und in welcher Hinsicht es irgendeine Rückwirkung von den sozialen Bedingungen der wissenschaftlichen Arbeit auf den theoretischen Inhalt des wissenschaftlichen Denkens selbst gibt. Man könnte sich vorstellen, daß der Inhalt der Thermodynamik des 19. Jahrhunderts von den damaligen technischen Entwicklungen auf dem Gebiet der Dampflokomotiven beeinflußt war; doch welche genaue Form hatte dieser Einfluß? Und was soll man etwa von der weitergehenden Behauptung Bernals halten, der Inhalt der Darwinschen Theorie der natürlichen Auslese habe irgendwie die damaligen Vorstellungen von einer liberalistischen Wirtschaft widergespiegelt?[196]

Die Frage ist, wie diese komplementären Ansätze der Wissenschaftsgeschichte auf einen Nenner zu bringen sind. Dazu können wir nicht einfach innerhalb des einen oder des anderen bleiben; wir müssen vielmehr die Ergebnisse in eine umfassendere Konzeption einordnen, die die Entwicklung der wissenschaftlichen Ideen und Tätigkeiten gleichermaßen berücksichtigt. An einem klassischen Beispiel wollen wir zeigen, wie unsere Unterscheidung zwischen den »disziplinbezogenen« und den »professionsbezogenen« Seiten des wissenschaftlichen Wandels die Vereinigung dieser beiden historischen Ansätze ermöglicht.

Die neueren Wissenschaftshistoriker haben auf zwei sehr verschiedene Weisen erklärt, wie der schließliche theoretische Inhalt von Newtons *Principia* zustande gekommen sei. (1) Der verstorbene Alexandre Koyré ging an seine Newton-

195 Siehe z. B. Don K. Price, *Government and Science* (New York, 1954), und *The Scientific Estate* (Cambridge, Mass. 1965).

196 J. D. Bernal, *Science in History*, 3. Aufl. (London, 1965), S. 483 (dt.: *Wissenschaft*, Reinbek bei Hamburg 1970).

forschung mit begrenzten und weitgehend genealogischen Zielen heran. So konnte er zeigen, daß Newtons Methoden sehr viel nachhaltiger von den Ideen Descartes' beeinflußt waren, als die englische Wissenschaft glaubte. Er legte gute Gründe dafür vor, daß man Newtons Beziehungen zu den Cambridger Platonisten genauer untersuchen müsse; und indem er Newtons Leitspruch »hypotheses non fingo« in seinen ursprünglichen Zusammenhang zurückversetzte, widerlegte er alle positivistischen Deutungen seines Vorgehens ... Was Koyrés Analyse von Newtons Ideen kaum erwähnt, das ist die Technik und Industriewirtschaft des 17. Jahrhunderts[197]. (2) Demgegenüber redet der verstorbene Boris Hessen in seiner Arbeit »The Social and Economic Roots of Newton's *Principia*« fast nur davon. Alle Grundthemen der *Principia*, so behauptet Hessen, hatten mit damaligen technischen Problemen zu tun: Artillerie oder Kanalbau, Hochseenavigation oder Eisenerzabbau. In England war das 17. Jahrhundert »die Periode, in der das Handelskapital zur beherrschenden wirtschaftlichen Kraft wurde und die Manufakturen sich zu entwickeln begannen«. Die Probleme der Statik und Mechanik hatten praktische Bedeutung, denn sie hatten »mit Hebe- und Transporteinrichtungen zu tun, die für den Bergbau und das Bauwesen von Bedeutung waren«; die mathematische Theorie der Flugbahnen und des freien Falles waren die »physikalischen Grundaufgaben der Ballistik«; und die Grundsätze der Hydrostatik waren »von grundlegender Bedeutung für die Probleme der Entwässerung und Belüftung von Bergwerken, des Schmelzens von Erzen, des Baus von Kanälen und Schleusen«. Selbst Newtons Hauptthema, die Planetenmechanik und die Theorie der Gezeiten, war für die praktischen Methoden der Navigation von entscheidender Bedeutung. Gleichzeitig zeigt der institutionelle Rahmen von Newtons Forschungen – in der Universität Cambridge, in der Royal Society und in der Münze – sehr gut die Befreiung des geistigen Lebens von der Kirche als Folge des Aufstiegs des Bürgertums. Gewiß, Newton

197 Alexandre Koyré, *From the Closed World to the Infinite Universe* (Baltimore, 1957; dt.: *Von der geschlossenen Welt zum unendlichen Universum*, Suhrkamp, Frankfurt (M) 1969), und *Newtonian Studies* (Cambridge, Mass., 1965).

kleidete seine neue Theorie in eine abstrakte geometrische Sprache; doch der »harte Kern« seiner Arbeiten war doch dem Zentrum der technischen Bedürfnisse des 17. Jahrhunderts durchaus nahe[198].
Der Unterschied zwischen Koyrés »wissenschaftsinterner« Genealogie und Hessens »wissenschaftsexterner« Analyse ist schon deutlich genug. Hessens letzter amerikanischer Herausgeber sagt: »Die genaue Beziehung zwischen der Wissenschaft und der Gesellschafts- und Wirtschaftsstruktur ist noch nicht bekannt.«[199] Doch zur Abrundung des Bildes gibt es jetzt auch noch eine dritte Analyse von Newtons Werk. Neuerdings hat (3) Frank Manuel ein psychoanalytisches Porträt des Menschen Isaac Newton entworfen und mit dessen Hilfe nicht nur Newtons tiefere persönliche Motive, sondern auch die effektive Struktur seiner Ideen beleuchtet. Nach Manuel war Newtons Leben von Phantasie, Introversion und sublimierter Homosexualität bestimmt, wie es nach den psychischen Katastrophen seiner Jugend nur zu erwarten war. (Sein Vater starb vor seiner Geburt, und seine Mutter gab ihn als kleines Kind zu Pflegeeltern weg.) Als Folge davon erlegte er seinem Denksystem eine in sich geschlossene autoritäre Struktur auf, die sich in seinem Gefühl widerspiegelte, er sei von Gott dazu bestimmt, die Gesamtbeschaffenheit des ganzen kosmischen Systems zu enthüllen. Wie Koyré kümmert sich auch Manuel nicht um die Technik, abgesehen von Newtons tyrannischer Haltung als Münzmeister gegenüber Geldfälschern; er beschäftigt sich auch nicht mit der Sozialstruktur der kapitalistischen Gesellschaft, abgesehen von den Möglichkeiten, die sie Newtons eigenartigen Temperamentsäußerungen bot. Dieses Porträt Newtons mag zwar in sich durchaus einleuchtend sein, klärt aber noch weniger als Hessens wirtschaftlich-gesellschaftliche Analyse die »rationale« Entwicklung der Naturwissenschaft; im Gegenteil, es gibt – und das will es auch – Collingwoods Behauptung eine neue Wendung, grundlegende Wandlungen unserer Voraussetzungen entsprängen aus »unbewußtem Denken«[200].

198 Boris M. Hessen, »The Social and Economic Roots of Newton's *Principia*«, Erstveröffentlichung in *Science at the Cross-Roads* (London, o. J.), S. 151-76, wieder abgedruckt in Basalla (s. oben, Anm. 192), S. 31-8.
199 Siehe Basalla (vgl. Anm. 192), S. 31.
200 (Vgl. Anm. 179), S. 117 ff.

Wie ist es möglich, daß ein und dasselbe Werk auf dem Gebiet der theoretischen Dynamik und Astronomie so verschieden gedeutet werden kann? Nun widersprechen sich diese drei Bilder keineswegs, sondern lassen sich alle zusammen zu einem einheitlichen Gewebe verarbeiten. Eine rein »wissenschaftsinterne« Geschichte des wissenschaftlichen Denkens läßt sich in der Tat ganz folgerichtig schreiben, solange man sich ausschließlich den Ideengenealogien zuwendet – mit den entsprechenden Einschränkungen, z. B. daß man alle Fragen bezüglich unterschiedlicher Geschwindigkeiten des Ideenwandels in verschiedenen Epochen außer acht läßt. Ebenso wie die Entwicklung der Organismenarten zeigt der Ideenwandel auffallende Unterschiede der Schnelligkeit: in einigen Epochen folgen wichtige Veränderungen dicht aufeinander, dann wieder können Jahrhunderte ohne wesentliche Entwicklungen verlaufen. Trotz der dazwischenliegenden 14 Jahrhunderte standen die Ideen und Methoden des Kopernikus denen des Ptolemäus wesentlich näher als denen Newtons bloße 150 Jahre später. Doch eine »wissenschaftsinterne« Analyse der astronomischen Argumente, die bis zu Newtons Werk hinführten, muß diesen Geschwindigkeitswechsel außer acht lassen und nur die Argumentationsschritte selbst betrachten. Andererseits läßt sich eine rein »wissenschaftsexterne« Geschichte des wissenschaftlichen Wandels ganz konsequent schreiben, wenn man sich auf die historischen Beziehungen zwischen den Wissenschaftlern und ihrer wirtschaftlich-gesellschaftlichen Situation konzentriert – aber sie hat wiederum ihre Einschränkungen. Man kann vielleicht fragen, warum die Physiker einer bestimmten Epoche ihre theoretischen Argumente etwa an Beispielen aus der Hydraulik oder dem Navigationswesen veranschaulichten; doch das ist eine ganz andere Frage als die, was mit diesen Argumenten bewiesen wurde. Ähnlich kann man fragen, warum in einer bestimmten Epoche so viele Wissenschaftler ein bestimmtes Thema bearbeiteten; doch das ist eine ganz andere Frage als die, was ihre Forschungen tatsächlich erbrachten. Man kann fragen, welche Förderung von außen die Forschung in dieser oder jener Wissenschaft unterstützte; doch das ist eine ganz andere Frage als die, wodurch bestimmte Probleme lösungsreif wurden ... Sieht man sich Boris Hessens Arbeit noch einmal an, so stellt man fest, daß er sich sehr vorsichtig ausdrückte. Nichts von dem, was er sagte, beleuchtete die Erklärungserfolge von Newtons *Principia*, doch das beanspruchte er auch nicht für sich. Andererseits trug das, was er sagte, einiges zur Erkenntnis der Gründe bei, warum das England des 17. Jahrhunderts ein wirksames »Forum« für Newtons Forschungen war, und warum Newton gerade jene Beispiele zur Veranschaulichung seiner allgemeinen, abstrakten Grundsätze wählte. Die irdische und die Himmelsmechanik, die Hydrostatik und die Gezeitentheorie (daran erinnern uns Hessens Argumente) besaßen damals weit über ihren mathematisch-theoretischen Inhalt hinaus Interesse; und daß die Tätigkeit der Royal Society durch die Admiralität König Karls II. unterstützt wurde, das hatte eindeutig politische und nicht wissenschaftliche Gründe[201].

Es sollte also nicht schwer sein, einen Kompromiß zwischen diesen beiden verschiedenen Ansätzen der Wissenschaftsgeschichtsschreibung zu finden. Eine umfassende Analyse des wissenschaftlichen Wandels muß viele verschiedene Fragen aufwerfen; einige davon sind – in Grenzen – einer wissenschaftsinternen Analyse zugänglich, andere – in Grenzen – einer wissenschaftsexternen. Keine der beiden Methoden ist in sich völlig abgerundet oder erfaßt alles, doch ihre Ergebnisse haben alle durchaus ernsthaftes – wenn auch beschränktes – Gewicht, wenn man sie als Aussagen über komplementäre Seiten des gesamten wissenschaftlichen Unternehmens ansieht. Dieser Kompromiß beruht auch nicht auf einer willkürlichen Einteilung des ganzen Territoriums in »faire Anteile« für die verschiedenen Historikerschulen. Er hat vielmehr eine tiefere Begründung in den komplexen Beziehungen, die tatsächlich zwischen den verschiedenen Seiten dieses Unternehmens bestehen – den theoretischen, den individuellen und den institutionellen. Ein Vorzug unserer Analyse ist ja die Möglichkeit, aufzuzeigen, unter welchen Bedingungen und in welchen Fällen die Abstraktionen jedes der historischen Ansätze berechtigt und gültig sind.

Wir können hier zwei dieser Bedingungen skizzieren. Erstens gehen zwar beide wissenschaftsgeschichtlichen Ansätze an-

201 Hessen (vgl. oben, Anm. 198).

fänglich von Abstraktionen aus, doch die gängige Unterscheidung zwischen »wissenschaftsinternen« und »wissenschaftsexternen« Erklärungen des wissenschaftlichen Wandels ist viel zu scharf. In der Praxis liegen die Fragen, die man bezüglich des Ideenwandels in der Wissenschaft stellen kann, auf einem stetigen Spektrum, mit den vorwiegend »wissenschaftsinternen« (d. h. vernünftigen oder dialektischen) Gesichtspunkten am einen Ende und den vorwiegend »wissenschaftsexternen« (d. h. politischen oder wirtschaftlich-gesellschaftlichen) am anderen. Fragen der Auswahlkriterien zur Beurteilung von Theorienvarianten liegen mehr am »internen« Ende, Fragen der Anlässe zu wissenschaftlichen Neuerungen mehr am »externen«. Doch es gibt keine Fragen, die sich ganz ausschließlich mit einem der Ansätze analysieren ließen. Auch das reinste theoretische Argument kann einen Theorienwandel in der Wissenschaft nur zusammen mit der Annahme erklären, daß ein sozialer Anlaß vorlag, der dieses Argument wirksam werden ließ. Und die großzügigste Unterstützung von außen führt nur dann zu wissenschaftlichen Ergebnissen, wenn ein Forschungsproblem untersuchungsreif ist. In unseren Augen lautet die Frage nicht mehr, ob man etwa die theoretische Genealogien und die Außenbeziehungen einer Wissenschaft unabhängig voneinander sinnvoll untersuchen kann, sondern vielmehr, in welchem Umfang und um welchen Preis man es kann. Und darüber läßt sich nichts wirklich Allgemeingültiges sagen – man muß es für jede Kultur, jede Zeit und jede Disziplin neu und im einzelnen überlegen.

Zweitens können wir diesen Kompromiß nur in solchen Fällen einwandfrei und ohne Umschweife zustandebringen, in denen die betreffenden wissenschaftlichen Disziplinen hinreichend bestimmt oder »kompakt« sind. In einer reifen, voll entwickelten wissenschaftlichen Disziplin wie der Atomphysik ist es nicht schwer, »innere« Faktoren und Gesichtspunkte der Disziplin von solchen zu unterscheiden, die »außerhalb« ihrer wissenschaftlichen Fragen stehen. In anderen Fällen ist das nicht so leicht. In »nicht-kompakten« Disziplinen beziehen sich alle wichtigen Streitfragen auch auf Wissenschaftspolitik und Prioritäten sowie auf Begriffe, Taktiken und Methoden; und jede Verschiebung der »Grenzen der vernünftigen Argumentation« verändert sofort die Ausrichtung und die Grundregeln des ganzen Unternehmens. In solchen Fällen kann man die »inneren« Seiten einer Disziplin auch nicht annähernd in diesem Maße von ihren »äußeren« Zusammenhängen trennen. Ohne die klaren, aus der Sache fließenden Grenzen einer kompakten Disziplin wie der Atomphysik gibt es nichts, *bezüglich dessen* man von inneren und äußeren Faktoren sprechen könnte[202]. Die Abstraktionen, auf denen die Einteilung in wissenschaftsinterne und wissenschaftsexterne Geschichtsschreibung beruht, sind also nur in manchen Fällen berechtigt. In »nicht-kompakten« Wissenschaften kann man nicht mehr trennen zwischen der dialektischen Abfolge der disziplinbezogenen Argumentation und dem gesellschaftlichen Zusammenhang, in dem sie berufsmäßig betrieben wird.

Wenden wir uns nun dem anstehenden philosophischen Problem im Zusammenhang mit dem wissenschaftlichen Wandel zu, nämlich dem der »Gründe« und »Ursachen«, das R. G. Collingwood so große Schwierigkeiten machte[203]. Wie wir sahen, finden Ideenwandlungen stets ihre vernünftige Rechtfertigung in einer geschichtlichen Situation, und die disziplinbezogenen Rechtfertigungsmaßstäbe sind selbst Ergebnis eines geschichtlichen Vorgangs. Umgekehrt kann die Tatsache, daß die Wissenschaftler ihre theoretischen Strategien, Maßstäbe und Anforderungen geändert haben, selbst wieder einen starken historischen Einfluß ausüben; damit wird die professionsbezogene Tätigkeit der Rechtfertigung ein unumgänglicher Bestandteil des historischen Kausalvorgangs. Muß man deshalb sagen, die »Gründe« der Wissenschaftler zur Rechtfertigung von Veränderungen ihrer Theorien seien gleichzeitig die »Ursachen«, mit denen wir diese Veränderungen erklären müssen? Und müssen wir dementsprechend sagen, die »Kausalfaktoren«, mit denen ein historischer Wandel in der Wissenschaft erklärt wird, seien gleichzeitig auch als »vernünftige Gesichtspunkte« zu betrachten, wenn es um die Rechtfertigung dieser Veränderung geht? Oder wenn man »Gründe« und »Ursachen« nicht auf diese Weise gleichsetzen will, welche Beziehungen bestehen

202 Lakatos (vgl. oben, Anm. 194).
203 Siehe oben, 1.2, insbes. Text zu Anm. 51 ff.

dann zwischen der rationalen (oder disziplinbezogenen) und der kausalen (oder professionsbezogenen) wissenschaftlichen Entwicklung?

Das ist eine etwas komplizierte Frage. Wie wir bei unserer Behandlung Collingwoods sahen, wird die Trennungslinie zwischen Gründen und Ursachen an manchen Punkten durchaus problematisch. In der Umgangssprache erscheint es wohl als durchaus zulässig, die Rechtfertigungsgründe für einen theoretischen Wandel eine »Erklärung« dafür zu nennen, warum die betreffenden Wissenschaftler ihre Auffassung änderten, oder umgekehrt die Tätigkeit einer Forschungsgruppe bei der Gewinnung neuer Daten eine »Rechtfertigung« der Erklärungsverfahren zu nennen, die durch diese Forschungen gestützt werden sollen. Doch hier kann die Umgangssprache irreführen, und für philosophische Zwecke müssen wir uns sorgfältiger ausdrücken.

Zunächst also ist eine Wissenschaft als ein ganzes menschliches Unternehmen weder nur eine Sammlung von Ideen und Argumenten noch nur eine Population einzelner Wissenschaftler noch allein ein System von Institutionen und geregelten Verfahren. Die theoretische Geschichte einer wissenschaftlichen Disziplin, die institutionelle Geschichte einer wissenschaftlichen Profession und die individuelle Biographie der beteiligten Wissenschaftler berühren sich ganz offensichtlich an diesem oder jenem Punkt, wirken aufeinander und verschmelzen. »Im Dienste« der theoretischen Anforderungen ihrer Wissenschaft greifen die Wissenschaftler ihre theoretischen Methoden auf, entwickeln sie, wenden sie an und ändern sie ab, und ihre institutionalisierte Tätigkeit soll »im Namen« dieser Wissenschaft wirken. Die disziplinbezogenen (oder theoretischen) und die professionsbezogenen (oder menschlichen) Seiten einer Wissenschaft müssen also eng miteinander in Beziehung stehen, doch keine kann der anderen völlig über- oder untergeordnet sein. Es ist z. B. bemerkenswert, daß die wissenschaftsinterne Geschichtsschreibung bei gut entwickelten Disziplinen so viel über ihre Theorien, Begriffe und Erklärungsverfahren und deren Veränderungen sagen konnte, ohne von den wirklichen Menschen zu sprechen, die sie erfanden, prüften und/oder anerkannten, oder über die Umstände ihrer Arbeit. Und es ist ebenso bemerkenswert, daß die wissenschaftsexterne Geschichte so viel über die professionelle Tätigkeit der einzelnen Wissenschaftler und der wissenschaftlichen Organisationen sagen kann, ohne auf die speziellen Theorien, Begriffe oder Erklärungsverfahren eingehen zu müssen, die die Wissenschaftler dabei verwenden. Doch beide Abstraktionen gelten nicht unbeschränkt. Untersucht man z. B. die Organisation einer Wissenschaft als Profession immer eingehender, so wird sich zeigen, daß man auch innere, disziplinbezogene Gesichtspunkte ins Spiel bringen muß. Die wesentlichen Fragen einer Wissenschaft können Feldarbeit in vielen verschiedenen Ländern erfordern, die einer anderen komplizierte Berechnungen auf Datenverarbeitungsanlagen; und diese speziellen disziplinbezogenen Belange machen entsprechend verschiedene Formen der wissenschaftlichen Berufstätigkeit nötig.

Letzten Endes werden wir also zu dem Gedanken zurückgeführt, daß eine Wissenschaft in erster Linie ein einheitliches »Vernunftunternehmen« ist, und daß das Theoretische und das Institutionelle komplementäre Seiten dieses einen Unternehmens sind. Dieses Vernunftunternehmen liefert den Rahmen oder die »Lebensform«, in der disziplinbezogene und professionsbezogene Gesichtspunkte je auf ihre Art ihre Bedeutung und Wirkung haben; erst vor diesem Hintergrund kann man überhaupt der ganzen geläufigen Rede von »Disziplinen« und »Professionen« einen eindeutigen Sinn geben oder sinnvolle Fragen zu ihrer geschichtlichen Entwicklung stellen. Wir wollen also unser jetziges Problem folgendermaßen umformulieren: Welche unterschiedlichen Schwerpunkte setzen der disziplinbezogene und der professionsbezogene Ansatz der Wissenschaftsforschung? Das heißt, wie erkennt man ein System von Faktoren oder Gesichtspunkten als bedeutsam für den theoretischen Gehalt einer Wissenschaft, ein anderes für die menschliche Betätigung und die institutionelle Organisation?

Wir können jetzt zeigen, daß diese Unterschiede des Schwerpunkts und der Relevanz unmittelbar aus den unterschiedlichen Interessen entspringen, die zu dem jeweiligen Ansatz führen: der disziplinbezogene und der personenbezogene Ansatz bei der Erforschung des wissenschaftlichen Wandels hat jeweils völlig andere Gesichtspunkte und Ziele. Wenn man nach dem sich historisch entwickelnden Inhalt einer Disziplin fragt, so interessiert man sich für den Übergang von einer repräsentativen Ideenmenge zu einer anderen als einen *theoretischen Fortschritt*. Man interessiert sich für den theoretischen Effekt dieser Veränderung: welche Folgen sie hatte, was sie für die Wissenschaft bedeutete, wie sie zur Erfüllung ihrer disziplinbezogenen Ziele beitrug – kurz, welchen Beitrag sie zur Erklärungskraft dieser Wissenschaft leistete. Diese Fragen über das Ergebnis eines theoretischen Wandels sind gewöhnlich völlig unabhängig von der Frage, wie der Wandel eigentlich zustandekam. Disziplinbezogene Erklärungen der wissenschaftlichen Entwicklung beschäftigen sich also in erster Linie mit Urteil und vernünftiger Rechtfertigung, nicht mit Diagnose oder kausaler Erklärung. Versteht man die Frage, wie sich die Kopernikanische Astronomie aus der Ptolemäischen entwickelte, in einem rein disziplinbezogenen Sinne, so sollte sie folgendermaßen formuliert werden: In welcher Hinsicht und gestützt auf welche Argumente haben die Verfahren der Kopernikanischen Astronomie auf den theoretischen Leistungen der Ptolemäischen Astronomie *aufgebaut und über sie hinausgeführt*? Mit anderen Worten, die disziplinbezogene Analyse zielt auf die »vernünftige Beurteilung« theoretischer Wandlungen, die als Beiträge zum Erfolg eines Vernunftunternehmens betrachtet werden. Es ist also kein Wunder, daß solche Analysen so häufig Ausdrücke aus dem Gebiet der vernünftigen Beurteilung und Rechtfertigung verwenden – »Grund«, »Gesichtspunkt«, »Argument«.

Betrachtet man dagegen die Entwicklung einer Wissenschaft von einem professionsbezogenen oder personenbezogenen Standpunkt aus, so interessiert man sich jetzt für den Übergang von einer repräsentativen Menge von Personen, Institutionen und Erklärungstätigkeiten zu einer anderen als einen *historischen Vorgang*. In diesem Falle muß man fragen, wie es der einen Menge gelang, die andere zu verdrängen, wer die Veränderung in Gang brachte, wann und wo sie stattfand und wie die verschiedenen Beteiligten ihren Einfluß zur Geltung brachten. Alle diese Fragen entstehen, wohlgemerkt, unabhängig davon, ob die betreffende Veränderung einen wesentlichen Beitrag zum Inhalt der Wissenschaft lieferte oder nicht. Während disziplinbezogene Analysen des wissenschaftlichen Wandels in erster Linie mit dem Ergebnis zu tun haben, gilt nun das Umgekehrte: professionsbezogene Analysen haben in erster Linie mit dem Vorgang und nicht mit dem Ergebnis zu tun. Personen- oder professionsbezogene Analysen des Ideenwandels zielen also in erster Linie auf *Diagnose und kausale Erklärung*, nicht auf *Beurteilung oder vernünftige Rechtfertigung*. Versteht man die Frage, wie sich die Kopernikanische Astronomie aus der Ptolemäischen entwickelte, rein personenbezogen, so muß man sie folgendermaßen formulieren: Durch wessen Hände, in welchen Institutionen und unter welcher Förderung erfolgte jene Reihe theoretischer Schritte, die schließlich die Ptolemäische Astronomie durch die Kopernikanische *ersetzte*? Jetzt steht nicht mehr im Vordergrund, ob eine Veränderung die Erklärungskraft der betreffenden Wissenschaft verbesserte, sondern es geht darum, wie sie überhaupt zustandekam. Es ist also kein Wunder, daß die professionsbezogenen Analysen der wissenschaftlichen Entwicklung in solchem Maße Ausdrücke aus dem Gebiet der diagnostischen Analyse benutzen – »Ursache«, »Faktor«, »Kraft«.

Im ersten Falle geht man an jede Veränderung in einer Wissenschaft *mit Blick auf die Zukunft*, auf die später bewirkten Veränderungen heran: man kennzeichnet die Veränderung anhand der neuen Entdeckungen, zu denen sie schließlich führte, und zeigt damit, wie weit sie »zu rechtfertigen« war. Im zweiten Falle betrachtet man sie *rückblickend*, mit Blick auf ihre Ursachen in der Vergangenheit: man konzentriert sich auf die Kausalketten, deren Ergebnis sie war, und zeigt damit, wie weit sie »einsichtig« war. Die disziplinbezogene Seite der Wissenschaftsgeschichte ist vernunft-, rechtfertigungs- und zukunftsbezogen, die professionsbezogene Seite kausal, erklärend und rückblickend; und der Natur der Sache nach sind diese beiden Seiten nicht gleichartig, sondern ergänzen einander. Im Verlaufe jedes Vernunftunternehmens wird die Erfahrung der früheren Erklärungserfolge ständig bei den laufenden theoretischen Entscheidungen ins Spiel gebracht, und deren Ergebnisse wiederum verändern die rationale Beurteilung unserer angesammelten Erfahrung. Doch in beiden Fällen ist die Beziehung zwischen den rückblickenden

Diagnosen und ihren zukünftigen Folgen nicht ganz interpretationsunabhängig. Bei unseren historischen Erklärungen der Vorgänge, die zu einer bestimmten wissenschaftlichen Veränderung führten, kann es leicht Anlaß geben, von den »Gründen« zu sprechen, die diese Veränderung rechtfertigen. Doch diese Gründe können nicht unmittelbar als »Kausalfaktoren« in der historischen Erklärung auftreten; sie sind überhaupt nur in dem Maße kausal wirksam, wie die für den Wandel verantwortlichen Wissenschaftler sich dieser speziellen Gründe bewußt waren und sie berücksichtigten. Kausal relevant für eine solche Erklärung sind also nicht die Gründe selbst, sondern das *Bewußtsein* der Wissenschaftler von ihnen.

Umgekehrt sind die »Kausalfaktoren« an sich nicht gleich auch die »Gründe« der Rechtfertigung wissenschaftlicher Wandlungen. Soll eine theoretische Neuerung verteidigt werden, so muß man disziplinbezogen zeigen, was durch diese Veränderung erreicht wird; die menschliche Tätigkeit bestimmter Wissenschaftler ist nur als Anzeichen dieses disziplinbezogenen Fortschritts von Bedeutung. Von unmittelbarer Bedeutung für die Frage der vernünftigen Rechtfertigung ist also nicht, wer jene Experimente oder Berechnungen ausgeführt hat, oder was er im einzelnen alles getan hat, oder warum er es getan hat, sondern die aus dieser Tätigkeit entspringende zukünftige Verbesserung der Erklärungskraft. Kurz, die Forschungstätigkeit wird nicht lediglich aufgrund ihrer kausalen Wirksamkeit rational relevant, sondern sie wird es nur in dem Maße, wie man von ihr als Ergebnis neue Erklärungserfolge erwartet.

Wir können also ein kollektives Vernunftunternehmen entweder als ein Netz von Kausalvorgängen oder als ein Feld rationaler Leistungen betrachten. Diese beiden Betrachtungsweisen sind keine Konkurrenten, sondern gleichzeitig bestehende Möglichkeiten, und man kann von der einen zu der anderen übergehen. Wenn sich die beiden Arten der Geschichtsschreibung in der Praxis überschneiden, so deshalb, weil beide Deutungen im Leben des Vernunftunternehmens selbst verankert sind. Als Wissenschaftler können wir etwa die wissenschaftliche Tätigkeit unserer Kollegen als historische Ereignisse und Vorgänge betrachten und anschließend ihre Ergebnisse als wissenschaftliche Leistungen beurteilen. Danach können wir sowohl unsere eigene Tätigkeit verändern als auch die Arbeit unserer Kollegen im Lichte dieser Bewertung anders sehen. Der praktische Wissenschaftsbetrieb verlangt also häufige und reibungslose Übergänge vom einen zum anderen, und so könnte es als pedantisch erscheinen, die Unterschiede zu betonen. Doch gerade weil man sie im normalen Ablauf der wissenschaftlichen Arbeit nicht besonders zu betonen braucht, kann es umso gefährlicher sein, sie bei der philosophischen Betrachtung zu vernachlässigen. In der Tat werden die Konsequenzen dieser Unterscheidung zwischen »erklärenden« Kausalfaktoren und »rechtfertigenden« Vernunftgesichtspunkten in einem späteren Stadium für unsere gesamte Analyse der menschlichen Erkenntnis große Bedeutung gewinnen.

Deuten wir die philosophischen Verwirrungen an, die uns erwarten, wenn wir diesen Unterschied vernachlässigen: Ausdrücke wie »Kraft« und »Gewicht« sind feste Wendungen sowohl bei der Vernunftbeurteilung von Argumenten als auch bei kausalen oder diagnostischen Betrachtungen. Diese Mehrdeutigkeit gab es in der Geschichte, so weit man zurückblicken kann – auf jeden Fall schon eine ganze Zeit vor der Entwicklung der modernen wissenschaftlichen Vorstellungen über Kausalität, Kraft und mechanischen Determinismus. Wir verwischen aber gerade die Unterschiede, die hier für uns wichtig sind, nämlich die zwischen Vernunftbetrachtungen, die an und für sich ein geistiges »Gewicht« besitzen, und Kausalfaktoren, die – unabhängig von ihren sachlichen Vorzügen oder Nachteilen – für die wirklichen Teilnehmer an einer wissenschaftlichen Diskussion »ins Gewicht fallen«. Zweifellos sollte ein »gewichtiges« Argument auch für alle wohlerfahrenen Denker »ins Gewicht fallen«, aber dazu kommt es nicht immer. Ebenso können auch Argumente, die unter irgendwelchen Verhältnissen für Menschen »ins Gewicht fallen«, einer vernünftigen Prüfung nicht standhalten. Die (kausale) »Kraft« einer »starken« Rhetorik reißt uns vielleicht mit; aber die (vernünftige) »Kraft« »starker« Argumente veranlaßt uns zur Zustimmung aus eigenem Willen ... Und so weiter, und so weiter ...

Wir beginnen jetzt zu erkennen, warum es in der Praxis so

schwierig ist, die vernünftige Überzeugungskraft wissenschaftliche Argumente von ihrer kausalen Wirksamkeit zu unterscheiden und diese beiden Fragen unabhängig voneinander zu behandeln. Die Philosophen haben herkömmlicherweise die vernünftige Beurteilung und Rechtfertigung als etwas Abstraktes, Losgelöstes behandelt, das in einem abgelegenen (ewigen?) Reich weit weg von den tatsächlichen Forschungen vor sich gehe, deren Ergebnisse zu beurteilen sind; doch nach der vorliegenden Analyse ist diese Trennung nicht möglich. Wir waren immer stärker gezwungen, das »Beurteilen« und »Rechtfertigen« als wesentliche innere Bestandteile des praktischen Lebens der Vernunftunternehmen selbst zu sehen. Urteilsmaßstäbe, Relevanzkriterien, Vernunftideale und theoretische Ziele entstehen, entwickeln sich und werden verfeinert im Lichte der erklärenden, praktischen und/oder Urteilstätigkeiten, welche Wissenschaftler, Juristen und andere »geistige Handwerker« ausüben. Das Entdecken ist eine Seite der wissenschaftlichen Berufstätigkeit, doch die Rechtfertigung der Entdeckungen – mit »annehmbaren« Argumenten – ist eine weitere, ergänzende Seite dieser selben Tätigkeit. Und beide kann man nur dann richtig verstehen, wenn man ihre Beziehungen zueinander und zum gesamten »Vernunftunternehmen« der Wissenschaft betrachtet. Eine umfassende Analyse der Ideenentwicklung in einem beliebigen Vernunftunternehmen muß auf jeder Stufe sowohl über die Aufstellung als auch die Rechtfertigung der Aussagen sprechen, zu denen dieses Unternehmen führt.

Jetzt endlich können wir erklären, was hinter den ganzen Anspielungen auf »Ökologie des Geistes«, »Nischen«, »Anforderungen« usw. steht, die wir bisher so nebenbei gebraucht, aber nicht ausgeführt oder erklärt haben. Kommen wir gleich zum Kern der Sache: Die Zweiheit von disziplinbezogenen und personenbezogenen Seiten des Ideenwandels, die wir hier erkannt haben, ist ein unmittelbares Gegenstück der Zweiheit von »ökologischen« und »genealogischen« Begriffen in der Theorie der Entwicklung der Organismen. Auch diese beiden Erklärungen der Veränderungen von Organismenpopulationen ergänzen und überschneiden sich; doch keine läßt sich völlig in die Sprache der anderen übersetzen. Die genealogische Darstellung erklärt die Artenbildung als

Kausalkette ineinandergreifender Vorgänge, die ökologische als biologische Kette funktionaler Erfolge; und die beiden Darstellungen der Entwicklung der Organismen hängen zwar miteinander zusammen, sind aber keineswegs dasselbe.

Angenommen, wir untersuchen die Artenbildung im Hinblick auf die jeweiligen Umstände, unter denen sich eine Art aus anderen entwickelte. Dieser Vorgang läßt sich anhand einer Folge sich verändernder »Nischen« kennzeichnen, die von neuen Populationen von Lebewesen ausgefüllt werden konnten; damit zeigen wir, wie in dieser Umwelt die »Auswahl zum Fortbestand« bestimmter neuer Eigenschaften zum biologischen »Erfolg« der neuen Art beitrug. Seit den ersten Diskussionen zwischen Louis Agassiz und Asa Gray haben die Darwinisten stets betont, ihre Erklärung der Artenbildung sei alles andere als »grob, blind und mechanistisch«, sondern habe auf jeder Stufe einen Anpassungs- oder »teleonomischen Aspekt«[204]. In ökologischer Sicht ist die Veränderung des Organismenreiches stets anhand der neuen Territorien, Umwelten und »ökologischen Anforderungen« zu erklären, auf die die Auswahl »besser angepaßter« Varianten zum Fortbestand die Reaktion war[205].

Doch dieser selbe Vorgang der Artenbildung bei den Organismen läßt sich auch ganz anders darstellen, mit Schwerpunkt bei den genealogischen Verbindungen zwischen früheren und späteren Populationen. Eine solche Analyse versucht die Aufeinanderfolge von Episoden in der Entwicklungsgeschichte zu erklären, durch die diese Populationen sich vermehrten, differenzierten, sich noch weiter wegentwickelten, andere verdrängten und selbst ausstarben. Von diesem anderen Standpunkt aus kann die natürliche Auslese am Ende tatsächlich als ein rein »kausaler« oder mechanistischer Vorgang erscheinen; aber eben nur deshalb, weil als Folge des gewählten Ansatzes unsere Fragen sich auf kausale Vorgänge und Wechselwirkungen beschränken.

Offensichtlich hängen diese verschiedenen Erklärungen der Entwicklung der Organismen eng miteinander zusammen.

204 Siehe Lurie (vgl. Anm. 94), S. 274-81 und 294-5.

205 Siehe z. B. E. Mayr, *Animal Species and Evolution* (Cambridge, Mass., 1963).

Gibt es keine passenden Nischen, so bleibt das genetische Potential einer Population unausgenützt; gibt es keine passenden Populationen, so bleiben die ökologischen Anforderungen einer bestimmten Nische unerfüllt. Doch es hätte keinen Sinn, zu fragen: Gibt es die ökologischen Nischen nur wegen der augenblicklichen Organismenpopulationen, oder gibt es diese Populationen nur wegen der vorhandenen Nischen?, und ebenso unfruchtbar wäre die entsprechende Frage bezüglich wissenschaftlicher Ideen und Institutionen. In beiden Fällen enthält die Frage selbst eine falsche Entgegensetzung. Richtig ist vielmehr, daß Nischen zum Teil (aber nicht ausschließlich) wegen der Populationen bestehen, und daß Populationen zum Teil (aber nicht ausschließlich) wegen der Nischen bestehen. Ist die Entwicklung der Organismen einmal im Gange, so stehen Populationen und Nischen in einer komplizierten Wechselbeziehung zueinander; die augenblicklichen Populationen können sich nur da zu neuen Arten entwickeln, wo es passende neue Nischen gibt, und der Charakter eben dieser Nischen wird nachhaltig vom Charakter der anderen vorhandenen Organismenpopulationen beeinflußt. Und weiter: nur diejenigen ökologischen Nischen sind von Bedeutung für die Entwicklung, zu denen es eine Population von Organismenvarianten gab, die sie einnehmen oder nicht einnehmen konnte, und nur diejenigen Genealogien und Mutationen haben eine Bedeutung für die Entwicklung, die die betreffende Population befähigt haben oder hätten befähigen können, die Anforderungen einer wirklischen Nische zu erfüllen.

Das sind natürlich keine speziellen empirischen Aussagen, sondern nur Analysen der allgemeinen Formen der Zusammenhänge, die bei der Evolution der Organismen wirksam sind. Die ganzen Ausdrücke wie »ökologische Anforderungen« und »Nische«, »Anpassung« und »Erfolg« sind ja aufeinander bezogen und definieren sich gegenseitig. Die Darwinsche Theorie liefert keine Möglichkeit zur Findung zwingender oder allgemeingültiger, vom Einzelfall unabhängiger Kriterien von »Vorzug«, »Erfolg« oder »Überlegenheit« bei der Entwicklung; noch weniger gibt sie eine Grundlage für eine umfassende Definition auch anderer »Werte« ab. Doch man kann mit ihr ohne weiteres zeigen, welche

Möglichkeiten die Evolution der Organismen überhaupt für die Anwendung von Begriffen wie »Erfolg«, »Überlegenheit« und »Vorteil« bietet, was für ökologische Urteile und Vergleiche also möglich sind. So kann man etwa erkennen, daß es keine Möglichkeit gibt, in einem absoluten Sinne von einem »vollkommenen« Organismus zu sprechen oder eine Art ohne Qualifikationen »besser« als eine andere zu nennen[206]. Fragen der »Anpassung« und »Überlegenheit« in der Entwicklung sind relativ auf einen angebbaren Bereich physikalischer und biologischer Umwelten zu verstehen. Im Rahmen der wirklichen Geschichte der Organismenarten gibt es keine Möglichkeit, die »Vorzüge« verschiedener Populationen allgemein und abstrakt zu erörtern; solche völlig allgemeinen Fragen sind, ökologisch gesprochen, unwirksam. Gleiches gilt im Falle der »Ökologie des Geistes«. Der Vorteil einer Erweiterung der ökologischen Sprache von der organischen auf die Ideenentwicklung liegt einfach in den umfangreichen Parallelen zwischen der ökologischen Erklärung des biologischen Wandels und der disziplinbezogenen Erklärung der Ideenentwicklung. In der Geistesgeschichte schafft jede akute Problemsituation gewisse Möglichkeiten für neue Ideen. Die Art dieser Möglichkeiten hängt natürlich ebensosehr von den anderen vorhandenen Ideen ab wie von den rein »äußeren« Eigenschaftten der sozialen oder physikalischen Situation. Man kann die sich daraus ergebenden Ideenwandlungen entweder als Vorgänge untersuchen, indem man einfach ihren geschichtlichen Verlauf verfolgt, oder aber als Leistungen, indem man fragt, wie weit sie die geistigen Möglichkeiten der Situation ansgeschöpft haben. Wie im biologischen Falle ist die Beziehung zwischen Ideen und Möglichkeiten eine komplizierte und wechselseitige. Populationen wissenschaftlicher Ideen können sich nur dort so differenzie-

206 Das sage ich trotz der Argumente Julian Huxleys in seinem Buch *Evolution, the Modern Synthesis* (London, 1942), insbes. Kap. 10 über »Fortschritt in der Evolution«. Natürlich kann Huxley zeigen, daß der Mensch nicht nur deshalb eine bemerkenswerte Art ist, weil sie den speziellen »Nischen«, in denen sie sich zunächst entwickelte, gut angepaßt war, sondern auch, weil sie sich im weiteren Verlauf befähigt hat, in einer viel größeren Vielfalt möglicher Umwelten zu überleben; doch diese Qualifikation reicht keineswegs aus, um ein *absolutes oder allgemeingültiges* Kriterium für den »Entwicklungsvorteil« zu definieren.

ren, daß sie z. B. neue Disziplinen hervorbringen, wo sich passende theoretische Möglichkeiten bieten; indessen wird der Charakter dieser Möglichkeiten durch die übrigen bereits bestehenden Ideenpopulationen stark beeinflußt, ... usw. Die disziplinorientierte Analyse des wissenschaftlichen Wandels untersucht also die Möglichkeiten, die sich jeweils in einer Problemsituation bieten, die ihnen entsprechenden Anforderungen sowie die Leistungen der theoretischen Veränderungen, mit denen die Wissenschaftler tatsächlich auf diese Anforderungen reagierten.

Das soll wiederum den tatsächlichen empirischen Beziehungen zwischen bestimmten Ideenveränderungen und den Anforderungen bestimmter Nischen nicht vorgreifen, sondern es ist lediglich eine Analyse der allgemeinen Formen der Beziehungen, die im Rahmen der Ideenentwicklung wirksam sind. Auch hier sind die ganzen Begriffe wie »Vorzug« und »Überlegenheit« aufeinander bezogen und definieren sich gegenseitig. Sie bieten keine Möglichkeit zur Aufstellung ververbindlicher oder allgemeingültiger, vom Einzelfall unabhängiger Kriterien zur Beurteilung der vernünftigen Vorzüge tatsächlicher Ideenwandlungen, und noch weniger zu irgendeiner allgemeineren Entscheidung der daraus entstehenden philosophischen Fragen über die »Vernünftigkeit«. Im Gegenteil, wir können jetzt erkennen, warum es so abwegig ist, in irgendeinem absoluten Sinne von »vollkommenen« Ideen oder theoretischen Systemen zu sprechen oder ein System wissenschaftlicher Verfahren ohne Qualifikation »besser« als irgendein anderes zu nennen. Solche Fragen sind nur relativ auf die Anforderungen bestimmter Situationen und Probleme sinnvoll. Die Vernunftprobleme, vor denen man in irgendeiner bestimmten Situation steht, spiegeln die speziellen Probleme wieder, die aus unserer gegenwärtigen intellektuellen Betätigung entspringen; und vor allem hängen die aktuellen Urteilskriterien in jedem Vernunftunternehmen von den praktischen Anlässen zu Entscheidungen und innerer Selbstkritik ab, die sich tatsächlich im Rahmen des Unternehmens ergeben.

Ehe Darwin gezeigt hatte, wie die Funktionalität der Strukturen und des Verhaltens der Organismen als Ergebnis ihrer historischen Entstehung erklärt werden könne, stellte man sich gewöhnlich Organe wie auch Organismen als göttliche Schöpfungen vor. Jeder einzelne Zug des organischen Lebens wurde als besondere und überlegte Schöpfung gesehen, die unendlich weise Voraussicht erkennen ließ und »mit Vollkommenheit zugeschnitten« war auf die »Aufgaben«, für die sie der Allmächtige vorgesehen hatte[207]. Darwins Leistung bestand in dem Beweis, daß diese Funktionalität in der Praxis nie endgültig, vollständig oder absolut ist, daß vielmehr die Leistungen der verschiedenen Organe und Organismen nur verständlich sind, wenn man sie als in einer bestimmten Situation zusammenwirkend sieht. Unsere jetzigen Untersuchungen führen zu einem ähnlichen Ergebnis. Jeder Versuch, eine »vollkommene« Theorie oder ein »in jeder Hinsicht überlegenes« Begriffssystem zu definieren, lädt sich sofort Fragen auf, die gleichzeitig zu allgemein und zu abstrakt sind, um für die wirklichen selbstkritischen Problemlösungsverfahren irgendeiner praktisch arbeitenden Disziplin von Bedeutung zu sein – Fragen, die für die theoretische Entwicklung wirklicher Vernunftunternehmen ebensowenig von Bedeutung sind wie die älteren Fragen bezüglich »vollkommener« Organe und Organismen für das historische Verständnis der Artenbildung.

Steigen wir aber von unserem philosophischen Olymp in die wirkliche Arena des wissenschaftlichen Problemlösens hinab, so können wir erkennen, wie die für die Lösung theoretischer Probleme relevanten »Vernunftgesichtspunkte« in Beziehung auf die Einzelheiten ganz bestimmter Probleme verständlich werden, und wie die Eigenart dieser Probleme wiederum mit der längerfristigen Entwicklung der Disziplin zusammenhängen, in der sie gerade akut sind. Macht man sich die Mühe, genau und im einzelnen dem nachzugehen, welche wissenschaftlichen Ziele die Menschen in dieser oder jener Disziplin anstrebten und wie sie dadurch vor dieses bestimmte theoretische Problem gestellt wurden, dann – aber auch nur dann – kann man verstehen, was für sie als wissenschaftlicher »Fortschritt« oder theoretische »Verbesserung« *zählte*,

207 Über die Vorsehungsideen im Hintergrund der Diskussion vor dem Auftreten der Entwicklungstheorie siehe L. Eiseley, *Darwin's Century* (New York und London, 1958), sowie C. C. Gillispie, *Genesis and Geology* (Cambridge, Mass., 1951).

und wie weit es – in dieser bestimmten Problemsituation – *gerechtfertigt* war, diese Urteilsgrundsätze und Entscheidungskriterien anzuwenden.

Kapitel 5
Zwischenspiel: Die Evolution und die Wissenschaften vom Menschen

Der Gedanke, der kulturelle und wissenschaftliche Wandel solle im Sinne der Entwicklungstheorie erklärt werden, hat eine lange und wechselvolle Geschichte gehabt. Seit den Zeiten Charles Darwins gab es immer wieder Versuche, Ideen aus seinem Werk »Die Entstehung der Arten« auf die gesellschaftliche oder politische, die kulturelle oder wissenschaftliche Entwicklung auszudehnen. So wandte Thomas Henry Huxley in einer Gedenkvorlesung im Jahre 1880 darwinistische Begriffe unmittelbar auf die Wissenschaftsgeschichte an: »Der Kampf ums Dasein besteht in der geistigen Welt ebenso wie in der materiellen. Eine Theorie ist eine Spezies des Denkens, und ihr Daseinsrecht fällt genau mit ihrer Fähigkeit zusammen, der Auslöschung durch die Konkurrenten zu widerstehen.«[208] Doch Huxley gab sich wenig Mühe, zu zeigen, inwiefern der Begriff des Kampfes ums Dasein den wissenschaftlichen Wandel tatsächlich erhellen könne. In neuerer Zeit, im November 1967, erklärte der Biologe Jacques Monod in einem Vortrag vor dem Collège de France: »Eine übertragbare Idee ist etwas Selbständiges ..., das sich erhalten, wachsen und komplexer werden kann, daher ist sie einer Auslese unterworfen, deren augenblickliches und in jeder Hinsicht sich weiterentwickelndes Ergebnis die moderne Kultur ist.«[209] Auch Monod trägt das lediglich als ein Programm oder Schema vor und gibt zu, daß die Entwicklungstheorie der Ideen, für die er sich einsetzt, noch nie im einzelnen ausgearbeitet worden ist: »Die Gesetze dieser Auslese sind notwendigerweise sehr kompliziert, [aber vielleicht] werden wir eines Tages ... eine Naturgeschichte der Ideenauslese haben.« Doch bis heute waren die Ergebnisse aller

208 T. H. Huxley, »The Coming of Age of the Origin of Species«, Abendvortrag an der Royal Institution, London, 9. 4. 1880; abgedruckt in *Science and Culture* (New York, 1893), Kap. 12, S. 319 ff.

209 J. Monod, »From Biology to Ethics«, *Occasional Papers of the Salk Institute of Biology*, Nr. 1 (La Jolla, 1969), S. 16.

derartigen Versuche auf der ganzen Linie so enttäuschend, daß jeder, der auf diesen Vorschlag zurückkommen möchte, zeigen muß, wie er die Fallgrube zu vermeiden gedenkt, in die die älteren Formen des »Evolutionismus« hineinstürzten.

In den hundert Jahren zwischen Huxley und Monod gab es mehrere vergebliche Versuche, den Entwicklungsbegriff zu verallgemeinern. Ernst Mach z. B. gehörte zu den ersten Bewunderern Darwins auf dem Kontinent und begeisterte sich sehr für die Möglichkeit, die Darwinschen Kategorien von der Geschichte der Organismenarten auf die des Denkens zu übertragen. Leider fing seine Theorie der geistigen Entwicklung am falschen Ende an. Hätte er Darwins Erklärung der Artenbildung bei den Organismen als einen Spezialfall eines allgemeineren Musters des historischen Wandels aufgefaßt – nämlich der »Variation und Auswahl zum Fortbestand« –, und hätte er nach entsprechenden Mustern mit anderen Parametern gesucht, um die Entwicklung der wissenschaftlichen Disziplinen zu erklären, so wäre vielleicht alles in Ordnung gewesen. Stattdessen betonte Mach gerade die Seiten der organischen Entwicklung, die den Ideenwandel am wenigsten erhellen. Die »disziplinbezogenen Aufgaben« der Naturwissenschaften, so meinte er, waren einfach eine Seite der gleichen umfassenderen »historischen Aufgabe«, die der Evolution der Organismen selbst zugrundeliege:

> In kürzester Art ausgedrückt, erscheint dann als Aufgabe der wissenschaftlichen Erkenntnis: die Anpassung der Gedanken an die Tatsachen und die Anpassung der Gedanken aneinander. Jeder förderliche biologische Prozeß ist ein Selbsterhaltungsvorgang, als solcher zugleich ein Anpassungsprozeß ... Alle förderlichen Erkenntnisprozesse sind Spezialfälle oder Teile biologisch günstiger Prozesse. ... An dem Erkenntnisprozeß mögen sonst noch die verschiedensten Eigenschaften zu bemerken sein; wir charakterisieren diesen zunächst als biologisch und als ökonomisch.[210]

Doch wie Max Planck in seiner Antwort betonte, unterscheidet sich die historische Entwicklung der wissenschaftlichen

210 (Vgl. Anm. 76), S. 600, Sp. 1; engl. S. 30 f.

Erkenntnis von der der Organismenarten gerade durch ihre besonderen Ziele oder Aufgaben. Die Aufgaben der wissenschaftlichen Disziplinen sind theoretische, nicht biologische oder ökonomische; und wenn man den Sinn der Worte nicht völlig willkürlich erweitert, kann man vom Wissenschaftler nicht behaupten, er schätze seine Ideen wegen ihrer »biologischen« oder »ökonomischen« Vorteile[211].

Machs Analyse der wissenschaftlichen Entwicklung erlitt hauptsächlich deshalb Schiffbruch, weil sie die theoretischen Auslesekriterien der Wissenschaft mit den völlig anderen bei der biologischen und ökonomischen Entwicklung gleichsetzte: dem Unterschied der Fortpflanzungsrate bzw. der Produktivität. Diese Gleichsetzung verführte ihn zu dem Glauben, er müsse seine Analyse der wissenschaftlichen Erkenntnis auf eine »biologisch-ökonomische« Grundlage stellen, und lenkte ihn gleichzeitig von der Möglichkeit ab, eine allgemeinere – und richtigere – Darstellung der wissenschaftlichen Entwicklung mit Hilfe von anderen, unmittelbar relevanten Kriterien zu geben. Die Sozialdarwinisten begingen einen ähnlichen Fehler. Sie hatten erkannt, daß eine darwinistische Analyse des gesellschaftlich-politischen Wandels nützliche Erkenntnisse bringen könne, doch dazu zogen sie abwegigerweise das gesamte Arsenal von Begriffen und Kriterien heran, das zur Erklärung der biologischen Evolution entwickelt worden war[212]. Die entsprechenden Argumente und Schlagworte waren sowohl theoretisch verworren als auch politisch abwegig. Ausdrücke wie »Überleben der Tüchtigsten« und »Erfolg in der Evolution« erhielten einen gesellschaftlich-politischen Sinn, der die entscheidenden Unterschiede zwischen biologischen Arten und menschlichen Rassen, Nationen oder Klassen verwischte, ökologische Überlegenheit mit ökonomischer Vorherrschaft verwechselte und die unbeantwortete Frage übersah, was einer menschlichen Gemeinschaft oder Gesellschaft wirkliche Einheit, Kontinuität und gemeinsame Interessen verleiht. So war der Sozialdarwinismus um 1900

211 Siehe Plancks Aufsatz »Zur Machschen Theorie der physikalischen Erkenntnis«, *Physikalische Zeitschrift*, 11 (1910), 1186-90; engl. in Toulmin (vgl. oben, Anm. 76), S. 44-52.

212 Siehe z. B. Richard Hofstadter, *Social Darwinism in American Thought, 1860-1915* (Philadelphia, 1944).

keine fruchtbare neue Quelle von Erklärungsideen, sondern erzeugte nur ein Bündel verderblicher Übervereinfachungen.

Doch der häufigste und einflußreichste Fehler war grundlegender als die Irrtümer Machs und der Sozialdarwinisten und auch viel gröber. Er ergab sich aus einer Verwechslung der Entwicklungstheorie Charles Darwins mit den »evolutionistischen« Ideen Herbert Spencers und Lamarcks, wobei aus dem Darwinschen Erklärungschema Behauptungen über die *Gesamtrichtung* der biologischen (und sogar der kosmischen) Entwicklung herausgelesen wurden, so von historistischen Philosophen und Gesellschaftstheoretikern wie Lamarck und Marx, Spencer und Teilhard. Einige soziologische, anthropologische und sprachwissenschaftliche Autoren fanden den Gedanken von der Evolution als kosmischem Fortschritt – als einer umfassenden und nicht umkehrbaren Richtung der historischen Entwicklung der natürlichen und der menschlichen Welt – äußerst anziehend. Andere fanden seine angeblichen Konsequenzen unannehmbar. In beiden Fällen wurden fast alle entwicklungstheoretischen Argumente in den Wissenschaften vom Menschen in den letzten gut 100 Jahren entstellt, und in dem Streit wurde der eigentliche Charakter des Darwinschen Schemas – das *lokale* Veränderungen in Organismenpopulationen anhand ihrer Anpassungsvorteile erklärt – vergessen.

Das neueste und bezeichnendste Beispiel dieser Verwirrung auf dem uns interessierenden Gebiet ist T. S. Kuhns letzte Darstellung seiner Auffassungen zum wissenschaftlichen Wandel. Angesichts des Vorwurfs des historischen Relativismus hat Kuhn jetzt endgültig die Paradoxien seiner älteren Revolutionstheorien zugunsten einer neuen Position aufgegeben, die er eine »evolutionäre« nennt. Zitieren wir seine eigene Formulierung dieser neuen Position:

> In einem Sinne des Wortes bin ich vielleicht Relativist; in einem anderen, wichtigeren bin ich es nicht. Hier möchte ich versuchen, beides zu trennen. Es sollte bereits klar sein, daß meine Sicht der Wissenschaftsentwicklung im Grunde eine evolutionäre ist. Man denke sich also einen Entwicklungsbaum, der die Entfaltung der wissenschaftlichen Spezialgebiete von ihrem gemeinsamen Ursprung aus darstellt,

etwa der primitiven Naturphilosophie. Weiter denke man sich eine Linie vom Stamm dieses Baumes bis zur Spitze eines Zweiges, die nirgends in sich selbst zurückläuft. Je zwei Theorien, die auf dieser Linie liegen, stehen in einer Abstammungsbeziehung zueinander. Betrachten wir jetzt zwei solche Theorien, die beide nicht allzu nahe am Ausgangspunkt liegen. Mir scheint, man müßte leicht Kriterien angeben können – darunter möglichst hohe Genauigkeit der Voraussagen, Grad der Spezialisierung, Anzahl (aber nicht Umfang) der konkreten Problemlösungen –, mit denen jeder Beobachter, der mit keiner der beiden Theorien vertraut ist, angeben könnte, welche die ältere und welcher der Abkömmling ist. Für mich ist daher *die Wissenschaftsentwicklung, wie die biologische Evolution, eindeutig gerichtet und nicht umkehrbar.* Die wissenschaftlichen Theorien leisten nicht gleich gut das, *was die Wissenschaftler normalerweise tun.* In diesem Sinne bin ich kein Relativist.[213]

Zu dieser Neuformulierung ist zweierlei zu sagen. Zunächst einmal ist Kuhns neue Position nur in einem veralteten und unannehmbaren Sinne »evolutionär«. Die Evolutionszoologen verstehen heute die Artenbildung und Veränderung der Organismen so, daß sie vielleicht »unumkehrbar« ist, aber auf keinen Fall (in Kuhns Sinne) *eindeutig gerichtet.* Seine Voraussetzungen bezüglich der biologischen Evolution sind völlig unbegründet. Bekommt man zwei unbekannte Lebewesen von verschiedenen Punkten entlang irgendeines Zweiges des Entwicklungsbaumes vorgelegt, so gibt es keine sicheren Verfahren oder Kriterien zur Ermittlung des Vorfahren und des Abkömmlings; so kann ein morphologisch sehr einfacher Eingeweideparasit ohne weiteres von einer komplexeren und höher differenzierten früheren Art abstammen – das ist sogar sehr wahrscheinlich. Die Vorstellung, es ließen sich entsprechende Kriterien für die geistige »Evolution« angeben, ist also keine Anwendung wirklich darwinistischer Ideen auf die historische Entwicklung der Wissenschaft, sondern ein Rückschritt zu einer älteren, auf die Vorsehung zurückgrei-

213 »Reflections on my Critics«, in Lakatos (s. Anm. 84), S. 264. (Hervorhebungen hinzugefügt.)

fenden Auffassung von der Entwicklung, die hinter sich gelassen zu haben Darwins Hauptverdienst war.
Die Vorstellung, das historische Protokoll der Entwicklung könne *an und für sich* allgemeingültige Kriterien des »Entwicklungsfortschritts« erkennen lassen (Grad der Spezialisierung, der Differenzierung usw.), war ja der entscheidende Punkt der vordarwinistischen Fortschrittsideen über die Entwicklung, die Herbert Spencer von Lamarck übernommen hatte, die aber Darwin selbst ganz zu Recht aufgab. Und Spencers Festhalten an dieser Lamarckistischen Lehre war – wie wir sehen werden – eine Hauptursache jenes Grundfehlers der Versuche des späten 19. Jahrhunderts, evolutionistische Theorien des gesellschaftlichen, kulturellen und historischen Wandels aufzustellen, nämlich des Glaubens, die Geschichte sei nicht nur unumkehrbar, sondern auch eindeutig gerichtet[214].
Wenn wir den Ideenwandel »evolutionär« nennen, so bedeutet das im Gegensatz zur Darstellung Kuhns lediglich, daß die Veränderungen von einem Zeitquerschnitt zum nächsten auf der Auswahl von Ideenvarianten zum Fortbestand beruht. Es bedeutet keineswegs, daß die »evolutionären« Veränderungen unserer Ideen irgendeine eindeutige langfristige Richtung aufwiesen – und noch weniger, daß sie sich einem größeren kosmischen Zweck einordneten. Hier kommen uns die Erfahrungen der Evolutionsbiologen zustatten, die schließlich die »populationsorientierte« Erklärungsweise, den Kern von Darwins Theorie der Artenbildung, von der älteren Hülle vorsehungsorientierter Ideen getrennt haben, die dem Begriff der Evolution früher anhaftete.
Gewiß mag es noch einzelne Zoologen geben, die der Evolution eine größere, längerfristige Bedeutung als Ausdruck eines umfassenden schöpferischen Dranges in der Natur zuschreiben[215], doch diese Vorstellung spielt keine kollektive, disziplinbezogene Rolle in der zoologischen Erklärung der Arten-

214 Siehe J. W. Burrow, *Evolution and Society: a Study in Victorian Social Theory* (Cambridge, England, 1966), insbes. Kap. 6.

215 So etwa J. S. Huxley, *Evolution and Ethics 1893-1943* (London, 1947); C. H. Waddington, *Science and Ethics* (London, 1942); T. Dobzhansky, *Mankind Evolving* (New Haven 1964). In diesem Zusammenhang nenne ich nicht Teilhard de Chardin, der als Fachwissenschaftler – geschweige denn als Zoologe – sehr umstritten ist.

bildung oder der ökologischen Beziehungen mehr. Im Gegenteil, sie ist nur noch ein letztes Überbleibsel der »natürlichen Theologie«, die im protestantischen Denken seit den Tagen Newtons, Boyles und Rays eine so große Rolle spielte[216]; die Biologie ist für sie nur noch eine rein assoziative Stütze. Wenn demgegenüber die Entwicklungstheorie eine feste Grundlage in den Erklärungsverfahren der heutigen Biologie besitzt, so nicht wegen irgendwelcher Ideenverbindungen mit der Vorsehung, sondern wegen des engen Zusammenwirkens von Ökologie, Populationsdynamik und der neuen biologischen Systematik – die sich alle mit den verschiedenen Vorgängen beschäftigen, durch die sich Populationen an Veränderungen ihrer lokalen Umwelten anpassen[217].

5.1 *Evolution und kosmischer Fortschritt*

Blickt man nach einem Jahrhundert auf Darwins »Entstehung der Arten« zurück, so erkennt man, daß seine Theorien von Anfang an von der neuen Auffassung der Organismenarten als veränderlicher Populationen ausgingen, die kein »spezifisches Wesen« besaßen, sondern eine statistische Verteilung von Eigenschaften, deren häufigster Wert oder deren Durchschnittswert sich aufgrund ökologischer Veränderungen oder als Reaktion auf die Besiedelung neuer Umweltgebiete verschob. Beim ersten Erscheinen von Darwins Buch konnte das allgemeine geistige Klima mit dieser neuen Populationsdenkweise noch nicht fertig werden[218]. Damals hatte

216 Siehe z. B. Newtons Briefwechsel mit Richard Bentley, Boyles Selbstbeschreibung als »christlicher Gelehrter« und John Rays *Treatise of the Wisdom of God*; ferner die Aufsätze von H. Metzger über die theologischen Konsequenzen der Newtonschen Physik: *Attraction universelle et réligion naturelle chez quelques commentateurs anglais de Newton* (Paris, 1938).

217 Siehe R. A. Fisher, *The Genetical Theory of Natural Selection* (Oxford, 1930); J. B. S. Haldane, *The Causes of Evolution* (London, 1932); Sewall Wright, »Evolution in Mendelian Populations«, *Genetics* 16 (1931), 95-159; ferner die Werke von Ernst Mayr (vgl. Anm. 99 u. 205) sowie T. Dobzhansky, *Genetics and the Origin of Species* (New York, 1937).

218 Siehe vor allem die eindrucksvolle Aufsatzsammlung *Forerunners of Darwin: 1745-1859*, hrsg. v. Glass u. a. (Baltimore, 1959).

der Ausdruck »Evolution« noch ganz andere Bedeutungen, er diente zur naturalistischen Erklärung vorsehungsgesteuerter, fortschrittlicher Veränderungen in der Welt des Lebendigen. Auf anderen Gebieten des Denkens – vor allem in der Soziologie und Anthropologie – behielt der Ausdruck seine Vorsehungsbedeutung noch viel länger, so in dem abwegigen »Evolutionismus« der Philosophie und der Wissenschaften vom Menschen im 19. Jahrhundert. In einigen Wissenschaften vom Menschen sind die beiden Bedeutungen von »Evolution« – die populationsbezogene und die vorsehungsbezogene – auch heute noch nicht sauber getrennt.

Daß diese Entwirrung so lange gedauert hat, liegt hauptsächlich daran, daß der Entwicklungsgedanke auf Gebieten wie der Sprachwissenschaft und der Gesellschaftswissenschaft schon viel länger eingeführt war als in der Biologie. Das ist oft übersehen worden. Darwins »Entstehung der Arten« erschien erst 1859. Wäre dieses Buch die eigentliche Quelle evolutionärer Ideen gewesen, so müßte man erwarten, daß Theorien der gesellschaftlichen oder historischen Evolution erst in den 60er und 70er Jahren aufgetreten wären, als Darwins Beispiel einen etwas größeren Einfluß ausgeübt haben konnte. Doch der Ausdruck »Evolution« war schon ein gutes halbes Jahrhundert vor 1859 im Umlauf, und evolutionäre Spekulationen über den historischen und gesellschaftlichen Wandel waren allgemein verbreitet, noch ehe Darwin seine Arbeiten über die Artenbildung auch nur begonnen hatte. Bereits in den 40er Jahren war Herbert Spencer mit der Entwicklung einer allgemeinen Analyse der Geistes- und Sozialgeschichte des Menschen beschäftigt, die sich auf evolutionäre Vorstellungen Lamarcks stützte[219]; und in Frankreich hatten

219 Wie Burrow (s. Anm. 214) klarstellt, war Herbert Spencer im wesentlichen von dem gesamten Lamarckschen System der Naturphilosophie überzeugt, das von zwei entgegenwirkenden Grundkräften in der Natur ausging, einer schöpferischen und einer zerstörerischen; diese Theorie wird ausgezeichnet analysiert von C. C. Gillispie in (vgl. Anm. 218). Derek Freeman von der Australian National University beschäftigt sich ebenfalls mit einer nützlichen Neubetrachtung der anthropologischen und soziologischen Theorien des 19. Jahrhunderts, so etwa in »Social Anthropology and the Scientific Study of Human Behaviour«, *Man*, 1 (1966), 330-40. Er kommt im wesentlichen zu den gleichen Ergebnissen wie ich über Spencers Lamarckismus, der die Anthropologen

sich ähnliche Ideen schon gut 10 Jahre früher eingebürgert. Der Romancier Honoré de Balzac wollte sogar seine ganze Comédie humaine im Sinne einer evolutionären Kosmologie aufbauen[220], in der seine Gestalten als Exemplare verschiedener »Arten« einer historisch sich entwickelnden gesellschaftlichen Taxonomie auftreten sollten; so schrieb er in einer politischen Zeitschrift folgendes: »L'échelle mystique de Jacob, l'échelle zoologique et l'échelle sociale; les sphères, les espèces et les classes; le mouvement ascendant de la Création, la transformation des espèces et l'ambition des hommes, sont donc trois aspects différents d'une seule et même réalité.«[221] Offenbar konnte man kurz nach 1830 ohne weiteres davon ausgehen, daß die französischen Leser allgemein mit dem Gedanken der »Evolution« im kosmischen, biologischen und gesellschaftlichen Sinne vertraut waren, und Balzac, der den Lamarckismus von dem Botaniker Geoffroy de St. Hilaire übernommen hatte, war keineswegs der erste, der diese drei verschiedenen Begriffe zu dem eines einzigen, einheitlichen historischen Vorgangs zusammenfaßte.

Der Entwicklungsgedanke kam also in das abendländische Denken im Rahmen eines umfassenden historischen Systems der Natur- und Gesellschaftsphilosophie herein; als fachlicher Beitrag zur biologischen Theorie der Artenbildung bewährte er sich erst viel später. Die Schöpfer dieses historischen Gesamtsystems, Lamarck und Herder, wurden beide im Jahre 1744 geboren, und ihre Grundideen gewannen vor dem Hintergrund des 18. Jahrhunderts Gestalt. Beide wollten systematische historische Kosmologien ausarbeiten, die Wandlungen jeder Art umfaßten. Lamarck sah stets in der Entwicklung des Tierreichs den fortgesetzten Ausdruck schöpferisch gestaltender Kräfte, die vorher in der anorganischen Welt in

und Soziologen zu falschen Vorstellungen von einer »evolutionären« Theorie der menschlichen und gesellschaftlichen Entwicklung führte. Siehe auch den Aufsatz von P. B. Medawar über Spencer in (vgl. Anm. 131).

220 Eine eingehende Analyse des philosophischen Hintergrunds von Balzacs Lebenswerk liefert P. Nykrog, *La pensée de Balzac dans la Comédie humaine* (Kopenhagen, 1965); s. auch I. V. Guyon, *La pensée politique et sociale de Balzac*, 2. Aufl. (Paris, 1967), S. 416.

221 Siehe A. Maurois, *Prométhée, ou La vie de Balzac* (Paris, 1965), S. 171.

chemischer Form tätig gewesen waren[222]. Ähnlich sah Herder in der Kette der menschlichen Kulturen die gegenwärtige Fortsetzung derselben Stufenleiter der Natur, auf der vorher die niedereren Formen des Lebens nach und nach entstanden waren[223].

Die Entwicklungsideen des frühen 19. Jahrhunderts hatten also vor allem mit der Gesamtrichtung der kosmischen Entwicklung zu tun, der materiellen, der organischen und der menschlichen gleichermaßen. Eine spezifisch zoologische Erklärung der Artenbildung ergab sich aus ihnen nicht; stattdessen waren sie Bestandteil einer globalen fortschrittsorientierten Beschreibung der Geschichte des Kosmos als eines einzigen allumfassenden Vorgangs, in welchem immer »fortgeschrittenere« – d. h. komplexere, differenziertere und spezialisiertere – Substanzen, Organismen oder soziale Institutionen auftraten. Darwins Theorie der Artenbildung war keineswegs das Urbild aller Evolutionstheorien, sondern ein ziemlich spätes Beispiel einer solchen; und sie war es, die mit dem bisherigen Entwicklungsdenken brach, indem sie völlig neue Mechanismen zur Erklärung der zoologischen Erscheinungen einführte, mit denen sie sich speziell befaßte. Und auf die Dauer erwies sich Darwins »populationsorientierte« Erklärung der Artenbildung nicht nur als unabhängig von den älteren vorsehungsorientierten Ideen, sondern als unverträglich mit ihnen.

Lassen wir einmal einen Augenblick alle Fragen des Mechanismus beiseite, so ist festzustellen, daß auch im rein beschreibenden Sinne der Begriff der Evolution auf jeder Stufe zwei verschiedene Gedanken umfaßte. Einmal bedeutet er *Abstammung*, zum anderen *Fortschritt*. Zunächst waren »evolutionäre« Veränderungen in der Zoologie wie in der Geschichte des Menschen einfach als Tatsache strittig. Lange gab es keine durchschlagenden Argumente zur Entscheidung zwischen der Hypothese der Abstammung im Rahmen einer Evolution und der Hypothese der unabhängigen Erschaffung. Angesichts des begrenzten Zeitmaßstabs der Geschichte erschien

222 C. C. Gillispie in (vgl. Anm. 218).
223 Über Herder siehe die Aufsätze von Lovejoy in (vgl. Anm. 218), S. 207-21, sowie in seinem Aufsatzband *Essays in the History of Ideas* (Baltimore, 1948), Kap. 9.

die Abstammungshypothese lange als die weniger einleuchtende. Es schien viel wahrscheinlicher, daß die verschiedenen Substanzen, Arten und Gesellschaften je für sich entstanden waren und die ganze Zeit schon ihre heutige Form besaßen. An diesem speziellen Punkt gab es einen größeren Unterschied sogar zwischen Lamarck und Herder. Dieser entwickelte als erster eine umfassende Fortschrittskosmologie, in der nacheinander immer »höhere« Formen der Materie und des Lebens auftraten; doch mit dem Gedanken der Abstammung befreundete er sich nie. Für Herder war die Geschichte der Welt ein schöpferischer Vorgang, in dem Mutter Natur immer fortgeschrittenere Seinsformen unabhängig voneinander und nacheinander hatte entstehen lassen: erst die anorganischen, dann die organischen, dann die rationalen, die spirituellen und die sozialen[224].
Das erste Kennzeichen jeder wirklichen Evolutionstheorie war also die Behauptung der Abstammung und die Ablehnung der Hypothese der unabhängigen Entstehung. In der Zoologie bedeutete das, daß man sich die verschiedenen Arten in einem einzigen Stammbaum verbunden dachte statt unabhängig voneinander entstanden. In der Sozialgeschichte bedeutete es, daß man sich die verschiedenen Gesellschaften, Kulturen und Sprachen genealogisch mit einer »Wiege der Zivilisation« rückverbunden dachte. An diesem Punkt ging Lamarck (wie Erasmus Darwin) einen Schritt weiter als Herder in Richtung auf die Vorstellungen des 20. Jahrhunderts[225]: er verband Herders Fortschrittslehre mit der der Abstammung, und er behauptete etwas, was bisher als unvorstellbar gegolten hatte, nämlich daß »höhere« Formen des Lebens durch unmittelbare Abstammung aus »niedereren« entstehen könnten, ohne daß eine unabhängige Erschaffung notwendig war. Doch in ihrem Glauben an die schöpferische Gerichtetheit des kosmischen Fortschritts wa-

224 Siehe Lovejoy in (vgl. Anm. 218).
225 Die Ideen Lamarcks sind von der Wissenschaft sträflich vernachlässigt worden; die Schwächen seiner Auffassung bezüglich des *Mechanismus* der biologischen Evolution scheinen die auf allgemeinerem Gebiet liegende Originalität seines Ansatzes überschattet zu haben. Siehe jedoch J. S. Wilkie, »Buffon, Lamarck and Darwin«, in *Darwin's Biological Work,* hrsg. v. P. R. Bell (Cambridge, England, 1959).

ren sich Lamarcks Evolutionismus und Herders Fortschrittstheorie einig. Und für viele Menschen seit der Zeit Lamarcks lag der stärkste Zauber des Entwicklungsgedankens in den mit ihm verbundenen Fortschrittsideen – also in dem Glauben, die Evolution lasse erkennen, in welcher Richtung sich das ganze Weltall bisher entwickelt habe und wahrscheinlich weiter entwickeln werde.

So verstanden, verband sich der Entwicklungsgedanke bald mit dem philosophischen Historismus und machte sich dessen prophetische Ambitionen zu eigen. In den 30 bis 40 Jahren vor dem Erscheinen von Darwins Theorien stand im Mittelpunkt der revolutionären Gesellschaftstheorie diese Lehre vom historischen Fortschritt; der Glaube an die eindeutige Gerichtetheit der langfristigen historischen Entwicklung vereinte sonst so verschiedene Männer wie Auguste Comte, Karl Marx und Herbert Spencer. In der ganzen deutschen Tradition des Historismus – in seiner hegelianischen oder idealistischen wie auch seiner marxistischen oder materialistischen Form – wurde auch großer Wert auf die Vernünftigkeit dieses historischen Prozesses gelegt; und der Gedanke des »Fortschritts« verband sich mit dem Gedanken, die Geschichte schreite im Sinne einer ihr innewohnenden »Dialektik« voran.

Diese Betonung der »Vernünftigkeit« des historischen Wandels hätte auch wieder keinen Schaden anzurichten brauchen, wenn man sie ökologisch aufgefaßt hätte, als eine Frage der »Angepaßtheit« oder »Eignung«. Unglücklicherweise verstanden die Historisten die »Dialektik« in einem stärkeren, teleologischen Sinne, der von Herder auf Hegel überging und von diesem und Lamarck auf Marx und Engels[226]. Diese Deutung führte zu schweren Mißverständnissen; nach ihr waren alle gesellschaftlich-politischen Veränderungen auf eine geheimnisvolle Art die »Folgerungssätze« einer Art kosmischen

226 Die marxistischen Wissenschaftler sind uneins darüber, wie weit Marx für Struktur und Inhalt von Engels' *Dialektik der Natur* (1873-86) verantwortlich ist; die Antwort hängt offenbar davon ab, wie weit man Marx als systematischen und umfassenden Philosophen – mit einer eigenen Naturphilosophie und allem übrigen – sehen möchte, und wie weit man angesichts der offensichtlichen Schwächen des Buches versucht ist, die ganze Verantwortung auf Friedrich Engels als einen bloßen wissenschaftlichen Popularisator vom Schlage eines Haeckel abzuladen!

Beweisarguments, das die »logischen Folgerungen« an den Tag brachten, die in der gesamten Geschichte der Gesellschaft – und wohl auch der Natur – am Werke waren. In der Praxis freilich kann man die »vernünftige Angepaßtheit« gesellschaftlich-politischer Veränderungen an die Bedürfnisse bestimmter Problemsituationen nur im Hinblick auf die jeweils eintretenden Spezialfälle beurteilen; völlig allgemeine oder kosmische ideologische Grundsätze liefern keine genauen Beurteilungskriterien. Ob nun in der Naturwissenschaft oder in der industriellen Organisation, mehr oder weniger »vernünftig« sind die einzelnen Veränderungen, durch die die Menschen mit ihren akuten Problemen fertigzuwerden versuchen, nicht irgendeine umfassende Teleologie oder »Richtung«, die der Geschichte als ganzer zugrundeliegen soll.
In dieser Hinsicht ähneln die gesellschaftlichen und wissenschaftlichen Wandlungen beide den biologischen. Wenn etwa ein Vertreter des »wissenschaftsinternen« Ansatzes der Wissenschaftsgeschichte die Genealogie bestimmter wissenschaftlicher Ideen rekonstruiert, so stellt er vielleicht die aufeinanderfolgenden Stadien der Ideenentwicklung als eine Folge von Argumentationsschritten dar und trennt die speziellen theoretischen Probleme, die die Menschen auf jeder Stufe bewältigten, von dem allgemeineren Hintergrund der wissenschaftlichen Ahnungslosigkeit und Verwirrung. Doch das kann er nur aus der Rückschau; die so rekonstruierte Argumentation gibt die disziplinbezogene Seite jener Leistungen wieder, nicht die professionsbezogene Abfolge geschichtlicher Ereignisse, deren Ergebnis sie waren. Ähnlich kann ein Historiker eine bestimmte gesellschaftliche oder politische Episode rückblickend als eine dialektische Abfolge von Problemen und Lösungen rekonstruieren, indem er die Bedürfnisse, die jeweils in einer neuen Periode durch neue politische oder gesellschaftliche Verfahren tatsächlich befriedigt wurden, von dem allgemeineren Hintergrund ungelöster gesellschaftlich-politischer Schwierigkeiten trennt. Doch auch in diesem Falle ist der aus der dialektischen Darstellung entspringende Anschein der »formalen Notwendigkeit« irreführend. Er entsteht bei unserer rückblickenden Beurteilung der fruchtbaren Ergebnisse der betrachteten Vorgänge; doch es entspricht ihm keine Eigenschaft der Ereignisse selbst. Unser Vertrauen in

unsere rückblickenden Beurteilungen erlegt dem gesellschaftlichen und dem Ideenwandel selbst keinen rückwirkenden »Zwang« auf. In der Sozialgeschichte und politischen Geschichte wie auch in der des wissenschaftlichen Denkens liegt die »Dialektik« in erster Linie in unserer Geschichtsschreibung und nicht in den historischen Ereignissen, auf die sie sich bezieht.

Die Entwicklung gesellschaftlicher und politischer Institutionen kann man nur dann unter dem Gesichtspunkt der »Vernünftigkeit« betrachten, wenn man im einzelnen untersucht, wie sich diese Institutionen als Reaktion auf die speziellen Anforderungen veränderlicher historischer Situationen entwickeln – oder die Entwicklung schuldig bleiben. Welche Formen diese »ökologischen Anforderungen« in der Zukunft im einzelnen annehmen werden, kann man auf dem Gebiet der Wissenschaft und der Gesellschaft ebensowenig mit Sicherheit voraussagen wie auf dem der biologischen Evolution. Und weil sich die ganzen veränderlichen Bedingungen, denen in der Zukunft die Organismenpopulationen tatsächlich gegenüberstehen werden, nicht voraussagen oder auch nur ungefähr erraten lassen, deshalb kann man nicht in irgendeinem eigentlichen Sinne sagen, die Eigenschaften späterer Arten seien in denen der früheren bereits »völlig angelegt« gewesen[227]. (Darwin selbst hatte gute Gründe, einen Bogen um den Ausdruck »Evolution« zu machen, der falsche Assoziationen weckt, als »entfalte« sich etwas, als käme etwas verborgen bereits Vorhandenes ans Licht.[228]) Und der wirk-

227 Daß man künftige Organismenarten nicht eindeutig »voraussagen« kann, wurde einerseits als Argument gegen die »Wissenschaftlichkeit« der Entwicklungstheorie im Vergleich etwa mit der Himmelsmechanik verwendet (Hempel, *Aspects* ... [s. oben, Anm. 39], S. 370), andererseits als Argument gegen den vom logischen Empirismus gesehenen analytischen Zusammenhang zwischen »Voraussage« und »Erklärung«. Dazu siehe M. Scriven, »Explanation and Prediction in Evolutionary Theory«, *Science*, 130 (1959), 477-82, sowie Toulmin (s. oben, Anm. 67), Kap. 2.

228 Man beachte, daß der Ausdruck »Evolution« in Darwins eigenen Schriften nur eine sehr geringe Rolle spielt; er kommt z. B. in der ersten Auflage von *The Origin of Species* nicht vor. Die Verbindung zwischen Darwins Theorie der »natürlichen Auslese« und den herkömmlichen Argumenten bezüglich der »Evolution der Organismen« wurde erst später ausdrücklich hergestellt, so etwa in dem Artikel »Evo-

liche Ablauf gesellschaftlicher und politischer Ereignisse führt zu immer neuen Konstellationen von Umständen und Problemen, die sich im einzelnen niemals aufgrund der bisherigen historischen Ereignisse voraussagen lassen. Daher erweist sich die »Vernünftigkeit« gesellschaftlicher und politischer Verfahrensweisen ebenso an ihrer Fähigkeit, mit unvorhersehbaren Problemen fertig zu werden, wie mit Problemen, die schon im Bisherigen »enthalten« waren.
Es ist einer der ironischen Züge des europäischen Denkens, daß historistische Ideen zum »Entwicklungsfortschritt« in menschlichen Dingen schon aufgestellt waren und ausführlich diskutiert wurden, ehe Charles Darwin ein richtiges Verständnis der historischen Entwicklung in der natürlichen Welt eröffnete. Als er auftrat, bestand schon eine ganze Tradition der politischen Philosophie und Sozialphilosophie, die bis heute fortbesteht. Viele bescheidenere Soziologen unserer Tage, die ebenso wie die heutigen Anarchisten mit den statischen Theorien des »sozialen Systems« unzufrieden sind, haben diesen liberalisierte Neufassungen des Marxismus entgegengesetzt[229]. Für sie ist offenbar, wie für Collingwood in den 40er Jahren, eine Art aufgelockerter Marxismus die einzige konsequente Grundlage für die Wiedereinführung historischer Kategorien in unsere Theorien des gesellschaftlichen und wissenschaftlichen Wandels[230].

lution in Biology« von T. H. Huxley in *Encyclopaedia Britannica*, 9. Aufl. (1878).

229 Von diesen neomarxistischen Positionen wurde am bekanntesten die von Herbert Marcuse (*Der eindimensionale Mensch* u. a.); doch inzwischen gibt es eine sehr beachtliche Strömung ernsthaften neomarxistischen Denkens, vor allem an den deutschen Universitäten, das den historisch-ökonomischen Materialismus der Marxschen Gesellschaftstheorie mit einer nachfreudianischen Individualspsychologie zu verbinden sucht. Ein wirklicher Vorzug dieser neueren Formen der marxistischen Theorie ist ihre starke Beachtung etwa des Begriffs des »Bewußtseins« bei der Erklärung gesellschaftlicher und wissenschaftlicher Entwicklungen. Zwar ist die Vernunftdialektik des Problemlösens nicht *an sich* ein Kausalfaktor in der Geschichte, doch das »Bewußtsein«, das die Problemlöser vom Gang ihrer Argumentation haben, kann einer sein. (Siehe oben, Abschnitt 4.3.)

230 Man erinnere sich an unsere Diskussion Collingwoods (oben, Abschnitt 1.2). In den frühen vierziger Jahren waren Collingswoods persönliche Freunde sehr besorgt aufgrund von Gerüchten, er sei ein überzeugter Marxist geworden.

Doch in den meisten Beziehungen waren die Auffassungen Hegels und Marxens von der menschlichen Geschichte so vorsehungs- und fortschrittsorientiert wie diejenigen Lamarcks und Teilhards von der biologischen Evolution. Die Hegelianer und die Marxisten hatten zwar ein tieferes Verständnis für die Bewegung der Geschichte und die Bedeutung des historischen Wandels als ihre philosophischen Vorgänger, doch sie sahen den Gang der Geschichte immer noch teleologisch – als eine einzige, nach oben drängende Bewegung mit einer konsequenten Gesamtausrichtung, die für ihr Verständnis ebenso entscheidend war wie die göttliche Vorsehung im älteren christlichen Geschichtsbild. In diesem historischen Vorsehungsglauben wurde die Geschichte als ganze zu einem »logischen« Vorgang, dessen »innere Vernünftigkeit« ebenso unausweichlich war wie die Folgerung in einer sauberen logischen Ableitung. (Hegel selbst sagte: »Aus der Geschichte kommt nichts anderes heraus, als was bereits in ihr enthalten ist«.) So wurde eine unverfälschte Wahrnehmung des Problemlösungselements in der Sozialgeschichte und der vernünftigen Eignung gesellschaftlicher Neuerungen zur Lösung der Probleme jedes neuen Zeitalters durch das Prisma der herkömmlichen Theologie gebrochen und als Erkenntnis der allumfassenden historischen Dialektik mißverstanden, deren vernünftige Entfaltung sich in der Logik der Geschichte ausdrückt.

Als Hegel starb, hatte der junge Charles Darwin noch nicht die »Beagle« bestiegen, und die Veröffentlichung seines Buches *Die Entstehung der Arten* lag noch mehr als 25 Jahre in der Zukunft. Was Karl Marx betrifft, so widmete er zwar *Das Kapital* Darwin, doch weder er noch Engels verstanden wesentlich besser als Hegel oder Spencer, wie die Darwinsche Idee der »Variation und Auslese zum Fortbestand« dem Verständnis des historischen Wandels eine neue Wendung gab. Man muß also ihre Theorien auf jeden Fall von den Überresten der von Herder und Lamarck übernommenen Vorsehungsorientiertheit befreien, wenn man die historische Erkenntnis bezüglich der »vernünftigen Rechtfertigung« des gesellschaftlichen und politischen Wandels in eine heute annehmbare Form bringen möchte. Damit beseitigt man auch jede Versuchung, ihnen in ihrer ideologischen Fehldeutung der historischen Dialektik zu folgen – also die logische Struktur unserer historischen Analyse auf die Tatsachen zurückzuprojizieren und ihre dialektische »Notwendigkeit« als eine Art »Kausalität« aufzufassen, die den historischen Ereignissen selbst innewohne.

Im Unterschied zu allen vorhergehenden Evolutionstheorien machte sich Darwins Populationstheorie der Artenbildung die Hypothese der Abstammung zu eigen, doch sie war bezüglich jeder angeblichen Gesamtrichtung der historischen Entwicklung neutral. Alle Zweige des Stammbaums des Lebens waren zoologisch gleichgeordnet. Wann immer aus einer Art eine andere entstand, mußte das je für sich anhand der »Anpassung« erklärt werden; und es wäre völlig willkürlich gewesen, eine bestimmte Abstammungslinie innerhalb dieses Stammbaums – z. B. die Abfolge der Veränderungen, die zum Auftreten des Menschen führt – herauszugreifen und von ihr eine »Gesamtrichtung« definieren zu lassen. Denn damit würde man die anderen Abstammungsbeziehungen zwischen Organismenarten auf eine Weise hintanstellen, die nichts mit den Erklärungszielen der Biologie zu tun hätte. Soweit die Darwinsche Erklärungsweise reichte, mußte man alle evolutionären Veränderungen als das hinnehmen, was sie sind, in Beziehung auf ihre ökologischen Bedingungen. Aus der Darwinschen Theorie ergibt sich keine absolute Skala der »Angepaßtheit«. Fragen des »Anpassungsvorzugs« sind zoologisch nur im Hinblick auf die Anforderungen einer bestimmten Menge von Nischen oder Situationen sinnvoll[231]. Die Darwinsche Populationstheorie sieht also von allen Fragen einer Gesamtrichtung des kosmischen Wandels als irrelevant für das vorliegende Problem ab. Wie Montaigne im 16. Jahrhundert die Versuche, das, was Gott dem Menschen bestimmt hatte, in den Sternen zu lesen, als große Anmaßung kritisierte, so betrachtet die populationsorientierte Form der Evolu-

231 Der ausgefeilteste Versuch, eine »kosmische Philosophie« auf die entwicklungstheoretische Zoologie zu gründen, ist der von Julian Huxley in *Evolutionary Ethics*; ich diskutierte ihn ausführlich in meiner ersten Veröffentlichung, »World-Stuff and Nonsense«, *Cambridge Journal* (1948), wo ich einen übermäßig scharfen Ton anschlug, doch die allgemeine Richtung meiner Kritik erscheint mir immer noch als richtig. Siehe auch meinen Aufsatz »Contemporary Scientific Mythology«, in *Metaphysical Beliefs*, hrsg. v. A. MacIntyre (London, 1957).

tionstheorie den Gedanken einer kosmischen Teleologie mit Skepsis, als einen Deckmantel für menschliches Wunschdenken, das in der Biologie keine ernsthafte Stütze findet. In der darwinistischen Tradition ist die Evolution kein einheitlicher, allumfassender kosmischer Vorgang mehr; »universal« ist sie nur in dem technischen Sinne, daß sie eine allgemeine Form der Erklärung liefert, die gleichermaßen auf alle Erscheinungen der biologischen Artenbildungen anwendbar ist.

Seit 1860 gingen also die Evolutionsvorstellungen der Fachzoologen und die evolutionistischen Ideen der Gesellschaftstheoretiker und natürlichen Theologen erheblich auseinander. Herbert Spencer begrüßte anfänglich Darwins Arbeit, da sie der Lamarckschen Abstammungshypothese die langentbehrte erklärungskräftige Untermauerung verschafft habe. Doch auf einer tieferen Ebene waren die Ideen der beiden Männer durchaus unverträglich miteinander. Die Darwinsche »Variation und natürliche Auslese« konnte in einigen Fällen zu größerer Differenzierung und Heterogenität, doch ebensogut auch zum Gegenteil führen. Für Darwin hatte das keine besondere Bedeutung. Er war nur an einer allgemeinen Erklärung der biologischen Veränderungen interessiert, die tatsächlich auftreten, und nicht an einem Beweis, daß der Gang der Evolution stets vorwärts und höher führe. Genau genommen, war also Herbert Spencer ein Soziallamarckist und kein Sozialdarwinist. Wie Herder und Hegel, Comte und Marx interessierte er sich für die einzelnen Mechanismen des historischen Wandels nur, weil sie nach seiner Auffassung zur Erkenntnis der allumfassenden Tendenz zum menschlichen Fortschritt beitrugen.

Spätere Verfechter der Idee der »gesellschaftlichen Evolution« haben sich nur allzuoft Spencers Ansatz gerade wegen dieser vorsehungsorientierten Irrtümer zu eigen gemacht. Für sie ist jede genaue Erklärung des historischen Wandels, die keinen Weg der Geschichte nach oben gewährleistet – sei es die Geschichte der Organismen oder der Gesellschaften und Kulturen –, allein aus diesem Grunde unannehmbar; und im Laufe der Zeit erkannten Spencers Nachfolger, daß Darwins Populationstheorien von diesem Mangel nicht frei waren. (Man erinnere sich an Leibnizens ähnlichen Vorwurf gegen Newtons Theorie der Planetendynamik, sie gewährleiste nicht die vorsehungshafte Stabilität des Sonnensystems[232].) Als Folge davon wurden Darwins Ideen nicht nur von christlichen Theologen angegriffen, die in ihnen eine Leugnung des Wirkens Gottes bei der Schaffung der Natur sahen, sondern auch von Agnostikern wie Samuel Butler[233] und Sozialisten wie George Bernard Shaw[234], die es dem Darwinismus übel nahmen, daß er ihren Glauben an die der natürlichen Welt innewohnende Teleologie nicht stützte. Shaw stand natürlich in der »evolutionistischen« Tradition im älteren, vorsehungsorientierten Sinne, die über Marx und Engels auf Lamarck zurückgeht. In einem wilden Angriff verurteilte er die Idee der natürlichen Auslese als nicht nur unannehmbar, sondern verachtenswert: »Wenn man beweisen könnte, daß das ganze Universum durch diese Auslese entstanden sei, könnten nur Narren und Schurken das Leben noch ertragen.«[235] Die gleiche lamarckistische Tradition beeinflußte auch andere spätere marxistische Denker. Wenn z. B. die ideologischen Autoritäten im Rußland der fünfziger Jahre für Lyssenko und gegen die Neodarwinisten eintraten, so war das kein politischer Zufall. Die Ideen Mitschurins und Lyssenkos standen in jeder Hinsicht den marxistischen Ideen über die langfristige Gerichtetheit der historischen Entwicklung näher als die nüchternen neodarwinistischen Analysen von Auslesemechanismen und Populationsveränderungen[236].

Die Verwechslungen zwischen Evolutionsbiologie und evolutionistischer Soziologie sind keineswegs auf Nichtkenner der heutigen Zoologie beschränkt. In der Gegenwart hat sich z. B. Julian Huxley wieder einmal für den Gedanken ausgesprochen – der, wie wir sahen, mindestens bis auf Balzac zu-

232 Siehe das erste Stück der Korrespondenz zwischen Leibniz und Clarke, wo sich Leibniz äußerst sarkastisch über die Newtonsche Planetentheorie äußert, die es Gott überlassen müsse, von Zeit zu Zeit in seine Schöpfung einzugreifen und die allmählich von ihren richtigen Bahnen abkommenden Planeten wieder auf diese zurückzuversetzen.

233 Siehe Samuel Butler, *Life and Habit* (London, 1877), *Evolution, Old and New* (London, 1879), und *Unconscious Memory* (London, 1880).

234 G. B. Shaw, *Back to Methuselah (Zurück zu Methusalem)* (London, 1921), Einleitung; Standard Edition (London, 1932), S. LII-LIII.

235 Ebenda.

236 Siehe Medvedev (vgl. oben, Anm. 163, Ende).

rückgeht –, daß die Geschichte der Materie, der Organismen und der Gesellschaften alle zusammen eine einzige konsequente Richtung hätten, die die Grundlage einer »evolutionären Ethik« oder »Religion ohne Offenbarung« abgebe. Ähnlich gründete der philosophische Paläontologe Teilhard de Chardin das System der natürlichen Theologie in seinem Buch *Das Phänomen des Menschen* auf Entwicklungsideen, die mit Darwin nichts zu tun haben, sondern über Leute wie Blondel, Bergson und Balzac auf die ältere lamarckistische Tradition in der französischen Philosophie zurückgehen[237]. (So sehr sich Teilhard auch in seinen späteren Jahren bemüht haben mag, ein guter Neodarwinist zu werden, er ließ die Wirkungen seiner Ausbildung nie hinter sich; und die heutige Annäherung zwischen den modernistischen Nachfolgern Teilhards und französischen Neomarxisten wie Roger Garaudy ist demgemäß eine Ehe zwischen zwei Schulen, die im Grunde vordarwinistisch und vorsehungsorientiert sind[238].)

Stellen wir Kuhns »evolutionäre« Analyse des wissenschaftlichen Wandels dem allgemeinen Strom evolutionistischer Ideen an die Seite, der in den Wissenschaften vom Menschen bis auf den heutigen Tag vorhanden ist – nicht nur in der politischen und Gesellschaftstheorie, sondern auch in der Anthropologie, Sprachwissenschaft und anderswo –, so ist die Behauptung nicht unberechtigt, daß diese Spekulationen der vorsehungsorientierten Tradition von Lamarck, Spencer und Marx durchaus treu geblieben sind. Diese Tradition hat zu dem durchaus berechtigten Respekt der evolutionistischen Soziologie und Anthropologie vor der historischen Entwicklung als Tatsache beigetragen, gleichzeitig aber den ganzen Gedanken der soziokulturellen Entwicklung den schwersten Einwänden ausgesetzt. Die Verbindung mit einem Glauben an die Unvermeidlichkeit des gesellschaftlichen »Fortschritts«

237 (Vgl. Anm. 184.)

238 Interessant ist die Feststellung, daß selbst Margaret Mead, die ihre Terry-Vorlesungen an der Yale University über *Continuities in Cultural Evolution* (New Haven, 1964) Charles Darwins Enkelin Nora Barlow widmet, trotzdem versucht ist, ein Schema von »Phasen« und »Niveaus« der Entwicklung anzunehmen, das kein Gegenstück in der normalen neodarwinistischen Zoologie hat, wohl aber für die von Herbert Spencer ins Leben gerufenen »evolutionistischen« Ideen zur Soziologie kennzeichnend ist.

und mit herablassenden Haltungen gegenüber »primitiveren« Völkern und Kulturen hat die vorsehungsorientierten Nebentöne der evolutionären Soziologie in Mißkredit gebracht. Darüber wurde gerade die Möglichkeit, Darwins eigene populationsorientierte Erklärungsweisen in den Wissenschaften vom Menschen anzuwenden, weitgehend übersehen, und der Populationsansatz wurde nie konsequent durchgeführt[239]. An diesem Punkt nun setzt unsere Analyse an. Statt über eine umfassende und unumkehrbare Gerichtetheit der Ideenentwicklung zu spekulieren, haben wir lediglich versucht, zu zeigen, wie die »Variation und Auswahl zum Fortbestand« zur Erklärung der Wandlungen von Ideenpopulationen beiträgt, und jene Fragen der Vernünftigkeit des Ideenwandels, die Collingwood und Kuhn im Dunkel gelassen hatten, so umzuformulieren, daß man sie besser behandeln kann. Dabei konnten wir die Struktur der Entwicklung historischer Populationen in völlig allgemeiner Form aufzeigen. Es scheint keinen Grund zu geben, die Populationsanalyse auf Probleme im Zusammenhang mit biologischen Arten und wissenschaftlichen Disziplinen zu beschränken. Der Begriff eines »historischen Gebildes«, das aus aufeinanderfolgenden

239 Ein früher Versuch, den Gedanken der »Auslesegrundsätze« in der Erkenntnistheorie anzuwenden, findet sich bei G. Simmel, »Über eine Beziehung der Selektionslehre zur Erkenntnistheorie«, *Archiv für systematische Philosophie*, 1 (1895), 34-45. In jüngerer Zeit wurde die darwinistische Erklärungsweise in der Wissenschaftstheorie sehr differenziert angewandt von G. Holton, »Scientific Research and Scholarship«, *Daedalus* 92 (Frühjahr 1962), 362-99; siehe auch G. Holton und D. H. D. Roller, *Foundations of Modern Physical Science* (Reading, Mass., 1958), Kap. 14, insbes. Abschn. 14.3. Die methodischste und am weitesten entwickelte Behandlung des Problems der Verallgemeinerung der Darwinschen Begriffe der Variation und Auslese, die ich kenne, stammt von Donald T. Campbell, wo sich auch Hinweise auf viele ältere Vorstöße in diese Richtung von Baldwin, Simmel, Konrad Lorenz und anderen finden. Siehe etwa D. T. Campbell, »Variation and Selective Retention in Socio-Cultural Evolution«, in *Social Change in Developing Areas: a Reinterpretation of Evolutionary Theory*, hrsg. v. H. R. Baringer u. a. (Cambridge, Mass., 1963), S. 19-49; »Natural Selection as an Epistemological Model«, in *A Handbook of Methods in Cultural Anthropology*, hrsg. v. R. Novell und R. Cohen (New York, 1970), sowie »Evolutionary Epistemology«, in *The Philosophy of K. R. Popper*, hrsg. v. P. A. Schilpp. Vgl. auch Edgar S. Dunn, jr., *Economic and Social Development: a Process of Social Learning*, Teil 3 (Baltimore, Maryland, 1971).

Mengen von Bestandteilen aufgebaut ist, die trotz ihres veränderlichen Inhalts eine erkennbare Einheit und Kontinuität aufweisen, läßt sich unabhängig von jeder speziellen Anwendung etwa auf die Evolutionszoologie oder die Wissenschaftsgeschichte diskutieren. Der Populationsansatz liefert also eine völlig allgemeine historische Erklärungsweise, ein gesundes Gegengift sowohl gegen übermäßig systematische und ahistorische Analysen sich entwickelnder Systeme als auch gegen übermäßig globale »evolutionistische« Lehren.

Doch eine klarsichtige Anwendung dieses »Populationsmodells« verlangt eine gewisse Vorsicht. Wenn wir von einem Feld zum anderen übergehen, sollten wir Machs Fehler vermeiden und daran denken, daß die einzige gemeinsame Eigenschaft aller Populationsveränderungen nichts anderes ist als die allgemeine Form dieses Doppelvorgangs der Variation und Auslese. Und man sollte auch beachten, daß die Teilvorgänge der Variation und der Auslese auf zwei verschiedene Weisen miteinander zusammenhängen können. Sie können völlig unabhängig voneinander stattfinden, derart, daß die für die Auswahl von Varianten zum Fortbestand verantwortlichen Faktoren überhaupt nichts mit den für die Erzeugung dieser Varianten verantwortlichen zu tun haben. Andererseits können neu hinzukommende Varianten bereits einer Vorauslese in Richtung auf Eigenschaften ausgesetzt gewesen sein, die unmittelbar mit den Anforderungen der Auswahl zum Fortbestand zu tun hat. Wir wollen Variation und Auslese im zweiten Fall »gekoppelt«, im ersten Fall »entkoppelt« nennen. Unter diesen beiden Bedingungen kann das Verhältnis zwischen Variation und Auslese sehr verschieden sein, und Einheit und Zusammenhang der sich ergebenden »historischen Art« wird auf verschiedene Weise bewahrt. Bei einer »gekoppelten« Evolution kann die Variations*rate* verhältnismäßig hoch sein, ohne daß die historische Art dadurch ihre Kompaktheit verlöre, denn die Kopplung wirkt der ungewöhnlich intensiven Variation entgegen. Bei einer »entkoppelten« Evolution dagegen kann der Variations*bereich* unbeschränkt sein, da die historische Art durch eine Auslese aufrechterhalten wird, die sehr streng gegenüber allen extremen Neuerungen verfährt, außer wenn sich diese als an eine neue Nische »vorangepaßt« erweisen.

Diese Unterscheidung zwischen »gekoppelten« und »entkoppelten« Vorgängen ermöglicht uns sowohl das Verstehen als auch die Beantwortung der Einwände, die einige Evolutionszoologen gegen jegliche Anwendung des Entwicklungsgedankens außerhalb der Biologie erhoben haben. Nun sind ohne jeden Zweifel die Entwicklung der biologischen Arten und die der wissenschaftlichen Disziplinen recht verschiedenartige Beispiele für die formale Struktur der populationsorientierten Erklärung. Zwar ergeben sich Ideenwandel und biologische Artenbildung beide durch die Auswahl von Varianten zum Fortbestand, doch in anderer Hinsicht sind die beiden Vorgänge sehr verschieden. Während z. B. Ideenvariation und Ideenauslese gekoppelt sind, sind genetische Mutation und ökologische Auslese entkoppelt; und dieser Unterschied erscheint vielen Biologen als so entscheidend wichtig, daß sie jede Argumentation ablehnen, die sich auf die allgemeineren Ähnlichkeiten der beiden Vorgänge stützt.

So hat etwa Medawar in einer Vorlesung aus jüngster Zeit mit Recht Herbert Spencers Auffassungen über die gesellschaftliche und kulturelle Entwicklung kritisiert, weil sie am Wesentlichen der Darwinschen Theorien vorbeigingen[240]; und an anderer Stelle griff Medawar mehrfach vorsehungsorientierte Deutungen des evolutiven Wandels an[241]. Seine Gründe dafür sind durchaus verständlich. Er fürchtet, daß ein Wiedererstehen evolutionistischer Theorien in den Wissenschaften vom Menschen auch für die Evolutionsbiologie schädliche Folgen haben würde. Am Rande der heutigen Biologie gibt es ja immer noch viele Autoren, die sich mit der Entkoppelung von genetischer Mutation und ökologischer Auslese – der Hauptthese des heutigen Neodarwinismus – noch nicht abgefunden haben. Und wenn die Theorien der soziokulturellen Evolution wieder ernst genommen würden, dann könnte das, so fürchtet Medawar, zum Wiederaufleben »orthogenetischer« Spekulationen führen, die auch in der Biologie eine »Kopplung« von Variation und Auslese sehen möchten[242]; und dann müßten die ganzen alten Fach-

240 P. B. Medawar, »Herbert Spencer and the Law of General Evolution«, in (vgl. oben, Anm. 131), S. 40 ff.

241 Ebenda, S. 58.

242 Der Gedanke einer Art »Orthogenese« in der Evolution drückt

diskussionen, aus denen der Neodarwinismus hervorging, neu aufgerollt werden.

Die Anziehungskraft der zoologischen »Orthogenese« ist in der Tat unverwüstlich. Obwohl die ökologischen Auswahlvorgänge allein völlig genügen, um den biologischen Wandel »teleonomisch« zu machen, schrecken die Vertreter der Orthogenese immer noch vor dem Gedanken der »Entkoppeltheit« der zoologischen Evolution zurück, weil sie dadurch zu etwas »Zufälligem« oder »Blindem« werde. Doch die Vorstellung einer »Kopplung« von Mutation und Auslese hätte noch merkwürdigere Konsequenzen. Denn sie würde bedeuten, daß die Keimzelle eine Art hellseherischer Fähigkeit hätte, vorzugsweise in Richtungen zu mutieren, die den neuen ökologischen Anforderungen, denen sich der daraus entstehende Organismus später einmal gegenübersehen wird, vorangepaßt wären. Und Medawar sieht die einzige Sicherheit vor solchen Paradoxien in der Nichtbeachtung der vor-Darwinschen Geschichte des Ausdrucks »Evolution«, in dessen Beschränkung auf die Zoologie und Verbannung aus allen Diskussionen des gesellschaftlichen, kulturellen oder wissenschaftlichen Wandels. Diese Vorschrift ist unnötig einschneidend. Angesichts der ganzen historischen Präzedenzfälle sollte man das Wort »Evolution« als Gattungsbegriff nehmen, der alle historischen Vorgänge umfaßt, in denen eine kompakte, aber veränderliche »Population« durch aufeinanderfolgende Mengen von Mitgliedern dargestellt wird, die voneinander abstammen. Nach dieser Definition sind der biologische, kulturelle, gesellschaftliche, theoretische und sprachliche Wandel lauter Spielarten der historischen »Evolution«, alle mit Abstammungsbeziehungen zwischen Arten, Kulturen, Gesellschaften usw. Im weiteren kann man zwischen »gekoppelten« und »entkoppelten« Arten der Evolution unterscheiden und dabei erkennen, daß die neodarwinistische Zoologie in erster Linie nicht eine allgemeine Analyse der Evolution als solcher liefert, sondern eine wohlbegründete Theorie über die entkoppelten Mechanismen im Spezialfall der biologischen Evolution.

sich besonders aus in den Schriften von Arthur Koestler, insbesondere *Das Gespenst in der Maschine,* dt. (Wien, 1969), ferner von Marjorie Grene, Gertrude Himmelfarb und Michael Polanyi.

Nach dieser Definition kann man populationsorientierte Erklärungen in den Wissenschaften vom Menschen durchaus verwenden, ohne sich wieder mit dem ganzen Fortschrittsglauben Lamarcks, Spencers und Engels' zu belasten. In den Wissenschaften vom Menschen ist es längst Zeit, daß die vorsehungsorientierte Deutung der Evolution aufgegeben wird, genau wie in der Zoologie. Stattdessen sollte man bei der Erörterung des gesellschaftlichen, kulturellen und wissenschaftlichen Wandels auf die Populationsmechanismen achten, durch die repräsentative Mengen von Institutionen, Praktiken und Ideen von einem Zeitquerschnitt zum nächsten verändert werden, sowie auf die Kriterien dafür, ob diese Wandlungen im Hinblick auf die »Anforderungen« der betreffenden Situation mehr oder weniger »gut angepaßt« sind.

5.2 *Sprachen und Gesellschaften als historische Gebilde*

Bei unserer angemessenen Begeisterung für die Zoologie als empirische Wissenschaft dürfen wir also die Tiefe und Allgemeinheit der theoretischen Leistung Darwins nicht unterschätzen. Sie vermittelt uns eine Erkenntnis der historischen Gebilde und der Populationsvorgänge, nach denen sie sich entwickeln, eine Erkenntnis, die auch auf anderen Forschungsgebieten Anwendung verdient. Mit der Populationsanalyse der biologischen Artenbildung überwand Darwin Schwierigkeiten, die unvermeidlich waren, solange die Zoologie auf die ältere typologische (oder »essentialistische«) Vorstellung von den Arten eingeschworen war; und entsprechende Schwierigkeiten haben sich auch auf anderen Forschungsgebieten gezeigt[243]. In der Soziologie oder Anthropologie, der Politikwissenschaft oder Sprachwissenschaft kann man vielleicht zwischen Nationen, Kulturen, Gesellschaften und/oder Sprachen (ebenso wie zwischen Organismenpopulationen oder wissenschaftlichen Disziplinen) für praktische Zwecke hinreichend genau unterscheiden, solange man sich auf »synchrone« Fragen beschränkt. Doch sobald man »diachrone« Fragen aufwirft und eine historisch sinnvolle Ana-

243 Siehe z. B. M. T. Ghiselin, *The Triumph of the Darwinian Method* (Berkeley, 1969), Kap. 10.

lyse der betreffenden Veränderungen anstellen möchte, muß man sich der hinter dem ganzen stehenden Frage stellen, wie es überhaupt zu wohlunterschiedenen »historischen Gebilden« der betreffenden Art kommt. Die erste Anforderung an eine historisch sinnvolle Theorie des politischen oder kulturellen, gesellschaftlichen oder sprachlichen Wandels ist also, daß sie erklären muß, wie bestimmte und voneinander verschiedene Nationen (Kulturen, Gesellschaften, Sprachen) entstehen, und wie diese im weiteren Verlauf trotz historischer Vielfalt und Veränderung ihre Besonderheit bewahren. R. G. Collingwood fragte so: Was war jene Ewige Stadt – jenes fortlebende »Rom« –, dessen wesentliche Lebensgeschichte zu schreiben sich Livius zur Aufgabe gemacht hatte?[244]

Beginnen wir mit einem verhältnismäßig einfachen Beispiel: Unter welchen Bedingungen kann man davon sprechen, daß eine bestimmte Sprache trotz der geographischen Verteilung verschiedener Dialekte und des historischen Auftretens neuen Sprachgebrauchs, neuer Sprechgewohnheiten und syntaktischer Varianten ihre Identität bewahrt habe? (In welchem Sinne war die Sprache Chaucers »Englisch«?) Und unter welchen Bedingungen kann man das Fortbestehen der Identität einer bestimmten Nation, Kultur oder Gesellschaft trotz synchroner und diachroner Verschiedenheit ihrer Gruppen, ihrer Gebräuche oder ihrer Institutionen behaupten? In allen diesen Fällen ist die herkömmliche Diskussion nur allzuoft in eine unfruchtbare Entgegensetzung von Nominalismus und Realismus verfallen, da man stillschweigend annahm, jeder wirkliche »Gegenstand« brauche zum Fortbestand seiner »Existenz« ein historisch unveränderliches »Wesen«. Entweder, so schien es, gab es bestimmte fortdauernde und umfassende »Kerneigenschaften«, die allen Beispielsfällen – trotz ihrer historischen oder geographischen Verschiedenheit – von »Rom« oder dem »Judentum«, der »Sowjetgesellschaft« oder

244 Siehe R. G. Collingwood, *Philosophie der Geschichte*, dt. (Stuttgart, 1955), insbes. S. 51 f. Für Livius, so schreibt Collingwood, »ist Rom eine Substanz, unveränderlich und ewig«. Und er fährt [unmittelbar] fort: »Man spricht von Rom als von der ›Ewigen Stadt‹. Warum wird es so genannt? Weil man es heute noch ebenso sieht, wie es seinerzeit Livius gesehen hat: als unveränderliche Substanz, als un-historische Wesenheit.«

der »englischen Sprache« zukamen, oder die Anwendung eines gemeinsamen Namens auf diese verschiedenen Beispielsfälle war völlig willkürlich und hatte keine wirkliche Grundlage in der Beschaffenheit der Dinge.

Darwins populationsanalytisches Schema macht es möglich, aus diesem philosophischen Patt herauszukommen. Eine biologische Art ist kein fortdauerndes Gebilde, das durch unveränderliche »Wesenseigenschaften« definiert wäre; doch seine repräsentativen Beispielsfälle hängen auch nicht lediglich durch unsere willkürlichen sprachlichen Entscheidungen miteinander zusammen. Gleiches gilt für eine Gesellschaft, eine Kultur oder eine Sprache. Bei alledem handelt es sich vielmehr um historische Gebilde, deren Bestandteile jederzeit verschiedenartig sind, bei denen aber Auslesefaktoren ständig »schlechtangepaßte« Neubildungen ausmerzen. Wie erkennt man die Kontinuität und Eigenart eines solchen historischen Gebildes? Jetzt geht es nicht um die »Funktionalität« der augenblicklichen Bestandteile eines systematisch strukturierten Gegenstandes, dessen Existenz als unproblematisch gilt, sondern um das »Anpassungsgleichgewicht« zwischen Faktoren der Neuerung und der Auswahl, ohne die es gar nicht erst eine wohldefinierte oder klar erkennbare – mit einem Wort, eine »bestimmte« – Gesellschaft, Kultur oder Sprache gegeben hätte. Und wenn die relevanten Fragen in der Soziologie oder Sprachwissenschaft tatsächlich diese Form haben, so kann man auf diese Forschungsgebiete einige der differenzierteren Begriffe und Methoden übertragen, die sich bereits in der Populationsanalyse der biologischen Evolution bewährt haben.

Wir wollen die Vorzüge dieses Ansatzes zunächst an der Sprachwissenschaft aufzeigen[245]. Angenommen, wir nehmen als die »Bestandteile« einer bestimmten Sprache die Sprechgewohnheiten der verschiedenen Menschen oder Gruppen, die

245 Eine klare Anwendung evolutionärer und ökologischer Begriffe auf die Sprachwissenschaft ist vor allem Charles A. Fergusons Arbeit in Ferguson und Bateson, *An Introduction to Linguistics for Non-Linguists* (vervielfältigt, 1966), ferner die vielen Arbeiten über die Entwicklung der Sprache von Joseph H. Greenberg und anderen. Vgl. D. Hymes, *Language in Culture and Society* (New York, 1964), insbes. S. 82-5.

sie gebrauchen; dann kann man die Veränderungen dieser Sprechgewohnheiten in einem bestimmten Zeitraum verfolgen. Und dann steht man sofort vor der Frage: Wie entwikkelt sich eine Sprache so, daß sie überhaupt ein erkennbarer oder bestimmter »Gegenstand« bleibt? Eine Sprache ist etwas Proteushaftes: sie weist eine synchrone Verschiedenheit ihrer lokalen Dialekte und Sonderformen auf, und gleichzeitig wegen der ständigen Neuschöpfungen in Wortschatz, Wendungen und Syntax eine diachrone Verschiedenheit. Wie kommt es also, daß wir uns auf dem Gebiet der Sprachen, genau wie auf dem der Organismen, nicht einem völlig unstrukturierten Kontinuum von Sprachformen und Dialekten gegenübersehen, sondern wohlunterschiedenen Sprachen, denen man verschiedene Namen geben kann wie Englisch oder Bengalisch, Xhosa oder Jiddisch?

Solche Fragen vereinfachen sich sehr, wenn man eine Sprache als ein historisches Gebilde behandelt, das durch eine »Hülle« definiert ist, die die verschiedenen Beispielsfälle aus seiner zeitlichen Entwicklung umfaßt, und wenn man als Bedingung für das Fortbestehen der »Einheit« der Sprache festsetzt, daß sich die Mitglieder der verschiedenen Sprachgemeinschaften, die sie gebrauchen, zu dem betreffenden Zeitpunkt untereinander ausreichend verständigen können. (Dies entspricht der Bedingung der natürlichen gemeinsamen Fortpflanzungsfähigkeit der Mitglieder einer biologischen »Art«, die in deren populationstheoretischer Definition eine entsprechende Rolle spielt[246].) Danach kann man einige brauchbare Hypothesen über die historische Entwicklung wirklicher Sprachen aufstellen. So kann man auf sie die Gesichtspunkte der Verschmelzung und Aufspaltung anwenden, auf die wir oben im Zusammenhang mit den wissenschaftlichen Disziplinen zu sprechen kamen. So ist es ein historischer Gemeinplatz, daß, nachdem die Wechselfälle der politischen und Sozialgeschichte die Gesamtpopulation der Lateinischsprechenden in geographisch getrennte Teile aufgespalten hatte, deren Sprachformen gegenseitig nicht mehr verstanden wurden, womit der Weg zur Entwicklung neuer und wohlunterschiedener »romanischer Sprachen« geöffnet war. Als dann die Lehr-

246 Siehe z. B. A. J. Cain, *Animal Species and their Evolution* (London, 1954), S. 113-114, 141-143.

autorität der römischen Kirche und der Gebrauch des Lateinischen als Sprache der Gelehrsamkeit und der Verwaltung nicht mehr für die einheimischen Sprachen der ehemaligen Teile des Imperiums maßgebend waren, wurde diese Möglichkeit verwirklicht. Von da an konnte man davon sprechen, daß etwa das Portugiesische, das Französische und das Rumänische selbständige und besondere Sprachen eigener Prägung geworden seien. Diese neuen Sprachen könnte man lauter unabhängige »Nachfolgearten« des Lateinischen nennen[247].

Doch das ist nur der erste Schritt. Eine Analyse der Sprachentwicklung führt auch unmittelbar zu Fragen der Ursachen und der Intensität der Variation auf diesem Gebiet sowie der dabei wirksamen Kriterien und Auslesemechanismen. Was die Variationen betrifft, so treten sie in der Sprache so gut wie in der Wissenschaft von Natur aus mit oder ohne besonderen Anstoß auf, wenn auch manche Faktoren sie begünstigen können. Sie treten von Natur aus auf, einfach weil die Weitergabe einer Sprache von einer Generation an die nächste nie hundertprozentig exakt ist, so daß die »Standardsprache« einer jüngeren Generation in bestimmten Punkten von der der unmittelbar vorhergehenden abweicht. Diese natürliche Variabilität oder »Drift« der Sprache wird manchmal durch Veränderungen der Lebensbedingungen verstärkt, durch Entlehnungen aus anderen Sprachen, durch bewußte Neuprägungen und gelegentlich sogar durch veranstaltete »Sprachreformen«[248]. Wie weit nun diese Einflüsse die Variation intensivieren, hängt wiederum von vielen Gesichtspunkten ab: von

247 Die Untersuchung der sich verzweigenden Entwicklungslinien der romanischen Sprachen war schon eine ganze Zeit im Gange, ehe Entwicklungsideen in der Zoologie ernsthaft Fuß fassen konnten; sie ging also den Arbeiten Lamarcks und Darwins ein ganzes Stück voran. Man kann sogar zeigen, daß die Sprachwissenschaft das erste Gebiet war, auf dem der Gedanke der »Evolution« konsequent angewandt wurde.

248 Der Ausdruck »Drift« wird hier in seinem gewöhnlichen entwicklungstheoretischen Sinne gebraucht; doch er bezeichnet auch einen Fachbegriff der theoretischen Sprachwissenschaft, der sich hauptsächlich auf längerfristige Veränderungen des Charakters der Sprache bezieht. Klare Beispiele moderner europäischer Sprachen, in denen geplante Sprachreformen stattfanden, sind das Holländische, Griechische und Norwegische.

den Bildungsmöglichkeiten und dem Bildungsniveau in der Sprachgemeinschaft, von der Verbreitung und positiven Aufnahme von Zeitungen, Rundfunk- und Fernsehsendungen, von den städtischen und ländlichen Lebensformen usw. Auf diesen Gebieten fehlen zum großen Teil noch die empirischen Grundkenntnisse.

Was die Auslese betrifft, so ist sie auch hier der entscheidende Vorgang zur Erklärung der augenblicklichen »Richtung« der Sprachentwicklung. Als erster und gröbster Filter wirkt die Forderung der bloßen Verständlichkeit. Man erinnere sich, wie Ideenvarianten zunächst »Möglichkeiten« werden müssen, ehe sie in den eigentlichen Wettbewerb um die Aufnahme in den »gesicherten« Bestand einer Wissenschaft treten können. Ähnlich muß eine neue Sprachvariante eine gewisse Geläufigkeit erreicht haben, zumindest in einer lokalen »geschlossenen Gruppe«, etwa den Teenagern aus Akademikerfamilien in den öffentlichen Schulen Chicagos; sonst wird sie nicht einmal ein »möglicher« Anwärter auf endgültige Eingliederung in das allgemeine Englisch. Jenseits dieses Punktes sind die Verfahren zur Siebung neuer Sprachformen in den einzelnen Sprachgemeinschaften sehr verschieden, und die Sprachen entwickeln sich in entsprechend verschiedener Weise. In einigen Kulturen liegt die höchste Autorität zur Anerkennung sprachlicher Neuerungen – jedenfalls offiziell – bei einem gelehrten Gremium wie der Académie française, oder sie wird, wie beim Arabischen, durch Vergleich mit einem maßgeblichen Kodex heiliger Schriften ausgeübt[249]. Die Autorität kann aber auch weiter verteilt und informeller sein; so liegt etwa die Entscheidung darüber, was als »richtiges Englisch« gelten soll, bei einer viel weniger genau bestimmten Elite, die sich auf viel weniger ausdrückliche Maßstäbe und Kriterien stützt.

Die Unterschiede der Bezugsgruppen und der Auswahlkriterien führen zu ausgesprochen unterschiedlichen Folgen. Am einen Extrem gibt es einige stark ausgeprägte Sprachen, die

249 Der Koran ist zwar in einem etwas altertümlichen Arabisch geschrieben, doch der herrschende Maßstab für das klassische Arabisch ist immer noch ein Kodex der Schriften, in dem der Koran die Hauptrolle spielt, wobei ihm einige maßgebliche spätere Kommentare beigegeben sind.

sich aus historischen Gründen in geographischer Isolierung von ihren nächsten Verwandten entwickelten, z. B. Finnisch, Ungarisch und Baskisch. Das andere Extrem: in einem großen und stabilen Ackerbaugebiet mit einer Bevölkerung gemeinsamen Ursprungs, aber ohne ein größeres Zentrum der politischen Macht oder der Lehrautorität ist die sprachliche Auslese vielleicht nicht streng genug, um aus den verschiedenen Dialekten eine bestimmte gemeinsame Sprache zu machen. Stattdessen entwickelt sich vielleicht ein kontinuierliches Gefälle, bei dem sich benachbarte Dialekte gegenseitig verstehen, aber entferntere so unähnlich werden, daß sie nach normalen Maßstäben nicht mehr als verschiedene Dialekte der gleichen Sprache erscheinen. (Solche taxonomischen Gefälle sind aus der Botanik bekannt, etwa bei den wilden Tulpen im Iran, wo das Fehlen eines wirksamen Wettbewerbsforums für die Auslese zu einem kontinuierlichen Spektrum von Varietäten führt, innerhalb dessen sich keine klaren Artgrenzen mehr finden lassen[250].) Geht man von ganz strengen Kriterien aus, so möchte man vielleicht sogar sagen, die anfangs genannten »isolierten« Sprachen seien die einzigen *völlig* »ausgeprägten«.
Zwischen diesen Extremen liegt ein Bereich von Fällen, in denen »richtige« Sprachformen in größeren oder kleineren Sprachgebieten gelten, und zwar kraft verschiedener Bezugsgruppen, die verschiedene Kriterien anwenden. In dieser Hinsicht kann man die Familie der romanischen Sprachen der der arabischen Dialekte gegenüberstellen. Das »klassische Arabisch« ist das Ergebnis einer starken, ausdrücklichen und bewußten Auslese. Die gelehrten ulema übten eine kollektive Zensur über sprachliche Neuerungen aus, wobei sie die islamischen Schriften als Vorbild wie auch als Quelle der Autorität benutzten. Für öffentliche wie auch religiöse Zwecke wurde diese »klassische« Sprache einem geographischen Kontinuum von Volkssprachen überlagert, die von den arabischen Dialekten Marokkos im Westen bis zu denen am persischen Golf im Osten reichen – nicht zu reden von den Mischdialekten und -sprachen außerhalb des zusammenhängenden Kerngebiets des Islam wie etwa Suaheli und Indonesisch. Als Folge davon

250 Siehe A. D. Hall, *The Genus Tulipa* (London, 1940), S. 32.

bleibt das klassische Arabisch eine stark ausgeprägte Sprache, in der die Auswahlverfahren ungewöhnlich streng sind und die Variationsrate künstlich niedrig gehalten wird. Demgegenüber zeigen die »standardisierten« lokalen Formen des Arabischen in den verschiedenen Gebieten und Kulturgruppen sehr viel weniger Einheitlichkeit und Kontinuität als die klassische Sprache.

Die heutigen romanischen Sprachen zeigen, was aus den arabischen Teilsprachen würde, wenn der beherrschende Einfluß der klassischen Form verschwände. Im römischen Kaiserreich spielte die lateinische Sprache eine ganz ähnliche Rolle wie das klassische Arabisch heute; und in geringerem Maße war das auch unter der frühmittelalterlichen Kirche der Fall. Inzwischen ist das »Wettbewerbsforum« auf die einzelnen Nationen übergegangen. Doch wie beim Arabischen lassen sich die Grenzen zwischen bestimmten »Sprachen« mit völliger Klarheit immer noch bloß in einem literarischen oder »autoritativen« Sinne ziehen. Die romanischen Dialekte von Galicien und Minho, von Katalonien und dem Roussillon, von Piemont und Hochsavoyen ähneln einander stärker als jeder von ihnen dem literarischen Spanisch oder Portugisisch, Französisch oder Italienisch. Von der literarischen Autorität abgesehen, zeigen die Volkssprachen im gesamten romanischen Sprachgebiet genau das »sprachliche Gefälle«, von dem wir vorhin sprachen. Gäbe es ausgeprägte Veränderungen in der politischen Organisation des Gebiets, so könnten diese Volkssprachen leicht das Ausgangsmaterial für die Entwicklung neuer romanischer Sprachen bilden. Eine politische Neuorganisation des westlichen Mittelmeerraumes zum Beispiel könnte dazu führen, daß die Sprachgewohnheiten von Marseille und Perpignan, Mallorca und Barcelona zu einer neuen provençalisch-katalonischen Norm zusammenwachsen. Unter diesen Umständen könnte die Schaffung neuer kultureller Autoritäten und anderer Auslesemechanismen dazu führen, daß das Wort »marseillais« nicht nur Name eines Dialekts (und einer Nationalhymne), sondern auch einer bestimmten Sprache würde.

(Die Beziehungen zwischen dem klassischen und dem lokalen Arabisch, dem literarischen Französisch und dem patois, dem Hochdeutsch und schweizerdeutschen Dialekten sind Beispiele der sprachlichen Erscheinung, die als »diglossia« bezeichnet wird[251]. Die Einwohner mancher Sprachgebiete wachsen »zweisprachig« auf, nämlich mit der standardisierten oder offiziellen Form ihrer Muttersprache und einer besonderen lokalen Dialektform. Ganz wie unser Modell nahelegt, sind die offiziellen oder »Hochformen« in solchen Fällen sowohl einheitlicher als auch stabiler, weil sie einer strengeren Überwachung und Korrektur unterliegen als die umgangssprachlichen oder »niederen« Formen; und es gibt sogar Argumente für die Auffassung, daß ausgeprägte Sprachen nur auf der Ebene der »Hochsprache« unterscheidbar sind.)

Vom taxonomischen Standpunkt aus ist überhaupt nichts anderes zu erwarten, wenn die Entwicklung von Sprachen populationsbedingt abläuft; und man kann dann noch weitere Folgerungen ziehen. Angenommen etwa, man benutze die natürliche Fortpflanzungsfähigkeit zwischen Individuen als Kriterium dafür, ob nebeneinander bestehende Organismenpopulationen in einander überschneidenden Territorien verschiedene Arten sind oder nicht; unter bestimmten Umständen findet man dann sogenannte »Ringarten«. Zum Beispiel könnten die Siedlungsräume dieser Populationen alle um ein natürliches Hindernis – ein Gebirge, einen Ozean, eine Wüste – herum liegen, und zwei getrennte Teilpopulationen breiten sich vielleicht je auf einer Seite um dieses Hindernis herum aus und treffen sich schließlich auf der entgegengesetzten Seite. Dabei geht die natürliche Variation manchmal so rasch vor sich, daß sich die Nachfolgepopulationen, wenn sie wieder zusammentreffen, nicht mehr kreuzen lassen[252]. Im Sinne unseres ursprünglichen Kriteriums ist das eine höchst paradoxe Situation. An jedem anderen Punkt auf dem Ring der Siedlungsräume können sich benachbarte Populationen kreuzen und damit als Varianten derselben Art gelten; doch in dem Gebiet, das die beiden Teilpopulationen von verschiedenen Richtungen her besiedeln, können sich diese nicht miteinander kreuzen und erwecken damit den Eindruck, verschiedenen Arten zuzugehören.

251 Siehe C. A. Ferguson, »Diglossia«, *Word* 15 (1959), 325-40; wieder abgedruckt in Hymes (vgl. Anm. 245), S. 429 ff.
252 Cain (vgl. Anm. 246), S. 141 ff.

Ersetzt man »gemeinsame Fortpflanzungsfähigkeit« durch »gegenseitige Verständlichkeit«, so wird eine ähnliche Erscheinung auf dem Gebiet der Sprache sofort erklärbar. Angenommen, die Insel Ceylon sei von zwei Turkvölkern unabhängig voneinander besiedelt worden, das eine aus Ostsibirien, das andere aus der Westtürkei. Diese finden vielleicht die Sprache des anderen völlig unverständlich, obwohl es ein Sprachgefälle durch Zentralasien hindurch gibt, das die beiden Sprachen kontinuierlich miteinander verbindet. Andere Feinheiten der Theorie der Taxonomie könnten ebenfalls in der Sprachwissenschaft Anwendung finden: so könnte etwa der Begriff der »polytypischen« Art zur Beleuchtung der verschiedenartigen Formen des heutigen Englischen dienen, die z. B. im Vereinigten Königreich, in Nordamerika, in Indien und in der Karibik gesprochen werden; der Begriff einer »Paläo-Art« würde die Probleme der Beziehungen zwischen dem Chaucerschen, elisabethanischen und modernen Englisch klären; usw.

Um die Betrachtung auf eine breitere Grundlage zu stellen, gehen wir jetzt von der Sprachwissenschaft zur Soziologie und Anthropologie über. In diesen beiden Wissenschaften vom Menschen war die Ablehnung von Entwicklungstheorien in den ersten Jahrzehnten dieses Jahrhunderts ein berechtigter Protest gegen die Fortschrittsideen Herbert Spencers und seiner Nachfolger. Die Soziologen und Anthropologen des frühen 20. Jahrhunderts gingen an Gesellschaft und Kultur nicht mit Spencers lamarckistischen Ideen heran, sondern mit physiologischen Modellen. Um die »Struktur« einer Gesellschaft zu verstehen, so behaupteten sie, müsse man erkennen, wie ihre Institutionen – gleich Körperorganen – »funktional« zusammenwirken und ihre Ziele aufeinander abstimmen[253]. Die eigentliche Aufgabe der soziologischen Theorie bestand also darin, die Eigenart der »Sozialstruktur« oder des »sozialen Systems« aufzudecken; und als Ergebnis dieses antihistorischen Schrittes bildete sich eine ganze theoretische Tradition, die sich mit statischen sozialen Strukturen und

253 Eine moderne Kritik der Ideen von Leuten wie Radcliffe-Brown findet sich bei Freeman (s. oben, Anm. 219). Siehe auch M. Fortes, *Kinship and the Social Order* (Chicago, 1969), sowie meine Arbeit »Rediscovering History«, *Encounter* (Januar 1971), 53-64.

Beziehungen beschäftigte[254]. Die ganze daraus erwachsene Tradition ging von Anfang an von der Grundannahme der »Systemhaftigkeit« aus, und als Folge davon wurde die Erklärung des gesellschaftlichen Wandels genau so schwierig wie die des Ideenwandels für »systematische« Wissenschaftstheorien. Denn wie ließ sich das Gleichgewicht zwischen Institutionen verschieben, wenn nicht durch »dysfunktionale« Veränderungen?

In den letzten Jahren gab es eine verbreitete Auflehnung gegen diese Tradition und zugunsten romantischer oder revolutionärer Vorstellungen; auf den ersten Blick mochte es so aussehen, als wäre die orthodoxe soziologische Theorie vollständig verworfen worden. Doch bei genauerer Untersuchung zeigt sich, daß die revolutionären Lehren des heutigen Anarchismus die Systematik ebenso überbetonen, wie es die von ihnen abgelehnten Theorien tun. Viele akademische Soziologen nahmen die Begriffe des »Systems« und der »Funktionalität« kritiklos hin – sie interessierten sich ernsthaft nur für die funktionalen Erfolge gesellschaftlicher Institutionen und erklärten jede Tendenz bei diesen, den Zielen der anderen entgegenzuwirken, hinweg; ihre revolutionären Gegner traten dem damit entgegen, daß sie »das System« und alle seine Wirkungen schwarz in schwarz malten. Der einzige wirkliche Gegensatz zwischen orthodoxen Funktionalisten und revolutionären Anarchisten ist der, daß für erstere die bestehenden Institutionen jedes sozialen Systems zum Guten zusammenwirken, für letztere zum Schlechten[255]. Beide gehen von einem physiologischen Gesellschaftsmodell aus: für die einen sind harmonische Interaktionen die theoretische »Norm« jeder einsichtigen »Gesellschaftsphysiologie«, für die anderen sind alle bestehenden Gesellschaften durch und durch krank und nur durch eine drastische politische Chirurgie zu retten.

Doch weder die akademischen Theoretiker noch ihre anarchistischen Kritiker können einleuchtend erklären, bei welchen Anlässen und auf welche Weise sich gesellschaftliche Institutionen und Beziehungen verändern, denn die Grund-

254 Siehe T. Parsons, *The Structure of Social Action* (New York, 1937, Neuaufl. 1949) und *The Social System* (Glencoe, Ill., 1951).

255 Siehe z. B. den Aufsatz über Herbert Marcuse von Maurice Cranston in *Encounter* (März 1969), S. 38 ff.

haltungen beider Seiten sind so »vordarwinistisch« wie diejenigen Herbert Spencers selbst. Keine läßt auch nur im geringsten erkennen, daß sie die allgemeine historiographische Lektion des Darwinismus gelernt hätte: daß bei der Entwicklung historischer Gebilde oder Populationen nicht die *gegenwärtigen* Strukturen und Beziehungen innerhalb einer Population als »funktional« erklärt werden müssen, sondern die *Veränderungen* als »angepaßt«. Jede der gleichzeitig bestehenden Institutionen und Sitten, die eine Gesellschaft oder eine Kultur bilden, besitzt zu jeder Zeit ihre eigenen inneren Formen und Strukturen, anhand derer man – in einem quasiphysiologischen Sinne – das normale »Funktionieren« jedes einzelnen Bestandteils definieren kann. Die Beziehungen zwischen diesen verschiedenen Institutionen oder Sitten dagegen sind – in diesem Sinne – weder »funktional« noch »dysfunktional«. Jeder einzelne Bestandteil der Gesellschaft oder Kultur ist gewöhnlich zu einem anderen Zeitpunkt in der Geschichte wegen bestimmter Bedürfnisse, Probleme oder »Anforderungen« entstanden. Und genau, wie man nur dann sinnvoll nach der »funktionalen« Angepaßtheit oder »Effizienz« einer Wissenschaft fragen kann, wenn man untersucht, wie Veränderungen der betreffenden Ideen als Antworten auf die augenblickliche Konfiguration der »theoretischen Anforderungen« dienen, so verhält es sich auch bei den Institutionen einer Gesellschaft und den Sitten einer Kultur.

Die augenblicklichen Institutionen und Sitten sind also als Bestandteile weitgehend unsystematischer Aggregate oder »Populationen« zu sehen, wobei sie weder völlig »zum Guten« noch völlig »zum Schlechten« zusammenwirken, sondern einfach so, wie es ihre gemeinsame Geschichte ihnen vorschreibt. Nur wenn man die Veränderungen der augenblicklichen Institutionen und Sitten betrachtet, kann man die eigentliche Frage stellen, was dieses Neue an einer Gesellschaft oder Kultur leistet; und die Antwort besteht in dem Aufweis, wie von allen in diesem Stadium möglichen Veränderungen gerade diese einen Platz in der Gesellschaft oder Kultur gewinnen konnte[256]. Die Aufstellung einer wirklich historischen

256 Leider sieht auch heute noch Lévi-Strauss in seinen funktionalen Analysen Erklärungen der *Strukturen* kultureller Praktiken und nicht der Faktoren, die für deren *Veränderungen* verantwortlich sind.

Soziologie, Anthropologie oder Politikwissenschaft ist also eine galileische und keine kopernikanische Aufgabe.
Eine Gesellschaft ist also ein »historisches Gebilde« im gleichen Sinne wie eine wissenschaftliche Disziplin oder eine Organismenart; sie wird zu jedem Zeitpunkt von einer bestimmten Menge von Institutionen, Verfahren und Beziehungen dargestellt, deren historische Ursprünge und Zwecke weitgehend voneinander unabhängig waren. Während der ganzen Entwicklung einer Gesellschaft sind alle diese »sozialen Elemente« veränderlich. Doch die durch Auswahl erzielten Veränderungen in Form des Einbaus anpassungsverbessernder Neubildungen wirken sich gewöhnlich nur auf einen kleinen Teil der Gesellschaft aus. Eine populationsorientierte Soziologie muß folgendes erklären: (1) die Faktoren, die in irgendeiner historischen Situation Institutions- und Verfahrensneuerungen begünstigen und/oder behindern; (2) die Art, wie soziale oder verwaltungsmäßige Neuerungen in verschiedenartigen Gesellschaften Anerkennung gewinnen und Fuß fassen; und (3) die Kriterien, mit denen sich sinnvoll beurteilen läßt, wie weit irgendeine wirkliche institutionelle Veränderung tatsächlich »anpassungsverbessernd« war und aktuelle soziale Probleme in einer bestimmten Situation erfolgreich löste.
Das bedeutet, daß eine Gesellschaft als eine historische Art behandelt wird, die sich angesichts wechselnder historischer Anforderungen mehr oder weniger »kompakt« entwickelt[257]. In keiner menschlichen Gemeinschaft ist das Bestehen irgendeiner sozialen Institution, Sitte oder Verfahrensweise ausschließlich funktional zu erklären; sie könnte sich in einer langen Reihe historischer Wandlungen lediglich deshalb erhalten haben, weil es keine besser angepaßte Konkurrenz gab, oder weil die institutionelle Auslese das schon Vorhandene besonders begünstigte – so daß sie erhalten blieb, obwohl sie ihren ursprünglichen Sinn oder Anpassungsvorteil inzwischen

257 Vgl. die Schriften von Lesley White und anderen neueren Soziologen. Wenn man sich wirklich einmal entschließt, echt »evolutionäre« Kategorien in die soziologische Theorie einzuführen – so höre ich von Catherine Bateson –, so eröffnen sich vielerlei neue Möglichkeiten, z. B. die der Erklärung der Anpassungsvorteile eines erheblichen Grades von »Redundanz« in der Struktur der Sprache wie auch der Kulturen.

verloren hatte. Das fundierteste Maß der vergleichsweisen »Vorzüge« verschiedener Gesellschaften ist dann ihr Grad der »Anpassungsfähigkeit«, d. h. der mögliche Spielraum für soziale oder institutionelle Neuerungen und die anerkannten Wettbewerbsschauplätze und Verfahren der kritischen Reform bestehender Institutionen und Sitten.

Eine solche Populationsanalyse des sozialen Wandels ist nicht nur auf ganze Gesellschaften anwendbar, sondern mit entsprechenden Abänderungen auch auf deren einzelne Institutionen. Unter institutionellen Verhältnissen werden die Dinge – politikwissenschaftlich gesprochen – nach »Normalverfahren« abgewickelt, wie sie bei der Gründung und in der anschließenden Geschichte der Organisation festgelegt worden sind[258]. Formal könnte sich die Struktur in einem statischen »Organisationsbaum« darstellen lassen; doch funktional hängen die Tätigkeiten nicht so systematisch zusammen, sie sind das Ergebnis aller jener heute gleichzeitig existierenden Konzeptionen und Verfahren, die zu verschiedenen Zwekken an verschiedenen Zeitpunkten in der Vergangenheit eingeführt wurden. Der Gesamteffekt kann dann in sich gegensätzlich und selbstblockierend sein. Ähnlich wie die gelegentlichen Widersprüche in einer wissenschaftlichen Theorie ist dieser Zustand eine bekannte Ursache von Verwaltungsproblemen und erfordert institutionelle Reformen. (An diesem Punkt legen echte Analogien zwischen den geistigen Abläufen in unseren Vernunftunternehmen und dem praktischen Ablauf unserer gesellschaftlichen Unternehmungen die marxistische Redeweise von den »inneren Widersprüchen« gesellschaftlicher Institutionen nahe.) Dann erklärt man die historische Entwicklung einer sozialen Institution nicht als das Ergebnis eines veränderlichen Gleichgewichts

258 Siehe z. B. G. Lenski, *Human Societies* (New York, 1969), Kap. 3 u. 4. Lenski legt seiner Theorie der Sozialstruktur und des sozialen Wandels ausdrücklich die »synthetische Evolutionstheorie« von Ernst Mayr zugrunde und möchte mit ihr »soziokulturelle Kontinuität, Neuentstehung und Vergehen« erklären. Zum Begriff der »Normalverfahren« als der Bestandteile des Fungierens bürokratischer Institutionen und Organe siehe die Analysen von Richard Neustadt und seinen Schülern an der Harvard School of Government, z. B. seine Bücher *Presidential Power* (New York, 1960) und *Alliance Politics* (New York, 1970).

zwischen den inneren »Gesetzen« und »Kräften« eines sozialen »Systems«, sondern anhand der angepaßten Entwicklung ihrer Normalverfahren.

Eine solche Theorie der institutionellen Entwicklung könnte sogar die Lücke zwischen einer Populationsanalyse des historischen Wandels in ganzen Gesellschaften und unserer Theorie des Ideenwandels in Vernunftunternehmen schließen. Schon jetzt gibt es eine kontinuierliche Skala von der wissenschaftlichen Disziplin am einen Ende zur ganzen Gesellschaft am anderen. An jedem Punkt dieser Skala liegt ein Aggregat oder eine Population aus Konstellationen regelhafter »Verfahren« vor, und eine umfassende Theorie des historischen Wandels muß zeigen, wie diese – seien es theoretische, institutionelle oder soziale – angesichts der ökologischen Anforderungen der einander ablösenden Problemsituationen schrittweise verändert werden können.

Wie die Ideen drücken sich auch die Institutionen einmal in der sprachlichen Verwendung bestimmter Symbolwörter und Grundsätze aus, zum anderen in der praktischen Einhaltung bestimmter anerkannter Verfahren. Man könnte also z. B. das Gottesgnadentum eine politische »Idee« nennen, die gleichzeitig das Symbol der Institution der absoluten Monarchie war und sich verhaltensmäßig in einer autoritären Struktur der politischen Verfahren ausdrückte; ebenso im Falle anderer gesellschaftlicher und politischer »Ideen« – seien sie nun besser oder schlechter – wie der Rechtsstaatlichkeit, der Vorherrschaft der Weißen und der Diktatur des Proletariats. Genau wie die volle Übernahme eines wissenschaftlichen Begriffs (etwa des Energiebegriffs) nicht nur zur symbolischen Verwendung bestimmter Fachausdrücke und Berechnungsverfahren verpflichtet, sondern auch zu ihrer praktischen Anwendung in den Erklärungsverfahren der betreffenden Wissenschaft, so könnte es auch nützlich sein, die augenblicklichen Autoritätsstrukturen des sozialen, politischen oder richterlichen Verhaltens als praktischen Ausdruck einer kollektiven »Idee« zu beschreiben.

In diesem Sinne könnten wir unser früheres Epigramm von den *Ideen als Mikroinstitutionen* umkehren. Dies sollte ja den Blick weg von den formalen Seiten der wissenschaftlichen Erklärungsargumente und auf das Erklärungsverhalten der

Wissenschaftler hinlenken. So könnten wir jetzt sagen: *Institutionen sind Makro-Ideen.* Institutionen wie Ideen drücken sich in veränderlichen Konstellationen von »Normalverfahren« aus. Ihre Identität im Wandel bewahren sie durch auswählende Neuerungen als Reaktion auf veränderliche Situationen, und auch darin zeigen sie eine bisher nicht bemerkte Parallele zu den Ideen und der Ideenentwicklung. Damit würde die historische Entwicklung sozialer Institutionen einfach zur Ideenentwicklung im Großen.

In diesem Kapitel habe ich versucht, in allgemeiner Form die Konsequenzen der Darwinschen historiographischen Methode für die Wissenschaften vom Menschen aufzuzeigen. Doch mit diesem Ansatz können wir noch weiter kommen. Denn bis zu Ende durchgeführt, gibt diese Umstellung der Historiographie auch die Möglichkeit, die herkömmliche metaphysische Diskussion gleich an ihrem Ursprung abzuschneiden, indem wir das Problem als hinfällig erkennen, das als Eröffnung des ganzen philosophischen Schachspiels diente. Es handelt sich um die berühmte Parmenideische Frage des Einen und Vielen: Wie bewahren die dauerhaften, ewigen Gegenstände der Welt durch allen oberflächlichen Schein des Wandels hindurch ihre dahinterstehende Identität?[259] Wenn die vorliegende Analyse richtig ist, dann entsteht dieses Problem in dieser Form überhaupt nicht. Nimmt man die Frage, wie sie dasteht, so können wir einfach nur antworten: Es gibt gar keine solchen dauerhaften, ewigen Gegenstände.

Als Platon und Aristoteles die metaphysischen Thesen der Vorsokratiker diskutierten, da waren das für sie keine bloß abstrakten Fragen, die für das Programm der Naturwissenschaft ohne Bedeutung gewesen wären. Im Gegenteil, die Vorsokratiker wollten die Frage, welche allgemeinen Arten von Gegenständen es in der Welt gebe, nicht zuletzt als methodologische Vorbereitung zu einer rationalen Naturwissenschaft beantworten. Jede vernünftige und systematische Naturphilosophie mußte dauerhafte Gegenstände zugrundelegen, die trotz des Anscheins ständigen zeitlichen Wandels ihre Identität bewahrten; und ihre Nachfolger hatten die Aufgabe, diese dauerhaften Gegenstände gleichzeitig allgemein und

259 J. Burnet, *Early Greek Philosophy*, 4. Aufl. (London, 1930), Kap. 4.

wirklichkeitsnahe zu charakterisieren. Bei Platons Interesse für die Geometrie und die Astronomie der Planeten erschien ihm die wesentliche Beschaffenheit der dauerhaften Gegenstände naheliegenderweise als formal und mathematisch. Einem Meeresbiologen und Naturhistoriker wie Aristoteles dagegen schien es ebenso klar, daß alle Dinge nach den gleichen Grundsätzen wie Tiere, Fische und Pflanzen eingeteilt werden müßten; daher war die Metaphysik für ihn eine Art verallgemeinerter Taxonomie. Keiner der beiden zog die vorsokratische Frage, wie die Identität dauerhafter Gegenstände durch allen Wandel hindurch fortbestehe, in Zweifel, sondern gab lediglich neue Antworten auf die gleiche alte Frage.

Der Glaube der griechischen Metaphysiker an ewige Gegenstände hatte also zwei Ursprünge in ihrem wissenschaftlichen Weltbild, denen inzwischen der Boden entzogen worden ist. In seiner platonistischen Form wurde dieser Glaube genährt durch die Erfolge der mathematischen Physik (oder »Naturphilosophie«) bei der Schaffung empirisch sinnvoller Theorien mittels überzeitlicher Begriffe und allgemeingültiger Grundsätze. Bei Descartes, Newton und auch Maxwell beruhten diese überzeitlichen physikalischen Theorien anscheinend auf der Annahme, die natürliche Welt bestehe aus bestimmten ewigen, unveränderlichen Grundbestandteilen – Figuren oder Partikeln, Korpuskeln oder Molekeln –, deren Wechselwirkungen alle physikalischen Erscheinungen verursachten[260]. Heute sieht man die Ursache dieser »Allgemeingültigkeit« oder »Überzeitlichkeit« anders. Für sich genommen, besagen die allgemeinen Begriffe und Grundsätze der Physik – das zeigten Hertz und Wittgenstein – zunächst einmal nichts über die empirische Welt[261]; ihr Geltungsbereich, ihre empirische Relevanz oder Anwendbarkeit hängt ab von den Hilfsverknüpfungen, die anschließend zwischen den abstrakten, theoretischen Kategorien und den wirklichen physikalischen Systemen hergestellt werden[262]. Heute deuten die Erfahrungen der praktisch arbeitenden Physiker

260 (Vgl. Anm. 6), Kap. 8 ff.
261 Siehe Anm. 116 und Text dazu (Schluß v. Abschn. 2.2).
262 Siehe den Aufsatz von Hilary Putnam in der Sammlung *The Philosophy of K. R. Popper*, hrsg. v. P. A. Schilpp.

darauf hin, daß kein empirisches System irgendeine theoretische Kategorie ewig oder dauernd verkörpern kann[263]. (Selbst Protonen und Neutronen haben keine unendliche Halbwertszeit.) Man muß also sorgfältig unterscheiden zwischen der Allgemeinheit – oder »Überzeitlichkeit« – theoretischer Begriffe und Grundsätze und dem unbegrenzten Alter – oder der »Ewigkeit« –, die man den Grundbausteinen der Welt zuzuschreiben pflegte. Dann erkennt man, daß die Verwendung »allgemeingültiger« Begriffe und »überzeitlicher« Grundsätze in der theoretischen Physik keineswegs die Annahme des wirklichen Vorhandenseins dauerhafter, unveränderlicher Gegenstände in der empirischen Welt notwendig macht.

In der anderen, aristotelischen Form war der Glaube an ewige Gegenstände ebenso eng mit einer heute nicht mehr haltbaren Deutung einer Wissenschaft verbunden – in diesem Falle der Zoologie. Die metaphysische Lehre vom »unveränderlichen Wesen« stützte sich empirisch auf den Erfolg der Aristotelischen zoologischen Theorie der festen Arten, ihrer überzeugendsten Anwendung auf die wirkliche Erfahrung von der Welt[264]. Für Aristoteles war die metaphysische Ewigkeit der Gegenstände überhaupt und die historische Unveränderlichkeit der Organismenarten derselbe Gesichtspunkt; die Lehre von den unveränderlichen Organismenarten war nichts als ein Beispiel auf dem besonderen Gebiet der Biologie für die Ewigkeit aller »vernünftig erkennbaren« Gegenstände. Demgegenüber zeigte Darwin, daß die besten Beispiele des Aristoteles in Wirklichkeit nicht für die metaphysischen Annahmen sprachen, auf die sich die orthodoxe griechische Naturphilosophie gestützt hatte. Die Arten waren eben keine unveränderlichen Gegenstände; der ältere aristotelische »typologische« oder »essentialistische« Ansatz in der Taxonomie stellte die langfristige Geschichte der Lebewesen falsch dar. In dieser Beziehung haben die Populationsunter-

263 Siehe Text zu Anm. 151 f. in Abschn. 3.2, Beispiel Nr. 3.

264 Ghiselin (vgl. oben, Anm. 243) schreibt: Für Aristoteles »gibt es keine veränderlichen Arten, denn etwas Veränderliches läßt sich nicht definieren [d. h. besitzt kein Wesen] und kann daher gar nicht existieren ... Die Darwinsche Revolution beruhte also auf dem Zusammenbruch der abendländischen geistigen Tradition.«

suchungen des 20. Jahrhunderts nur die theoretischen Grundlagen der ursprünglichen Erkenntnisse Darwins gestärkt. So wenig die empirischen Einzelheiten von Darwins Werk für die allgemeine Philosophie von Bedeutung sein mögen, die abstrakte Form seines Erklärungsschemas hat eine sehr allgemeine Bedeutung. Wenn also Darwin und seine Nachfolger zeigten, daß der ganze zoologische Begriff der »Art« unter Populationsgesichtspunkten neu analysiert werden mußte, so wurde damit der herkömmlichen metaphysischen Problemstellung ihre zweite wissenschaftliche Stütze entzogen.

Wie müssen wir heute die Dinge sehen? Wenn weder die Elementarteilchen noch die Organismenarten Beispiele für die ewigen »Gegenstände« der griechischen Metaphysik sind, gibt es dann in der wirklichen Welt überhaupt welche? Auf diese Frage gibt es nur eine einzige ehrliche Antwort. Zweihundert Jahre Geschichtsforschung haben ihre Wirkung getan. Ob man sich nun der Gesellschafts- oder Ideengeschichte, der Evolutionszoologie, der historischen Geologie oder der Astronomie zuwendet – ob man erklärende Theorien oder Sternhaufen, Gesellschaften oder Kulturen, Sprachen oder Disziplinen, Organismenarten oder die Erde selbst betrachtet –, das Ergebnis ist kein parmenideisches, sondern ein heraklitisches. Wie man es heute sieht, besitzt nichts in der empirischen Welt die dauerhafte und unveränderliche Identität, die alle griechischen Naturphilosophen (abgesehen von den Epikureern) den Grundbausteinen der Natur zuschrieben. Wenn wir also metaphysische Vorstellungen über die Beschaffenheit der Dinge im allgemeinen bilden wollen, die mit unseren übrigen Vorstellungen des 20. Jahrhunderts in Einklang stehen, dann müssen wir den modernen, nach-Darwinschen oder »populationsorientierten« Ansatz nicht nur auf biologische Arten, sondern auf historische Gebilde jeder Art anwenden. Wenn wir gefragt werden, wie *unveränderliche* Gegenstände ihre Identität durch alle *scheinbaren* Wandlungen hindurch bewahren, müssen wir einfach die Frage selbst ablehnen. Stattdessen ist zu fragen: Wie bewahren *historische* Gebilde ihren Zusammenhang und ihre Kontinuität trotz aller ihrer *wirklichen* Wandlungen?

Darwins einfaches Populationsschema gibt darauf vielleicht

nicht in allen Fällen die richtige Antwort, aber es gibt auf jeden Fall eine der zulässigen Antwortformen an. Das Gleichgewicht zwischen Variation und Auslese in einer Population ist offenbar eine der Möglichkeiten, wie historische Gebilde ihre in Fluß befindliche Identität bewahren. Die Erforschung der allgemeinsten Konsequenzen dieses Populationsschemas – unabhängig davon, ob es später auf Organismenarten, auf Sprachen oder auf wissenschaftliche Disziplinen angewendet werden soll – ist eine Aufgabe, die die Philosophen jetzt allmählich ernst nehmen sollten. In dieser Hinsicht können die Konsequenzen einer evolutionistischen Behandlung unserer Probleme – im Sinne eines populationsorientierten, nicht eines fortschrittsgläubigen Ansatzes – über die Grenzen einzelner Spezialwissenschaften hinausführen und uns zum Neubedenken unserer Kategorien und Analyseformen auch auf der allgemeinsten philosophischen Ebene veranlassen. Auch hier müssen unsere Auffassungen von der menschlichen Erkenntnis mit denen über die zu erkennende Welt Schritt halten; und die historische Wandelbarkeit ihres Zusammenwirkens muß sich in unserer daraus fließenden Analyse des Begriffs der Vernunft und der Maßstäbe der Vernünftigkeit widerspiegeln.

Teil III
Rationalität und menschliche Anpassung

Einleitung

Die positiven Ergebnisse der bisherigen Untersuchungen lassen sich folgendermaßen zusammenfassen:

> Ein kollektives menschliches Unternehmen nimmt dann die Form einer sich vernunftorientiert entwickelnden »Disziplin« an, wenn die gemeinsame Orientierung der Menschen an einer hinreichend unstrittigen Menge von Idealen zur Entwicklung eines isolierbaren und in sich selbst sinnvollen Arsenals von Verfahren führt, und wenn diese Verfahren aus Gründen der unvollständigen Erfüllung dieser Disziplinideale verändert werden können.

Die repräsentative Menge von Ideen oder Verfahren, die den augenblicklichen Inhalt jeder Unternehmung bildet, entwickelt sich – nach dieser Auffassung – nicht deshalb disziplingebunden, weil die kollektiven Ziele des Unternehmens an sich ein Kriterium der »Wahrheit« lieferten oder ein einziges, allein »richtiges« System von Ideen vorschrieben, sondern weil die Disziplinideale eine allgemein anerkannte Richtung des Ideen- und Verfahrenswandels angeben und damit also auch die Kriterien für die Auswahl »brauchbarer« Varianten. In den verbleibenden Kapiteln dieses ersten Bandes wollen wir die umfassendere Bedeutung und Konsequenzen dieser Definition untersuchen.

Zunächst einmal gehen gewisse Qualifikationen und Einschränkungen bereits aus der Formulierung unserer Definition hervor. So wird die »disziplingebundene« Forschung keineswegs auf die Naturwissenschaften eingeschränkt. Der Ausdruck »naturwissenschaftliche Disziplin« ist keine Tautologie; die anerkannten Ziele oder Ideale eines kollektiven menschlichen Unternehmens brauchen nicht einmal immer auf Erklärung abzuzielen. Im Gegenteil, das Bestehen anerkannter gemeinsamer Ziele z. B. praktischer oder urteilender Art kann die Grundlage nichtwissenschaftlicher disziplingebundener Tätigkeiten sein. In diesem Maße können sich auf dem Gebiet des Rechts oder der Technik verbesserte kollektive Verfahren vernunftorientiert entwickeln, genau wie in einer Wissenschaft. Wir können also gleich zu Anfang von der positivistischen These Abstand nehmen, andere Arten des Problemlösens, des Gebrauchs von Sprache oder Ideen seien im Vergleich zur Wissenschaft mit Emotionalität oder Subjektivität behaftet[265]. Und unsere erste Frage lautet, wie weit unsere evolutionäre Analyse der Ideenpopulationen und ihrer Entwicklung auch für solche nichtwissenschaftlichen Disziplinen gilt.

Zweitens: Unsere Definition beschränkt den Bereich der vorliegenden Analyse auf Tätigkeiten, bei denen kollektive Verfahren, Methoden und Ideen sich im Einklang mit einer hinreichend unstreitigen Menge kollektiver Ideale entwikkeln. Damit sind zwei Einschränkungen gegeben. Selbst in den Naturwissenschaften sind die jeweiligen Erklärungsideale auf einem bestimmten Gebiet nicht in so genauer Form allgemein anerkannt, wie es unserem Disziplinbegriff völlig entsprechen würde. Neben Gebieten wie der Atomphysik und der Biochemie, auf denen eine eindeutige Übereinstimmung bezüglich der wissenschaftlichen Ziele herrscht, so daß die theoretische Entwicklung »kompakt« voranschreiten kann, gibt es andere, wo die Erklärungsideale weniger deutlich oder allgemein anerkannt sind, so daß die theoretische Entwicklung »diffuser« ist; und auf wieder anderen Gebieten herrscht noch gar keine nennenswerte Einigkeit über die Ziele, die die wissenschaftliche Forschung sinnvollerweise anstreben kann, so daß man – jedenfalls bis heute – eigentlich nur von »möglichen Disziplinen« sprechen möchte. Und wenn man völlig über die disziplingebundenen Tätigkeiten von Wissenschaftlern, Juristen und Ingenieuren hinausgeht, so findet man andere Gebiete menschlicher Betätigung (z. B. die Schönen Künste), auf denen jeweils nur ein Teil der Ausübenden mit bestimmten Zielen und Idealen übereinstimmt; und man kann dann fragen, wie weit als Folge davon die historische Entwicklung dieser nur zum Teil disziplinhaften Unternehmungen von unserem einfachen evolutionären Muster abweicht.

Drittens: Wir haben »disziplingebundene« Tätigkeiten so definiert, daß sie mit isolierbaren und in sich selbst sinnvol-

265 Siehe z. B. A. J. Ayer, *Language, Truth and Logic* (London, 1936; dt.: *Sprache, Wahrheit und Logik*, Stuttgart 1970), S. 48, sowie H. Reichenbach, *The Rise of Scientific Philosophy* (Berkeley, 1951), dt. *Der Aufstieg der wissenschaftlichen Philosophie* (Berlin, 1953), passim.

len Arsenalen von Verfahren zu tun haben, und diese Seite der Definition ist etwas künstlich. Wissenschaftliche und technische Forschung kann zwar mehr oder weniger selbständig und in sich abgeschlossen verlaufen, aber in der Praxis doch nie völlig isoliert. Die gleichzeitig bestehenden Unternehmungen eines Milieus stehen in Wechselwirkung miteinander wie auch mit den allgemeineren Ideen und Vorstellungen der Zeit. Wir tun also gut daran, die Entwicklung dieser parallelen menschlichen Unternehmungen nicht nur getrennt zu untersuchen, sondern auch nach den Einflüssen solcher allgemeinerer Zusammenhänge auf die Entwicklung ihrer Ideen, Verfahren und Methoden zu fragen.

Viertens: Wir können völlig über die Grenzen unserer Definition hinausgehen und fragen, was diese Analyse für solche Sphären menschlicher Betätigung besagt, die überhaupt keinen Disziplincharakter haben. Wenn wir völlig verstehen wollen, wie der Begriff der Vernünftigkeit auf den kollektiven Gebrauch von Ideen anwendbar ist, müssen wir nicht nur auf jene menschlichen Tätigkeiten und Unternehmungen achten, die von Natur aus »disziplinfähig« sind, sondern auf den kollektiven Gebrauch von Ideen in einem allgemeineren Sinne. Das bedeutet, wir müssen uns auch einmal fragen, ob sich die gleichen ökologischen Beziehungen, die wir an wissenschaftlichen und anderen Disziplinen aufgezeigt haben, auch bei diesen nicht disziplinhaften Tätigkeiten finden.

Schließlich ist festzustellen, daß das theoretische Muster der »Disziplinentwicklung«, zu dem die vorliegende Analyse geführt hat, in einer entscheidenden Hinsicht abstrakt und idealisiert ist. Wir haben die Beschaffenheit und die historische Entwicklung der Disziplinen untersucht, die das Ergebnis unserer kollektiven Vernunftunternehmungen sind; und wir haben diese Analyse der Ideen und Disziplinen absichtlich so allgemein wie möglich gefaßt. Damit können – und müssen – wir uns der Frage stellen, wie weit dieser Struktur in der Wirklichkeit überhaupt irgendein Zweig der Wissenschaft oder Gelehrsamkeit entspricht. Gibt es irgendein wirkliches Vernunftunternehmen, das unserem Ideal der Disziplin völlig entspricht? Mit anderen Worten, gibt es irgendeine vollkommen »kompakte« wissenschaftliche Disziplin? Diese Fragen können wir nur beantworten, wenn wir die empirischen Bedingungen deutlich machen, unter denen unsere theoretische Analyse auf Fälle aus dem wirklichen Leben anwendbar sein dürfte.

An sich ist natürlich die Abstraktheit unserer Analyse kein Grund zu einem Einwand. Auf vielen anderen Gebieten arbeitet man mit ähnlichen Idealisierungen. Wenn man einen solchen idealisierten Begriff anwenden möchte, so geht es jedenfalls nicht um die Frage, ob es irgendwelche Beispielsfälle für ihn in der Wirklichkeit gibt. Vielmehr ist die Frage, unter welchen Bedingungen der neue idealisierte Begriff irgendwelche empirische Relevanz hat, und wie er sowohl die Situationen beleuchten kann, auf die er unmittelbar anwendbar ist, als auch die übrigen. Kein wirklicher Gegenstand entspricht völlig genau der mathematischen Definition des »geometrischen Punktes« oder der »euklidischen Geraden«[266]; kein wirkliches materielles System entspricht völlig der physikalischen Definition eines »starren Körpers« oder eines »idealen Gases«; kein menschliches Wesen entspricht völlig dem juristischen Ideal des »vernünftigen Menschen«; auch gibt es keine absolut vollkommenen Beispiele für den »freien Markt« der Ökonomen. Doch das tut der Bedeutung solcher idealisierter Begriffe für Erklärungen keinen Abbruch. Theoretisch gesehen, können sie in negativen Fällen ebenso aufschlußreich sein wie in positiven. Fragt man etwa, warum das Kohlendioxyd von dem physikalischen Modell des »idealen Gases« stärker abweicht als der Sauerstoff, oder unter welchen Bedingungen die Wirkungen eines Oligopols denen eines »freien« Marktes nahekommen, so geht es um den Erklärungsgewinn mittels dieser Begriffe, nicht um wirkliche Beispiele für sie.

Nachdem wir also das Disziplinmodell selbst dargestellt haben, müssen wir jetzt (in Kap. 6) zeigen, in welchem Umfang

266 Die Idealisierung der geometrischen Begriffe hat auch in der Philosophie Verwirrung gestiftet. Siehe z. B. G. Berkeley, *Commonplace Book*, hrsg. v. G. A. Johnston (London, 1930), S. 41, § 358: »NB: Man frage die Mathematiker wegen ihres *Punktes*: ist er etwas oder nichts, und was hat er mit dem minimum sensibile zu tun?« Berkeley machte sich viele Gedanken über die Käsemilben als sensibilia, die gerade im Mikroskop entdeckt worden waren und an der Grenze der Sichtbarkeit für den Menschen standen.

und unter welchen Bedingungen das vorliegende Modell des Ideenwandels auf Beispiele aus dem wirklichen Leben anwendbar ist. Das heißt natürlich nicht, es müsse ein formaler mathematischer Beweis vorgelegt werden, daß das Modell logisch in Ordnung und widerspruchsfrei sei – wie es notwendig wäre, wenn wir die Folgerungen aus einem vorher festgelegten System von Axiomen und Postulaten untersuchen wollten. Es bedeutet auch nicht, daß man eine Liste »bestätigender Fälle« aufstellen müßte, auf die unsere Analyse vollständig paßt, und daß man beweisen müßte, daß alle angeblichen »Gegenbeispiele« nicht triftig seien – wie es notwendig wäre, wenn wir es mit einer unmittelbaren empirischen Verallgemeinerung zu tun hätten[267]. Vielmehr muß die Tragfähigkeit unseres Ansatzes im Verlauf allmählich gezeigt werden: teils positiv – indem gezeigt wird, wie er zum Verständnis der Entwicklung derjenigen Unternehmungen beiträgt, auf die er hinreichend genau paßt –, teils negativ, indem in einigen repräsentativen Fällen erklärt wird, warum das Modell nicht auf Tätigkeiten anwendbar ist, die sich nicht in »kompakten« Disziplinen abspielen.

Danach müssen wir (in Kap. 7) auf ein Thema zurückkommen, das wir zu Beginn unserer Überlegungen zurückgestellt hatten. Bisher haben wir uns auf jene Erfahrungsgebiete beschränkt, auf denen die Strukturen des menschlichen Denkens, Handelns und Sprechens am deutlichsten historisch-kulturelle Variablen sind. Doch unsere Analyse hätte ihr Ziel nicht ganz erreicht, wenn wir nicht unser anfängliches Programm erfüllten, nämlich nicht nur zu erklären, (1) warum es lokale und variable menschliche Ideen und Denkformen gibt, sondern auch (2) wie es dazu kommt, daß andere ein Bild der Unveränderlichkeit und allgemeinen Verbreitung bieten.

267 Selbst Karl Popper übertreibt die *Enge* der Beziehungen zwischen theoretischen Aussagen in der Wissenschaft und den empirischen Beobachtungen, die Beispiele für sie sind und von ihnen erklärt werden. Siehe z. B. *Logik der Forschung* (Tübingen, 1967), Kap. 6, »Prüfbarkeit«.

Kapitel 6
Die Vielfalt der rationalen Unternehmungen

6.1 *Nichtwissenschaftliche Disziplinen*

Das Entscheidende an einer kollektiven Disziplin – so sagten wir – ist die Anerkennung eines hinreichend unstrittigen Ziels oder Ideals, anhand dessen sich die anstehenden Probleme bestimmen lassen. Ist dieses gemeinsame Ziel die Erklärung, so ist die Disziplin eine wissenschaftliche; doch die gemeinsamen Bemühungen der Menschen können sich ebenso auf technische oder juristisische Ziele richten, und die Begriffe des Rechtswesens oder der Technik machen daher eine ähnliche vernunftorientierte Entwicklung durch. Wir wollen also zunächst kurz zeigen, wie unser Disziplinmodell genauer auf Vernunftunternehmen außerhalb der Naturwissenschaften angewendet werden kann. Am einfachsten und zwanglosesten läßt sich diese Analyse auf das Gebiet des Handwerks und der Technik erweitern. Diese haben sich entwickelt, um gemeinsame menschliche Bedürfnisse nach wirksameren und nützlicheren Gütern oder Materialien, Werkzeugen oder Dienstleistungen zu befriedigen; sie beschäftigen sich mit den Problemen, die bei der Konstruktion, Herstellung und Verteilung solcher Güter oder Dienstleistungen entstehen; und ihre historische Entwicklung läßt sich ganz ähnlich darstellen wie die von wissenschaftlichen Disziplinen.

Auch jedes einzelne Handwerk und jeder Zweig der Technik hat seine eigene kennzeichnende Konstellation von Idealen und Zielen, denen sich jeder verschreibt, der den entsprechenden Beruf ergreift. In diesem Sinne ist die Eisenverarbeitung eine disziplinhafte Fachtätigkeit genau wie die Kristallographie, die Ausübung der Medizin so gut wie die Physiologie, die Elektronik so gut wie die Atomphysik. Der Natur der Sache nach sind die kollektiven Ideale, die die technische Entwicklung beherrschen, weder der Absicht noch der Wirkung nach erklärende, sondern praktische – sie zielen auf die Verbesserung der Methoden zur Herstellung und Verteilung von Materialien, Fahrzeugen, Kommunikationsmitteln, Informationen oder sonst etwas. Demgemäß gehört zum »Weitergabegehalt« eines sich historisch entwickelnden Zweiges der Technik nicht eine veränderliche Population von Theorien und Begriffen, sondern von Anweisungen und Konstruktionsplänen, praktischen Methoden, Herstellungsverfahren und anderen praktischen Vorgehensweisen. Davon abgesehen, haben die spezialisierten Fachhandwerke und Zweige der Technik den gleichen Anspruch auf die Bezeichnung »Disziplin« wie die Wissenschaften, und sie weisen die gleichen Formen des historischen Wandels auf. In allen diesen Fällen hat man es mit der historischen Entwicklung eines »Weitergabegehalts« oder einer Population von Verfahren zu tun. Und in allen diesen Fällen beweist der Lernende seine Eignung dadurch, daß er die kollektiven Ideale seines Faches anerkennt und dessen gegenwärtige Verfahren beherrscht. In jedem dieser Fälle ist der Prüfstein seiner Fähigkeit eine Demonstration der Erfassung dieser Ideale und Verfahren und ihrer möglichen Anwendungen. In jedem dieser Fälle sind die augenblicklichen Verfahren einem kritischen Vorgang der Neuerung und Auswahl im Lichte der Ideale der Disziplin unterworfen. Und in jedem dieser Fälle ist die Gesamtentwicklung der Disziplin Schauplatz des Wirkens von »Kausalfaktoren« wie auch von »Vernunftgesichtspunkten«.

Wie in der Naturwissenschaft werden die praktischen Ideale der verschiedenen Zweige der Technik so gewählt, daß das Gesamtgebiet in Teile aufgegliedert wird, deren jeder zu einer wohlbestimmten und in sich abgeschlossenen Disziplin oder Teildisziplin gehört. Wie in der Wissenschaft weisen diese technischen Disziplinen und Teildisziplinen genügend Einheitlichkeit und Kontinuität auf, um als etwas Eigenständiges zu gelten, ohne daß sich in ihrem Inhalt, ihren Methoden oder ihren Idealen so etwas wie ein allgemeines, unveränderliches »Wesen« zeigen würde. So wird in Fachkreisen das große Gebiet der Elektronik in eine Anzahl von Teilgebieten eingeteilt, die sich z. B. mit Supraleitfähigkeit, Mikro-Miniaturisierung, kohärenten Wellen und gedruckten Schaltungen beschäftigen. Jede spezialisierte Teildisziplin bestimmt ihre Grenzen und ihre Entwicklungsrichtung im Sinne eines entsprechend spezialisierten Zieles: möglichst niedriger »Rauschpegel« oder möglichst geringer Raumbedarf, höchstmögliche Zuverlässigkeit, Richtwirkung oder Sicherheit[268]. Und auf jedem Teilgebiet besteht das anerkannte Arsenal praktischen Wissens – der »Stand der Technik« – aus den modernsten Methoden, deren erwiesene Verläßlichkeit zur Zeit von den Fachleuten der Disziplin anerkannt ist. So ist der augenblickliche Inhalt einer technischen Teildisziplin ebenfalls wieder ein bestimmter Zeitquerschnitt aus dem ganzen sich historisch entwickelnden Technikzweig. Die kollektive Aufgabe der systematischen Verbesserung dieses Arsenals ist der Leitfaden für die zugehörige technische Profession; diese besteht gewöhnlich aus einem internationalen Kreis von Fachleuten – ähnlich den »unsichtbaren Colleges« der Naturwissenschaften –, deren Mitglieder enge persönliche Kontakte haben, gegenseitig ihre Arbeiten studieren und sich in gegenseitiger Achtung Konkurrenz machen.

Ich möchte jetzt auf einige der Parallelen in der historischen Entwicklung der praktischen Verfahren der Technik und der Erklärungsverfahren der Naturwissenschaften hinweisen.

1. Genau wie eine Wissenschaft aus Theorien und Begriffen verschiedenen Allgemeinheitsgrades besteht, so kann man in einem Zweig der Technik zwischen speziellen, ins einzelne gehenden Anwendungen technischer Verfahren auf bestimmte Probleme und allgemeineren Methoden und Verfahren unterscheiden, und diese wiederum von den allerallgemeinsten und grundlegendsten Prinzipien der Konstruktionspraxis, die zur Zeit auf dem betreffenden Gebiet gelten. (Diese grundlegendsten Prinzipien sind faktisch »konstitutiv« für die betreffenden Zweige der Technik: der Begriff einer »Schaltung« ist eine definierende Eigenschaft bestimmter Zweige der Elektronik, wie wir sie kennen, ebenso wie der Begriff der »Trägheit« für die Dynamik.) In den letzten 80 Jahren haben zum Beispiel die Hersteller von Kleingebäck viele neue und sinnreiche Maschinen für die Herstellung von Waffeln entwickelt; doch alle diese Konstruktionen sind offensichtlich Variationen gewisser grundlegender Konstruktionsprinzipien – man könnte geradezu sagen, einer allgemeinen technischen »Idee« –, die bereits in den 80er Jahren des vori-

268 Zu den Auswahlkriterien in der Technik siehe H. Skolimowski, »The Structure of Thinking in Technology«, *Technology and Culture*, Bd. 7, Nr. 3 (Sommer 1966).

gen Jahrhunderts ausgearbeitet wurden[269]. Entsprechend kann ein völlig neuer Gedanke in der Technik wie in der Wissenschaft häufig zum Ausgangspunkt einer völlig neuen Teildisziplin werden; man denke an die Tiefsttemperaturelektronik, deren Schaltungen unter Ausnützung der Supraleitfähigkeit arbeiten.

2. Der Stand der Technik entwickelt sich ebenfalls durch Auswahl von Verfahrensneuerungen in den Dauerbestand. Denn das jeweilige Arsenal von Konstruktionen und Verfahren erfüllt die Ziele der jeweiligen Disziplin niemals vollständig. Die Lücke zwischen den augenblicklichen Disziplinidealen und den höchstentwickelten zur Zeit verfügbaren Methoden definiert einen Vorrat technischer Probleme; neben dem anerkannten Stand der Technik gibt es einen Vorrat »möglicher« technischer Varianten, die zur Zeit erwogen werden; sie werden im Laufe der Zeit im Hinblick auf die »Auslesekriterien« der Disziplin beurteilt; das führt dazu, daß einige Varianten aus diesem Vorrat in die Technik einverleibt werden. Hier wie in der Wissenschaft wird also der disziplinbezogene Zusammenhalt der »historischen Population« durch ein Gleichgewicht zwischen Variation und Auslese aufrechterhalten. Zum augenblicklichen Bestand gehören dann alle Verfahren, die dem auswählenden Fachurteil, den Vorurteilen und Geschmacksrichtungen, dem Gedächtnis und der Vergeßlichkeit der beteiligten Techniker standgehalten haben.

3. Doch in einer wichtigen Beziehung unterscheidet sich die technische Neuerung und Auswahl deutlich von der in der Wissenschaft. In den Naturwissenschaften liegt der Schauplatz des Wettbewerbs und der Auswahl vorwiegend »im Inneren« der wissenschaftlichen Profession. In der Technik gilt das in wesentlich geringerem Grade. Zum Teil werden technische Neuerungen zweifellos im Hinblick auf »Fachgesichtspunkte« beurteilt, die z. B. mit der Durchführbarkeit, der Effizienz und der Einfachheit der Herstellung zu tun haben, was alles nur von den betreffenden Fachleuten beurteilt werden kann. Doch daneben werden an technischen Neuerungen jedenfalls auch andere Anforderungen gestellt, ins-

269 Augustus Muir, *The History of Baker Perkins* (Cambridge, England, 1968), S. 37 f.

besondere solche, die sich aus dem Patentwesen, dem Markt oder der öffentlichen Diskussion ergeben und nicht in Laboratorien oder auf dem Prüfstand. Das heißt, eine brauchbare technische Neuerung muß nicht nur technisch durchführbar, effizient und für routinemäßige Produktion geeignet sein, sondern auch originell, konkurrenzfähig und frei von negativen Nebenwirkungen. Diese Vielfalt der Anforderungen verwischt etwas die kollektiven disziplinbezogenen Ziele auf dem Gebiet der Technik und macht eine so zielbewußte Ausrichtung wie in der Wissenschaft schwieriger. So kann es immer berechtigte Meinungsverschiedenheiten über die Vorrangigkeit verschiedener Anforderungen geben, und daher besteht in der Technik über die Frage, was ein »Erfolg« oder ein »Fortschritt« ist, häufig weniger Übereinstimmung als in der Wissenschaft. Angesichts dieser Frage zeigen Ingenieure und Techniker verschiedener Herkunft wesentliche Unterschiede der Betrachtungsweise, des Temperaments und der Forschungsstrategie; und die daher rührende Vielfalt der Denkgewohnheiten gibt Anlaß zu entsprechend verschiedenen »Schulen« des Ingenieurwesens oder der Technik.

Die Unterschiede zwischen diesen Schulen laufen im allgemeinen mit nationalen Grenzen parallel, ähnlich wie die von Duhem gefundenen zwischen den wissenschaftlichen Idealen verschiedener Nationaltraditionen. In einem Land sind die Techniker mehr wissenschaftlich orientiert, gehen an ihre Probleme in einem quasi-wissenschaftlichen Geist heran und sind ganz besonders an der Wertschätzung ihrer Fachkollegen interessiert; in einem anderen sind sie vielleicht kommerziell orientiert und gehen an ihre Probleme ebensosehr – oder sogar vorwiegend – mit Blick auf den Markt heran. So könnte man ein Spektrum der Professionsorientierung definieren, von der rein akademischen bis zur rein kommerziellen. Eine ähnliche Vielfalt zeigen auch die Professionsinstitutionen auf dem Gebiet der Technik. Bei den Technikern irgendeiner Richtung organisieren sich verschiedene Teilgebiete im allgemeinen so, daß der ursprüngliche Schwerpunkt bei der »fachlichen« oder »kommerziellen« Orientierung verstärkt wird. Wie auch sonst üben diese Professionsinstitutionen im allgemeinen einen konservativen Einfluß aus – mit allen seinen Vor- und Nachteilen –, sie wirken »im Namen«

der Ideale der betreffenden Disziplin, wie sie jeweils verstanden werden, und die Wirkung ist die einer Bewahrung der ursprünglichen Orientierungen und Traditionen.

4. Nachdem wir von den Parallelen zwischen wissenschaftlichem und technischem Wandel gesprochen haben, können wir jetzt mehr ins einzelne gehende Fragen über die Faktoren und Gesichtspunkte bei der praktischen Neuerung und Auswahl stellen. Welche Faktoren haben z. B. den größten Einfluß auf die absolute und relative Neuerungsgeschwindigkeit in verschiedenen Zweigen der Technik, in verschiedenen Ländern oder in verschiedenen Wirtschaftssystemen? Was bestimmt die Hauptrichtungen der technischen Entwicklungsbemühungen unter den jeweiligen Verhältnissen? Nach welchen Maßstäben werden technische Varianten als erfolgreich beurteilt, und wer trifft die Wahl? In der Technik wie in der Wissenschaft liegen die Antworten auf diese Fragen auf einem Spektrum. Einige Seiten dieser Vorgänge reagieren vorwiegend auf äußere, wirtschaftlich-gesellschaftliche Faktoren, andere vorwiegend auf innere, fachliche Gesichtspunkte.

Was die absolute Neuerungsgeschwindigkeit betrifft, so hängen die nationalen Unterschiede größtenteils von äußeren, gesellschaftlichen und wirtschaftlichen Unterschieden ab und haben wenig mit disziplinbezogenen Spezialproblemen zu tun. Doch die relative Neuerungsgeschwindigkeit in den verschiedenen Zweigen der Technik ist komplizierter zu erklären – teils anhand innerer, disziplinbezogener Gesichtspunkte (z. B. der verschiedenen »Reife« der einzelnen Probleme), teils durch den äußeren Einfluß des Marktes und die gesellschaftlichen Anstöße zur Neuerung auf den verschiedenen Gebieten. Die Auswahlverfahren zur Beurteilung technischer Neuerungen haben, soweit es um Durchführbarkeit und andere Fachfragen geht, vorwiegend mit inneren, disziplinbezogenen Gesichtspunkten zu tun; soweit es um wirtschaftliche und ästhetische Gesichtspunkte geht, hängt die Auswahl auch von äußeren Dingen wie wirtschaftlicher Erfolgserwartung und öffentlichem Interesse ab. Wenden wir uns nun der professionsbezogenen Seite der Technik zu, so liefert unsere frühere Analyse wiederum einige fruchtbare Fingerzeige. Wie ähnlich sind sich z. B. Kommunikation und

Lehre in der Technik und der Wissenschaft? Wie weit ähnelt die Funktion der technischen Literatur der der wissenschaftlichen Zeitschriften, wie weit weicht sie von ihr ab? Und in welcher Hinsicht ist die Rolle maßgebender Lehrbücher in der Wissenschaft vergleichbar mit der von praktischen Handbüchern in der Technik? Wie ist die institutionelle oder Lehrautorität in einer technischen Profession verteilt, und was für Arten der Politik (z. B. Generationenkonflikte) führen zur Neuverteilung dieser Autorität? Und hat die institutionelle Struktur der technischen Professionen, wie im Falle der Wissenschaft, die Tendenz, hinter den organisatorischen Bedürfnissen der fortgeschrittensten disziplinbezogenen Tätigkeiten herzuhinken? In allen diesen Fragen ergeben sich aus dem »Populationscharakter« der Zweige der Technik und des technischen Wandels lohnende Ansätze historischer und soziologischer Forschung.

Doch für unsere Zwecke sind diese historischen und soziologischen Einzelfragen weniger von Bedeutung als bestimmte tieferliegende philosophische Fragen, vor allem solche der »Vernunftbestimmtheit« der technischen Entwicklung. Zunächst einmal können wir zeigen und begründen, daß tatsächlich Fragen der Rationalität bei technischen Wandlungen mit dem gleichen Recht entstehen wie bei wissenschaftlichen. In den letzten Jahren ist die Wissenschaftstheorie intensiv gepflegt worden, doch die Philosophie der Technik wurde fast völlig vernachlässigt; die dunkle, gähnende Leere wurde nur von ein paar Marxisten, Sozialphilosophen und Ästhetikern sowie polnischen Praxeologen aus der Schule Kotarbinskis erforscht[270]. Im letzten halben Jahrhundert hat die logizistische Gleichsetzung von »wissenschaftlichen Erklärungen« und »erklärenden Argumenten« dazu geführt, daß die Vernünftigkeit anhand der formalen Beziehungen zwischen den Aussagen eines erklärenden »Systems« untersucht wurde; und dabei wurden die verfahrensmäßigen Parallelen zwischen Wissenschaft und Technik übersehen. Unsere Analyse führt zu einem ganz anderen Ergebnis. Wir lehnen die Gleichsetzung der Vernünftigkeit mit der Logizität ab und sehen in ihr eine mögliche Eigenschaft des menschlichen Ver-

270 Über Kotarbinski und seine Schüler siehe H. Skolimowski, *Polish Analytical Philosophy* (London, 1967), Kap. 4.

haltens überhaupt – nicht nur von logischen Beziehungen und sprachlichen Gebilden; damit gibt es keinen Grund mehr, technische Neuerungen nicht »rational« zu nennen. Vielmehr erkennt man jetzt, daß wissenschaftliche und technische Rationalität sehr eng zusammenhängen: bei beiden geht es um die Mobilisierung neuer Erfahrungen zur Rechtfertigung von Veränderungen unserer Ideen und Verfahren.

Der Wissenschaftler arbeitet nicht insofern rational, als er eingeführte Begriffe und Argumente formal manipulieren kann, sondern indem er darauf eingestellt ist, neue Begriffe, Argumente und Darstellungsmethoden auszudenken, zu erforschen und zu kritisieren, um damit die akuten Probleme seiner Wissenschaft in Angriff zu nehmen. In der Wissenschaft wie in der Technik entstehen also die akuten Fragen der Vernünftigkeit bezüglich der Rechtfertigung von Verfahrensänderungen; und sie entstehen auf ähnliche Weise, seien nun die betreffenden Verfahren »wissenschaftliche«, d. h. erklärende oder darstellende, oder »technische«, d. h. praktische oder verfahrensmäßige. Die Verschiedenheit der Ergebnisse hat nichts mit der Vernunftsbestimmtheit der Veränderungen selbst zu tun. In beiden Fällen äußert sich ein Versagen des vernünftigen Urteils z. B. im Widerstand gegen Verfahrensänderungen, deren Vorzüge, Durchführbarkeit und Freiheit von »Nebenwirkungen« in vollem Umfang erwiesen sind, oder in der vorschnellen Übernahme von Neuerungen, bei denen dieser Nachweis noch aussteht. Und in diesen Beziehungen können offenbar technische Wandlungen genau wie wissenschaftliche »verfrüht« oder »überfällig« sein. Auch die Behinderungen der Rationalität sind in Technik und Wissenschaft dieselben, z. B. institutioneller Konservativismus, die Interessen mächtiger einzelner, leichtsinnige oder übervorsichtige Geschäftsführung und übermäßige Generationenkonflikte in der Profession.

Wenn man nur einmal mit David Humes Ratschlag ernst macht, aus dem philosophischen Studierzimmer in das praktische Leben hinauszutreten, so wird man mehr Ähnlichkeiten zwischen der Rationalität der Wissenschaft und der des Rechtswesens, der Technik und anderer praktischer Gebiete finden, als sich die akademische Philosophie träumen läßt. Diese Parallelen sind tiefliegend. Eine wichtige Folgerung aus unserer Analyse der Ideenentwicklung in der Wissenschaft war etwa, daß Urteile über die Vernünftigkeit theoretischer Wandlungen immer vergleichende und keine absoluten sind; dasselbe gilt für die Technik. Weder gibt es in der Wissenschaft so etwas wie eine »an und für sich vernünftige« Theorie, noch gibt es in der Technik eine »an und für sich vernünftige« Konstruktion (oder im Rechtswesen ein solches Verfahren). »Vernünftig« ist das Urteil, daß von den verfügbaren Neuerungen eine bestimmte Konstruktion oder Verfahrensweise den bestehenden in so vieler Hinsicht überlegen sei, daß sie eingeführt werden sollte; und das bedeutet weder, daß es das einzige mögliche »vernünftige« Verfahren wäre, noch das beste, das man sich sinnvoll vorstellen könne. In praktischen wie in theoretischen Dingen muß man sich also gegen Kant stellen. Weder die Vernünftigkeit theoretischer Vorstellungen noch die praktischer Verfahren läßt sich endgültig, überzeitlich oder ein für allemal beurteilen. Die praktische wie die reine Vernunft kann nicht das Gute oder das Beste und noch weniger das einzige sinnvoll Vorstellbare im Auge haben, sondern nur das Bessere; und angesichts der Vernunftorientiertheit kollektiver menschlicher Unternehmungen ist das immer nur das zur Zeit Bessere.

Bisher haben wir die verschiedenen kollektiven Tätigkeiten der Menschen – in der Wissenschaft, der Technik und anderswo – als Sache getrennter »Vernunftunternehmen« behandelt, deren jedes sich auf seine eigene, mehr oder weniger »disziplingebundene« Weise entwickelt. Doch das ist nur ein erster Schritt. Die Vernunftunternehmen mögen zwar unterscheidbar sein, aber sie sind weder völlig unabhängig voneinander, noch entwickeln sie sich völlig getrennt. Man muß also auch fragen, wie und an welchen Punkten verschiedene Tätigkeiten und Unternehmungen miteinander in Wechselwirkung treten. Kann z. B. eine Disziplin oder Teildisziplin einer Art (etwa eine technische) jemals völlig einer solchen anderen Art (etwa einer wissenschaftlichen) untergeordnet sein, so daß ihre Entwicklungsrichtung eindeutig durch die Veränderungen auf dem anderen Gebiet vorgezeichnet wird, oder entwickeln sich verschiedene Unternehmungen selbständig und parallel? Unabhängig davon: Über welche Kanäle übernimmt eine Disziplin Ideen oder Verfahren aus einer anderen und »wendet sie an«? Wirken die Verbindungen zwischen verschiedenen Disziplinen auf ihre Vorräte an Ideenvarianten, auf die augenblicklichen Richtungen ihrer Variation, oder auf ihre Auswahlkriterien? ... Man könnte sich leicht ein Dutzend solcher allgemeiner Fragen ausdenken. Niemand zweifelt zwar, daß z. B. wissenschaftliche und technische Disziplinen aufeinander wirken, doch es ist noch unklar, über welche Kanäle dieser Einfluß im einzelnen läuft, und welche genauen Wirkungen Veränderungen der einen Seite auf Geschwindigkeit und Richtung der Entwicklung der anderen Seite ausüben.

Auf jeden Fall gibt es mehrere verschiedene Auffassungen über diese Beziehungen. In den stärker industrialisierten Ländern gilt die Technik nach herkömmlicher Auffassung einfach als »angewandte Wissenschaft«, und man meint, daß Veränderungen in der Technik stets auf vorangegangene Veränderungen in der Wissenschaft angewiesen seien. Durch entsprechende Wahl der Beispiele kann man diese Auffassung nachhaltig stützen, vor allem, wenn man sich auf die »verwissenschaftlichten« Industriezweige der Mitte des 20. Jahrhunderts konzentriert. (Wo wäre die Radiotechnik und Elektronik ohne die vorangegangene Physik Maxwells und J. J. Thomsons, die Supraleitertechnik ohne die Tiefsttemperaturforschung von Kammerlingh Onnes, die moderne pharmazeutische Industrie ohne die wissenschaftlichen Arbeiten von Leuten wie Florey und Fleming?) Nach einer etwas differenzierteren Auffassung verläuft die grundlegende Einwirkung zwischen Wissenschaft und Technik in der umgekehrten Richtung, und die Wissenschaft ist gewissermaßen die »Ideologie« der Technik; nach dieser Auffassung stehen Wandlungen der wirtschaftlichen und technischen Bedürfnisse am Anfang und stellen die entscheidenden Probleme, die dann zu Wandlungen der wissenschaftlichen Theorien führen. (Diese These wird ausdrücklich von marxistischen Wissenschaftshistorikern wie J. D. Bernal und Boris Hessen vertreten, doch in schwächerer Form steckt sie auch z. B. in der bekannten Bemerkung J. B. Conants: »Die Wissenschaft verdankt der Dampfmaschine mehr als die Dampfmaschine der Wissenschaft.«[271])

271 Über Bernal und Hessen siehe Text zu Anm. 196 ff. in Abschn. 4.3; siehe auch J. B. Conant, *Science and Common Sense* (New Haven, 1961).

Schließlich gibt es eine Mittelthese, nach der zwischen Wissenschaft und Technik eine Wechselwirkung besteht: lebhafte Entwicklung auf einer Seite fördert lebhafte Entwicklung auf der anderen, ist aber gleichzeitig von dieser abhängig. Nach dieser Auffassung sind eine Naturwissenschaft und die entsprechende Technik Partner in einer Art historischer Gavotte und entwickeln sich am besten, wenn ihre Wandlungen harmonisch aufeinander abgestimmt sind[272].

Unsere Analyse hat den Vorzug, daß sie die Hinterfragung dieser drei konkurrierenden Auffassungen ermöglicht, die Aufzeigung der tatsächlichen Kanäle des gegenseitigen Einflusses, indem gezeigt wird, welche Anlässe zur gegenseitigen Beeinflussung die historische Entwicklung der wissenschaftlichen und technischen Disziplinen tatsächlich schafft. Der erste Schritt ist wiederum die Unterscheidung von »Variation« und »Auslese« – also zwischen den Faktoren und Gesichtspunkten, die für das Auftreten neuer Varianten im Vorrat einer Disziplin verantwortlich sind, und denen, die für den Einbau ausgewählter Varianten in den festen Bestand einer Disziplin verantwortlich sind. Nehmen wir als Beispiel die bekannte und vieldiskutierte Wechselwirkung zwischen theoretischer Thermodynamik und Dampfmaschinenbau im frühen 19. Jahrhundert. In jedem Stadium der Entwicklung der Dampfmaschinen läßt der »Stand der Technik« eine Menge akuter technischer Probleme ungelöst, so etwa die Verwendung von Hochdruckdampf, die Verhinderung von Kesselundichtigkeiten oder die Minimierung der Wärmeverluste durch den Abdampf. In jedem Stadium haben daher auf die Dampfmaschinenkonstruktion spezialisierte Ingenieure neue Forschungsansätze und technische Varianten erwogen, um Lösungen dieser technischen Probleme zu gewinnen. Jede neue Idee, die in einer dieser Beziehungen eine technische Verbesserung versprach, wurde – vom technischen Standpunkt aus – ein Anwärter (eine »Möglichkeit«) für die Eingliederung in den Bestand der Disziplin. Der letzte Ursprung der neuen Idee ist dann ganz unwichtig. Mochte sie aus älteren Erfahrungen in der gleichen Disziplin erwachsen, aus

272 Siehe die Arbeiten von D. J. de S. Price in *Technology and Culture* 6 (1965), 553 ff., und in *Factors in the Transfer of Technology*, hrsg. v. W. H. Gruber und D. G. Marquis (Cambridge, Mass., 1969).

theoretischen Überlegungen in der Physik oder aus entfernteren Analogien, das ist alles gleichgültig. Am Ende zählt nur, daß die betreffende Neuerung ein echter Schritt vorwärts in Richtung auf die praktischen Ziele dieses Zweiges der Technik ist.

Nimmt man umgekehrt den entsprechenden Zweig der Physik – die thermodynamische Theorie –, so findet man in jedem ihrer Entwicklungsstadien eine Menge akuter Probleme, für die das augenblicklich anerkannte Arsenal von Theorien keine Lösung liefert. Daher erwägen in jedem Stadium die auf die theoretische Thermodynamik spezialisierten Wissenschaftler neue Forschungsansätze und Ideenvarianten, um einer Lösung dieser theoretischen Probleme näherzukommen. Immer, wenn eine neue Idee in irgendeiner Hinsicht bessere Methoden der theoretischen Darstellung oder ein besseres Verständnis der den Erscheinungen zugrundeliegenden Mechanismen und Vorgänge verspricht, dann ist sie – vom Standpunkt der Wissenschaft der Thermodynamik aus – ein Anwärter (eine »Möglichkeit«) für die Aufnahme in den theoretischen Bestand der Thermodynamik geworden. Der letzte Ursprung dieser theoretischen Neuerung ist wieder ganz unwichtig. Er kann in bestehenden Theorien in einem verwandten Zweig der Physik liegen, in der technischen Erfahrung oder in gewissen entfernteren Vergleichen, das spielt keine Rolle. Am Ende zählt nur, daß die betreffende Variante ein echter Schritt vorwärts in Richtung auf die Erklärungsziele der Thermodynamik oder der Physik im allgemeinen ist.

Betrachten wir nun die faktische Geschichte dieser Wechselwirkung. Einerseits ist klar, daß der französische Physiker Sadi Carnot das Verhalten und die Eigenschaften von Dampfmaschinen sehr lehrreich fand, als er die theoretischen Argumente zu entwickeln begann, die schließlich zu dem berühmten zweiten Hauptsatz der Thermodynamik führten; es hatte seinen Grund, daß seine Abhandlung über die thermodynamische Theorie eine Arbeit »Über die bewegende Kraft des Feuers« war[273]. Carnot entwickelte nämlich seine

273 *Sur la puissance motrice du feu* (Paris, 1824); engl. *Reflections on the Motive Power of Fire,* hrsg. v. E. Mendoza (New York, 1960). Siehe auch D. S. L. Cardwell, *Steam-Power in the Eighteenth Century* (London u. New York, 1963).

theoretischen Argumente anhand einer idealisierten Wärmekraftmaschine und führte in diesem Zusammenhang den neuen Begriff eines »reversiblen Kreisprozesses« ein, von dem später so viele thermodynamische Argumente ausgingen. Doch die wissenschaftliche Geltung seiner Ergebnisse hing nicht von seinen technischen Beispielen ab. Als seine Argumente von späteren Physikern wie Clapeyron, Helmholtz und Boltzmann umformuliert und erweitert wurden, trat der Bezug auf Wärmekraftmaschinen zurück, und die Betrachtungen wurden immer eindeutiger »physikalisch«[274]. Die Anregung mochte für Carnot auf dem Gebiet der Technik liegen, doch seine Ideen waren eindeutig wissenschaftlich relevant. Ebenso umgekehrt: Die theoretischen Analysen von Leuten wie Carnot und Rankine wurden wiederum zu Ausgangspunkten der Entwicklung neuartiger Dampfmaschinen. So wurde die thermodynamische Theorie des 19. Jahrhunderts schließlich zu einer Quelle fruchtbarer Ideen für den Maschinenbau. Doch diese Konstruktionen hatten wiederum nichts spezifisch »Wissenschaftliches« an sich. Die technischen Verfahren des Ingenieurwesens übernahmen zwar allmählich Ideen und Methoden wissenschaftlichen Ursprungs, doch der Maschinenbau selbst blieb nach wie vor ein selbständiger Zweig der Technik und wurde nicht zu einem untergeordneten »Anwendungsgebiet« der Physik.

In diesem Sinne sind die Probleme, die Auswahlkriterien und die historischen Genealogien einer Naturwissenschaft und der zugehörigen Zweige der Technik selbständig. Doch obwohl diese zusammengehörigen Disziplinen im Grunde selbständig bleiben, tendieren sie in jüngerer Zeit zu engen ständigen Partnerschaften, in denen die eine Seite der anderen regelmäßig »Varianten« oder »Möglichkeiten« liefert. Jede der Disziplinen, sei es eine theoretische oder eine praktische, liefert also der anderen Anstöße zur Neubetrachtung ihrer Probleme und zu neuen Forschungsansätzen. Bemühungen auf dem Gebiet der Dampfmaschinenkonstruktion z. B. können Schwächen in der bestehenden Thermodynamik aufdecken und zur Untersuchung von Ideen und Modellen anregen, die

274 Die Tendenz der Thermodynamik zur fortschreitenden Abstraktion besonders bei Boltzmann war einer der Hauptpunkte in Max Plancks Leidener Vortrag (siehe oben, Anm. 145a u. 145).

diese theoretischen Schwächen beheben sollen; inzwischen lenkt die fortschreitende Verfeinerung der Thermodynamik die Aufmerksamkeit wiederum auf unvermutete Ursachen eines schlechten thermischen Wirkungsgrades bei den wirklichen Dampfmaschinen und auf andere Konstruktionsprobleme. Doch woher auch letzten Endes eine neue Variante stammen mag, sie muß entweder als theoretische Idee im Wettbewerb mit anderen möglichen theoretischen Ideen beurteilt werden oder aber als praktische Methode im Wettbewerb mit anderen praktischen Methoden. Zwar kann jede der Disziplinen für die andere eine ständige Quelle von Varianten sein, doch die Frage, ob diese Varianten annehmbare Lösungen sind, ist immer eine Sache der Empfängerdisziplin, nicht der Geberdisziplin.

Im Lichte dieser Analyse läßt sich erkennen, warum man die Kennzeichnung der Technik als »angewandte Wissenschaft« nicht allzu ernst nehmen sollte. Ausdrücke wie »anwenden«, »angewandt« und »Anwendung« sind nämlich mehrdeutig und können irreführen. Man kann z. B. davon sprechen, Isaac Newton habe die allgemeinen Gesetze der Bewegung und der Schwerkraft auf den Spezialfall der Planetenbewegung »angewandt« und damit die Keplerschen Gesetze als eine spezielle »Anwendung« seiner umfassenden Theorie erklärt; in diesem Sinne lieferten Newtons Grundsätze der Dynamik die theoretische Grundlage der Planetenkinematik und veranlaßten die beobachtenden Astronomen, ganz neue Fragen zu stellen[275]. Doch in einem solchen Fall blieben die »Theorien« und ihre »Anwendung« innerhalb derselben wissenschaftlichen Disziplin, und ihre Beziehung ist entsprechend eng. Ähnlich kann man sagen, eine bestimmte technische Konstruktion sei eine »Anwendung« allgemeinerer technischer Grundsätze: Es sei etwa das Flugzeug F-111 eine »Anwendung« des Prinzips der variablen Geometrie bei der Konstruktion der Flügel; und in diesem Falle liegen das Prinzip und seine Anwendung beide im Rahmen derselben technischen Disziplin. Betrachten wir demgegenüber die Querverbindungen zwischen einer Naturwissenschaft und ihrem technischen Partner, so zeigt sich, daß diese sehr viel

275 Dazu siehe die nützliche Behandlung bei Hanson (vgl. oben, Anm. 66), Kap. 1-4.

weniger eng sind. Kein Partner kann den anderen unmittelbar untermauern oder die »Quelle« seiner Ideen sein, außer wenn es den speziellen Kriterien entspricht, die aus den beständigen Zielen der »Empfängerdisziplin« fließen. Bestenfalls kann eine wissenschaftliche Theorie nachträglich erklären, warum bestimmte praktische Forschungen so lange kein Ergebnis brachten; und bestimmte technische Erfolge können den wissenschaftlichen Neuerungen, aus denen sie entstanden, noch ein klein wenig mehr Überzeugungskraft verleihen. In beiden Richtungen ist die Beziehung symmetrisch und indirekt. Man kann ebensogut mit Carnot die thermodynamische Analyse der Entropie eine »Anwendung« technischer Ideen über die bewegende Kraft des Feuers in der Physik nennen, wie man z. B. technische Verbesserungen der Konstruktion von Kühlmaschinen »Anwendungen« der von Carnots Nachfolgern entwickelten wissenschaftlichen Ideen nennen kann.

Historisch gesehen, haben sich Wissenschaft und Technik bis heute unabhängig und nebeneinander entwickelt. Daher war die Beziehung zwischen ihnen in verschiedenen Kulturen sehr verschieden. Einige – etwa die des klassischen Griechenlands – haben starke Traditionen in der reinen Mathematik und Physik entwickelt, ohne sich viel um ihre Konsequenzen für das Ingenieurwesen zu kümmern[276]. Andere waren technisch fruchtbar, obwohl bei ihnen die mathematische und physikalische Theorie schwach entwickelt war – so in China[277]. Technik und Handwerk hatten auch ganz andere historische Ursprünge als die Naturwissenschaften, mit denen sie heute verbunden sind, und oft sind sie viele Jahrhunderte älter als die entsprechenden Wissenschaften. So war ursprünglich die rechnende Astronomie keine »angewandte Astrophysik«, sondern ein Zweig der Wahrsagerei[278]. Mehrere Jahrtausende lang blühten Metallgewinnung und Metallverarbeitung ohne

276 Die beschränkte Anwendung der griechischen physikalischen Ideen auf das Ingenieurwesen wird gut beschrieben bei R. S. Brumbaugh, *Ancient Greek Gadgets and Machines* (New York, 1966), oder bei A. G. Drachmann, *The Mechanical Technology of Greek and Roman Antiquity* (Kopenhagen, 1963).

277 (Vgl. Anm. 139), Bd. 4, Teil 2, Abschn. 27 (2), S. 10 ff.

278 (Vgl. Anm. 136.)

irgendeine Verbindung zur Wissenschaft[279]; und klinische Medizin und wissenschaftliche Biochemie traten erst im letzten kurzen Kapitel der langen Geschichte der ärztlichen Kunst in enge Verbindung[280]. Wenn in den letzten Jahren die Entwicklung der Technik und der Industrie anscheinend von der Wissenschaft »revolutioniert« worden ist, so darf man sich nicht täuschen lassen. Es bedeutet nicht, daß sich die wesentliche Beschaffenheit der Technik irgendwie verändert hätte, sondern nur, daß ihre jetzige Partnerschaft mit der Wissenschaft die Lösung technischer Probleme beschleunigt hat, die bisher nicht lösbar waren.

Doch diese neuen Erfahrungen mit verwissenschaftlichten Industriezweigen wie der Elektronik und der Pharmazie sind vielleicht gar nicht repräsentativ. Auf der Wissenschaft beruhende Neuerungen geben weniger zu völlig neuen Zweigen der Technik und der Industrie Anlaß, als daß sie einem bereits bestehenden Zweig der Technik zu einer rascheren Lösung seiner bereits bestehenden Probleme verhelfen. Und lange Zeit gelingt ihnen vielleicht nicht einmal dies. Mindestens bis zur Zeit von Laplace lieferten die Newtonschen Theorien auf dem Gebiet der Planetenastronomie nur geringfügige Beiträge zur praktischen Kunst der astronomischen Berechnung[281]. Im ganzen 18. Jahrhundert gingen die technischen Möglichkeiten der vor-Newtonschen Berechnungen immer noch über den Anwendungsbereich der Newtonschen Erklärungen hinaus; ja, ihre praktische Überlegen-

279 Das erhellt besonders aus den neueren wissenschaftlichen Arbeiten von Leuten wie Levey und Forbes; siehe z. B. M. Levey, *Chemistry and Chemical Technology in Ancient Mesopotamia* (Amsterdam, 1959).

280 Noch gegen Ende des 19. Jahrhunderts war die Medizin eine rein empirische Kunst, und erst in letzter Zeit begann sie eine biologische Begründung zu finden. Man erinnere sich etwa an die Bemerkungen von T. H. Huxley in seinem Aufsatz »The Connection of the Biological Sciences with Medicine« (1881), abgedruckt in *Science and Culture* (New York, 1893), 333-57: »Ein Verächter der Medizin sagte einmal, Natur und Krankheit ließen sich mit zwei Kämpfenden vergleichen, der Arzt mit einem Blinden, der mit einer Keule in das Getümmel hineinschlägt und mal die Krankheit, mal die Natur trifft.«

281 Bis zum Erscheinen von Laplaces *Mécanique céleste* (1799-1825) lieferte die Newtonsche Dynamik nur »im Prinzip« eine Erklärung der Planetenbewegungen und trug zur rechnenden Astronomie wenig Konkretes bei.

heit unterstrich nur die wissenschaftliche Unvollständigkeit der Newtonschen Analyse und stellte Probleme, die die Astrophysik lösen mußte, ehe sie den rechnenden Astronomen irgendeine wirkliche Hilfe bieten konnten. So war in der Zeit zwischen Newton und Laplace das beherrschende Thema in der Planetentheorie das der sogenannten »Anomalien« der Bewegung des Mondes und der Planeten – d. h. der Punkte, an denen Newtons wissenschaftliche Berechnungen scheinbar nicht stimmten. Und auch heute noch trägt die praktische Arbeit der rechnenden Astronomen (z. B. bei den Satellitenbahnen) mehr zur theoretischen Physik bei als diese in umgekehrte Richtung. Auch hier behält die astronomische Kunst eine disziplinäre Autonomie mit Genauigkeits- und Erfolgsmaßstäben, die über die Möglichkeiten und die Autorität der Wissenschaft der Astrophysik hinausgehen.

6.2 *Kompakte, diffuse und mögliche Disziplinen*

Unter allen menschlichen Tätigkeiten und Unternehmungen, bei denen vernünftige Entscheidungen stattfinden – wo Verfahren befolgt, Gesichtspunkte berücksichtigt, Schlüsse gezogen, neue Möglichkeiten erwogen und für die entsprechenden Folgerungen oder Handlungen »Gründe« angegeben werden –, können wir hier auf einer Ebene zwischen denen unterscheiden, die sich zu Disziplinen eignen, und denen, deren Interessen und Ideen der Natur der Sache nach keiner solchen »disziplinhaften« Diskussion und Verbesserung zugänglich sind. Gleichzeitig können wir auf einer anderen Ebene einen zweiten Unterschied machen, und zwar innerhalb der Klasse der disziplingeeigneten Unternehmen selbst: nämlich zwischen solchen, die bereits Disziplinen sind, und solchen, die noch danach streben. Ein Vernunftunternehmen, dessen Theorienarsenal jederzeit der kritischen Neubewertung und Abänderung durch qualifizierte Beurteiler im Lichte klar erkannter und anerkannter kollektiver Ideale ausgesetzt ist, entwickelt sich – so wollen wir sagen – auf »kompakte« Weise; sind dagegen diese Bedingungen nur mangelhaft erfüllt, so nennen wir die Entwicklung »diffus«; und diejenigen Gebiete, die grundsätzlich nach der Art einer Disziplin bearbeitet werden können, bei denen aber eine wirksame Entwicklung in dieser Richtung noch kaum begonnen hat, wollen wir »mögliche Disziplinen« nennen.

Wie unterscheiden sich also diffuse und mögliche Disziplinen von kompakten, und welche Bedingungen müssen erfüllt sein, damit eine disziplingeeignete Tätigkeit tatsächlich den historischen Weg einer echten Disziplin einschlagen kann? Diese Fragen können wir am besten beantworten, wenn wir uns an die Bedingungen erinnern, die für die Entwicklung einer kompakten, wohlausgebildeten Disziplin notwendig sind, und dann die verschiedenen Möglichkeiten betrachten, wie eine bloß mögliche Disziplin sie unerfüllt lassen kann. Eine kompakte Disziplin hat nun fünf miteinander zusammenhängende Eigenschaften. (1) Die einschlägigen Tätigkeiten orientieren sich auf eine wohlbestimmte Menge wirklichkeitsnaher und anerkannter kollektiver Ideale hin. (2) Diese kollektiven Ideale stellen ihre Anforderungen an alle, die sich den betreffenden Tätigkeiten beruflich widmen. (3) Die sich ergebenden Diskussionen sind disziplinäre Orte für die Vorbringung von »Gründen« im Zuge rechtfertigender Argumentationen, die zeigen sollen, wie weit Verfahrensneuerungen diesen kollektiven Anforderungen entsprechen und damit das augenblickliche Arsenal von Ideen und Methoden verbessern. (4) Dazu werden Professionsforen entwickelt, auf denen anerkannte »Beweisführungsverfahren« verwendet werden, um die kollektive Anerkennung neuer Verfahren zu rechtfertigen. (5) Schließlich bestimmen diese selben kollektiven Ideale die Adäquatheitsbedingungen, an denen die Argumente für diese Neuerungen geprüft werden.

Nun kann man nicht im voraus sagen, welche Ideale oder Ziele sich auf irgendeinem Gebiet als realistisch erweisen werden. Ob sich etwa bestimmte theoretische, praktische oder urteilende Tätigkeiten nach einem bestimmten System disziplinorientierter Methoden organisieren und anwenden lassen, das muß im Zuge der menschlichen Erfahrung herausgefunden und erhärtet werden. Zur Zeit sind diese Bedingungen im wesentlichen erfüllt in den fundierteren physikalischen und biologischen Wissenschaften, in den ausgereifteren Zweigen der Technik und den besser organisierten Gebieten der Rechtsprechung; und mindestens zum großen Teil verläuft die Entwicklung der Theorien und Verfahren auf diesen Gebieten hinreichend »kompakt«. Umgekehrt erfüllen diffuse und mögliche Disziplinen manche dieser Bedingungen nicht und können sich damit von vollentwickelten, kompakten Disziplinen in zwei hauptsächlichen Beziehungen unterscheiden: in methodologischer und in institutioneller. Im ersten Falle ergeben sich die Mängel hauptsächlich aus dem Fehlen eines klar bestimmten, allgemein anerkannten Reservoirs disziplinbezogener Probleme, so daß die theoretischen Neuerungen keiner konsequenten kritischen Prüfung ausgesetzt sind und keine stetige vernünftig begründete Richtung erhalten. Im zweiten Fall ergeben sich die Mängel hauptsächlich aus dem Fehlen einer angemessenen Organisation der Profession, so daß die disziplinbezogenen Möglichkeiten des Faches nicht völlig ausgenutzt werden und die vernunftgeleiteten Ziele seiner Vertreter durchkreuzt werden.

Das Fehlen wohlbestimmter Probleme kann verschiedene Ursachen haben und sich auf verschiedene Weise äußern. Gewöhnlich entspringt es aus dem Fehlen eines gut analysierten Ziels der Disziplin. Die verschiedenen Leute, die etwa bei der Schaffung einer neuen Wissenschaft zusammenarbeiten möchten, sind sich vielleicht nicht nur über ihre speziellen Beobachtungen und Deutungen, Theorien und Hypothesen uneins, sondern haben vielleicht nicht einmal gemeinsame Maßstäbe dafür, was ein wirkliches Problem, eine gültige Erklärung oder eine brauchbare Theorie sei. Während z. B. die Atomphysiker weitgehend von denselben »Idealen der Naturordnung« ausgehen und den Erfolg einer Theorie des Atombaus nach ganz ähnlichen Kriterien beurteilen, können die verschiedenen Vertreter einer wissenschaftlichen »möglichen Disziplin« von keinen anerkannten Zielen, Idealen oder Maßstäben ausgehen. Die unmittelbare Folge davon ist, daß die theoretische Diskussion auf diesem Gebiet weitgehend – und unbeabsichtigt – eine methodologische oder philosophische wird, die sich zwangsläufig weniger mit der Deutung bestimmter empirischer Befunde beschäftigt als mit der allgemeinen Brauchbarkeit (oder Unbrauchbarkeit) konkurrierender Ansätze, Erklärungsformen und Urteilsmaßstäbe.

Auf einem Wissenschaftsgebiet, das noch keine richtige Disziplin ist, kann sich also die theoretische Diskussion bestenfalls auf die anerkannten methodischen Mängel konzentrieren und sich bemühen, die verschiedenen wissenschaftlichen Ziele, die man verfolgen könnte, zu analysieren und die Beziehungen zwischen ihnen zu klären. Solange eine mögliche Disziplin in diesem vorläufigen, ungeordneten Zustand verbleibt, kann keine anerkannte Familie von Grundideen oder Konstellation von Grundvoraussetzungen – kein »Paradigma« im Lichtenbergschen Sinne – Autorität gewinnen. Denn wenn die verschiedenen Wissenschaftler ihre Fachauffassungen an ganz verschiedenen theoretischen Zielen festmachen, gibt es keine anerkannte Menge von Kriterien zur Beurteilung neuer Hypothesen oder Theorienvarianten und keine eindeutige Theorienmenge, die allen den verschiedenen Zielen gleichzeitig dient.

Andererseits ist eines der besten Zeichen, daß eine neue Wissenschaft zu einer klaren Bestimmung ihrer theoretischen Ziele gelangt und eine wirkliche Disziplin geworden ist, dies, daß schließlich eine anerkannte Menge von Grundideen und Auswahlkriterien maßgebend wird. Das geschieht selten auf einmal. Selbst die Newtonsche Physik brauchte mehr als eine Generation, um sich in den wissenschaftlichen Zirkeln ganz Europas durchzusetzen, und bis dahin tobte ein ständiger Streit über methodologische und metaphysische Fragen zwischen den konkurrierenden Schulen der Kartesianer, der Leibnizianer und der Newtonianer[282]. Und eine solche Autorität kann auch wieder verloren gehen. Keine einzelne wissenschaftliche Theorie kann jemals uneingeschränkte Autorität beanspruchen oder allen vernünftigen Einsichten, die es überhaupt gibt, gerecht werden; daher halten sich komplementäre Betrachtungsweisen oft in der Form von »Minderheitstraditionen«[283]. Doch die verschiedenen unentbehrlichen Schritte

282 Die klassischen Dokumente sind Samuel Clarkes Ausgabe des Rohaultschen Lehrbuchs der kartesischen Physik (1967) mit einem ausführlichen Kommentar aus Newtonscher Sicht, sowie die anschließende Korrespondenz zwischen Clarke und Leibniz, die zuerst 1717 erschien und kürzlich in sehr nützlicher Form von H. G. Alexander neu herausgegeben wurde (Manchester, 1956).

283 Vielleicht das beste Beispiel einer solchen »Minderheitstradition« ist die antikorpuskulare Deutung der Newtonschen Theorien, zuerst ausführlich dargestellt bei R. J. Boskovich, *Theoria philosophiae naturalis* (Wien, 1758), engl. *Theory of Natural Philosophy* (Cambridge,

bei der Schaffung einer leistungsfähigen Disziplin hängen miteinander zusammen und voneinander ab, so daß sie von den Wissenschaftlern irgendwann einmal alle miteinander getan werden müssen. Die Aufstellung anerkannter Ziele und Strategien, anhand derer die kumulative Entwicklung einer wohlausgebildeten Wissenschaft vor sich gehen kann, erfordert eine gewisse Übereinstimmung bezüglich aller Bestandteile – der Ziele der Disziplin, der Ideale der Ordnung und Erklärung, der Formen der theoretischen Probleme und der Kriterien der Beurteilung – zu ein und demselben Zeitpunkt.

Die kennzeichnenden Eigenschaften von »möglichen Disziplinen« lassen sich im Augenblick am besten durch eine Gegenüberstellung des Standes der Verhaltenswissenschaften und der physikalischen Wissenschaften veranschaulichen. In der ganzen Geschichte der modernen Naturwissenschaft haben rivalisierende Physikerschulen ihre Probleme verschieden gesehen, ihre Grundbegriffe etwas verschieden beurteilt und bestimmte wichtige Erscheinungen ausgesprochen verschieden gedeutet; selbst in der Physik gab es also niemals Einmütigkeit. Doch von der Disziplin her gesehen, blieben diese Meinungsverschiedenheiten Randerscheinungen und gewöhnlich auf verschiedene theoretische Strategien zur Erreichung bestimmter allgemein anerkannter Ziele beschränkt. Die heutigen Verhältnisse in den Verhaltenswissenschaften sind wesentlich andere. Ob man sich an Fachpsychologen wegen der Erklärung des Verhaltens einzelner Menschen wendet, an Fachsoziologen und Anthropologen wegen der Erklärung des kollektiven Verhaltens von Gruppen, Gesellschaften oder Kulturen, in jedem Fall stößt man auf eine Vielfalt der Ansätze, wie sie in der Physik unbekannt ist. Die Verhaltenswissenschaftler sind nicht geeint durch anerkannte Vorstellungen davon, was eine »Wissenschaft vom Menschen« anstreben sollte oder im Idealfall zu erreichen hoffen kann, sondern sie sind in Parteien, Fraktionen oder Sekten gespalten, denen es nicht gelungen ist, gemeinsame Ziele für die Disziplin herauszuarbeiten.

In den Verhaltenswissenschaften gibt es noch keine allgemein

Mass., 1966); sie wurde über Priestley an Faraday, Maxwell und die Schöpfer der Wellenmechanik des 20. Jahrhunderts weitergegeben.

anerkannten Kriterien dafür, wann eine menschliche Handlung verständlich oder nicht verständlich ist, oder welche Arten des Verhaltens wirkliche »Erscheinungen« sind und damit überhaupt zu theoretischen Problemen für die Psychologie oder Soziologie Anlaß geben. Noch weniger haben die Verhaltenswissenschaftler verschiedener Orientierung gemeinsam anerkannte Maßstäbe dafür, wann eine neue Theorie des menschlichen Verhaltens eine »vollständige Erklärung« der betreffenden Erscheinungen geliefert hat; oder was für Regelmäßigkeiten oder Mechanismen das menschliche Verhalten analysierbar machen würden; oder wann eine neue Theorienvariante geeignet ist, in den anerkannten Bestand der allgemeinen Theorie aufgenommen zu werden. Aus allen diesen Gründen sind auf dem Gebiet des individuellen und kollektiven menschlichen Verhaltens noch nicht die Vorbedingungen für eine »kompakte« wissenschaftliche Disziplin erfüllt, die eine wohlbestimmte Strategie und ein maßgebliches Gebäude zur Zeit geltender Theorie besäße.
Etwa zwischen einem an Skinner orientierten Behavioristen und einem Gestaltpsychologen, einem Transformationsgrammatiker und einem Kulturanthropologen, einem Freudianischen Psychoanalytiker und einem Existenzpsychologen, einem klinischen Neurologen und einem Humanethologen entspringen die Unterschiede in den Erklärungen, Theorien und Ansätzen weniger aus Meinungsverschiedenheiten über die tatsächlich beobachteten Umstände bestimmter Verhaltensweisen als aus unvereinbaren Vorstellungen von der Form, die »Erklärungen« des menschlichen Verhaltens überhaupt haben sollten. Ein Existenzpsychologe und ein Transformationsgrammatiker zum Beispiel werden sich in der Ablehnung der Skinnerschen Schlußfolgerungen einig sein: sie finden seine Experimente nicht deshalb unbeachtlich, weil sie schlecht ausgeführt wären, sondern weil sie theoretisch bedeutungslos seien – denn wie könne menschliches Verhalten »vollständig erklärt« oder »vollständig einsichtig gemacht« werden, indem man lediglich auf empirische Korrelationen oder Regelmäßigkeiten verweise, die sich auch im Verhalten von Ratten oder Tauben finden?[284] Die Skinne-

284 Siehe z. B. N. Chomsky, Besprechung von B. F. Skinner, *Verbal Behavior*, in *Language 35* (1959), 26-58.

rianer wiederum halten dem nicht nur eine Kritik an Einzelheiten der Erklärungen ihrer Konkurrenten entgegen, sondern verurteilen deren Berufung auf »Bewußtseinsphänomene« als einen Rückfall in unbegründete (und wahrscheinlich sinnlose) metaphysische Spekulation[285]. Doch als nächstes wendet sich der Existenzpsychologe gegen seinen bisherigen Bundesgenossen, den Transformationsgrammatiker, und kritisiert ihn wegen einer »Überintellektualisierung« des menschlichen Verhaltens: gewiß sei doch das Auftreten grammatischer Strukturen im sprachlichen Verhalten keine Selbstverständlichkeit, sondern eine »Erscheinung«, die selbst wieder als Ausfluß tiefliegender Bedürfnisse erklärt werden müsse?...Und so geht die Aufspaltung in Fraktionen weiter, gerechtfertigt weniger durch anerkannte empirische Nachweise als durch philosophische Berufung auf allgemeine methodologische Gesichtspunkte[286].

In vielen wichtigen Beziehungen fehlt es also der heutigen Diskussion über die Erklärung des menschlichen Verhaltens an Konzentration und Bestimmtheit. Es herrscht nicht einmal Einigkeit über jene analytischen und vorwissenschaftlichen Fragen, von denen der Aufbau einer »disziplinhaften« Wissenschaft vom menschlichen Verhalten abhängt: etwa was am menschlichen Verhalten überhaupt problematisch ist, welchen Kriterien ein fruchtbarer neuer psychologischer Begriff genügen muß, oder was eine umfassende Theorie des menschlichen Verhaltens anstreben sollte. Solange das so ist, kann es nicht überraschen, daß auf einer mehr inhaltlichen Ebene die Psychologie noch kein anerkanntes Gebäude theoretischer Vorstellungen aufzuweisen hat, oder daß die große Entdeckung eines Psychologen anderen oft als Verschwendung von Kraft und Zeit erscheint. Das soll keineswegs heißen, die nötige analytische Klärung auf der disziplinbezogenen oder methodologischen Ebene sei möglich, ehe einge-

285 Siehe z. B. W. C. Holz und N. H. Azrin, »Conditioning Human Verbal Behavior«, in *Operant Behavior*, hrsg. v. W. K. Honig (New York, 1966).

286 Das metaphysische Element in den gegenwärtigen theoretischen Diskussionen über die Methodologie der Psychologie wird herausgestellt bei Charles Taylor, *The Explanation of Behaviour* (London u. New York, 1964).

hendere inhaltliche Untersuchungen bestimmter Gebiete des Verhaltens vorliegen. Im Gegenteil: unabhängige Untersuchungen vieler verschiedener rätselaufgebender Eigenschaften des menschlichen Verhaltens – Aphasie oder Neurose, Strukturerkennung, persönliches Engagement oder Sprachlernen – sind vielleicht die Vorbedingungen für die Entwicklung jeder allgemeineren erklärenden Theorie. Doch wenn es jemals dazu kommt, dann nicht, weil irgendein bestehender Ansatz in der Psychologie die Alleinherrschaft als »die einzige vernünftige Wissenschaft« vom menschlichen Verhalten an sich gerissen hätte, sondern weil die Psychologen nach Analyse und Vergleich der jeweiligen Ziele und Erfolge der verschiedenen Erklärungsweisen deren gegenseitige Beziehungen und Relevanz klarer und angemessener sehen[287].

Gilt dies im Falle der Psychologie, so gilt es mit entsprechenden Abwandlungen auch für die Soziologie. Doch hier ist ein weiterer Gesichtspunkt von Nutzen. In den letzten hundert Jahren hat die theoretische Entwicklung in den physikalischen Wissenschaften einige durchgreifende Richtungswechsel durchgemacht; doch im ganzen genommen, war sie trotzdem vorwärtsschreitend und kumulativ. In jedem Stadium tendierten die physikalischen und chemischen Ideen einer Generation dazu, sich von denen ihrer Vorgänger in Vorwärtsrichtung weiter wegzubewegen. Die Grundideen von Bohm und Chew z. B. mögen sich sehr deutlich von denen Heisenbergs und Bohrs unterscheiden; doch im Vergleich zu dem gemeinsamen Boden dieser vier Physiker erscheinen die Ideen Rutherfords und Thomsons – und noch mehr die von Maxwell – wie antike Geschichte. In den Wissenschaften vom kollektiven menschlichen Verhalten war der Ablauf wesentlich anders. Die theoretische Entwicklung war nicht vorwärtsschreitend oder kumulativ, sondern machte eine Reihe von Pendelschwingungen durch. Daher ähnelten die Leitideen in jedem Entwicklungsstadium der Sozialwissenschaft des 20. Jahrhunderts weniger denen der unmittelbaren als denen der zweiten oder dritten Vorgängergeneration.

Bis kurz vor 1900 war es z. B. noch eine Selbstverständlich-

287 Eine ausführlichere Erörterung dieses Punktes findet sich in meiner Arbeit »Concepts and the Explanation of Human Behavior« in Mischel (s. oben, Anm. 111).

keit, daß die soziologische und anthropologische Theorie eine wesentlich historische Dimension habe. Doch um die Jahrhundertwende begann eine neue Generation soziologischer und anthropologischer Theoretiker ganz andere Ziele und Strategien für ihre Wissenschaften zu entwickeln. Ihre neuen Erklärungsideale waren statisch und ahistorisch, sie schoben alle älteren historischen oder evolutionären Vorstellungen beiseite[288]. Für diese Leute war das Ziel der Sozialwissenschaft die Aufdeckung einer allgemeingültigen Struktur sozialer »Gruppen« oder »Systeme« und die Aufstellung allgemeiner »Gesetze«, nach denen die miteinander verbundenen und voneinander abhängigen »Elemente« eines solchen sozialen Systems zusammenwirkten und ihre kennzeichnenden »Wirkungen« hervorbrachten. Die Anthropologen und Soziologen des frühen 20. Jahrhunderts lehnten jede Beschäftigung mit dem historischen Wandel um seiner selbst willen ab und sahen sich eher als die Anatomen und Physiologen der menschlichen Kultur und Gesellschaft. So waren eine ganze Generation lang die Schlüsselkategorien der Soziologie und Anthropologie synchrone wie »Struktur«, »Funktion« und »Interaktion«; historische Begriffe wie »primitiv« und »fortgeschritten«, »Differenzierung« und »Entwicklung« wurden ausgeschieden. Doch heute, wieder eine Generation weiter, hat sich die Situation verändert. Das theoretische Pendel ist wieder zurückgeschlagen; historische oder diachrone Kategorien kommen wieder in die Wissenschaften vom kollektiven menschlichen Verhalten hinein, und selbst ein so hartgesottener »Strukturalist« wie Talcott Parsons ist wieder bereit, mit »evolutionären« Vorstellungen zu arbeiten[289].

Doch auch das ist eine Art historischer Entwicklung, wie sie gerade in einer »möglichen Disziplin« zu erwarten ist. In der Atomphysik kann der Theorienwandel genau deshalb kumulativ sein, weil die Einigkeit über die theoretischen Ziele und Auswahlkriterien der vernunftorientierten Entwicklung der Disziplin eine entsprechende Kontinuität verleiht. In einer

288 Siehe die Schriften von L. H. Morgan, Radcliffe-Brown und Malinowski, den Anführern dieser Bewegung in der Anthropologie; siehe auch die rückblickende Behandlung bei Fortes (s. oben, Anm. 253).

289 Siehe z. B. Talcott Parsons' neues Buch *Societies: Evolutionary and Comparative Concepts* (Englewood Cliffs, 1966).

nur möglichen Disziplin dagegen ist dieser Zustand noch nicht erreicht. Der methodologische Pendelausschlag von historisch-evolutionären zu formal-strukturellen Kategorien und wieder zurück war nicht das Ergebnis der Anwendung systematischer und anerkannter Verfahren der Ideenvariation und auswählenden Beurteilung, sondern vielmehr eine Reihe herumprobierender Wechsel der wissenschaftlichen Strategie – ein Versuch nach dem anderen, theoretische Fortschritte von neuen Ansatzpunkten her zu erzielen, mit neuen Strategien und Erklärungsidealen – auf einem Gebiet, auf dem die theoretischen Grundprobleme mangels ausreichender Analyse im Grunde unlösbar geblieben sind.

Wenn ich hier behauptet habe, auf der Ebene der allgemeinen Theorie seien Psychologie und Soziologie heute erst »mögliche Disziplinen«, so behaupte ich keinerlei absoluten oder ständigen Gegensatz zwischen den Sozialwissenschaften und den physikalischen Wissenschaften. Im Gegenteil, ich habe lediglich versucht, bestimmte Schwierigkeiten aufzuspüren, vor denen gegenwärtig die theoretischen Wissenschaften vom menschlichen Verhalten stehen. In früheren Jahrhunderten hatte auch die physikalische Theorie diesen unfertigen Charakter; viele der methodologischen Schwierigkeiten, unter denen Soziologie und Psychologie heute leiden, hatten in der Tat Gegenstücke in der älteren Physik. Es könnte sich z. B. noch herausstellen, daß nicht alle Seiten des menschlichen Verhaltens in einer einzigen, völlig allgemeinen und umfassenden Theorie dargestellt werden können; vielmehr könnte sich das Streben nach einer einzigen, allumfassenden »wissenschaftlichen Psychologie« als ein Irrweg herausstellen. Zweifellos mußte man sich erst von einem ähnlichen Irrweg abwenden, ehe die moderne Physik zu der Disziplin werden konnte, die sie heute ist; und die Gründe dafür werfen einiges Licht auf den heutigen Zustand der Verhaltenswissenschaft.

Wir erwähnten schon, daß sich Aristoteles das Ziel gesetzt hatte, »Veränderung« im allgemeinsten Sinne zu erklären. Sein wissenschaftliches Ziel war, nicht mit mehreren parallelen, aber unabhängigen Theorien je eine andere Art der »Veränderung« zu erklären – Veränderungen der Farbe, des Ortes, der Masse, der chemischen Zusammensetzung oder der physiologischen Funktion –, sondern eine einzige, umfassende Theorie zu gewinnen, die Veränderungen jeder Art erklären konnte[290]. Gut zweitausend Jahre lang folgten die Philosophen und Mathematiker seinem Beispiel, ohne aber nachhaltige Ergebnisse zu erzielen. Auch sie behandelten physikalische und physiologische Vorgänge auf völlig allgemeine Weise und versuchten, eine gemeinsame analytische Struktur aufzuzeigen, die – mutatis mutandis – für »Veränderungen« jeder Art galt, so unterschiedlich diese auch bei oberflächlicher Betrachtung erscheinen mochten. Auch die Pariser und Oxforder Gelehrten des 14. Jahrhunderts, deren Arbeiten über »Änderungsgeschwindigkeiten« die analytischen Grundlagen für die gesamte spätere Mechanik schufen, hielten ihre Definitionen und graphischen Darstellungen nicht nur auf die Änderungsgeschwindigkeiten und die summierten Wirkungen kinematischer Variablen für anwendbar, sondern auf alle veränderlichen Größen überhaupt. Ihre Formeln sollten nicht nur für die Geschwindigkeiten und Beschleunigungen bewegter Körper gelten, sondern ebenso für die Erwärmung und Abkühlung materieller Gegenstände, für die Zunahme und das Abklingen von Schallereignissen oder das Reifen und Altern von Menschen[291].

Die spätere Wissenschaft erwies ihre Reife nicht zuletzt dadurch, daß man dieses verfrühte allgemeine Ziel aufgab. Heute glauben die Physiker und die Physiologen, daß Veränderungen verschiedener Art – jedenfalls zunächst – unabhängig voneinander untersucht werden müssen, daß es also auf diesen Gebieten besser ist, sich allmählich an allgemeinere Vorstelkungen heranzuarbeiten, als gleich von Anfang an völlig allgemein vorgehen zu wollen. Und wenn die Verhaltenswissenschaft vielleicht einmal zu einem ähnlichen Schluß kommt – daß das »menschliche Verhalten im allgemeinen« (wie die »Veränderung im allgemeinen«) zu weitläufig ist, um sich mit einer einzigen einheitlichen Theorie einfangen zu lassen –, dann könnte das ein Zeichen der Reife und nicht des Defätismus sein. Bis diese Vorklärung erfolgt ist, könnten die tiefliegendsten theoretischen Probleme in den Verhaltenswissenschaften durchaus auf einer rein analytischen Ebene verbleiben und die Heranziehung von Experiment und Beobachtung

290 Vgl. J. H. Randall, jr., *Aristotle* (New York, 1960).
291 (Vgl. Anm. 190.)

verfrüht sein. Im 14. Jahrhundert wäre die Sammlung umfangreicher »empirischer Daten« für die Physik von geringem Wert gewesen, weil noch keine klaren theoretischen Fragen vorlagen, die solche Beobachtungen hätten beleuchten können[292]; und es wäre für die heutige Verhaltenswissenschaft vielleicht ebenso falsch, sich um jeden Preis »empiristisch« zu geben. Denn ehe es eine klarere Übereinstimmung über die sinnvollen wissenschaftlichen Ziele gibt, könnte es auch hier kaum möglich sein, irgendwelche allgemeine theoretische Fragen zu stellen, auf die die Anhäufung empirischer Beobachtungen von sich aus brauchbare Antworten liefern könnte.

Auch die theoretischen Pendelausschläge, die für die neuere Soziologie kennzeichnend sind, haben Parallelen in der Geschichte der physikalischen Wissenschaften. Die vorläufige Anerkennung einer Strategie in der Physik hat niemals endgültig das gleichzeitige Bestehen von Minderheitstraditionen ausgeschaltet; man denke etwa an das lange Hin und Her zwischen atomistischen und Kontinuumstheorien der Materie. Doch von einer voll entwickelten, »kompakten« Disziplin kann man sinnvoll verlangen, daß Änderungen ihrer Strategien als Reaktion auf neue Erklärungserfolge stattfinden und nicht, um eine Unsicherheit zu verbergen, wie es weitergehen soll. In der Physik des 20. Jahrhunderts bestehen atomistische und Kontinuumsstrategien innerhalb des größeren theoretischen Rahmens der Quantenmechanik immer noch nebeneinander fort, und dadurch wurden ihre jeweiligen Anwendungsbereiche und Vorzüge deutlicher. Das ergab sich auf eine Weise, die sich eine reife Sozialwissenschaft durchaus zum Vorbild nehmen könnte; man kann kaum annehmen, daß alles kollektive menschliche Verhalten entweder rein entwicklungstheoretisch oder rein formal-strukturell vollständig erklärbar sei – entweder durch eine verherrlichende Abstraktion der Sozialgeschichte oder eine überzeitliche »Gesellschaftsphysiologie«. Die Erfahrung aus der Physik läßt anderes erwarten. Vielleicht liegt der eigentliche theoretische Mangel der heutigen Sozialwissenschaften im Fehlen eines weniger beschränkten Systems theoretischer Vorstellungen, das Veränderungen der sozialen Beziehungen und Funktionen nicht mehr als zufällige »Dysfunktionen«

292 (Vgl. Anm. 85.)

abtut, sondern die synchronen Strukturen und Institutionen auf eine Weise beschreibt, die diachrone Variation ohne Paradoxie möglich macht.

Ganz abgesehen von solchen disziplinbezogenen Schwächen kann aber eine unreife Wissenschaft wegen institutioneller Mängel eine »diffuse« oder »mögliche« Disziplin bleiben. Zwar liegen oft beide Mängel gleichzeitig vor, denn wenn die grundlegenden Erklärungsaufgaben noch nicht klar bestimmt sind, können weder anerkannte Methoden und Theorien der Disziplin noch ein gemeinsames wissenschaftliches Diskussionsforum Autorität gewinnen. Doch diese institutionellen Mängel sind hier einer gesonderten Betrachtung wert. Und auch wenn die Leute in einer »möglichen« Wissenschaft die sinnvollen Ziele, Probleme und Auswahlkriterien ihrer Disziplin erkannt haben, können die Möglichkeiten ihrer Wissenschaft immer noch unverwirklicht bleiben, weil deren Organisation als Profession den augenblicklichen Bedürfnissen des Fachgebiets nicht gerecht wird.

Die institutionellen Schwächen bloß möglicher Disziplinen können sich wiederum auf verschiedene Arten zeigen. Die häufigsten Anzeichen sind Kommunikationsmangel und falsche Verteilung der Autorität. So kann der fruchtbare Fortschritt des Faches entweder deshalb behindert sein, weil keine maßgebende Bezugsgruppe theoretischer Beurteiler vorhanden ist, oder weil Leute den Ton angeben, deren Macht in der Profession keine Sachautorität mehr hinter sich hat. Oder die Fachliteratur weist Mängel auf, sei es, daß es nicht genug kritische und gut geführte Zeitschriften gibt, um die vorliegenden Forschungsberichte zu sieben und zu veröffentlichen, oder daß die Flut neuer Forschungsberichte die Fähigkeit der Wissenschaftler übersteigt, die Ergebnisse ihrer Kollegen zur Kenntnis zu nehmen, selbst mit Hilfe von Referatorganen. Auch kann die Entwicklung einer Wissenschaft dadurch gehemmt sein, daß die Organisation ihrer Profession von Grenzen zerschnitten wird, die nichts mit den eigentlichen wissenschaftlichen Zielen zu tun haben, so etwa die theoretische Psychologie im heutigen Amerika und Rußland[293], die fran-

293 Hier scheint sich jetzt doch ein gewisser wirksamer Kontakt anzubahnen, vor allem seit der Übersetzung von A. R. Lurias Hauptwerk *Die höheren kortikalen Funktionen des Menschen und ihre Störungen*

zösisch- und deutschsprachige Chemie im 18. Jahrhundert[294] oder die Physiologie im 19. Jahrhundert, wie sie an Forschungskliniken und in der Universitätsbiologie betrieben wurde[295].

Der Fall Mendel zeigt sehr gut, wie Schwächen der Disziplin und der Profession einander verstärken können. Zunächst einmal lag ein Versagen der Kommunikation vor. Hätte Mendels klassische Arbeit bei ihrer ersten Veröffentlichung die gesamten damaligen Biologen erreicht, so wäre die Bedeutung seines Werkes zweifellos gut 20 Jahre früher erkannt worden. Auguste Weismann war besonders befähigt, die Bedeutung von Mendels Ergebnissen für die damaligen Probleme der theoretischen Biologie zu erkennen; und obwohl die biologische Theorie damals keine allgemein anerkannte Strategie hatte, stand ein halbes Dutzend anderer führender Biologen den Vorstellungen Weismanns so nahe, daß für sie das gleiche galt. Unglücklicherweise stand Mendel nur mit Nägeli in München in regelmäßigem Kontakt, und dieser erkannte die theoretische Bedeutung seiner Arbeit nicht. Erst angesichts theoretischer Probleme, die kurz vor 1900 sowohl klarer als auch drängender geworden war, sichteten die Genetiker die Literatur und entdeckten in Mendels Arbeit die neuen Begriffe und Erklärungsansätze, derer ihre Wissenschaft bedurfte[296].

Der Fall Mendel beleuchtet auch die Bedingungen, von denen der genaue Zeitpunkt abhängt, an dem sich eine neue Teildisziplin aus einer Schmelze weniger kompakter wissenschaftlicher Untersuchungen auskristallisieren kann. Sowohl die verspätete Anerkennung von Mendels Ideen als auch das Fehlen jedes Professionsforums für die Genetik vor 1900 waren Anzeichen für den verhältnismäßig diffusen wissenschaftlichen

bei örtlichen Hirnschädigungen (Moskau, 1962; dt. Deutscher Verlag der Wissenschaften, Berlin, 1970). Siehe auch die von der National Science Foundation in Umlauf gebrachten Vervielfältigungen, z. B. *Works of the Institute of Higher Nervous Activity: Pathophysiological Series*, Bd. 2 (Moskau, 1956; engl. Washington, D. C., 1960).

294 Siehe z. B. H. Metzger, *Newton, Stahl, Boerhaave* (Paris, 1930), und vor allem P. Duhem, *La chimie: une science française* (Paris, 1916).

295 (S. Anm. 137.)

296 W. Bateson, *Mendel's Principles of Heredity* (Cambridge, England, 1909).

Zustand und die ebensolche Professionsorganisation der theoretischen Biologie. Die neue Wissenschaft konnte sich nur deshalb kumulativ entwickeln und ihre eigenen Institutionen hervorbringen, weil die Vereinigung von Mendels Theorie der Vererbung und Weismanns Arbeiten über die Zellteilung es Leuten wie Bateson, de Vries und Morgan schließlich ermöglichte, ein klares Disziplinziel für ihre Wissenschaft festzulegen[297].

Die Schaffung maßgeblicher Bezugsgruppen und Zeitschriften spielt bei der Reifung einer möglichen Disziplin eine besonders wichtige Rolle. Die Schwächen der heutigen akademischen Psychologie zeigen sich z. B. nicht nur im Mangel an wohlbestimmten theoretischen Zielen, sondern auch in ihren Professionsinstitutionen. Diese lassen nur allzuoft an eine lose Verbindung bekehrungseifriger Sekten denken statt an eine wohlfundierte Wissenschaft. In der theoretischen Psychologie haben sich nur wenige maßgebliche Bezugsgruppen entwickelt, wie sie in den physikalischen Wissenschaften bestehen. Die rivalisierenden Fraktionen sind weniger durch eine methodische und anerkannte Einteilung der bestehenden Probleme getrennt als durch grundlegende Unterschiede des theoretischen Ansatzes, und jede Gruppe steht mehr oder weniger unter der Herrschaft ihres »Führers« oder »Hohepriesters«. Und die methodologische Einseitigkeit ihrer Zeitschriften und Lehrbücher trägt nur noch zur Vertiefung der Selbstisolierung dieser Sekten bei. Auf den ersten Blick sieht zwar die Literatur der theoretischen Psychologie ganz ähnlich aus wie die der Physik – die gleiche Fülle von Zeitschriften, Kongreßberichten und ähnlichem –, doch bei genauerer Betrachtung werden wichtige Unterschiede erkennbar. In den physikalischen Wissenschaften richtet sich alles auf wohlabgegrenzte, aufeinander abgestimmte Erklärungsziele; die komplexe Vielfalt der entstehenden Aufgaben hat zu der jetzigen wissenschaftlichen Arbeitsteilung geführt, und mit ihr zu einer Aufteilung der Autorität auf selbständige, aber aufeinander bezogene Teildisziplinen, die alle ihre eigenen Bezugsgruppen und Zeit-

297 Die Geschichte dieses Abschnitts wird erst jetzt allmählich geschrieben, so von Arthur Hughes, *A History of Cytology* (London u. New York, 1959) und von E. A. Carlson, *The Gene: a Critical History* (Philadelphia, 1966).

schriften besitzen. In der Psychologie dagegen gibt es keine solche Abstimmung der Ziele. Die rivalisierenden Fraktionen arbeiten mit verschiedenen Vorstellungen davon, wie eine »Verhaltenswissenschaft« aussehen sollte, und organisieren ihre Literatur weniger nach einer anerkannten Spezialisierung der Funktionen als nach gegensätzlichen Ansprüchen auf alleinige Maßgeblichkeit.

Dieser Gegensatz zeigt sich deutlich in den Zitiergewohnheiten. Wenn die verschiedenen naturwissenschaftlichen Teildisziplinen nur in begrenztem Maße aufeinander bezug nehmen, so hat diese Spezialisierung eine pragmatische Rechtfertigung: die theoretischen Probleme der Struktur etwa des Atomkerns, der Elektronenhülle, der Moleküle, der Kristalle und der Makromoleküle haben jeweils ihre eigenen mathematischen und methodischen Schwierigkeiten. Doch trotz dieser Spezialisierung werden in den Spezialzeitschriften dieser Teildisziplinen in erheblichem Maße solche anderen Teildisziplinen zitiert, und auf einer allgemeineren Ebene genießen bestimmte gemeinsame Diskussionsforen – z. B. *Physical Review* und *Proceedings of the Royal Society* (Sektion A) – in dem Gesamtgebiet Ansehen und Autorität. In der akademischen Psychologie liegen die Verhältnisse ganz anders. Neben Zeitschriften, die sich einem bestimmten Gegenstandsgebiet widmen, gibt es andere, die in erster Linie durch ihren methodologischen Ansatz gekennzeichnet sind. Die Arbeiten in diesen Zeitschriften – z. B. *Journal of Experimental Animal Behavior* oder *Journal of Verbal Learning and Verbal Behavior* – zitieren einen viel beschränkteren Bereich anderer Verfasser und Zeitschriften; in den verschiedenen Zweigen der theoretischen Psychologie weisen daher die Zitate einen ganz ungewöhnlichen Grad von »Inzucht« auf[298]. Während also in den physikalischen Wissenschaften die Vielzahl der Teildisziplinen und Zeitschriften die quasi-ökonomischen Vorteile der wissenschaftlichen Spezialisierung ausnutzt, ist in der akademischen Psychologie oft das Gegenteil der Fall. Hier ver-

298 Siehe vor allem die Arbeiten von David Krantz über die Entwicklung wissenschaftlicher Gruppen mit besonderer Berücksichtigung der Skinnerschen Psychologie, z. B. »Schools and Systems: the Mutual Isolation of Operant and Non-Operant Psychology as a Case-Study«, *Journal for the History of the Behavioral Sciences*, Juli 1971.

hindert der Verdacht der methodologischen Ketzerei eine fruchtbare theoretische Diskussion zwischen den Angehörigen verschiedener Fraktionen, und die Vielzahl sektiererischer Zeitschriften verzögert nur noch die Differenzierung der Psychologie in eine Gruppe wirklich kompakter Disziplinen.

Die jeweilige Literatur und Kommunikationsstruktur kann in der Tat eine sehr subtile Rolle in der historischen Entwicklung einer wissenschaftlichen Disziplin spielen. Hat eine Wissenschaft einmal anerkannte Ziele und Strategien, dann wirkt sich jede Beschränkung der Ideenvariation und jede Verzerrung der kritischen Beurteilung hindernd auf die theoretische Entwicklung aus. (In einer vollentwickelten wissenschaftlichen Disziplin wird über ideologische und nationale Grenzen völlig hinweggesehen.) Doch in früheren Stadien der Reifung einer Wissenschaft können die Verhältnisse weniger eindeutig sein. So können Kommunikationshindernisse während der anfänglichen Kristiallisierung einer Wissenschaft zu deren selbständiger Lebensfähigkeit beitragen, indem sie dem einschlägigen Diskussionsforum die nötige schützende Isolierung verschaffen. Man hat etwa darauf hingewiesen, daß Charles Darwin sowohl auf dem Gebiet der Physiologie als auch dem der Fremdsprachen Schwächen aufwies. Die Zitate französischer und deutscher Autoren in *Die Entstehung der Arten* sind offensichtlich in Übersetzung von Lyell und anderen englischen Autoren übernommen; und so war Darwin weitgehend isoliert von der französischen und deutschen Physiologie mit ihren ausgefeilten Methoden der Mikroskopie und ihrer starken theoretischen Grundlage in Physik und Chemie. Das alles erleichterte es Darwin, die neuen – und ausgesprochen *historiographischen* – Strategien zu entwickeln, die seine Theorie der biologischen Artenbildung benötigte; so wurden diese seine völlig neuen wissenschaftlichen Strategien gegen die feindselige, aber irrelevante Kritik abgeschirmt, auf die sie sonst gestoßen wären. Diese Faktoren ermöglichten die Ausschöpfung des neuen Ansatzes bis an einen Punkt, an dem sachbezogene neue kritische Maßstäbe entwickelt und auf die entsprechenden Theorien angewandt werden konnten.

Angewandt auf wirklich »disziplinfähige« Tätigkeiten und

Forschungen, läßt sich also unser Populationsansatz der historischen Analyse als erklärend wie auch als normativ auffassen. Auf disziplinfähigen Tätigkeitsgebieten liefern die Punkte, in denen sich diffuse Disziplinen von kompakten und mögliche Disziplinen von beiden unterscheiden, ein Maß nicht nur für den theoretischen Charakter diffuser und möglicher Disziplinen im Vergleich zu unserem idealisierten Modell, sondern auch für die praktische Entfernung, die sie noch von der angemessenerweise angestrebten disziplinären »Reife« trennt.
Es ist keine Kritik etwa am Kohlendioxyd, daß es weiter vom physikalischen Begriff des »idealen Gases« abweicht als der Wasserstoff. Das Kohlendioxyd möchte nicht ein ideales Gas sein, daher geht es gar nicht darum, daß es diesem Ideal nicht entspricht; vielmehr möchten die Physiker die Eigenschaften der verschiedenen Gase erklären, und der Unterschied zwischen den wirklichen und den »idealen« Eigenschaften eines realen Gases ist eine Herausforderung an ihre Theorien. Dagegen streben doch wohl die Psychologen und die Soziologen nach der gleichen disziplinären Reife, die die meisten physikalischen Wissenschaften bereits erreicht haben. Insoweit ist der Unterschied zwischen den wirklichen diffusen und möglichen Disziplinen und unserem gegenwärtigen »Ideal« der Kompaktheit ein Maß für die Brauchbarkeit oder Mangelhaftigkeit der Struktur und Organisation der betreffenden Wissenschaften. Zur Zeit sind vielleicht ihre wissenschaftlichen Ziele nicht gut definiert oder allgemein anerkannt, aber in dieser Hinsicht orientieren sie sich an einem wissenschaftlichen Leitbild, das sie eben – bisher – noch nicht erreicht haben. Wie die Physik vor 1700 und die Biologie vor 1860 sind die »möglichen Disziplinen« von heute auf dem Wege zur vollentwikkelten, »kompakten« Disziplin, haben ihn aber noch nicht bis zum Ziel gefunden.
Im allgemeinen aber ist die Aussage, ein bestimmtes Unternehmen sei eine Disziplin, und seine historische Entwicklung lasse sich anhand unseres Entwicklungsmodells analysieren, kein Lob, sondern stellt nur seine spezielle vernunftbezogene Struktur und Zielsetzung fest. Die Art, wie die Verfahren eines solchen Unternehmens auf seine kollektiven Ideale hinzielen, und wie sich diese in den daraus entspringenden Formen des »Denkens« widerspiegeln, ist vielleicht nicht all-

gemein anwendbar oder gültig; auf anderen Tätigkeitsgebieten, die keine Disziplinen sind, kann man nicht einfach die gleichen Formen der »Vernunft« und historischen Entwicklung suchen, die sich bei »disziplinfähigen« Unternehmungen finden. Doch die ökologischen Beziehungen, die wir zwischen den Methoden einer Disziplin und ihren Zielen gefunden haben, können uns vielleicht noch etwas Allgemeineres lehren. Denn sie können uns ermuntern, uns dafür zu interessieren, wie weit auch in anderen Fällen die theoretische Organisation eines Gebietes – die Definition seiner Probleme, seiner Beurteilungsverfahren, seiner Auswahlkriterien usw. – sich im Laufe der Geschichte den theoretischen oder praktischen Erfordernissen des betreffenden Unternehmens funktional allmählich besser anpaßt.

Mit entsprechenden Abänderungen läßt sich unser Ergebnis bezüglich »diffuser« und »möglicher« Wissenschaften oder Zweige der Technik auch auf dem Gebiet des Rechtswesens anwenden. Wenn die erfolgreiche Entwicklung wissenschaftlicher Disziplinen und Professionen bestimmte fachliche und soziale Bedingungen voraussetzt, so gilt das auch für die eines menschlichen und wohlangepaßten Rechtssystems. Hier müssen die verschiedenen Zwecke der Rechtsprechung sowohl in der theoretischen Sprache des Gesetzes als auch in der praktischen Ausübung klar abgegrenzt sein. Schlecht ist eine Rechtsprechung, die keine wirksamen Regeln des »ordentlichen Verfahrens« kennt und anwendet; doch nicht besser ist es, wenn eine klare Unterscheidung zwischen den Funktionen des Strafverfahrens und des Zivilverfahrens fehlt. In den juristischen Lehrbüchern wie in der Praxis der Rechtsprechung schlägt sich die historische Erfahrung bei der Unterscheidung juristischer Fragen und ihrer getrennten Behandlung auf zweierlei Art nieder: in einer theoretischen Unterscheidung zwischen Zivilrecht und Militärrecht, Strafrecht und internationalem Recht (oder den Begriffen des Personenstands, der juristischen Person, der Fahrlässigkeit) und andererseits in der Aufgliederung der Rechtsprechung zwischen verschiedenen Gerichtshöfen und Verfahren, worin diese theoretischen Unterscheidungen institutionellen Ausdruck finden.

Dementsprechend ähneln die Mängel eines Rechtssystems denen »diffuser« oder »möglicher« Wissenschaften. Sie können vorwiegend theoretischer Art sein und sich in einer Vernachlässigung der Unterschiede zwischen den verschiedenen Funktionen der Rechtsprechung und den sich daraus ergebenden »Anforderungen« äußern. In den Frühstadien des gesellschaftlichen Lebens waren selbst etwa die Unterschiede zwischen juristischen, moralischen und politischen Fragen viel weniger scharf als heute, und es gab keine wirklichen Vorkehrungen, um sie in der Praxis zum Tragen zu bringen. Nicht, daß die frühen Gesellschaften unsere heutigen Unterscheidungen erwogen und verworfen hätten; ihre historische Erfahrung hatte sie noch gar nicht dazu geführt, solche Unterscheidungen zu machen. Die Entdeckung der Vorteile wohlbestimmter und je selbständiger Verfahren und Sanktionen in juristischen, moralischen und politischen Dingen war – so könnte man sagen – eine kategoriale Voraussetzung des Funktionierens einer zivilisierten Gesellschaft, grundlegender als die nachherige Entwicklung inhaltlicher Begriffe oder Doktrinen auf dem Gebiet des Rechts, der Moral oder der Politik. Doch andererseits können die Mängel eines Rechtssystems auch in erster Linie institutioneller statt theoretischer Art sein. Es genügt nicht, daß Rechtsprofessoren für jede juristische Funktion immer ausgefeiltere Doktrinen und Grundsätze aufstellen. Ein gut gebautes Rechtssystem braucht auch eine entsprechend komplizierte Organisation, wenn diese grundlegenden Unterscheidungen in der Praxis zum Tragen kommen sollen. Auch in dieser Hinsicht ist die Unterscheidung zwischen Polizei und Friedensrichter, Richter und Ankläger, Rechtsprechung und Verwaltung Ausdruck einer vorangehenden funktionalen »Gewaltenteilung«, die für ein zivilisiertes gesellschaftliches Leben entscheidender, für das konkrete Recht »konstitutiver« und überhaupt folgenreicher ist als jede spätere richterliche Entscheidung in speziellen Rechtsfragen.

6.3 *Das Spektrum der nichtdisziplinären Tätigkeiten*

Zur Vervollständigung dieses skizzenhaften Überblicks über die verschiedenen Arten vernunftorientierter Tätigkeiten und Unternehmungen müssen wir eine letzte Klasse von Fällen betrachten: diejenigen, auf die unser Disziplinmodell des

Ideenwandels höchstens teilweise anwendbar ist. Bei Tätigkeiten, die von mehr oder weniger wohlbestimmten Zielen geleitet sind – seien es theoretische oder praktische – und daher disziplinfähig sind, ist nicht schwer zu erkennen, wie die unvollständige Erreichung dieser kollektiven Ziele zu erkennbaren Problemen Anlaß gibt, oder wie die Ziele selbst die »Anforderungen« der entsprechenden Problemsituation bestimmen. Bei Tätigkeiten, die ihrer ganzen Beschaffenheit nach nicht oder nur in ganz bestimmten Beziehungen disziplinfähig sind, liegen die Dinge anders. In diesen Fällen sind schon die anstehenden Fragen im allgemeinen komplexer, wandelbarer oder sogar persönlicher als in einer normalen Disziplin. Als Folge davon sind die ökologischen Anforderungen der jeweiligen Situation und die Kriterien zur Beurteilung neuer Ideen entsprechend weniger bestimmt, festgelegt oder allgemein anerkannt; und entsprechend schwieriger wird der Nachweis eines unmittelbaren Zusammenhangs zwischen den »Vernünftigkeitskriterien« und den theoretischen oder praktischen Anforderungen der Situation. Wenn nach Lage der Dinge weder eine anerkannte Menge von disziplinbezogenen Idealen gegeben noch eine entsprechende Menge von kollektiven Verfahren erforderlich ist, dann wird eine »vernünftige« Beurteilung aus verständlichen Gründen zu einer schwierigen und umstrittenen Sache. Doch das ist an sich kein Grund gegen die Anwendbarkeit unserer Analyse in solchen Fällen; es verweist aber darauf, daß hier keine erkennbare Menge bestimmter und leicht angebbarer kollektiver »Anforderungen« maßgebend ist.

Wir wollen hier also einige Beispiele aus dem ganzen Spektrum der nicht disziplinhaften und nicht disziplinfähigen Tätigkeiten herausgreifen und in jedem Falle fragen, warum die jeweiligen Probleme so besonders komplex sind. Die Beispiele gehören zu verschiedenen Arten. Zunächst können wir solche Tätigkeiten betrachten, deren Leitziele nicht gemeinschaftliche oder kollektive, sondern persönliche sind; als nächstes Unternehmungen, deren Ziele nicht Sache einer Profession von Fachleuten, sondern jedermanns Sache sind; als drittes Probleme, die sich nicht – wie die einer wissenschaftlichen Disziplin – abstrakt oder allgemein analysieren lassen, sondern konkrete Entscheidungen erfordern; und schließlich

Probleme, bei denen nicht ein einziger, sondern mehrere Werte wesentlich ins Spiel kommen, und die daher eine Abwägung menschlicher Interessen und Ideale verschiedener Art erfordern.

1. Die Literatur und die Schönen Künste nehmen eine interessante Stellung ein: sie stehen in der Mitte zwischen den völlig disziplingebundenen Forschungen der physikalischen Wissenschaft und nicht disziplinfähigen Gebieten wie der Ethik und der Philosophie. In gewissen Beziehungen haben diese Tätigkeiten sogar mehr mit ausgewachsenen »Disziplinen« zu tun, als oft bemerkt wird, und man könnte sie geradezu »Quasidisziplinen« nennen. So gibt es in der Entwicklung jeder der Schönen Künste so etwas wie die Kontinuität durch allen Wandel hindurch, wie sie für eine Naturwissenschaft oder einen Zweig der Technik kennzeichnend ist. Während die faktischen Techniken etwa der musikalischen Komposition bei Boulez und Stockhausen denen Verdis oder Bachs nicht ähnlicher sind als die Physik Feynmans derjenigen Maxwells oder Newtons, hat das kompositorische Unternehmen als solches eine erkennbare Einheitlichkeit bewahrt, so daß die verschiedenen Techniken aufeinanderfolgender Generationen wieder aufeinanderfolgende Zeitquerschnitte eines »historischen Gebildes« sind.

Darüber hinaus haben die Schönen Künste bezüglich ihrer Methoden wie auch ihrer historischen Ursprünge noch eine Menge mit den älteren Handwerken gemeinsam, aus denen sie und die Technik entsprangen. Das zeigt sich besonders deutlich an Grenzfällen wie der Architektur, wo noch starke Verbindungen zum Ingenieurwesen und zum Bauhandwerk bestehen. Obwohl ja Künstler nach der überkommenen Vorstellung absolute Individualisten und die Schönen Künste Vehikel des Ausdrucks ihrer Persönlichkeit sind, hätte doch unsere obige Analyse der Technik bis vor nicht allzu langer Zeit noch das Wort »arts« (»Künste«) und seine Ableitungen verwenden können. Bis ins späte 19. Jahrhundert wurden technische Konstruktionen und Produktionsverfahren noch als »industrial arts« bezeichnet; die Handwerker, die diese »Künste« praktisch anwendeten, hießen »artisans«; und Organisationen zur Förderung technischer Neuerungen erhielten naheliegenderweise Namen wie »Royal Society of Arts«.

Erst allmählich entwickelte sich eine scharfe Unterscheidung zwischen gewissen »schönen« (»fine«) Künsten, die ganz besonderes Können verlangten, und dem großen Strom der alltäglichen, nicht so »feinen« Handwerke, und damit zwischen »artist« (Künstler) und »artisan« (Handwerker). Und selbst damit unterschied man anfänglich nur etwa zwischen einem Benvenuto Cellini und einem Durchschnittsjuwelier, also dem Künstler, der teure, bestellte Einzelanfertigungen für einen Luxusmarkt herstellte – wobei die Einzigheit jedes neuen Stücks stillschweigender Bestandteil des Vertrages war –, und dem Handwerker mit seinen billigeren, im voraus in größerer Zahl hergestellten Erzeugnissen für einen Massenmarkt, auf dem die praktische Verwendbarkeit wichtiger war.

Wenn wir uns also auf die *Techniken* der Schönen Künste beschränken, könnten wir eine disziplinähnliche Kontinuität ihrer historischen Entwicklung aufzeigen. Zeichen- und Stechkunst, Kontrapunkt und Instrumentation, Filmaufnahme und Filmschnitt sind »Künste« im ursprünglichen Sinne des Wortes: Repertoires praktischen Könnens, verkörpert in dem betreffenden Künstler und vermittelt durch das Großwerden in einer bestimmten »Schule«. Und eine Geschichte etwa der Fuge könnte mit geringen Abänderungen dasselbe Muster des Wandels durch »Variation und Auswahl in den Dauerbestand« verwenden wie die Geschichte einer Wissenschaft oder eines Zweiges der Technik. Eine solche Geschichte der künstlerischen Techniken wäre natürlich etwas völlig anderes als die üblicheren historischen Darstellungen, die die Großen der Dichtung, der Bildhauerei oder der Musik an einem vorüberziehen lassen. Sie müßte z. B. Komponisten, die heute als zweitrangig erscheinen, mehr Raum widmen als üblich (etwa Stamitz, Richter und Hoffmeister gegenüber Mozart; Cherubini, Albrechtsberger und Hummel gegenüber Beethoven). Doch das wäre kein Nachteil. Zu lange schon verwechseln die meisten Kritiker und selbst einige Künstler »Originalität« auf dem Gebiet technischer Neuerungen – die Erfindung neuer Techniken und die Verfeinerung vorhandener – mit »Originalität« auf dem Gebiet der persönlichen Kommunikation – daß man »etwas Neues zu sagen hat«. Man sollte sich hier also daran erinnern, wie stark die Schönen Künste von neuen Techniken bestimmt gewesen sind, die ihren kollektiven Weitergabegehalt bilden, und wie stark daher die historische Entwicklung dieser kollektiven Techniken ein Hauptthema der Geschichte jeder der Schönen Künste gewesen ist.

Man muß aber tatsächlich »ein Hauptthema« sagen, nicht »das Hauptthema«; und an diesem Punkt können wir auf die Unterschiede zwischen den Schönen Künsten und anderen, disziplingeeigneteren Tätigkeiten eingehen. Die kollektiven Methoden einer Kunst mögen sich auf quasi-disziplinäre Weise entwickeln; doch den Zielen des einzelnen Künstlers werden sie ganz anders dienstbar gemacht, als wenn die Schönen Künste – nach unseren Maßstäben – voll ausgebildete Disziplinen wären. Einheit und Zusammenhang einer wissenschaftlichen oder technischen Disziplin werden, wie wir sahen, durch die kollektiven Ideale und Ziele ihrer Vertreter aufrechterhalten; doch es gibt keine entsprechende Zielsetzung, die die in einer der Schönen Künste beruflich Tätigen einen würde. Es gibt keine Aufgabe, der sich jeder einzelne Maler oder Dichter, Komponist oder Filmschaffende als solcher verbunden fühlte – kein gemeinsames »poetisches« Ziel, keinen Standpunkt, der etwa jemandes Beschäftigungen als Dichter bestimmen würde. Für den Naturwissenschaftler oder mit Entwicklungsarbeit beschäftigten Techniker ist die Findung besserer Erklärungen oder Konstruktionen nicht mehr *ein* Ziel seiner Arbeit, sondern *das* Ziel. (Das Motto heißt Entdeckung.) Wie dagegen ein Künstler seine Techniken einsetzt, darüber kann die Profession der Künstler keine kollektive Autorität beanspruchen. Die schöpferische Selbständigkeit und Unabhängigkeit der Schönen Künste gewährt jedem Künstler die Freiheit, die kollektiven Techniken seiner Profession im Dienste wesentlich individueller Ziele einzusetzen. Das »Medium« des Künstlers ist also das *Mittel,* mit dem er ein ganz anderes Ziel erreicht als die Verbesserung des Mediums selbst. Und letzten Endes schließt diese wesentliche Vielfalt der künstlerischen Ziele jede Möglichkeit aus, eine der Schönen Künste als eine »Disziplin« zu betrachten.

Man beachte, daß dieses wesentlich persönliche Element in der Tätigkeit des Dichters oder Künstlers sehr gut ohne jeden Rückgriff auf einen psychologisch orientierten »Subjektivismus« beschrieben werden kann. Es wäre irreführend, die Unterschiede der Literatur und der Schönen Künste gegenüber anderen, disziplingeeigneteren Tätigkeiten anhand des Gegensatzes zwischen »affektiv« und »kognitiv« oder zwischen »Gefühlen« und »Tatsachen« zu beschreiben. Die eigentlichen Unterschiede liegen nicht auf dem Gebiet der individuellen Gefühle, sondern bei den konstitutiven Zielen der betreffenden kollektiven Tätigkeiten. Der Biochemiker als Biochemiker hat eine bestimmte Menge kollektiver Interessen; diese sind der augenblickliche Daseinszweck der Biochemie als Disziplin, und seine Aufgabe als Vertreter dieses Faches ist die Mitwirkung an der Lösung der entsprechenden Probleme. Der Dichter kennt keine solchen Zielsetzungen seiner Profession. Bestimmte Techniken mögen gemeinsamer Besitz der Sonettschreiber, Epiker oder Tragiker sein, doch wie sie jeder anwendet, ist seine eigene Sache. (Ob sich darin auch seine individuellen Gefühle ausdrücken, ist eine völlig andere Frage.) Bei der »Kritik« der Symbolik oder Thematik eines Dichters hat man also immer dessen persönliche Ziele im Auge. Das heißt, bei dem Urteil geht es nicht darum, ob das Neue an seinem Werk hinreichend »den« Zielen der Dichtkunst entspricht – denn die Dichtkunst als solche hat keine eindeutig bestimmten Ziele –, sondern ob es seinen eigenen besonderen künstlerischen Zielen dient.

2. Der Gegensatz zwischen der Ausrichtung auf ein Gemeinschaftsziel und der auf individuelle Ziele bestimmt die Grenze zwischen Disziplinen und Nicht-Disziplinen in einer Hinsicht; doch in anderen Fällen können menschliche Tätigkeiten aus ganz anderen Gründen »nicht disziplinfähig« sein. Ein Vernunftunternehmen wird z. B. nicht einfach dadurch zur Disziplin, daß es *mindestens eine* Menge wohlbestimmter kollektiver Ziele und Auswahlkriterien besitzt, sondern indem es zu jeder Zeit *genau eine* solche Menge besitzt. Wenn die Naturwissenschaft inhaltlich in unabhängige Teildisziplinen aufgespalten ist und soziologisch in spezialisierte und selbständige Professionen, dann drückt sich darin die bewußte »Arbeitsteilung« aus, die durch die Differenzierung der wissenschaftlichen Probleme in wohlbestimmte Gruppen möglich wurde, deren jede sich an einer bestimmten Grundzielmenge orientiert. Diese wissenschaftliche Balkani-

sierung – die Schaffung neuer, selbständiger Spezialgebiete, wo immer Anlaß besteht – ist aber nur möglich und zu rechtfertigen, weil die Grundfragen hier abstrakter, theoretischer Art sind.

Solange es den Wissenschaftlern nur um bessere Erkenntnis geht – bessere Erklärung, bessere theoretische Erfassung –, haben sie als reine Wissenschaftler die Freiheit, ihre disziplinbezogenen und professionsbezogenen Tätigkeiten so zu organisieren und aufzuteilen, wie es ausschließlich der Entwicklung leistungsfähigerer Erklärungsideen dient. Doch wenn die Interessen weiter gespannt sind, besteht diese Freiheit nicht mehr, und man kann nicht immer weiter Abstraktionen und Teilgebiete bilden. Im praktischen Leben muß man sich mit den Problemen auseinandersetzen, wie sie auf einen zukommen, mit ihrer ganzen konkreten Komplexität; und dieser kann man bei der Lösung nicht gerecht werden, wenn man zunächst einmal die Fragen aufteilt und dann planmäßig von denjenigen absieht, für die es kein wohlbestimmtes Lösungsverfahren gibt. In solchen praktischen Situationen sind also die nötigen vernünftigen Beurteilungen nicht deswegen nicht disziplinfähig und nicht professionalisierbar, weil sie auf persönlichen oder individuellen Entscheidungen beruhten, sondern weil die betreffenden Fragen vielfältig, von je eigener Art und voneinander abhängig sind.

In gewissem Maße gibt es natürlich Möglichkeiten für eine Art »quasi-disziplinäre« Arbeits- und Problemteilung in praktischen Dingen, so wie in den Schönen Künsten. Man betrachte etwa ein technisches Vorhaben. Hier sind umfassendere Planungsfragen eng mit technischen Fragen verknüpft, und man kann erstere nur im Lichte technischer Beurteilungen, die von verschiedenen einander ergänzenden Standpunkten ausgehen, anfassen oder auch nur formulieren. Ein Großkraftwerk wie der Assuandamm wirft wohl eine Vielzahl technischer Teilprobleme auf, die jeweils Sache bestimmter Fachleute sind, vom Bauingenieur, Maschinenbauer und Elektroingenieur bis zum Wasserbiologen, Epidemiologen und Soziologen. Doch die notwendigen Gesamtentscheidungen sind etwas wesentlich anderes als alle diese technischen Spezialprobleme. Sie haben nicht mit allgemeinen theoretischen Problemen zu tun, die von der Gesamtsituation abstrahiert sind, sondern mit konkreten, praktischen Entscheidungen: ob man das Vorhaben aufgeben oder weitertreiben soll, welchen Kompromiß man etwa zwischen jetzigen Einsparungen und langfristiger Wirtschaftlichkeit treffen soll, wie man mit den ökologischen Nebenwirkungen der Anlage fertig werden kann, usw. Solche Gesamtentscheidungen erfordern nicht die Betrachtung bestimmter Seiten des Vorhabens, die unter Spezialgesichtspunkten von Bedeutung sind, sondern die Betrachtung aller Seiten der Entscheidung, die unter irgendeinem Gesichtspunkt von Bedeutung sind. Der Bauingenieur hat vielleicht die Aufgabe, diejenigen ausgewählten Fragen zu beurteilen, die z. B. mit den allgemeinen Eigenschaften des Eisenbetons zu tun haben, und damit ist er berechtigt, die speziellen Aspekte herauszuabstrahieren, die unter seinen Fachgesichtspunkten von Bedeutung sind. Eine Planungsentscheidung dagegen hat stets mit einem ganz bestimmten, komplexen Bündel von Fragen zu tun, genau wie sie eben auftreten; jede vorangehende Abstraktion verfälscht den wesentlichen Charakter des Problems[299].

3. Wenn wir diesen Gesichtspunkt weiter verfolgen, können wir einen weiteren kennzeichnenden Unterschied zwischen disziplinfähigen und nicht disziplinfähigen Unternehmungen herausarbeiten. Eine auffallende Eigenschaft disziplinhafter Unternehmungen – seien es theoretische oder praktische, technische oder juristische – ist die, daß man sich gewöhnlich unabhängig von anderen Tätigkeiten an ihnen beteiligen oder nicht beteiligen kann. Diese »Isolierbarkeit« der disziplinhaften Unternehmungen unterscheidet sie scharf von den meisten anderen Alltagstätigkeiten, bei denen Handlungen und Entscheidungen in einem komplizierten Netz aufeinander einwirkender Abfolgen mit ebenso komplizierten Konsequenzen verwoben sind.

Ein Politiker halte z. B. eine Rede; diese wird sofort Bestandteil von einem Dutzend verschiedenen historischen Abfolgen, deren jede sich für eine Beurteilung der Rede als einer politischen Tatsache als bedeutungsvoll herausstellen kann. Zum Beispiel können Ort, Zeit und Art der Rede gleichzeitig

299 Dies wird wiederholt unterstrichen von Lewis Mumford in *The Myth of the Machine*, 2 Bde. (New York, 1967, 1970) und anderen seiner neueren Bücher (dt.: *Mythos der Maschine*, Frankfurt 1977).

Verpflichtungen gegenüber seinen Wählern abgelten, einige seiner Hörer unbeabsichtigt verärgern, anderen indirekt etwas versprechen, öffentliche Aufmerksamkeit auf seine rednerischen Fähigkeiten lenken, Anspruch auf eine politische Funktion in der Zukunft erheben, die Wahlaussichten seiner Partei verbessern oder verschlechtern, eine Thrombose beschleunigen, mit seiner Geliebten eine persönliche Vertrauenskrise hervorrufen und/oder eine Verabredung platzen lassen ... Wir können also die Rede von einem Dutzend verschiedener Blickwinkel her sehen, im Lichte ebenso vieler Gruppen von »Gesichtspunkten«; und es wäre falsch, irgendeine dieser Betrachtungsweisen oder Ereignisketten als »wesentlich« auszusondern und alle anderen als historisch unbeachtlich oder »zufällig« zu betrachten. Als konkretes historisches Ereignis hat die Rede so viele Aspekte, wie es relevante Gesichtspunkte zu ihrer Beurteilung gibt, und welcher davon *tatsächlich* für ihre politischen Wirkungen relevant ist, das hängt einfach davon ab, welcher von ihnen sich unter den betreffenden Umständen als relevant *erweist*.

Das Spiel von Temperament, Entscheidung und Charakter, das die Menschen an den Tag legen, wenn sie sich durch das Netz veränderlicher historischer Probleme und Umstände durchtasten, schafft auch den Stoff für die Schöne Literatur. Das Leben eines Physikers – oder sonst jemandes, der sich beruflich einer streng isolierbaren Disziplin widmet – wird erst dann eine »richtige Geschichte« und Gegenstand moralischer Überlegungen, wenn seine disziplinbezogene Tätigkeit mit anderen Dingen zusammengerät: mit politischen Idealen und Überzeugungen, mit akademischer Karrierepolitik und Berufsethik, mit Klassenvorurteilen und Eheproblemen. (Man erinnere sich an den Vorwurf des Romans *The Affair* von C. P. Snow.) Doch häufiger geht der Wissenschaftler oder Vertreter eines anderen qualifizierten Berufes den Zielen seiner Disziplin unabhängig von berufsfremden Zielen nach, und die Erklärungsmethoden oder die sonst für seine Disziplin kennzeichnenden Verfahren verändern und entwickeln sich auf kollektiver Grundlage unabhängig von Verfahren, die nichts mit der Disziplin zu tun haben.

Von welchen Bedingungen hängt also die Isolierbarkeit von Disziplinen und Professionen ihrerseits ab? Im Blick auf die

Geschichte kann man sinnvoll fragen, wie bestimmte repräsentative Disziplinen überhaupt einmal identifiziert wurden und sich herausdifferenzierten. Dazu kam es nie sehr rasch oder sehr leicht, und die richtigen Grenzen der schließlichen Disziplin ließen sich auch nicht im voraus genau oder a priori festlegen. Im Rückblick dürfte kein Wissenschaftszweig unzweifelhafter eine Disziplin gewesen sein als die Dynamik; doch der Vorschlag ihrer »Ausgliederung« stieß anfänglich auf starke Einwände, und niemand konnte im voraus klar aufzeigen, wie die Disziplinhaftigkeit im einzelnen nachgewiesen werden könne. Aristoteles etwa war bereit, »Abstand«, »Volumen« und »Zeit« als allgemeine mathematische Begriffe zu nehmen; aber er hatte es sehr viel weniger gern, daß qualitative Attribute wie »Schwere« ebenfalls zahlenmäßig analysiert werden sollten[300]. Wenn der Begriff der »Masse« auf Schwierigkeiten stieß, so auch der der »Kraft«. Galilei gelang es kaum, von der Kinematik zur eigentlichen Dynamik vorzudringen; und ein ganzes Jahrhundert nach Newton war das Maß der »Bewegungsgröße« oder »lebendigen Kraft« (vis viva) immer noch Gegenstand einer verworrenen Diskussion[301]. Noch gegen Ende des 19. Jahrhunderts sprach sich Heinrich Hertz nachdrücklich dafür aus, den Ausdruck »Kraft« völlig aus dynamischen Erklärungen auszuschalten[302]. Wenn also selbst in der Dynamik die Wissenschaftler erst im Laufe der Zeit herausfinden mußten, wie weit und zu welchen Zwecken der Gebrauch bestimmter abstrakter Begriffe gerechtfertigt war, so war das in anderen, engeren wissenschaftlichen Forschungsgebieten noch mehr der Fall.

Die Isolierbarkeit und Disziplineignung irgendeines Vernunftunternehmens muß sich also in der Erfahrung erweisen. In dieser Beziehung war es eine empirische Entdekkung, daß sich überhaupt die uns bekannte Dynamik schaffen ließ – die Abstrahierung einer zusammengehörigen Gruppe von Problemen im Zusammenhang mit »Masse«, »Impuls«, »Trägheit« und ähnlichem, und deren Untersuchung ohne

300 T. A. Heath, *Mathematics in Aristotle* (Oxford, 1949), Einleitung.
301 Zur Diskussion über die vis viva siehe L. Laudan, »The vis viva Controversy, a Post Mortem«, *Isis* 59 (1968), 131-43.
302 (Siehe Anm. 124.)

unmittelbare Verbindung mit Fragen etwa der Farbe, des Alters, der Gesundheit, der Nationalität oder der Psychologie. Die Erfahrung hat gezeigt, wie weit das möglich ist; jede einzelne Aussage der Dynamik setzt voraus, daß es möglich ist; und die beständige Relevanz dynamischer Begriffe und Berechnungen setzt es voraus und bestätigt es wiederum. Doch »empirisch« gesehen, hätte alles auch anders herauskommen können. Ehe irgendwelche dem Logiklehrbuch entsprechenden Verallgemeinerungen physikalischer Naturgesetze in dynamischer Sprache formuliert werden konnten, mußte man sich davon überzeugen, daß eine isolierte »Disziplin« der Dynamik überhaupt möglich war; und im weiteren mußte man herausfinden, wo genau die Grenze zwischen den »dynamischen« Aspekten der natürlichen Welt und den anderen Aspekten verlief, die mit anderen Begriffen und anderen Erklärungsmethoden zu behandeln sind.

4. Kompakte Disziplinen sind nicht nur abstrakt und isolierbar, sondern auch verhältnismäßig stark von einem einzigen Wert bestimmt; und auch diese Eigenschaft unterscheidet sie von anderen, nicht disziplinfähigen Tätigkeiten. Das bedeutet nicht, daß die Disziplinen wertfrei wären, also *neutral* gegenüber allen ethischen und moralischen Fragen. Wenn sich ein angehender Wissenschaftler für eine bestimmte Disziplin entscheidet, dann entscheidet er sich nicht dafür, nur »Tatsachen« und keine »Werte« oder nur »Mittel« und keine »Ziele« zu betrachten. Im Gegenteil, er entscheidet sich dabei ausdrücklich für ein bestimmtes Ziel oder Ideal. Wie wir oben sahen, haben die wissenschaftlichen Professionen häufig von ihren Mitgliedern eine ungeteilte Hingabe verlangt, die man zu Recht mit der ungeteilten Hingabe der Mönchsorden verglichen hat[303]. Hingabe und Integrität im Dienste der Disziplin sind also für die moderne Wissenschaft das, was Hingabe an Gott und Gehorsam gegenüber dem Orden für das Mönchtum waren. In beiden Fällen sind die daraus entspringenden Lebensformen weniger moralisch neutral als moralisch selbstbeschränkt: sie verlangen die Bereitschaft, alle Zweifel an den vorangehenden Abstraktionen oder Voraussetzungen beiseite zu setzen und sich zielbewußt den aus ihnen entspringenden Aufgaben und Idealen zu widmen.

303 Ziman (vgl. Anm. 170), S. 138 ff.

Jedenfalls in den Naturwissenschaften war es bis vor kurzem ziemlich leicht, diese Ausrichtung an einem einzigen Wert aufrechtzuerhalten. In der Technik waren die Grenzen deutlicher, denn in der Praxis lassen sich die Disziplinen nur in erster Näherung und für die besonderen Zwecke des betreffenden Vernunftunternehmens wirklich »isolieren«. Wenn man aber genauer sein will oder andere Gesichtspunkte berücksichtigen möchte, dann muß man auf die Nebenwirkungen »zweiter Ordnung« einer Disziplin ebenso achten wie auf ihre inneren Verfahren. An einem bestimmten Punkt – der Geschichte wie auch der wachsenden Komplexität der Industrieorganisation – begann also der technische Fortschritt selbst ganze neue Bereiche theoretischer Möglichkeiten zu schaffen, die die Menschen vor völlig neue gesellschaftliche, politische und sogar moralische Entscheidungen stellten. Jenseits dieses Punktes waren die verschiedenartigen Probleme – die theoretischen und praktischen, die technischen und gesellschaftlichen – faktisch nicht mehr zu trennen. An diesem Punkt verloren also die technischen Entscheidungen die Abstraktheit und Isolierbarkeit akademischer Fragen und gewannen die unauflösbare Konkretheit ethischer Probleme; und die Abstraktionen, aufgrund derer der betreffende Zweig der Technik als völlig isolierbar behandelt wurde, verloren ihre Gültigkeit.

Um einen Extremfall anzuführen: Theoretisch könnte man die Entwicklung der chemischen und bakteriologischen Waffen als einen berechtigten, in sich ruhenden Zweig der Technik betrachten, der Anspruch auf seine eigenen disziplinbezogenen Ziele und seine Professionsorganisationen hat. Auf abstrakter Ebene müßte man also einer Organisation der Giftingenieure den gleichen Professionsstatus einräumen wie den bestehenden Organisationen der Bau-, Maschinen- und Elektroingenieure. (Im gleichen Sinne könnte die Königliche Schwesternschule – von der abstrakten Theorie her gesehen – auf eine Ebene mit einer ebenso fachbezogenen Königlichen Prostituiertenschule gestellt werden.) Wenn wir uns gegen einen solchen Vorschlag sträuben, so zeigt das nur, daß wir bei einem theoretischen oder praktischen Unternehmen, das als Disziplin anerkannt werden soll, seinen positiven Wert voraussetzen. Maschinenbau und Krankenpflege sind als legitime Gegenstände einer Disziplin oder Profession nur deshalb anerkannt, weil das Ziel der besseren Krankenpflege oder des besseren Maschinenbaus selbst uneingeschränkt anerkannt ist; und nur der ethische Abscheu vor Nervengasen und Prostitution schließt diese von jenem Status aus. So hängt das Bestehen einer selbständigen »Disziplin« und der zugehörigen »Profession« sowohl von einer vorangehenden theoretischen Abstraktion ab – nämlich der Erkenntnis, daß die betreffenden Ziele isoliert von anderen Zielen erfolgreich verfolgt werden können – als auch von der Billigung der betreffenden Ziele.

Jetzt können wir den nächsten Schritt unserer Überlegungen tun. Wir sahen, daß die Grenze zwischen disziplinfähigen und nicht disziplinfähigen Tätigkeiten so verläuft, wie es der Fall ist, weil die Menschen entdeckt haben, daß es sowohl funktional möglich als auch menschlich wünschenswert ist, bestimmte Gruppen von Problemen auszugrenzen und zu Gegenständen spezialisierter Forschungszweige zu machen, während sich das bei anderen Fragen als unmöglich oder nicht wünschenswert oder beides herausstellt. Diesen diagnostischen Unterschied müssen wir jetzt im Auge behalten, wenn wir die Stellung der *Ethik* betrachten; insbesondere, wenn wir fragen, welches Gewicht im Lichte unserer Analyse dem Wort Hegels beizumessen ist, die Ethik sei keine Disziplin.

Die Verhältnisse auf dem Gebiet der Ethik liegen nun keineswegs einfach, und die Behauptung, die Ethik sei »nicht disziplinfähig«, ist daher der Gefahr der Mehrdeutigkeit ausgesetzt. Man könnte etwa versucht sein, sich Kierkegaard und den Existentialisten darin anzuschließen, daß ethische Fragen »wesentlich persönliche« seien. Und es ist richtig, daß in manchen Fällen die Nicht-Disziplinhaftigkeit ethischer Probleme und Entscheidungen z. B. etwas mit der Nichtdisziplinhaftigkeit der Dichtkunst gemeinsam hat. Das heißt, an bestimmten Punkten laufen ethische Probleme in der Tat auf »nicht hinterfragbare persönliche« Entscheidungen und Gesichtspunkte hinaus; und jeder Vorschlag, die gesamte Ethik als eine einzige kompakte Disziplin zu behandeln, wäre allein aus diesem Grunde abwegig. Doch das ist noch nicht alles – und könnte es auch nie sein. Im Gegenteil, neben diesen per-

sönlichen Problemen gibt es andere, ebenso berechtigte ethische »Gesichtspunkte«, in deren Rahmen die Probleme zweifellos gemeinschaftliche oder kollektive sind. Neben den individuellen Problemen eines Menschen – seien es Fragen der Berufswahl, der Freizeitbeschäftigung, des Privatlebens oder seines Todes – gehören zur Ethik als ganzer auch kollektive Probleme der Familienbeziehungen und vertraglichen Verpflichtungen, der Integrität der Verwaltung, der Behandlung von Kleinkindern oder Tieren und des Schutzes der Kranken oder der Armen.
Auch wenn wir also die Ethik als ganze nicht als Disziplin sehen, so brauchen wir doch die Hoffnung nicht aufzugeben, bestimmten Arten von Fragen jedenfalls auf eine »quasi-disziplinhafte« Art behandeln zu können. Denn wenn es auch vielleicht unmöglich ist, die einzelnen Arten ethischer Probleme so vollständig zu abstrahieren und zu isolieren wie in den Naturwissenschaften – so daß also keine Rede davon sein könnte, daß ethische Fragen *allgemein* disziplinfähig wären –, so können wir doch die verschiedenen Betrachtungsweisen unterscheiden, mit denen man an ethische Probleme herangehen kann, und die Klassen von Gesichtspunkten, die jeweils bei einer solchen Betrachtungsweise von Bedeutung sind; und einige davon werden sich als eher »disziplinfähig« herausstellen als andere. Angenommen etwa, wir wollten eine mit Kategorien arbeitende »Taxonomie« der ethischen Probleme und Gesichtspunkte anlegen, ähnlich der, mit der wir die verschiedenen wissenschaftlichen Disziplinen unterscheiden und voneinander trennen. Genau, wie wir die »Gesichtspunkte« etwa der Biochemie, der Thermodynamik und der Neurologie unterscheiden, so können wir dann die ethischen Probleme, die sich jeweils aus einem solchen Gesichtspunkt ergeben, anhand der für sie zuständigen Rubrik unterscheiden – z. B. als Frage des »guten Tones« oder der »Berufsethik«, der »reinen Menschlichkeit« oder der »Karriere« – und anhand des entsprechenden Arsenals von Begriffen und Rechtfertigungsverfahren. Und dann werden wir undifferenzierte ethische Vielzweckbegriffe wie »gut« und »schlecht«, »recht« und »unrecht« durch wesentlich spezifischere, bestimmtere und aufschlußreichere Begriffe ersetzen können – wie »gewissenhaft« und »unfair«, »von gutem Geschmack«

und »nicht in Ordnung«, »gottesfürchtig« und »abscheulich«, »wohlabgewogen« und »lieblos«[304].

Betrachtet man nun diese parallelen ethischen Gesichtspunkte gleichzeitig, so findet man, daß jedenfalls bei einigen von ihnen schon ein langer Weg in Richtung auf »Quasi-Disziplinen« ähnlich den Schönen Künsten zurückgelegt worden ist. Das heißt, mit der Zunahme der menschlichen Erfahrung und Erkenntnis haben sich einige Gruppen ethischer Fragen herauskristallisiert, die mit Vorteil als technische Fragen zu behandeln und professionellen »Fachleuten« oder »Autoritäten« zu überantworten sind. Am deutlichsten ist das bei Problemen der Fall, die so komplizierte Tatsachenfragen aufwerfen, daß sie nicht von allen moralischen Subjekten gleich gut beurteilt werden können, so etwa bei der Ethik der Bestrafung. Losgelöst von den besonderen Erkenntnissen der Kriminologie und der Kriminologen, werden Diskussionen der theoretischen Moralität der Bestrafung wie auch der praktischen Führung der Gefängnisse in der Tat sehr schnell oberflächlich, tatsachenfern und irrelevant. Es gibt also selbst innerhalb des allgemeinen Gebiets der Ethik einige spezialisierte Forschungsgebiete, auf denen die kollektive menschliche Erfahrung nur auf quasi-disziplinäre Weise wirklich nutzbar gemacht werden kann; und der Fachcharakter dieser Spezialgebiete spiegelt sich ebenso in der Entwicklung entsprechender Fachberufe wider[305].

Historisch gesehen, war freilich die theoretische Bewältigung und die Professionalisierung komplizierter ethischer Fragen zögernd, unsicher und nur teilweise erfolgreich. (Die Kriminologie kann, wie die Wirtschaftswissenschaft, bestenfalls partielle theoretische Erkenntnisse und praktische Erfolge für sich in Anspruch nehmen.) Doch wenn wir die Versuchungen des moralischen Relativismus nicht beachten und die verschiedenen Aufgaben und Methoden der Ethik unter

304 Dazu siehe meinen Aufsatz »Principles of Morality«, *Philosophy* 31 (1956), 142-53.

305 Eine höchst lehrreiche Behandlung dieser Fragen findet sich bei Glanville Williams, *The Sanctity of Life* (London und New York, 1958); dieses Buch zeigt, wie viel man über ethische Fragen lernen kann, wenn man verfolgt, wie ihnen die Rechtssysteme verschiedener Völker und Rechtstraditionen in den verschiedenen Milieus Rechnung getragen haben.

den gleichen Entwicklungsgesichtspunkten neu betrachten, die wir viel eher auf die Wissenschaft und Technik anzuwenden bereit sind, so können wir zweifellos eine langsame, aber unverkennbare Verbesserung des Verständnisses ethischer wie auch theoretischer Fragen feststellen. Die meisten von uns würden zögern, eine Reise ohne Wiederkehr mit der Zeitmaschine ins Europa des 14. Jahrhunderts oder ins Rom des 3. Jahrhunderts zu unternehmen, und zwar nicht nur wegen der primitiveren Technik – wegen der üblen Gerüche, der Armut und Krankheit, gegen die man sich nicht würde schützen können –, sondern in erheblichem Maße auch deshalb, weil man nicht auf den Zuwachs an moralischem Scharfblick, an Flexibilität und Sensibilität verzichten möchte, den die Menschen in den letzten 500 oder 1500 Jahren langsam und unter Schmerzen entwickelt haben. Sehen wir einmal einen Augenblick von den politischen Schrecknissen des 20. Jahrhunderts ab, wieviele von uns wären wohl bereit, sich in Verhältnisse zurückzubegeben, da man unartige Kinder von einem bösen Geist besessen glaubte oder einsame alte Frauen mit Altersmelancholie als Hexen verdammte? Wieviele von uns könnten noch ruhig mit institutionalisierter Sklaverei leben oder auf das schwer erkämpfte Recht des Einzelgewissens verzichten? So gründlich und realistisch unser kultureller Relativismus theoretisch sein mag, es dürfte uns doch schwer fallen, seine Konsequenzen auf uns zu nehmen, wenn zu ihnen etwa unbeschränkte Toleranz gegenüber Menschen gehört, die – ohne sich viel dabei zu denken, mangels Erfahrung oder Verständnis – sich über Epileptiker lustig machen, Gefangene brutal behandeln oder Frauen als Lasttiere benutzen.

Wenn also die Ethik als ganze keine Disziplin ist, so aus zweierlei verschiedenen Gruppen von Gründen: (1) Das Gesamtgebiet der Ethik umfaßt ein kompliziertes System von Spezialproblemen und Spezialurteilen – einige persönlich, andere kollektiv, einige quasi-disziplinär, andere Sache des Einzelgewissens; (2) jede endgültige ethische Entscheidung erfordert als solche die Zusammenfassung oder Versöhnung aller einschlägigen Teilprobleme und Teilurteile im Hinblick auf eine bestimmte konkrete Situation. Betrachtet man das moralische Leben wie eine der Schönen Künste, so hat es vielleicht seine eigenen quasi-disziplinären Methoden und Verfahren, die ebensowenig Sache »rein subjektiver« Einstellungen sind wie etwa die Techniken der Komposition oder der Malerei; doch in einer konkreten Situation geht die letzte ethische Entscheidung über alle diese beschränkten und quasitechnischen Möglichkeiten hinaus.

Man könnte nun die bildliche Formulierung umkehren und sagen, die Ethik sei die Politik im Leben des einzelnen: die ganzen verschiedenen Teilprobleme und Gesichtspunkte stünden im gleichen Verhältnis zu einer ethischen Entscheidung wie die ganzen unterscheidbaren technischen und sozialen Aspekte etwa eines technischen Vorhabens zur letzten Entscheidung in dieser Sache. Die »existentielle« Entscheidung ist kein Urteil über die Relevanz oder Irrelevanz bestimmter Gesichtspunkte, sondern darüber, *was man tun soll* – über die Frage, ob man mit dem technischen Vorhaben fortfahren soll, und wenn ja, in welcher Form. Eine letzte ethische Entscheidung wird also »im Lichte von« vielen Teilproblemen gefällt, deren jedes unter entsprechend verschiedenen allgemeinen Gesichtspunkten zu betrachten ist. Doch die Entscheidung selbst erfordert letzten Endes eine bestimmte konkrete Wahl zwischen verschiedenen Möglichkeiten, wie sie nie allein aufgrund »fachlicher Gutachten« getroffen werden kann. Wie Entscheidungen in der praktischen Politik sind auch unsere letzten ethischen Entscheidungen konkrete und einzelne, nicht abstrakte und allgemeine. Sie hängen zwar zum Teil von abstrakten, allgemeinen Gesichtspunkten ab, doch der Natur der Sache nach nur insofern, als diese für die vorliegende konkrete Situation von Bedeutung sind.

Der Leitsatz, daß die Ethik keine Disziplin sei, ist also keine einheitliche Wahrheit, sondern enthält viele miteinander zusammenhängende Wahrheiten. Im einen Extremfall beruhen unsere ethischen Entscheidungen in der Tat auf persönlichen – oder sogar »subjektiven« – Vorlieben, die mit keinem kollektiven Unternehmen etwas zu tun haben und von niemandem als dem Betreffenden selbst irgendwie maßgeblich beurteilt werden können; in solchen Fällen sind andere allenfalls berechtigt, zu sagen: »Wenn ich an seiner Stelle stünde . . .« Am anderen Ende des Spektrums erfordert jede endgültige ethische Entscheidung die Betrachtung einer Situation nicht

nur von einem bestimmten Standpunkt aus, sondern von vielen einschlägigen Gesichtspunkten gleichzeitig, und anschließend die Vermittlung der verschiedenen Urteile, die von diesen verschiedenen, gleichzeitig bestehenden Gesichtspunkten ausgehen. Verkennt man die ganze Komplexität der Ethik und sucht nach einem einzigen, völlig allgemeinen Grund dafür, daß die Ethik keine kompakte Disziplin ist, so verfällt man in den Irrtum der naiveren Formen der »existentialistischen« Philosophie: man ist versucht, den *imperativen* Charakter konkreter ethischer Entscheidungen mit dem *persönlichen* Charakter individueller menschlicher Entscheidungen gleichzusetzen und schließlich den Ausdruck »existentiell« verworren, für beides gleichzeitig zu gebrauchen[306].
Vielleicht der entscheidendste Unterschied zwischen der Ethik und einer typisch disziplinhaften Unternehmung ist der Unterschied zwischen dem an einem einzigen Wert orientierten Betreiben irgendeiner Disziplin und der Bezogenheit der ethischen Probleme auf viele Werte, d. h. das Fehlen – im Falle der Ethik – eines kollektiv vorausgesetzten Zieles und die Notwendigkeit, zwischen den verschiedenen Arten von »Werten« zu vermitteln, die jeweils einem der gleichzeitig bestehenden ethischen Gesichtspunkte entsprechen. In jeder Kultur und Generation sind für die Menschen eine ganze Reihe überkommene Betrachtungsweisen ethischer Fragen maßgebend. Jede von diesen hat ihre eigene Rubrik – »eine Sache der Selbstachtung/Moral/Treue/des guten Tons/der Integrität/Billigkeit/Religiosität/der einfachen Menschlichkeit...« –, und jede definiert eine bestimmte Gruppe von Problemen, Gesichtspunkten und Argumentationsweisen. Und in jeder Kultur und Generation wenden die Menschen diese ganzen verschiedenen Gesichtspunkte und Argumente auch nicht genau so an wie ihre Vorfahren; sie möchten im Lichte der veränderten Bedürfnisse und Lebensbedingungen deren Anwendung verfeinern und ihre relativen Gewichte

306 So gibt es eine innere Spannung in den Auffassungen J. P. Sartres, der Kierkegaard nicht in den extremen Individualismus folgen möchte, wie er der ursprünglichen existentialistischen Position entspricht, der aber nur auf künstliche Weise wieder ein »kollektives« Element in seine angeblich »existentialistische« Analyse der moralischen Verpflichtung einführen kann.

neu bestimmen. Wenn eine bestimmte Gesellschaft ihre kennzeichnende ethische »Atmosphäre« oder »Qualität« besitzt, so liest man diese im allgemeinen weniger an den einzelnen Präferenzen etwa in Dingen des guten Tons oder der Selbstverantwortung des Bürgers ab als vielmehr an dem relativen Gewicht, das sie den verschiedenen »Gesichtspunkten« einräumt, wenn sie in der Praxis in Konflikt stehen. Wenn etwa Gesichtspunkte der persönlichen Integrität gewissen humanitären Gesichtspunkten zuwiderlaufen, wie lösen dann die Betroffenen diesen Konflikt? Wieviel körperliche Grausamkeit etwa betrachten sie als entschuldbar aus Gründen der Männlichkeit oder Ehre? Diese Prioritätsfragen sind die Kriterien, an denen sich die ethischen Einstellungen verschiedener Kulturen am nachhaltigsten voneinander unterscheiden. Und der integrative Charakter der »Ethik als ganzer« entspringt aus unserem Bedürfnis nach einer praktischen Rangfolge, die die Grenzen zwischen Disziplinen und Quasi-Disziplinen überschreiten kann und sich nicht auf die methodische, systematische Weise entwickeln läßt, die bei jeder einzelnen wohlbestimmten – oder »disziplinhaften« – Klasse von Problemen angemessen ist[307].

307 Vgl. A. MacIntyre, *A Short History of Ethics* (London, 1967).

Kapitel 7
Die scheinbaren Invarianten des Denkens und der Sprache

Wir haben uns jetzt noch mit zwei eng zusammenhängenden Themen zu beschäftigen. Das eine ist die angebliche Universalität des »Begriffssystems des gemeinen Verstandes« – Raum und Zeit, Kausalität und Substanz usw. –, wie es die Philosophen und Psychologen von Kant bis auf den heutigen Tag diskutiert haben. Das andere ist die Stellung der sogenannten »kulturellen und sprachlichen Universalien«, die in der neueren Anthropologie und theoretischen Sprachwissenschaft eine so große Rolle spielen. Diese Themen schließen sich zwingend an unsere Erörterung des Ideenwandels an. Denn wenn wir zu einer brauchbaren Theorie des kollektiven Gebrauchs von Ideen kommen wollen, können wir uns nicht damit zufrieden geben, die Stabilität unserer Ideen auf *eine* Weise zu erklären und ihre Variabilität auf eine ganz andere. Vielmehr müssen wir hier zeigen – mit denselben Mitteln und im Rahmen desselben allgemeinen Ansatzes –, warum einige unserer Ideen so offensichtlich historische Wandlungen und kulturelle Verschiedenheit aufweisen und andere kollektive Ideen den Anschein der Universalität und Invarianz zwischen verschiedenen Kulturen und Epochen erwecken. Bisher versuchten wir, die Vernünftigkeit des Ideenwandels anhand derjenigen Seiten des kollektiven Ideengebrauchs zu beleuchten, die am eindeutigsten wandelbar und nicht universal sind; jetzt müssen wir zu der weiteren Frage übergehen: Welche Aussagekraft hat unser Ansatz am anderen Ende des Spektrums, bei den Seiten des kollektiven Ideengebrauchs, die scheinbar am unveränderlichsten sind? Was können wir jetzt etwa über die Eigenschaften sagen, die anscheinend gleichermaßen den Theoriengebäuden, praktischen Verfahren und Sprachen aller Menschen in allen Milieus zukommen?

Geht man von den offensichtlich variablen Seiten des Ideengebrauchs als Modell für das Verständnis der scheinbar unveränderlichen Seiten aus, statt umgekehrt, so stellt man damit natürlich die Grundvoraussetzungen der älteren Theorien auf den Kopf. Das ist vielleicht gar nicht abwegig. Durch eine Umkehrung der Beweislast bei der Erklärung – durch die Erkenntnis, daß bisher als einfach, natürlich oder selbstverständlich betrachtete Erscheinungen und Vorgänge (z. B. Ruhe, Starrheit von Körpern) in Wirklichkeit komplexer und erklärungsbedürftiger sein könnten als diejenigen, die früher als geheimnisvoll erschienen waren (z. B. Bewegung oder flüssiger Zustand) – haben die Menschen oft ihre Ideen so neugeordnet, daß Beziehungen, Wechselwirkungen und gegenseitige Abhängigkeiten ans Licht kamen, die bisher übersehen oder mißverstanden worden waren. So auch hier: durch die Verallgemeinerung der vorliegenden Analyse werden auch die stillschweigenden Voraussetzungen über die menschliche Erkenntnis umgekehrt. In der philosophischen Erkenntnistheorie wurde besonders seit Kant das Bestehen eines grundlegenden und unveränderlichen Systems von Begriffen und Grundsätzen weithin als selbstverständlich angenommen, das das allgemeingültige und unumgängliche Skelett aller mehr fachwissenschaftlichen und empirischen »Weltbilder« sei. Demgegenüber wurden die neuen und vergänglichen Begriffe der empirischen Wissenschaften – »Gen« und »Feld«, »Atom« und »Nervenimpuls« – als philosophisch wenig interessant beiseitegeschoben. Nur weil diese wissenschaftlichen Begriffe wandelbar sind und kein »hinreichender Grund« gefunden wurde, warum sie so und nicht anders sein müßten, deshalb schienen sie keine tiefere philosophische Begründung zu besitzen und wurden als »bloß empirisch« abgetan. Es erschien als durchaus vernünftig, tiefere, »transzendentale« Gründe für die Geltung universaler Ideen, Kategorien oder »Anschauungsformen« zu suchen; bei offensichtlich nicht-universalen und zeitgebundenen wissenschaftlichen Ideen war das eindeutig sinnlos. So zog man eine scharfe Trennungslinie zwischen dem Fundament scheinbar »universaler« Ideen, das angeblich philosophisch interessant ist, und dem vergänglichen Überbau wissenschaftlicher Theorien, der es nicht ist.

Unser Ansatz lehnt diese Unterscheidung ab und kehrt die Erklärungsbeziehung um. Wenn man einmal die philosophische Notwendigkeit einer Gründung der menschlichen Erkenntnis auf feststehende Grundsätze in Frage gestellt hat, dann gibt es keinen Grund a priori mehr für den Glauben an die Existenz eines allgemeingültigen und zwingenden Systems von Denkformen, das eine völlig andere Stellung als das der empirischen Begriffe der wissenschaftlichen Theorien hätte. Falls man psychologische, sprachliche oder theoretische Universalien *tatsächlich* bei den Menschen aller Kulturen und Epochen finden sollte, so wäre das jetzt eine hochinteressante und nicht vorhersehbare Tatsache, für die einmal eine besondere Erklärung gefunden werden muß. Denn woher könnten solche allgemeingültigen Formen und Kategorien ihre umfassende Autorität beziehen? Soll man sich solche »Universalien« oder »Invarianten« als pragmatisch in den unausweichlichen Notwendigkeiten des menschlichen Lebens und Handelns verankert vorstellen? Oder sind sie einfach auf dem Gebiet des Denkverhaltens ein »phänotypischer« Ausdruck der gemeinsamen »genotypischen« Eigenschaften des homo sapiens? Wenn alle Menschen ihr Handeln und Denken an den gleichen allgemeinen Formen der Geometrie, der Grammatik usw. orientieren, liegt das an angeborenen psychologischen und physiologischen Eigenschaften der menschlichen Natur ähnlich unserer angeborenen Fähigkeit, benachbarte Farbtöne zu unterscheiden? Oder soll man sich solche allgemeinen menschlichen Dispositionen als das vorläufige Endergebnis einer langsamen, langfristigen kulturellen Entwicklung vorstellen? Mit diesen Fragen müssen wir uns als nächstes beschäftigen.

Nachdem wir an andere Seiten der kollektiven menschlichen Erkenntnis entwicklungstheoretisch herangegangen sind, müssen wir nun auch die Möglichkeit ernst nehmen, eine langfristige historisch-kulturelle Erklärung aller scheinbaren Invarianten des Denkens und der Sprache zu liefern. Die verhältnismäßig große Schnelligkeit des Ideenwandels in den wissenschaftlichen Disziplinen geht, wie wir oben sahen, auf das Vorhandensein spezialisierter und abgeschirmter »Foren des fachlichen Wettbewerbs« zurück, und diese haben kein naheliegendes Gegenstück im Falle des Begriffssystems des Alltagsverstands; es gibt also zunächst einmal gute Gründe für die Erwartung, daß sich die nichtspezialisierten Ideen des Alltagslebens sehr viel langsamer verändern als die spezialisierten Ideen der professionalisierten Naturwissenschaften. Wir können also die Hypothese zur Diskussion stellen, daß alle scheinbar unveränderlichen Alltagsvorstellungen lediglich diejenigen geistigen Formen sind, die am vollständigsten gegen die Wirkungen von Neuerung und Entwicklung abgeschirmt waren, weil sie allgegenwärtig sind und nur unspezialisierte Funktionen haben.

Auf jedem Untersuchungsgebiet muß schließlich eine Entwicklungstheorie nicht nur erklären, warum sich einige historische Gebilde sehr rasch verändert haben, sondern auch, warum sich andere, die ähnlichen Einflüssen ausgesetzt waren, anscheinend überhaupt nicht verändert haben. Der chinesische Nadelbaum metasequoia glyptostroboides und der »fossile« Tiefseefisch aus den Gewässern um Madagaskar haben anscheinend als Arten ganze geologische Epochen überlebt; doch das bedeutet keineswegs, daß die Evolution zugunsten des coelacanth oder der metasequoia außer Kraft gesetzt gewesen wäre. Vermutlich weisen diese Fische und Pflanzen die gleiche genetische Variabilität auf wie andere Organismenarten, doch ihre ökologischen Lebensbedingungen waren offenbar so stabil, daß sich ein Gleichgewicht herausbildete: alle neuen Varianten wurden als verhältnismäßig »nachteilig« ausgemerzt, und die schon vorhandenen Formen konnten in ihren jeweiligen Nischen die Oberhand behalten. In der geistesgeschichtlichen Entwicklung ist ein ähnliches Gleichgewicht nicht nur ohne weiteres vorstellbar, sondern unter entsprechenden Bedingungen durchaus zu erwarten. Neben den sich rasch verändernden Ideen der Wissenschaft und Technik sind durchaus auch andere, weniger isolierte Denkformen zu erwarten, deren Entwicklungsgeschwindigkeit vergleichsweise unmerklich gering war; daraus muß man aber keineswegs schließen, daß ihr Nutzen absolut universal und unveränderlich gewesen wäre – geschweige denn unausweichlich. In diesem Sinne ist das Alltagssystem der Vorstellungen, Kategorien und Denkformen – das das gemeinsame Gerüst unseres normalen Lebens und Denkens in Form der bekannten Sprache von Raum und Zeit, Ursache und Wirkung usw. bildet – lediglich ein besonders stabiles und gut angepaßtes Plateau in der Entwicklung des geistigen Rüstzeugs und der intellektuellen Tätigkeiten der Menschen.

Auch hier ist also die »Beweislast bei der Erklärung«

verschoben. Vor weniger als 200 Jahren konnte Immanuel Kant noch davon ausgehen, daß die Raum-Zeit-Vorstellungen des Alltagsverstands, die Subjekt-Prädikat-Logik und selbst die Newtonsche Dynamik und Gravitationstheorie die einzige »vernünftige und systematische« Verarbeitung der Erfahrung sei und damit für jeden vernünftig Denkenden verbindlich. Das ist heute nicht mehr möglich. Vielleicht erweisen sich noch bestimmte grundlegende Denkstrukturen als allen Phasen der geistesgeschichtlichen Entwicklung gemeinsam – wie etwa die Nukleinsäuren in der biologischen Evolution –, doch das muß zuerst einmal als Tatsache nachgewiesen werden; und selbst wenn es sich als solche herausstellt, darf man nicht verkennen, daß die ausgezeichnete Rolle dieser »grundlegenden Formen der Vernunft« – ebenso wie die der DNA – in erster Linie eine ökologische Tatsache ist. Auch hier müssen wir zu folgenden Fragen fortschreiten: Wie weit und in welchen Beziehungen spiegelt die Erhaltung solcher »universaler Formen« gemeinsame Erbeigenschaften wider, die alle Menschen in ihre geistige Entwicklung und Erfahrung einbringen? Oder aber: Wie weit und in welchen Beziehungen spiegelt sie die Universalität der Probleme wider, auf die sich der geistige »Genotyp« des Menschen immer wieder gerichtet haben muß, um seinen gewöhnlichen »phänotypischen« Ausdruck zu gewinnen?
Wenn wir die angeblichen »Invarianten« des Denkens und der Sprache auf diese Weise neu deuten, so können wir die herkömmliche Zweiteilung in apriorische und empirische Ideen, die völlig verschiedene philosophische und erkenntnistheoretische Grundlagen haben sollen, abbauen und beide unter ein und dieselbe Theorie bringen, als Extrempunkte eines kontinuierlichen Spektrums oder einer Skala, die in ihrem ganzen Bereich von den gleichen Grundsätzen bestimmt wird. Die wandelbaren und vorübergehenden Ideen in den historisch sich entwickelnden Disziplinen und die universalen, apriorischen Ideen der mathematischen und formalen Philosophie erscheinen dann nicht mehr als absolute Gegensätze, sondern nur als dem Grade nach verschieden. Die theoretischen Strukturen von Kants »notwendigen Formen der Vernunft«, Lévi-Strauss' »kulturellen Universalien« und Chomskys »Strukturen der Tiefengrammatik« gelten nicht mehr als absolut

verschieden von den kurzlebigeren Begriffen und Grundsätzen der Naturwissenschaften, sondern als augenblickliche Endergebnisse einer langen historischen Entwicklung, d. h. als die augenblicklichen Ergebnisse der immer neuen Reaktionen der Menschen auf die Probleme, denen ihre arithmetischen, logischen und sprachlichen Verfahren in den Jahrtausenden der Kultur- und Sprachentwicklung gegenüberstanden. Und dann können wir auch bei diesen Invarianten nach den gleichen allgemeinen Beziehungen zwischen den Vernünftigkeitskriterien und den Anforderungen der geistigen Anpassung suchen, wie sie für die sich rascher entwickelnden Ideen der Wissenschaft gelten.

Wenn sich nun die formalen Strukturen der Logik und Grammatik, der Geometrie und Arithmetik wesentlich langsamer entwickelt haben als die Begriffe und Theorien der Physik, der Zoologie und der Elektrotechnik, dann ist die einzige sinnvolle Frage die, warum sich die Ideen an den beiden Enden unseres Spektrums historisch so verschieden rasch entwickelt haben. Doch das ist wiederum eine Frage dessen, wie sich ein und dieselbe Menge von Grundsätzen in zwei Extremfällen auswirkt; es ist kein Grund für die Annahme, in den beiden Fällen kämen völlig verschiedenartige Grundsätze zum Zuge. Vielleicht war es völlig vernünftig, unsere heutigen Begriffe der »Ebene« und »Geraden« oder des »Subjekts« und »Prädikats« sehr lange Zeit mit sehr wenig Veränderungen zu gebrauchen; doch das braucht nicht zu bedeuten, daß Logik und Geometrie ihre eigene besondere Rationalität besäßen, verschieden von derjenigen, die wesentlich raschere Wandlungen der Ideen der theoretischen Physik und der Molekularbiologie gebot. Es braucht nur zu bedeuten, daß sich die praktischen Anforderungen an die formalen Verfahren der Logik und der Geometrie selbst viel weniger nachhaltig verändert und differenziert haben als die für die Entwicklung der Naturwissenschaften maßgeblichen intellektuellen Anforderungen. Mit einem Wort: Wo die anstehenden theoretischen Probleme dünn gesät sind, da gibt es entsprechend wenig »Gelegenheiten« für Theorienwandlungen zur Lösung dieser Probleme.

7.1 *Die Rationalität des Begriffssystems des Alltagsverstands*

Seit Kant ist die »strukturalistische« These bekannt, daß alle ausgereifte Erfahrung und Erkenntnis eine universale, notwendige Struktur besitze, die sich nicht aus den empirischen Eigenschaften der »äußeren« Welt der Gegenstände herleite, auf die sich die Erfahrung richte und die Erkenntnis beziehen solle, sondern aus der Art, wie der denkende Mensch seiner eigenen »inneren« Welt der Wahrnehmung oder des Denkens eine Ordnung auferlege. Doch von Anfang an war diese These mit gewissen Unklarheiten behaftet, die auch heute noch nicht völlig ausgeräumt sind. Andererseits haben diese Mängel dazu beigetragen, das irreführende geometrische Modell des menschlichen Geistes – als einer »inneren« Bewußtseinswelt, die einer »äußeren« materiellen Welt gegenübersteht – zusammen mit allen daraus fließenden Verwirrungen am Leben zu halten. (Wie wir in der zweiten Abteilung unserer Untersuchungen wiederum sehen werden, war Kant selbst nachdrücklichst bestrebt, aus der Kartesischen Falle herauszukommen, doch gerade die Sprache, in der er Descartes ablehnte, führte ihn am Ende wieder zu den gleichen alten Schwierigkeiten zurück.) Andererseits hat die »Transzendentalität« von Kants universalen Formen der Erfahrung die Aufmerksamkeit von den Verbindungen abgelenkt, die zwischen den Vorstellungen des Alltagslebens und den stärker fachlichen, aber immer noch »bloß empirischen« Vorstellungen der eigentlichen Wissenschaft bestehen. Mit eben diesen *Verbindungen* wollen wir uns im vorliegenden Abschnitt beschäftigen.

Außerdem ist die Kantische These sehr verschiedener Auslegungen fähig; ihr intuitiv einleuchtender Kern blieb durch sehr verschiedenartige Deutungen der Randzonen hindurch erhalten. Kant selbst stellte seine komplizierte und ausgefeilte Analyse der notwendigen Struktur aller wirklich »vernünftigen« Erfahrung oder Erkenntnis ursprünglich in der Hoffnung auf, zu erklären, wie die formalen Systeme der Euklidischen Geometrie, der Newtonschen Dynamik und seines eigenen überkommenen puritanischen Moralkodex eine verbindliche und umfassende Autorität beanspruchen könnten[308]. Er versuchte also nicht nur zu beweisen, daß bestimmte raumzeitliche, dynamische und ethische *Begriffe* für eine systematische Wahrnehmung und Praxis unentbehrlich seien, sondern auch, daß bestimmte grundlegende raumzeitliche, dynamische und ethische *Aussagen* notwendige Wahrheiten sein müßten – jedenfalls für alles »vernünftige« Denken oder Handeln. Und die Mehrdeutigkeit des Ausdrucks »notwendig« in dem pragmatischen Sinne von »unabdingbar« und im logischen oder quasi-logischen Sinne hat ganz wesentlich zur Verwirrung in der anschließenden Diskussion beigetragen. Denn es ist zweierlei, ob man zeigt, daß ein vernünftig Denkender oder Handelnder ohne eine bestimmte Idee nicht gut auskommen könne, oder ob man die notwendige Wahrheit bestimmter inhaltlicher ethischer oder wissenschaftlicher Grundsätze beweist.

Kants Nachfolger setzten die Akzente anders. Im 19. Jahrhundert wurde Kants unbedingte Festlegung auf die geometrischen Sätze Euklids und die dynamischen Theorien Newtons naheliegenderweise zu einem Stein des Anstoßes. Daher betont man heute im allgemeinen die Unabdingbarkeit unserer Grundbegriffe für die Organisation der Sprache und des Handelns stärker als die logische oder quasi-logische Notwendigkeit spezieller Aussagen. Einige heutige analytische Philosophen – so P. F. Strawson in seinem Buch *The Bounds of Sense* – diskutieren ein System von Alltagsbegriffen wie »materieller Gegenstand« und »Person«, bezüglich derer anscheinend eine Art »nichtempirischen« oder »vorempirischen« Wissens besteht, jedenfalls in dem Sinne, daß jedwede inhaltliche empirische Behauptung in einer Sprache erfolgt, die die Gültigkeit dieser Vorstellungen voraussetzt[309]. Doch Strawson möchte aus diesen Grundideen nicht mit einer »transzendentalen Deduktion« oder sonstwie ableiten, daß irgendein bestimmtes formales System von Aussagen eine vor allen anderen ausgezeichnete theoretische

308 I. Kant, *Prolegomena zu einer jeden künftigen Metaphysik* (Riga 1783), § 38; siehe auch *Kritik der reinen Vernunft* (Riga, 1781, 1787), insbes. »Transzendentale Ästhetik« und »Transzendentale Analytik«.

309 Siehe P. F. Strawson, *Individuals* (London, 1959; dt.: *Einzelding und logisches Subjekt*, Stuttgart 1972) und *The Bounds of Sense* (London, 1966).

Autorität über uns hätte. Gleichzeitig enthalten die kognitiven Theorien einiger heutiger Psychologen, vor allem von Jean Piaget, immer noch einen wesentlichen Teil von Kants Hauptthese. So möchte Piaget mit seinen Untersuchungen zur Entwicklung der kindlichen theoretischen und ethischen Ideen herausfinden, »wie das Kind allmählich die Notwendigkeit erkennt«, bestimmte Begriffe und Denkformen bezüglich Raum und Zeit, Kausalität, Erhaltung und Moral zu verwenden[310]. Doch auch für Piaget erkennt das Kind in erster Linie die Notwendigkeit, im Einklang mit bestimmten sehr allgemeinen Denkformen vorzugehen, nicht aber die notwendige Wahrheit ganz bestimmter komplizierter Aussagen der euklidischen Geometrie und der Newtonschen Dynamik.

Trotz aller Verschiedenheiten im einzelnen ist ein unverwüstlicher Kern der ursprünglichen Kantischen Position in allen diesen späteren Verkörperungen noch enthalten. Genau wie Kant hängen Strawson und Piaget dem Gedanken an, bestimmte sehr allgemeine Strukturen des Denkens oder Handelns seien unentbehrliche Bestandteile aller wirklichen Erfahrung und Erkenntnis der Welt – oder jedenfalls aller sprachlich ausdrückbaren Erfahrung. Zum allermindesten, so meint Piaget, sind diese Strukturen die allgemeingültigen langfristigen Ziele oder Endpunkte der geistigen oder moralischen Entwicklung – auf die sich das kollektive Denken und Handeln der Menschheit in der Geschichte hinentwickelt hat und das individuelle Denken und Handeln jedes Kindes sich noch heute hinentwickelt.

Was ist nun aufgrund unserer vorliegenden Analyse zu diesen verschiedenen Behauptungen zu sagen? Bei der Beantwortung dieser Frage müssen wir erwägen, (1) was in jedem Fall im einzelnen als »notwendig« behauptet wird, und (2) was der jeweilige Autor als den Ursprung dieser »Unerläßlichkeit« ansieht. Denn die angebliche Notwendigkeit des Begriffssystems des Alltagsverstands könnte einerseits als etwas Pragmatisches dargestellt werden, in dem Sinne, daß

310 Diese Haupttendenz liegt allen theoretischen Deutungen Piagets zugrunde; ganz deutlich wird sie etwa ausgesprochen in einem Vortrag auf dem Symposion zur Hundertjahrfeier der Loyola University im Oktober 1969, *Brain and Behavior*, hrsg. v. A. Karczmar.

das Leben nicht halb so gut funktionieren würde, wenn man ernstlich auf jenes System verzichten wollte. Oder man könnte sie als etwas Sprachliches ansehen: die gesamte Umgangssprache gehe von der Maßgeblichkeit dieses Systems aus, und wenn man davon abrücken wollte, könnte man sich nicht mehr verständlich machen. Oder man könnte sie als eine physiologische oder psychologische Verallgemeinerung über den Menschen nehmen: man könne machen, was man wolle, unsere psychophysiologische Natur mache es unmöglich, an diesen Formen vorbeizugehen, außer in Fällen äußerster Unreife oder Abnormität. Viertens könnte man die Notwendigkeit auf eine logische oder quasi-logische Ebene erheben und behaupten, jedes Abrücken von dem System würde zu ausgesprochenen logischen Widersprüchen führen. Oder schließlich könnte man sich auf den Standpunkt stellen, alle diese verschiedenen Gesichtspunkte – pragmatische Unabdingbarkeit und erbliche Ausstattung, sprachliche Praktikabilität und logische Widerspruchsfreiheit – gingen irgendwie Hand in Hand. Die gemeinsame Konsequenz wäre dann: Was man sich auch an anderen Begriffssystemen ausdenken möchte, ihre physiologische Unnatürlichkeit und pragmatische Unbrauchbarkeit würden sich in der Praxis in Unverständlichkeit und Widersprüchlichkeit niederschlagen, sobald man nur von unserem tatsächlichen System der Grundvorstellungen abgehe[311].

Wir können die Unterschiede zwischen Kant, Piaget und Strawson anhand ihrer Einstellungen zum Hauptproblem der vorliegenden Untersuchungen beleuchten, dem Problem der *Ideenvielfalt.* Angenommen, wir berücksichtigen die ganze Breite der Begriffe, Kategorien und Anschauungsformen, die – nach Kants ursprünglichem, vollständigem Ansatz – für jeden »wirklich vernünftig« Denkenden oder Handelnden verbindlich sind; dazu gehören nicht nur die gewöhnliche Arithmetik und der kategorische Imperativ der Ethik, sondern auch die Euklidische Geometrie, die Newtonschen Bewegungsgesetze und sogar das allgemeine

311 In diesem Zusammenhang erinnere man sich an das Argument des Aristoteles in *Metaphysik*, Buch 4, IV, 1-6, 1006a, der Grundsatz der Widerspruchsfreiheit sei »notwendig«, weil er sich gar nicht *sinnvoll* negieren lasse.

Gravitationsgesetz mit der umgekehrten Proportionalität zum Quadrat der Entfernung. Dann liegt eines sofort auf der Hand: es ist einfach eine historische und anthropologische Tatsache, daß diese ganzen speziellen Formen des Denkens und Handelns nicht in allen Kulturen und Nationen in allen Stadien der Geistesgeschichte in Gebrauch waren. Zu Kants eigener Zeit waren die Grundvorstellungen der Newtonschen Dynamik, wie er sehr gut wußte, in der Physik erst seit ein paar Jahrzehnten eingeführt; und selbst die Begriffe und Sätze der Euklidischen Geometrie waren, historisch gesehen, eine verhältnismäßig späte Errungenschaft. Die einzelnen Begriffe, Aussagen und Grundsätze unseres »Begriffssystems des Alltagsverstands« sind keineswegs Allgemeinbesitz der Menschheit in allen Milieus, sondern haben sich nur in einem sehr begrenzten Abschnitt der Geschichte bei Teilgruppen der Menschheit durchgesetzt. Wie stehen nun Kant, Piaget und Strawson jeweils zu dieser Tatsache?

1. Beginnen wir am Anfang: Kant selbst war – wie Platon, Descartes und Frege – geneigt, die Tatsachen der historisch-kulturellen Vielfalt vom Tisch zu wischen. Angenommen, die alten Pommern oder die heutigen Bewohner der Gesellschaftsinseln versuchten, mit wesentlich anderen Vorstellungen von »Kausalität« oder »Moralität« zu arbeiten als wir; was würde das für den kritizistischen Philosophen bedeuten? Kants These beruhte nicht auf empirischen Entdeckungen darüber, wie bestimmte Menschengruppen *tatsächlich* ihre Erkenntnis und Erfahrung ordneten; solche empirischen Berichte waren (wie Kant es formulierte) »bloße Anthropologie«. Für Kant wie auch für Frege hatte der Philosoph nicht unmittelbar mit den zufälligen Tatsachen der Kulturgeschichte und Ethnologie zu tun; vielmehr sollte er diese Beobachtungen hinterfragen und rein theoretisch zeigen, daß ein bestimmtes System von Formen eine vernünftige Autorität besitze, die allen anderen scheinbaren Möglichkeiten abgehe. Bei diesen Untersuchungen a priori konnten empirische Beobachtungen über tatsächliche menschliche Denkgewohnheiten nur ablenken. Der Philosoph hatte sich ausschließlich mit der Notwendigkeit allen »vernünftigen« Denkens und Handelns zu beschäftigen, das diesen Namen verdiente.

In einer wichtigen Hinsicht unterschied sich also die vollentwickelte Kantische Position von ihren heutigen Weiterentwicklungen. Für Kant gab es nur eine einzige wirklich stimmige Art des Nachdenkens über jede beliebige Frage der Wissenschaft oder des täglichen Lebens. Im tatsächlichen Gang der Geschichte gelangten die Menschen offenbar nicht geradewegs zu dieser einzigen richtigen Denkweise in all den möglichen Fragen; sonst wäre in der formalen Logik kein Aristoteles, in der Geometrie kein Euklid und in der theoretischen Physik kein Newton nötig gewesen. Doch in gewissem Sinne ließ sich das Werk aller dieser Leute als Konsolidierung statt als Neuerung verstehen. Ihre Leistung bestand darin, die Denkformen und Methoden ausdrücklich herauszuarbeiten, die in der Praxis ihrer Vorgänger bereits enthalten waren; und erst dann ließ sich erkennen, daß diese Denkformen die alleinige Autorität beanspruchen konnten. Jahrtausendelang hatten die Menschen mehr oder weniger unklar und unbewußt argumentiert, gerechnet, Geometrie getrieben, moralische Vorstellungen gehabt. Doch in der Darstellung des Aristoteles wurden die Begriffe des »Subjekts« und »Prädikats« eindeutig zum einzigen Gegenstand einer systematischen formalen Logik; und in der Behandlung durch Euklid wurden die Begriffe und Sätze der Geometrie zum einzigen angemessenen System zur Analyse der »Ordnung des räumlichen Nebeneinander«; und Newtons spätere Analyse von »Kraft«, »Masse« und »Bewegungsgröße« – ganz zu schweigen von der »umgekehrt quadratischen Anziehung«, die unsere Vorstellungen vom astronomischen Kosmos ordnete[312] – war ebenso endgültig. Hätte Kant lange genug gelebt, so hätte er wahrscheinlich auch die Maxwellsche Theorie des Elektromagnetismus als einen weiteren Schritt auf dem gleichen Wege begrüßt, der die einzige wirklich systematische denkerische Erfassung von »Ladungen«, »Feldern«, »Strömen« und »Strahlung« aufgezeigt habe[313].

Fassen wir zusammen. In den Augen Kants hatte ein Wissens-

312 *Prolegomena* (vgl. oben, Anm. 308), § 38.

313 Siehe W. Heisenberg, »Wandlungen der Grundlagen der exakten Naturwissenschaften in jüngster Zeit«, *Die Naturwissenschaften*, 22 (1934), insbes. S. 673 f.; engl. in ders., *Philosophical Problems of Nuclear Science* (London, 1952), Kap. 1, insbes. S. 21 ff.

gebiet den Vernunftstatus einer Wissenschaft erst dann erreicht, wenn es endgültig zu einem System von Ideen, Kategorien und Formen geordnet war, deren Maßgeblichkeit a priori bewiesen werden konnte. (Hauptziel der Kantischen Kritiken war ja der Nachweis der Möglichkeit solcher Beweise.) Diese apriorischen Ideen bestimmten dann den Anwendungsbereich und die Grenzen der Vernunft auf nichtempirische Art, unabhängig von allen empirischen Fragen des wer und was, wo und wann. Nach Kants Auffassung war die gleiche »notwendige Struktur« des vernünftigen Denkens für das Denken der Engel oder der Bewohner anderer Planeten ebenso maßgebend wie für das menschliche Denken[314]. Seine transzendentalen Deduktionen der alleinigen Gültigkeit etwa der Alltagsbegriffe der »Substanz« oder der »Kausalität« sollten also zeigen, daß diese Begriffe für jegliches vernünftige Denken unentbehrlich seien, sei es im Königsberg des 18. Jahrhunderts, auf dem Planeten Jupiter vor einer Million Jahren, oder in der Ewigkeit und Unendlichkeit des Himmels.

Man sollte Kants Behauptungen bezüglich der Eindeutigkeit der »reinen Vernunft« nicht auf die leichte Schulter nehmen. Die vernünftige Stimmigkeit war für ihn entweder gegeben oder nicht gegeben. Genau, wie nur eine einzige Einstellung der Bauteile eines Fernsehapparats die aufgefangenen Signale in ein erkennbares Bild statt eines nichtssagenden Durcheinanders umwandelt, so konnte nur ein einziges System von »Vernunftformen« eine wirklich stimmige Deutung auf irgendeinem Gebiet der Erkenntnis liefern. Leute wie Aristoteles, Euklid und Newton arbeiteten lediglich die Formen ausdrücklich heraus, die der Organisation der jeweiligen Gebiete schon stillschweigend zugrundelagen; wenn die Tahitianer des 18. Jahrhunderts oder die Ureinwohner Pommerns diese Formen nicht erkannten, so war das ihr Fehler. Für die Philosophie ergab sich daraus nichts Interessantes; jene Vorstellungen von »Prädikation«, »Primzahl« und »Parallelität«, von »Masse«, »Kausalität« und »Verpflichtung« waren eben noch verworren.

2. Eineinhalb Jahrhunderte später konnte zwar Jean Piaget

314 Kant (s. oben, Anm. 134).

mit einer im Grundsätzlichen kantianischen Ausbildung anfangen, doch er konnte die Ergebnisse der Geschichte und Anthropologie aus der Zwischenzeit nicht unbeachtet lassen. So ging er in der Psychologie von einem historisierten Kantianismus aus, der an den Max Plancks in der theoretischen Physik erinnert[315]. Für Planck wie für Piaget war die völlige vernünftige Stimmigkeit nicht mehr entweder gegeben oder nicht gegeben, sondern vielmehr ein Ideal, dem sich die Menschen schrittweise annäherten. Die Kinder und die Primitiven hatten nicht einfach philosophisch verworrene Ideen, sondern begannen eben mit einer anderen Ordnung ihres Denkens und Handelns als der der Erwachsenen und der entwikkelteren Völker. Das einzige, allein maßgebliche System von Ideen, Kategorien und Formen ist also dasjenige, auf das sich die vernünftig Denkenden und Handelnden allmählich zubewegen, in der Kulturgeschichte wie im Leben des einzelnen. In den Händen Piagets wird also das Kantische Schema zu einem Ideal oder Endpunkt-System, auf das sich alles vernünftige Denken als sein unausweichliches und eindeutiges Ziel hinentwickelt[316].

Fragt man Piaget nach den Gedanken und dem Verhalten kleiner Kinder oder primitiver Gesellschaften, so findet er es also – anders als Kant – keineswegs gleichgültig. Im Gegenteil, für ihn ordnen Kinder und primitive Kulturen die Wahrnehmung und Erfahrung mit ihren eigenen, ebenfalls möglichen, mehr oder weniger systematischen Verfahren, die eine eigene »Grammatik« und sogar »Logik« haben, die mit der Grammatik und Logik des reifen Sprechens und Denkens weder völlig zusammenfällt noch völlig unvergleichbar ist. Das Denken der Kinder und Wilden ist also nicht etwa völlig formlos und verworren, während das der Erwachsenen in fortgeschrittenen Gesellschaften völlig vernünftig und systematisch wäre. Der Unterschied ist nur einer des Grades. Wir sind nicht berechtigt, die noch unentwickelten Vorgehens-

315 (Vgl. Anm. 145a u. 145.)

316 Man übersieht leicht, daß Piagets Ausdruck »épistémologie génétique« die »geistige Phylogenese« der menschlichen Kulturen in einem kollektiven Sinne meint und nicht die »geistige Ontogenese« – oder Entwicklungspsychologie – des einzelnen Menschen; für diesen Hinweis danke ich Bernard Kaplan.

weisen des kindlichen oder naiven Denkens als unstimmig, unverständlich oder unvernünftig zu betrachten; wir können höchstens sagen, sie seien weniger stimmig, weniger verständlich oder weniger vernünftig als die reifen Formen, auf die sie sich hineinwickeln (oder hinzuentwickeln scheinen).

Diese letzte Einschränkung ist wichtig. Piaget gibt zwar Kants absolute Unterscheidung zwischen »vernünftigen« und »nichtvernünftigen« Denkweisen auf, bleibt aber immer noch ein historisierter Kantianer. Ob er sich über die psychologische Entwicklung des einzelnen Menschen oder die historische Entwicklung der menschlichen Kulturen äußert, in beiden Fällen schreibt er diesem Vorgang ein einziges, bestimmtes langfristiges Ziel zu – und zwar weitgehend dasselbe wie Kant. Wenn es auch nicht das einzige stimmige Rezept für das Denken über alle Gegenstände *überhaupt* gibt, so gibt es doch auch für Piaget eine einzige letztlich stimmige Art, wie man *schließlich* in einer bestimmten Sache denken kann, und dieses endgültige System von Formen oder Operationen ist das letzte Ziel der vernünftigen Entwicklung der Kulturen wie auch des einzelnen. Daß sich diese »vernünftigen Formen«, wenn sie einmal erkannt sind, in irgendeinem Sinne als »notwendig« herausstellen werden, das stellt Piaget nie in Frage. Er möchte nur die Abfolge der Entwicklungsstadien nachweisen, sei es in der Reifung des einzelnen oder in den Errungenschaften der Kulturen, in der Kinder und Gemeinschaften allmählich zur Erkenntnis dieser Notwendigkeit gelangen.

Unter philosophischen Gesichtspunkten hätten Piagets Ergänzungen Kant keine großen Sorgen zu bereiten brauchen. Gelegentlich lehrte Kant recht gern Geschichte oder Anthropologie statt Metaphysik oder Ethik; und dabei könnte er durchaus zugestanden haben, daß junge Menschen und halbzivilisierte Völker ihre eigenen primitiven, halb ausgeformten Grammatiken und Logiken besitzen. Er war nicht auf die Behauptung festgelegt, in der Wirklichkeit gelinge es den Menschen, die »reinen Formen der Vernunft« mit einem Schlage statt Schritt für Schritt zu erfassen; das war nur wieder eine empirische Frage für die Historiker, Anthropologen oder Psychologen. Er war lediglich darauf bedacht, die vernünftige Notwendigkeit und Maßgeblichkeit jener »reinen Formen«

nachzuweisen, ob nun diese oder jene Menschengruppe sie anerkannte oder nicht. Für Piaget wie für Kant zeigen also die endgültigen »notwendigen« Formen und Operationen die Grenzen jedes Denkens auf, das als völlig »vernünftig« gelten kann. Ein Unterschied besteht nur darin, daß nach 150 Jahren historischer und psychologischer Forschung Piaget in diesen Grenzen nicht die unausweichliche Struktur jedes wirklich »vernünftigen« Denkens sieht, sondern vielmehr den gemeinsamen Zielpunkt der Vernunftentwicklung beim einzelnen Menschen wie auch in den Gemeinschaften.

3. Bei quasi-kantianischen analytischen Philosophen wie Strawson findet sich eine weitere interessante Variante. Wie Kant betrachtet Strawson eine bestimmte Menge von Grundbegriffen und Grundideen als konstitutiv für alles stimmige oder verständliche Sprechen und Denken. Genau wie die verstehbare Diskussion in der Dynamik bestimmte unvermeidliche theoretische Begriffe benutzt (z. B. »Masse« und »Trägheit«), so kann man über irgendetwas Beliebiges verständlich nur mit Hilfe der betreffenden Alltagsbegriffe reden oder denken: »hier« und »dort«, »vor« und »nach«, »materieller Gegenstand« und »Person«. Doch in einer Hinsicht ist Strawsons Auffassung von diesem Begriffssystem des Alltagsverstands weniger hochgespannt als diejenige Kants: das grundlegende System der Alltagsbegriffe markiert nicht in erster Linie die ewigen, überzeitlichen Grenzen der systematischen Vernunft, sondern vielmehr die tatsächlichen augenblicklichen Grenzen des verständlichen Sinnes. Jetzt geht es nicht um eine auf geheimnisvolle Weise allein gültige »vernünftige Systematik«, sondern um etwas Einfacheres und Handfesteres, die schiere sprachliche Verständlichkeit. Und Strawson meint, die uns bekannte menschliche Sprache sei nur dann verständlich und leistungsfähig, wenn ihre Benutzer von einem hinreichend weit verbreiteten System von Alltags-Grundvorstellungen ausgehen könnten[317].

Im Unterschied zu Piaget argumentiert Strawson philosophisch und nicht psychologisch; seine Ergänzung von Kants ursprünglicher These verleiht ihr – im Unterschied zu der durch Piaget – eine wesentlich andere Bedeutung. Wenn sich

317 (Vgl. Anm. 309:) Strawson (1966), S. 150-152, sowie (1959), S. 247.

ein Philosoph ernsthaft für die Verständlichkeit der wirklichen menschlichen Sprachen interessiert statt für den apriorischen Charakter allen vernünftigen Denkens, so tut er etwas, was Kant unbedingt zu vermeiden trachtete: er bietet den Historikern und Anthropologen eine Angriffsfläche. Angenommen nämlich, man stelle Strawson die gleichen Fragen wie vorher über die Konsequenzen der historischen und kulturellen Vielfalt; dann läßt seine Position eine Möglichkeit offen, die weder für Kant noch für Piaget besteht. Wenn die Verständlichkeit der uns bekannten Sprache davon abhängt, daß ihre Benutzer von einem hinreichend weit verbreiteten System grundlegender Alltagsvorstellungen ausgehen, so kann man immer noch fragen: Wie, wenn es auf einem anderen Planeten oder in ferner Zukunft oder Vergangenheit Gruppen denkender und handelnder Wesen mit ihren eigenen gemeinsamen Ideensystemen gäbe – die aber mit den unseren nicht genügend gemeinsam hätten, daß zwischen ihnen und uns eine Verständigung möglich wäre? Für jemanden, der die richtigen philosophischen Grenzen jedes *vernünftigen* Denkens oder Handelns bestimmen möchte, ist diese hypothetische Vorstellung ebensowenig von Bedeutung wie die wirklichen Tatsachen der Geschichte und Anthropologie. Doch ein Philosoph, der nur die Grenzen der *Sinnhaftigkeit* aufweisen möchte, kann sich Kants etwas herablassende Einstellung gegenüber dem Denken und Handeln in anderen Kulturen oder auf anderen Planeten nicht gut leisten.

Auf lange Sicht haben die Konsequenzen von Strawsons Position mehr mit derjenigen Vicos oder sogar Collingwoods gemeinsam als mit dem ursprünglichen, vollständigen System Kants. Wenn wir die historischen Geschehnisse und Einstellungen aus anderen Nationen und Zeitaltern verstehen können, meinte Vico, so deshalb, weil die Menschen an jedem Ort und zu jeder Zeit ähnliche Charaktere und Neigungen bei ähnlichen Problemen ins Spiel bringen; unser historisches Verstehen spiegelt also die Gemeinsamkeit der Probleme und Persönlichkeitseigenschaften zwischen uns und den Menschen wider, deren Handlungen wir zu verstehen suchen[318]. Doch

318 Siehe die Behandlung Vicos bei Collingwood (vgl. Anm. 244) sowie bei Berlin (vgl. Anm. 18).

mit entsprechenden Abänderungen läßt sich genau das gleiche über das Sprachverstehen sagen. Man versteht die Schriften und Äußerungen von Menschen aus anderen Milieus auf die gleiche allgemeine Art und unter den gleichen allgemeinen Bedingungen wie ihre übrigen Handlungen; und wenn das allgemeine Verhalten von Menschen, deren Lebensformen den unsrigen zu ferne stehen, uns nur teilweise verständlich sein kann, so gilt dasselbe gewiß auch von ihrem Sprachverhalten.

Strawsons Endergebnisse sind also wesentlich zurückhaltender als die von Kant. Die Grenzen des Alltagsverstands entsprechen den Bedingungen der Sprachverständlichkeit, so wie wir das menschliche Leben und die Sprache nun einmal kennen. Geht man andererseits von Lebewesen und einem Kommunikationssystem (oder einer »Sprache«) aus, die von den uns bekannten hinreichend verschieden sind, so wird es durchaus vorstellbar – wenn auch nur hypothetisch, als Sache von Zukunftsromanen –, daß es andere, unabhängige und sich mit dem unseren nicht überschneidende »Sinnbereiche« geben könnte. Innerhalb solcher könnten die Denkenden einander bestens verstehen, während unsere Versuche, mit ihnen Verbindung aufzunehmen, alle zum Scheitern verurteilt wären. An ihrem Denken und ihrer Sprache wäre also an sich nichts »Vernunftfremdes«; die Weisen ihres Redens und Denkens, Schließens und Handelns wären lediglich auf andere Art »vernünftig« als die unseren und mit ihnen inkommensurabel.

Kant selbst hätte diese Auffassung abwegig gefunden. Wenn man die philosophischen Grundlagen des Begriffsystems unseres Alltagsverstands in den »Grenzen der Sinnhaftigkeit« suchte, dann schloß man ja jede Möglichkeit eines überzeitlichen, apriorischen Beweises aus, daß es eine und nur eine allein maßgebliche und stimmige Art des Denkens gebe. Jetzt konnte man nur noch zeigen, daß eine und nur eine Art des Nachdenkens über solche Alltagsdinge wie Örter und Zeiten, materielle Gegenstände und Personen mit unserer wirklichen Sprache und dem uns bekannten menschlichen Leben vereinbar ist. Vielleicht wäre Kant überhaupt nur zu diesen Behauptungen berechtigt gewesen, doch auf jeden Fall – ob nun berechtigt oder nicht – behauptete er sehr viel mehr; und Strawsons Ergänzung hätte er als verhängnisvolle Kapitulation vor der empirischen Anthropologie abgelehnt. Die Sprache war für Kant nur das Werkzeug der Vernunft. Die Sprachverständlichkeit war nicht einfach an die Grenzen des menschlichen Einfühlungsvermögens gebunden, sondern an die grundlegenderen, umfassenden und unausweichlichen Grenzen jener »Vernunft«, der die Sprache zu dienen hat. Ein erster Schritt zum Verständnis der Form des Begriffsystems unseres Alltagsverstands konnte die Orientierung an den Bedingungen der Sprachverständlichkeit vielleicht sein, doch auf jeden Fall nur eine Vorstufe zu dem grundlegenderen philosophischen Nachweis, wie diese Bedingungen der Verständlichkeit ihrerseits die notwendige Struktur jedes vernünftigen Denkens widerspiegeln.

Das langsam veränderliche System des menschlichen Alltagsdenkens wirft also für uns genau die gleichen Probleme auf wie die deutlicher und rascher veränderlichen Ideen der Wissenschaft, der Technik und des Rechts. Kant nimmt gegenüber den »reinen Formen« des vernünftigen Denkens die gleiche absolutistische Position ein wie Frege gegenüber den »reinen Begriffen« der Arithmetik; und seine Geringschätzung der bloßen Anthropologie spielt die gleiche philosophische Rolle wie Freges Geringschätzung der Geschichte und der Psychologie[319]. Am anderen Extrem führt eine philosophische Auffassung, die die Struktur der menschlichen Alltagsvorstellungen mit der Beschaffenheit der wirklichen menschlichen Sprache in Verbindung bringt, letzten Endes zu einem Relativismus, der sich nur seinem Umfang nach von dem Collingwoods und Kuhns unterscheidet. So, wie das menschliche Leben und die Sprache nun einmal beschaffen sind, ist vielleicht die Anerkennung dieses Alltags-Begriffsystems der Eintrittspreis in den »Klub« der Sprachgemeinschaft, wodurch erst eine Verständigung möglich wird. Doch sind Begriffe wie »Verständlichkeit« und »Sinn« wirklich die Endpunkte der Argumentation? Sind wir nicht angesichts Kants Betonung der rationalen Funktionen der Sprache doch verpflichtet, über jede reine Sprachanalyse hinauszugehen? Bei der Ausdehnung unserer Überlegungen zum kollektiven

319 Vgl. Text zu Anm. 32 ff.; siehe auch Mischel (vgl. Anm. 111), Einleitung.

Gebrauch von Ideen von den wissenschaftlichen Disziplinen auf das »Begriffssystem« des Alltagslebens stehen wir offensichtlich immer noch vor der Aufgabe, von der wir ausgingen: auch für diese Alltagsvorstellungen einen »Mittelweg« zwischen dem apriorischen Absolutismus Kants und einem Relativismus zu finden, der die tatsächlichen Strukturen der natürlichen Sprachen nicht hinterfragen kann.

Ehe wir dieses Problem unmittelbar in Angriff nehmen, ist noch eine Abschweifung angebracht. Denn man könnte fragen, woher denn Kant die Überzeugung genommen habe, daß die Maßgeblichkeit seines einen und einzigen Systems der reinen Formen des vernünftigen Denkens *bewiesen* werden könne. Die Antwort hängt mit der oben behandelten Mehrdeutigkeit des Kantischen Begriffs der »Vorstellung« zusammen. In gewissen Beziehungen war Kant der letzte der Erkenntnistheoretiker des 18. Jahrhunderts, die die Rolle der Sinneswahrnehmung für die Erkenntnis in Form der Beziehungen zwischen »Eindrücken« und »Ideen« diskutierten; hier spielte Kant immer noch mit dem nämlichen geometrischen Bild vom Bewußtsein als einer wesentlich »inneren« Welt, worin sich seine Vorgänger verfangen hatten. Doch zweifellos war es sein Bestreben, über diese Scheinprobleme des 18. Jahrhunderts hinauszukommen; und insofern weist seine Position auf die gewisser Pragmatisten des 19. und 20. Jahrhunderts voraus. Diese doppelgesichtige Position zeigt sich insbesondere in Kants Einstellung zu den apriorischen Ideen, Kategorien und Formen. Denn diese muß man nur dann scheinbar als absolut ausgezeichnet hinnehmen, wenn man Kants Position aus dem Blickwinkel des 18. Jahrhunderts sieht. In einer mehr pragmatischen Auffassung lassen sich alle seine übrigen wesentlichen Erkenntnisse aufrechterhalten, ohne daß sich ein derartiger Absolutheitsanspruch ergibt.

Die Schlüsselidee der »Vorstellung« enthält wiederum in nuce die uns hier interessierende Mehrdeutigkeit. Kant verbindet die »Notwendigkeit« der apriorischen Formen damit, daß sie die unentbehrliche Struktur jeder stimmigen Vorstellung bildeten; und eine der besten Möglichkeiten, diese »Notwendigkeit« zu verstehen, ist die Frage, was für Bedingungen eine solche stimmige »Vorstellung« tatsächlich voraussetzt. An diesem Punkt bringt Kant zweierlei Argumente vor. Einige davon beziehen sich auf die Frage, wie die Sinneswahrnehmungen eine kognitive Struktur erhalten; sie führen die Diskussion des 18. Jahrhunderts weiter, ohne deren Bezugspunkte völlig aufzugeben[320]. Andere beziehen sich auf die Frage, wie empirische Beobachtungen mittels logisch strukturierter Begriffsysteme erklärt werden; diese Argumente nehmen spätere Diskussionen in der Sprachphilosophie und Wissenschaftstheorie vorweg[321]. Der Unterschied zwischen diesen beiden Seiten von Kants Position läßt sich wieder anhand des sehr verschiedenen Bedeutungsgehalts der deutschen Wörter »Vorstellung« und »Darstellung« für das englische Wort »representation« aufzeigen.

1. Wenden wir uns zunächst den mit den Sinneswahrnehmungen zusammenhängenden Vorstellungen zu. In der Philosophie des 18. Jahrhunderts hatte es als selbstverständlich gegolten, daß alle Erkenntnisansprüche – für Begriffe wie für Aussagen – sich auf vorangegangene Erfahrungen gründen müßten; wenn also apriorische Bestandteile in unserer Erkenntnis entdeckt wurden, so wies das eben darauf hin, daß der Geist durch irgendeine organisierende Tätigkeit der Sinneserfahrung selbst eine »kognitive Struktur« verlieh. Unsere Erfahrung von der Welt erscheint uns durch unsere Sinne in Form von Vorstellungen; alle Erkenntnisleistungen haben ihre Grundlage in Elementen unserer verschiedenen Sinnesmodalitäten; eine apriorische Struktur unserer Erkenntnis mußte sich also auf irgendeine Weise in der Organisation dieser Sinnesmodalitäten niederschlagen. In diesem Sinne kommt der Kantische Begriff der Vorstellung dem der »ideas of sense« Lockes sehr nahe, außer daß etwas von einer »kognitiven Struktur« – oder, wie Wittgenstein sagen würde, einem »Sehen-als« – von Anfang an in unsere Sinnesmodalitäten eingebaut ist. So verstanden, besteht Kants Aufgabe dann im Nachweis einer einleuchtenden Verbindung zwischen den notwendigen Formen unserer Erkenntnis und der strukturellen Organisation unserer Vorstellungen[322].

320 Kant, *Kritik der reinen Vernunft*, »Transzendentale Dialektik«, Buch 1, Abschn. 1, »Die Ideen im allgemeinen« (insbes. A 320, B 376 f.).
321 Ebenda.
322 Siehe oben, Abschn. 2.4. Mit dem Ausdruck »Vorstellung« wird in

Kant behauptet, diesen Zusammenhang durch Berufung auf eine attraktive Reihe von Assoziationen herstellen zu können, die angeblich die verschiedenen formalen Systeme, die unsere Erkenntnis organisieren, mit den verschiedenen Sinnesmodalitäten verbindet, durch die die Erkenntnis gewonnen wird. Wo liegt die Grundlage für die apriorische Geltung des Euklidischen Systems der Geometrie? Die Antwort erfolgt in drei Schritten. Nach Leibniz drücken räumliche Größen die »Beziehungen des Nebeneinanderbestehens« aus, anhand derer unsere Erkenntnis der »äußeren Gegenstände« organisiert ist; die Sinnesmodalität, mit der wir unsere Vorstellung von einer »äußeren« Welt – aus räumlich ausgedehnten Gegenständen in den Beziehungen des Nebeneinanderbestehens – bilden, ist der Gesichtssinn; die von Euklid im einzelnen dargestellten apriorischen Formen der Raumerkenntnis waren also wohl schon vorher in den Verfahren oder Vorgängen enthalten, die unsere Gesichtswahrnehmungen kognitiv zu einer räumlichen Anordnung organisieren. Ähnlich verknüpfte Kant die formale Arithemik mit Leibnizens »Beziehungen der Aufeinanderfolge« und insofern mit unserem Zeitbewußtsein; er fand eine sinnliche Grundlage für diese Beziehungen im Gehörsinn; und damit erklärte er die apriorische Struktur der Arithmetik als die Entfaltung der geistigen Strukturen, die in der kognitiven Organisation unserer Hörwahrnehmungen unentfaltet enthalten sind. Die Euklidische Geometrie wurde damit zur formalen Struktur unserer »nach außen gewandten« Wahrnehmung, die Arithmetik unserer »nach innen gewandten«. Kant konnte also anscheinend die Forderung der Philosophen des 18. Jahrhunderts erfüllen, nämlich für die apriorischen Ideen, Kategorien und Formen eine Grundlage in der Struktur der Sinneserfahrung aufzuweisen, ohne sie aber zu bloßen empirischen Verallgemeinerungen der Sinneserfahrungen zu machen. Die formalen Systeme der Arithmetik und der Geometrie erlangten also eine wesentliche Verbindung mit der sinnlichen Grundlage der Erkenntnis, ohne ihre logische Stellung als Netze »notwendiger Wahrheiten« zu verlieren.

Auf diese Weise ließ sich auch – so erschien es Kant – ihr

deutschen Übersetzungen Lockes und anderer englischer Empiristen regelmäßig das Wort »idea« wiedergegeben.

Anspruch auf *alleinige Geltung* rechtfertigen. Wenn die formalen Kalküle der Arithmetik und der Geometrie unmittelbar mit den kognitiven Strukturen der betreffenden Sinnesmodalitäten verbunden waren, dann ließ sich auf jeden Fall nur ein einziges System der Arithmetik oder der Geometrie auf diesen Gebieten anwenden. Mit dieser auf die Sinneserfahrung bezogenen Deutung wird unsere obige Analogie zwischen Kants notwendigen Formen und der Dekodierungsschaltung eines Fernsehapparats zu etwas mehr als einem irreführenden Bild. Denn jetzt behauptet Kant, unsere Sinneseindrücke könnten nur dann eine stimmige »Vorstellung« und damit ein stimmiges System der Erkenntnis liefern, wenn sie im Rahmen der »Erfahrung« die vorbestimmte kognitive Struktur gewinnen, durch die sie zu »Daten« oder verständlichen »Nachrichten« werden. Und in diesem Sinne würde die Behauptung überhaupt nicht einleuchten, unsere Sinneswahrnehmungen könnten auf irgendeine andere Weise als durch das eine und einzige System der apriorischen Formen eine durchgängige und verständliche Struktur erhalten.

2. Wenden wir uns jetzt der anderen, der auf Theorien bezogenen Deutung der Kantischen Position zu, nach der sie sich mit »erklärenden Darstellungen« beschäftigt. Jetzt geht es nicht mehr um »Sinnesmodalitäten«, sondern um die Bedingungen, unter denen theoretische Systeme mit unveränderlicher logisch-gedanklicher Struktur zur Erklärung kontingenter, empirischer Beobachtungen über vergängliche Naturtatsachen verwendet werden können. Lassen wir also für den Augenblick alle Fragen der Sinnesphysiologie und Psychologie beiseite und fragen wir stattdessen, wie die formalen Strukturen der Arithmetik, der Geometrie, der Dynamik und anderer derartiger Wissenschaften auf die empirischen und kontingenten Naturtatsachen überhaupt – oder gar notwendig – anwendbar sind.

In diesem zweiten Sinne erschloß Kants philosophischer Ansatz Neuland, das gegen Ende des 19. Jahrhunderts fruchtbar gemacht wurde, als sich Hertz, Hilbert und andere dieser Frage wieder zuwandten. Es ergab sich, daß formale Systeme »notwendiger Aussagen« für empirische Tatsachen über die Welt nur unter ganz bestimmten Bedingungen von

Bedeutung sein können; insbesondere müssen passende »Anwendungsverfahren« zur Identifikation derjenigen Gegenstände, Formen oder Systeme in der Natur vorhanden sein, die die theoretischen Eigenschaften jener Formalismen erfüllen. So gesehen, geht es also nicht um die »Organisation« von »Sinneseindrücken« in einem »inneren«, passiv empfangenden Bewußtsein, sondern um die aktiven Verfahren, nach denen die Menschen mit den Gegenständen ihrer Umgebung umgehen. Die nach-Kantische Aufgabe besteht also nicht mehr darin, eine eindeutige Euklidizität etwa in der »Wahrnehmungsorganisation« des Gesichtsfelds zu entdecken[323], sondern eine pragmatische Grundlage – etwa in den praktischen Verfahren von Zimmerleuten, Landmessern und Naturwissenschaftlern – für eine Vorzugsstellung der euklidischen Geometrie gegenüber den anderen mathematischen Möglichkeiten.

Jetzt können wir allmählich erkennen, wie sich eine solche pragmatische Grundlage finden lassen könnte. In einer höchst eindrucksvollen Argumentation hat z. B. Hugo Dingler die Festlegung auf die euklidischen räumlichen Beziehungen im Alltagsleben als eine Folge der praktischen Anwendungsverfahren erklärt, mit denen man wirkliche empirische Formen, Oberflächen oder Körper als »rechtwinklig«, »eben«, »kugelförmig« usw. identifiziert[324]. Wie würde man etwa eine wirkliche physikalische Oberfläche herstellen, die unserem mathematischen Ideal der »ebenen« Fläche entspricht? Angenommen, man gehe etwa von drei Steinen mit einigermaßen ebenen Oberflächen aus und reibe sie paarweise so lange aneinander, bis sich alle drei Oberflächenpaare an allen Punkten berühren. Ein einzelnes aneinander geriebenes Paar würde eine mehr oder weniger stark gekrümmte Kugeloberfläche ergeben, im einen Stein konvex, im anderen konkav; doch wenn man so lange arbeitet, bis sich alle drei Oberflächenpaare überall berühren, dann kann sich keine Kugeloberfläche mehr ergeben. In dem Sinne, wie wir den Ausdruck »Ebene« verwenden, so argumentiert Dingler, sind die drei Oberflächen – so genau, wie man es eben herstellen kann –

323 Vgl. F. Waismann, *Ludwig Wittgenstein und der Wiener Kreis*, hrsg. v. B. F. McGuinness (Oxford, 1967), S. 100, 162.

324 Vgl. H. Dingler, *Das Experiment.*

vollkommene Ebenen. Außerdem, so behauptet er, sind die entstehenden Oberflächen so beschaffen, daß man das Parallelenaxiom, durch das sich die euklidische Geometrie von den anderen Geometrien unterscheidet, ohne die geringsten Bedenken benutzen kann, einfach deshalb, weil unser Anwendungsverfahren in diesem Falle die Geltung gewährleistet. Und solange man physikalische Beispiele geometrischer Figuren, Größen und Beziehungen auf diese spezielle Art identifiziert, gilt die euklidische Geometrie für diese zwangsläufig. Und umgekehrt, in dem Maße, wie die Anwendungsverfahren systematisch anderer Art sind – wie in der Astrophysik und physikalischen Kosmologie –, ist die euklidische Geometrie nicht anwendbar.

Dinglers Gedankengang zeigt, wie die Kantische Position als Vorläufer pragmatistischer Auffassungen angesehen werden kann; und diese Deutung läuft Kants eigenen Ideen keineswegs zuwider. Schließlich vertrat Kant als einer der ersten die Auffassung, die ganzen Wahrnehmungs- und Erkenntnisfunktionen des menschlichen Geistes seien aktiver und nicht passiver Art. Das bedeutet, wenn man das Kartesische Bild vom Bewußtsein als der »Innenwelt« beiseite läßt, daß Wahrnehmung und Erkenntnis Ergebnisse von Operationen oder Tätigkeiten sind und keine bloßen Auswirkungen des passiven Empfangs von Reizen. Demgemäß läßt sich der theoretische Kern der Kantischen These folgendermaßen neu formulieren. Eine systematische »wissenschaftliche Darstellung« der empirischen Welt, die den formalen Strukturen etwa der Arithmetik, der Geometrie und der Dynamik entspricht, erfordert passende Anwendungsverfahren zur Identifikation etwa »materieller Gegenstände«, »ebener Flächen«, »Impulsgrößen« in der empirischen Welt; doch liegen diese einmal vor und werden sie angewandt, so bilden die entsprechenden Theorien formale (»notwendige«) Systeme allgemeiner Aussagen, deren empirische (»synthetische«) Geltung trotzdem gewährleistet ist[325].

Diese zweite Deutung stützt natürlich keineswegs so wie die erste die Behauptung Kants, es gebe nur eine einzige stimmige Denkweise in Fragen der räumlichen Beziehungen, der

325 H. Poincaré, *Wissenschaft und Hypothese*, dt. (Leipzig, 1904), Kap. 3-5.

materiellen Gegenstände oder der Moral. Wie sehr auch die angebliche »innere Organisation« unserer Sinnesmodalitäten eine und nur eine »kognitive Struktur« zu besitzen scheinen mag, man kann nicht einleuchtend behaupten, es müsse ein einziges, allein maßgebliches System von Anwendungsverfahren geben, das die formalen mathematischen Systeme mit dem tatsächlichen Verhalten der ihnen entsprechenden physikalischen Gegenstände in der natürlichen Welt verknüpft. Im Gegenteil, jedes einzelne System hat pragmatische Vorteile nur für ganz bestimmte Zwecke und unter ganz bestimmten Bedingungen, und Entsprechendes gilt für die Anwendbarkeit oder Nichtanwendbarkeit des betreffenden formalen Systems. Für verschiedene Zwecke können sogar völlig verschiedene Anwendungsverfahren ausgeprägte Vorteile haben, so daß in verschiedenen Situationen unterschiedliche mathematische Systeme etwa der Geometrie oder Dynamik heranzuziehen sind. Für die praktischen Zwecke der Zimmermannsarbeit und ähnlicher Alltagstätigkeiten benutzt man vielleicht Verfahren, denen die Begriffe und Sätze der Euklidischen und nicht der Riemannschen oder Lobatschewskischen Geometrie entsprechen, doch daraus folgt nicht, daß man unter allen Bedingungen auf die euklidischen Begriffe und Sätze festgelegt wäre – d. h., unter allen Verhältnissen und zu allen Zwecken. Bei der Vermessung der astronomischen Nebel und der längsten Entfernungen im Weltall überhaupt sind die Dinglerschen Vorschriften offenbar irrelevant; die Frage, wie man »Ebenen« und »Geraden« in der Weite des Raumes identifizieren kann, und welches formale System der Geometrie für die astrophysikalische Theorie am geeignetsten ist, läßt sich also ohne Widerspruch gesondert stellen[326].

Fassen wir diese beiden Deutungen des Kantischen Problems zusammen. Betrachtet man die auf Sinneseindrücken beruhenden Vorstellungen, so kann man behaupten, alle Sinneserfahrung sei raumzeitlicher Art, wobei sich Gesehenes in räumlicher Anordnung und Gehörtes in zeitlicher Abfolge darstelle; und dann kann man sinnvoll fragen, wie das Gesichts- und Gehörfeld zu seinen speziellen räumlichen und zeitlichen Eigenschaften kommt. Geht man andererseits von

326 Robertson (s. oben, Anm. 113).

den theoretischen Darstellungen aus, so kann man behaupten, die Axiome und Sätze der Formalwissenschaften analysierten in ausdrücklicher Form Beziehungen, die unausgesprochen in den schon benutzten Operationen zur Identifikation und Manipulation physikalischer Gegenstände oder Größen steckten; und dann kann man nach dem Vorbild von Hertz und Dingler sinnvoll untersuchen, wie und unter welchen Bedingungen unsere mathematischen Theorien im einzelnen zu ihrer charakteristischen empirischen Relevanz und Anwendbarkeit kamen.

Was nicht mehr möglich ist, das ist die Gleichsetzung dieser beiden Probleme sowie der – von Mach unternommene – Versuch, sie beide in einem Zuge zu lösen. Ob nun die Behauptung, die räumlichen Beziehungen in unseren visuellen Vorstellungen hätten etwas spezifisch »Euklidisches« an sich, sinnvoll ist oder nicht, diese Frage ist jedenfalls eindeutig unabhängig von Dinglers pragmatischen Behauptungen über die Anwendung der mathematischen Geometrie auf physikalische Gegenstände. Gleiches gilt für den formalen Kalkül der Arithmetik: Ob es nun richtig ist oder nicht, daß wir mit Zahlen oder Zahlenmengen (.......) Trommelschlägen oder anderen Höreindrücken eine »geistige Struktur« aufprägen, diese psychologische Frage ist wiederum unabhängig von allen pragmatischen Fragen über die Anwendung der Arithmetik bei den alltäglichen Aufgaben des Zählens und Ordnens physikalischer Gegenstände. Auf jeden Fall leuchtet es nicht mehr ein, daß die pragmatischen Anwendungsverfahren für die Zuordnung von Zahlen zu physikalischen Gegenständen ihre »Geltung« oder »Notwendigkeit« von den »kognitiven Strukturen« her erhielten, die dem Zeitcharakter aller Hörerfahrungen innewohnen sollen!

Der springende Punkt ist, daß es Kant gelang, zunächst zwei unabhängige Gruppen von Fragen aufzuwerfen und sie dann durcheinanderzubringen. Beide Fragengruppen waren neu und sehr interessant und für die Philosophie wie auch die Erkenntnispsychologie von großer langfristiger Bedeutung; und wenn Kant selbst sie nicht klar auseinanderhielt, so zeigt das einfach, daß er der Kartesischen Erkenntnistheorie immer noch bis zu einem gewissen Grade verhaftet war. Doch für unsere Zwecke ist diese Unterscheidung von ganz entscheidender Bedeutung. Einige der Hauptfragen bezüglich der menschlichen Erkenntnis haben, wie wir alsbald sehen werden, gerade zu tun mit den Beziehungen zwischen kollektiven »theoretischen Darstellungen« oder Beweisen in der Geometrie oder Physik und »Vorstellungen« oder Wahrnehmungen des einzelnen, wie man sie in der Sinnesphysiologie und Erkenntnispsychologie untersucht. Unterscheidet man nicht von Anfang an konsequent zwischen diesen Vorstellungen und Darstellungen, so läuft man nicht nur Gefahr, die jeweiligen Fragen zu verwirren, sondern begibt sich womöglich selbst der begrifflichen Mittel, um Fragen über die Beziehungen zwischen beiden zu stellen.

Eingedenk dieser Unterscheidung können wir uns wieder dem Problem der Umgangssprache und des »Begriffssystems des Alltagsverstands« zuwenden. Müßten wir uns auf den Gesichtspunkt der Sinneswahrnehmungen beschränken, wonach die formalen Strukturen der Arithmetik und Geometrie bereits in der Organisation der Seh- und Hörwahrnehmung enthalten sein sollen, so würden sich einigermaßen verwirrende Fragen ergeben, etwa die, in welchem genauen Sinne man sagen könne, die von Euklid und Peano analysierten komplizierten formalen Beziehungen seien bereits in die Geistestätigkeit und/oder Gehirnstruktur des primitiven Menschen »einprogrammiert« gewesen. Und wenn sie es waren, wie konnte sich dann dieser Geist oder dieses Gehirn jemals eine nichteuklidische Geometrie ausdenken und anwenden? Diese Betrachtungsweise hat, wie wir im nächsten Abschnitt sehen werden, noch abwegigere Konsequenzen, wenn man die historischen Vorgänger der heutigen Begriffe von Raum, Zeit und Zahl betrachtet. Denn einmal müßte das gesamte unausgesprochene System der Euklidischen Beziehungen in der Entwicklung des Menschen mit einem Schlage entstanden sein, als vollständige »kognitive Struktur«; und außerdem müßten die Menschen vor Euklid, die gröbere, praktische Faustregeln bei ihren Messungen anwendeten, in gewissem Sinne die in ihrer eigenen Geistestätigkeit bereits unausgesprochen enthaltenen formalen Strukturen durchweg mißverstanden haben!

Die pragmatische Betrachtungsweise dagegen ermöglicht eine stärker historische Sicht der Alltagsvorstellungen. Die Ding-

lersche Argumentation zeigt auf jeden Fall, daß das idealisierte geometrische System Euklids älteren praktischen Vermessungs- und Meßverfahren entsprach, ja eine natürliche Erweiterung derselben bildete, aber jedenfalls eine aus ihnen abgeleitete Spezialisierung und nicht ihre eigene nachträgliche Ausformung und Rechtfertigung. Dann erscheint die formale Geometrie nur als ein spätes und hochentwickeltes Produkt einer langen historischen Entwicklung, dem andere, weniger formalisierte Systeme räumlicher Vorstellungen mit eigenen und mehr praktischen Funktionen vorausgingen. Die stärkere Kantische Behauptung, ein bestimmtes formales System geometrischer Begriffe sei von jeher unausgesprochen für das Denken absolut maßgebend und somit überzeitlich »notwendig« gewesen, ist dann auf mindestens eine der beiden folgenden Zusatzhypothesen angewiesen. Man muß entweder annehmen, der Mensch besitze eine angeborene Neigung, seine Erfahrung »euklidisch« zu organisieren, oder aber, das heutige System der Alltagsvorstellungen sei in jeder Hinsicht der Formalismus, der sowohl allen vorstellbaren Zwecken des »vernünftigen« Denkens und Handelns als auch allen vorstellbaren menschlichen Situationen, so ausgefallen sie auch seien, am besten angepaßt sei.
Die erste Hypothese – die »Angeborenheitsthese«, nach der unser begriffliches Grundarsenal angeborene Formen des menschlichen Geistes oder Gehirns widerspiegelt – werden wir im folgenden Abschnitt ausführlicher behandeln. Wäre sie richtig, so würde natürlich die zweite Hypothese trivial folgen; denn wie könnte es jemals »gut angepaßt« sein, den angeborenen Strukturen unserer Natur zuwider zu denken? Unabhängig von der Angeborenheitsthese jedoch scheint die zweite Hypothese – nach der unser gegenwärtiges »Begriffssystem des Alltagsverstands« allen vorstellbaren menschlichen Zwecken und Situationen am besten angepaßt ist – einfach nicht den Tatsachen zu entsprechen. Das Beweismaterial aus der Geistesgeschichte und der Kulturanthropologie, besonders den sogenannten »Ethnowissenschaften«, ist vielleicht noch nicht ganz endgültig, doch es weist in eine eindeutige allgemeine Richtung. Welche von Kants apriorischen »Formen des Denkens« man auch nimmt, es lassen sich Kulturen vorstellen – und sogar entdecken –, in denen die aner-

kannten und »wohlangepaßten« Ideensysteme wesentlich von Kants »einzig stimmigem« Schema abweichen.
Kommen wir im Vorübergehen auf den Begriff der »Farbe« zu sprechen, der die Breite und Kompliziertheit der Fragen in allen solchen Fällen erkennen hilft. Zunächst einmal gibt es ohne Zweifel einen genetisch bedingten, physiologischen Anteil in unserer Fähigkeit zur Wahrnehmung und Unterscheidung von Farben, und seine Auswirkungen sind, wie man erwarten sollte, in allen Kulturen gleich[327]. Wenn also Menschen aus verschiedenen Kulturen Farbflächen nebeneinander vorgelegt bekommen, so zeigt ihre Fähigkeit zur Unterscheidung benachbarter Farbtöne keine wesentlichen kulturellen Unterschiede; alle können die Grenze zwischen zwei Farben erkennen, oder alle können es nicht. (Selbst die verschiedenen Arten der Farbenblindheit nehmen in allen menschlichen Populationen die gleichen Formen an und treten ungefähr in gleicher Häufigkeit auf.) Doch bei all dieser »kulturellen Invarianz« zeigen die Farbbegriffe und -bezeichnungen ausgeprägte Unterschiede zwischen den menschlichen Kulturen und Sprachen. Homers Farbwörter und Farbbeschreibungen sind, wie man schon lange weiß, sehr schwer mit den unsrigen in Einklang zu bringen, was darauf hinweist, daß die Kategorisierung der Farben im alten Griechenland nicht mit der übereinstimmte, die sich in den meisten modernen europäischen Sprachen niederschlägt; und diese Verschiedenheit der Farbbegriffe wird durch anthropologische und sprachwissenschaftliche Untersuchungen in entlegeneren Gegenden der Welt bestätigt.
Die Menschen aus verschiedenen Kulturen haben zwar eine gemeinsame physiologische Erbausstattung, doch sie teilen das Farbkontinuum sprachlich und begrifflich auf äußerst verschiedene Art ein, die wiederum kulturell weitergegeben wird. Wahrnehmungsmäßig unterscheidet vielleicht ein mexikanischer Indianer und ein ägyptischer Bauer, ein Bergbewohner von den Philippinen und ein heutiger Londoner genau die gleichen farblichen Feinabstufungen; doch begrifflich stimmen sie anscheinend nicht immer darin überein, ob

327 Vgl. E. H. Lenneberg, *Biological Foundations of Language* (New York, 1967), Kap. 8, Abschn. 4; dt.: *Biologische Grundlagen der Sprache*, Suhrkamp, Frankfurt (M.), 1971, 1973, 1977.

zwei solche Farbtöne in dieselbe größere Farbkategorie gehören oder nicht. Und es ist nicht nur so, daß Menschen in verschiedenen Kulturen das Farbkontinuum feiner oder weniger fein einteilen – die einen haben etwa besondere Namen für viele Schattierungen von Braun, die anderen von Grün –, während die umfassenderen Begriffe jeweils die gleichen Grenzen hätten. In einigen Fällen sind diese Klassifikationen einfach gegenseitig unvereinbar. In einem Land etwa, in dem die Pflanzen nur kurze Zeit im Frühling grün sind, könnte naheliegenderweise ein einziges Farbwort (»pflanzenfarben«) für Grün und Braun verwendet werden. Die verschiedenen Grüntöne werden dann zusammen mit der Farbe des sommerlichen Weizens, des Sandes und der Kamele als verschiedene Schattierungen derselben allgemeinen Farbe bezeichnet – ja »gesehen«.

Jedenfalls bei den Farbbegriffen kann ein ethnowissenschaftlicher Vergleich zwischen verschiedenen Völkern und Epochen über das reine Tatsachensammeln hinausführen und Erklärungsansätze für die Verschiedenheit der Farbklassifikationen und -bezeichnungen nahelegen. Am Ende könnte man sogar für die Farbeinteilungen des Alltagslebens die gleiche Art »diachroner« Analysen des Ideenwandels durchführen, wie wir sie oben für wissenschaftliche Ideen entwickelt haben. Wie etwa entwickelte sich, historisch gesehen, die anerkannte Einteilung der Farben im Laufe der Jahrhunderte, von den Sumerern zum homerischen Griechenland, weiter bis zum hellenistischen Alexandrien, dem mittelalterlichen Italien und dem modernen Europa? Gibt es (wie Berlin und Kay meinen[328]) eine mehr oder weniger regelmäßige Reihenfolge, in der in den verschiedenen Kulturen Ausdrücke für Grundfarben dem bestehenden Sprachschatz hinzugefügt werden? Und gibt es irgendwelche nachweisbaren Zusammenhänge zwischen den historisch bekannten Veränderungen der Farbeinteilung und anderen gleichzeitigen Veränderungen in der Lebensweise der betreffenden Völker? Und bringt dieses anthropologische Material über Unterschiede der Farb-

328 B. Berlin und P. Kay, *Basic Color Terms: their Universality and Evolution* (Berkeley, 1969); ferner H. C. Conklin, »Hanunóo Color Categories«, *Southwestern Journal of Anthropology* 2 (1955), 339-44, wieder abgedruckt in Hymes (s. oben, Anm. 245), S. 189 ff.

einteilung zwischen heutigen Kulturen irgendwelche synchronen Zusammenhänge mit anderen gegenwärtigen kulturellen Unterschieden ans Licht? Auf diese Weise läßt sich die Entwicklung der »Alltagsbegriffe« der evolutionstheoretischen Analyse zugänglich machen.

Eingedenk dieses Beispiels wollen wir als nächstes einige der »Alltags«-ideen und -kategorien betrachten, die unter Kants apriorisches Schema fallen, z. B. Begriffe wie »Substanz« und »Kausalität«. Auch in diesen Fällen könnte sich, wie bei der Farbwahrnehmung, durchaus ein invarianter Kern herausstellen. So sind die meisten Lebewesen in gewissem Maße physiologisch dazu ausgestattet, zwischen verschiedenen physikalischen Gegenständen oder zwischen verschiedenen Arten von solchen zu unterscheiden; auch die Menschen dürften dieses allgemeine Erbgut besitzen. Doch neben jeglicher solchen universalen, erblich übertragenen und kulturell invarianten menschlichen Fähigkeit müssen wir bei genauerer Analyse im einzelnen auch historische und kulturelle Variationen zwischen den in verschiedenen Milieus gebräuchlichen Begriffen der »Kausalität« und »Substanz« erwarten; und es lohnt sich, zu fragen, wie diese Variationen mit anderen historisch-kulturellen Faktoren zusammenhängen. In animistischen Kulturen etwa sind die »Kausalideen«, mittels derer die Alltagserfahrung gewöhnlich gedeutet wird, wesentlich andere als die in den meisten industriellen Gesellschaften allgemein verbreiteten. Und selbst heute erfordern die Bedürfnisse spezialisierter Gruppen und Milieus etwas verschiedene Begriffe der »Kausalität«; vor Gericht etwa spielt die Idee der Kausalität beim Begriff der Fahrlässigkeit eine ganz andere Rolle als etwa in der klinischen Medizin oder in der Ingenieurwissenschaft[329]. In der juristischen Argumentation geht man z. B. davon aus, daß die »Kausalkette« durch das Eingreifen eines neuen Subjekts »unterbrochen« werden könne, wie es in einer wissenschaftlichen oder technischen Diskussion undenkbar wäre, und wie es auch Kants eigenem Glauben an die wesentliche »Kontinuität« der kausalen Verknüpfungen zuwiderläuft.

Verschiedene Verhältnisse geben also Anlaß zu verschiedenen

329 Siehe H. L. A. Hart and A. M. Honoré, *Causation in the Law* (Oxford, 1959).

Kausalitätsbegriffen, selbst auf Ebenen, die Kant für unveränderlich und apodiktisch hielt. Jede Behauptung, unser »Alltagssystem« der Kausalitätsideen spiegele ein natürliches funktionales Gleichgewicht wider, das durch keinerlei voraussehbare Veränderungen der menschlichen Lebenspraxis gestört werden könne, sieht sich also einer kaum zu bewältigenden Beweislast gegenüber. Denn man kann nicht beweisen, daß unser »Begriffssystem des Alltagsverstands« den Anforderungen jeder vorstellbaren menschlichen Lebensform optimal angepaßt sei, ohne vorher zu zeigen, wie unsere heutigen Vorstellungen historisch zustande kamen und welche »ökologischen Anforderungen« ihre Entwicklung bisher erfüllte. Und zur Beantwortung dieser Vorfrage müssen die Philosophen das kulturanthropologische und geistesgeschichtliche Material ernster nehmen als bisher.
Ähnliches läßt sich für den Begriff der »Substanz« sagen, diesmal im Gegensatz zu Theorien quasi-kantianischer Psychologen wie Piaget und Bruner. Man kann z. B. leicht behaupten, in allen Kulturen erkennten die Kinder von selbst, daß die »Erhaltung« in irgendeinem Sinne eine wesentliche Eigenschaft der »materiellen Substanz« sei. Doch in dieser allgemeinen Form ist die Behauptung zu unbestimmt, als daß sie einen vollentwickelten Kantischen Standpunkt stützen würde[330]. Denn der Gedanke der Erhaltung hat sich im Laufe der Geistesgeschichte selbst erheblich verändert, und auch heute noch verstehen ihn Menschen verschiedener geistiger Herkunft sehr verschieden. Über welchen Begriff der »Substanz« oder der »Erhaltung« sprechen wir also? Erkennen alle Kinder z. B. Gase und Dämpfe von selbst als »Substanzen«? Und wenn ja, warum taten es die europäischen Erwachsenen ausdrücklich erst im 18. Jahrhundert? Ist es so, daß Kinder, die keine differenzierten Meß- und Rechenverfahren anwenden können, trotzdem gar nicht anders können, als die Flüssigkeitsmenge in einem hohen, schmalen Glas unter genau den gleichen Umständen wie wir als »gleich groß« wie die in einem anderen, flachen Glas zu be-

330 Siehe z. B. die Experimente von J. Bruner, mitgeteilt in J. S. Bruner, J. J. Goodnow und G. A. Austin, *A Study of Thinking* (New York, 1956), sowie die sehr umfangreiche Literatur über ähnliche Experimente von Piaget und anderen.

trachten? Warum sollten sie nicht in ihrer Sprache von einer »Ausdehnung« der Flüssigkeit beim Eingießen in ein engeres Gefäß sprechen, so, wie wir in unserer Sprache von einer »Ausdehnung« eines festen Körpers beim Erwärmen sprechen?
In solchen problematischen Situationen könnte es durchaus irreführend sein, die Erfahrung von kleinen Kindern oder Menschen aus anderen Verhältnissen ausschließlich in unserer Sprache zu beschreiben. Die Frage, ob sie genau dasselbe »Begriffssystem des Alltagsverstands« haben wie wir, tritt dann zurück gegenüber Fragen über die ganze Vielfältigkeit, mit der sie über materielle Gegenstände *sprechen* und mit ihnen *umgehen*; und dann ist nicht mehr so klar, daß die Begriffe der »Materie«, »Substanz« und »Erhaltung« wirkliche kulturelle Universalien in einem auch nur einigermaßen bestimmten Sinne sind. Im Gegenteil, viel einleuchtender wäre die Auffassung, der Begriff der »Materie« – mit den zugehörigen Begriffen des »materiellen Gegenstands« und der »materiellen Substanz« – habe sich im Verlauf der historischen Übergänge von der vorwissenschaftlichen handwerklichen Technik zu Aristoteles und Descartes und von Newton zu Rutherford und Chew mehrmals verändert, und der Begriff der Erhaltung, auf den Piaget und Bruner so großen Wert legen, sei selbst ein hochdifferenziertes Produkt einer komplizierten Begriffsgeschichte.
Kommen wir am Schluß noch einmal auf Kants Hauptbeispiele zurück, die Geometrie und die Arithmetik. Unter anderen Verhältnissen haben die Menschen gewiß wesentlich gröbere Zähl- und Meßsysteme verwendet, als sie heute in den Industriegesellschaften allgemein verbreitet sind. Und dabei haben sie auch keineswegs erkennen lassen, daß ihnen die »Notwendigkeit« unserer modernen arithmetischen und geometrischen Formalismen irgendwie bewußt wäre. Mit Rücksicht auf die Lebensformen anderer Kulturen und Verhältnisse könnte es sogar durchaus angemessen sein, eine Entfernung von einem Kilometer (nach unseren Begriffen) über Sumpfgelände als »gleichwertig mit« zwei Kilometern durch Waldgelände zu behandeln oder fünf Kilometern über trokkene Ebene – ohne Rücksicht darauf, welche Konsequenzen ein solches »Äquivalenzkriterium« für jemanden hätte, der dort in die Fußstapfen Euklids treten möchte. Denn in einer

nichtindustriellen Kultur ist es natürlich, die Begriffe des »Raumes« und der »Zeit« unmittelbar mit denen der »Anstrengung« und der »Arbeit« zu verknüpfen statt mit Meterstäben und Uhren, und es gibt auch gute historische Gründe, die theoretische Maßgeblichkeit von Uhren und Meterstäben als eine sehr junge Errungenschaft der menschlichen Kultur anzusehen – vielleicht sogar, wie Lewis Mumford meint, als Nebenergebnis der liturgischen Genauigkeit des mittelalterlichen Mönchtums[331]. Es könnte sich natürlich immer noch herausstellen, daß ein gewisser Mindestbestand an Arithmetik – etwa die ersten vier positiven ganzen Zahlen – in jeder Kultur und Sprache gleichermaßen vorhanden ist. Doch wenn die mathematische Universalität nur so weit geht, ist es für Kant zu wenig; denn es würde für die »Notwendigkeit« unserer voll entwickelten arithmetischen und geometrischen Systeme ebensowenig besagen wie die universelle Unterscheidungsfähigkeit bei Farbwahrnehmungen für die begriffliche Verschiedenheit und die Entwicklung der Farbbezeichnungen.

An diesem Punkt müssen wir uns entscheiden. Entweder stellen wir uns weiter auf den Standpunkt, unsere Begriffe von »Raum«, »Zeit« und »Zahl« seien allein gültig, und verwerfen alle anderen Alltags-Begriffssysteme, die die Geschichte und Anthropologie als nicht völlig vernunftgemäß erweist. (Doch heutzutage wäre eine solche Reaktion unerträglich provinziell; so lange zumindest, bis bewiesen ist, daß unsere Vorstellungen von Raum, Zeit und Zahl tatsächlich theoretische Funktionen erfüllen, die für alle vorstellbaren menschlichen Lebensweisen und Kulturen unabdingbar wären.) Oder wir können diesen anderen Systemen eine eigene vorläufige Gültigkeit und Maßgeblichkeit zugestehen und dann vergleichende, entwicklungstheoretische Fragen über sie stellen. Wie z. B. hängen die Unterschiede der Zähl- und Meßverfahren in verschiedenen Kulturen mit deren übrigen Lebensbedingungen zusammen? Unterscheiden sich dem Meer zugewandte Kulturen in dieser Beziehung von Berg- oder Urwaldkulturen? Reden Jäger anders über Entfernungen als Ackerbauer, und teilen tropische Völker die Zeit anders ein als arktische

331 L. Mumford, »The Monastery and the Clock«, in *Technics and Civilization* (New York, 1934).

Völker? Oder: Hat die Entwicklung unserer modernen Industriegesellschaft unsere Alltagsbegriffe von Zahl, Entfernung und Zeit auf irgendeine kennzeichnende Weise beeinflußt?

In dieser allgemeinen Form beantworten sich die Fragen beinahe von selbst. Natürlich hat der Übergang vom klassischen Altertum über das mittelalterliche Europa zur modernen Industriegesellschaft einen *gewissen* Einfluß auf die Raum-, Zeit- und Zahlbegriffe unseres »Alltagssystems« gehabt. In der tatsächlichen Entwicklung der modernen Industriegesellschaft (das hat Mumford gezeigt) gab es sehr wohl pragmatische Gründe zur Einführung des heutigen Systems raumbezogener, zeitbezogener und numerischer Verfahren, wenn sie auch, wie alle pragmatischen Gesichtspunkte, nicht unbedingt in genau der gleichen Form in allen kulturellen Situationen galten[332]. Wir sollten also nicht fragen, ob der Übergang zum modernen Leben bei diesen Verfahren irgendeinen Unterschied brachte, sondern welche Unterschiede er im einzelnen brachte. Die kulturelle Angepaßtheit von Ideen und Verfahren ist wie die organische Angepaßtheit von Arten eine Sache des Grades; aus einem Vorrat von Möglichkeiten erweist sich die eine oder die andere als »besser angepaßt« an die besonderen Anforderungen einer bestimmten »Nische« oder Anwendung. So gesehen, brauchen die allgemeinen Vorzüge einer Form nicht die speziellen Vorzüge einer anderen in einer bestimmten Anwendung oder »Nische« aufzuwiegen. So sind die euklidischen Strukturen, nach denen wir für die gewöhnlichen Zwecke des Zimmermannshandwerks und der Landvermessung räumliche Beziehungen analysieren, sowohl mit den vor-Euklidischen Vorstellungen des Jägers oder Nomaden verträglich als auch mit den nach-Euklidischen Strukturen der theoretischen Astrophysik.

Das Ergebnis dieser Überlegungen läßt sich leicht formulieren. Die Alltagsvorstellungen der Menschen von Raum und Zeit, Zahl und Kausalität haben weniger fachlichen Charakter und sich weiter verbreitet als die spezialisierten Begriffe der Naturwissenschaft; daher verändern sie sich langsamer. Doch auch diese Alltagsbegriffe unterliegen dem

332 Ebenda; vgl. auch Anm. 299 (1967, 1970).

Wandel und besitzen daher Ideengenealogien. Und wenn man diese aus dem historischen und anthropologischen Material rekonstruieren würde, so könnte man schließlich vielleicht gewisse Fragen beantworten, die wir heute lediglich stellen können, zum Beispiel die »Alltags«-Gegenstücke der beiden Hauptfragen Collingwoods zum Ideenwandel. Das heißt, man könnte so vielleicht die »Anlässe« ausmachen, bei denen ein System raumzeitlicher, numerischer oder kausaler Ideen durch ein anderes ersetzt wurde, und auch die »historischen Vorgänge« ans Licht bringen, die zu solchen Veränderungen führten. Wenn das möglich wäre, würde es zeigen, daß unsere Alltagsbegriffe – wie die der Wissenschaften – eine echte Ideenentwicklung durchmachen, die zu einer fortgesetzten »Anpassung« unserer gewohnten Sprache und Praxis an Veränderungen der einzelnen Ziele und Bedingungen des menschlichen Lebens und Handelns führen.

Ob man nun die Kantische These in ihrer ursprünglichen apriorischen Form nimmt oder mit Piagets »genetischen« Ergänzungen oder als These über die Umgangssprache, jedesmal läßt sie die Tatsachen des historischen Wandels und der kulturellen Vielfalt als unerklärlich erscheinen. Vielleicht gibt es »sprachliche Universalien«, die auf »nichtempirische« Weise erklärt werden müssen; doch auch dann könnten die Menschen aus verschiedenen Milieus immer noch in geringerem Maße ein »Alltags-Begriffsystem« gemeinsam haben, als die Philosophen glauben. Wenn man will, kann man behaupten, jede menschliche Kultur müsse mit *irgendwelchen* Begriffen von »Raum«, »Zeit«, »Substanz«, »Kausalität«, »Moral« usw. arbeiten; doch das ist, für sich allein genommen, wenig mehr als die allgemeine Form einer Behauptung ohne bestimmten Inhalt. Kant selbst glaubte, alles wirklich vernünftige Denken orientiere sich an jenen *speziellen* Begriffen von »Raum«, »Zeit« usw., zu denen die euklidischen Geometer, die newtonschen Physiker und die puritanischen Moralisten um 1780 gelangt waren. Und unbeschadet der anderen Vorzüge des Kantischen Ansatzes erscheint seine Behauptung, es gebe nur dieses eine stimmige System »vernünftiger Formen«, im Rückblick doch als sehr willkürlich. Angesichts der Vielfalt der Zähl-, Meß- und Ordnungsverfahren, die wir heute kennen, wäre die Behauptung wenig einleuchtend, jedes von

ihnen enthalte schließlich doch »unausgesprochen« die formalen Eigenschaften der Euklidischen Geometrie und der Peanoschen Arithmetik; und noch phantastischer wäre es, wollte man immer noch behaupten, diese formalen Strukturen hätten die Sinnesmodalitäten des Gesichts und Gehörs durch die Jahrhunderte hindurch gestaltet, ohne daß man sich dessen bewußt geworden wäre!
Die allgemeine Form der Kantischen Behauptung – nämlich daß die Alltags-Begriffsysteme aller Milieus Vorstellungen über Raum, Zeit, Materie, Kausalität und Moral irgendwelcher Art enthalten müssen, ob sie nun im einzelnen mit unseren speziellen Formen übereinstimmen oder nicht – sollte vielleicht ausdrücklich formuliert werden, da sie zur Erhellung der Frage beitragen könnte, was ein »Alltags-Begriffssystem« eigentlich ist. Denn man kann sich zwar eine Sprache vorzustellen versuchen, in der es nur raum- und zeitlose Aussagen gibt (etwa »Peter ist der Onkel von Paul« oder »2 · 3 = 6«), in der es also keine speziellen Zeit- und Raumbestimmungen gibt (wie »Peter ist jetzt im Eßzimmer« oder »Gestern waren 6 Männer hier«), doch sobald man fragt, was für ein Leben eine solche beschränkte Sprache ermöglichen würde, erkennt man, wie arm und funktionswidrig es wäre. Die Kantische These – in einem schwächeren Sinne, als rein formale Behauptung – liefert uns also ein weiteres Bindeglied zwischen der philosophischen Analyse von Begriffssystemen und deren Wandel einerseits und der psychologischen Untersuchung der Entwicklung des Verhaltens und der Wahrnehmungssysteme.
Trotz der Arbeiten neuerer Phänomenologen wie Merleau-Ponty[333] ist noch viel zu tun, ehe man hoffen kann, klar sämtliche möglichen Beziehungen zu erkennen zwischen den Eigenschaften unserer Verhaltens- und Wahrnehmungssysteme, wie sie von Psychologen wie J. J. Gibson[334] analysiert wurden, und dem theoretischen Ausdruck, den diese Systeme im Laufe der Kulturentwicklung gefunden haben. Es besteht

333 Siehe M. Merleau-Ponty, *Phénoménologie de la perception* (Paris, 1957; dt.: *Phänomenologie der Wahrnehmung*, Berlin 1966).
334 Die neueste und maßgeblichste Formulierung seiner Auffassung findet sich in J. J. Gibson, *The Senses considered as Perceptual Systems* (Boston, 1966).

kaum Zweifel, daß alle Menschen außer solchen mit bestimmten angeborenen Gehirnschäden bei der Geburt dazu ausgestattet sind, z. B. leistungsfähige »Orientierungs-« und »Körperhaltungs«-Systeme zu entwickeln und ihre Wahrnehmungs- und Erkenntnissysteme in einer ungeheuren Vielzahl späterer Handlungen und Verhaltensweisen ins Spiel zu bringen. Und es scheint ebenso sicher, daß man auch die Anwendung der im eigenen Milieu verbreiteten geistigen Verfahren – theoretischer und praktischer – als spezialisierte Erweiterungen der einfacheren Verhaltensweisen lernt, in denen sich angeborene Verhaltensdispositionen und Wahrnahmungssysteme unmittelbar ausdrücken. (Es wäre z. B. interessant, den Ursprung unserer geometrischen Begriffe auf primäre Raumbegriffe wie »links« und »rechts«, »oben« und »unten«, »vorwärts« und »rückwärts« zurückzuverfolgen.) Wenn man also die Form des heutigen Begriffssystems ins Auge faßt, so muß man wiederum genetische oder kulturelle Faktoren nicht allein betrachten, sondern vielmehr die gesamte historische Formenfolge, in der unsere angeborenen theoretischen und praktischen Fähigkeiten Schritt für Schritt ihren immer besser angepaßten funktionalen Ausdruck finden – und historisch gefunden haben.

7.2 *Angeborenheitsthese, Funktionalismus und Sprachfähigkeit*

Dieses letzte Ergebnis stellt uns geradewegs vor ein Problem, dem wir oben im Vorübergehen begegneten: dem der Unterscheidung der Beiträge von Natur und Milieu (von physiologischen und kulturellen Faktoren) zu unseren Erkenntnisfähigkeiten. Angenommen, wir betrachteten die Strukturen des kollektiven Ideengebrauchs in verschiedenen Gruppen – insbesondere allfällige weitverbreitete oder universelle Eigenschaften, die sich in der wirklichen Erkenntnis- oder Sprachfähigkeit des Menschen finden lassen könnten; wie weit sollte man diese nun als Auswirkungen genetisch kontrollierter (»angeborener«) Vorgänge und Mechanismen erklären und wie weit als gleichartige Auswirkungen von Ähnlichkeiten der kulturellen Bedingungen, unter denen alle

Menschen aufwachsen? In welchen Beziehungen und wie weit im einzelnen lassen sich allfällige »kulturelle Universalien« also auf entsprechende »angeborene Fähigkeiten« in der gemeinsamen Erbausstattung aller Menschen zurückführen und wie weit auf die universellen praktischen Aufgaben, denen die Menschen in allen Kulturen gegenüberstehen?

Diese Frage muß sehr sorgfältig formuliert und behandelt werden. Die völlig allgemeine Frage – ob es überhaupt vernünftig sei, nach einer angeborenen Grundlage unserer Sprach- und Erkenntnisfähigkeiten zu suchen – verdient kaum gestellt zu werden. In gewissem Umfang und in gewissen Beziehungen, so müßte man antworten, benötigen natürlich alle Endergebnisse der Evolution und der individuellen Entwicklung irgendeine materielle Grundlage, sei es eine genetische – z. B. eine bestimmte Anordnung der Nukleinsäuren in den Chromosomen der Keimzellen – oder eine neurale – z. B. eine bestimmte Struktur und Organisation der Gehirnvorgänge und -mechanismen. Darin unterscheiden sich unsere Erkenntnisfähigkeiten wahrscheinlich nicht von allen anderen Fähigkeiten. Bis vor hundert Jahren mochte wohl nicht jeder diese Tatsache anerkennen, und noch heute stößt sie hier und da auf Wiederstreben; doch wenn man sie zurückhaltend genug formuliert, ist sie lediglich die Feststellung so gut bestätigter Beobachtungen wie etwa der, daß das Erkenntnis- oder Sprachverhalten an die Intaktheit bestimmter Bestandteile des menschlichen Zentralnervensystems gebunden ist und durch Krankheiten oder Verletzungen gestört wird, die die entsprechenden Gehirnvorgänge blockieren oder in ihrer Entwicklung behindern[335]. In einem hinreichend schwachen oder allgemeinen Sinne kann man also vom Vorhandensein einer psychischen Ausstattung, Erbanlage und/oder anderen »angeborenen« Grundlage unserer kollektiven geistigen Fähigkeiten ausgehen und sich einer spezifischeren und mehr ins einzelne gehenden Frage zuwenden, nämlich auf welche genaue Weise sich diese allgemeine »angeborene Grundlage« im Verhalten ausdrückt, und in welchem Umfang die komplizierten Strukturen, die sich in

335 N. Geschwind, »Disconnexion Syndromes in Animals and Man«, *Brain* 88 (1965), 237-94, 585-644.

den entsprechenden Verhaltens-Endprodukten finden, unentfaltet schon in unserer ursprünglichen »angeborenen Ausstattung« vorhanden waren.
Die Gründe für die Beschäftigung mit dieser spezifischeren Frage dürften jedem bekannt sein, der die Beziehung zwischen Genetik und Evolution in anderen Fällen untersucht hat. Um welche speziellen Gegenstände es sich auch handle, man muß immer unterscheiden zwischen dem jeweiligen »Genotyp« – der hier der unmittelbar durch die genetischen Mechanismen übertragenen »materiellen Grundlage« entspricht – und der tatsächlichen Form des ausgewachsenen Organismus, dem »Phänotyp«, zu dem sich bestimmte Keimzellen mit ihren kennzeichnenden »Genotypen« gewöhnlich entwickeln. Es gibt natürlich enge und wesentliche Beziehungen zwischen der schließlichen Beschaffenheit des tatsächlichen Phänotyps und der des Genotyps, auf dem als materieller Grundlage er beruht und dessen Endprodukt oder »Ausdruck« er ist; doch beides ist keineswegs dasselbe. Der repräsentative »Phänotyp« ist das Endprodukt, das aus einem bestimmten »Genotyp« durch die normale Entwicklung in einer normalen Umwelt entsteht[336]. Und wie sehr auch man versucht sein mag, eine biologische Art oder Population anhand ihres unmittelbar übertragenen »Genvorrats« zu kennzeichnen, man darf doch nicht vergessen, daß die natürliche Auslese nur die statistische Verteilung der phänotypischen Ausprägungen beeinflussen kann, die in einer wirklichen, sich fortpflanzenden Population auftreten. Das heißt, entwicklungstheoretisch gesehen sind die wesentlichen Eigenschaften der Organismen »Ausdrucksformen« der Gene, keine unmittelbaren »Eigenschaften« von ihnen. In dieser Hinsicht können unsere Erkenntnis- oder Sprachfähigkeiten keine Ausnahme bilden. Mögen auch sie beim Neugeborenen eine wenn auch sehr allgemeine »angeborene Grundlage« haben, diese Fähigkeiten selbst stellen sich unmittelbar im intelligenten Verhalten des Erwachsenen dar, das ihr schließlicher »Ausdruck« ist. Und, um es nocheinmal zu sagen, dieses Verhalten des Erwachsenen ist das Endprodukt, zu dem die »angeborene Grundla-

336 Die Unterscheidung zwischen »Genotyp« und »Phänotyp« wird durchsichtig behandelt in den maßgebenden Werken von Mayr (Anm. 99 u. 205).

ge« über die gewöhnlichen Entwicklungsvorgänge – physiologische, verhaltensmäßige und kulturelle – in einer weitgehend standardisierten Abfolge von Umgebungen oder Situationen führt.
Zunächst einmal könnte man also allfällige »universale« Eigenschaften des tatsächlichen Ausdrucks dieser kognitiven Fähigkeiten in verschiedenen Milieus auf dreierlei verschiedene Weise erklären: unmittelbar anhand unveränderlicher Bestandteile der ursprünglichen »angeborenen Grundlage«, als Wirkungen der normalen Abfolge von Situationen, in denen sich die Menschen entwickeln, oder durch Wechselwirkungen zwischen der angeborenen Grundlage und diesen kulturellen Situationen. Die Probleme der kognitiven Entwicklung, der »Ontogenese der Erkenntnis«, werden wir eingehender im zweiten Band unserer Untersuchungen zu behandeln haben. Im Augenblick können wir uns auf die Frage beschränken, in welchen Beziehungen und mit welcher Genauigkeit man sinnvoll eine formale Entsprechung erwarten kann zwischen allfälligen universalen oder typischen »phänotypischen« Formen des kognitiven Verhaltens und der angeborenen psychischen Ausstattung oder dem physiologischen Erbgut, dessen Ausdruck sie sind; oder wie weit man die Ursache solcher Formen vielmehr in den universalen Verhältnissen des menschlichen Lebens und damit in der normalen Abfolge der Interaktionen suchen sollte, durch die »genotypische« Ausstattung ihren Ausdruck im Verhalten findet.
Diese Frage läßt sich am besten in der Form behandeln, in der sie in der theoretischen Sprachwissenschaft und der Sprachphilosophie auftaucht. In den letzten Jahren haben die Arbeiten von Noam Chomsky und seinen Kollegen gewisse aufsehenerregende Behauptungen über die »universale Grammatik« und ihre angebliche Verwurzelung in den gemeinsamen »angeborenen Fähigkeiten« aller Menschen aufgestellt. Chomsky selbst behauptete mehrfach mit erheblichem Nachdruck, das Vorhandensein der gleichen grammatischen Strukturen in allen menschlichen Sprachen sei ein ausreichender Beweis dafür, daß die Neugeborenen in jeder Sprachgemeinschaft die gleiche angeborene Ausstattung besäßen. Diese »Angeborenheitsthese« ist gleichzeitig so interessant und so mehrdeutig, daß wir es uns nicht versagen soll-

ten, sie recht genau zu untersuchen[337]. Anhand der bisherigen Diskussion läßt sich nämlich zeigen, daß in der »sprachwissenschaftlichen Angeborenheitsthese« zwei verschiedene Theorien miteinander verschränkt sind. Die stärkere und extremere These führt zu großen theoretischen Schwierigkeiten, doch die schwächere Form ist durchaus annehmbar, wenn nicht sogar trivial. Wenn wir diese beiden Formen der Angeborenheitsthese sorgfältig genug unterscheiden, können wir die Hauptfragen genauer formulieren, mit denen wir uns später zu beschäftigen haben werden: die der Beziehungen zwischen den im menschlichen Genotyp enthaltenen kognitiven Fähigkeiten und dem Verhalten, das dessen phänotypischer Ausdruck ist.

Die Zurückverfolgung der Sprachfähigkeiten auf ihre angeborenen Grundlagen im physiologischen Bau des Gehirns und

337 Chomskys Auffassungen zur »Angeborenheit« der menschlichen Sprachfähigkeit und seine Argumente dafür, daß deren historischer Ursprung weder kulturhistorisch noch evolutionsbiologisch zu erklären sei, finden sich verstreut in seinen Schriften und Vorlesungen. Sein erster Angriff auf die empiristischen Theorien des Sprachlernens drückt sich am besten aus in seiner kritischen Besprechung von Skinners *Verbal Behavior* (*Language* 35 [1959], 26-58); siehe aber auch das Symposion auf dem Boston Colloquium for Philosophy of Science im Dezember 1966, abgedruckt in *Boston Studies in the Philosophy of Science*, Band 3, hrsg. v. R. S. Cohen und M. W. Wartofsky (1968), S. 81-107. Die konzentrierteste Darstellung von Chomskys philosophischer Hauptthese erfolgte in seinen John-Locke-Vorlesungen an der Universität Oxford im Sommer 1969 (im Druck); wichtige Hinweise auf seine allgemeinen Auffassungen finden sich auch in *Aspekte der Syntax-Theorie*, dt. (Suhrkamp, Frankfurt, 1969), insbes. Kap. 1; in *Sprache und Geist*, dt. (Suhrkamp, Frankfurt, 1970), und in *Cartesianische Linguistik*, dt. (Niemeyer, Tübingen, 1971). In gewissem Maße hat Chomsky im Laufe der Jahre seine Auffassungen geändert, und die »starke« Angeborenheitsthese, die ich in der vorliegenden Arbeit kritisiere, wird inzwischen von ihm vielleicht nicht mehr ganz vertreten. Daher möchte ich hinzufügen, daß der *Haupt*zweck des vorliegenden Abschnitts der ist, die Eigenart und die Konsequenzen der beiden sehr verschiedenen Auffassungen voneinander abzuheben, die unter dem Namen »Angeborenheitsthese« auftreten können, und zu zeigen, daß für Chomskys berechtigte Einwände gegen den strengen Behaviorismus ohne weiteres eine Form der Angeborenheitsthese genügt, die *biologisch* einleuchtender ist als die aus seinen John-Locke-Vorlesungen von 1969, und gleichzeitig *sprachwissenschaftlich* leichter vereinbar z. B. mit dem »Funktionalismus« von Autoren wie Bühler oder Wittgenstein.

in der angeborenen psychischen Ausstattung könnte auf den ersten Blick als eine rein empirische Frage erscheinen, zu deren Beantwortung man lediglich die einzelnen Ergebnisse der Sprachwissenschaft und kognitiven Psychologie, der Biochemie und Physiologie, der klinischen Neurologie und anderer verwandter Teildisziplinen sammeln und zueinander in Beziehung setzen müsse. Wäre das alles, so könnte der Philosoph allerdings nur darauf warten, bis die verschiedenen Wissenschaftlergruppen eine anerkannte Analyse zustande gebracht hätten; und bis dahin würden keine spezifisch philosophischen Fragen entstehen.

Doch in Wirklichkeit bestehen große Zweifel, ob ein empirischer Ansatz allein – gewissermaßen additiv – das hier benötigte systematische Verständnis der Beziehung der Sprachfähigkeit des Erwachsenen zu ihrer »angeborenen Grundlage« vermitteln kann. Ehe solche empirischen Gesichtspunkte theoretisch fruchtbar werden können, müssen einige analytische Vorfragen ins Auge gefaßt werden, und zwar aus zweierlei Gründen. Einmal läßt sich die Sprachtheorie nicht völlig von der Theorie des Bewußtseins trennen. Chomsky selbst betont – wie vorher Kant –, daß psychologische Fragen über den Ablauf des Denkens untrennbar mit sprachwissenschaftlichen Fragen über die (grammatischen oder Aussage-) »Formen« der Gedanken verknüpft seien[338]. Wenn man sich noch einmal vor Augen hält, wie die Probleme von »Gehirn und Sprache« heute gewöhnlich diskutiert werden, so erkennt man darin in der Tat eine Miniaturausgabe des Leib-Seele-Problems: die älteren und eindrucksvolleren Rätsel um Geist und Materie gehen, in Einklang mit dem etwas strengeren Stil des 20. Jahrhunderts, in bescheidener aussehende Fragen bezüglich der »Sprache« und ihrer »Korrelate im Nervensystem« über. Wenn man also nicht vorschnell annehmen will, das gesamte Leib-Seele-Problem lasse sich durch ein halbes Dutzend unabhängig arbeitender Gruppen fleißiger Wissenschaftler lösen, so hat die Frage der Beziehung zwischen den Sprachfähigkeiten und ihren neurophysiologischen Korrelaten auch eine unumgängliche analytische oder philosophische Seite.

Zweitens: Eine Betrachtung der gegenwärtigen Entwicklun-

338 *Sprache und Geist* (vgl. oben, Anm. 337).

gen in den Spezialwissenschaften lehrt, daß die Fragen und Ergebnisse gewöhnlich auf inkommensurable Weise formuliert werden, so daß ihre gegenseitige Relevanz völlig unklar bleibt. Daher kann eine einfache Zusammenfassung ihrer Ergebnisse nicht alles Nötige liefern. Außerdem muß man die Fragen aus den Grenzgebieten zwischen Wissenschaften analysieren, um zu erkennen, welche Bedeutung die Ergebnisse jeder Wissenschaft, für sich genommen, für die der anderen – grundsätzlich – haben könnten. Diese Forderung könnte auf den ersten Blick als überspannt erscheinen, und gewiß wäre es beim gegenwärtigen Stand der Kenntnisse verfrüht, auf einer ins einzelne gehenden Analyse der tatsächlichen Beziehungen zu bestehen, die zwischen den verschiedenen neurolinguistischen und psycholinguistischen Wissenschaften zu erwarten sind. Doch es ist nicht verfrüht, die entsprechende Grundsatzfrage zu stellen und zu überlegen, welche allgemeinen *Arten* gegenseitiger Relevanz diese verschiedenen Wissenschaften überhaupt haben können. Im Gegenteil, wenn man Spezialprobleme auf diesen verschiedenen Gebieten völlig unabhängig voneinander bearbeitet und sich allen Fragen ihrer gegenseitigen Relevanz verschließt, dann könnte man damit eine Grube graben, in die man selbst hineinfällt.

Wenn man die menschliche »Sprachfähigkeit« z. B. nur im Rahmen der theoretischen Sprachwissenschaft diskutieren möchte und zur klinischen Neurologie und Neurophysiologie nur ein Lippenbekenntnis ablegt – wenn man, wie Chomsky, lediglich zugibt, es werde »bestimmt eines Tages eine physiologische Erklärung« für die von der Sprachwissenschaft aufgedeckten geistigen Vorgänge geben, wenn man aber der heute vorhandenen Physiologie und Biologie keine Relevanz für die Sprachwissenschaft zuzugestehen bereit ist –, so vernachlässigt man eine wichtige Quelle von Material zu den grundlegendsten Fragen[339]. Denn offensichtlich ist die Sprache auf gewisse physiologische Voraussetzungen angewiesen. Sind diese beeinträchtigt, so kann jemand seine

339 In seinen John-Locke-Vorlesungen (vgl. oben, Anm. 337) gab sich Chomsky große Mühe, die vorhandenen physiologischen Kenntnisse über das Gehirn als viel zu grob beiseite zu schieben, als daß sie für die Sprachfunktion beim Menschen etwas besagen könnten.

Sprachfähigkeit vielleicht nicht mehr ausüben, und ein Kind entwickelt sie gar nicht erst; unsere Schlußfolgerungen bezüglich der genauen Beschaffenheit der menschlichen Sprachfähigkeit können also von Entdeckungen über diese Voraussetzungen nicht völlig unabhängig sein. Und man muß schon eine recht geringe Meinung von den heutigen Neurowissenschaften haben, wenn man glaubt, sie könnten dazu nichts Nützliches beitragen, nicht einmal von allgemeinster Art.

Und wenn man die entwicklungstheoretische Zoologie und die Kulturgeschichte als bedeutungslos für die Erkenntnis der Sprache beiseite schiebt – wenn man die gesamte Darwinsche Analyse der biologischen Evolution, wie es Chomsky getan hat, als »eine riesige Tautologie« vom Tisch wischt, aber sich weigert, auch nur Spekulationen über andere mögliche historische Ursprünge der Sprache anzustellen –, so kann das wiederum zu einer unnötig paradoxen Situation führen[340]. Denn es kann keinem Zweifel unterliegen, daß der Mensch in einem bestimmten Stadium seiner biologischen Evolution oder Kulturgeschichte die »Sprachfähigkeit« zu zeigen begann; damit dürfte dieser Vorgang zum allermindesten grundsätzlich verstehbar sein. Die genaueren Ursprünge der menschlichen Sprache mögen durchaus im Dunkel bleiben; trotzdem könnten allgemeine historische und entwicklungstheoretische Gesichtspunkte den Kreis der ernsthaft zu erwägenden möglichen Ursprünge durchaus einschränken. Und wenn es sich herausstellen sollte – wie wir hier behaupten werden –, daß eine von zwei möglichen Sprachtheorien mit großen historisch-entwicklungstheoretischen Schwierigkeiten zu kämpfen hat, die die andere mühelos vermeidet, dann dürfte das auf jeden Fall bedeuten, daß sich die erste Theorie zumindest einer schwereren Beweislast gegenübersieht als ihre Konkurrentin.

Wir werden hier also lediglich fragen, in welcher allgemeinen Zone ein schließliches Zusammentreffen der Forschungsansätze der verschiedenen neurolinguistischen Wissenschaften – theoretische Sprachwissenschaft, Kulturentwicklungstheorie, Neurologie der Aphasie, Wahrnehmungsphysiologie usw. – erwartet werden kann, und welche allgemeinen Arten von Problemen also in dieser Zone entstehen können.

340 Siehe die John-Locke-Vorlesungen (vgl. oben, Anm. 337).

Beginnen wir mit einer Frage, auf die die theoretische Sprachwissenschaft und die klinische Neurologie zur Zeit wohlbestimmte, aber entgegengesetzte Antworten liefern: der Frage, ob die »Sprachfähigkeit« als eine einzige, einheitliche Fähigkeit zu denken ist, die entweder in vollem Umfang oder gar nicht vorhanden ist. Wenn wir das, was in dieser Frage steckt, schärfer fassen, so wird sich zeigen, wie wichtig es ist, unser längerfristiges Ziel einer einheitlichen Theorie der Sprache, des Denkens und des Gehirns im Auge zu behalten, und wie wichtig es selbst für die abstraktesten Zwecke der theoretischen Sprachwissenschaft sein kann, dafür zu sorgen, daß die Analyse der »Sprachfähigkeit« *biologisch* sinnvoll ist.

Wir können hier die Frage außer Betracht lassen, ob irgendeine »Sprachfähigkeit« tatsächlich nur dem Menschen zukommt; sie ist ja Gegenstand einer lebhaften und manchmal hitzigen Diskussion. Ist das, was zahme Schimpansen mit Hilfe von Taubstummen-Zeichen und/oder farbigen Formen gelernt haben, von so komplizierter Struktur und funktional der menschlichen Sprache so ähnlich, daß man es als wirklich »sprachliches« Verhalten ansehen sollte?[341] Die Frage ist fesselnd, aber nur am Rande von Bedeutung; und für den Augenblick können wir uns auf voll ausgebildete Sprachen beschränken, wie sie gegenwärtig nur beim Menschen bekannt sind. Ob der Mensch in sprachlicher Hinsicht einzig dasteht, darüber brauchen wir uns jetzt nicht den Kopf zu zerbrechen; die entscheidenden Fragen tauchen vielmehr auf, wenn diese Einzigartigkeit erklärt werden soll. Denn an diesem Punkt führen die Wege in ganz verschiedener Richtung weiter, je nachdem, ob man die »menschliche Sprachfähigkeit« als etwas Einheitliches betrachtet oder nicht. Diese Frage scheidet ahistorische Philosophen und Sprachwissenschaftler wie Descartes und Kant, Frege und Chomsky von stärker historisch gesinnten Evolutionsbiologen, Neurologen und

341 Sowohl Chomsky selbst in seinen John-Locke-Vorlesungen (vgl. oben, Anm. 337) als auch E. H. Lenneberg in »Brain Correlates of Language«, in *The Neurosciences: Second Study Program,* hrsg. v. F. O. Schmitt u. a. (New York, 1970), S. 361-71, sind äußerst skeptisch gegenüber jüngsten Berichten über das quasi-sprachliche Verhalten des Affen Washoe, dem Teile der amerikanischen Taubstummen-Zeichensprache beigebracht wurden.

Sprachwissenschaftlern; und sie erweist sich als besonders wichtig, wenn die Sprachtheorie in einen größeren biologischen Zusammenhang gestellt werden soll.

1. Einerseits ließe sich also die einzigartige menschliche Sprachfähigkeit als eine einheitliche, ganz vorhandene oder ganz fehlende, ein absolutes Ganzes bildende und spezifische, allein dem Menschen zukommende Eigenschaft sehen. Nach dieser Auffassung könnte die »Sprachfähigkeit« – der Natur der Sache nach – nicht teilweise, sondern nur im Ganzen vorhanden sein; und dann erhebt sich die Frage, ob sie auch eine ebenso einheitliche und spezifische physiologische Grundlage hat. Philosophisch stimmt diese erste Auffassung mit dem Kartesianismus überein, denn die Sprachfähigkeit könnte als alleinige Eigenschaft des menschlichen »geistigen« Lebens angeführt werden; sie stimmt auch mit einem uneingeschränkten Kantianismus überein, indem sie die einheitliche Sprachfähigkeit unmittelbar mit dem einen und einzigen System wirklich »vernünftiger« Denkformen in Zusammenhang brächte; schließlich stimmte sie auch mit der Fregeschen Position überein, nach der die gemeinsame grammatische Struktur, die allen Sprachen zugrundeliegt, als Darstellung der »reinen Form« der Begriffe ohne alle historischen und psychologischen »Umhüllungen« gilt.

2. Andererseits läßt sich die allein dem Menschen eigene Sprache als Ausdruck nicht einer einzigen, einheitlichen Fähigkeit sehen, sondern als eine einzigartige Struktur oder Konstellation ineinandergreifender Fähigkeiten, die in ihrer Vollzahl und in der notwendigen Konfiguration nur beim Menschen vorhanden sind. Diese zweite Auffassung ist einer historischen Deutung leichter zugänglich als die erste; in dieser Beziehung ermöglicht sie das Abrücken von ahistorischen Analysen der Sprache, der Vernunft und des Ideengebrauchs. Darüber hinaus läßt sie die Einzigkeit der menschlichen kognitiven Fähigkeiten im Rahmen der theoretischen Biologie und Physiologie viel weniger als ein so tiefes und langfristiges Geheimnis erscheinen. Vielmehr schließt sie sich sehr gut an das an, was man von der entwicklungstheoretischen Zoologie und der Neurologie her bezüglich der Ursprünge und des Arbeitens der entsprechenden Gehirnmechanismen anzunehmen hat.

Beide Deutungen vertragen sich mit der Auffassung, daß die »Sprachfähigkeit« eine »angeborene« Erbstruktur oder psychische Ausstattung widerspiegele – und auf ihr beruhe –, die jeder Mensch bei der Geburt besitze; doch sie sehen diese Beziehung in etwas verschiedenem Lichte. Die Vertreter der Einheitlichkeitsthese schreiben der angeborenen Ausstattung des Menschen die gleiche implizite formale Komplexität zu wie dem sprachlichen Verhalten, das schließlich aus ihr erwächst. Die Vertreter der Strukturthese brauchen dagegen nicht anzunehmen, daß diese »angeborene Grundlage« irgendeine unmittelbare formale Ähnlichkeit mit dem schließlichen Verhalten habe – geschweige denn, daß sie dessen gesamte formale Struktur und Komplexität besäße. Mit einem Wort: die Einheitlichkeitsthese erfordert eine sehr *starke* Deutung der Angeborenheitsthese, während die Strukturthese mit einer wesentlich schwächeren Deutung verträglich ist.

Führt man Chomskys Aussagen über die historischen und physiologischen Seiten der Sprache zusammen, so ist ziemlich klar, daß er sich, mehr oder weniger bewußt, auf die Einheitlichkeitsauffassung der menschlichen Sprachfähigkeit und die stärkere Form der Angeborenheitsthese festgelegt hat. Nach seiner Auffassung zeigt jemand eine wirkliche »Sprach«-Fähigkeit nur dann, wenn seine Verwendung der Sprache dem gesamten System der »Tiefengrammatik« entspricht; da die Bestandteile dieses Systems komplex und aufeinander bezogen sind, ist es nicht möglich, es nur teilweise zu erfassen oder zu benutzen. Wenn man dagegen die übereinstimmende Meinung etwa der klinischen Neurologen heranzieht, so kommt man zu einer wesentlich weniger engen Analyse der menschlichen Sprachfähigkeit. Diese Erfahrungen sprechen dafür, daß bei Gehirnverletzungen oft nur einige und nicht alle Fähigkeiten verloren gehen, die für den normalen Gebrauch und das normale Verstehen der Sprache notwendig sind; das würde bedeuten, daß die Vorstellung eines partiellen Gebrauchs der Sprache keineswegs widersinnig ist[342]. Ja, es ist ganz natürlich, die verschiedenen Arten

342 Siehe Anm. 335, sowie Eugene Green, »Psycholinguistic approaches to aphasia«, *Linguistics* 53 (1969), 30-50, und »On the contribution of studies in aphasia to psycholinguistics«, *Cortex* 6 (1970), 216-35. Vgl.

der Aphasie gerade anhand der Kombinationen von Fähigkeiten zu beschreiben, die bei den jeweiligen Syndromen erhalten geblieben und verloren gegangen sind. Und eine künftige Biologie der Sprache wird diese scheinbar widersprüchlichen Erkenntnisse irgendwie miteinander versöhnen müssen, indem sie etwa zeigt, wie eine wirkliche »Sprach«-Fähigkeit einschließlich der vollständigen, einheitlichen Erfassung der Tiefengrammatik trotzdem Ähnlichkeiten zur Wahrnehmungsfähigkeit von Tieren zeigen könnte – und sich womöglich sogar aus ihr entwickelt haben könnte.

Die Entscheidung zwischen der Einheitlichkeits- und der Strukturauffassung der Sprachfähigkeit hat zweierlei ganz verschiedene biologische Konsequenzen: erstens bezüglich der historischen Ursprünge der Sprache und zweitens bezüglich ihrer neurologischen Korrelate. Zum ersten Punkt kann man fragen: Muß die menschliche Sprache – historisch oder entwicklungstheoretisch gesprochen – auf einen Schlag und im ganzen aufgetreten sein? Oder könnten die Vorfahren des modernen Menschen die Sprache allmählich, Schritt für Schritt entwickelt haben, angefangen mit ziemlich groben Signalsystemen, die allmählich in Richtung auf die eigentliche Sprache verfeinert wurden? Zum zweiten Punkt kann man entsprechend fragen: Müssen die neurologischen Voraussetzungen der Sprache ein entsprechend einheitliches und artspezifisches physiologisches System bilden? Oder könnte die Fähigkeit zum normalen Gebrauch der Sprache auf mehreren verschiedenen und zusammenwirkenden physiologischen Systemen beim Menschen beruhen, die in anderer Kombination auch bei anderen Arten vorkommen, aber nichtsprachliche Funktionen haben?

In beiden Fragen zwingt eine eindeutige Festlegung auf die Einheitlichkeitsthese zu einer besonders einseitigen Position. Chomsky selbst hat mehr als einmal erklärt, die historischen Ursprünge der Sprache seien völlig geheimnisvoll, und er möchte darüber nicht einmal spekulieren[343]; und spezifischer: die Suche nach Vorläufern der Sprache in der Entwicklung sei abwegig, denn die Sprache sei etwas Einheitliches und

auch K. H. Pribram, *Languages of the Brain* (Englewood Cliffs, 1971), S. 357 ff.

343 John-Locke-Vorlesungen (vgl. oben, Anm. 337).

könne keine Teil-Vorläufer gehabt haben. Die These, alles wirkliche sprachliche Verhalten erfordere eine ganzheitliche Erfassung der »Tiefengrammatik« als eines einzigen komplexen Systems, läßt ihn also mit dem Darwinismus rasch fertig werden. Ähnlich bei den neurophysiologischen Mechanismen der Sprache: Chomsky erkennt an, daß solche Mechanismen einmal ans Licht gebracht werden könnten, doch nach seiner Auffassung wäre es völlig verfrüht, jetzt nach ihnen suchen zu wollen. Erst in der Zukunft können sich Physiologie und Sprachwissenschaft zu treffen hoffen, nachdem die Physiologie so grundlegend neue Kategorien entwickelt haben wird wie die Physik in den letzten 300 Jahren. Die Entdeckungen der theoretischen Sprachwissenschaft sind anscheinend in ihrer heutigen Form absolut sicher; wenn es eine Zusammenführung geben soll, so muß sich die Physiologie ändern! Doch es verhält sich völlig anders, die Struktur der menschlichen Sprache läßt sich ohne weiteres mit den heute bekannten allgemeinen Grundsätzen der Physiologie und Entwicklungstheorie in Einklang bringen. Wenn das einzige, wodurch sich die menschliche Sprache auszeichnet, die besondere Konstellation von Fähigkeiten ist, dann kann es durchaus sinnvoll sein, an Entwicklungs-»Vorläufer« sowohl des Menschen als sprechenden Wesens als auch der menschlichen Sprache selbst zu denken. Dann sind einige oder alle der anatomischen Strukturen, die beim Gebrauch und Verstehen der Sprache ins Spiel kommen, in der einen oder anderen Form vielleicht bei den Vorfahren des homo sapiens vorhanden gewesen[344], und das menschliche Verhalten hat sich vielleicht zur »eigentlichen« Sprache als historisches Ergebnis einer Reihe von Schritten entwickelt und nicht in einem einzigen plötzlichen Sprung.

Um zu erkennen, vor wie großen biologischen Schwierigkeiten eigentlich die Ganzheitstheorie steht, wollen wir diese zwei Fragen – die historische und die physiologische – etwas genauer untersuchen. Die historischen Ursprünge der Sprache mögen, was die Fakten betrifft, noch weitgehend im Dunkel liegen; doch auch ohne vorschnelle Annahmen über

344 N. Geschwind, *The Development of Brain and the Evolution of Language*, Monograph Series on Language and Linguistics, Bd. 17 (Washington, D. C., 1964), S. 155-69.

unbekannte Vorgänge in ferner Vergangenheit zu machen, kann man immer noch fragen, welche *möglichen* Erklärungen mit unseren allgemeineren Vorstellungen von der Evolution und der Kulturgeschichte vereinbar sind. Nimmt man die historische Frage in diesem weiteren Sinne, so sind drei einigermaßen klare Formen von Hypothesen darüber vorstellbar, wie aus noch sprachlosen Hominiden durch einsichtige natürliche Vorgänge Menschen mit einer Sprache geworden sein könnten. Zwei dieser Hypothesenformen lassen sich – mit einiger Mühe – mit der Ganzheitsauffassung der menschlichen Sprache in Einklang bringen; die dritte ist, von der heutigen Biologie ganz allgemein her gesehen, die einzige einleuchtende, und sie paßt zwanglos zur Strukturauffassung.

1. Beginnen wir mit der aus allgemeinen biologischen Gründen am wenigsten einleuchtenden Hypothese, die den Übergang von den sprachlosen Hominiden zum sprechenden Menschen als Ergebnis eines einzigen genetischen Sprungs erklären möchte, sei es als Mutation oder als Rekombination. Dadurch soll einzelnen Hominiden die »Sprachfähigkeit« als eine einzelne, völlig einheitliche Eigenschaft zugefallen sein, und ihre Vorteile hätten dann der betreffenden Population die ökologische Vorherrschaft gebracht und damit alle konkurrierenden Populationen zum Untergang verurteilt. Diese Hypothese des »mit einem Schlag« ist gewiß nicht widersinnig; doch sie ist sämtlichen Einwänden der Biologen gegen hypothetische »Sprünge« ausgesetzt, die zu verblüffenden Voranpassungen führen sollen[345]. Der Übergang vom sprachlosen Zustand zur Sprache ist einfach so tiefgreifend, daß er nicht durch eine einzige genetische Veränderung zustande kommen kann. Da die Vertreter der Ganzheitsauffassung keine andere Möglichkeit haben, werden sie vielleicht einen solchen Sprung als »den« Ursprung der menschlichen Sprache postulieren, doch dafür hätten sie einen hohen biologischen Preis zu zahlen.

2. Eine andere Hypothese unterscheidet die physiologischen Voraussetzungen der Sprache von dieser selbst. Nach ihr entwickelten sich die zum Gebrauch der menschlichen Sprache erforderlichen physiologischen Systeme bei den Hominiden

345 Siehe z. B. Mayr (vgl. oben, Anm. 205), Kap. 17.

ganz allmählich über eine lange Zeit hinweg, während ihr Verhalten nichts von einer »wirklichen Sprache« erkennen ließ. Nach dieser Hypothese entsteht keine Frage der Vorformen der Sprache selber auf dem Gebiet des Verhaltens; die physiologischen Voraussetzungen der Sprache sind vielmehr beim Übergang von den Hominiden zum Menschen aufgrund anderer Vorteile ausgelesen worden, die nichts mit der Sprache zu tun hatten. Die natürliche Auslese ließ also wohl eine Population von Vormenschen entstehen, in deren Körper bereits die für die Sprache notwendigen neurophysiologischen Strukturen enthalten waren, ohne daß sie noch Gelegenheit gefunden hätten, sich in sprachlichem Verhalten »auszudrücken«. Das heißt, die physiologischen Voraussetzungen der Sprache hätten vor deren Ausdruck im Verhalten bereits bestanden, und die physiologische Entwicklung der »Sprachfähigkeit« müßte genau von der anschließenden Entdeckung der Sprache selbst unterschieden werden. Das Wesentliche an dieser zweiten Auffassung läßt sich in einem Satz zusammenfassen. Wenn sich die physiologischen Voraussetzungen der Sprache ausschließlich aus nichtsprachlichen Gründen entwickelten, so war ihr Sich-Ausdrücken in der Sprache eine eindeutig »kulturelle« Entdeckung, die sich von denjenigen Menschen, die sie schon gemacht hatten, auf die anderen durch »kulturelle Ausstrahlung« übertrug.
Man könnte diese Entdeckung der Menschen mit der jener japanischen Affen vergleichen, denen man erdverkrustete Kartoffeln und in Papier eingewickelte Bonbons gab; das Waschen der Kartoffeln in Meerwasser und das Auswickeln der Bonbons aus dem Papier vor dem Fressen breitete sich allmählich über die Population aus, nachdem einige unternehmende und erfinderische jüngere männliche Affen damit begonnen hatten[346]. Auch nach dieser zweiten Hypothese hätte sich also der Gebrauch der »Sprache« von einem oder mehreren kulturellen Anfangspunkten aus durch Nachahmung auf andere menschliche Populationen verbreitet, die physiologisch für die Sprache vorangepaßt waren, aber sie nicht selbst erfunden hatten. In beiden Fällen würde man

346 Die Makaken auf der Insel Koshima lernten auch schwimmen und aufrecht gehen, als ihnen Probleme und Anstöße gegeben wurden, wie sie in ihrem gewöhnlichen Leben nicht vorkamen.

also sagen – was nun damit auch anzufangen sein mag –, die psychologische »Fähigkeit« habe schon vor der entsprechenden kulturellen »Entdeckung« bestanden. Ohne Zweifel hatten die Affen die »Fähigkeit«, Kartoffeln zu waschen und Bonbons auszuwickeln, ehe sich dazu eine Gelegenheit bot; doch ebenso deutlich ist, daß keine dieser beiden Tätigkeiten eine wichtige Rolle in der Evolution dieser Affen gespielt hat. Ebenso könnte die Sprach-»Fähigkeit« schon in Vormenschen-Populationen vor der eigentlichen Erfindung oder Entdeckung der Sprache bestanden haben, auch wenn »vorsprachliches« Verhalten grundsätzlich keine wichtige Rolle in der Evolution des Menschen spielen konnte.
Diese zweite Hypothese macht also die Beziehung zwischen der menschlichen Sprache und ihrer physiologischen Grundlage zu einer künstlichen, genau wie bei der Fähigkeit der Affen, Bonbons auszuwickeln, oder der Seelöwen, große Gummibälle auf der Nase zu balancieren. Auch diese Hypothese ist durchaus einleuchtend, und die Vertreter der Ganzheitsauffassung der Sprache sind vielleicht wieder geneigt, den Preis dafür zu bezahlen: man muß eben annehmen, daß sich die physiologischen Voraussetzungen der Sprache in Vormenschen-Populationen auf eine Weise entwickelten, die überhaupt nichts mit ihrem späteren »sprachlichen« Sich-Ausdrücken zu tun hatte.

3. Die dritte und letzte Hypothese steht mit den allgemeinen Grundsätzen der heutigen Biologie viel zwangloser in Einklang. Nach ihr bestand die Herausbildung der Sprachfähigkeit in der Evolution in einer allmählichen Ansammlung vieler verschiedener physiologischer und verhaltensmäßiger Veränderungen bei den Vorläufern des Menschen, von denen einige wohl vor allem aus »vorsprachlichen« Gründen vorteilhaft waren, andere aus nichtsprachlichen Gründen. Die so allmählich ausgelesenen physiologischen Veränderungen waren auf dem Verhaltensgebiet zunächst mit dem Auftreten einer partiellen Sprachfunktion verknüpft, später mit der Verfeinerung zu einer voll ausgebildeten Sprachfunktion; die Sprachfähigkeit tauchte also nicht mit einem Schlage auf – sei es in einem gewaltigen genetischen Sprung oder in einer plötzlichen kulturellen Entdeckung –, sondern langsam, Schritt für Schritt. Nach dieser Auffassung braucht es keine

plötzlichen Veränderungen gegeben zu haben, weder auf genetischem noch auf kulturellem Gebiet. Die nötigen Veränderungen der Gehirnstruktur wie des Verhaltens wären allmählich über eine lange Zeitspanne hinweg erfolgt und hätten sich nur schrittweise der heute bekannten »Sprache« angenähert.

Diese Hypothese ist nicht nur mit unseren entwicklungstheoretischen und genetischen Vorstellungen vereinbar, sondern auch mit den bekannten neuroanatomischen Unterschieden zwischen dem Gehirn des Menschen und dem anderer höherer Tiere[347]. Doch bereits ihre hier gegebene Formulierung ist unmittelbar mit der Ganzheitsthese unvereinbar. Ja, man kann diese dritte Auffassung überhaupt nur formulieren, wenn man eine Möglichkeit anerkennt, die die Ganzheitsthese bestreitet – die einer »partiellen« Sprachfunktion. Die Übergangspopulationen zwischen den höheren Affen und den Frühmenschen hätten dann die meisten neurophysiologischen Voraussetzungen für die echte Sprache besessen und einfacheres Signalverhalten gezeigt, das bereits in rudimentärer Form einige wesentliche Eigenschaften der vollentwickelten menschlichen Sprache aufwies.

Die strenge »Ganzheitsauffassung« ist also nur mit den ersten beiden unserer drei Hypothesen verträglich: mit derjenigen, die die Entstehung der Sprache einem einzigen genetischen Sprung zuschreibt, und mit derjenigen, die sie einer einzigen, ebenso umwälzenden kulturellen Entdeckung zuschreibt. Es ist noch nicht klar, für welche dieser Möglichkeiten sich Chomsky persönlich aussprechen würde. Er enthält sich ausdrücklich jedes Urteils bezüglich der tatsächlichen historischen Entstehung der Sprache; wenn man ihn nach ihren Vorläufern in der Evolution fragt, schiebt er den gesamten Darwinismus als irrelevant und »tautologisch« beiseite; und wenn er nicht die Grundthese aufgeben will, daß die menschliche Sprachfähigkeit ein ganzes, unteilbares System der Transformationsgrammatik umfasse, so hat er nur drei Möglichkeiten. Entweder war die menschliche Sprachfähigkeit das Ergebnis eines einzigen genetischen Sprunges; oder die Sprache entstand durch eine einzige kulturelle Er-

347 (S. Anm. 344.)

findung, die physiologische Mechanismen ausnutzte, die wegen völlig anderer Funktionen ausgelesen worden waren; oder aber die bloße Existenz der Sprache ist – auf die eine oder andere Weise – ein ständiger Beweis für grundlegende theoretische Mängel in unseren heutigen biologischen Vorstellungen. In jedem Falle ist die Beweislast für die Vertreter der Ganzheitsauffassung eine erhebliche.
Mit diesen historisch-entwicklungstheoretischen Fragen sind andere, neurowissenschaftliche eng verbunden. Sie haben zu tun mit den verschiedenen Arten physiologischer Korrelate oder Voraussetzungen, die die verschiedenen theoretischen Ansätze in der Sprachwissenschaft verlangen. Fragen wir also als nächstes, welche neurophysiologischen Folgerungen sich aus der Entscheidung zwischen der Ganzheits- und der Strukturauffassung der Sprache ergeben, insbesondere, welcher Grad formaler Ähnlichkeit zwischen der für die Sprache erforderlichen »angeborenen geistigen Fähigkeit« und ihren physiologischen Korrelaten zu erwarten ist. Würden wir uns diesen Fragen nicht in vollem Umfang stellen, so bestünde die Gefahr, daß wir eine viel engere und spezifischere formale Ähnlichkeit zwischen der angeborenen Sprachfähigkeit und ihren physiologischen Korrelaten – als *notwendig* – annehmen, als aufgrund der heutigen neurowissenschaftlichen Vorstellungen vertretbar wäre.
Da es keine ausdrücklichen Aussagen zur Physiologie der Sprache gibt, müssen wir so vorgehen, daß wir die offenbaren neurowissenschaftlichen Konsequenzen der Ganzheitsauffassung untersuchen. Chomskys eigene Aussagen schwanken zwischen zwei Positionen hin und her. Manchmal führt ihn sein Kartesianismus dazu, alle physiologischen Fragen bezüglich der Sprache als irrelevant zu betrachten. Wenn Geist (oder Sprache) und Körper (oder Gehirn) einander wesensfremde »Kategorien« oder »Substanzen« sind, so braucht er nicht anzunehmen, daß die »angeborenen Ideen« seiner Theorie des Geistes »isomorphe« erbliche Gegenstücke in der Struktur des menschlichen Körpers oder Gehirns hätten. An anderer Stelle wieder gesteht er zu, daß die menschliche Sprachfähigkeit letzten Endes eine physiologische Erklärung finden müsse, wenn sie auch noch nicht im Bereich des Möglichen liege. Immerhin glauben sicher viele von Chomskys

Lesern, aus dem Bestehen einer einheitlichen und spezifischen angeborenen Sprachfähigkeit folge das Bestehen einer ebenso einheitlichen und spezifischen physiologischen Ausstattung, die durch die Vererbung weitergegeben werde. Daher müssen wir uns hier fragen, welchen Grad von Ähnlichkeit zwischen dieser »angeborenen geistigen Fähigkeit« und den zugehörigen physiologischen Mechanismen man vernünftigerweise erwarten kann.

Um unsere Fragen zuzuspitzen, wollen wir andere bekannte »angeborene Fähigkeiten« zum Vergleich heranziehen. Betrachten wir zunächst die physiologische Grundlage der menschlichen Ellbogenbewegung. Das Neugeborene braucht einige Monate, um eine auch nur einigermaßen genaue Koordinierung von Hand und Auge zu lernen; doch offenbar ist keine entsprechende Lernzeit nötig, um die vier getrennten Muskeln zu koordinieren, die am Ellbogen angreifen. Das Neugeborene führt diese Bewegungen von Anfang an ohne Schwierigkeiten aus und muß offenbar nicht erst lernen, wie man vermeidet, diese vier Muskeln unkoordiniert zu betätigen und damit Energie zu verschwenden. Man kann also davon sprechen, die Ellbogenbewegung selbst beruhe auf einer »angeborenen« Fähigkeit, im Gegensatz zu der »erlernten« Fähigkeit der Koordinierung von Hand und Auge. Als zweites nehmen wir die Fähigkeit der Honigbiene, Waben aus sechseckigen Zellen aufzubauen, offenbar ohne eine Belehrung zu brauchen und noch weniger irgendeine Zeitspanne zum Lernen durch Versuch und Irrtum. In unserem jetzigen Sinne hat auch die Honigbiene die »angeborene Fähigkeit«, sechseckige Zellen herzustellen, d. h., sie besitzt bereits bei der Geburt irgendeine Konstellation physiologischer Voraussetzungen und psychologischer Dispositionen, die schließlich ihren Verhaltensausdruck in der Herstellung von Waben mit sechseckigen Zellen findet. Und in beiden Fällen kann man die gleiche Frage aufwerfen: Welche Ähnlichkeit oder welcher Grad von Isomorphie besteht wohl zwischen der sich jeweils äußernden angeborenen Verhaltensfähigkeit und der physiologischen Ausstattung, auf der sie beruht? Muß die physiologische Grundlage der jeweiligen angeborenen Fähigkeit etwas der Ellbogenbewegung Entsprechendes oder dem Sechseck Ähnliches an sich haben?

Oder könnten die nämlichen Verhaltens-Endprodukte Ausdruck neurologischer Strukturen oder Systeme sein, die wesentlich einfachere oder allgemeinere Formen besitzen als diese speziellen Verhaltensäußerungen?

1. Beginnen wir mit der Ellbogenbewegung. Hier ist unsere unmittelbare Kenntnis der entsprechenden menschlichen Physiologie aus Gründen der ärztlichen Ethik notwendigerweise unvollständig. Doch Untersuchungen zur Neurologie der Aphasie und Apraxie beim Menschen wie auch zur Physiologie anderer Wirbeltiere – vor allem des Salamanders – machen einige indirekte Schlüsse möglich. Zum Beispiel zeigte Paul A. Weiss in einer klassischen Versuchsreihe, daß die elektrischen Impulse, die die vier Muskeln am Ellbogengelenk des Salamanders aktivieren, in einer stereotypen zeitlichen Beziehung zueinander stehen. Daher sind die Signale, die über den motorischen Nerv zu diesen vier Muskeln laufen, nicht lauter unabhängige Impulse, sondern ein einziges, koordiniertes Bündel; und die glatte Koordination in der Bewegung des Ellbogens spiegelt diese tiefere zeitliche Koordination der motorischen Impulse wider[348]. Transplantiert man ein Vorderbein des Salamanders auf die andere Körperseite und stellt man die Innervation wieder her – was bei solchen amphibischen Wirbeltieren möglich ist –, so beobachtet man, daß das entsprechende stereotype Impulsbündel genau die umgekehrten (und funktional unangebrachten) Bewegungen des Ellbogens des transplantierten Vorderbeins hervorruft; doch abgesehen von ihrer falschen Orientierung ist die Bewegung selbst so glatt koordiniert wie vorher.

Zumindest in diesem Falle kann man die Form einer »angeborenen Verhaltensfähigkeit« unmittelbar mit der ihrer neurologischen Korrelate vergleichen. Offenbar haben sie sehr wenig gemeinsam. Das betreffende Verhalten ist eine stetige Bewegung im Raum; seine neurologische Grundlage ist eine zeitkodierte Impulsfolge. Kennt man alle übrigen einschlägigen Tatsachen über den Aufbau der Vordergliedmaßen und die Lebensweise von Wirbeltieren, so kann man gewiß einsehen, wie eine solche zeitliche Folge von Nerven-

348 Paul A. Weiss, *Self-Differentiation of the Basic Patterns of Coordination*, Comparative Psychology Monographs, Bd. 17, Nr. 4 (Baltimore, 1941), S. 1-96.

impulsen die physiologische Voraussetzung einer kontinuierlichen räumlichen Bewegung des Ellbogens sein kann; jedes Kleinkind, das ein richtig zeitkodiertes Nervensystem mitbekommen hat, besitzt, physiologisch gesprochen, »alles Nötige« für die angeborene Fähigkeit zu einer glatten Ellbogenbewegung. Doch wenn man allein die Zeitabfolge der motorischen Impulse betrachtet, so hätte niemand erkennen können, daß sie irgendetwas »einer glatten Ellbogenbewegung Ähnliches« an sich hätten. Daß diese spezielle Zeitfolge zu einer glatten Ellbogenbewegung als ihrem Verhaltensprodukt oder -ausdruck führt, ist nur in einem bestimmten Zusammenhang verständlich, nämlich wenn man es zu allen anderen Tatsachen in Beziehung setzt, die mit der Entwicklung zusammenhängen, durch die die »angeborene Ausstattung« ihren Verhaltensausdruck im normalen Leben der betreffenden Art findet.

Dieses erste Beispiel legt also eine Frage über die Grundlage der Sprachfähigkeit im Nervensystem nahe. Angenommen, wir gestehen für einen Augenblick zu, daß das wirkliche Verhalten, in dem sich die angeborene menschliche Sprachfähigkeit universal ausdrückt, sich in einem »invarianten« grammatischen System äußere; würde daraus unmittelbar folgen, daß die gleiche kennzeichnende Struktur auch im Zentralnervensystem »projektiv repräsentiert« sein müsse? Oder sollte man nach wesentlich weniger unmittelbaren und exakten Beziehungen zwischen dem sprachlichen Verhalten und seinen Korrelaten im Nervensystem suchen? Genügt etwa die Annahme, die Strukturen der »Tiefengrammatik« seien *nur* für die Sprache als Verhaltensäußerung kennzeichnend und im Zentralnervensystem nicht unmittelbarer repräsentiert als etwa die glatte räumliche Bewegung des Ellbogens? (Eric Lenneberg meint, zu den Korrelaten der Sprachstruktur im Nervensystem gehörten nicht nur räumliche neuroanatomische Strukturen, sondern auch *zeitkodierte* Abfolgen und Mechanismen; und für diese Vorstellung spricht etliches[349]. Ein neurophysiologisches Element beim Sprachlernen könnte durchaus in der Bildung regelmäßiger zeitkodierter Strukturen in den neurologischen Vorgängen bestehen, die beim Schreiben und Sprechen auftreten.) Das

349 Lenneberg (siehe oben, Anm. 341).

Beispiel der Ellbogenbewegung widerlegt also jede allgemeine Vorstellung, daß die Form einer »angeborenen Verhaltensfähigkeit« notwendig auch in ihren physiologischen Korrelaten vorkommen müsse.

2. Ähnlich widerlegt das Beispiel der Bienenwabe jede allgemeine Annahme, daß die Form der physiologischen Ausstattung, die einer »angeborenen Fähigkeit« zugrunde liegt, auch nur annähernd so spezifisch und detailliert sein müßte wie die Formen ihres gewöhnlichen Verhaltensausdrucks. Neben allen ihren anderen »angeborenen Fähigkeiten« besitzt die Honigbiene offenbar alles, was zur Herstellung von Waben mit Zellen von sechseckigem Querschnitt nötig ist. Doch aus dieser recht trivialen Feststellung an sich folgt nichts Interessantes über die Neurophysiologie der Honigbiene. Insbesondere kann man allein aufgrund dieser Analyse nicht zu dem Ergebnis kommen, die »Form des Sechsecks« sei selbst irgendwie in das Nervensystem der Honigbiene »einprogrammiert«. Diese Hypothese ist nicht widersinnig und könnte sich in der Tat als richtig herausstellen; wenn Bienen aller Arten unter allen Verhältnissen aus dem Wachs immer Zellen von genau dieser Form bauen würden, dann hätte die Hypothese sogar durchaus etwas für sich. Doch in Wirklichkeit sind gesellig lebende Bienen anderer Arten bekannt, die Zellen in vielen verschiedenen Formen herstellen, vor allem etwa in den einfachsten Fällen isolierte kugelförmige Zellen, die nur dann sechseckig werden, wenn sie auf engem Raum dicht gepackt sind[350].

Man kann leicht zeigen, wie wesentlich allgemeinere Verhaltensdispositionen und physiologischen Ausstattungen zu genau dem gleichen Verhalten als Endprodukt führen können. Das Sechseck ist eine besonders ökonomische Form. Man drücke eine Anhäufung von Seifenblasen zusammen, und die einzelnen Blasen (oder »Zellen«) nehmen von selbst eine sechseckige Gestalt an; das tun sie nicht, weil die Moleküle der flüssigen Seife, aus denen sie bestehen, irgendetwas »Sechseckhaftes« an sich hätten, sondern einfach deshalb, weil nach der physikalischen Gesamt-»Energiebilanz« dies

350 M. Lindauer, *Communication in Social Bees* (Cambridge, Mass., 1961), Kap. 1. Siehe auch die vergleichenden Untersuchungen von C. Michener über andere Bienenarten, insbesondere die australischen.

das natürliche Gleichgewicht ist. Wir wollen also lediglich annehmen, die Honigbiene habe eine angeborene Disposition, aus einer gegebenen Menge Wachs die größtmögliche Anzahl von Zellen gegebener Fläche und Festigkeit herzustellen, nicht aber Sechsecke als solche. Unter den meisten Verhältnissen drückt sich diese allgemeine Disposition (und ihre physiologischen Korrelate) in der Herstellung von Zellen der bekannten sechseckigen Form aus; doch unter außergewöhnlichen Verhältnissen geschieht dies nicht. Wird etwa eine Wabe im Freien gebaut – von einem Ast herabhängend, statt in einem Hohlraum –, so wäre es physikalisch eine Verschwendung, wenn die äußersten Zellen sechseckige Außenwände hätten; es wäre also zu erwarten, daß die Wabe eine eingeebnete, glatte Oberfläche erhält. Nun weist tatsächlich vieles darauf hin, daß die wirklichen Fähigkeiten der Honigbiene von dieser zweiten Art sind. Freihängende Waben haben im allgemeinen eine glatte Außenfläche, statt die schematische Sechseckform überall beizubehalten.

Dieses zweite Beispiel ist auch für die Sprachtheorie sehr interessant. In diesem Fall ist die auffällige Form des Verhaltens-Endprodukts fraglos Zeichen einer hochspezifischen angeborenen Fähigkeit; doch das daraus entspringende Verhalten hat eine genauere und detailliertere Form als die angeborene Disposition, die sich in ihm ausdrückt, wie auch die physiologischen Strukturen, die dieser Disposition zugrundeliegen dürften. Das sechseckige Endprodukt läßt sich ja in vollem Umfang erklären, wenn man es nur zu der *objektiven äußeren Aufgabe* der Herstellung einer Wabe in Beziehung setzt. Das heißt, die sechseckige Form hat biologische Bedeutung wegen ihrer »funktionalen Angepaßtheit« als das Endprodukt, in welchem sich eine allgemeine psychische Disposition in der Auseinandersetzung mit einer bestimmten Aufgabe äußert. Damit ein sechseckiges Endprodukt herauskommt, brauchen weder die Nervenphysiologie der Honigbiene noch ihre »angeborenen Verhaltensfähigkeiten« eine spezifisch »sechseckähnliche« Eigenschaft zu haben. Und das führt zu der Frage, was für »angeborene Fähigkeiten« man eigentlich – auch im Falle der Sprache – annehmen muß, um das angebliche Vorhandensein gleicher formaler Eigenschaften in allen menschlichen Sprachen zu erklären.

Wäre die grammatische Struktur der Sprache auch nur einigermaßen mit der räumlichen Struktur der Bienenwabe vergleichbar, so könnte sich die Sprache als das Verhaltens-Endprodukt nicht einer einheitlichen und spezifischen, mit dem effektiven Sprachverhalten genau isomorphen »angeborenen Fähigkeit« herausstellen, sondern von allgemeineren Fähigkeiten, die sich nur dann in einem Verhalten gemäß dieser speziellen grammatischen Form niederschlagen, wenn sie entsprechende äußere Aufgaben bearbeiten. Dann brauchte man die universalen Formen des Sprachverhaltens nicht mehr als Abbild entsprechender angeborener Formen der zugrundeliegenden Fähigkeiten und Ausstattungen zu erklären; sie könnten ja einfach die Universalität der »objektiven Funktionen« der Sprache widerspiegeln. Und wie bei der Honigbiene, so auch beim Menschen: die universalen Formen des tatsächlichen Verhaltens wären nur verständlich als Ausdruck allgemeiner »angeborener Dispositionen« in ihrer Anwendung auf die speziellen Probleme des wirklichen Lebens. Nach dieser Analyse wäre immer noch eine »Angeborenheitsthese« für die Sprache möglich, und zwar in dem abgeschwächten Sinne, den das Beispiel von der Honigbiene nahelegt; doch die einzelnen grammatischen Regelmäßigkeiten des menschlichen Sprachverhaltens würden – mindestens zum Teil – anhand der kennzeichnenden Funktionen und Aufgaben der Sprache erklärt.

Die Vertreter der Ganzheitsauffassung der Sprache haben dieser anderen, allgemeineren Deutung der »Tiefengrammatik« und der »angeborenen Sprachfähigkeit« wenig Beachtung geschenkt. Chomsky selbst neigt dazu, »funktionalistische« Theorien der grammatischen Form abzulehnen, weil sie mit seiner »Angeborenheitsauffassung« der Sprache unvereinbar seien und darauf hinausliefen, daß das Sprachlernen ausschließlich in einer »Konditionierung« durch »Reize« aus der Umwelt bestehe[351]. Doch Chomskys Argumente haben völlig den allgemeineren biologischen Hintergrund der Sprachwissenschaft vernachlässigt, und wir können jetzt erkennen, daß es eben doch eine Möglichkeit gibt, eine Angeborenheitsauffassung von unseren psycholinguistischen Fähigkeiten mit einer funktionalistischen Auffassung ihres

351 Vgl. seine Besprechung von Skinner (s. oben, Anm. 337).

Ausdrucks im Verhalten zu verbinden. Und es ist hier durchaus am Platze, die Möglichkeiten einer solchen Versöhnung zwischen Angeborenheitsthese und Funktionalismus etwas genauer auszuführen.
Die Angeborenheitsthese führt nur dann zu abwegigen biologischen Konsequenzen, wenn man davon ausgeht, daß die »universalen Formen« der Grammatik exakt und in allen Einzelheiten in den angeborenen Ausstattungen oder Dispositionen vorhanden seien. Diese Abwegigkeit läßt sich durch eine geringfügige Ergänzung ganz erheblich verringern, allerdings muß dabei die »Ganzheitsthese« aufgegeben werden. Wir nehmen also an, die grammatischen Formen der Sprache spiegelten sich exakt und im einzelnen nur in dem tatsächlichen Verhalten wider, in dem sich die »Sprachfähigkeit« schließlich ausdrückt. Die Fähigkeit, in jeder Generation wieder die Sprache zu schaffen, ist dann immer noch etwas »Angeborenes« und hängt davon ab, daß die Menschen entsprechende »angeborene Dispositionen« besitzen. Doch um die »Angeborenheitsauffassung« gegen eine »behavioristische« Auffassung vom Sprachlernen aufrechtzuerhalten, muß man jetzt nur noch behaupten, die Menschen besäßen bei der Geburt alle angeborenen Fähigkeit(en), die beim Vorliegen entsprechender äußerer Aufgaben zur Erzeugung des entsprechenden Verhaltens-Endprodukts nötig sind.
Ausgehend von dieser Annahme, können wir zwei weitere Fragen erneut aufgreifen. Zunächst einmal können wir uns dafür interessieren, ob die ganzen verschiedenen angeborenen Fähigkeiten, die beim Gebrauch der Sprache mitspielen, nicht jeweils ihre wohlabgegrenzten physiologischen Korrelate haben; und zweitens können wir der Möglichkeit nachgehen, daß die Formen des sprachlichen Endprodukts viel eher die Beschaffenheit der äußeren Aufgaben widerspiegeln, auf die jene Fähigkeiten angesetzt werden, als deren eigene Beschaffenheit. Die »Tiefenstrukturen« aller Sprachen wären dann Folge nicht unserer »angeborenen Dispositionen« allein, sondern des Normalfalls des Zusammenspiels zwischen Menschen mit allen ihren ererbten Ausstattungen und Dispositionen und den praktischen Aufgaben, bei welchen sie sie einsetzen.

Wie dieses Zusammenwirken zu einer anderen Theorie der grammatischen Form führen könnte, das zeigt etwa Karl Bühlers *Sprachtheorie*[352]. Bühler wuchs im Wiener Neukantianismus kurz nach der Jahrhundertwende auf und geriet nie in Versuchung, eine naive empiristische Theorie des Sprachlernens durch einfache »Konditionierung« zu vertreten; im Gegenteil, die Sprache war für ihn der spezielle Besitz intelligenter Wesen, die die angeborene Fähigkeit besaßen, »Regeln« zu erkennen und nach ihnen zu handeln. Nach Bühler ist die Grundfähigkeit hinter allem höheren kognitiven Verhalten ein allgemeines »Regelbewußtsein«, das sich in der Sprache mit ihrer kennzeichnenden grammatischen Struktur als einer speziellen Anwendung ausdrückt[353].

Die ganzen speziellen Sprachformen, in denen sich diese »angeborenen Fähigkeiten« ausdrücken, waren für Bühler immer noch funktional zu erklären, anhand der verschiedenen Aufgaben, an denen sich die Sprache entwickelt und eingesetzt wird. Zeigen etwa alle Sprachen den Unterschied zwischen »Nominalphrasen« und »Verbalphrasen«? Wenn ja, so liefern die äußeren Aufgaben der Sprache völlig einleuchtende Gründe, um gerade das zu erwarten. Denn im praktischen Gebrauch ist es eine reine Effizienzfrage, die sprachlichen Symbole einzuteilen in »Indexausdrücke«, die die Aufmerksamkeit auf die Gegenstände lenken, von denen die Rede ist, und »beschreibende Ausdrücke«, die etwas über diese Gegenstände aussagen. Eine Sprache ohne symbolische Möglichkeit zur Bezeichnung dieses funktionalen Unterschieds wäre unnötig unklar und verwirrend; es ist also zu erwarten, daß sie alsbald eine Konvention zur Unterscheidung dieser beiden Arten von Begriffen oder Symbolen entwickelt...

Die Transformationsgrammatiker brachten den sprachwissenschaftlichen Funktionalismus fälschlich mit dem Empirismus in der Theorie des Sprachlernens in Verbindung und sahen sich daher in grundlegendem Gegensatz zu Bühler und anderen herkömmlicheren Sprachtheoretikern. Doch in mancher Beziehung läßt sich ihr eigenes sprachwissenschaftliches

352 K. Bühler, *Sprachtheorie* (Jena, 1934).

353 Zu den Auffassungen Bühlers und anderer Würzburger Psychologen über das »Regelbewußtsein« und »Sinnbewußtsein« siehe auch G. Humphrey, *Thinking* (London, 1951), Kap. 2 und 3.

Programm nur dann sinnvoll durchführen, wenn stillschweigend einige Bestandteile der funktionalistischen Auffassung übernommen werden – vor allem in der Theorie der Bedeutung. Wir brauchen nur ein einziges Beispiel zu geben. Argumente für die »Tiefenstruktur« setzen häufig den Nachweis voraus, daß oberflächlich ähnliche Anordnungen von Wörtern in derselben Sprache ganz verschiedene *Bedeutungen* haben, und daß ihnen verschiedene grammatische »Tiefenstrukturen« zugeschrieben werden müssen, und andererseits dieselbe *Bedeutung* in verschiedenen Sprachen mit oberflächlich völlig verschiedenen Wortanordnungen wiedergegeben werden kann. So sieht etwa der Satz »Ich hoffe, daß das und das der Fall ist« ganz ähnlich aus wie der Satz »Ich behaupte, daß das und das der Fall ist«; doch die Bedeutungen – und damit die »Tiefenstrukturen« – sind sehr verschieden. Doch ehe wir irgendwelche Verallgemeinerungen bezüglich einer universalen Grammatik treffen können, ist eine weitere Frage zu stellen: Unter welchen Bedingungen läßt sich eine solche Unterscheidung, die zunächst an einer einzigen Sprache aufgezeigt wird, zunächst auf einzelne andere Sprachen ausdehnen und schließlich zu einer allgemeinen Wahrheit über die grammatische Struktur aller Sprachen überhaupt machen?

Ehe eine solche Verallgemeinerung möglich ist, muß man offenbar erst ein Kriterium dafür aufstellen, wann Wörter und Sätze in anderen Sprachen die gleiche Bedeutung haben wie etwa unsere Wörter »hoffen« und »behaupten« oder unsere Formen »Ich hoffe, daß ...« und »Ich behaupte, daß ...« Ohne ein solches Kriterium kann man nicht entscheiden, welche Sätze aus anderen Sprachen eigentlich die »gleichen« grammatischen Formen auf der Ebene der »Tiefenstruktur« aufweisen sollen. Doch an diesem Punkt können auch Vertreter der starken Ganzheitsauffassung gleichbedeutende Gebilde in verschiedenen Sprachen kaum anders als mit funktionalen Kriterien ausmachen. Denn wie könnte man »gleichbedeutende« Wörter und Sätze in verschiedenen Sprachen erkennen, wenn nicht anhand der Ähnlichkeiten der Anlässe, der Zwecke und der Art ihres gewöhnlichen Gebrauchs? Das heißt, Tiefenstrukturen können nur dann als »sprachliche Universalien« gelten, wenn sie in »gleichbedeutenden« Sätzen aus verschiedenen Sprachen erkennbar sind; und soweit die Kriterien für die »Bedeutungsgleichheit« von Sätzen mit denen zur Auffindung der »tiefengrammatischen« Strukturen übereinstimmen, wird die Behauptung entleert: sie besagt dann nur noch, daß einander entsprechende Sätze aus verschiedenen Sprachen, die das Kriterium für gleiche Bedeutung und »Tiefenstruktur« erfüllen, stets gleiche Bedeutung und »Tiefenstruktur« haben!

Die hier skizzierte neue funktionale Analyse der »sprachlichen Universalien« müßte viel ausführlicher begründet werden, als es hier möglich ist. Fassen wir zusammen: Wenn die Unterschiede der »Tiefengrammatik« von Sätzen der Form »Ich hoffe, daß...« und »Ich behaupte, daß...« mit irgendwelchen entsprechenden Eigenschaften einer anderen Sprache verglichen werden sollen, dann muß es *vorher* möglich sein, in dieser Sprache gleichbedeutende Aussagen zu erkennen, und die Entdeckung von »Universalien« ist nur dann eine wirkliche empirische Entdeckung, wenn die Kriterien für die »semantische Äquivalenz« unabhängig von den tiefengrammatischen Unterschieden selbst sind. Wenn dagegen die Regeln zur Erkennung der »Tiefenstruktur« selbst semantische Kriterien heranziehen – was leicht der Fall sein könnte –, so wäre die Existenz »sprachlicher Universalien« nur noch eine formale Konsequenz der Verknüpfungen zwischen den grammatischen Methoden zur Auffindung der »Tiefenstruktur« und den funktionalen Kriterien für den Vergleich der »Bedeutung« in verschiedenen Sprachen.

Dieses Zugeständnis an den Funktionalismus sollte den Transformationsgrammatikern kein ernstes Kopfzerbrechen machen; doch bisher scheinen sie sich nicht damit befreundet zu haben. So hat Chomsky Wittgensteins Analyse der Bedeutung mit Hilfe von »Sprachspielen« strikt abgelehnt, weil sie viel zu pragmatisch sei[354]; sie behandle komplizierte Strukturen der Aussagengrammatik als eine bloße Erweite-

354 Siehe Chomskys wegwerfende Bemerkungen über Wittgensteins Begriff des »Sprachspiels« in *Cartesianische Linguistik* (siehe oben, Anm. 337), insbes. S. 15 und Anm. 40 (S. 29). Der Gerechtigkeit halber wäre hinzuzufügen, daß die Skinnerianer, deren Theorien des Sprachlernens Chomsky angreift, den gleichen Fehler begehen und Wittgenstein als faktischen Vertreter ihres »Behaviorismus« in Anspruch nehmen.

rung strukturloser Schreie, Befehle und Ausrufe. Und gewiß hofften die Chomskyianer ursprünglich, eine brauchbare »Semantik« (Bedeutungstheorie) als Fortsetzung der »Syntax« (der Theorie der grammatischen Form) aufbauen zu können, und nicht umgekehrt[355]. Doch diese Ablehnung des Begriffs des Sprachspiels war völlig verfrüht. Wittgenstein kam aus der gleichen neukantianischen Atmosphäre wie Bühler und lehnte genau wie dieser den naiven Empirismus ab. Beide interessierten sich besonders für den Begriff der »Bedeutungsregeln«, und für beide waren schließlich »Situationen« und »Weisen des Gebrauchs« Grundlage der Erkennung gleichbedeutender Ausdrücke in verschiedenen Sprachen. Wittgensteins Ausdruck »Sprachspiel« wurde zwar ursprünglich in einem philosophischen Zusammenhang eingeführt, doch so ließ er sich auch in der theoretischen Sprachwissenschaft für semantische Zwecke benutzen[356].

Die Probleme der gegenwärtigen sprachwissenschaftlichen Diskussion – über die Beziehung zwischen der theoretischen »Tiefenstruktur« und dem tatsächlichen sprachlichen Verhalten – erinnern an diejenigen Freges über die Beziehung zwischen dem theoretischen »Kern« der »reinen« Zahlbegriffe und dem tatsächlichen arithmetischen Verhalten[357]. In beiden Fällen geht es in der Hauptsache um eine Beziehung, die uns inzwischen vertraut ist, nämlich die zwischen der idealisierten Artikulation eines formalen Systems und ihrer empirischen Anwendung beim wirklichen Ideengebrauch. Diese Parallele wurde von Eric Lenneberg deutlich herausgestellt, der die menschliche Sprachfähigkeit unmittelbar mit der Rechenfähigkeit verglichen hat[358]. Und er hat gewiß recht, wenn er wesentliche Analogien zwischen den beiden Fähigkeiten sieht; viele Menschen würden sogar die Rechenfähigkeit als einen Spezialfall der allgemeineren Sprachfähigkeit

355 Die ursprüngliche Einstellung Chomskys und seiner Anhänger zur Semantik wurde dargestellt von J. A. Fodor und J. J. Katz in einer berühmten Arbeit, die wieder abgedruckt ist in *Readings in the Philosophy of Language* (Englewood Cliffs, 1963), Kap. 19 u. 20. Fodor selbst scheint übrigens inzwischen von dieser Position abgerückt zu sein.
356 Wittgenstein (siehe Anm. 45), Nr. 23 ff.
357 Siehe Text zu Anm. 32 ff. in Abschn. 1.2.
358 Lenneberg (siehe oben, Anm. 341).

ansehen. Doch im Gedanken an Frege wollen wir zunächst die spezielle Rechenfähigkeit von der allgemeineren Sprachfähigkeit unterscheiden und anschließend die Parallelen untersuchen.

Nehmen wir zunächst die Rechenfähigkeit. Fragt man, welche »angeborenen Fähigkeiten« sich im Rechenverhalten des erwachsenen Menschen äußern, so sind wieder die gleichen Gesichtspunkte maßgebend; es gibt zwei mögliche Auffassungen, eine stärkere und eine schwächere. Nach der schwächeren setzt das Begreifen der Arithmetik lediglich eine allgemeine Fähigkeit oder Fähigkeitskonstellation voraus, die die Erfassung aller Formen und Strukturen ermöglicht, die für die in unserem Milieu verbreiteten arithmetischen Operationen kennzeichnend sind, und zwar ohne die Notwendigkeit einer eingehenden Konditionierung. Diese schwächere Auffassung akzeptiert historische und kulturelle Unterschiede zwischen der Rechentätigkeit in verschiedenen Gruppen ohne weiteres; sie behandelt die formale, abstrakte Arithmetik der mathematischen Philosophen des 20. Jahrhunderts als ein hochspezialisiertes Endergebnis der Geistesgeschichte; und als physiologische Grundlage des Rechenverhaltens setzt sie nur solche Nervenvorgänge voraus, die sich gleichermaßen in jeder arithmetischen Tätigkeit aus dem ganzen bekannten historisch-kulturellen Spektrum äußern können. Die stärkere Auffassung dagegen sieht die menschliche Rechenfähigkeit als eine einzige, spezifische und einheitliche Fähigkeit, die sich, explizit oder implizit, in einem und nur einem formalen System arithmetischer Verfahren ausdrückt. Die betreffenden Formen sind diejenigen, die in den letzten 80 Jahren explizit von mathematischen Philosophen wie Frege, Peano, Russell untersucht worden sind, die aber – so heißt es – in dem arithmetischen Verhalten aller anderen Kulturen und Epochen faktisch schon wirksam waren. Der zunehmende Erfolg beim »Abstreifen der Umhüllungen«, die die »reine Form« der arithmetischen Begriffe dem »geistigen Auge« verhüllen, und bei der Entwicklung der modernen axiomatischen Arithmetik ist dann als letzter Ausdruck unseres »angeborenen Verstehens« der Peanoschen abstrakten Formen aufzufassen.

Doch bezüglich dieser ganzheitlichen Sicht der Arithmetik entstehen die gleichen Probleme wie bei der ganzheitlichen

Sicht der Sprache. Wie sollen im einzelnen die universalen Formen der Peanoschen abstrakten Arithmetik mit den verschiedenen Arten des Zählens und Ordnens in den verschiedenen Milieus zusammenhängen? Besitzen die arithmetischen Praktiken aus verschiedenen Milieus wirklich genügend formale Ähnlichkeiten, um als verschiedene Ausdrucksformen einer einzigen angeborenen Fähigkeit gelten zu können, die so einheitlich und spezifisch ist wie das Peanosche Axiomensystem selbst? Oder könnten sie nicht ebensogut – wie bei der Honigbiene – verschiedene Ausdrucksformen viel allgemeinerer Fähigkeiten sein, die in jeder neuen Epoche oder Kultur zu neuen und anderen mathematischen Operationen als Reaktion auf neue äußere Aufgaben und Problemsituationen geführt haben?

In diesem zweiten Falle würde das Peanosche formale System nicht mehr die »universale angeborene Fähigkeit« des Menschen als des rechnenden Wesens darstellen. Vielmehr wäre es eine philosophische Idealisierung, die für eine rückblickende Analyse der menschlichen Rechenfähigkeiten nützlich ist, aber kein System »erzeugender Grundsätze« – und noch weniger ein System kausal wirksamer »erzeugender Einflüsse« – für das tatsächliche Verhalten menschlicher Populationen in allen historischen Epochen abgeben könnte[359]. Dann würde man die historischen Vorläufer der modernen Arithmetik im wirklichen Leben nicht mehr als primitive Ansätze in Richtung auf das Peanosche philosophische Ideal auffassen, sondern als das, was sie in der Praxis wirklich waren, nämlich verschiedene mögliche Rechenverfahren, die lediglich die modernen Formen approximierten, und von denen man nur in einem gewaltsamen und künstlichen Sinne sagen kann, sie hätten die Peanoschen abstrakten Ideale bereits »implizit« enthalten. Während des größten Teils der Geschichte hat das »Rechnen« in der Tat eine ganze Konstellation von Fähigkeiten erfordert, so das Auszählen und Wegnehmen von Gegenständen, die Anordnung von Menschen oder Gegenständen in einer zahlenmäßigen Reihenfolge, die Feststellung der Anzahl von Gegenständen durch Auge, Ohr oder Tastsinn, die Erkennung einer Gleichheit etwa zwischen

359 Ebenda.

einer gegebenen Anzahl gehörter Geräusche und der gleichen Anzahl von Lichtblitzen, die Benennung von Zahlen, das Hersagen von Zahlenreihen usw. – ganz abgesehen von komplizierteren, gelehrteren Tätigkeiten wie Multiplizieren, Dividieren und Quadratwurzelziehen. Das Rechnen, wie es der moderne Mathematiker kennt, ist also eine formale Weiterentwicklung, die historisch als Erweiterung oder Extrapolation einer ganzen Konstellation elementarerer Fähigkeiten entstand, die alle vermutlich ihre eigenen Systeme neurologischer Voraussetzungen haben – statt daß alles Rechenverhalten eine gemeinsame neurophysiologische Grundlage besäße, die in speziell Peano-ähnlicher Form arbeiten würde.

An diesem Punkt sind die empirischen Tatsachen der Aphasie und der Unfähigkeit zum Rechnen unmittelbar von Bedeutung. Wäre die menschliche Rechenfähigkeit und ihre physiologische Grundlage einheitlich und spezifisch, dann wäre zu erwarten, daß die Menschen ihre Rechenfähigkeit mit einem Schlage entwickeln und verlieren; Gehirnverletzungen müßten also alle Rechenfähigkeiten zusammen beseitigen oder alle unangetastet lassen. Doch die neurologische Erfahrung spricht sehr stark für das Gegenteil. Betrachtet man die gesamte Konstellation der Leistungen, die gewöhnlich als Bestandteile des Rechenverhaltens gelten, so spricht die klinische Erfahrung nachdrücklich für eine *Struktur*-Auffassung der »Rechenfähigkeit«. Nicht nur entwickeln sich die verschiedenen Bestandteile dieser Konstellation in verschiedenen Zusammenhängen und in verschiedenen Lebensabschnitten; sie werden auch als Folge bestimmter Gehirnverletzungen einzeln und unabhängig voneinander zerstört. So gibt es Fälle, in denen jemand bestimmte elementare Rechenaufgaben überhaupt nicht ausführen kann, während seine übrigen Rechenleistungen völlig normal sind[360]. (Ganz ähnlich bei der Sprachfähigkeit; Gehirnverletzungen können unerwartet spezifische und beschränkte Bestandteile der Gesamtkonstellation sprachlicher Fähigkeiten zerstören. So gibt es Menschen, die nach Diktat richtig schreiben, aber das Geschriebene unmittelbar danach nicht vorlesen können.) An-

360 (Siehe Anm. 335.)

gesichts derartiger Daten läßt sich die stärkere Auffassung nur mit Hilfe zusätzlicher Unterscheidungen und Argumente aufrechterhalten.

1. Zunächst einmal könnte man versuchen, »echt arithmetische« Operationen – formale Transformationen im Rahmen des Peanoschen Axiomensystems – von »rein pragmatischen« Tätigkeiten zu unterscheiden wie Zählen, Ordnen, Vergleichen von Zahlen, Aussprechen von Zahlwörtern; oder, wie Chomsky selbst, zwischen »eigentlich sprachlichen« Operationen – formalen Operationen innerhalb eines strengen grammatischen Schemas – und »rein pragmatischen« Befehlen, Ausrufen und ähnlichem. Dabei könnte sich nun *empirisch* herausstellen, daß die Fähigkeit zu formalen Berechnungen und grammatischen Transformationen auf ganz anderen psychischen Systemen beruht als die entsprechenden mehr praktischen Fähigkeiten; und es könnte sich *empirisch* herausstellen, daß diese beiden formalen Gruppen psychischer Fähigkeiten auch ihre eigenen besonderen physiologischen Grundlagen hätten, die auch genetisch auf verschiedene Weise weitergegeben würden. Das könnte so sein, aber zur Zeit dürfte es keine ausreichenden Beweise dafür geben. Zwar tendierten im Verlauf der Wissenschaftsgeschichte die formalen Verfeinerungen der Arithmetik auf die von Frege und Peano analysierten Formen hin, doch diese lassen sich – wie die Grundformen der Grammatik – ebensogut anhand der Abfolge objektiver äußerer Aufgaben erklären, mit denen sich die Mathematiker in der Geschichte auseinandergesetzt haben, also anhand ihrer »funktionalen Anpassung«.

2. Andererseits könnte man versucht sein, zu behaupten, die neurophysiologischen Korrelate der Arithmetik müßten auf jeden Fall etwas anderes sein als die der verschiedenen sensorischen Systeme, weil eine Erfasssung (oder ein Ausdruck) der Rechenfähigkeit offenbar nicht vom Gebrauch einer gewissen Sinnesmodalität abhängt[361]. Die Arithmetik wird unter Zuhilfenahme verschiedener möglicher Sinne gelernt und angewendet, auch von Menschen mit allen möglichen Sinnesbehinderungen. Doch auch dieses zweite Argument ist der Gefahr eines Platonischen Fehlschlusses ausgesetzt. So be-

361 Lenneberg (s. oben, Anm. 341).

ruft sich Sokrates im *Menon* auf die Tatsache, daß ein ungebildeter Sklavenjunge einem Beweis des Satzes des Pythagoras folgen kann, als Nachweis der unabhängigen Existenz der Seele; denn wäre der Sklavenjunge nicht mit der »angeborenen Fähigkeit« auf die Welt gekommen, die Richtigkeit von Beweisschritten wiederzuerkennen, die er schon einmal erkannt hatte, wie hätte er ihnen dann im geringsten folgen können? Ähnlich betrachtet Lenneberg die Tatsache, daß die gewöhnlichen Rechenfähigkeiten über verschiedene Sinnesmodalitäten ausgeübt werden, als Beweis der unabhängigen Existenz einer eigenständigen nichtsinnlichen geistigen Fähigkeit (zusammen mit den nötigen Nervenmechanismen), mittels derer Menschen, die nicht alle fünf Sinne verloren haben, den einen universalen Formalismus der Peanoschen Arithmetik erkennen können. Auch Chomsky selbst wiederholt dieses Sokratische Argument: daß Kinder den richtigen Gebrauch der Sprache lernen, beweist für ihn, daß sie dasselbe implizite System von Regeln »im vorhinein unbewußt erfassen«, das die Fachgrammatiker anschließend bei der Analyse der sprachlichen Äußerungen anderer explizit darstellen[362].

Doch wenn es nun eine unbestrittene Tatsache ist, daß arithmetische Berechnungen oder linguistische Transformationen gelernt werden können, ohne eine *bestimmte* Sinnesmodalität (etwa den Gesichtssinn) ins Spiel zu bringen, wieviel folgt daraus wirklich? Auf den ersten Blick nur dies, daß die gleichen Formen vermittels *jeder beliebigen* Sinnesmodalität gelernt und angewandt werden können. Mit einem Wort, die Formen der betreffenden Fähigkeit sind »neutral« bezüglich der verschiedenen Sinnesmodalitäten. Man kann gleichermaßen mittels des Gesichts, des Gehörs oder des Tastsinns lernen; es gibt keine bestimmte Sinnesmodalität oder Kombination von solchen, mittels derer man die Sprache oder die Arithmetik lernen müßte. (Geschmack und Geruch wären freilich unbrauchbare Kanäle für die Entwicklung dieser Fähigkeiten.) Doch daraus folgt keineswegs, daß man eine Sprach- oder Rechenfähigkeit entwickeln, ausüben oder auch nur *besitzen* würde, wenn sämtliche Sinnesmodalitäten fehl-

362 Siehe *Aspekte* ... (vgl. oben, Anm. 337), Kap. 1, Abschn. 8.

ten, und ebensowenig, daß die Neurophysiologie der Sprache und der Arithmetik völlig getrennt von der Neurophysiologie der ganzen sensomotorischen Systeme wäre.
Ein letzter Faktor kann dazu beitragen, dem Menon-Argument eine irreführende Anziehungskraft zu verleihen und die Auffassung zu stützen, daß die speziellen abstrakten Formen unserer schließlichen arithmetischen und sprachlichen Verhaltensweisen schon irgendwie »im Geiste« vorhanden sein müßten, ehe sich irgendein wirkliches Zähl- oder Sprechverhalten entwickelt. Es ist die Theorie, daß sprachliche und arithmetische Tätigkeiten »private« Bewußtseinsvorgänge seien, die sich von allem äußeren Verhalten unterschieden und im wesentlichen »in unserem Kopf« vor sich gingen. Während Autoren wie Vygotskij, Luria und Wittgenstein die Denkformen als »Internalisierung« der öffentlichen Formen gemeinschaftlicher Verfahrensweisen gedeutet haben[363], kehren Chomsky und Lenneberg diese Beziehung um und betrachten die Formen des öffentlichen Redens und Rechnens als »Externalisierung« schon bestehender Formen »innerer« Bewußtseinstätigkeit[364]. Auf dieses Thema werden wir in der zweiten Abteilung unserer Untersuchungen zurückkommen; hier ist nur Raum für eine kurze Bemerkung. An diesem Punkt läßt sich unser obiges Argument von der Bienenwabe wieder ins Spiel bringen, um zwei verschiedene Thesen klar voneinander zu trennen. Abgesehen von den bekannten philosophischen Schwierigkeiten, wenn man Sprache und Denken als wesentlich »privat« oder »innerlich« behandelt[365], kann man bezweifeln, ob die schon vorher bestehenden geistigen Fähigkeiten zum rechnenden oder grammatischen Verhalten jemals so spezifisch und detailliert sind wie das hochstrukturierte Verhalten, das ihr Endprodukt ist. Es ist eine Sache, zu be-

363 L. S. Vygotskij, *Denken und Sprechen* (Leningrad, 1934; dt. Teilausgabe: Akademie-Verlag, Berlin, 1964), Kap. 5; Luria (s. oben, Anm. 293); Wittgenstein (s. o., Anm. 45).

364 Siehe *Cartesianische Linguistik* (s. oben, Anm. 337), S. 46 f., 55, sowie *Sprache und Geist* (s. o., Anm. 337); ferner Lenneberg (s. Anm. 341).

365 Ein Hauptthema von Wittgensteins *Philosophischen Untersuchungen* ist natürlich die Unmöglichkeit, »Sprache« so zu definieren, daß Wörter oder Sätze primär »wesentlich private« Empfindungen »bezeichnen«.

haupten, in der vorsprachlichen oder vorarithmetischen Phase müßten im Kinde bereits »Denkvorgänge« stattfinden, die aber noch keinen formalen sprachlichen oder mathematischen Ausdruck gefunden hätten; und es ist etwas ganz anderes, wenn man glaubt, diese »schon vorher vorhandenen Denkvorgänge« besäßen implizit – in einem realen Sinne – die gleichen ins einzelne gehenden präzisen Formen, die für die sprachlichen oder mathematischen Leistungen der Erwachsenen kennzeichnend sind. Nur wenn man sich auf die stärkere und problematischere Auffassung der sprachlichen und arithmetischen »angeborenen Fähigkeiten« festgelegt hat, muß man die Formen des Erwachsenenverhaltens als Ausdruck einer »Prägekraft« dieser Fähigkeiten erklären, die dieselben Formen auch dem »inneren Denken« kleiner Kinder verleihe[366].

Aus biologischer Sicht gibt es also schwerwiegende Einwände gegen die starke Angeborenheitsthese – nämlich daß die menschliche Sprachfähigkeit spezifisch und einheitlich sei –, die aber nicht die schwächere These treffen – nämlich daß diese Sprachfähigkeit eine komplexe Konstellation »angeborener Fähigkeiten« umfasse, die sich in sehr verschiedenartigem Signalverhalten ausdrücken könne, und der eine ebenso komplexe Konstellation neurologischer Korrelate zugrundeliege. Beide Formen der Angeborenheitsthese sind eine ernsthafte Gegenposition gegen behavioristische Theorien des Sprachlernens, doch viele Vertreter der »generativen Transformationsgrammatik« haben die stärkere Form trotz aller ihrer biologischen Schwierigkeiten zur philosophischen Grundlage ihrer Sprachwissenschaft gemacht. Doch wenn man diese biologischen Gesichtspunkte ernst nimmt, so wird man finden, daß die schwächere Form der Angeborenheitsthese drei Vor-

366 In den John-Locke-Vorlesungen (vgl. oben, Anm. 337) etwa gebrauchte Chomsky den Ausdruck »generativ« wiederholt so, daß unklar blieb, was der Formalismus der »generativen Grammatik« sein sollte: (1) *lediglich* eine Menge formaler Ausdrücke, *durch deren Anwendung* grammatisch korrekte sprachliche Gebilde hergestellt werden können, oder (2) eine Art »inneren psychischen agens«, das die grammatische Korrektheit unserer Äußerungen *gewährleistet.* Eine einfühlsame und scharfsinnige Kritik an Chomskys Position – vor allem an ihren wesentlichen Unklarheiten – ist der Aufsatz von George Steiner, »The Tongues of Men«, in *The New Yorker* (15. 11. 1969), S. 217-36.

teile hat: sie ermöglicht klare empirische Fragen über die Entstehung der Sprache, sie ist nicht auf eine exakte Isomorphie zwischen dem sprachlichen Verhalten des Erwachsenen und den ihm zugrundeliegenden angeborenen Dispositionen und Mechanismen angewiesen, und sie paßt ohne weiteres zu den Erfahrungen der klinischen Neurologie, die die Unabhängigkeit der verschiedenen Bestandteile des menschlichen Sprachverhaltens unterstreichen.

Die heutige Theorie, jede wohlstrukturierte »Sprache« setze ein einziges universales System grammatischer Formen voraus, ist offenbar aus der Sicht der Geschichte und Biologie den gleichen Einwänden ausgesetzt wie die Auffassungen Kants und Piagets, daß jedes systematische »Denken« einem einzigen universalen System von Denkformen entspreche – oder sich ihm immer weiter annähere. In beiden Fällen entgegnet eine gesunde Skepsis sofort: Warum muß daß so sein? In beiden Fällen entpuppen sich die angeblich »universalen« und »ahistorischen« Strukturen bei genauerer Untersuchung als Ergebnisse einer theoretischen Idealisierung und nicht als empirische Entdeckungen. Und in beiden Fällen erweist sich eine empirische Analyse der wirklichen menschlichen Sprache – oder des wirklichen vernünftigen Denkens – gleichzeitig als funktionaler und als großzügiger hinsichtlich der Breite der mit ihr verträglichen Formen als die uneingeschränkte Kantische oder Chomskysche Theorie. Stellen wir also die »universale Grammatik« neben Freges »reine Zahlbegriffe« und Kants »apriorische Formen der Vernunft« und wenden wir uns wieder der wirklichen Vielgestaltigkeit von Sprache, Mathematik und Denken im empirischen Sinne zu. Und die apriorischen Formen des vernünftigen Denkens wie die universale »Tiefenstruktur« des sprachlichen Verhaltens bilden keine Ausnahmen von unserer evolutionstheoretischen Analyse der Entwicklung des kollektiven Ideengebrauchs, sondern sind ihr ebenfalls zugänglich. Die speziellen Argumentationsformen in Arithmetik und Geometrie, Grammatik und kausalem Denken im jeweiligen Milieu sind dann – genau wie die etwa der Physik – vorläufige Endergebnisse der kulturellen Entwicklung.

Kapitel 8
Schluß: Die List der Vernunft

Diese erste Abteilung unserer Untersuchungen hatte zwei Hauptziele: ein theoretisches und ein philosophisches. Das theoretische Ziel war die Erstellung einer allgemeinen Analyse des kollektiven Ideengebrauchs und seiner historischen Entwicklung, und zwar mit einem auf möglichst verschiedenartige menschliche Tätigkeiten anwendbaren Ansatz. Im jetzigen Abschlußkapitel müssen wir – in Vorwegnahme der Überlegungen von Teil 3 – kurz die philosophischen Konsequenzen unseres Ansatzes betrachten, wobei wir zu zeigen hoffen, daß wir trotz der Verschiedenheit der Ideen und Vernunftmaßstäbe in den verschiedenen menschlichen Unternehmungen, Situationen und Verhältnissen doch – jedenfalls in geeigneten Fällen – für uns einen unparteiischen Standpunkt der Vernunft definieren und damit den Gefahren oder Versuchungen des Relativismus entgehen können.

In der Wissenschaft wie in der Ethik, so versuchten wir zu zeigen, führt die historische und kulturelle Verschiedenheit der Ideen nur so lange zu unlösbaren Problemen, wie man die »Vernünftigkeit« als Eigenschaft bestimmter Aussagen- oder Begriffssysteme auffaßt und nicht im Sinne von Verfahren, nach denen die Menschen von einer Menge von Begriffen oder Auffassungen zu einer anderen übergehen. Das führt zur Verwechslung der Vernünftigkeit wissenschaftlicher Theorienbildung selbst mit der logischen Richtigkeit der Schlüsse innerhalb wissenschaftlicher Theorien. Statt Theorien als formale Kunstprodukte oder Abstraktionen zu erkennen, die aus einem historisch sich entwickelnden Unternehmen stammen, dessen Vernünftigkeit in erster Linie in seinen Verfahren des Theorienwandels liegt, haben die Philosophen die Wissenschaftsgeschichte als eine Chronik aufeinanderfolgender Aussagensysteme betrachtet, deren Grad der logischen Stimmigkeit das einzige Maß für die vernünftige Annehmbarkeit war. Demgemäß wurden die Gründe für die Ersetzung einer Theorie durch eine andere, die andere Begriffe verwendete, zu einer Frage ihrer pragmatischen Vorzüge statt ihrer vernünftigen Beurteilung. Die Frage nach einer Erklärung dafür, wie die Verfahren zur Verbesserung des Theorienarsenals einer Wissenschaft ihre eigene Vernünftigkeit besitzen können, haben die meisten Wissenschaftstheoretiker des 20. Jahrhunderts mit dem Epigramm »Es kann keine *Logik* der Entdeckung geben!« einfach zurückgewiesen und auf sich beruhen lassen.

Auf längere Sicht mußte diese Reaktion als höchst unbefriedigend erscheinen, außer denen, für die die Aufgabe der Wissenschaftstheorie lediglich in einer formalen Erweiterung des Aussagenkalküls auf »induktive« Argumente bestand. So gab es in den letzten Jahren mehrere Versuche, den Begriff der Vernünftigkeit über die formale Logik hinaus auszudehnen und eine Möglichkeit zu seiner Wiederanwendung auch auf den Theorienwandel zu finden. (Man könnte hier z. B. die Arbeiten von Karl Popper[367], Thomas Kuhn[368] und Imre Lakatos[369] nennen.) Auf den ersten Blick könnte sogar die vorliegende Analyse als ein Schritt in der gleichen allgemeinen Richtung erscheinen. Doch in einer grundsätzlicheren Beziehung haben sich unsere Überlegungen genau in der entgegengesetzten Richtung bewegt. Gerade weil die Argumente Poppers und seiner Anhänger alle die formallogische Betrachtung der Wissenschaft als Ausgangspunkt genommen haben, blieb der Theorienwandel für sie mehr oder weniger eine Anomalie, die durch Ausdehnung einer immer noch in erster Linie formalen Analyse der »Vernünftigkeit« auf die Vorgehensweisen der Wissenschaft zu behandeln war. Unser Ansatz dagegen hat die ganze Beziehung zwischen formaler Logik und vernünftiger Untersuchung umgekehrt.

> Zu zeigen ist nicht, daß die vernünftigen Verfahren der wissenschaftlichen Forschung schließlich doch eine Art eigener »Logik« besitzen, sondern wie die formalen Strukturen und Beziehungen der Aussagenlogik überhaupt in den Dienst von Vernunftunternehmen gestellt werden können.

Die Vernünftigkeit der Naturwissenschaft und anderer kol-

367 (Vgl. Literaturangaben in Anm. 87 und 267.)
368 (Vgl. Anm. 65, 73, 80, 82.)
369 (Vgl. Anm. 47 und 162), sowie »Falsification and the Methodology of Scientific Research Programmes«, in *Criticism* ... (s. o., Anm. 84).

lektiver Disziplinen hat im Grunde nichts zu tun mit formalen Folgerungen und Widersprüchen, induktiver Logik oder Wahrscheinlichkeitsrechnung. Aussagensysteme und formale Ableitungen sind brauchbare Werkzeuge – neben anderen – für die vernünftige Untersuchung und wissenschaftliche Erklärung, aber eben nur das. Vielmehr muß die Beschaffenheit dieser Vernünftigkeit ganz unabhängig analysiert werden, ehe man sinnvoll fragen kann, wie »logische Systeme« eine Anwendung in der Wissenschaft finden können.

Hier kommt nun unser »ökologischer« Ansatz ins Spiel. Denn er ermöglicht eine Behandlung der Hauptprobleme bezüglich der Vernünftigkeit des kollektiven Ideengebrauchs ohne Heranziehung (wie bei Popper) eines willkürlichen, apriorischen Abgrenzungskriteriums für die »Wissenschaft«. Und anstatt (wie Lakatos) in einer abstrakten Welt »methodologischer Forschungsprogramme« umherzuwandern, deren Namen schon aus der Betrachtungsweise der formalen Logik entlehnt sind, führt er zu einer unmittelbaren und ins einzelne gehenden Beschäftigung mit den historisch sich entwickelnden Problemen und Strategien, mit denen sich unsere Vernunftunternehmen auseinandersetzen. Gleichzeitig ermöglicht er die Unterscheidung zwischen den tatsächlichen theoretischen Entscheidungen der Berufswissenschaftler, Techniker oder Juristen einerseits und denjenigen Entscheidungen, die die wirklichen Bedürfnisse der speziellen Problemsituationen – bei richtiger Beurteilung – verlangt hätten; damit können wir die angemessenen Rollen von Facheliten oder »Bezugsgruppen« anerkennen, ohne (wie Kuhn) Gefahr zu laufen, uns völlig dem Urteil der zur Zeit maßgebenden Gruppen beugen zu müssen.

Es gilt also: (1) Poppers Analyse der »Logik der Forschung« beschäftigt sich durchweg mit Problemen formaler Beweise und/oder Widerlegungen. Gegen die »Verifikationskriterien« seiner positivistischen Wiener Zeitgenossen vertrat er zunächst die »Falsifizierbarkeit« als das universale, überzeitliche Kriterium einer wirklich wissenschaftlichen Hypothese und die fortschreitende »Falsifikation« (oder Ausscheidung von Hypothesen) als das richtige Verfahren für den vernünftigen Fortschritt in der Wissenschaft. Später änderte er seine Auffassung ab, milderte die negativen Seiten seines ersten Ansatzes und gestand zu, daß gewisse Hypothesen in einem positiveren Sinne »besser bewährt« oder wahrscheinlicher sein könnten als andere. Doch in beiden Phasen bezogen sich Poppers Fragen auf die *Annehmbarkeit von Aussagen* und nicht die *Anwendbarkeit von Ideen*; und die von ihm anerkannten Verfahren der vernünftigen Untersuchung – wissenschaftliche Prüfung, Widerlegung und/oder Bewährung – sind weiterhin Varianten der Verfahren der älteren Aussagenlogiker[370]. Trotz seines wachsenden persönlichen Interesses an historischen Beispielen und Episoden blieb daher seine Wissenschaftstheorie (wie Lakatos es ausdrückt) »trokken, abstrakt und höchst ahistorisch«[371]. Die letzte Quelle seiner Vernunftmaßstäbe für die Beurteilung wissenschaftlicher Argumente und Verfahren blieb dementsprechend stets eine Menge allgemeiner apriorischer Bedingungen, die allem wissenschaftlichen Denken von außen auferlegt werden, gemäß Poppers eigener – letztlich willkürlicher – Definition dessen, was als »wissenschaftliche« Hypothese, Theorie oder Vorstellung gelten könne.

Wenn dies wirklich die beste Analyse der »Vernünftigkeit« des Theorienwandels in der Wissenschaft ist, die eine von der formalen Logik ausgehende Betrachtung leisten kann, dann ist die verständlichste Reaktion vielleicht die von Paul Feyerabend. Wenn man die grundlegenden Kriterien des vernünftigen Urteils in der Wissenschaft letzten Endes auf die eigene apriorische Definition von »Wissenschaft« gründet, dann ist das, so Feyerabend, ein willkürliches – sogar ein autoritäres – Verfahren; es kann leicht dazu führen, daß von vornherein und ohne inhaltliche Rechtfertigung gewisse brauchbare theoretische Neuansätze ausgeschlossen werden,

370 Lakatos (vgl. Anm. 47) unterscheidet drei Phasen in der Entwicklung von Poppers Philosophie, die er mit »Popper1«, »Popper2« und »Popper3« bezeichnet; mit der dritten Auffassung löst sich Popper von den Voraussetzungen der älteren Aussagenlogik und betrachtet endlich die Kriterien wissenschaftlicher Brauchbarkeit historisch. Doch rückblickend gibt Lakatos jetzt zu, »Popper3« sei bestenfalls eine sehr weitreichende Extrapolation von Tendenzen in Poppers Entwicklung, nicht aber eine Position, die Popper tatsächlich vertreten habe. In der Tat ist in »Popper3« eher eine Seite von *Lakatos' eigener* wissenschaftstheoretischer Position zu sehen.

371 (S. Anm. 194.)

die zufällig nicht den apriorischen Forderungen genügen. Wenn »vernünftige« Betrachtungen in der Wissenschaft das von uns verlangen, dann ist es nach Feyerabend besser, jeden solchen wissenschaftlichen Puritanismus hinter sich zu lassen und sich die Freiheit zu Spekulation und neuen Ideen zu bewahren, selbst um den Preis offenen Anarchismus oder »Irrationalismus« – man erkennt keine vorgängige Festlegung der möglichen Richtungen der Wissenschaftsentwicklung an[372].

2. Wenn man sich einmal auf Aussagen als Ausgangspunkt festgelegt hat, dann scheint die einzige konstruktive Alternative zum Popperschen Apriorismus die zu sein, die historische Erfahrung der Wissenschaftler ernster zu nehmen als er, um aus ihr irgendwelche Gesichtspunkte zur Vernünftigkeit wissenschaftlicher Verfahren und Strategien zu entnehmen. Das haben Lakatos und Kuhn auf verschiedene Weise versucht. Leider hat Lakatos Poppers Überlegungen einfach an dem Punkt aufgenommen, wo sie abbrechen[373]. So steuert er zwar zielbewußt auf einen Ansatz zu, nach dem der Ort der »Vernünftigkeit« bei den Strategien des Theorienwandels in den verschiedenen wissenschaftlichen Disziplinen liegt, doch er ist nicht in der Lage, spezifische, konkrete Fragen anzufassen, weder bezüglich der Strategien bestimmter Wissenschaften noch ihrer Beziehungen zu den speziellen Problemsituationen in diesen Wissenschaften. Stattdessen erörtert er die Verfahren der Wissenschaft mit allgemeinen, abstrakten Begriffen, die unmittelbar aus der Aussagenlogik übernommen sind: als »induktivistisch«, »falsifikationistisch« und/oder »konventionalistisch«. Und statt zu zeigen, wie man die inhaltlichen Stärken bestimmter wissenschaftlicher Strategien als »ökologische« Reaktionen auf bestimmte theoretische Problemsituationen erkennen kann, hofft Lakatos immer noch

372 (S. Anm. 164.)

373 (Vgl. Anm. 194), Abschn. 2a. In einer späteren Diskussion über diese Arbeit in Jerusalem (im Januar 1971) bekräftigte Lakatos seine »logizistische« Position, indem er – wie Frege und die logischen Empiristen – behauptete, die »Methodologie« befasse sich nur mit der nachträglichen Beurteilung rechtfertigender Argumente, während alle Fragen der Entdeckung und Vermutung »rein psychologischer Art« seien. Die Verhandlungen dieser Konferenz, die von der Van Leer Foundation zu Ehren von S. Sambursky veranstaltet wurde, sollen 1971/72 veröffentlicht werden.

auf dialektische k.o.-Siege. Er meint, wenn man sich eingehend genug um historische Beispiele bekümmere, dann könne die Falsifikation falsifiziert werden, der Induktivismus induktiv widerlegt, der Konventionalismus als bloß konventionalistisch erwiesen, usw. ...[374]

Mit der Ablehnung des Apriorismus und der Betonung der philosophischen Bedeutung historischer Tatsachen verspricht Lakatos' neuer Ansatz gewiß einen Fortschritt über den Poppers hinaus. Er stimmt sogar mit Kuhn darin überein, daß den Urteilen maßgebender Bezugsgruppen in der Wissenschaft eine gewisse Sonderstellung eingeräumt wird. So sagt er, in unmittelbarem Gegensatz zu Popper: »Wenn ein Abgrenzungskriterium für das wissenschaftlich ›Vernünftige‹ mit den grundlegenden Urteilen der wissenschaftlichen Elite nicht übereinstimmt, dann sollte es fallengelassen werden.«[375] Doch es bleibt völlig unklar, wie seine »Geschichtsschreibung der methodologischen Forschungsprogramme« in wirklichen Fällen zu einem Urteil über die Vernünftigkeit bestimmter Veränderungen bei den wissenschaftlichen Theorien führen könnte. Es bleibt z. B. unklar, wie man Abstand von den historischen Tatsachen gewinnen und zu dem unparteiischen Standpunkt kommen könnte, der zur Vermeidung des Relativismus notwendig ist. Unter welchen Umständen und Bedingungen könnte man z. B. mit Recht sagen, selbst die »grundlegenden Urteile der wissenschaftlichen Elite« seien falsch gewesen? Gelegentlich – das erkennt Lakatos an – muß man zu diesem Urteil bereit sein; er lehnt jeden Gedanken ab, daß man den wissenschaftlichen Fortschritt »allein am tatsächlichen Gang der Geschichte« ablesen könne. Nach der Kuhnschen Analyse, so meint er, hätte eine massenhafte Wiederbekehrung der Astronomen zur Astrologie eine Autorität, der man nichts entgegensetzen könnte. Dieser »Paradigmawechsel« wäre kein katastrophaler Rückfall in den Aberglauben, sondern würde die Astrologie in eine vernünftig nicht anfechtbare Position versetzen[376]. Wie aber Lakatos selbst diesen Autoritätsanspruch angreifen könnte, diese entschei-

374 (Vgl. Anm. 194), Abschn. 2a.
375 Ebenda.
376 Ebenda, Abschn. 2b, letzter Absatz. Siehe oben, Text zu Anm. 213 zu Beginn von Kap. 5.

dende Frage im Zusammenhang mit seiner neuen Position bleibt unbeantwortet.

3. Angesichts dieses Relativismusvorwurfs hat T. S. Kuhn – wie wir in einem früheren Kapitel sahen – seine Position neuerdings »entwicklungstheoretisch« neu formuliert, um die »Vernunftbrüche« aus der Welt zu schaffen, mit denen sich vorher seine Revolutionsthese herumschlagen mußte[377]. Doch ganz abgesehen von ihren problematischen Lamarckistischen Zügen, ermöglicht diese neue Haltung keinen wirklichen Ausweg aus dem Grunddilemma bezüglich der Vernünftigkeit des Theorienwandels. Denn der Weisheit letzter Schluß zur Beurteilung neuer wissenschaftlicher Ideen lautet bei ihm einfach: »Die wissenschaftlichen Theorien leisten nicht gleich gut das, *was die Wissenschaftler normalerweise tun«*; und diese Aussage ist ganz offensichtlich nicht eindeutig. Soll sie besagen: »... was die Wissenschaftler *gewöhnlich* tun«, oder: »... was sie *angemessenermaßen* tun«? Wenn das erste, dann ist seine neueste Position immer noch so relativistisch wie seine erste und gibt niemandem eine Handhabe, gegen das tatsächliche Vorgehen der einflußreichsten Wissenschaftler Einspruch einzulegen; und wenn das zweite, dann ist er einfach wieder auf die abstrakte, absolutistische Position seiner »logisch-empiristischen« Vorgänger eingeschwenkt. Seine »universalen Kriterien des wissenschaftlichen Fortschritts« – Genauigkeit der Voraussagen usw. – wären dann den Verfahrensweisen der Wissenschaftler von außen auferlegt und nicht aus ihrer tatsächlichen Erfahrung bei der Entwicklung neuer wissenschaftlicher Ideen, Strategien und Disziplinen entnommen.

In diesem Schlußkapitel wollen wir diese Fragen der Reihe nach aufnehmen und skizzenhaft zeigen, wie unsere ökologische Behandlung des Problems der wissenschaftlichen Vernunft alle Schwierigkeiten vermeidet, unter denen die Ansätze Kuhns, Lakatos' und Poppers leiden. Das bedeutet, wir müssen geradewegs unsere anfänglichen Fragen zum unparteiischen Standpunkt der Vernunft anfassen und zeigen, wie ein hinreichend vollständiges und ins einzelne gehendes Verstehen der Eigenschaften, aufgrund derer verschiedene Strategien und neue Verfahren an bestimmte Problemsituationen

377 Kuhn (vgl. Anm. 213), S. 264.

»angepaßt« sind, uns die Vermeidung der bekannten Dilemmen im Zusammenhang mit der Vernünftigkeit ermöglicht, indem es konsequent auf jeden Versuch verzichtet, die Urteilsmaßstäbe in kollektiven Unternehmungen entweder auf die absolute Autorität eines äußeren, apriorischen Abgrenzungskriteriums oder auf die relative und vergängliche Autorität einer lokalen Bezugsgruppe zurückzuführen.

8.1 *Der Standpunkt der Vernunft*

Wie können wir also die Notwendigkeit eines unparteiischen Standpunkts des rationalen Urteils mit den Tatsachen der Ideenvielfalt und der Verschiedenheit der Vernunftmaßstäbe in Einklang bringen, die in den verschiedenen Milieus als maßgeblich anerkannt sind? Welchen Fortschritt bringt unsere Analyse des kollektiven Ideengebrauchs und Ideenwandels in Richtung auf eine Bestimmung dieses »unparteiischen Standpunkts«, von dem aus sich wirklich vernunftgemäße Vergleiche zwischen den Ideen, Urteilen und Auffassungen anstellen lassen, die in verschiedenen Kulturen und Epochen gelten? Keinesfalls lassen unsere Überlegungen diese Probleme als weniger ernst erscheinen. Denn es sind ja nicht nur die in den wissenschaftlichen Disziplinen anerkannten einzelnen Ideen und theoretischen Verallgemeinerungen von Land zu Land und von Epoche zu Epoche verschieden. Eine ähnliche – wenn auch vielleicht nicht so drastische – Vielfalt weisen ja offensichtlich auch die kollektiven Strebungen und die disziplinbezogenen Ziele der betreffenden Tätigkeiten auf. Welche Möglichkeit bleibt nun also für die Erörterung der Vorzüge einander entsprechender Ideen und Auffassungen aus verschiedenen Milieus, ohne auf die von uns gleich zu Anfang abgelehnte Voraussetzung »feststehender und notwendiger Grundsätze der Erkenntnis« zurückkommen zu müssen?

Bei genauerem Hinsehen ist die wirkliche Situation nicht so verzweifelt, wie sie erscheint. An diesem Punkt unserer Überlegungen müssen wir lediglich zeigen, daß das Problem der Bestimmung eines »unparteiischen Standpunkts der Vernunft« *grundsätzlich* lösbar ist; und vieles von dem dazu nötigen Material hat sich bereits in den vorangehenden Kapiteln angesammelt. (Später, in Teil 3, werden wir einige mehr ins einzelne gehende Fragen sowohl zum Begriff der »Vernünftigkeit« im allgemeinen als auch der »vernünftigen Beurteilung« unserer Ideen aufwerfen.) Im Augenblick wollen wir als Wichtigstes die Bedeutung des Ausdrucks »Ökologie des Geistes« ein wenig weiter ausführen und die Behauptung genauer erklären, daß auf einer grundsätzlichen Ebene Fragen des kollektiven vernünftigen Urteils ökologisch und nicht formal zu behandeln sind.

Wir gehen in drei Schritten vor. Zunächst wollen wir unsere Überlegungen noch einmal dem Gedanken gegenüberstellen, die »Systematik« sei das Wesentliche an der »Vernünftigkeit«, und nochmals darauf verweisen, wie die entsprechende Unterscheidung uns der Gefahr des Relativismus enthob. Danach wollen wir zeigen, wie uns ein ökologischer Ansatz – jedenfalls in geeigneten Fällen – die grenzüberschreitenden Vergleiche ermöglicht, die in der Praxis notwendig sind. Und schließlich wollen wir zeigen, wie der ökologische Ansatz auch ermöglicht, auf jedes äußere »Abgrenzungskriterium« und jegliche Benützung apriorischer Urteilsmaßstäbe endgültig zu verzichten. Wir werden dann sehen, daß die Aufgaben unserer Vernunftunternehmen z. B. nicht als das zu bestimmen sind, »was die Wissenschaftler normalerweise tun«. Vielmehr geht es darum, *das zu tun, was zu tun ist*; und das läßt sich nur schrittweise, im Lichte der Erfahrung, im Vollzug herausfinden.

Ich möchte mit einer Zusammenfassung des negativen Teils dieser ganzen Überlegungen beginnen. In den ersten beiden Kapiteln zeigten wir, wie eine Überbetonung der Systematik der Geometrie und der formalen Logik einen umfassenden quasi-mathematischen Absolutismus in den wissenschaftlichen Methoden und Maßstäben als einzige Alternative zum völligen historisch-kulturellen Relativismus erscheinen läßt; wie ferner diese Entgegensetzung zu einer scheinbar unausweichlichen Entscheidung zwischen uniformistischen und Revolutionstheorien des Ideenwandels führt; und wie die Argumente, die uns diese höchst unangenehmen Entscheidungen aufzwingen, jeweils auf der Voraussetzung beruhen, die »Vernunft« sei in erster Linie eine Sache der »Logik« – das

heißt, die Prüfmethoden und/oder Kriterien zur Beurteilung der Vernünftigkeit wissenschaftlicher Methoden und Standpunkte hätten in erster Linie mit logischen Folgebeziehungen, mit Widerspruchsfreiheit und ähnlichen formalen Eigenschaften zu tun. Hat der Philosoph einmal diese Annahme gemacht, so muß er nur noch entscheiden, welches (falls überhaupt eines) der verschiedenen Begriffs- und Aussagen-»Systeme« in irgendeinem Milieu »maßgeblich« sei – das heißt, welches System das »logische Gerüst« für die Festlegung von Vernünftigkeitsmaßstäben liefert, die für wissenschaftliche Entscheidungen in diesem Milieu maßgeblich sein sollen. Und das läuft in der Praxis unmittelbar auf die Entscheidung hinaus, ob (1) die Menschen die besonderen Begriffs- und Aussagensysteme ihres jeweiligen Milieus als lokal uneingeschränkt maßgeblich betrachten dürfen – die relativistische Auffassung –, oder ob (2) allen Milieus von außen die gleiche abstrakte und ideale Menge formaler Kriterien zudiktiert werden soll, die in Form eines allgemeingültigen quasimathematischen »logischen Systems« definiert sind – die absolutistische Auffassung.
Der Übergang von einer systematischen zu einer populationsorientierten Analyse der kollektiven menschlichen Tätigkeiten und Unternehmungen stellt demgegenüber das gesamte Problem der »Vernünftigkeit« neu. Sobald man nicht mehr davon ausgeht, daß die Ideen aus irgendeinem Milieu statische »Aussagensysteme« bildeten, sondern sie als in historischer Entwicklung befindliche »Ideenpopulationen« erkennt, kann man auch die herkömmliche philosophische Annahme fallen lassen, die Vernünftigkeit sei eine Unterart der logischen Stimmigkeit. Und auf jeden Fall sprechen andere, allgemeinere Gesichtspunkte für diesen Wechsel der Betrachtungsweise. In nichtwissenschaftlichen Zusammenhängen etwa beurteilt man die Vernünftigkeit des Verhaltens eines Menschen nicht danach, wie er sich gewohnheitsmäßig verhält, sondern wie weit er sein Verhalten in neuen und unbekannten Situationen verändert[378], und man kann Argumente dafür anführen, daß auch die Vernünftigkeit intellektueller Leistungen nicht anhand der inneren Widerspruchsfreiheit der gewöhnlichen Ideen und Auffassungen eines Menschen

378 Vgl. J. Bennett, *Rationality* (London, 1964).

beurteilt werden sollte, sondern danach, wie er seine wissenschaftliche Einstellung angesichts neuer und unvorhergesehener Erfahrungen abändert.

Das wesentliche Problem ist also der Nachweis, wie »vernünftige« Gesichtspunkte – auf allen Ebenen – bei solchen Auffassungsänderungen ins Spiel kommen, bei denen eine Ideenmenge durch eine verbesserte ersetzt wird. Wäre die Vernünftigkeit wirklich eine Frage formaler Beziehungen, so ließe sich dieses Problem nicht behandeln, denn solche Beziehungen gelten, streng genommen, nur zwischen Aussagen im Rahmen desselben Begriffssystems. Doch wir müssen darauf bestehen, daß Ideenwandlungen auf allen Ebenen einer vernünftigen Beurteilung zugänglich sind, was auch immer die Beziehung zwischen der Vernünftigkeit und der formalen Gültigkeit sein möge. Den Hauptgedanken drückte vor gut 20 Jahren Gilbert Ryle in einem denkwürdigen Gleichnis aus. Er verglich das »Ziehen eines formalen Schlusses« mit einer Reise auf einer bestehenden Straße, die »Rechtfertigung dieser Schlußweise« mit der Planung einer neuen Straße[379]. Liegt einmal ein festes Straßennetz in einem bestimmten Gebiet vor, so gewinnt die Frage, was der *richtige* Weg von A nach B sei, einen bestimmten Sinn. Im Planungsstadium dagegen gibt es keine solchen einwertigen Fragen, sondern nur vergleichende – z. B.: Welche der möglichen Straßenführungen würde eine billigere, schnellere, direktere und/oder umweltfreundlichere Verbindung zwischen A und B schaffen? Auch die Aufstellung neuer Begriffssysteme auf irgendeinem Forschungsgebiet und die Neufassung bestehender, derart, daß sie den Rahmen der zur Zeit anerkannten Verfahren sprengen, wirft vergleichende Fragen auf, welche Veränderungen »besser« oder »schlechter« seien, und keine einwertigen Fragen, welcher Schritt »richtig« oder »falsch« sei.

Formale Ableitungen, bezogen auf Aussagen, die mit Hilfe eines bestimmten Begriffssystems formuliert sind, sind also der sprachliche Ausdruck *stereotyper* wissenschaftlicher Verfahren und damit – der Natur der Sache nach – das histo-

379 Vgl. G. Ryle, *The Concept of Mind* (London, 1949), Kap. 5, insbes. S. 120 ff., sowie S. Toulmin, *The Uses of Argument* (Cambridge, England, 1958).

rische Ergebnis vorher abgeschlossener theoretischer Wandlungen. Demgegenüber erfordert die Einführung neuer oder abgewandelter Begriffe – der Natur der Sache nach – *nichtstereotype* Verfahren, die sich sprachlich nur in nicht-formalen Argumenten ausdrücken lassen, in Form von »Metaaussagen« über diese neuen oder abgewandelten Begriffe. Vor allem bei Vergleichen zwischen verschiedenen Kulturen oder historischen Epochen müssen unsere Grundbegriffe und theoretischen Strukturen auf jeden Fall neu beurteilt werden, so daß keine stereotypen Argumente möglich sind. Und in allen derartigen Fällen ist man – wiederum der Natur der Sache nach – gezwungen, alle rein formalen, einwertigen Kriterien der »Richtigkeit« oder »Gültigkeit« zu hinterfragen und die zugrundeliegenden Vergleiche ans Licht zu bringen, auf denen erst die gegenwärtige Relevanz und Rechtfertigung jener Kriterien beruht.
Das mehr positive und konstruktive Ziel dieser ganzen Überlegungen war, zu erklären, was dieses »Hinterfragen« bestehender wissenschaftlicher Verfahren eigentlich bedeutet, und wie man die »zugrundeliegenden Vergleiche ans Licht bringt«, auf denen die Rechtfertigung der vernünftigen Verfahren beruht. Diesen positiven Teil unserer Analyse haben wir »Ökologie des Geistes« genannt. Gewöhnlich geht aus dem Zusammenhang der Ideenverwendung ohne weiteres hervor, um was für eine Vernunftunternehmung oder Tätigkeit es sich im Grunde handelt, von welchem »Standpunkt« die betreffende Diskussion also ausgeht. Ist dieser einmal deutlich, so kann man die bisherige Erfahrung mit den betreffenden Verfahren und Ideen zur Bestimmung der einschlägigen Menge der ungelösten Probleme heranziehen, ferner zur Erkennung der aktuellen theoretischen oder praktischen »Anforderungen«, die sich daraus in dem betreffenden Vernunftunternehmen ergeben, und schließlich zum Vergleich der »vernünftigen Vorzüge« vorgeschlagener neuer Ideen, um zu erkennen, wie weit und in welchen Beziehungen sie die Mittel zur Lösung der anstehenden theoretischen Probleme und zur Erfüllung der effektiven Anforderungen der augenblicklichen Problemsituation liefern würden.
In dieser Allgemeinheit sind unsere positiven Ergebnisse natürlich für eine praktische Anwendung viel zu unbestimmt.

Doch wenn wir uns spezielleren, beschränkteren Klassen von Situationen zuwenden, so lassen sie sich etwas verschärfen. Zum Beispiel: Immer, wenn ein Vernunftunternehmen das Arbeitsgebiet einer kompakten, wohlstrukturierten »Disziplin« wird, werden seine Verfahren und Probleme im Hinblick auf wohlbestimmte kollektive Ziele festgelegt, die die gemeinsamen Ideale der Disziplin ausdrücken – seien es erklärende, praktische oder urteilende. In einer kompakten Disziplin wird die theoretische Entwicklung von anerkannten »Strategien« geleitet; diese wiederum sind das Ergebnis der vorhergehenden Erfahrung im Umgang mit theoretischen Problemen vom »Gesichtspunkt« dieser Disziplin aus. Von Zeit zu Zeit werden diese Strategien vielleicht selbst in Frage gestellt; dann müssen sie vor dem gesamten historischen Hintergrund des sich entwickelnden Vernunftunternehmens gesehen werden, und die Betroffenen müssen – durch kritische und vergleichende Analyse der bisherigen Erfahrung auf dem Gebiet – beurteilen, welche neue Strategie oder Forschungsrichtung auf diesem Gebiet am meisten »verspricht«.

Auf dieser Ebene sind die aktuellen Fragen keine formalen mehr, die durch Berufung auf bestehende Verfahren und Strategien entscheidbar wären; vielmehr lassen sie sich nur diskursiv erörtern. Die Fragen im Zusammenhang mit einer Entscheidung zwischen neuen Strategien verlangen in gewisser Beziehung sogar eine Art Prophetie: die vergangene und gegenwärtige Erfahrung der Disziplin muß so umfassend und tiefgehend beurteilt werden, daß sich eine wohlbegründete Voraussage ergibt, welche neue Richtung – an diesem Punkt der geschichtlichen Zeit und der Entwicklung der Disziplin – am vollständigsten die langfristigen Ziele des betreffenden Vernunftunternehmens erfüllen werde. Handelt es sich um eine wissenschaftliche Disziplin, so besteht die »Erfüllung langfristiger Ziele« in reichhaltigeren und fruchtbareren Erklärungs- und Erkenntnisweisen; bei einer technischen Disziplin sind die Ziele praktischer und verfahrenstechnischer Art; und bei einer juristischen Disziplin geht es um Gerechtigkeit, Billigkeit und/oder »Rechtspolitik«.

Um diese positiven Argumente richtig auszunützen, verwiesen wir auf gewisse Parallelen zwischen theoretischen Strategien in den Naturwissenschaften und juristischen Strategien in der Praxis des Gewohnheitsrechts. Wie Richter Holmes so klar gezeigt hat, führen Fragen der juristischen Strategie – im Grenzfall – über alles rein formale Denken hinaus, bei dem anerkannte Regeln, Grundsätze und Schlußweisen auf neue Situationen oder Tatsachenkonstellationen angewandt werden[380]. Strategische Neubesinnungen, in der Rechtspflege wie in der Wissenschaft, erfordern notwendig längerfristige Betrachtungen darüber, wie in einer neuen gesellschaftlich-historischen Situation Veränderungen der Interpretation des Gewohnheitsrechts am vollständigsten die Grundfunktionen eines jeden Rechtssystems erfüllen können. Und ähnliche nichtformale Überlegungen sind auch nötig, wenn ein Gericht Vergleiche zwischen den Verfahren und Entscheidungen verschiedener Rechtsmilieus oder Rechtsgebiete anstellen muß.

An diesem Punkt beginnt man zu erkennen, wie eine ökologische Analyse auch »vernünftigen« Vergleichen über Grenzen hinweg einen philosophischen Sinn verleihen helfen kann. Anwälte und Richter, die sich in der Tradition des Gewohnheitsrechts bewegen, verhalten sich weder »relativistisch« noch »absolutistisch«. Für sie sind juristische Entscheidungen und Verfahren weder nur in einem einzigen Rechtskreis gültig, noch stellen sie alle Rechtsprechung überhaupt unter eine abstrakte und allgemeingültige »juristische Logik«. Vielmehr finden sie es vernünftig, Entscheidungen aus anderen Rechtskreisen als Anleitung gebende Präzedenzfälle zu »übernehmen« – nur mit gewissen Qualifikationen *inhaltlicher* Art. Ob solche Entscheidungen irgendeine Bedeutung für einen gegenwärtigen Fall haben, wird dann nicht nach formalen oder apriorischen Kriterien bestimmt, sondern durch Betrachtung jedes Präzedenzfalls in dessen eigenem gesellschaftlichen, historischen und juristischen Zusammenhang. Das heißt, sie werden als Präzedenzfälle in den Beziehungen übernommen, in denen sie die spezifischen Anforderungen des vorliegenden Falles und seiner historischen Situation beleuchten und zu der Erkenntnis beitragen, wie diese Anforderungen so erfüllt werden können, daß die Grundziele des Rechts gewahrt bleiben.

380 Vgl. Gottlieb (s. o., Anm. 61).

In anderen Situationen, in denen »Kulturvergleiche« angestellt werden – z. B. in der Sozial- und Kulturanthropologie –, hängt ihre Geltung wiederum von bestimmten *inhaltlichen* Bedingungen und Qualifikationen ab. Die Anthropologen etwa könnten sich veranlaßt sehen, Völker mit völlig verschiedenem Stand der wirtschaftlichen Entwicklung, mit völlig verschiedenen Lebensverhältnissen, Eigentumsverhältnissen und Verwandtschaftssystemen zu vergleichen. Wenn sie dann z. B. Fragen des vergleichsweisen Familienstandes in verschiedenen Kulturen erörtern, können sie vielleicht überhaupt keine genauen Entsprechungen zwischen den sich am ehesten ähnelnden Institutionen, Ämtern und Beziehungen angeben[381]. Doch dadurch wird es nicht völlig unmöglich, einsichtige Vergleiche zwischen verschiedenen Institutionen der »Ehe« anzustellen – etwa zwischen den Vereinigten Staaten des späten 20. Jahrhunderts und einer mutterrechtlichen, polyandrischen Gesellschaft mit Fischerei und Ackerbau auf einem Archipel im Pazifik. Doch ehe wohlbegründete Vergleiche zwischen den Institutionen und Beziehungsstrukturen in wesentlich verschiedenen Kulturen aufgestellt werden können, muß man erst sehr eingehend prüfen, was die herkömmlichen Verfahrensweisen im größeren Rahmen jeder der Kulturen zur Befriedigung der gemeinsamen menschlichen Grundbedürfnisse und Lösung der Grundprobleme beitragen.

Nebenbei eine historische Bemerkung: Der Hauptgesichtspunkt von Vicos Analyse des »historischen Verstehens« war, daß allein die gemeinsamen Eigenschaften aller Menschen das Verstehen des Lebens und Handelns der Mitmenschen ermöglichen, und idealistische Geschichtsphilosophen des 20. Jahrhunderts wie Croce und Collingwood äußerten später ähnliche Gedanken[382]. Empiristische Kritiker haben gelegentlich diese Auffassung dahin karikiert, daß nach ihr das historische Verstehen eine Art zeitüberbrückender Telepathie, Einfühlung oder Hellsehens sei – als müßte der Historiker

381 Vgl. E. Nida, *Towards a Science of Translating* (Leiden, 1964), sowie G. W. Stocking, jr., *Race, Culture and Evolution* (New York, 1968).

382 Man erinnere sich, daß Collingwoods erstes Buch von der Philosophie Vicos handelte, und daß er Croce seinen Lehrmeister nannte.

im Rückblick die Empfindungen und Gefühle, die Vorstellungen und Affekte der Menschen, deren Geschichte er rekonstruiert, »selbst noch einmal durchleben«[383]. Solche Einwände gehen nachweislich an Collingwoods wirklichen Argumenten vorbei[384], und der Vicosche Ansatz läßt sich ebensogut weit harmloser auffassen: daß die Möglichkeit des Verstehens der Handlungen, Sitten und Auffassungen der Menschen aus anderen Verhältnissen nicht auf der Gemeinsamkeit von »Empfindungen« oder »Vorstellungen« beruhe, sondern von *Bedürfnissen und Problemen*[385]. Die Kultur und die »Lebensformen« anderer Völker sind uns dann genau in dem Maße verständlich, wie sie andere Arten der Reaktion auf gemeinsame menschliche Probleme und Bedürfnisse sind.

Im Gedanken an die Jurisprudenz und die Anthropologie können wir schließlich eine allgemeine Antwort auf unsere eigenen Hauptfragen im Zusammenhang mit der Vernünftigkeit versuchen: (1) Von welchem unparteiischen Standpunkt aus lassen sich die Ideen und Auffassungen der Menschen aus verschiedenen Verhältnissen vergleichen? (2) In welcher Beziehung und in welchem Umfang lassen sich dabei Vernunftgesichtspunkte anwenden? Wiederum ist unsere praktische Schwierigkeit – die damit auch unser theoretisches Problem sein sollte – eine *inhaltliche*, nämlich in welchen Beziehungen Begriffe oder Auffassungen aus verschiedenen Ideenpopulationen füreinander relevant sein können.

Solche Fragen der wechselseitigen Relevanz verlangen in jedem Einzelfall die erneute Überlegung, wie weit eigentlich die betreffenden Begriffe und Auffassungen »einander ent-

383 Siehe z. B. W. H. Walsh, *An Introduction to the Philosophy of History* (London, 1953).

384 (Vgl. oben, Anm. 244), Teil 5, Abschn. 3, »Historical Evidence«: hier stellt Collingwood klar, daß zu den Verfahren, mit denen der Historiker zu seinen Ergebnissen kommt, Hypothesen und die Beurteilung von Daten gehören, ganz wie bei jeder anderen vernünftigen Untersuchung; in Abschnitt 4, »History as Re-enactment of Past Experience«, spricht er dagegen ausdrücklich über das *Ergebnis* der historischen Arbeit und nicht ihre *Methoden*. Es gehört schon eine gewisse Tendenzhaftigkeit dazu, die klare Trennung zwischen diesen beiden Argumenten zu übersehen.

385 Vgl. Berlin (s. oben, Anm. 18).

sprechende« Ideen sind; wie weit sie eigentlich die gleiche Bedeutung haben, ähnliche Funktionen erfüllen, und so weiter ... Hier tauchen die gleichen inhaltlichen Fragen auf wie in der Anthropologie, wenn man »einander entsprechende« Institutionen in verschiedenen Kulturen ausmachen möchte; und daß sich solche Fragen nicht auf eine rein formale oder »logische« Art beantworten lassen, das bedeutet natürlich keineswegs, daß sie sich nicht »vernünftig« behandeln ließen. Ganz im Gegenteil: soweit die Menschen in verschiedenen Milieus vor ähnlichen kollektiven Problemen standen und vergleichbare kollektive Aktivitäten – oder »Vernunftunternehmen« – entwickelten, um sie organisiert anzugehen, lassen sich diese als einander entsprechende *Urteilsforen* erkennen. Im Hinblick auf sie kann man die »Bedeutung« oder »Funktion« der betreffenden Begriffe und Urteile einschätzen, und »einander entsprechende« Ideen lassen sich genau in dem Maße gültig ausmachen und vergleichen, wie es hinreichend ähnliche Urteilsforen gibt.

Selbstverständlich sind diese Vergleiche nur insoweit relevant, als sowohl die Ähnlichkeiten der Funktion »einander entsprechender« Ideen aus verschiedenen Milieus als auch deren Grenzen beachtet werden. Im Extremfall liegen diese Grenzen so, daß vernünftige Vergleiche zwischen den betreffenden Ideen einfach undurchführbar sind – etwa: In welchem Maße war Lincolns Sklavenbefreiung ein Fortschritt über den Manchester-Wirtschaftsliberalismus hinaus? Doch das kann gar nicht anders sein; es läßt sich eben nur hinreichend Ähnliches vernünftig vergleichen. Doch unter genau dem gleichen Gesichtspunkt, der vernünftige Vergleiche zwischen hinreichend unähnlichen Vorstellungen ausschließt, erscheinen auch Vergleiche zwischen hinreichend ähnlichen Ideen in den angemessenen Grenzen als berechtigt. Um den anderen Extremfall zu nehmen: es finden sich starke Ähnlichkeiten der theoretischen Funktion zwischen dem Impetusbegriff aus den scholastischen Diskussionen des Wandels im 14. Jahrhundert und dem Begriff der Bewegungsgröße in der Newtonschen Dynamik sowie dem Impulsbegriff der Einsteinschen Physik des 20. Jahrhunderts. Damit ist im Hinblick auf diese Funktionen die Frage völlig berechtigt, wie weit und in welchen Beziehungen der relativistische Impulsbegriff einen theoretischen Fortschritt über die Newtonsche quantitas motus und Buridans impetus hinaus bedeutet.

Unser positives Ziel war hier der Nachweis, jedenfalls in allgemeinen Zügen, daß sich vernünftige Vergleiche sinnvoll zwischen Begriffen und Urteilen aus verschiedenen Milieus anstellen lassen, wobei gleichzeitig deutlich wird, warum solche Vergleiche manchmal nicht mehr sinnvoll sind. Wir begannen mit der Analyse der historischen Entwicklung jener kollektiven Vernunftunternehmen (»Disziplinen«), innerhalb derer sich die aktiven Ideenpopulationen in der Zeit evolutiv verändern, und wir betrachteten dann die »Anpassungsfunktionen« dieser Ideen unter ökologischen Gesichtspunkten. Diese ökologische Analyse ermöglicht uns jetzt auch eine praktische Grenzziehung zwischen Vernunftunternehmen, die eine Anwartschaft auf Gültigkeit und Unparteilichkeit besitzen, und anderen. Im Rahmen der jeweiligen Unternehmungen und Milieus können wir jeweils – rückblikkend – fragen, welche Fortschritte die Einführung der betreffenden Ideen bei der Erfüllung der einschlägigen Anforderungen etwa der Physik oder der Geschichtswissenschaft, der Jurisprudenz oder der Technologie gebracht hat, oder aber bei der Lösung der Alltagsprobleme des wirksamen und harmonischen Umgangs mit anderen Menschen, Tieren oder unbelebten Gegenständen, je nachdem. Innerhalb des gleichen Rahmens können wir auch – vorausschauend – fragen, welches Licht solche Vergleiche auf die Möglichkeiten der besseren Formulierung der angemessenen Ziele etwa des Naturverständnisses oder der historischen Analyse, des Rechtswesens oder der zwischenmenschlichen Beziehungen in der Zukunft werfen. Und die Grundaufgaben der vernünftigen Beurteilung haben letzten Endes mit einer Verbindung gut gesichteter Erfahrung und gut begründeter Voraussagen zu tun, die bei solchen Vergleichen heranzuziehen sind.

An diesem Punkt ist eine letzte Qualifikation vonnöten. Ich sprach davon, unsere Ideen und die Standpunkte zu ihrer Beurteilung spiegelten unser gemeinsames »Menschsein« wider, d. h. die Probleme, vor denen die Menschen, so wie die Welt beschaffen ist, unter allen Verhältnissen stehen, einfach weil sie Menschen sind und das Leben von Menschen führen.

Das mag recht unbestimmt und allgemein sein, doch in einer Hinsicht ist es immer noch zu eng. Zwar ist, soweit wir heute wissen, der Mensch das einzige Wesen, das Sprache und methodisches Denken zu einer »wissenschaftlichen« Lösung seiner Probleme einsetzt, doch das bedeutet natürlich nicht, daß diese Probleme selbst notwendig – oder spezifisch – Probleme des Menschen als Menschen wären. Wir werden später (in Teil 2) fragen, unter welchen Bedingungen sich die Begriffe der höheren geistigen Funktionen nicht nur auf normale Erwachsene, sondern auch auf Kleinkinder, geistig Behinderte, Tiere, niederere Organismen und/oder unbelebte Gegenstände anwenden lassen. Doch es gibt schon einige ganz offensichtliche Ähnlichkeiten zwischen der Geistestätigkeit des Menschen und anderer Lebewesen; soweit vergleichbare Funktionen im Leben der verschiedenen Arten erfüllt werden, lassen sich sogar Vergleiche zwischen der Güte menschlicher und tierischer Leistungen und der dazu nötigen Nervenfunktionen anstellen[386]. Doch jenseits eines bestimmten Punktes wäre es irreführend, ja unrichtig, im Verhalten anderer Lebewesen »geistige« Vorgänge sehen zu wollen oder den zwischenartlichen Vergleich des Verhaltens und der Physiologie des Menschen und anderer Lebewesen mit irgendwelchen Fragen der »Vernünftigkeit« in Verbindung zu bringen.

Welche Ähnlichkeiten auch sonst bestehen mögen, die höheren geistigen Funktionen des Menschen unterscheiden sich von denen anderer Lebewesen ganz deutlich in zwei entscheidenden Punkten. Der Mensch hat eine »Sprache« entwickelt und auf die Probleme seines Lebens angewandt, deren Reichtum und Differenziertheit im Tierreich kein Gegenstück hat[387]. Und er kann nicht nur mit stereotypen kognitiven und Wahrnehmungs-Routinen arbeiten, sondern auch seine Verfahren im Lichte der Erfahrung kritisieren und verändern und damit zu einer besseren intellektuellen oder praktischen Beherrschung seiner Situation kommen. Diese beiden kennzeichnenden Eigenschaften des homo sapiens lassen es angezeigt erscheinen, die menschliche Wahrnehmung und Erkenntnis – wie wir es im vorliegenden Teil unserer Unter-

386 Vgl. Lenneberg (s. oben, Anm. 341).
387 (Vgl. Anm. 335.)

suchungen getan haben – anhand von »Vernunftunternehmen« und »Ideenverbesserungen« zu erörtern. Obwohl also manche allgemein menschlichen Probleme auch bei anderen Lebewesen entstehen, darf man nicht vergessen, daß unsere Lösungen etwas spezifisch »Menschliches« an sich haben. Denn allein der Mensch hat »vernunftorientierte« Unternehmungen entwickelt, die die Foren der Beurteilung von Ideenwandlungen abgeben und so die fortlaufende Verfeinerung der Verfahrensarsenale ermöglichen, die die Menschen – als Menschen – auf ihre gemeinsamen Probleme anwenden.

8.2 *Das vermiedene a priori*

Mit einem letzten grundsätzlichen Einwand müssen wir uns zum Schluß noch auseinandersetzen. Er richtet sich gegen die Form unserer Antwort überhaupt, insbesondere gegen jeglichen Anspruch, der hier eingeführte Standpunkt für das Vernunfturteil sei ein unparteiischer. Angenommen, wir hätten eine Grundlage für interkulturelle und historische Vergleiche aufgezeigt – kann man sie wirklich als »unparteiisch« ansehen? Denn gewiß gilt auch nach unserer Analyse: vergleicht man die wissenschaftliche, juristische oder praktische Leistungsfähigkeit einander entsprechender Ideen und Verfahren aus verschiedenen Milieus, so geschieht dies doch – unvermeidlich – von einem Standpunkt *innerhalb der eigenen Kultur und Epoche* aus, und das Herangehen an diese Fragen ist – unvermeidlich – durch diesen speziellen Standpunkt geprägt. Es ist also ein weiteres nötig, wenn wir bei dem Anspruch bleiben wollen, die hier eingeführten »vernünftigen« Vergleiche seien auch »unparteiisch«.
Mit dem Gesichtspunkt dieses Einwands müssen wir uns hier ausdrücklich auseinandersetzen, weil er eine Undeutlichkeit der Begriffe an den Tag bringt, mit denen wir an einigen der diffizilsten Punkte unserer Überlegungen gearbeitet haben. Und er könnte durchaus gefährlich werden, denn bei der Auflösung dieser Undeutlichkeit könnte er uns genau wieder auf das Dilemma zurückwerfen, das wir überwinden wollten: die unselige Entscheidung zwischen absolutistischer Willkür und relativistischem Defätismus. Der springende Punkt ist

folgender. An zwei empfindlichen Punkten unserer Überlegungen – bei der Behandlung von Strategiewechseln und bei der Bestimmung der »ökologischen Funktionen« – beriefen wir uns auf die »Grundaufgaben« oder »Grundziele«, die die Problemsituationen in irgendeiner Disziplin und damit deren »ökologische Anforderungen« bestimmen; wir erblickten sie z. B. in »allgemeiner wissenschaftlicher Erkenntnis« oder »den Aufgaben jedes Rechtssystems, das diesen Namen verdient«. Und jene Definitionen sind ihrerseits als Pseudo-Antworten auf Fragen kritisierbar, die, wenn man sich ihnen wirklich stellen würde, unsere gesamte philosophische Position ins Wanken bringen würden. Man stelle sich doch vor, wir würden gefragt, *von welchem Standpunkt aus* wir denn entscheiden, was als maßgebliche Ziele der wissenschaftlichen Erkenntnis »im allgemeinen« gelten solle, oder eines Rechtssystems, »das diesen Namen verdient«. Was für eine Antwort kann man darauf überhaupt geben? Befinden wir uns nicht einfach wieder in der alten Zwangslage, uns entweder wie Popper auf willkürliche, äußerliche »Abrenzungskriterien« stützen zu müssen oder einem radikalen Empirismus zu huldigen, der unausweichlich in einen neuen Relativismus führt?

Führen wir den Einwand weiter aus[388]. Auf lange Sicht scheinen wir vor einer unbequemen Entscheidung zu stehen. Entweder betrachten wir alle Entscheidungen darüber, was im einzelnen z. B. als »wissenschaftlich« oder »rechtlich« gelten soll, als eine Sache des jeweiligen Milieus, oder wir führen apriorische Definitionen der Wissenschaft und des Rechts von außen in alle Milieus gleichermaßen ein; eine dritte Möglichkeit scheint es nicht zu geben. Und je nachdem, wie wir uns entscheiden, landen wir wieder – wenn auch in etwas anderer Form – bei einer der beiden Positionen, über die wir eigentlich hinauskommen wollten. Wenn jede Epoche und Kultur nach ihren eigenen Maßstäben entscheiden kann, was mit Recht als »wissenschaftliche Erkenntnis« (oder »technische Effizienz« oder »Gerechtigkeit«) gelten kann, fallen wir in den Relativismus zurück; und dann wird auch die Fra-

388 Die folgende Argumentation gegen unsere Position wurde von Joseph Agassi auf einer Sitzung der American Association for the Advancement of Science (Sektion L) im Dezember 1969 vorgebracht.

ge, ob ein neues Ideengebäude den Grundzielen einer »wissenschaftlichen Erkenntnis, die diesen Namen verdient«, förderlich sei, in verschiedenen Milieus ganz verschieden verstanden und beantwortet. Und wenn man allgemeingültige, abstrakte Definitionen der Wissenschaft und des Rechts von außen heranträgt, dann landet man eben in einem willkürlichen Absolutismus und legt apriorische Vernunftmaßstäbe dafür fest, was man etwa als »Wissenschaft« oder als »Recht« anerkennen will, ehe man sich überhaupt auf die tatsächliche Vielfalt auf dem Gebiet dieser Unternehmungen einläßt. Und solche apriorischen Maßstäbe sind alsbald wieder den bekannten Schwierigkeiten ausgesetzt. Woher beziehen sie ihre angebliche Allgemeingültigkeit? Und wie kann man ihre Relevanz und Anwendbarkeit auf all die speziellen Probleme der Menschen in den verschiedenen wirklichen Disziplinen und Milieus dartun?

Schlagen wir den ersten Weg ein, so gelten offenbar die Kriterien für die »ökologischen« Vergleiche zwischen Ideen nur innerhalb desselben historisch-kulturellen Milieus, und damit sind keine interkulturellen und historischen Vergleiche mehr möglich. Schlagen wir den zweiten Weg ein, so sind unsere Definitionen von »Wissenschaft«, »Recht« usw. völlig allgemein und abstrakt, und wir handeln uns einfach für das Problem der historischen Relativität das der historischen Relevanz ein. Demnach sind die philosophischen Mißlichkeiten des Relativismus und des Absolutismus nicht geringer, wenn sie – mittelbar – im Zusammenhang mit den »Abgrenzungskriterien« für »Wissenschaft« und »Recht« überhaupt auftreten, als wenn sie – unmittelbar und ausdrücklich – im Zusammenhang mit bestimmten Begriffen, Auffassungen oder Urteilsmaßstäben auftreten. In beiden Fällen ist man hin- und hergerissen zwischen einer relativistischen Auffassung der Vernünftigkeit, die zu große Zugeständnisse an die Geistesgeschichte und Kulturanthropologie macht, und einer absolutistischen Auffassung, deren Relevanz für bestimmte Problemsituationen völlig ungeklärt bleibt.

Angesichts dieser letzten Herausforderung müssen wir zeigen, daß es doch möglich ist, einen Mittelweg zwischen den Extremen des Absolutismus und des Relativismus zu finden. Man kann in der Tat eine Antwort auf den Einwand finden,

wenn man erkennt, daß er überhaupt nur solange gefährlich ist, wie man die eigentlichen inhaltlichen Fragen von abstrakter formaler Dialektik überwuchern läßt. Gewiß, jeder »ökologische Vergleich« zwischen wissenschaftlichen oder juristischen Ideen aus verschiedenen Milieus stützt sich auf »Ähnlichkeitsurteile« für die Erklärungs- oder Rechtsprechungs-Ziele und -Verfahren, Anforderungen oder Strategien, die in den beiden Milieus maßgebend sind. Und gewiß entscheiden letzten Endes wir, welche Ähnlichkeiten im einzelnen das Recht geben, die Probleme aus zwei verschiedenen Milieus als »gemeinsame« zu betrachten, die Vernunftunternehmen als »vergleichbar« und die entsprechenden wissenschaftlichen oder juristischen Verfahren als »einander entsprechend«. Wir selbst entscheiden letzten Endes, was überhaupt den Namen eines »wissenschaftlichen« oder »juristischen« Problems verdient; und diese Entscheidung – das ist zuzugeben – prägt die gesamte anschließende Durchführung dieser »vernünftigen« und angeblich »unparteiischen« Vergleiche. Doch nachdem wir das zugestanden haben, dürfen wir uns nicht aus der Fassung bringen lassen. Denn die fraglichen Entscheidungen lassen sich *nicht allein aufgrund formaler Definitionen* fällen, und die eigentlichen Fragen lassen sich nicht allein mit analytischer Dialektik lösen. Auch diese Entscheidungen erfolgen aus *inhaltlichen* Gründen und unterliegen ständig der Berichtigung *im Lichte der Erfahrung*.
Wir lassen uns also einfach nicht dazu zwingen, irgendein formales oder festliegendes Abgrenzungskriterium für »Wissenschaft« oder »Recht« anzuerkennen, ob es nun in abstraktem und absolutem oder in konkretem und relativem Gewande auftritt. Wenn wir Kategorialausdrücke wie »Wissenschaft« und »Recht« verwenden, so meinen wir damit weder die zeitlose Verfolgung abstrakter Ideale, die unabhängig von unserem sich wandelnden Verständnis der jeweiligen Bedürfnisse und Probleme der Menschen definiert wären, noch auch das, was die Menschen in irgendeinem Milieu zufällig »Wissenschaft« oder »Recht« nennen. Vielmehr arbeiten wir mit bestimmten allgemeinen, »offenen« und historisch wandelbaren Vorstellungen davon, was wissenschaftliche und juristische Unternehmungen *leisten sollen*[389]. Zu diesen inhaltlichen

389 Zum Begriff der »Offenheit« siehe vor allem den Aufsatz von F.

Vorstellungen kommen wir im Lichte der Empirie, und zwar der Ziele, die sich die Menschen in den verschiedenen Milieus gesetzt haben, indem sie ihre Formen jener Vernunftunternehmungen herausbildeten, wie auch der Art der Erfolge, die sie bei deren Verfolgung tatsächlich erzielten. Und bei unseren »vernünftigen Vergleichen« fragen wir, wie weit und in welchen Beziehungen die verschiedenen Strategien in den verschiedenen Milieus tatsächlich die sich historisch entwikkelnden Ziele der betreffenden Unternehmungen erreicht haben.

Diese Antwort ist eine inhaltliche und empirische und muß daher natürlich einiges voraussetzen. Einmal etwa, daß die Menschen in ihrem Leben in jedem Milieu vor gewissen sehr allgemeinen, aber in wichtigen Punkten gleichartigen Problemen stehen, und daß diese zur Entwicklung einander entsprechender Methoden, Begriffe und Verfahren führen. Weiter, daß die kollektiven Vernunftunternehmen der Menschen sinnvoll als lauter versuchte Lösungen dieser gemeinsamen Probleme – in nebeneinanderbestehenden Kulturen oder in aufeinanderfolgenden Epochen – gesehen werden können. Auf lange Sicht mögen diese Voraussetzungen nur in Grenzen und mit Qualifikationen gültig sein. Das heißt, auf lange Sicht könnte »vernünftige Vergleichbarkeit« streng genommen nur soweit bestehen, wie die kollektiven Unternehmungen der verschiedenen Milieus *tatsächlich* auf hinreichend ähnliche Probleme gerichtet sind. Doch auch das ist eine inhaltliche Frage, die sich nicht a priori entscheiden läßt, ehe man die wirklichen Tatsachen über die Aktivitäten und Unternehmungen, die Verfahren und Errungenschaften der Menschen ins Auge gefaßt hat. In jedem Falle muß man zuerst einmal zu verstehen suchen, wie die gegenwärtigen Praktiken unserer verschiedenen Vernunftunternehmen – und auch unser gegenwärtiges »Begriffssystem des Alltagsverstands« – mit der Genealogie der theoretischen und praktischen Bemühungen der Menschen zusammenhängen, und wie die Strategien des Ideenwandels, die die heutige Entwicklung der Unternehmen steuern, darauf abgestellt sind, die menschliche Erfahrung aus anderen Kulturen und früheren

Waismann in *Logic and Language,* hrsg. v. A. G. N. Flew (Oxford, 1951), S. 120 ff.

Epochen herauszudestillieren und für unsere heutigen Problemsituationen fruchtbar zu machen.
Damit befinden wir uns in einem Stadium unserer Überlegungen, in dem jeder Versuch, scharf zwischen a priori und a posteriori zu unterscheiden, selbst schon zu bloßer Verwirrung führt. Wären unsere Definitionen von »Wissenschaft« und »Recht« rein a priori, so könnten wir vielleicht den Absolutismus nicht vermeiden; wären sie rein a posteriori, so würden wir vielleicht unvermeidlich in den Relativismus zurückgeworfen. Doch wir sind nicht mehr auf diese beiden Möglichkeiten beschränkt. Wir haben eine Stufe erreicht, auf der es nicht mehr allein um formale Widerspruchsfreiheit oder allein um die Anführung neuer empirischer Beobachtungen oder Präzedenzfälle geht. Vielmehr müssen wir jetzt fragen, was »Vernünftigkeit« und die verwandten Begriffe eigentlich bedeuten können, unter welchen Bedingungen vernünftige Fragen zum Zuge kommen, und wie das praktische Gewicht dieser Fragen die Bedingungen ihrer Anwendbarkeit widerspiegelt. Nachdem wir diese Ebene erreicht haben, ist jeder Gedanke, wir sollten rein a priori vorgehen, ein Blindgänger; es gibt einfach nichts mehr, dem unsere Überlegungen vor- oder nachgeordnet sein könnten – man müßte denn annehmen, es ließe sich ein unveränderliches »vernünftiges Bezugssystem« für die Diskussion ausmachen, das jederzeit als Ausgangspunkt der Kritik dienen könnte, jeder empirischen Erkenntnis vorgeordnet. Und ein solches gänzlich »vor-empirisches« Bezugssystem könnte sich nur auf jene »feststehenden Grundsätze der menschlichen Erkenntnis« stützen, die wir gleich zu Anfang unserer Überlegungen abgelehnt haben.
Für unsere Zwecke ist jede solche geschichtswidrige Annahme unnötig und unfruchtbar. Zu unserem »unparteiischen Standpunkt des vernünftigen Urteils« kommen wir nicht vor jeder empirischen Erkenntnis, sondern vielmehr im Lichte aller verfügbaren Erkenntnisse über die empirischen Bedingungen, denen das Erkenntnisstreben unterliegt. In den älteren Phasen der Kultur- und Geistesgeschichte waren die Menschen bezüglich der Erkenntnis der sinnvollen Ziele und Strategien für die Entwicklung von Vernunftunternehmungen kaum besser daran als ein neugeborenes Kind. Sie muß-

ten herausfinden, welche Anwendungsbereiche sich im Laufe der Zeit für solche Unternehmungen ergeben würden; sie mußten allmählich erkennen, welche Möglichkeiten es für die Erstellung und Verbesserung annehmbarer Systeme der Gerechtigkeit und Billigkeit gab, für die systematische Entwicklung neuer Erklärungsideen, für die Demonstration der Vorzüge neuer Technologien und für all die anderen vernunftorientierten Tätigkeiten des theoretischen und praktischen Lebens. Auf allen diesen Gebieten ist das Fazit der menschlichen Erfahrung natürlich nie endgültig. Auch wir müssen immerzu im Fortgang ermitteln, welche weiteren Möglichkeiten es im Rahmen unseres Verhältnisses zur Welt für die Verfeinerung unserer wissenschaftlichen, juristischen und technischen Strategien und Verfahren noch gibt. Angesichts dessen gibt es eine einzige Grundlage, die unsere Urteile über »Vernünftigkeit« und theoretische »Brauchbarkeit« zu unparteiischen machen kann. Sie berücksichtigt die angesammelte Erfahrung der Menschheit aus ihrer Beschäftigung mit den wesentlichen Seiten des menschlichen Lebens – den erklärenden oder rechtsprechenden, den medizinischen oder technischen – in *allen* Kulturen und historischen Epochen.

Dieser Standpunkt verlangt die Beachtung der Zeugnisse der menschlichen Erfahrung aus jeder Epoche oder Kultur als relevant für alle anderen; damit vermeidet er die Fehler, die sich einstellen, wenn man den Urteilen aus einem bestimmten Milieu besondere Autorität einräumt. Und was auch sonst seine Vor- und Nachteile sein mögen, unser Argument liefert jedenfalls eine Lösung unseres Ausgangsproblems, die die verlangte Form hat: es zeigt, wie man dem Dilemma der historischen und kulturellen Vielfalt der Ideen und Urteile entgehen kann, ohne entweder an den abstrakten, formalistischen »Absolutismus« Freges oder an den konkreten, aber partikularistischen »Relativismus« Collingwoods gekettet zu werden. Unser unparteiischer Vernunftstandpunkt ist also ein »objektiver«, in dem Sinne, daß er bezüglich der örtlich und zeitlich beschränkten Auffassungen der verschiedenen historisch-kulturellen Milieus neutral ist; doch seine Ergebnisse sind jederzeit revidierbar, und er verschließt sich nicht dem empirischen Zeugnis der Geschichte und Anthropologie. Und es versteht sich von selbst, daß die von diesem Standpunkt aus gewonnenen Urteile in einer Beziehung immer noch vom Verlauf der Geschichte abhängen. Indem sich unser Erfahrungsschatz weiter vermehrt, müssen sich unsere Ideen über vernünftige Strategien und Verfahren zur Behandlung der Probleme auf irgendeinem Gebiet neue Erwägungen, Abänderungen und Verfeinerungen gefallen lassen.

Vernünftigkeitsurteile auf der Grundlage der einschlägigen Erfahrungen aus allen Epochen und Kulturen sind aber noch in einem anderen, grundlegenderen Sinne »objektiv«. Und indem wir dieser tieferen Objektivität gewahr werden, finden wir uns in der Nähe einer Auffassung von der »Bestimmung der Geschichte«, die einer unerwarteten Gruppe von Figuren gemeinsam ist: Vico und Kant, Epikur und Hegel. Sie alle sahen im Gegenüber von Mensch und Natur einen Kampf, bei dem es um sehr reale und in gewisser Hinsicht unvorhersehbare Dinge geht. In gewissem, aber recht beschränktem Maße können die Menschen ihre vernünftigen Vorstellungen von der augenblicklichen Situation für ihre Erwartungen bezüglich der zukünftigen Lebensformen fruchtbar machen, derart, daß sie die zukünftigen neuen Problemsituationen voraussehen und sich ihnen damit »vernünftig voranpassen« können. Und ob sich nun diese Voraussagen bewähren oder nicht, die Erfahrung belohnt unparteiisch jene Menschen, deren vernunftorientierte Verfahren und Neuerungen sich als den tatsächlichen Anforderungen der Geschichte am adäquatesten erweisen; und die entsprechenden Entdeckungen gehen auch im Laufe der Zeit in die menschliche Praxis ein, derart, daß ihre Nichtbeachtung teuer zu stehen kommt.

Jeder der genannten vier Philosophen lieferte eine Darstellung der gesellschaftlichen und kulturellen Entwicklung, in der die Bestimmung der Geschichte in einem anderen Bilde personifiziert wurde und unter einem anderen Namen auftrat. Was Epikur Notwendigkeit nannte[390], das nannte Vico Vorsehung[391]; was Kant den Plan der Natur nannte[392], das

390 Zum Notwendigkeitsbegriff Epikurs siehe vor allem Diodorus Siculus, *Bibliotheca historica*, Buch 1, Abschnitte 8 u. 9.

391 Zu Vicos Begriff der Vorsehung siehe *La scienza nuova*, § 432.

392 Zu Kants Begriff des »Planes der Natur« siehe Collingwood (vgl. oben, Anm. 244), S. 94-98.

nannte Hegel die List der Vernunft[393]. Doch unter welchem Namen auch das Wirken des Schicksals auftrat, die praktische Bedeutung dieser Theorie war die gleiche. Kein Urteil über den Erfolg des Menschen bei der vernünftigen Ordnung seiner Erfahrung ist jemals endgültig oder unrevidierbar. Wieviel wir auch erreicht zu haben scheinen – und *tatsächlich* erreicht haben mögen –, zukünftige Problemsituationen können jederzeit unvorhersehbare Anforderungen an unsere Verfahren, Techniken und Denkmethoden stellen; und der Ausgang des daraus entspringenden »Ideenwettstreits« läßt sich nie absolut sicher voraussagen.

Unsere Überlegungen führen zu einem ähnlichen Fazit. Die Fachurteile eines »höchsten Richters« in irgendeiner Wissenschaft sind – das sahen wir – niemals völlig ungebunden, willkürlich oder subjektiv; es kann zwar kein eingeführtes Standardverfahren geben, von dem sich der maßgebliche Wissenschaftler bei der Ausarbeitung einer neuen wissenschaftlichen Strategie leiten lassen könnte, doch bei der späteren Beurteilung seines Vorgehens steht sein Ruf auf dem Spiel. Das heißt, er muß jetzt versuchen, die späteren Konsequenzen anderer vernünftiger Strategien abzuschätzen, und jede einzelne derartige Entscheidung kann sich später als falsch herausstellen. Das heißt, in jedem Falle spricht das historische Ergebnis einer empfohlenen Strategie im Laufe der Zeit sein rückwirkendes Urteil über die Gedanken des Wissenschaftlers. Die Menschen mögen jederzeit ihre »besten Vernunftleistungen« einsetzen, um ihre Erfahrung aus der Vergangenheit zum Tragen zu bringen, wenn sie sich mit ihren gegenwärtigen und zukünftigen Problemen beschäftigen, doch es gibt keine Gewähr, daß auch ihre besten Anstrengungen in jedem Einezlfall die tatsächlichen Anforderungen aller neuen Problemsituationen erfüllen werden. Im Laufe der Geschichte haben wir eine ganze Menge darüber gelernt, bei welchen Anlässen, auf welche Arten und im Lichte welcher Überlegungen wissenschaftliche Methoden und praktische Verfahren neuen »ökologischen Anforderungen« »vernünftig anpaßbar« sein müssen. Doch hier wie auch sonst bringt jedes Streben nach Endgültigkeit bei unseren Verfah-

393 Zu Hegels Begriff der »List der Vernunft« siehe z. B. ebenda, S. 116 ff.

ren die Gefahr der Dogmatisierung veralteter Ideen und Methoden mit sich.
Bei den intellektuellen Entscheidungen und Ideenwandlungen, vor denen wir beständig stehen – sei es bei der Entwicklung unserer Vernunftunternehmen oder bei der Verfeinerung des Begriffssystems des Alltagsverstands –, sind wir immerdar gezwungen, auf unsere Zukunft zu wetten, und die strategischen Abschätzungen, auf denen vernünftige Vorgehensänderungen beruhen, können sich nur auf wohlbedachte Analysen der bisherigen Leistungen in den betreffenden Unternehmungen gründen. Doch die zukünftige Erfahrung wartet stets mit gelegentlichen Überraschungen auf; die genauen Ergebnisse von Strategiewandlungen lassen sich nur undeutlich ahnen, nicht klar voraussehen. Und wenn das so ist, dann sollte es uns nicht beunruhigen. Auf wissenschaftlichem wie auf praktischem und politischem Gebiet tendiert die historische Entwicklung letzten Endes zur Belohnung wohlerwogener Vorgehensänderungen, und zwar auf eine Weise, die sich einfach nicht genau und im einzelnen voraussehen läßt.
Auf der höchsten, strategischen Ebene eines Vernunftunternehmens muß man also gelegentlich bereit sein, auf spätere Erfolge zu setzen, die man einfach nicht ausdrücklich oder zuversichtlich anstreben kann. Man stößt allenthalben auf »Frontlinien der Vernunft«, an denen fehlbare einzelne, die im Namen von menschlichen Unternehmungen tätig sind, vor neuen, unvorhergesehenen Problemsituationen stehen und neue Möglichkeiten und Verfahrensweisen schaffen müssen. Beruhen unsere Wetten nicht auf dem bestmöglichen Verständnis aller Fragen eines solchen Strategiewandels – hält man etwa an Erklärungs- oder Rechtsprechungsverfahren auch in Fällen fest, in denen sich in der Erfahrung bereits ihre Grenzen abzeichnen –, so wird die anschließende Wissenschafts- oder Rechtsgeschichte irgendwann die Rechnung präsentieren.
Bei allem unserem »vernünftigen Umgehen« als Menschen mit der Welt, in der wir leben, geht es um sehr Reales. Nachdem wir uns einmal an die Aufgabe gemacht haben, unsere wissenschaftliche und praktische Erkenntnis zu verbessern, haben wir keine Wahl mehr, ob wir um diesen Einsatz spielen wollen oder nicht. Die Last der »Vernünftigkeit« besteht

dann in der Grundpflicht, unsere Strategien immerfort im Lichte neuer Erfahrungen neu zu überdenken. Und nachdem wir nun diese Aufgabe übernommen haben, müssen wir zugeben, daß sich unsere strategischen Abschätzungen nachher nicht in jedem einzelnen Fall als völlig zutreffend und wohlbegründet erweisen. Doch wenn wir nach einer gewissen Garantie suchen, daß es sich lohnt, die Last auf sich zu nehmen, so läßt sie sich in Umrissen bereits erkennen. Denn zumindest eines läßt sich darüber jetzt sagen. Wenn jene »Vernunftunternehmen«, denen wir uns verschrieben haben, im Laufe der Geschichte ihre Ergebnisse zeitigen, so wird der nämliche Spruch der historischen Erfahrung, den ältere Denker die List der Vernunft (oder Natur, oder Vorsehung, oder Notwendigkeit) nannten, auf lange Sicht alle diejenigen zum Scheitern verurteilen, die – bewußt oder aus Nachlässigkeit – weiterhin veralteten Strategien folgen.

Anhang
Forschungsprogramm

Soweit unsere Analyse der kollektiven Erkenntnis und ihrer geschichtlichen Entwicklung jetzt gediehen ist, erfüllt sie jedenfalls unsere anfänglichen Forderungen nach einer Theorie der menschlichen Erkenntnis, die dem Rechnung trägt, daß weder die Welt, mit der wir uns auseinanderzusetzen haben, noch die Begriffe, Methoden und Auffassungen, die wir dabei entwickeln, historisch unveränderlich sind. Doch die mehr inhaltlichen Prüfungen kommen später, wenn die aus unserem Ansatz fließenden Folgefragen und seine Konsequenzen auf den verschiedenen von ihm abgedeckten Forschungsgebieten untersucht worden sind. Das eigentliche Kriterium des Erkenntnisgewinns durch irgendeine ernstzunehmende Theorie besteht vor allem in der Vielzahl und Vielfalt der von ihr aufgeworfenen neuen Fragen und der Aufdeckung wesentlicher Zusammenhänge zwischen Gegenständen oder Forschungsgebieten, die vorher als völlig unabhängig erschienen waren. Und dabei geht es nicht allein um die Fruchtbarkeit der Theorie bei der Erzeugung neuer Forschungsprobleme, sondern auch um ihre Fähigkeit, aus früheren Ansätzen stammende Fragen auszurangieren und durch aktuellere zu ersetzen.

So auch hier: unsere Analyse hat neue Fragen aufgeworfen auf so verschiedenartigen Gebieten wie der Wissenschaftsgeschichte und der Kunstsoziologie, der theoretischen Sprachwissenschaft und der Moralphilosophie. Gleichzeitig hat sie auf unbegründete Annahmen hingewiesen, die dem heutigen Denken auf verschiedenen dieser Gebiete zugrundeliegen, und hat andere Ansätze aufgezeigt. So dürfte es von Nutzen sein, in einem Anhang zu diesen Überlegungen eine Skizze der vor uns liegenden Forschungsaufgaben zu liefern, indem wir die Konsequenzen unseres Ansatzes für einige der in unseren Überlegungen berührten Forschungsgebiete zusammenfassen.

1. Beginnen wir mit den allgemeinsten Konsequenzen. Die Aufgabe des theoretischen Modells des formalen »Systems«

mit statischen Interaktionen zugunsten des »Populationsmodells« mit historischer Entwicklung erzwingt methodologische Umstellungen in vielen Wissenschaften vom Menschen. In der Wissenschaftstheorie, Soziologie, Politikwissenschaft, Kulturanthropologie oder theoretischen Sprachwissenschaft muß man nun Erklärungen für Kontinuitäten suchen, die bisher als keiner Erklärung bedürftig galten. Es ist eine Tatsache, daß die verschiedenen Naturwissenschaften, Sprachen, Gesellschaften und Institutionen alle eine gewisse Eigenart und Kontinuität durch den geschichtlichen Wandel hindurch bewahren; wir müssen also fragen, welche dynamischen Gleichgewichte zwischen Neuerungs- und Auslesevorgängen jeweils diese Eigenart bei aller Variabilität bewahren und die theoretische, gesellschaftliche, kulturelle oder sprachliche Entwicklung lenken.

Man könnte etwa folgende Fragen stellen. Welche Bedingungen fördern langfristige theoretische Stabilität in einer wissenschaftlichen Disziplin, oder ihre Aufspaltung in zwei oder mehr Nachfolgerdisziplinen, oder die Entstehung einer neuen Mischwissenschaft aus zwei oder mehr Vorgängern, oder das Verschwinden des betreffenden wissenschaftlichen Unternehmens durch Verlust seiner Bestimmtheit, durch Untergang oder sonstwie? (Entsprechende Fragen ergeben sich auch in bezug auf Gesellschaften, Kulturen und Sprachen.) Oder: Unter welchen Verhältnissen kann man die wissenschaftlichen oder gesellschaftlichen, kulturellen oder sprachlichen Gegenstücke zu den apomiktischen, polytypischen oder Ring-Arten erwarten, wie man sie in der Taxonomie der Organismenpopulationen kennt? Und welche Möglichkeiten gibt es in den Geisteswissenschaften für die Untersuchung der »Anpassungsreaktionen« verschiedener menschlicher Aktivitäten und Institutionen angesichts der praktischen und theoretischen Anforderungen verschiedener Situationen? Lassen sich Begriffe wie »Ökologie des Geistes«, »kulturelle Umwelt« und »soziale Nische« über das rein Programmatische hinaus bei einer Untersuchung wirklicher Fälle konkret fruchtbar machen?

2. Unser Ansatz hat noch spezifischere Konsequenzen für die Wissenschaftsgeschichte. So können wir jetzt die letzten Schranken zwischen der »wissenschaftsinternen« und »-exter-

nen« Geschichtsschreibung niederreißen, das heißt, zwischen der Untersuchung der theoretischen Schritte, in denen sich der Inhalt einer Wissenschaft entwickelt, und der des Einflusses der wirtschaftlich-gesellschaftlichen und kulturellen Verhältnisse etwa auf die Richtung und Intensität der Forschung. In bestimmten Fällen ist es bis zu einem gewissen Grade berechtigt, diese beiden Seiten der Wissenschaft getrennt zu untersuchen, doch diese beschränkten Bilder des wissenschaftlichen Wandels sind weniger tiefschürfend und umfassend, als man jetzt verlangen kann. Vielmehr sollte man versuchen, das »Leben der Ideen« zum Leben und den Institutionen der Menschen in Beziehung zu setzen, die sie ausdenken und äußern, und so die »innerwissenschaftlichen« (oder disziplinbezogenen) Seiten der Wissenschaft wieder mit ihren »äußeren« (oder professionsbezogenen) zusammenzubringen.
Im einzelnen haben wir vier Eigenschaften der disziplinären Entwicklung der Untersuchung erschlossen: (a) die veränderlichen »Erklärungsziele«, die die verschiedenen wissenschaftlichen Disziplinen zu verschiedenen Zeiten bestimmen, und ihre Auswirkungen auf die Problemstellungen in den Wissenschaften; (b) die Kanäle der theoretischen Neuerung, über die »Theorienvarianten« in die laufende wissenschaftliche Diskussion Eingang finden; (c) die Auswahlkriterien, -verfahren und/oder -vorurteile, denen diese Varianten im Wettbewerb um einen anerkannten Platz in einer bestimmten Wissenschaft unterworfen werden, und (d) die Einflüsse der umfassenderen gesellschaftlichen oder kulturellen Verhältnisse auf die disziplinäre Entwicklung einer Wissenschaft.
Ist etwa völlige Einmütigkeit über die Erklärungsziele nötig, damit eine wissenschaftliche Disziplin ihre anstehenden Probleme wirkungsvoll bearbeiten kann? Oder trägt eine gewisse Verschiedenheit der wissenschaftlichen Ziele in verschiedenen Ländern, Schulen oder Traditionen zur Lebendigkeit einer Wissenschaft bei? Wenn ja, wo liegt der Punkt, der sowohl die Verschwommenheit einer erst »möglichen« Disziplin als auch die scholastische Einförmigkeit einer dogmatischen Clique vermeidet? Oder: läßt sich irgendetwas Allgemeines aus den tatsächlichen geschichtlichen Wandlungen der theoretischen Ideale in den verschiedenen Wissenschaften lernen – etwa aus dem Wechsel zwischen atomistischen und Kontinu-

umsmodellen in der Physik, der Genetik und anderswo? Oder über die möglichen Schemata zur Erklärung historischer Ursprünge, sei es in der Gesellschaftstheorie, der Zoologie oder der physikalischen Kosmologie? Oder über die methodologischen Beziehungen zwischen formalen, mathematischen Theorien (Duhems Physik à la française) und konkreten Modellen (Duhems Physik à l'anglaise)?
Bezüglich der theoretischen Neuerung in der Wissenschaft: Mit welchen Argumenten gelangt eine Theorienvariante zur Anerkennung als ernsthafte Möglichkeit oder zur Ausscheidung als wertlos? Welche wissenschaftsinterne (z. B. Reife) oder -externe (z. B. Protektion) Faktoren führen auf einem Wissenschaftsgebiet zu größerer Intensität der Neuerung als auf einem anderen? In welchen Beziehungen beeinflussen allgemeinere gesellschaftliche Einstellungen und Anreize die Art und Intensität des Theorienwandels in einer Wissenschaft?
Bezüglich der Verfahren der wissenschaftlichen Auslese: Üben die maßgebenden Bezugsgruppen in allen Wissenschaften ähnliche Urteilsfunktionen aus, oder führen die Unterschiede der Auslesekriterien auch zu unterschiedlichen Ausleseverfahren? Wie veränderte sich die daraus fließende Verteilung der wissenschaftlichen Autorität von einer Geschichtsepoche zur nächsten? Wie beeinflussen solche Veränderungen die resultierende Geschwindigkeit und Richtung der theoretischen Entwicklung? Und in welchen Beziehungen wird die Art der wissenschaftlichen Entwicklung unter verschiedenen Verhältnissen von der Strenge beeinflußt, mit der die Auswahlverfahren praktiziert werden?
Schließlich: Über welche Kanäle stehen verschiedenartige Disziplinen (z. B. Zweige der Naturwissenschaft und der Technik) miteinander in Verbindung? Wie weit hängt etwa die fruchtbare Entwicklung von Erklärungsideen von derjenigen technischer Verfahren ab, und umgekehrt? In welcher Beziehung hängt die Breite des Bereichs der Theorienvarianten, die in einer Wissenschaft in irgendeinem Milieu zur Diskussion stehen, von umfassenderen Vorstellungen ab, etwa von philosophischen, ethischen oder theologischen? Und wie kann man auf dieser Ebene berechtigte und notwendige Beziehungen von bloß konservativen oder metaphysischen unterscheiden?

3. Nun zur Soziologie der wissenschaftlichen Unternehmungen. Wir können einige neue soziologische Fragen bezüglich der Organisation und des Wirkens wissenschaftlicher Institutionen wie auch ihrer Beziehungen zur Gesamtgesellschaft stellen. In der Soziologie wie in der Geschichtswissenschaft neigte man zu einer scharfen Unterscheidung zwischen Fragen über die wissenschaftlichen Professionen als Bestandteile größerer sozialer »Systeme« und Fragen über den Inhalt der Disziplinen, die von den Professionen getragen werden. Auch diese Abstraktion ist nur in gewissen Grenzen berechtigt, und eine umfassendere Analyse könnte auch zeigen, wie die Professions-Institutionen und -Praktiken einer Wissenschaft die theoretische Eigenart ihrer Probleme widerspiegeln. Die Institutionen der Wissenschaft mögen manche allgemeine Eigenschaften mit allen sozialen Institutionen gemeinsam haben, doch in machen Beziehungen sind sie nur im Hinblick auf ihre spezifischen disziplinbezogenen Funktionen verständlich.

Wir können also vier weitere Problemkreise benennen: (a) wie handeln die Professionsorganisationen der Wissenschaft »im Namen« ihrer Disziplinen; (b) über welche Kanäle üben maßgebende Bezugsgruppen und Personen, Foren und Zeitschriften ihren kritischen Einfluß aus und lenken sie die Entwicklung einer Disziplin; (c) wie geht die Autorität in einer Profession von einer Bezugsgruppe auf eine andere über, und (d) in welchen Schritten drückt sich die disziplinäre Differenzierung institutionell in der Herausbildung entsprechend differenzierter Organisationen und Bezugsgruppen aus?

Viele dieser Fragen sind bereits bei unseren Überlegungen gestreift worden. Wir erörterten zum Beispiel die Auswirkung von »Generationsunterschieden« auf die Autoritätsverhältnisse in der Profession sowie die Rolle von Zeitschriften und Standardlehrbüchern bei der Bildung und Weitergabe einer wissenschaftlichen Tradition. Doch es gibt noch viele andere: etwa die der Unterschiede zwischen der institutionellen Struktur der Wissenschaft in verschiedenen Ländern und ihrer Wirkung auf die Fruchtbarkeit der disziplinären Entwicklung, oder die der funktionalen Unterschiede zwischen den Professionsinstitutionen etwa in Wissenschaft und Technik, Medizin und Recht.

4. Wir können ferner noch einige Fragen zur Psychologie der wissenschaftlichen Forschung und Entdeckung formulieren. So müssen wir jetzt etwa unsere Fragen bezüglich der persönlichen Beweggründe der einzelnen Wissenschaftler (und ihrer »Ursachen«) im Hinblick auf die disziplinären Probleme (und »Gründe«) der kollektiven Wissenschaft stellen, der sie sich berufsmäßig widmen. Diese Beziehungen kann man von zwei Gesichtspunkten her betrachten: man kann fragen, (a) wie die kollektiven Ziele einer Disziplin professionelle Anforderungen an die Problemlösungstätigkeit der betreffenden Wissenschaftler stellen, oder (b) wie die persönlichen Interessen, die den einzelnen zu einem bestimmten Wissenschaftsgebiet führen, in seiner disziplinbezogenen Arbeit und seinem professionsbezogenen Leben zum Ausdruck kommen.
5. Konsequent weitergetrieben, hat unsere Analyse der kollektiven Vernunftunternehmungen sowohl theoretische Konsequenzen für das historische und philosophische Verständnis des wissenschaftlichen Unternehmens als auch praktische Konsequenzen für seine politische und administrative Durchführung. Die jeweiligen Vorkehrungen zur Förderung der Entwicklung etwa der Wissenschaft und der Technik gehen stets von bestimmten allgemeinen Vorstellungen aus, etwa bezüglich der Bedingungen einer fruchtbaren, schöpferischen Tätigkeit auf diesen Gebieten. Eine bessere Theorie des disziplinären Wandels könnte also zu besseren Einsichten führen (a) bezüglich der Möglichkeiten der Anpassung der Professionsinstitutionen einer Disziplin an die Bedürfnisse des betreffenden Unternehmens, und (b) bezüglich der äußeren Bedingungen, die entweder die Entwicklung einer bestimmten Disziplin oder die gegenseitige Befruchtung verschiedener Unternehmungen fördern.
6. Schließlich ermöglicht unsere Analyse den Vergleich der Formen des historischen Wandels in verschiedenartigen kollektiven Unternehmungen. Hauptstück unserer Analyse war ein Modell der historischen Entwicklung in »kompakten« Disziplinen; doch wir sahen auch, daß das Verständnis der Anwendungsbedingungen dieses Modells auch andere menschliche Betätigungen beleuchten kann, die nicht völlig disziplinfähig sind. Stellen wir etwa die kompakten physika-

lischen Wissenschaften den diffuseren Verhaltenswissenschaften, den quasi-disziplinären Künsten sowie nicht-disziplinären Unternehmen wie der Ethik und der Philosophie gegenüber, so kann das zu einem besseren Verständnis nicht nur der disziplinfähigen, sondern auch der anderen kollektiven menschlichen Unternehmungen beitragen.

Register

Alphabetisches Verzeichnis der suhrkamp taschenbücher wissenschaft